Landsmannschaft Berlin-Mark Brandenburg

Landsmannschaft der Bessarabiendeutschen

Landsmannschaft der Dobrudschadeutschen

Karpatendeutsche Landsmannschaft Slowakei

Landsmannschaft der Oberschlesier

Landsmannschaft Ostpreußen

40 Jahre Arbeit für Deutschland – die Vertriebenen und Flüchtlinge

Ausstellungskatalog

Herausgegeben von
Marion Frantzioch · Odo Ratza · Günter Reichert

Ullstein

Innenseiten des Umschlags: Wappen (Abzeichen) der ost- und mitteldeutschen Landsmannschaften.

Abbildungen, die nur mit Ziffern versehen sind, verweisen auf die Exponate der jeweiligen Kapitel.

Mitarbeiter

Dr. Marion Frantzioch (M. F.)
Markus Leuschner M. A.
Florian Weisker M. A. (F. W.)
Kristina Carl (K. C.)
Ulrich Hutter (U. H.)
Annelore Leistikow (A. L.)
Hans Wächter (H. W.)

Fotoarbeiten

Studio-Aufnahmen
Ulrich P. Wienke, Bonn
Reproduktionen
Burkhard Jüttner, Bonn

Im Auftrag des Bundes der Vertriebenen

Gesamtausstattung: Frank + Ranger, Stuttgart
Satz: Neef GmbH & Co., Wittingen
Reproduktionen: Meisenbach Riffarth & Co/Bruns & Stauff GmbH
Druck und Bindearbeit: Neef GmbH & Co.
Printed in Germany 1989
ISBN 3 550 07224 4

Inhalt

Vorwort

Der Bund der Vertriebenen – Vereinigte Landsmannschaften und Landesverbände – stellt in Zusammenarbeit mit dem Bund der Mitteldeutschen (BMD) anläßlich des 40-jährigen Bestehens der Bundesrepublik Deutschland die Aufbauleistungen der Vertriebenen und Flüchtlinge in einer Ausstellung einer breiten Öffentlichkeit vor.

Art, Umfang und Bedeutung der Aufbauleistungen lassen sich nicht bewerten, ohne die Situation der ersten Nachkriegsjahre, die geistig-seelische Verfassung der im Westen Deutschlands ankommenden Vertriebenen und Flüchtlinge, das Auseinanderreißen ihrer Familien und Nachbarschaften, ihre materiellen Verluste, die unzureichenden Erstunterbringungen in Notunterkünften und Lagern sowie die allmählich sich verstärkende Gewißheit, auf längere Zeit von ihrer Heimat getrennt leben zu müssen, zu berücksichtigen. Wenn dennoch, oder gerade deswegen, ihr Wille zum Überleben nicht erlahmte, im Gegenteil sie großartige Aufbauleistungen vollbrachten, ist dies besonders zu würdigen.

Das Erleben der Grausamkeiten des Zweiten Weltkrieges, die Nachwirkungen der Vertreibungsverbrechen und die kommunistischen Unterdrückungen ließen sie in ihrer Einstellung zur Gewalt über sich selbst hinauswachsen. Sie schoben jeden Gedanken an Rache und Vergeltung beiseite, richteten ihren Blick in die Zukunft, packten mit an beim Aufbau der Bundesrepublik Deutschland und verpflichteten sich dem Recht und dem Frieden. Sie erhoffen eine Verständigung und einen Ausgleich mit den Nachbarvölkern in einem freien und vereinten Europa.

Diesem Gedankengang folgt der Aufbau der Ausstellung. Sie soll die kontinuierliche und bis heute andauernde Mitwirkung der Vertriebenen und Flüchtlinge in Wirtschaft, Politik, Kultur und im Geistesleben der Bundesrepublik Deutschland bis zur Gegenwart aufzeigen.

Den zehn Ausstellungsbereichen sind im Katalog einzelne, insgesamt 38 Beiträge gewidmet. Jeder Autor vertritt seine persönliche Meinung, die nicht in jedem Falle der Auffassung der Herausgeber entsprechen muß. Dank sei allen gesagt, die diese Artikel für den Katalog geschrieben haben. Sie liefern damit zugleich einen Beitrag für die bis heute noch weitgehend unzureichende wissenschaftliche Erforschung der Eingliederung der Vertriebenen und Flüchtlinge in der Bundesrepublik Deutschland.

An dieser Stelle sei dem fördernden Bundesministerium des Innern, den Ausstellungshäusern, den Leihgebern der Exponate, der Ausstellungsfirma Frank und Ranger und dem Verleger dieses Kataloges vielmals gedankt. Gleicher Dank gebührt den mit der Planung der Ausstellung und des Katalogs befaßten Mitarbeitern des Bundes der Vertriebenen und des Bundes der Mitteldeutschen.

Die Herausgeber

Geleitwort des Bundesministers des Innern

Am 24. Mai 1989 beging die Bundesrepublik Deutschland den vierzigsten Jahrestag des Inkrafttretens des Grundgesetzes. In einer Reihe von Veranstaltungen wurde und wird auf die Staatswerdung und die Entwicklung des demokratischen Rechtsstaates hingewiesen. Es war ein besonderes Anliegen der Bundesregierung, daß auch die Geschichte der Vertriebenen und Flüchtlinge und insbesondere auch ihr Beitrag zum Aufbau der Bundesrepublik Deutschland in einer angemessenen Weise dargestellt wird. Sie hat deshalb im Zusammenwirken mit dem Bund der Vertriebenen – Vereinigte Landsmannschaften und Landesverbände e.V. die Ausstellung »40 Jahre Arbeit für Deutschland – die Vertriebenen und Flüchtlinge« beschlossen. Für die Vertriebenen und Flüchtlinge wird die Ausstellung eine Rückbesinnung sein auf die Zeiten der Kriegswirren in ihren angestammten Heimatgebieten, auf die Vertreibung, die Flucht und den schweren Neuanfang in den damaligen westlichen Besatzungszonen, der heutigen Bundesrepublik Deutschland. Die Ausstellung wird ihnen aber auch bewußt machen, welche Leistungen sie in den Jahren des Wiederaufbaus erbracht haben. Für die jüngeren Generationen ist dies alles weitgehend Geschichte, die sie nicht mehr selbst erlebt haben. Umso wichtiger ist solch eine Ausstellung. Auch die jüngeren Bundesbürger sollten wissen, was Flucht und Vertreibung, der Verlust der Heimat, das Auseinanderreißen von Familien bedeuten kann.

Trotz des schweren Schicksals, das die Menschen erlebt und erlitten haben, brachten sie bereits 1950 in der Charta der deutschen Heimatvertriebenen die Kraft auf, eine deutliche Absage an Rache und Vergeltung auszusprechen. Sie legten ein Bekenntnis zur Schaffung eines geeinten Europas ab und bekannten sich zu ihrer Mitverantwortung für die Existenz und Würde der Nachbarn, auch gerade unserer Nachbarn im Osten. Die Bereitschaft zur Verständigung und zum Ausgleich war und ist kein Widerspruch zur Betonung des Rechts auf die Heimat, zum Wunsch der Überwindung der Teilung Deutschlands und Europas.

In einem Europa, dessen Grenzen nicht nur im Westen abgebaut, sondern die auch in seinen östlichen Bereichen durchlässiger werden, wird sowohl die Mauer in Berlin als auch die innerdeutsche Grenze eines Tages ein Relikt der Nachkriegszeit sein. Auf diese Ziele – Freiheit und Menschenwürde in einem geeinten Europa – ist die deutsche Politik verpflichtet.

Dr. Wolfgang Schäuble

I. Historische Hintergründe, Deportation, Flucht und Vertreibung

Die Deutsche Ostsiedlung

Ulrich March

Deutsche und Slawen

Im Laufe des 3. Jahrhunderts nach Christus entstehen durch Zusammenschluß zahlreicher Kleinstämme sechs große Stammesverbände, die 500 Jahre später zum deutschen Volk zusammenwachsen und weitere 500 Jahre später die Träger der Ostsiedlung werden. Bis um die Mitte des 1. Jahrtausends nehmen sie die Siedlungsräume ein, die sie im großen und ganzen bis heute innehaben. Die Alemannen besiedeln das Land zwischen Lech und Vogesen, zwischen Nordschwarzwald und Alpenhauptkamm; zum alemannischen Siedlungsgebiet gehört somit nicht nur der größte Teil des heutigen Bundeslandes Baden-Württemberg, sondern auch das südwestliche Bayern, Vorarlberg, die deutschsprachige Schweiz und das Elsaß. Östlich davon – zwischen Lech und Böhmerwald – breiten sich die Baiern aus (Altbayern, mittleres Österreich, Südtirol). Wesentlich kleiner ist das Siedlungsgebiet der Thüringer (zwischen Harz, Thüringer Wald und Saale) und der Friesen (nördliche Niederlande, Ostfriesland und Nordfriesland mit den Inseln). Den größten Teil der norddeutschen Tiefebene, nämlich fast ganz Niedersachsen, Westfalen, Holstein und Sachsen-Anhalt, besiedelt der Sachsenstamm, der von seinen Nachbarn fast überall durch natürliche Grenzen getrennt ist (Elbe- und Eiderniederung, Sachsenwald, nördliche Mittelgebirge, nordwestdeutsche Moorzone). Den größten Stammesverband bilden die Franken, die, von allen anderen Stämmen umgeben, die Mitte und den Westen des deutschen Siedlungsgebietes bis hin zur französischen Sprachgrenze einnehmen. Sie sind in sprachlicher und sehr bald auch in politischer Hinsicht stärker gegliedert als die übrigen Stämme und weisen daher verschiedene Untergruppen auf, so etwa die Mainfranken, die Hessen, die Moselfranken oder die Flamen.

Östlich des Siedlungsgebietes dieser Stämme, die sich seit dem 9. und vor allem seit dem 10. Jahrhundert mehr und mehr als zusammengehörig begreifen, waren ursprünglich andere germanische Großstämme ansässig, von denen die Goten, die Burgunder und die Vandalen die bekanntesten sind. Als dann jedoch infolge der Völkerwanderung die Bevölkerungsdichte gerade in diesem Gebiet erheblich zurückgeht, rücken von Osten her auf breiter Front zahlreiche meist kleinere Stämme allmählich nach Mitteleuropa vor, die von ihren westlichen Nachbarn zusammenfassend als »Wenden« (lateinisch: »Sclavi«) bezeichnet werden. Es handelt sich um die indogermanische Völkergruppe der Slawen, deren Ursprungsgebiet im westlichen Rußland zu suchen ist, die aber nun im Zuge ihrer Westausbreitung um die Wende zum 8. Jahrhundert etwa die Linie Kiel–Triest erreichen und damit das gesamte östliche Mitteleuropa besiedeln.

In welchem Umfang die germanische Restbevölkerung in politischer und kultureller Hinsicht an der Gestaltung der Verhältnisse im wendischen Siedlungsraum beteiligt ist, läßt sich nur schwer abschätzen. Daß Deutsche und Slawen einander als fremd empfinden und daß die zwischen ihnen bestehende Siedlungsgrenze eine der ausgeprägtesten Grenzen des Hochmittelalters darstellt, ist jedoch nicht zu bezweifeln. Dies hat allerdings – wie vielfach im Mittelalter – weniger ethnische als religiöse Gründe. Im Unterschied zur Entwicklung in Polen oder auch in Böhmen verharren nämlich die Elb-Oder-Slawen beim Heidentum und geraten damit in einen scharfen kulturellen und politischen Gegensatz zum Deutschen Reich, dem es bis zum 12. Jahrhundert nicht gelingt, das Gebiet östlich der Elbe unter Kontrolle zu bekommen.

Die von Ende des 7. bis Mitte des 12. Jahrhunderts bestehende deutsch-slawische Grenze, die zugleich die Grenze zwischen dem alten deutschen Siedlungsgebiet und dem Neusiedelland im Osten darstellt, ist bis zum heutigen Tage leicht nachzuweisen, etwa anhand der Flur- und Siedlungsformen oder der Ortsnamen. Sie verläuft von der Kieler Förde über den Segeberger Forst und den Sachsenwald zur Elbe, folgt dieser und dann der Saale, erreicht das Gebiet des Fichtelgebirges und verläuft schließlich auf dem Kamm des Bayrischen Waldes und entlang des Flusses Enns. Diese Angaben gelten jedoch nicht für den gesamten Zeitraum der deutsch-slawischen Grenznachbarschaft; so überschreiten die Slawen zeitweilig die untere Elbe, während sich die Deutschen bereits vor Beginn der eigentlichen Ostsiedlung in großer Zahl im heutigen Niederösterreich niederlassen.

Kaiser Otto III. (983–1002) verleiht dem hl. Adalbert von Prag den Bischofsstab für Missionsarbeit bei den Prußen.

Daß es dann mit der beginnenden Ostsiedlung im Laufe des 12. Jahrhunderts zur Aufhebung dieser ein halbes Jahrtausend lang so stabilen Grenze kommt, hat eine ganze Reihe von Gründen, von denen hier nur die wichtigsten genannt werden können. Sehr unterschiedliche Kräfte, Entwicklungen und Entscheidungen müssen zusammenwirken, damit um die Mitte des 12. Jahrhunderts eine der größten Bevölkerungsbewegungen der europäischen Geschichte ausgelöst wird, die zwei Jahrhunderte lang andauert und in deren Verlauf sich das deutsche Siedlungsgebiet fast verdoppelt.

Da ist zunächst der durch die ständige Bevölkerungsvermehrung entstehende Siedlungsdruck im Altsiedelland. In allen Stammesgebieten sind seit karolingischer Zeit Rodungs-, Kultivierungs- und sonstige Landausbaumaßnahmen zu beobachten, die sich, wie beispielsweise die Eindeichung der Nordseemarschen zeigt, etwa seit der Jahrtausendwende stark verdichten. Hinzu kommt die allgemeine Steigerung des zivilisatorischen Niveaus, wie sie insbesondere in der Landwirtschaft, im übrigen Wirtschaftsleben sowie im Verkehrs- und Siedlungswesen zum Ausdruck kommt. Genannt seien in diesem Zusammenhang lediglich die neue Lebens- und Siedlungsform der Stadt und die Entstehung des europäischen Bürgertums, dem zahlreiche bisher unbekannte Mittel und Möglichkeiten zur Verfügung stehen und das schon sehr bald eine den ganzen Kontinent erfassende Dynamik entfaltet. Gerade im richtigen Augenblick – an der Wende zur Stauferzeit – fallen überdies gewichtige politische Entscheidungen, die das Siedlungswerk im Osten überhaupt erst ermöglichen. Kaiser Lothar von Supplinburg, der nach längerer Stagnation wieder an die Ostpolitik der Ottonen anknüpft, belehnt die Schauenburger, die Askanier und die Wettiner mit wichtigen Grenzterritorien – Dynastien, die in der Folgezeit eine entscheidende Rolle in der politischen Gestaltung des Gebietes zwischen Elbe und Oder spielen. Zu nennen ist hier aber vor allem Heinrich der Löwe, der die beiden Grenzherzogtümer Bayern und Sachsen in seiner Hand vereinigt und der, wie etwa seine planmäßige Städtepolitik in Nord- und Süddeutschland beweist, die Zeichen der Zeit verstanden hat. Seine königsgleiche Machtstellung und sein Ausgreifen nach Nordosten stellen die politischen Voraussetzungen für die damals anlaufende Siedlungsbewegung dar.

Die Siedlungs- und Ostpolitik ist jedoch keine rein deutsche Angelegenheit. In der Zeit seiner Großmachtstellung um 1200 greift das Königreich Dänemark weit in den östlichen Ostseeraum aus und beherrscht vorübergehend auch weite Bereiche der baltischen und der späteren deutschen Ostseeküste; verbunden damit ist eine – wenn auch zahlenmäßig geringere – Siedlungsbewegung. Etwas später beginnen die Schweden mit der politischen Erschließung und Besiedlung Nordschwedens und Finnlands, so daß parallel zur deutschen Ostsiedlung eine gleichgerichtete Bewegung in Nordeuropa abläuft. Bedenkt man ferner, daß sich auch zahlreiche slawische Fürsten an dem Siedlungswerk beteiligen und deutsche Ritter, Bürger und Bauern in ihr Land rufen, daß ferner ein – wenn auch kleiner – Teil der Siedler westeuropäischer Herkunft ist, so wird deutlich, daß der traditionelle Begriff »Deutsche Ostsiedlung« nicht umfassend genug ist. Es handelt sich vielmehr um einen Vorgang der *europäischen* Geschichte, bei dem die Deutschen allerdings die maßgebliche Rolle spielen.

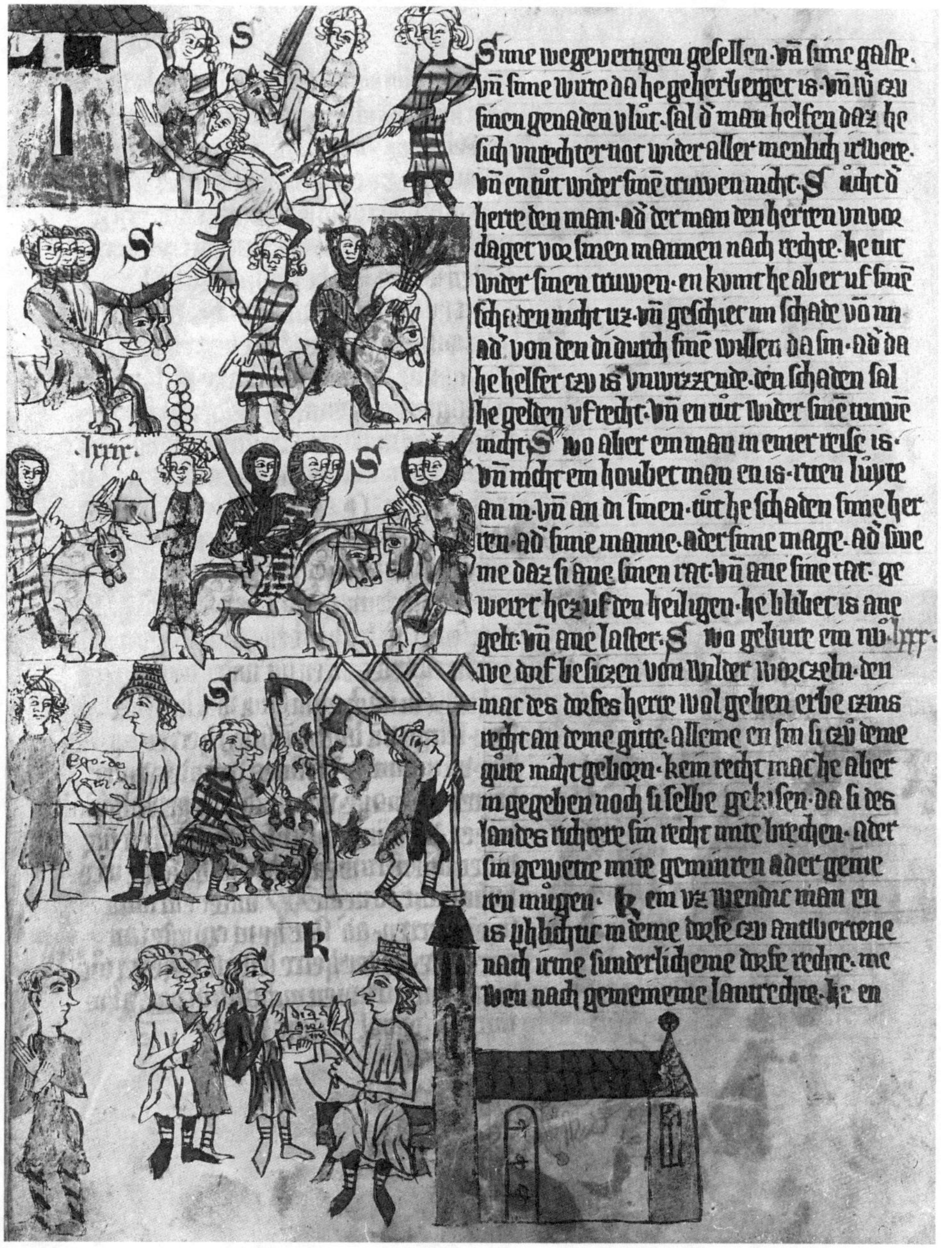

Belehnung eines Bauern mit Land.
Heidelberger Bilderhandschrift des Sachsenspiegels, konzipiert 1224–1231.

Der Weg nach Osten

Die Ostsiedlung beginnt in Ostholstein, dem am weitesten nach Westen vorgeschobenen slawischen Siedlungsgebiet. Im Jahre 1139 erobern die Holsten, die Stormarner und die Dithmarscher das Land der benachbarten Wagrier, und 1143 gründet Graf Adolf II. von Schauenburg als ersten deutschen Ostseehafen die Stadt Lübeck, die in den folgenden Jahrhunderten entscheidende Bedeutung für Siedlung und Wirtschaft, Recht und Kultur des Ostseeraums gewinnt. Im gleichen Jahr ruft Graf Adolf II. in ganz Norddeutschland zur Besiedlung Ostholsteins auf, wobei er den Reichtum und die Fruchtbarkeit des Landes in den leuchtendsten Farben darstellt. Ritter, Bürger und Bauern aus Holland, Friesland, Westfalen und Holstein folgen dem Ruf und setzen damit eine Bewegung in Gang, die in den nächsten zwei Jahrhunderten nicht mehr abbrechen sollte. Die Siedler kommen überwiegend aus den niederfränkischen, friesischen und sächsischen Küstengebieten; schon bei dem ersten größeren Siedlungsunternehmen sind somit drei der sechs deutschen Stämme beteiligt.

Die Ostsiedlung erfaßt zunächst die grenznahen Bereiche östlich der Elbe sowie den gesamten Elbe-Saale-Raum; auch im Gebiet der mittleren Donau und im östlichen Alpenraum setzt die Siedlungsbewegung erneut ein. Im Laufe des 13. Jahrhunderts werden dann das östliche Mecklenburg, das westliche und mittlere Pommern, Brandenburg, Schle-

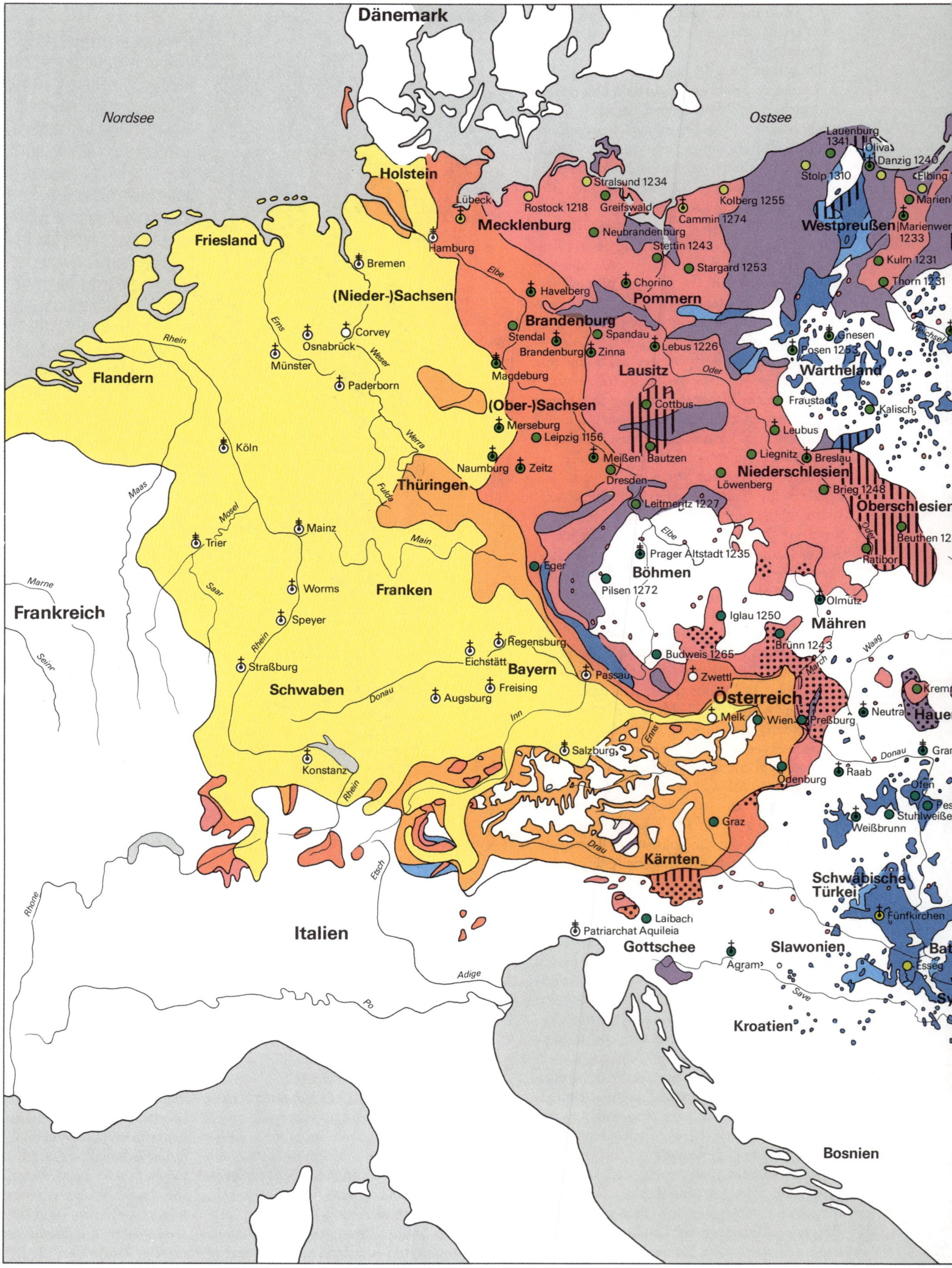

Skizze der Entwicklung des deutschen Sprach- und Siedlungsraumes (Ausschnitt).

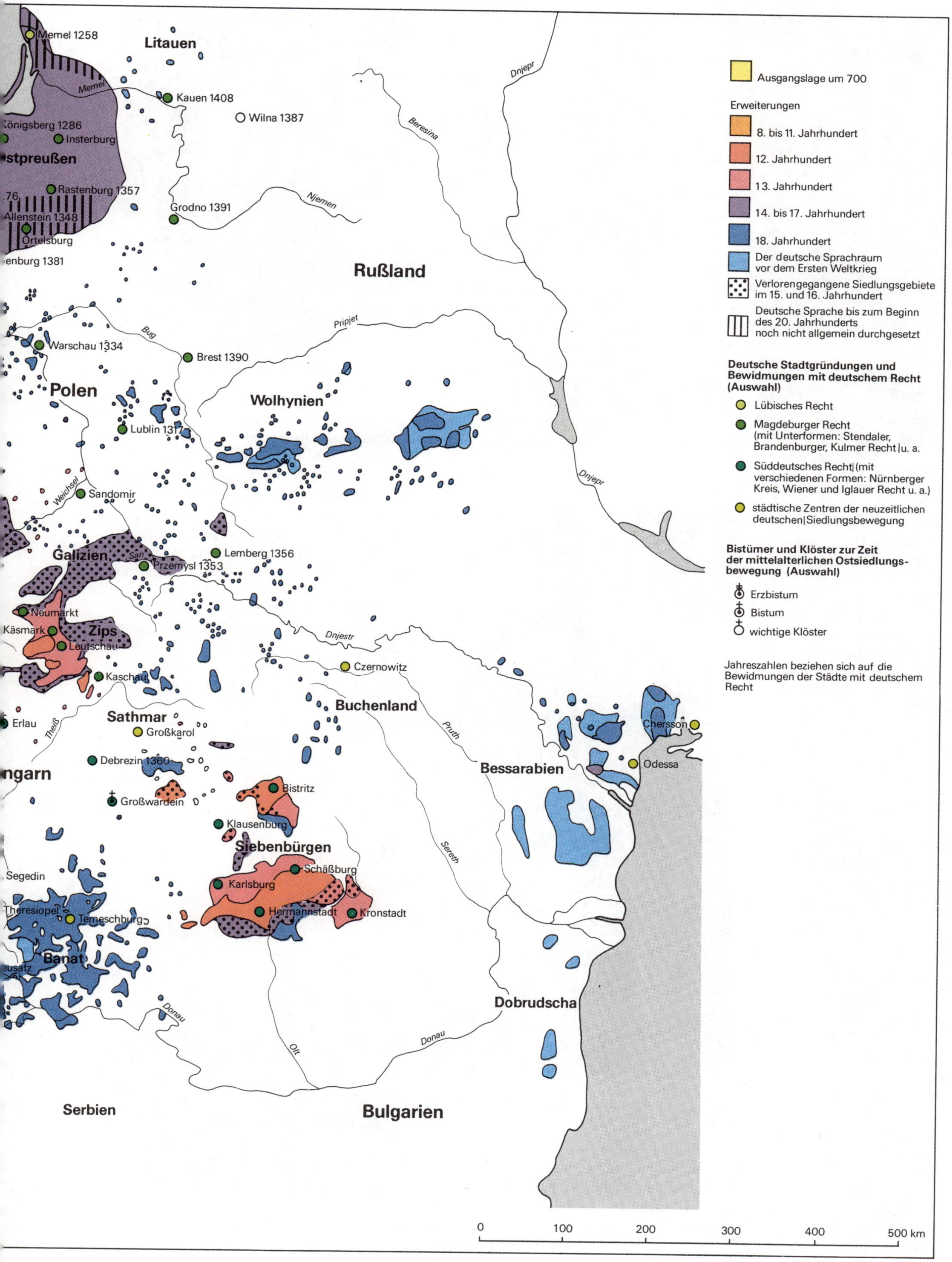
Memel 1258
Litauen
Memel
Kauen 1408
Wilna 1387
Insterburg
Rastenburg 1357
Allenstein 1348
Ortelsburg
Grodno 1391
Njemen
Dnjepr
Beresina
Rußland
Pripjet
Bug
Warschau 1334
Brest 1390
Polen
Wolhynien
Lublin 1317
Weichsel
Sandomir
Galizien
San
Przemysl 1353
Lemberg 1356
Neumarkt
Käsmark
Zips
Leutschau
Kaschau
Dnjestr
Czernowitz
Buchenland
Erlau
Theiß
Sathmar
Großkarol
Debrezin 1360
Großwardein
Bistritz
Klausenburg
Siebenbürgen
Schäßburg
Karlsburg
Hermannstadt
Kronstadt
Segedin
Theresiopel
Temeschburg
Banat
Pruth
Sereth
Bessarabien
Chersson
Odessa
Dobrudscha
Donau
Olt
Serbien
Bulgarien
Ausgangslage um 700
Erweiterungen
8. bis 11. Jahrhundert
12. Jahrhundert
13. Jahrhundert
14. bis 17. Jahrhundert
18. Jahrhundert
Der deutsche Sprachraum vor dem Ersten Weltkrieg
Verlorengegangene Siedlungsgebiete im 15. und 16. Jahrhundert
Deutsche Sprache bis zum Beginn des 20. Jahrhunderts noch nicht allgemein durchgesetzt
Deutsche Stadtgründungen und Bewidmungen mit deutschem Recht (Auswahl)
Lübisches Recht
Magdeburger Recht (mit Unterformen: Stendaler, Brandenburger, Kulmer Recht u. a.
Süddeutsches Recht (mit verschiedenen Formen: Nürnberger Kreis, Wiener und Iglauer Recht u. a.)
städtische Zentren der neuzeitlichen deutschen Siedlungsbewegung
Bistümer und Klöster zur Zeit der mittelalterlichen Ostsiedlungsbewegung (Auswahl)
Erzbistum
Bistum
wichtige Klöster
Jahreszahlen beziehen sich auf die Bewidmungen der Städte mit deutschem Recht
0
100
200
300
400
500 km

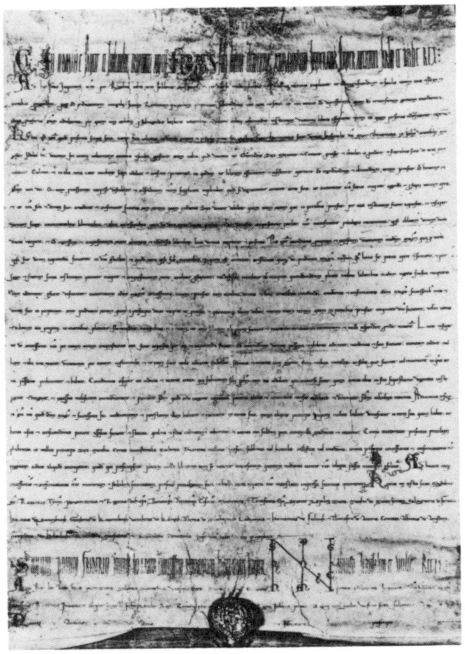

Die Goldene Bulle von Rimini, 1226.

sien, das Sudetenland und die östlichen Randgebiete Österreichs besiedelt. Im 14. Jahrhundert schließlich liegt das Schwergewicht der Siedlungstätigkeit in Ostpommern, im Gebiet um Danzig, in Ostpreußen, in Oberschlesien und im polnisch-ungarischen Grenzgebiet. Auch in Siebenbürgen entsteht seit dem 12. Jahrhundert ein geschlossenes deutsches Siedlungsgebiet. Mecklenburg, Pommern, Brandenburg und Ostpreußen werden überwiegend von Sachsen, Friesen, Holländern und Flamen, das südliche Mitteldeutschland, Schlesien und das Sudetenland von Franken und Thüringern, Österreich und Siebenbürgen von Alemannen und Bayern besiedelt.

Den eigentlichen Siedlungsvorgang muß man sich so vorstellen, daß in der alten Heimat Trecks zusammengestellt werden, die nach oft mühseliger Fahrt — bei für unsere Begriffe katastrophalen Wegeverhältnissen — das Zielgebiet erreichen, wo dann im Einvernehmen mit der jeweiligen Landesherrschaft die Ansiedlung erfolgt. Die wichtigste Rolle spielt dabei der Treckführer (»locator«), der über den entsprechenden Überblick und die entsprechenden Verbindungen verfügt, um das Unternehmen vorzubereiten und durchzuführen. Handelt es sich um einen Ritter — das bietet sich angesichts der unsicheren Verhältnisse aus Gründen des militärischen Schutzes an —, so wird ihm als Lohn für seine Bemühungen in aller Regel die Grundherrschaft über die neu zu errichtenden Dörfer in Aussicht gestellt. Es gibt aber auch Lokatoren bäuerlicher Herkunft, die dann in der neuen Heimat besondere Privilegien erhalten, etwa das — erbliche — Schulzenamt oder die Schankgerechtigkeit, also das Brau- und Gastwirtsmonopol. Den Siedlern wird eine günstige Rechtsstellung und für die schwierigen Aufbaujahre Abgabenbefreiung oder -minderung in Aussicht gestellt.

Die Wege, auf denen die Siedler die neue Heimat erreichen, ergeben sich naturgemäß aus den verkehrsgeographischen Verhältnissen; sie sind — im Groben jedenfalls — bis 1945 an der Völkerkarte Mitteleuropas abzulesen. Für einen Großteil der niederfränkischen, friesischen und sächsischen Siedler bietet sich der Weg entlang oder in der Nähe der Ostseeküste an. Angesichts der schwierigen Verkehrsverhältnisse läßt sich der »Nachschub« über See am leichtesten bewerkstelligen, zumal an der südlichen (und östlichen) Ostseeküste schon sehr schnell eine ganze Reihe deutscher Küstenstädte gegründet wird. Dies erklärt — neben der wirtschaftlichen und politischen Bedeutung der Hanse und des Deutschen Ordens — daß die deutsche Siedlung in diesem Bereich sehr weit nach Osten vorgetragen wird, nämlich bis in das nördliche Ostpreußen. Die ritter-

Siegfried von Feuchtwangen, Hochmeister des Deutschen Ordens 1303–1311.

liche und bürgerliche Siedlungsbewegung erfaßt überdies ganz Livland, also das Gebiet der heutigen Sowjetrepubliken Lettland und Estland, und endet erst in der Südostecke des finnischen Meerbusens, wo die Hansestadt Narwa gegründet wird. Einer bäuerlichen

Kaiser Karl IV. (1316–1378). Büste in der Triforiengalerie des Prager Doms.

Besiedlung des Baltikums stellt sich der Umstand entgegen, daß die heidnischen Litauer den Zugang dorthin versperren — der Bauer scheut den Weg über das Wasser.

Viele fränkische und thüringische Siedler ziehen am Nordrand des Erzgebirges und der Sudeten nach Osten; sie vermeiden auf diese Weise die Durchquerung der Mittelgebirge, die bei den damaligen Verkehrsverhältnissen kaum möglich ist. So ist es zu erklären, daß bis nach Oberschlesien und bis zum östlichen Sudetenland ein geschlossenes deutsches Siedlungsgebiet entsteht. Auch östlich davon bestehen bis zum Jahre 1945 viele größere und kleinere deutsche Siedlungsinseln; überdies werden im westlichen und südlichen Polen zahlreiche deutsche Städte gegründet, die — wie etwa Krakau — jahrhundertelang einen beträchtlichen deutschen Bevölkerungsanteil aufweisen.

Das Siegel von Stralsund (1329).

Das Schwarzhäupterhaus in Riga, erbaut im 14. Jahrhundert.

Für die alemannischen und bayrischen Siedler bietet sich der Donauweg an. Vom Donautal aus werden dann das Burgenland, die Täler der Ostalpen und einige angrenzende Gebiete Böhmens und Mährens besiedelt. Auch in Ungarn, in Böhmen, im nordwestlichen Jugoslawien und im nordöstlichen Italien kommt es zur Bildung von Siedlungsinseln mit geschlossener deutscher Bevölkerung.

Den weit nach Osten reichenden deutschen Siedlungsgebieten in Ostpreußen, Schlesien und Österreich stehen weite Räume gegenüber, in denen die slawische Bevölkerung ganz oder teilweise erhalten bleibt – die bis 1945 bestehende deutsche Sprachgrenze im Osten ist im Vergleich zur Grenze des Altsiedellandes merkwürdig gezackt. Die Gründe dafür liegen – wie bereits angedeutet – einmal in den verkehrsgeographischen Verhältnissen. An der Ostsee, am Nordrand der Mittelgebirge und auf der Donaustraße kommen die Siedler verhältnismäßig leicht nach Osten voran. Böhmen dagegen ist im Westen, Norden und Nordosten von verhältnismäßig hohen Gebirgen umgeben, deren Durchquerung den Siedlern fast unüberwindliche Schwierigkeiten bereitet. So erklärt es sich, daß sich in Böhmen und Mähren eine mehrheitlich tschechische Bevölkerung erhält.

Aber auch nördlich der Mittelgebirge, vor allem in Teilen Brandenburgs und in Posen, gibt es Gebiete, die gar nicht oder nur teilweise deutsch besiedelt werden. So bleiben im Kreis Lüchow-Dannenberg bis ins 19. Jahrhundert, im Spreewald und im Raum Bautzen bis heute slawische Siedlungsinseln erhalten. Dies erklärt sich dadurch, daß die leichten Sand- und Heideböden den deutschen Bauern des Mittelalters nicht sonderlich attraktiv erscheinen, die entsprechenden Gebiete daher in geringerem Umfang oder erst später besiedelt werden. Auch die Tucheler Heide stellt in diesem Sinne kein besonders reizvolles Siedlungsgebiet dar; im übrigen erklärt sich die Siedlungslücke zwischen dem östlichen Pommern und der unteren Weichsel aus der späteren politischen Entwicklung dieses Gebietes, das von 1466 bis 1772 zur polnischen Krone gehört.

Die Leistung der Siedler

Wie bereits erwähnt, hat sich die Siedlungsfläche des deutschen Volkes von der Mitte des 12. bis zur Mitte des 14. Jahrhunderts fast verdoppelt: Die Ostsiedlung gehört damit zu den größten historischen Leistungen der

Bauer mit eiserner Egge, Miniatur aus der Dresdener Bilderhandschrift des Sachsenspiegels.

Deutschen überhaupt. Was hier innerhalb weniger Generationen an Aufbauleistung erbracht worden ist, muß — auch im Vergleich mit ähnlichen geschichtlichen Vorgängen — als ungewöhnlich bezeichnet werden, zumal wenn man sich den technisch-zivilisatorischen Standard der damaligen Zeit vor Augen hält. Da die aus dem Westen kommenden Siedler in aller Regel Neuland unter den Pflug nehmen und nicht etwa die ansässige einheimische Bevölkerung vertreiben, setzt der Aufbau einer landwirtschaftlichen Existenz zunächst einmal umfangreiche Rodungs- oder Entwässerungsarbeiten voraus. Wenn man bedenkt, daß die Siedler im allgemeinen schwere Böden bevorzugen, die vor ihrer Ankunft vom Wald bedeckt sind, so muß im nachhinein die rein physische Arbeitsleistung der ersten Zeit als erstaunlich erscheinen. Die neugegründeten Städte an der Ostseeküste erhalten lübisches, die des Binnenlandes zumeist Magdeburger Recht. Da beide Stadtrechte die innere Autonomie der Stadt gewährleisten und von dem Grundsatz bürgerlicher Selbstverwaltung ausgehen, erhält die ostdeutsche Geschichte damit von Anfang an einen freiheitlichen Akzent, der häufig übersehen wird. Besonders wirtschaftlich starke und politisch mächtige Städte wie Lübeck, Danzig, Riga, Magdeburg oder Breslau sind jahrhundertelang Zentren politischer und geistiger Freiheit mit entsprechender Ausstrahlung auf das jeweilige Hinterland.

Auch die Städte werden ganz planmäßig angelegt. Normalerweise gibt es zwei im rechten Winkel aufeinandertreffende Hauptstraßenzüge, die das annähernd kreisförmige Stadtgebiet in vier Viertel zerlegten (Kreis-Kreuz-Siedlung). Wo die Hauptstraßen nach außen führen und somit die Stadtbefestigung unterbrechen, werden Stadttore errichtet, in der Regel also vier, die häufig eine imponierende Stärke aufweisen, da sie die kritischen Punkte der Stadtverteidigung sind. Im Stadtzentrum, wo alle Hauptstraßen aufeinandertreffen, befinden sich zumeist Marktplatz, Rathaus und Kirche — sinnfälliger Ausdruck der Tatsache, daß die Bürgerschaft Rechts-, Wirtschafts- und Kultgemeinschaft zugleich ist.

Neben der Errichtung der Städte und der Entwicklung städtischen Lebens und städtischer Kultur ist vor allem die wirtschaftliche Erschließung Ostdeutschlands als Leistung der bürgerlichen Siedler hervorzuheben. Zahllose Firmen und Handwerksbetriebe werden errichtet, Schiffahrts- und Bergbaugesellschaften gegründet, Handelsverbindungen angeknüpft und insbesondere im Ostseeraum so stark ausgebaut, daß die Hansestädte im 14. Jahrhundert praktisch das Fernhandelsmonopol erringen und lange behaupten können. Obwohl der Hanse auch sehr viele Städte des Altsiedellandes angehören, darunter so bedeutende wie Hamburg, Bremen, Braunschweig oder Köln, spielt das »Wendische Quartier« — also die Städte der holsteinischen, mecklenburgischen und pommerschen Ostseeküste mit ihrem Vorort Lübeck — stets die erste Rolle.

Eine Würdigung der in Zusammenhang mit der Ostsiedlung erbrachten Leistungen wäre unvollständig, wenn nicht auch des Adels und der Kirche gedacht würde. Was zunächst den slawischen Adel angeht, so besteht sein unschätzbares Verdienst darin, daß er sich der neuen Entwicklung geöffnet hat; nur so kann das Siedlungsunternehmen ge-

Bauern mit eisernem Pflug. Miniaturen aus der Dresdener Bilderhandschrift des Sachsenspiegels.

Das Rathaus von Breslau, erbaut 1328.

Vereinfacht muß man sich das Siedlungswerk so vorstellen, daß zunächst einmal eine Schneise in die Wildnis geschlagen wird, die spätere Dorfstraße, und daß dann auf beiden Seiten den einzelnen Familien Hofland von bestimmter Breite zugewiesen wird, das sie sich freilich zunächst einmal durch Rodung schaffen müssen. So entsteht der Typ des ostdeutschen Straßendorfes, das in der Regel nur eine einzige Straße hat und im Gegensatz zum unregelmäßigen, »gewachsenen« Haufendorf des Altsiedellandes ganz planmäßig angelegt ist.

Auch die Siedlungs- und Aufbauleistung des Bürgertums nötigt Respekt ab: Innerhalb kurzer Zeit wird das gesamte östliche Mitteleuropa und das Baltikum mit einem Netz von Städten überzogen und damit flächendeckend eine Siedlungsform eingeführt, die es bis dahin in diesen Gebieten noch nicht gibt.

Das Krantor in Danzig.

Kirchenburg von Birthälm/Siebenbürgen, erbaut um 1500. Sitz der evangelischen Sachsenbischöfe von 1572–1872.

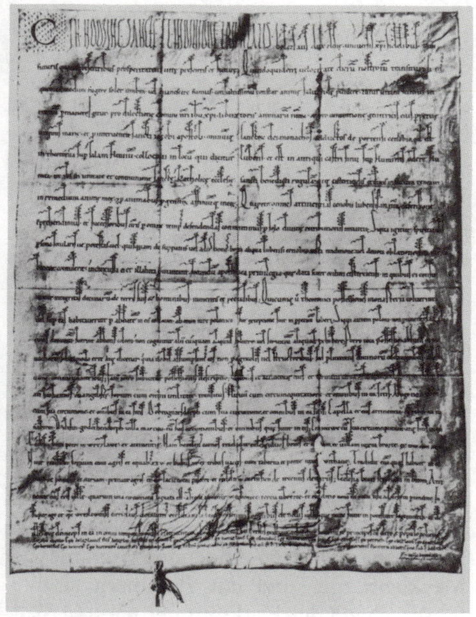

Bestätigungsurkunde für das Kloster Leubus (1175).

ordnet und ganz überwiegend friedlich vonstatten gehen. Dadurch, daß die einwandernden deutschen Ritter sich alsbald mit den führenden einheimischen Familien vermischen, werden die Grundlagen für die ostdeutsche Adelskultur gelegt, die im einzelnen hier nicht dargestellt werden kann, zumal sie ihre höchste Vollendung erst im 18. Jahrhundert erreicht.

Ostsiedlung bedeutet im Mittelalter zugleich auch immer christliche Mission; mit dem Siedlungswerk einher geht daher der Aufbau der gesamten kirchlichen Organisation, von der Errichtung der Bistümer und Erzbistümer bis zum Ausbau eines flächendeckenden Netzes von Pfarrkirchen, die – zumal im ländlichen Raum – die geistlichen und geistigen Zentren schlechthin darstellen. Eine besondere Rolle bei der Kultivierung des Landes spielen die Klöster, allen voran die des Zisterzienserordens, der – seinem Auftrag entsprechend – gerade in solchen Gegenden, in denen die Bodenverhältnisse besonders schwierig sind – landwirtschaftliche Pionierarbeit leistet. Der Orden ist im gesamten Neusiedelland tätig; Klöster wie Heiligenkreuz (bei Wien), Rein (bei Graz), Leubus (bei Liegnitz), Chorin (in der Mark), Doberan (bei Rostock), Eldena (bei Greifswald) und Oliva (bei Danzig) zeugen von seiner Leistung.

Das Grabmal der hl. Hedwig (1174–1243) in der Kirche des Zisterzienserinnen-Klosters Trebnitz.

Johannes Bugenhagen (1485–1558), Ölbild von Lukas Cranach d. Ä.

Ein Gemeinwesen ganz eigner Art schließlich ist der Staat des Deutschen Ordens in Preußen, von dem noch die Rede sein wird.

Der neue historische Raum – Deutsche Ostsiedlung der Neuzeit

Um das Jahr 1350 bricht die Siedlungstätigkeit im Osten plötzlich ab und wird vorübergehend sogar rückläufig. Einer der Gründe dafür ist sicherlich der »Schwarze Tod«, eine verheerende Pestepidemie, die damals fast ganz Europa erfaßt und der auch im Neusiedelland ein Viertel bis ein Drittel der Bevölkerung zum Opfer fällt. Aus dieser Zeit stammt der größte Teil der »Wüstungen«, Orte, die im 13. und 14. Jahrhundert nachweislich bestanden haben, heute aber nicht mehr existieren. Da nunmehr siedlungswilligen Familien auch im Westen genügend Land zur Verfügung steht, bleibt der Siedlerstrom aus. Die Folge ist, daß sich in den gemischtsprachigen Gebieten allmählich die slawische Bevölkerung durchsetzt – einer der Gründe für den merkwürdigen Verlauf der deutschen Sprachgrenze im Osten.

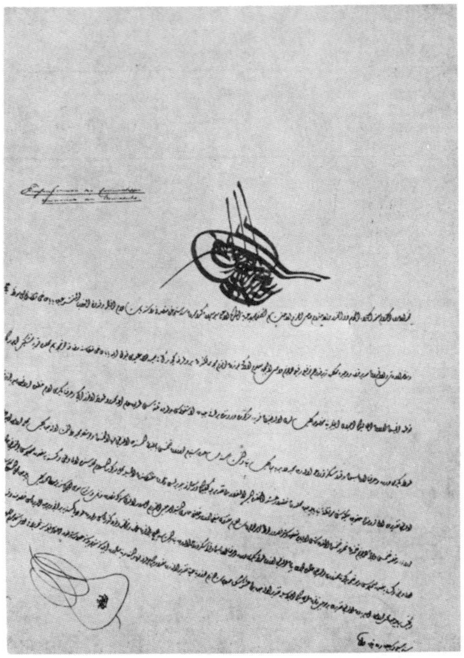

Der Ferman des Sultans Abdul-Medschid I. zum Bau der ersten deutschen Kirche in der Dobrudscha, 20.7.1860.

Mit der Ostsiedlung kommt es östlich der Elbe-Saale-Linie zur Bildung der sogenannten Neustämme. Lediglich an der mittleren Donau ist der bayrische Einfluß schon vor Beginn der eigentlichen Ostsiedlung so stark, daß von einem eigenen österreichischen Stammesverband nicht gesprochen werden kann. Die sich neu bildenden Stämme der Mecklenburger und der Pommern sind – entsprechend der Herkunft der meisten Siedler – in Sprache und Mentalität stark niedersächsisch geprägt. Größere Eigenständigkeit entwickeln im Laufe der Jahrhunderte die Schlesier, die Sachsen und die Ostpreußen.

Die politische Landkarte des Neusiedellandes weist von Anfang an ein ganz anderes Bild auf als die des Altsiedellandes. Während im Westen des Reiches zahlreiche Klein- und Kleinstterritorien bestehen, überwiegen im Osten große und mittelgroße Territorien wie das Herzogtum Mecklenburg, das Herzogtum Pommern, das Kurfürstentum Brandenburg, das Erzbistum Magdeburg, die Markgrafschaft Meißen, das Königreich Böhmen, das Herzogtum Österreich und der Ordensstaat. Die Gründe für diesen Unterschied sind die gleichen wie bei den dörflichen und städtischen Siedlungsformen: Während im Altsiedelland »gewachsene Rechte« zu respektieren sind, haben die Landesherren im Osten die Möglichkeit zu planmäßiger Gestaltung der politischen Verhältnisse. Schon die Fürsten in der Siedlungszeit nutzten diese Möglichkeit, etwa die brandenburgischen Askanier oder die österreichischen Babenberger, die als erste den Weg zum modernen Flächenstaat beschreiten. Insofern ist es kein Zufall, daß die späteren europäischen Großmächte Preußen und Österreich im Osten des deutschen Siedlungsgebietes entstehen.

Ausgesprochen planmäßig verlaufen auch Aufbau und Ausbau des Ordensstaates, der vor allem im Gebiet der zur baltischen Völkergruppe gehörenden Prußen errichtet wird, insoweit also über den slawischen Siedlungsraum hinausgreift. Während die ersten deutschen Siedler ins Land strömen, wird ganz Preußen systematisch mit einem Netz von Ordensburgen überzogen, die der Landesverteidigung und der Landesverwaltung zugleich dienen. Überhaupt atmet das ganze Staatswesen den Geist modern anmutender Rationalität, die neben dem Gedanken des Dienstes und der Disziplin zu den hervorstechendsten Merkmalen des Ordensstaates gehören. Dienst, Disziplin und Rationalität – das sind die Prinzipien, nach denen auch die spätere preußische Monarchie gestaltet wird, unter der im 18. und 19. Jahrhundert der größte Teil des Neusiedellandes politisch zusammengefaßt wird. Insofern sind nicht nur der Name und die schwarz-weißen Farben des Ordensstaates auf das moderne Preußen übergegangen.

Die beiden Großstaaten des Neusiedellandes, Brandenburg-Preußen und Österreich, sind es auch gewesen, die seit der zweiten Hälfte des 17. Jahrhunderts die Voraussetzungen für die Wiederaufnahme der deutschen Siedlungstätigkeit im Osten schaffen. Der Große Kurfürst bietet verschiedenen wegen ihres Glaubens verfolgten Emigran-

Manifest der Zarin Katharina II. zur Berufung ausländischer Kolonisten ins Russische Reich vom 22.07.1763.

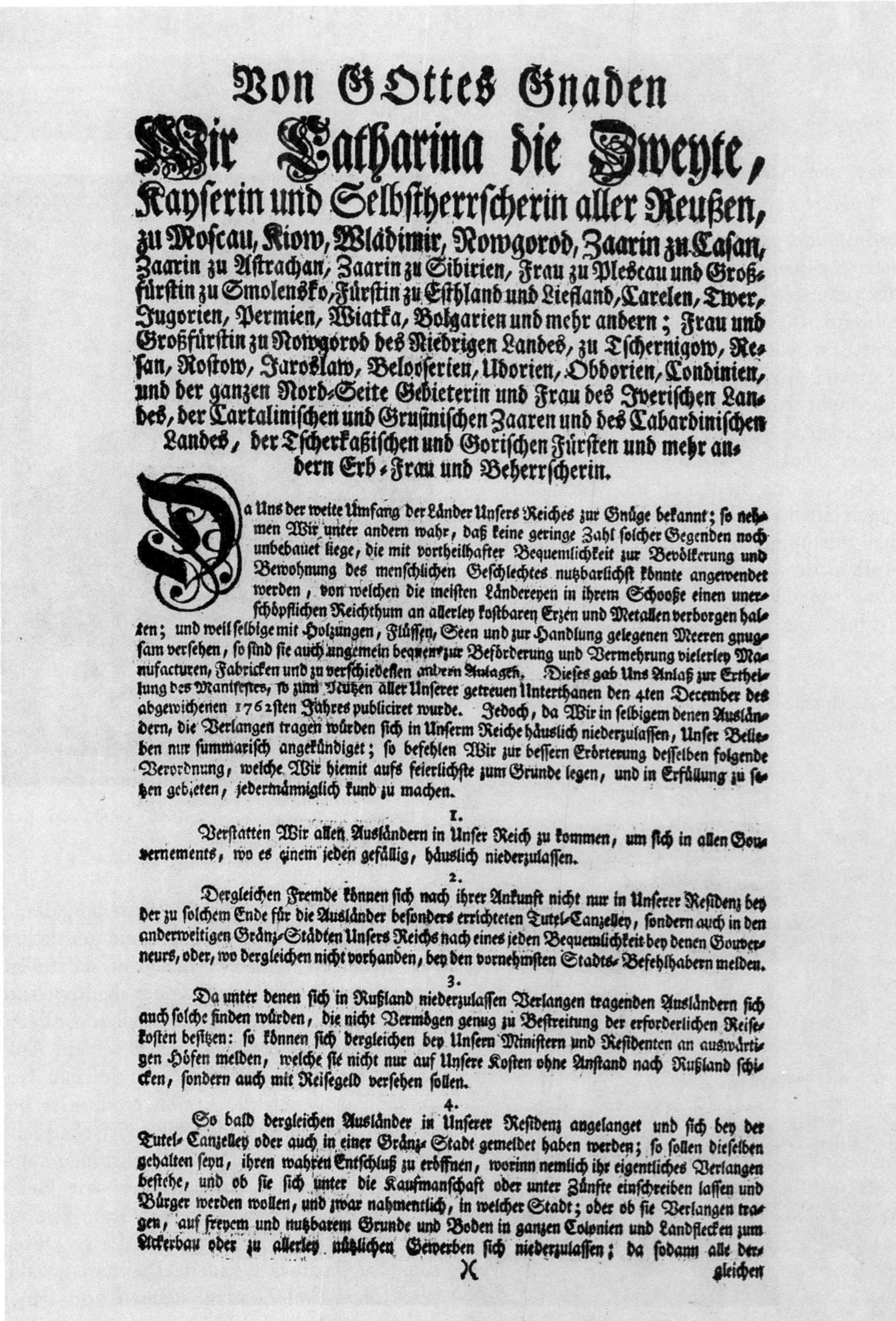

Von GOttes Gnaden

Wir Catharina die Zweyte,

Kayserin und Selbstherrscherin aller Reußen, zu Moscau, Kiow, Wlädimir, Nowgorod, Zaarin zu Casan, Zaarin zu Astrachan, Zaarin zu Sibirien, Frau zu Plescau und Großfürstin zu Smolensko, Fürstin zu Esthland und Liefland, Carelen, Twer, Jugorien, Permien, Wiatka, Bolgarien und mehr andern; Frau und Großfürstin zu Nowgorod des Niedrigen Landes, zu Tschernigow, Resan, Rostow, Jaroslaw, Belooserien, Udorien, Obdorien, Condinien, und der ganzen Nord-Seite Gebieterin und Frau des Iwerischen Landes, der Cartalinischen und Grusinischen Zaaren und des Cabardinischen Landes, der Tscherkaßischen und Gorischen Fürsten und mehr andern Erb-Frau und Beherrscherin.

Da Uns der weite Umfang der Länder Unsers Reiches zur Gnüge bekannt; so nehmen Wir unter andern wahr, daß keine geringe Zahl solcher Gegenden noch unbebauet liege, die mit vortheilhafter Bequemlichkeit zur Bevölkerung und Bewohnung des menschlichen Geschlechtes nutzbarlichst könnte angewendet werden, von welchen die meisten Ländereyen in ihrem Schooße einen unerschöpflichen Reichthum an allerley kostbaren Erzen und Metallen verborgen halten; und weil selbige mit Holzungen, Flüssen, Seen und zur Handlung gelegenen Meeren genugsam versehen, so sind sie auch ungemein bequem zur Beförderung und Vermehrung vielerley Manufacturen, Fabricken und zu verschiedenen andern Anlagen. Dieses gab Uns Anlaß zur Ertheilung des Manifestes, so zum Nutzen aller Unserer getreuen Unterthanen den 4ten December des abgewichenen 1762sten Jahres publiciret wurde. Jedoch, da Wir in selbigem denen Ausländern, die Verlangen tragen würden sich in Unserm Reiche häuslich niederzulassen, Unser Belieben nur summarisch angekündiget; so befehlen Wir zur bessern Erörterung desselben folgende Verordnung, welche Wir hiemit aufs feierlichste zum Grunde legen, und in Erfüllung zu setzen gebieten, jedermänniglich kund zu machen.

1.

Verstatten Wir allen Ausländern in Unser Reich zu kommen, um sich in allen Gouvernements, wo es einem jeden gefällig, häuslich niederzulassen.

2.

Dergleichen Fremde können sich nach ihrer Ankunft nicht nur in Unserer Residenz bey der zu solchem Ende für die Ausländer besonders errichteten Tutel-Canzelley, sondern auch in den anderweitigen Gränz-Städten Unsers Reichs nach eines jeden Bequemlichkeit bey denen Gouverneurs, oder, wo dergleichen nicht vorhanden, bey den vornehmsten Stadts-Befehlhabern melden.

3.

Da unter denen sich in Rußland niederzulassen Verlangen tragenden Ausländern sich auch solche finden würden, die nicht Vermögen genug zu Bestreitung der erforderlichen Reisekosten besitzen: so können sich dergleichen bey Unsern Ministern und Residenten an auswärtigen Höfen melden, welche sie nicht nur auf Unsere Kosten ohne Anstand nach Rußland schicken, sondern auch mit Reisegeld versehen sollen.

4.

So bald dergleichen Ausländer in Unserer Residenz angelanget und sich bey der Tutel-Canzelley oder auch in einer Gränz-Stadt gemeldet haben werden; so sollen dieselben gehalten seyn, ihren wahren Entschluß zu eröffnen, worinn nemlich ihr eigentliches Verlangen bestehe, und ob sie sich unter die Kaufmanschaft oder unter Zünfte einschreiben lassen und Bürger werden wollen, und zwar nahmentlich, in welcher Stadt; oder ob sie Verlangen tragen, auf freyem und nutzbarem Grunde und Boden in ganzen Colonien und Landflecken zum Ackerbau oder zu allerley nützlichen Gewerben sich niederzulassen; da sodann alle der-

X

gleichen

Die Marienburg, erbaut 1270, ist seit 1309 Sitz des Hochmeisters des Deutschen Ordens.

tengruppen sein Land als neue Heimat an, und unter den Königen Friedrich Wilhelm I. und Friedrich dem Großen kommt es zur systematischen Besiedlung siedlungsarmer Gebiete Ostpreußens und des Oderbruchs. Nach der erfolgreichen Verteidigung Wiens im Jahre 1683 rücken die Heere des Prinzen Eugen bis nach Belgrad vor und entreißen den Türken ein riesiges Gebiet, zu dessen Wiederaufbau und Erschließung auch deutsche Siedler angesetzt werden. Es handelt sich um die donauländischen Schwaben, denen man vor allem in den gefährdeten Randzonen, entlang der jahrhundertelang bestehenden österreichisch-türkischen Militärgrenze, Siedlungsland anweist. Auf diese Weise entstehen im Banat, in der Batschka und in der Bukowina (Buchenland) geschlossene deutsche Siedlungsgebiete. Seit Mitte des 18. Jahrhunderts schließlich werden in einzelnen Gebieten des Russischen Reiches Deutsche angesiedelt, vor allem an der unteren Wolga, am Schwarzen Meer und in Wolhynien. Auch in der Dobrudscha und in Bessarabien entstehen deutsche Kolonistendörfer.

Die deutsche Ostsiedlung der zweiten Hälfte des 17., des 18. und des beginnenden 19. Jahrhunderts hat einen anderen Charakter als die des Mittelalters: Es handelt sich um keine eigentliche Siedlungsbewegung, sondern um gezielte Ausbaumaßnahmen des absolutistischen Staates. Die im 14. Jahrhundert entstandene deutsche Siedlungsgrenze bleibt unverändert; insbesondere werden die zwischen Bayern und Schlesien, zwischen Hinterpommern und dem unteren Weichselgebiet bestehenden Siedlungslücken, die sich noch im 20. Jahrhundert politisch auswirken sollten, nicht geschlossen. Die deutsche Ostsiedlung der Neuzeit hat jedoch in erheblichem Umfang zur Einbeziehung weiterer Gebiete des Ostens und des Südostens in den europäischen Kulturraum beigetragen.

LITERATURAUSWAHL

BOOCKMANN, Hartmut: Die mittelalterliche deutsche Ostsiedlung, in: Geschichte und Gegenwart, o.O. 1980

DERS.: Der Deutsche Orden, München 1982[2]

GAUSE, Fritz: Mittelalterliche deutsche Ostsiedlung, 1969

HELBIG, H./WEINRICH, L. (Hrsg.): Urkunden und erzählende Quellen zur deutschen Ostsiedlung im Mittelalter, 2 Bde., Darmstadt 1968/70

KOETZSCHKE, Rudolf/EBERT, Wolfgang: Geschichte der ostdeutschen Kolonisation, Leipzig 1937

QUIRIN, Karl Heinz (Hrsg.): Die deutsche Ostsiedlung im Mittelalter, Darmstadt/Zürich 1986[2]

SCHLESINGER, Walter (Hrsg.): Die deutsche Ostsiedlung des Mittelalters als Problem der europäischen Geschichte, Sigmaringen 1975

Ursachen und Hintergründe der Vertreibung Deutscher

Hans-Werner Rautenberg

Als der Traum vom Tausendjährigen Reich unter den Trümmern der Berliner Reichskanzlei, in welcher der »Führer und Reichskanzler« seinem Leben mit eigener Hand ein Ende setzte, begraben werden mußte, strömten bereits Millionen ihrer Habe beraubter Deutscher aus dem Osten in die weithin zerstörten westlichen und mittleren Teile des Deutschen Reiches. Für sie alle waren Flucht und die zeitlich nachfolgende Vertreibung aus der angestammten Heimat, die ihr oftmals vorangegangene Zeit völliger Entrechtung und die ihr folgende sozialer Deklassierung und Verarmung das einschneidendste Ereignis ihres Lebens, das sie noch auf Jahrzehnte hinaus prägen sollte und vielfach bis heute nicht überwunden ist.

Die — in ihrem Ausmaß ungeheure — Katastrophe, die innerhalb weniger Monate mehr als 17 Millionen Deutsche aus allen Gebieten ostwärts von Oder und Neiße innerhalb und außerhalb der Reichsgrenze erfaßte, von denen etwa zwei Millionen die Strapazen eines überharten Winters und die Übergriffe der Sieger nicht überlebten, ist über die Deutschen im Osten nicht gleichsam über Nacht hereingebrochen.

Die gewaltsame Vertreibung der Deutschen aus den Ostprovinzen, den Sudetenländern sowie aus Ostmittel- und Südosteuropa stellt vielmehr nur das apokalyptische Finale einer gewaltigen und größtenteils zwangsweisen Bevölkerungsverschiebung dar, die nach ersten Vorboten vor dem Ersten Weltkrieg nach 1918/19 einsetzte, in den zwanziger Jahren etwas abflaute und seit 1939 das östliche Europa nicht mehr zur Ruhe kommen ließ. Zwar stellten die Deutschen zahlenmäßig den weitaus größten Anteil der von Zwangsvertreibungen Betroffenen, doch blieben auch einige kleinere Völker wie z.B. die Esten, Kalmücken und Krimtataren hiervon nicht verschont. Welche Katastrophe die Deutschen im Osten ereilte, wird augenfällig, wenn man sich das um 1910 noch existierende Bild eines weit über die Staats- und Volksgrenzen in die weiten Räume des östlichen Europas verbreiteten Deutschtums vor Augen hält, das von den Ostseeprovinzen des Russischen Reiches mit ihrer deutschbaltischen Führungsschicht bis an die Ufer der Wolga und an die Küste des Schwarzen Meeres ausgriff, und es gegen die heutige Situation stellt: Im Südosten Europas sind nurmehr zwei — in ihrer Substanz zutiefst erschütterte — größere und geschlossene Deutschtumsinseln, Südsiebenbürgen und das rumänische Banat, übriggeblieben. Alle anderen im östlichen Europa und in den Oder-Neiße-Gebieten noch verbliebenen Deutschen existieren heute nur noch als vereinzelte Menschengruppen ohne größeren Zusammenhang und teilweise fern von ihren ursprünglichen Wohnsitzen, so die Deutschen aus Rußland.

Die dem Deutschtum in diesen Räumen drohende Katastrophe hat es nicht mit einem Schlag ereilt: Sie war vielmehr Ausfluß und Resultat der seit der Französischen Revolution auftretenden Leitidee des homogenen Nationalstaats. Seit man im Laufe des 19. Jahrhunderts die althergebrachte Vorstellung, daß es gut und richtig sei, wenn mehrere Nationalitäten in einem übernationalen Staatsverband friedlich nebeneinander lebten, wie es die Habsburgermonarchie, das Russische Reich und zum kleineren Teil auch Preußen paradigmatisch vorlebten, durch den sogenannten »integralen Nationalstaat« zu ersetzen begann, wonach eine Bevölkerung national homogen zu sein habe und sich mithin Volkstums- und Staatsgrenzen zu decken hätten, war abzusehen, daß sich das Prinzip: »Ein Volk — ein Staat« in einer ethnischen Schütterzone wie derjenigen Ostmittel- und Südosteuropas, in der die Gemengelage der Nationalitäten besonders ausgeprägt war, auf die Dauer verheerend auswirken mußte.

Denn die letzte Konsequenz einer solchen Überzeugung mußte unausweichlich sein, daß sich die nationale Minderheit der das »Staatsvolk« stellenden Mehrheit unterzuordnen, ja sich zu assimilieren oder aber im Weigerungsfall das Land zu verlassen habe. Zwar wurden bis zum Beginn unseres Jahrhunderts aus diesem Grundsatz noch nicht die letzten Folgerungen gezogen, doch resultierte aus einer Denkungsart, die nur die eigene Nation verherrlichte, für die mitwohnenden Angehörigen eines anderen Volkstums bald eine besondere Gefährdung.

Infolge der ersten Russischen Revolution von 1905 kam es in den Ostseeprovinzen zu den ersten Ausschreitungen gegen die deutschbaltische Oberschicht, die eine erste Rückwanderung von Deutschen ins Reich auslösten. Auch aus Russisch-Polen trafen erste Flüchtlinge ein, deren sich in Posen ein »Hilfsausschuß für deutsche Rückwanderer aus Russisch-Polen« und vier Jahre später ein weiterer »Fürsorgeverein für deutsche Rückwanderer« annahmen. Insgesamt fanden 5.000 Familien in der Provinz Posen Aufnahme. Es waren, verglichen mit den späteren Flüchtlingsströmen, verhältnismäßig wenige Menschen, die in den deutschen Ostprovinzen Zuflucht suchten. Daher blieb das Echo auf diese Vorgänge in der reichsdeutschen Öffentlichkeit zunächst gering. Gleichwohl stehen die seinerzeit wenig beachteten Geschehnisse am Beginn der Umsiedlungen und Vertreibungen des 20. Jahrhunderts.

Massenhafte Bevölkerungsverschiebungen begannen freilich dort, wo auch der Erste Weltkrieg seinen Anfang nehmen sollte: auf der Balkanhalbinsel. In den beiden ihm unmittelbar vorausgehenden Balkankriegen von 1912/13 und 1913 kam es zu den ersten Massenaustreibungen und -umsiedlungen, wobei konfessionelle Gegensätze die nationalen Antagonismen noch verstärkten. Im Frieden von Adrianopel vom 29. September 1913 vereinbarten die Türkei und Bulgarien erstmals auf staatlicher Ebene einen »Bevölkerungstransfer«. (Der Ausbruch des Ersten Weltkriegs verhinderte ein entsprechendes griechisch-türkisches Abkommen). Ein höchst unheilvolles Prinzip hatte sich damit in der europäischen Geschichte durchgesetzt: Bevölkerungsgruppen, welche die gleiche Sprache wie das Volk des feindlichen Lagers sprachen, wurden automatisch zu Feinden des eigenen Landes, denen gegenüber von nun an Zwangsverpflanzungen und Umsiedlungen als durchaus legitimes Verfahren zur Gewährleistung der eigenen Sicherheit angesehen wurden. Mehr denn je erschien daher manchen Politikern während des Ersten Weltkriegs eine derart zwangsweise »Entmischung« der Nationalitäten als die auf die Dauer vernünftigste Lösung.

Auch im kaiserlichen Deutschland wurden übrigens während des Ersten Weltkrieges nicht selten mit starken Worten in Memoranden und Broschüren vorgetragene Vorschläge laut, die deutsche Ostgrenze durch einen »Grenzstreifen«, aus dem die dort wohnende, zumeist polnische Bevölkerung ausgesiedelt werden sollte, dauerhaft zu sichern. Doch erhoben sich gegen derartige Vorstellungen auch mannigfache Widerstände, so daß vorerst der Rahmen theoretischer Erörterungen nirgends überschritten wurde. Die deutsche Niederlage ließ solche Überlegungen gegenstandslos werden.

Anders verhielt es sich hingegen im Russischen Reich mit seiner reichen Tradition an Zwangsverpflanzungen und Deportationen mißliebiger Bevölkerungsgruppen, wo die Deutschen tatsächlich betroffen wurden. Der Sorge um ihr ferneres Schicksal entsprangen denn auch deutscherseits erwogene Rücksiedlungspläne, die schon vor Ausbruch des Zweiten Weltkriegs eine wesentliche Rolle spielten. Alle Loyalitätsbekundungen der 1914 im russischen Machtbereich ansässigen Deutschen halfen ihnen auf die Dauer nichts gegen den aufflammenden russischen Nationalismus. Nach ersten Verhaftungen und Verbannungen angeblich »unzuverlässiger« Personen vor allem in den Ostseeprovinzen ermöglichte ein am 15. Februar 1915 verkündetes Gesetz die Enteignung aller Deutschen in einem 150 Kilometer breiten Streifen östlich der russischen Westgrenze und entlang der Ostseeküste. Bereits im Mai wurde die zwangsweise Entfernung aller im Frontbereich siedelnden deutschen Kolonisten befohlen und ihre Deportation nach Sibirien und in die Baschkirensteppe angeordnet. Wenngleich der rasche deutsche Vormarsch die Durchführung dieser Anordnung in den Gebieten westlich der Weichsel verhinderte, wurde die weiter östlich ansässige deutsche Bevölkerung Wolhyniens (ca. 250.000 Personen) im Treck, per Schiff oder per Eisenbahn nach Osten abtransportiert. Obgleich man sie dort einigermaßen glimpflich behandelte, gingen doch viele Familien in den folgenden Wirren von Revolution und Bürgerkrieg zugrunde; wenig mehr als die Hälfte der Wolhyniendeutschen kehrte nach 1921 in ihre nunmehr polnisch gewordene Heimat zurück, wo sie ihre Höfe entweder zerstört oder in fremden Händen vorfanden.

Die revolutionären Vorgänge der Jahre 1917/18 beraubten auch zahlreiche deutsche Industrielle und Kaufleute in Moskau und Petrograd ihrer Existenzgrundlage und zwangen sie zur Abwanderung. Infolge der Oktoberrevolution begaben sich auch große Teile der Schwarzmeerdeutschen vor der heranrückenden Roten Armee auf die Flucht, die sie zum Teil bis in den Fernen Osten führte, von wo aus die meist bäuerlichen Siedler nach Übersee weiterwanderten und sich schließlich vor allem in Kanada, den Vereinigten Staaten, in Mexiko, Paraguay, Argentinien und Brasilien niederließen.

Die deutsche Niederlage am Ende des Ersten Weltkriegs brachte für die Deutschen im östlichen Europa einen weiteren folgenschweren Einschnitt, da an der deutschen Ostgrenze nunmehr eine Reihe von neuen Staaten entstand, die dem Vorbild des »integralen Nationalstaats« folgend bestrebt waren, möglichst alle eigenen Volkszugehörigen an sich zu ziehen, alle fremden Elemente hingegen mit Hilfe administrativer Maßnahmen und wirtschaftlicher Restriktionen aus dem eigenen Staatsgebiet hinauszudrängen. Allerdings richtete sich ein solches Verfahren, das sich auf das deutsch-polnische Verhältnis bezogen in gewisser Weise als eine Umkehrung der seit 1871 im Deutschen Reich praktizierten Polenpolitik deuten läßt, im wiedererstandenen Polen nicht ausschließlich gegen das deutsche Element, sondern weit rücksichtsloser noch gegen Ukrainer, Weißrussen und Juden. So wanderten nationale Minderheiten vielerorts ab, da sie mit Recht befürchten mußten, sich in ihrer materiellen Existenz, vor allem aber ihren kulturellen Entfaltungsmöglichkeiten nachhaltig benachteiligt zu sehen.

Während das Sudetendeutschtum in der Tschechoslowakei, das immerhin 22,5% der Gesamtbevölkerung stellte, bei seiner geschlossenen Siedelweise und gestützt auf ein gesundes Mittelbauerntum allen Prager Pressionsversuchen gegenüber verhältnismäßig resistent blieb, nahm die Verdrängung des Deutschtums aus dem polnischen Herrschaftsbereich, das nunmehr den Schutz des eigenen Staates und der deutschen Verwaltung entbehren mußte, bedeutende Ausmaße an. Bei der statistischen Erhebung des Jahres 1925 zählte man im Reich 885.000 Deutsche, die vor 1918 jenseits der neuen Reichsgrenze im Osten gelebt hatten. Von ihnen stellten mit 465.000 Personen die aus Posen-Westpreußen stammenden Deutschen den weitaus größten Anteil; ihnen folgten 90.000 aus Ostoberschlesien und 82.500 aus dem ehemaligen Russisch-Polen. Nur etwa 335.000 alteingesessene Deutsche blieben in den nunmehr polnischen Wojewodschaften Posen und Pommerellen (Pomorze) zurück.

Am 30. Januar 1923 sanktionierte der vielzitierte und bis in den Zweiten Weltkrieg hinein immer wieder als Paradigma bemühte Vertrag von Lausanne den zwangsmäßigen Bevölkerungstransfer zwischen Griechenland und der Türkei, in welchem 1.300.000 Griechen aus Kleinasien gegen 360.000 Türken aus Griechenland ausgetauscht wurden. Hierbei wurde bereits jeder noch so fiktive Anschein von »Freiwilligkeit« vermieden. Der an den Verhandlungen beteiligte damalige britische Außenminister Lord Curzon nannte denn auch ein solches Verfahren »eine schlechte und durchaus verwerfliche Lösung, für die die Welt in den kommenden hundert Jahren eine schwere Strafe zu zahlen haben wird«. Sein Landsmann Churchill hingegen bezeichnete das Abkommen, obschon es vor allem für die griechische Seite erhebliche Leiden und wirtschaftliche Schwierigkeiten mit sich brachte, da die aus Kleinasien »transferierten« Flüchtlinge immerhin 20% der griechischen Gesamtbevölkerung ausmachten, in den Parlamentsdebatten vom Herbst 1944 als »in mancher Beziehung einen Erfolg«, denn er habe »Probleme gelöst, die vorher Anlaß zu ständigen Reibereien, Kriegen und Kriegsgerüchten« gegeben hätten. Er schlage daher vor, nach der siegreichen Beendigung des Zweiten Weltkriegs mit der ostdeutschen Bevölkerung in ähnlicher Weise zu verfahren.

Expressis verbis diente der Vertrag von Lausanne jedoch bereits der Umsiedlungspolitik des Dritten Reiches als Muster. Hitler kündigte im Zusammenhang mit dem für das fernere Schicksal der Völker Ostmitteleuropas und der Deutschen im Osten folgenschweren deutsch-sowjetischen Nichtangriffspakt vom 23. August 1939 in einer Reichstagsrede eine »neue Ordnung der ethnographischen Verhältnisse« in dieser Region an, nach deren Abschluß sich »bessere Trennungslinien« ergeben würden, »als es heute der Fall ist«. Dazu werde auch die Beseitigung des Umstandes beitragen, daß »der ganze Osten und Südosten Europas . . . zum Teil mit nicht haltbaren Splittern des deutschen Volkstums gefüllt« sei.

Im »Grenz- und Freundschaftsvertrag zwischen dem Deutschen Reich und der Sowjetunion« vom 28. September 1939 wurde bereits die grundsätzlich freiwillige Übersiedlung von Deutschen aus der russischen und von Ukrainern und Weißrussen aus der deutschen Interessensphäre vereinbart. Bevor es jedoch dazu kam, schloß die Reichsregierung mit den Republiken Estland (am 15. Oktober 1939) und Lettland (am 30. Oktober 1939) Verträge über die Umsiedlung der dort ansässigen Deutschbalten in das Deutsche Reich bzw. in die nach dem Polenfeldzug eingegliederten Gebiete des ehemaligen polnischen Staates. Da die Annexion der Freistaaten Estland und Lettland durch die Sowjetunion nur noch eine Frage der Zeit sein konnte, entschlossen sich mehr als drei Viertel der dort lebenden Deutschen (64.000) aus Furcht vor Verschickung, Zerstreuung oder Vernichtung, ihre vielhundertjährige Heimat zu verlassen. Sie wurden noch im Winter 1939/40 vor allem in dem neu geschaffenen »Reichsgau Wartheland« angesiedelt, nachdem die dort ansässige polnische Bevölkerung teilweise in das sogenannte Generalgouvernement abgeschoben worden war. Jedoch 16.200 Deutschbalten hatten sich geweigert, sich der »diktierten Option« (Loeber) anzuschließen und mußten im Frühjahr 1941 »nachumgesiedelt« werden.

Unter der Losung »Heim ins Reich« wurden in den folgenden Monaten und Jahren auf Grund vertraglicher Vereinbarungen mit der Sowjetunion weitere deutsche Volksgruppen aus dem sowjetischen Machtbereich ausgesiedelt. Schon im Winter 1939/40 129.400 Personen aus Ostgalizien, Wolhynien und dem Gebiet um Bialystok; im Herbst 1940 92.500 Deutsche aus Bessarabien und 37.000 aus der nördlichen Bukowina und von Januar bis März 1941 50.000 Deutsche aus Litauen und dem Wilnagebiet. Weitere deutsche Volksgruppen, deren Existenz wegen ihrer Zerstreuung und ihrer zahlenmäßig geringen Stärke besonders gefährdet schien, folgten aus den mit dem Reich verbündeten Staaten. Es handelte sich bei diesen insgesamt ca. 145.000 Deutschen im einzelnen um etwa 50.000 aus der (rumänischen) südlichen Bukowina, etwa 30.000 aus dem Cholmer Land

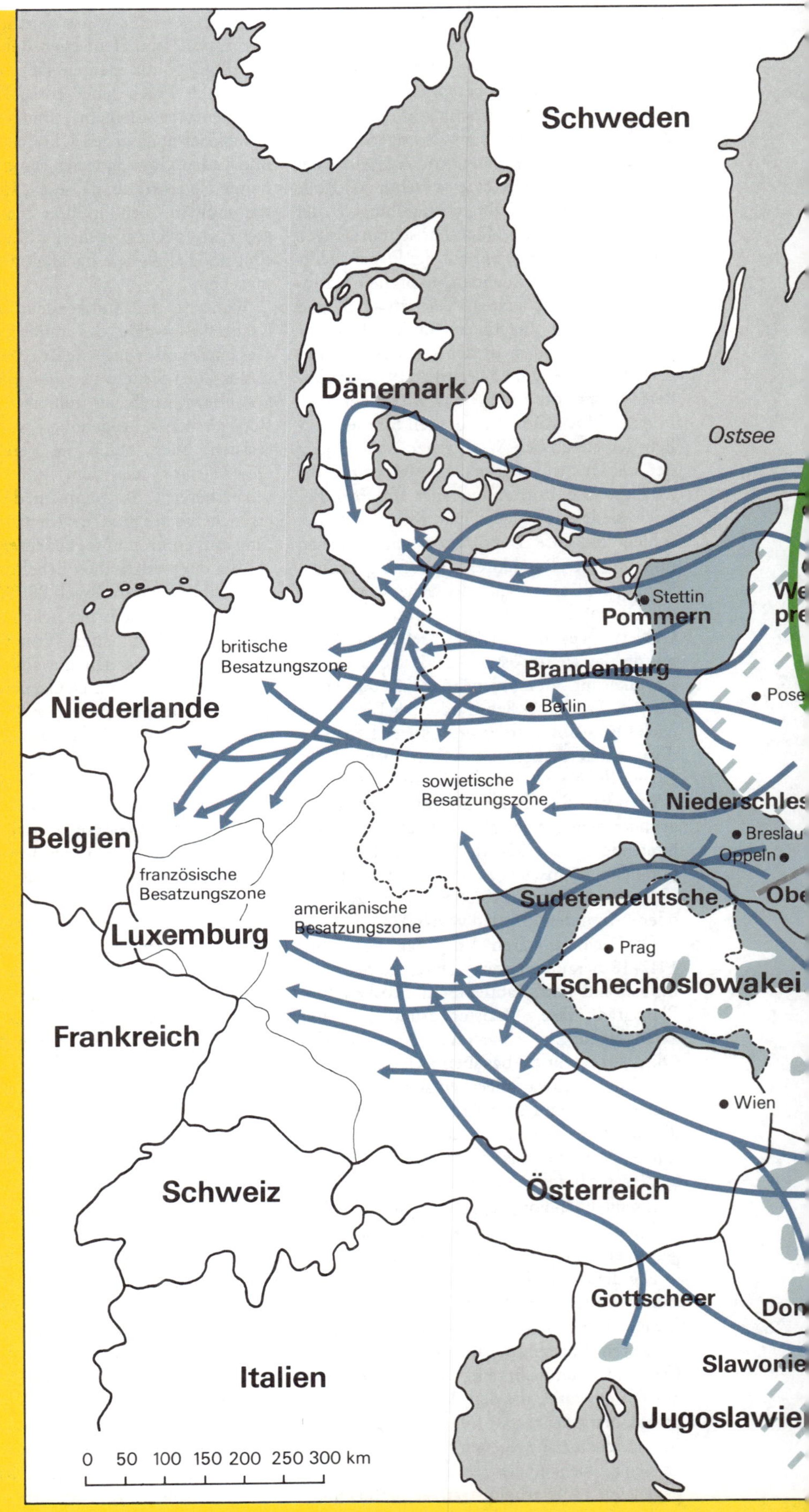

Nach: Bayerisches Staatsministerium für Arbeit und Sozialordnung, Deportation, Flucht und Vertreibung, 2. Aufl., München 1987

Die Vertreibung der Deutschen.

Verschleppte und „Zwangsrepatriierte"
Umsiedlungen (1939 – 1943)
Vertreibung
Ostdeutsche Provinzen und Siedlungsgebiete
Reval
Estland
1939
13.000
Deutsch-Balten
Lettland
Riga
1939
51.000
Memel
Litauen
1941
50.000
emelland
Königsberg
Ostpreußen
zig
Sowjetunion
700.000 Verschleppte
310.000 „Zwangsrepatriierte"
heland
Wolhynien-Deutsche
1942/43
80.000
Polen
esien
Galizien-Deutsche
1939/40
64.600
rpaten-
utsche
Bukowina-Deutsche
1939/40
55.600
Czernowitz
Schwarzmeer-Deutsche
1942/43
70.000
Ungarn
Budapest
1940
97.000
Sathmarer Schwaben
Bessarabien-Deutsche
1940
92.600
rndeutsche
Siebenbürger Sachsen
chwaben
Banat
Kronstadt
Batschka
Rumänien
Belgrad
Bukarest
Dobrudscha-Deutsche
1940
14.500

Umsiedlung der Deutschen aus dem Osten ins Wartheland, 1940.

südlich von Lublin in Mittelpolen, ca. 18.000 aus Bosnien und Kroatien, ca. 15.000 aus der Dobrudscha und ebenfalls ca. 15.000 aus der Sprachinsel Gottschee in Slowenien.

Alle diese Volksgruppen wurden in ihrer überwiegenden Mehrzahl von den Behörden des »Reichskommissars für die Festigung des deutschen Volkstums«, Heinrich Himmler, in den beiden Reichsgauen »Wartheland« und »Danzig-Westpreußen« sowie in den zur Provinz Ostpreußen geschlagenen ehemals polnischen Gebieten angesiedelt. Das Rechtsgefühl der Neuankömmlinge wurde empfindlich durch die Tatsache verletzt, daß sie nicht selten auf Höfe kamen, deren polnische Besitzer erst unmittelbar zuvor vertrieben und anschließend in das sogenannte Generalgouvernement abgeschoben worden waren. Daneben trug die Behandlung seitens der Dienststellen des »Reichskommissars« wesentlich dazu bei, daß die Umsiedler, die erst nach ihrer Ankunft in ihren Bestimmungsorten merkten, daß das in ihrer Gedankenwelt verklärte »Reich« sie lediglich als Instrumente seiner hybriden Herrschaftspolitik zu benutzen suchte, bald bitter enttäuscht wurden. Sie kamen selten in eine deutsch besiedelte Gegend und sahen sich schon bald zu bloßen Objekten nationalsozialistischen Machtstrebens herabgewürdigt. Besonders schmerzlich mußten diese durchweg tief religiös geprägten Menschen erfahren, daß die zuständigen Behörden kaum Verständnis für ihre Besonderheiten aufbrachten, ihnen ein Zusammenleben in ihnen vertrauten Gemeinschaften verwehrten und ihnen ihre Pfarrer nahmen, so vor allem im extrem kirchenfeindlichen »Mustergau Wartheland«. Sie alle wurden »in der großen Masse Opfer einer anonymen und widersprüchlichen Politik« (Lemberg).

Der Beginn des Rußlandfeldzugs am 22. Juni 1941 brachte für die überwiegende Mehrzahl der Rußlanddeutschen die Katastrophe. Von nun an galten alle in der Sowjetunion siedelnden deutschen Kolonisten als zumindest potentielle Volksverräter und Staatsfeinde, die man durch Deportation aus ihren Wohnsitzen entfernen und durch Zerstreuung unschädlich zu machen suchte. Bereits am 15. August begann die Verschickungsaktion von 350.000 Deutschen aus der inzwischen aufgelösten Wolgadeutschen Sowjetrepublik; gleichzeitig wurden etwa 160.000 Deutsche aus Ostwolhynien, der Ukraine, der Krim und dem Kaukasus erfaßt und zusammen mit den Wolgadeutschen nach Sibirien und Zentralasien deportiert. Der rasche Vormarsch der deutschen Wehrmacht verhinderte zunächst die Zwangsverpflanzung der Schwarzmeerdeutschen; sie wurden 1942 und 1943/44 nach Westen umgesiedelt, die letzten schon fluchtartig beim Rückzug der deutschen Truppen. Sie wurden teilweise schon vor dem Erreichen ihrer neuen Wohnplätze – wie alle anderen Deutschen jenseits von Oder und Neiße – in die Schlußkatastrophe hineingerissen.

In diesem Augenblick liefen unter den alliierten Mächten bereits diplomatische Verhandlungen über das zukünftige Schicksal der ostdeutschen Bevölkerung, von denen die Betroffenen nichts ahnten. Spätestens seit dem Scheitern des deutschen Ansturms vor Moskau und der Kapitulation der 6. Armee vor Stalingrad am 2. Februar 1943 begannen die polnische Exilregierung in London und die von ihr gelenkte Widerstandsbewegung im Lande selbst, Pläne zur politischen Neugestaltung Polens nach dem Sieg über das nationalsozialistische Deutschland und seine Verbündeten zu entwerfen. Nach den negativen Erfahrungen vom September 1939, als die deutschen Armeen aus Ostpreußen, Pommern, Schlesien und der Slowakei zum Angriff auf Polen angetreten waren, erstrebte man eine verkürzte und begradigte polnische Westgrenze und bezeichnete schon im Dezember 1942 eine Grenze an Oder und Neiße als eine »für Polen natürliche Sicherheitslinie gegen Deutschland«. In einem Memorandum forderte die polnische Exilregierung in London außerdem einen breiteren Zugang zum Meer als bisher sowie das bereits Ende des Ersten Weltkriegs vergeblich beanspruchte Ostpreußen, das Gebiet der Freien Stadt Danzig und das sogenannte »Oppelner Schlesien« (Oberschlesien).

Inzwischen war es der tschechoslowakischen Exilregierung unter dem ehemaligen Staatspräsidenten der ČSR, Edvard Beneš, gelungen, die wichtigsten Alliierten auf eine Ungültigkeitserklärung des Münchener Abkommens von 1938 und eine Wiederherstellung der Tschechoslowakei zu verpflichten. Hatte man zunächst an einen innertschechoslowakischen Bevölkerungsaustausch gedacht, um die deutschen Sprachinseln im Innern des Landes zu beseitigen und für Deutsche und Tschechen geschlossene Siedelgebiete zu schaffen, so trat der von den Alliierten im Prinzip bereits 1942 gebilligte Plan einer vollständigen Ausweisung der Deutschen und Magyaren immer deutlicher in den Vordergrund, sobald sich die Niederlage des Dritten Reiches abzuzeichnen begann und sich die Verhältnisse im »Reichsprotektorat Böhmen-Mähren« weiter verschärften.

Die Austreibung der Deutschen aus dem ehemaligen polnischen Staatsgebiet oder gar aus den Ostprovinzen des Deutschen Reichs ist hingegen nicht von derart langer Hand vorbereitet worden, da die polnische Exilregierung der bald erkennbaren Absicht Stalins, auch nach einer Wiederherstellung Polens an der 1939 erreichten Curzon-Linie als sowjetisch-polnischer Grenze festzuhalten, hartnäckigen Widerstand entgegensetzte. Noch am 17. Dezember 1944 lehnte ihr Außenminister Arciszewski weitere Gebietserwerbungen Polens im Westen ab und erklärte: »Wir wollen die Grenze nicht so weit nach Westen ausdehnen, daß wir 8 bis 10 Millionen Deutsche aufnehmen müssen, wir wollen weder Breslau noch Stettin.« Auf der Konferenz von Jalta (4.–11. Februar 1945) aber, als die Rote Armee bereits an der Donau stand und nur noch wenige Restgebiete in Ostpreußen und Schlesien von deutschen Truppen gehalten wurden, forderte Stalin ultimativ die Oder-Neiße-Linie als Westgrenze Polens. Die Westmächte stimmten dem mit gewissen Einschränkungen zu.

Der Plan, die deutsche Bevölkerung öst-

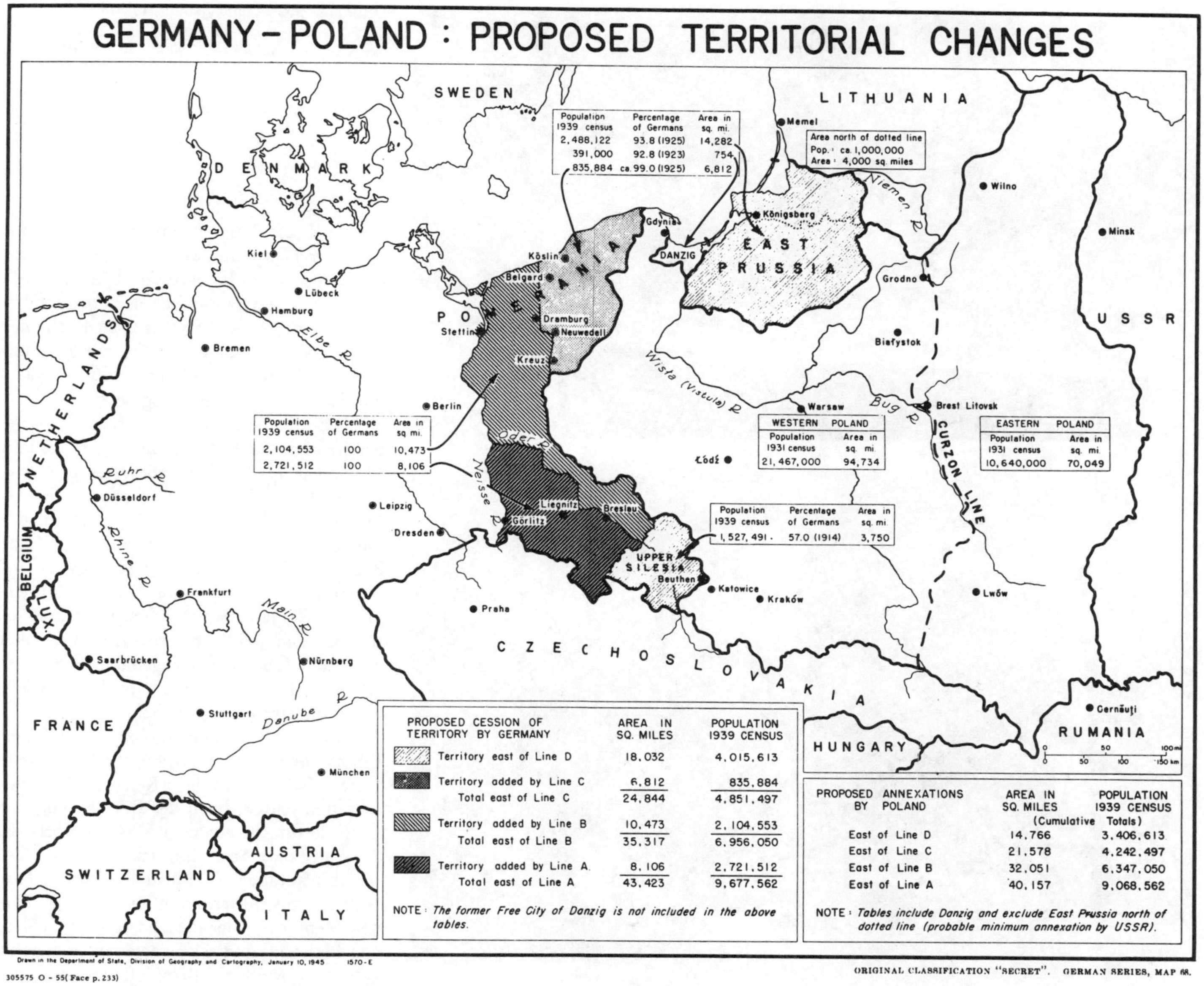

Offizielle Landkarte der amerikanischen Delegation bei der Konferenz von Jalta (Faksimile).

lich von Oder und Neiße vollständig auszuweisen, ist vermutlich recht kurzfristig – möglicherweise analog den tschechoslowakischen Vertreibungsplänen – von der aus dem kommunistischen »Lubliner Komitee« hervorgegangenen »Provisorischen Regierung« in Warschau entwickelt worden, die ihrerseits ganz von Moskau abhängig war, so daß zumindest ein stillschweigendes Einverständnis der Sowjetregierung vorausgesetzt werden darf.

Als deren Truppen in Nordsiebenbürgen und im Memelland erstmals geschlossen deutsch besiedelte Gebiete erreichten, begannen deren Einwohner ihre Wohngebiete fluchtartig zu verlassen. In Südosteuropa gelang dies nur noch den in Syrmien und Slawonien ansässigen Deutschen, während es für diejenigen in Südsiebenbürgen, der Batschka und dem Banat kein Entrinnen mehr gab.

Flüchtlinge auf dem Eis des Frischen Haffs, Januar 1945.

Ostpreußischer Flüchtlingstreck, 1944/45.

Treck in Ostpreußen nach einem Angriff der Roten Armee, 1945.

Verschiffung von Flüchtlingen im Hafen von Libau.

Während die Ungarndeutschen später nur etwa zur Hälfte ausgewiesen wurden, fielen die Deutschen in Jugoslawien, bedingt durch die besondere Grausamkeit der dort geführten Kämpfe, der unbarmherzigen Rache der Tito-Partisanen anheim und wurden zum größten Teil in sogenannten »Hungerlagern« physischer Vernichtung ausgesetzt.

Als die deutsche Ostfront infolge der Winteroffensive der Roten Armee vom 12. und 13. Januar 1945 binnen kürzester Frist zusammenbrach, begann die große Flucht der Deutschen, die bis zur Kapitulation der Deutschen Wehrmacht am 8./9. Mai 1945 andauerte. Schon im Oktober 1944 hatten sowjetrussische Truppen nördlich des ostpreußischen Goldap erstmals reichsdeutsches Gebiet betreten. Bei Nemmersdorf kam es dabei zu ersten Übergriffen gegenüber der deutschen Zivilbevölkerung, die der Fluchtbewegung panikartige Züge verliehen.

Nachdem Ende Januar 1945 in den Raum Elbing vorgestoßene sowjetische Panzerkeile Ostpreußen vom übrigen Reichsgebiet abgeschnitten hatten, blieb der Bevölkerung nur noch die Flucht auf dem Seewege übrig. In der größten Seerettungsaktion der Geschichte konnten von Pillau und Danzig-Gotenhafen aus mitten im Winter zwei Millionen Menschen über die Ostsee nach Schleswig-Holstein und Dänemark in Sicherheit gebracht werden. Beim Untergang der Schiffe »Gustloff«, »Steuben«, »Goya« und anderer kamen 33.000 Menschen um. Unter den Zurückbleibenden verloren im Wüten der Roten Armee weitere etwa 100.000 Zivilpersonen das Leben.

Schon im Dezember 1944 und im Januar 1945 setzte die Deportation von Deutschen aus Südsiebenbürgen, Ungarn und Jugoslawien zum Arbeitseinsatz in die Sowjetunion ein. Von den deutschen Ostgebieten waren vor allem Oberschlesien und das südliche Ostpreußen von diesen Verschleppungen betroffen. Allein in den Monaten Januar bis April 1945 wurden ca. 200.000 Menschen – überwiegend Frauen und Jugendliche – zur Zwangsarbeit in das Innere der Sowjetunion abtransportiert, von denen nicht einmal die Hälfte nach langen Jahren zurückkehrte. Offenbar wollte sich die sowjetische Führung diese Arbeitskräfte noch sichern, bevor die genannten Gebiete in polnische Verwaltung übergingen.

Die Vertreibung der Deutschen, die von der polnischen Provisorischen Regierung unter offenkundiger Assistenz der Sowjetführung im März 1945 ins Werk gesetzt wurde,

Deutscher Flüchtlingstreck aus Schlesien auf dem Weg nach Westen.

Deutsche Soldaten bei einem von der Roten Armee angegriffenen Treck in Ostpreußen.

I.1

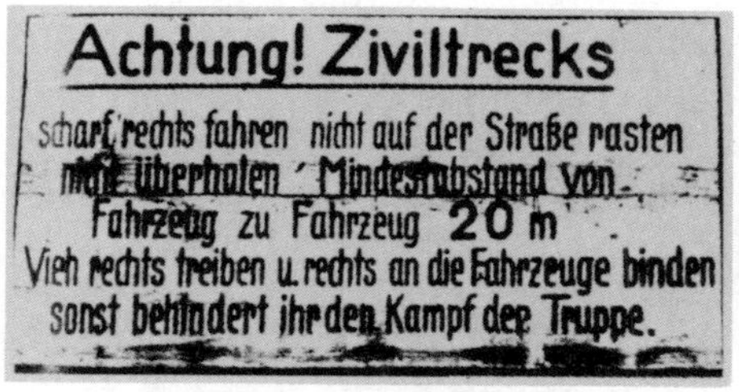

stellte den letzten Akt der über die Deutschen im Osten hereingebrochenen Tragödie dar. Viele der nach vorübergehender Flucht (vor allem in Schlesien) in ihre Heimat zurückgekehrten Deutschen lebten im Zustand völliger Rechtlosigkeit und ständiger Demütigungen, Plünderungen und waren Gewalttaten ausgesetzt. Für die sowjetische Führung und die völlig von ihr abhängige polnische Regierung sollte die Ausweisung zusammen mit der schon im März 1945 einsetzenden Errichtung von polnischen Behörden in den seither polnischerseits so genannten »wiedergewonnenen Gebieten« dazu dienen, das Besitzrecht Polens an diesem Territorium auch bei den Westmächten durchzusetzen.

Die Vertreibung erfolgte nicht erst aufgrund des Potsdamer Protokolls vom 2. August 1945, sondern hatte massiv schon im Juni und Juli vor allem in Ostpommern, Ostbrandenburg und Schlesien eingesetzt. In dieser offenbar zentral gelenkten Aktion wurde dabei der unmittelbar an die Oder-Neiße-Linie grenzende Gebietsstreifen innerhalb kürzester Frist nahezu völlig entvölkert. Kurz vor der Eröffnung der Potsdamer Konferenz, die vom 17. Juli bis zum 2. August 1945 stattfand, wurden diese »wilden Ausweisungen« abrupt abgebrochen. Stalin lieferten sie das wahrheitswidrig vorgebrachte Argument, die Deutschen hätten das Gebiet östlich von Oder und Neiße bereits »fast völlig verlassen«. Zur fraglichen Zeit lebten noch etwa vier bis fünf Millionen Deutsche in Ostdeutschland.

Auch in der Tschechoslowakei wurden beinahe zur gleichen Zeit von bewaffneten tschechischen »Revolutionsgarden« entsprechende »wilde« Austreibungen veranlaßt. Nachdem es schon vorher zunächst in Prag und dann auch im Inneren Böhmens und Mährens zu spontanen Racheakten gegen die dort ansässigen oder dorthin evakuierten Deutschen gekommen war, wuchsen sich diese oftmals zu Pogromen aus, man denke

Flüchtlingstreck aus Jugoslawien.

Passagierschiff »Wilhelm Gustloff«.

Vertreibung der Deutschen aus Schlesien nach der Potsdamer Konferenz, 1945.

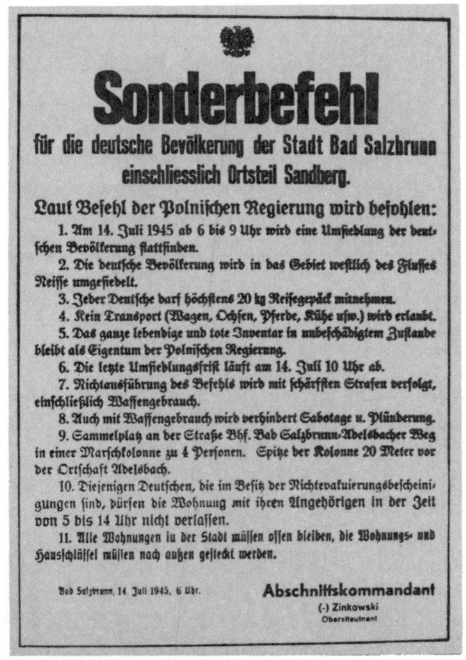

Sonderbefehl

für die deutsche Bevölkerung der Stadt Bad Salzbrunn einschliesslich Ortsteil Sandberg.

Laut Befehl der Polnischen Regierung wird befohlen:

1. Am 14. Juli 1945 ab 6 bis 9 Uhr wird eine Umsiedlung der deutschen Bevölkerung stattfinden.
2. Die deutsche Bevölkerung wird in das Gebiet westlich des Flusses Neisse umgesiedelt.
3. Jeder Deutsche darf höchstens 20 kg Reisegepäck mitnehmen.
4. Kein Transport (Wagen, Ochsen, Pferde, Kühe usw.) wird erlaubt.
5. Das ganze lebendige und tote Inventar in unbeschädigtem Zustande bleibt als Eigentum der Polnischen Regierung.
6. Die letzte Umsiedlungsfrist läuft am 14. Juli 10 Uhr ab.
7. Nichtausführung des Befehls wird mit schärfsten Strafen verfolgt, einschließlich Waffengebrauch.
8. Auch mit Waffengebrauch wird verhindert Sabotage u. Plünderung.
9. Sammelplatz an der Straße Bhf. Bad Salzbrunn-Adelsbacher Weg in einer Marschkolonne zu 4 Personen. Spitze der Kolonne 20 Meter vor der Ortschaft Adelsbach.
10. Diejenigen Deutschen, die im Besitz der Nichtevakuierungsbescheinigungen sind, dürfen die Wohnung mit ihren Angehörigen in der Zeit von 5 bis 14 Uhr nicht verlassen.
11. Alle Wohnungen in der Stadt müssen offen bleiben, die Wohnungs- und Hausschlüssel müssen nach außen gesteckt werden.

Bad Salzbrunn, 14. Juli 1945, 6 Uhr.

Abschnittskommandant
(-) Zinkowski
Oberstleutnant

Ausweisungsbefehl.

nur an die berüchtigten »Todesmärsche«. Hier wie in den anderen Vertreibungsgebieten fanden diese Vertreibungsmaßnahmen, die meist zu Fuß oder in LKW-Transporten erfolgten und von besonders schweren Ausschreitungen begleitet waren, unmittelbar vor der Potsdamer Konferenz ihr vorläufiges Ende. Ihr Hauptmotiv war in beiden Fällen ein rein nationalistisches: Durch die Ausweisung der Deutschen sollten das neue Polen und die neue Tschechoslowakei als reine Nationalstaaten wiedererstehen. Daher sollten die deutschen Ostgebiete und die Sudetenländer möglichst in einem Zuge von der deutschen Bevölkerung befreit und durch Neubesiedlung so rasch wie möglich in den polnischen bzw. tschechoslowakischen Staatsverband integriert werden.

Nach dem Potsdamer Protokoll vom 2. August 1945, demzufolge »der Transfer der deutschen Bevölkerung und von Bestandteilen derselben, die in Polen, der Tschechoslowakei und Ungarn zurückgeblieben sind, nach Deutschland durchgeführt werden« mußte, und zwar in »ordnungsgemäßer und humaner Weise« (Artikel XIII), begann die zweite Phase der Vertreibung, die etwas planmäßiger, aber immer noch keineswegs »human« und »ordnungsgemäß« verlief, wenngleich nunmehr immerhin Pläne nicht nur zur Ausweisung, sondern auch zur Aufnahme der Vertriebenen aufgestellt wurden. Erst die dritte und vierte Welle, die seit dem

Januar 1946 einsetzten, trugen einen organisierten Charakter! Während die Transporte aus der Tschechoslowakei bereits Ende 1946 aufhörten, dauerten diejenigen aus dem polnisch bzw. russisch verwalteten Gebieten noch bis 1948 an.

Alle polnischer- bzw. tschechischerseits seither angeführten Begründungen für die Notwendigkeit dieser völkerrechtswidrigen Vertreibungsmaßnahmen tragen den Charakter nachträglicher Rechtfertigung: so die »Kompensationstheorie«, derzufolge man für den Verlust der eigenen Ostgebiete an die Sowjetunion habe entschädigt werden müssen, die Theorie von der Kollektivschuld, Bestrafung und Wiedergutmachungspflicht der Deutschen sowie – im Falle Polens – die Theorie von der historischen oder ethnischen Zugehörigkeit der deutschen Ostgebiete zu Polen. Angeblich hatte es auf diesem Territorium schon immer eine größere Anzahl polnischer Bevölkerung gegeben (Polen und sogenannte »Autochthone«), die die polnischen Ansprüche hinreichend rechtfertigten. Verhältnismäßig spät wurde die These vorgebracht, daß sich die deutsche Bevölkerung in einer über Jahrzehnte hinweg permanenten »Ostflucht« nach Westen abgesetzt habe. Die Vertreibung habe mithin nur das zeitlich vorweggenommen, was in absehbarer Zeit ohnehin erfolgt wäre.

In Wahrheit aber handelte es sich bei der Vertreibung der Deutschen nach den Worten von Gotthold Rhode »nur (um) die übersteigerte Fortsetzung der Vertreibung aus nationaler Intoleranz und der Nationalstaatsidee, wobei (im Falle der Tschechoslowakei) historische Grenzen, die nie nationale Grenzen gewesen waren, oder rein machtmäßig gesetzte Grenzen wie die Oder-Neiße-Linie (im Falle Polens) in Zukunft nationale Scheidelinien bilden sollten«.

Bis heute konnte nicht restlos geklärt werden, was Stalin letzten Endes veranlaßte, der Vertreibung der Deutschen zuzustimmen, während die Sowjetunion sonst keine Bevölkerungsgruppen aus ihrem Machtbereich entließ. Vermutlich lag diesem Verhalten als mit ausschlaggebendes Motiv die Revolutionierung des gesellschaftlichen Systems in Ostmitteleuropa überhaupt zugrunde, die durch einen vollständigen Bevölkerungs-Transfer und den dadurch bedingten totalen Zusammenbruch aller überkommenen sozialen Strukturen erheblich erleichtert wurde. Mindestens ebenso wahrscheinlich ist es aber, daß man auf seiten der Sowjetunion erwartete, »die Millionen bettelarmer Vertriebener, die nach Mittel- und Westdeutschland einströmten, würden dort ein solches Element der Unruhe und Unzufriedenheit darstellen, daß über sie die Sowjetisierung ganz Deutschlands erreicht werden könne« (Rhode).

Stalins Hoffnung, die Vertriebenen »als Speerspitze des totalen gesellschaftlichen Umsturzes außerhalb seines militärischen Machtbereichs« (Prinz) einsetzen zu können, hat bekanntlich getrogen, und auch die vermeintlichen Nutznießer der »nationalen Entflechtung« durch Flucht und Vertreibung der Deutschen, die Tschechen und Polen, können sich, allen gegenteiligen Beteuerungen ihrer Regierungen zum Trotz, kaum glücklich schätzen. Zwar meinen sie nun, den von ihnen so lange erstrebten einheitlichen und geschlossenen Nationalstaat zu besitzen, doch mußte dies mit dem Abbruch beinahe aller traditionellen kulturellen und politischen Kontakte nach Westeuropa und mit der bedingungslosen Eingliederung in das östliche Machtsystem, dem man 1956 in Ungarn, 1968 in der Tschechoslowakei und zuletzt 1980/81 in Polen vergeblich zu entgehen trachtete, bis in die jüngste Vergangenheit mehr als teuer bezahlt werden.

An der tschechoslowakisch-amerikanischen Demarkationslinie werfen Sudetendeutsche ihre Armbinden aus dem fahrenden Zug.

Schon vor mehr als dreißig Jahren schrieb Friedrich Zipfel am Ende seiner im übrigen schonungslosen Analyse »Vernichtung und Austreibung der Deutschen aus den Gebieten östlich der Oder-Neiße-Linie«:

»Die Vertreibung der Deutschen, die in ihren Dimensionen nur durch die innersowjetischen Deportationen übertroffen wird und in den der Teilung Indiens folgenden Wirren das einzige Gegenstück hat, kann nur als Glied einer Kette von Verirrungen unseres Jahrhunderts gesehen werden, allerdings als ein furchtbares, das zur Besinnung mahnen sollte. Im Zeitalter nationaler und weltanschaulicher Leidenschaften, der Kollektivschuld und Kollektivrache konnte in einem Rückfall in barbarische Gesinnung die Mißachtung der menschlichen Persönlichkeit so weit gehen, daß das Recht auf Heimat, auf Freiheit und Leben ohne Skrupel beiseite geschoben wurde. Es steht einem Deutschen nicht an, Anklage zu erheben oder gar Sühne zu fordern, ist doch der Anteil seines Volkes an solchem Unheil von furchtbarer Größe. Keine Nation aber hat ein größeres Recht zu warnen und zu mahnen, daß solches Unheil sich nicht wiederholen möge, und kein Volk hat wie das unsere die Pflicht, sich größer zu erweisen als jene, die Schlechtes mit Schlimmerem vergalten . . .«

Dem ist auch heute nichts hinzuzufügen.

LITERATURAUSWAHL

BOHMANN, Alfred: Menschen und Grenzen, 4 Bde., Köln 1969–1975

DOKUMENTATION der Vertreibung der Deutschen aus Ost-Mitteleuropa, in Verbindung mit Adolf Diestelkamp, Rudolf Laun, Peter Rassow (und ab Bd. I/3 auch Werner Conze) bearbeitet von Theodor Schieder, hrsg. vom Bundesministerium für Vertriebene, 5 Bde 1954–1963, unveränderter Nachdruck, München 1984

RHODE, Gotthold: Phasen und Formen der Massenzwangswanderung in Europa, in: Eugen Lemberg und Friedrich Edding (Hrsg.). Die Vertriebenen in Westdeutschland. Ihre Eingliederung und ihr Einfluß auf Gesellschaft, Wirtschaft, Politik und Geistesleben, 3 Bde, Kiel 1959, Bd. 1, S. 17–36

DERS.: Umsiedlungen und Vertreibungen, in: Die Deutschen und ihre östlichen Nachbarn, Viktor Aschenbrenner (Hrsg.), Frankfurt a.M., Berlin, Bonn, München 1967, 3. Aufl., Stuttgart 1982

SCHIEDER, Theodor: Die Vertreibung der Deutschen aus dem Osten als wissenschaftliches Problem, in: Vierteljahreshefte für Zeitgeschichte 8 (1960), S. 1–16

STÖKL, Günther: Osteuropa und die Deutschen. Geschichte und Gegenwart einer spannungsreichen Nachbarschaft, Oldenburg und Hamburg 1967, 3. Aufl., Stuttgart 1982

ZIPFEL, Friedrich: Vernichtung und Austreibung der Deutschen aus den Gebieten östlich der Oder-Neiße-Linie, in: Jahrbuch für die Geschichte Mittel- und Ostdeutschlands 3 (1955), S. 145–167

Deportation, Flucht und Vertreibung in Zahlen

Gerhard Reichling

Als Ostdeutsche gelten im Rahmen dieser Ausführungen die deutschen Bewohner der Ostgebiete des Deutschen Reiches östlich der Oder-Neiße-Linie und der früheren Freien Stadt Danzig sowie die Deutschen der Sudetenländer und in den Gebieten Ostmittel- und Südosteuropas (»Vertreibungsgebiete«). Ihre zahlenmäßige Stärke und regionale Verteilung im Jahre 1939 war folgende:

Länder, Landesteile nach dem Gebietsstand vom 31. Dezember 1937	1.000 Personen	%
Deutsche Ostgebiete	9.575	52,4
Freie Stadt Danzig	380	2,1
Tschechoslowakei	3.544	19,4
Polen	1.200	6,6
Baltische Staaten (Estland, Lettland, Litauen)	132	0,7
Memelgebiet	118	0,7
Sowjetunion	1.400	7,6
Südosteuropa (Rumänien, Ungarn, Jugoslawien)	1.918	10,5
Insgesamt	18.267	100

I. Bevölkerungsbilanz der Ostdeutschen 1939–1944/45

	1.000 Personen
Zahl der Ostdeutschen 1939	18.267
Abwanderung nach Mittel- und Westdeutschland	– 337
Zuwanderung aus Mittel- und Westdeutschland	+ 560
Kriegsopfer unter den Soldaten und unter der Zivilbevölkerung	– 1.250
Ums Leben gekommene Zwangsumsiedler innerhalb der Sowjetunion	– 210
Geburtenüberschuß der Zivilbevölkerung	+ 900
Zahl der Ostdeutschen 1944/45	17.930

Die Zuwanderung Mittel- und Westdeutscher während des Krieges nach den in das Reich eingegliederten Ostgebieten (Danzig, Westpreußen, Wartheland, Ost-Oberschlesien) wurde lange Zeit wesentlich überschätzt. Außerdem stand ihr die vielfach übersehene Wanderung in umgekehrter Richtung gegenüber, so daß sich nur ein Wanderungsgewinn von 223.000 Personen ergibt.

Von den 1.250.000 Kriegsopfern unter den Soldaten und unter der Zivilbevölkerung sind 1.100.000 gefallene Soldaten der Wehrmacht und unter Waffeneinwirkung umgekommene Zivilpersonen und 150.000 gefallene Soldaten deutschen Volkstums in fremden Heeren sowie freiwillige volksdeutsche Helfer der Wehrmacht.

Nach Ausbruch des deutsch-sowjetischen Krieges wurden 700.000 Rußlanddeutsche aus ihren Wohngebieten im europäischen Teil der Sowjetunion, darunter die gesamte Bevölkerung der Autonomen Wolgarepublik, nach Zentralasien zwangsumgesiedelt, von denen 210.000 (30%) auf dem Transport und in den Deportationsgebieten ums Leben gekommen sind. Dieser Zwangsumsiedlung Deutscher gingen in den Jahren 1939/1940 und in der ersten Hälfte des Jahres 1941 die deutschen Umsiedlungsmaßnahmen auf vertraglicher Grundlage voraus (Vertragsumsiedler), durch die 540.000 Volksdeutsche aus nachstehenden Siedlungsgebieten erfaßt und in den eingegliederten Ostgebieten neu angesiedelt wurden.

	1.000 Personen	%
Baltische Staaten (Estland, Lettland, Litauen ohne Memelgebiet)	127	23,5
Ostpolen (Galizien, Wolhynien, Polesien)	166	30,7
Rumänien (Bessarabien, Buchenland, Dobrudscha)	212	39,3
Jugoslawien (Gottschee, Krain)	35	6,5
Zusammen	540	100

Ihnen folgten im Jahre 1944 beim Rückzug der Wehrmacht aufgrund einer deutschen Verwaltungsmaßnahme 370.000 Rußlanddeutsche nach, für deren Wiederansiedlung in den eingegliederten Ostgebieten indessen kaum noch genügend Zeit blieb, und die nur notdürftig versorgt werden konnten (Administrativumsiedler).

Im Gegensatz zu den sowjetischen Zwangsumsiedlungen traten bei den deutschen Umsiedlungsmaßnahmen keine nennenswerten Verluste ein; die Todesfälle während der Umsiedlungsmaßnahmen hielten sich mit den Geburten im allgemeinen die Waage.

Der Geburtenüberschuß der deutschen Zivilbevölkerung in den Vertreibungsgebieten (ohne Sowjetunion) betrug nach Berechnungen des Statistischen Bundesamtes 700.000. Unter Einbeziehung der Deutschen in der Sowjetunion ergibt sich eine Zahl von

Treck aus Bessarabien.

Flüchtlingstreck aus der Batschka, Herbst 1944, auf dem Weg nach Schlesien.

900.000 die Todesfälle übersteigenden Geburten. Der erhebliche Zuschlag erklärt sich aus dem über ein Jahr später erfolgenden Kriegseintritt der Sowjetunion. In dieser noch friedlichen Zeit erhöhte sich die Zahl der Rußlanddeutschen von 1.400.000 auf 1.550.000, was einem Geburtenüberschuß von 150.000 entspricht. In den vier Jahren des deutsch-sowjetischen Krieges überschritt die Zahl der Geburten die der Todesfälle nur um 50.000.

Die in der obigen Bevölkerungsbilanz aufgeführten Zu- und Abgänge ergeben unter Berücksichtigung der sowjetischen und deutschen Umsiedlungsaktionen für die Jahreswende 1944/45 folgende Zahl und Verteilung der Ostdeutschen.

	1.000 Personen	%
Deutsche Ostgebiete (Gebietsstand vom 31.12.1937)	9.075	50,6
Tschechoslowakei (in den Grenzen von 1937)	3.496	19,5
Eingegliederte Ostgebiete	2.758	15,4
Memelgebiet	100	0,6
Sowjetunion	1.020	5,7
darunter in Deportationsgebieten	(490)	(2,7)
Südosteuropa (Rumänien, Ungarn, Jugoslawien)	1.481	8,2
Insgesamt	17.930	100

Der Vergleich mit der Verteilung der Ostdeutschen zu Kriegsbeginn zeigt gleichbleibenden Anteil der Tschechoslowakei, den fast doppelten Anteil der eingegliederten Ostgebiete und zurückgegangene Anteile aller anderen Wohngebiete.

II. Bevölkerungsbilanz der Ostdeutschen 1944/45–1950

	1.000 Personen
Zahl der Ostdeutschen 1944/45	17.930
Ums Leben gekommene Verschleppte nach der Sowjetunion	– 370
Vertreibungsverluste	– 1.440
Geburtenüberschuß	+ 500
Zahl der Ostdeutschen 1950	16.620

Beim Vormarsch der sowjetischen Armee wurden 700.000 Deutsche – ohne Rußlanddeutsche – nach der Sowjetunion, insbesondere nach dem Donezbecken, zur Arbeitsleistung verschleppt (Reparationsverschleppte). Diese Verschleppung erstreckte sich nicht nur auf die deutschen Ostgebiete, sondern auch auf alle anderen Wohngebiete der Deutschen: Danzig und Westpolen, Tschechoslowakei, Memelgebiet, Ungarn, Rumänien, Jugoslawien. Von den 700.000 Verschleppten kehrten bis 1950 nur 300.000 zurück, davon 165.000 nach Deutschland und 135.000 in die inzwischen zum Vertreibungsgebiet gewordene Heimat. 140.000 Reparationsverschleppte lebten 1950 noch in den Deportationsgebieten. 260.000 Ostdeutsche überlebten die Strapazen auf dem Transport, meist in ungeheizten Güterzügen, deren Abgangsbahnhöfe erst in längeren Fußmärschen zu erreichen waren, und die unmenschlichen Lebensverhältnisse während der Internierung nicht.

Außerdem wurden 280.000 rußlanddeutsche Administrativumsiedler und 30.000 Vertragsumsiedler, zusammen 310.000 Umsiedler, deren man in den eingegliederten Ostgebieten oder anderswo habhaft werden konnte, nach Sibirien und in den fernen Osten der Sowjetunion in Straflager verbannt (Zwangsrepartriierte). Von jenen, die Moskau als Sowjetbürger betrachtete, kehrte bis 1950 niemand zurück. 200.000 Zwangsrepatriierte überlebten bis 1950 diese Prozedur, aber 110.000 starben. Insgesamt fanden somit 370.000 Deutsche, die die Sowjets aus Gebieten außerhalb ihres Machtbereichs in die Sowjetunion verschleppten, von keinem Standesamt registriert, den Tod.

Nach der Verschleppung von insgesamt 1.010.000 Ostdeutschen nach der Sowjetunion befanden sich noch 15.900.000 Deutsche in Wohngebieten außerhalb derselben, die nun zu Vertreibungsgebieten wurden. Einschließlich der annähernd 2 Millionen schon vor dem Herannahen der sowjetischen Armee Geflüchteten trafen 11.926.000 Vertriebene bis 1950 in westlichen Aufnahmegebieten (einschließlich der DDR) ein, während 2.534.000 Deutsche noch in den Vertreibungsgebieten zurückblieben. Über das Schicksal der fehlenden 1.440.000 Ostdeutschen besteht heute traurige Gewißheit. Sie waren durch Greueltaten sowjetischer Truppen, durch die Verfolgungsmaßnahmen, die die Vertreibung einleiteten und auf den Fluchtwegen über Land und Meer ums Leben gekommen (Vertreibungsverluste).

Die Berücksichtigung des Geburtenüberschusses in der obigen Bilanz der Veränderungen 1944/45 bis 1950 ist erforderlich, um die Zahl der unmittelbar persönlich von der Vertreibung betroffenen Deutschen aus der Zahl der 1950 in den Aufnahmegebieten lebenden Vertriebenen eliminieren zu können. Das gleiche gilt für die im Zeitpunkt der Vertreibung noch in ihren Wohngebieten zurückgebliebenen im Verhältnis zu den 1950 noch dort lebenden Deutschen. Von dem auf 500.000 bezifferten Geburtenüberschuß entfallen 359.000 auf die Vertriebenen nach der Ankunft im Aufnahmegebiet, 101.000 auf die »Heimatverbliebenen« außerhalb und 40.000 auf die nicht deportierten Rußlanddeutschen innerhalb der Sowjetunion.

Angesichts der vielen Veränderungen im Zahlenstand und in der Verteilung der Deutschen der Vertreibungsgebiete im Beobachtungszeitraum 1944/45 bis 1950, zu denen der Vollständigkeit halber noch die Annexion des Memelgebiets mit 18.000 dort zurückgebliebenen Deutschen durch die Sowjetunion hinzuzufügen wäre, war die von 17.930.000 auf 16.620.000 Personen zurückgegangene deutsche Bevölkerung Ende 1950 nun in drei Gruppen zerrissen:

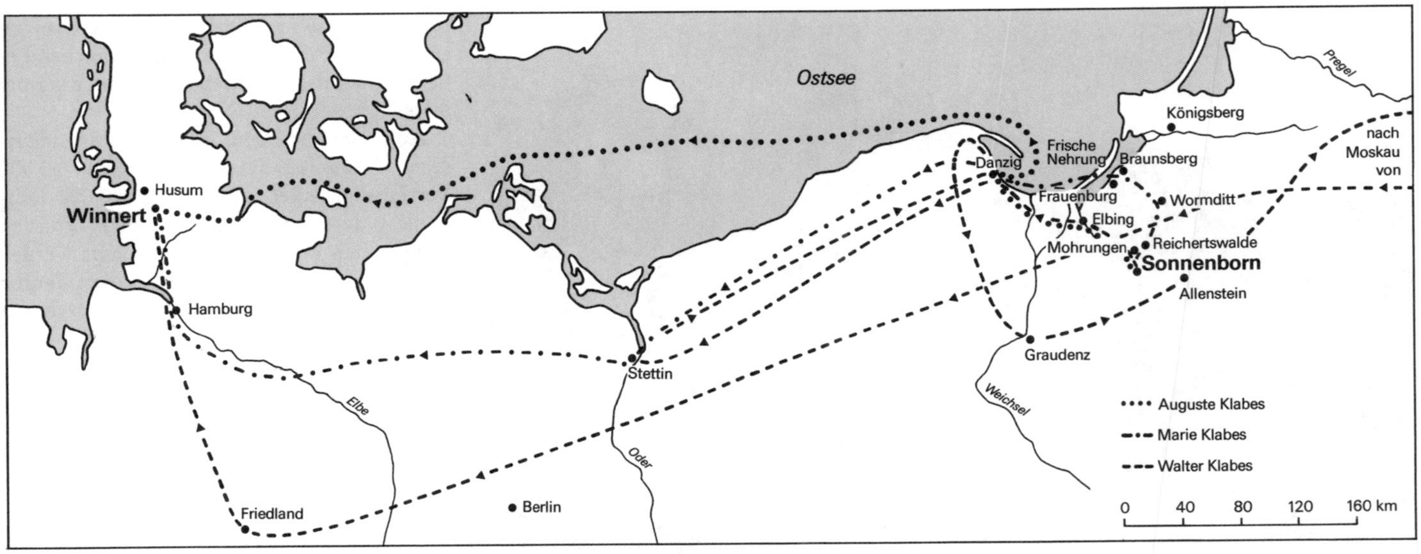

Vertreibung aus Ostpreußen. Eine Familie – Drei Schicksale.

	1.000 Personen	%
1. In den westlichen Aufnahmegebieten lebten als Vertriebene und Flüchtlinge	12.450	100
davon aus		
den deutschen Ostgebieten, der Freien Stadt Danzig und Polen	8.697	69,9
dem Memelgebiet	72	0,6
der Tschechoslowakei	3.055	24,5
Südosteuropa	626	5,0
2. In ihren Vorkriegswohngebieten waren nach Beendigung der allgemeinen Vertreibungsmaßnahmen zurückgeblieben	3.340	100
davon in		
den Oder-Neiße-Gebieten, Danzig und der Volksrepublik Polen	1.700	50,9
in der Sowjetunion	570	17,1
im Memelgebiet	18	0,5
der Tschechoslowakei	300	9,0
Südosteuropa	752	22,5
3. In sowjetischen Deportationsgebieten wurden zurückgehalten	830	100
davon		
Rußlanddeutsche Zwangsumsiedler und Zwangsrepatriierte	670	80,7
zwangsrepatriierte Vertragsumsiedler	20	2,4
reichs- und volksdeutsche Reparationsverschleppte	140	16,9
Insgesamt	16.620	

Die Gesamtzahl von 16.620.000 Ostdeutschen Ende des Jahres 1950 liegt gegenüber der Gesamtzahl von 18.267.000 Ostdeutschen vor Kriegsbeginn um 1.647.000 oder 9,0 Prozent niedriger. Im Vergleich hierzu betrug die einheimische Bevölkerung im Bundesgebiet nach der Volkszählung 1950, bei der diese unter Zugrundelegung des Wohnsitzes am 1. September 1939 ermittelt wurde, 38.100.000 gegen eine Bevölkerungszahl von 39.300.000 nach der Volkszählung von 1939. Der Rückgang beläuft sich somit auf 1.200.000 oder nur 3 Prozent. Die Vertriebenen haben dreimal höhere Verluste für den Krieg und seine Folgen hinnehmen müssen als die westdeutsche Bevölkerung. Die Gründe sind in den vorstehenden Ausführungen deutlich aufgezeigt worden. Nachdem über die westdeutsche Bevölkerung die alliierten Invasionsarmeen hinweggerollt waren, konnte auf den Ruinen ein neues Leben des ungestörten Wiederaufbaus beginnen. Im Osten fanden während und nach Beendigung der Kampfhandlungen 580.000 Deutsche bei der Verschleppung und 1.440.000 Deutsche bei der Vertreibung den Tod.

Aber die 16.620.000 Ostdeutschen, die 1950 noch lebten, sind von den Kriegsfolgen gezeichnet. 830.000 Ostdeutsche waren in sowjetischen Deportationsgebieten und Straflagern verbannt, 3.340.000 Ostdeutsche harrten in ihrer Heimat unter fremder Verwaltung in Unfreiheit aus. 12.450.000 Vertriebene hatten die Heimat verloren und waren in weit voneinanderliegenden Aufnahmeorten in der Bundesrepublik Deutschland (7.900.000), in der DDR (4.065.000) und im westlichen Ausland und Übersee (485.000) zerstreut. Hier mußten sie nach der totalen Entwurzelung den zerrissenen Faden ihrer Existenz neu knüpfen.

Die Wiedereingliederung der Vertriebenen in die Gesellschaft, die Rückführung der in den Vertreibungsgebieten zurückgebliebenen Familienangehörigen und Landsleute (Aussiedler) und die Rückkehr der Verschleppten aus den Deportationsgebieten (Heimkehrer) bildeten die Impulse, mit denen in der Geschichte ein neues Kapitel aufgeschlagen wurde.

LITERATURAUSWAHL

PFISTER, Bernhard (Hrsg.): Untersuchungen zum deutschen Vertriebenen- und Flüchtlingsproblem, Berlin 1954–1960

REICHLING, Gerhard: Deutsche und Polen 1945–1970 im Spiegel der amtlichen polnischen Statistik, Bonn 1976

DERS: Die deutschen Vertriebenen in Zahlen: Umsiedler, Verschleppte, Vertriebene, Aussiedler 1940–1985, Bonn 1986

SCHULZE, Rainer/BRELIE-LEWIEN, Doris von/GREBING, Helga: Flüchtlinge und Vertriebene in der westdeutschen Nachkriegsgeschichte, Hildesheim 1987

STATISTIK der Bundesrepublik Deutschland Band 114, Die Vertriebenen und Flüchtlinge in der Bundesrepublik Deutschland in den Jahren 1946 bis 1953, Wiesbaden 1955

Schilderung der Flucht und Vertreibung

Hubertus Neuschäffer

Mit der »Dokumentation der Vertreibung der Deutschen aus Ost-Mitteleuropa« liegt seit dem Jahre 1954 ein fünfbändiges, in acht Büchern gefaßtes Werk vor, das die Schilderung der Flucht, der Vertreibung und Aussiedlung in zahlreichen Dokumenten leistet. Diese Schilderungen einzelner Betroffener, die in ihrer Ansammlung so viele tragische Schicksale aufweisen, machen es schwer möglich, das ganze Werk gleichsam »in einem Atemzug« durchzulesen.

Dieses vorliegende Werk ist im Auftrag der Bundesregierung von einer wissenschaftlichen Kommission erarbeitet worden. Bekannte Wissenschaftler haben an diesem Werk mitgearbeitet, so etwa die Professoren Peter Rassow, Hans Rothfels und Rudolf Laun. Vor allem aber ist hier Professor Theodor Schieder zu nennen, in dessen Todesjahr 1984 noch ein Reprint des Werkes im Deutschen Taschenbuch-Verlag erschienen ist. Bemerkenswert ist, daß ein abschließender, geplanter Band nach wie vor aussteht. Die Herausgeber schrieben seinerzeit: »Als Abschluß ist ein auswertender Ergebnisband vorgesehen, der das Ereignis der Austreibung der ostdeutschen Bevölkerung nach seiner geschichtlichen, völkerrechtlichen und soziologischen Bedeutung untersucht und in den Zusammenhang der europäischen und welthistorischen Entwicklung stellt. Hierbei sollen auch die gesamten Probleme erörtert werden, die durch das Zusammenwohnen der Völker in Ostmitteleuropa in der Vergangenheit aufgeworfen worden sind, und ihre Lösungsmöglichkeiten für die Zukunft gedacht werden.«

Auch Heinz Nawratil hat bereits in seinem Buch »Vertreibungsverbrechen an Deutschen, Tatbestand, Motive, Bewältigung« (München 1982) festgestellt, daß »die Vertreibungsverbrechen zu den bestdokumentierten, aber am schlechtesten publizierten Massenverbrechen der Geschichte« gehören. In der Tat fehlt eine Verbreitung dieser Dokumentation in der breiten Öffentlichkeit der Bundesrepublik Deutschland und darüber hinaus.

Um das ganze Ausmaß der Ereignisse um Flucht, Vertreibung und Aussiedlung ermessen zu können, bedarf es stets auch der Aufführung der Berichte betroffener Menschen. Gilt es doch immer wieder, das persönliche Leid, die einzelnen Schilderungen, die Leiden der Menschen hervorzuheben, die sich hinter der Verwissenschaftlichung, in der Nennung großer Zahlen verbergen. Erst vor diesem Hintergrund kann man die ganze folgende Aufarbeitung, die ethische »Bewältigung«,

Frühjahr 1945: Flucht mit Kinderwagen und Handwagen.

wie sie etwa in der »Charta der Heimatvertriebenen« des Jahres 1950 zum Ausdruck kommt, würdigen.

Das, was Elie Wiesel über das Schicksal der Juden in Deutschland in einem Aufsatz »Die Massenvernichtung als literarische Inspiration« schreibt, gilt in übertragenem Sinne auch für die Vertriebenen: »Jeder, der sich nicht aktiv und ständig mit der Erinnerung beschäftigt und andere mahnt, ist ein Helfershelfer des Mordens.« Ohne Zweifel hat in diesem Sinne auch Heinz Nawratil recht, wenn er zu den Vertreibungsverbrechen feststellt: »In der Tat wäre das Vergessen ein nachträglicher Triumph der Mörder.«

In jedem Falle gilt es hier, einzelne Stimmen der Leidenden zu Wort kommen zu lassen in ihrer Schilderung der Flucht, Vertreibung und Aussiedlung.

Das Ereignis der Flucht der ostdeutschen Bevölkerung ist mit dem ostpreußischen Ort Nemmersdorf verbunden. Hier traf zum ersten Mal die sowjetische Armee auf deutsche Zivilisten. Die Ereignisse von Nemmersdorf wurden bekannt, die Nachricht verbreitete sich, so daß Nemmersdorf zum Inbegriff der Greuel sowjetischer Soldaten an deutschen Zivilisten wurde, wie sie sich hundert- und tausendfach schließlich in den Monaten Ende 1944 und 1945 abgespielt haben.

Am 21. Oktober 1944 erreichten erste Truppen der Roten Armee Nemmersdorf. Seit jenem Tag steht der Name für alle Schrecken, die die deutsche Zivilbevölkerung in jener kommenden Zeit erleiden mußte. Der Oberleutnant Dr. Heinrich Amberger, Kompaniechef im 2. Regiment »Hermann Göring«, hat unter Eid zu Protokoll gegeben, nachdem für kurze Zeit der Ort noch einmal von den deutschen Truppen zurückerobert worden war und die Greuel entdeckt wurden:

»Am Straßenrand und in den Höfen der Häuser lagen massenhaft Leichen von Zivilisten, die augenscheinlich nicht im Lauf der Kampfhandlungen durch verirrte Geschosse getötet worden, sondern planmäßig ermordet waren. Unter anderem sah ich zahlreiche Frauen, die man, nach der Lage der verschobenen und zerrissenen Kleidungsstücke zu urteilen, vergewaltigt und danach durch Genickschuß getötet hatte, zum Teil lagen daneben auch die ebenfalls getöteten Kinder.«

Nach Nemmersdorf setzte eine allgemeine Fluchtbewegung der Zivilbevölkerung ein,

Sowjetischer Panzer in Nemmersdorf, Oktober 1944.

Nemmersdorf, Oktober 1944.

vornehmlich zuerst nach Norden an das Meer, um von dort auf Schiffen, in letzter großartiger Aktion durch die Kriegsmarine durchgeführt, nach Westen zu gelangen. Etwa zwei bis drei Millionen Menschen gelang so die Flucht über die Ostsee. Die Versenkung der mit Tausenden von Flüchtlingen besetzten Schiffe »Wilhelm Gustloff«, »Steuben« und »Goya« stellen ein weiteres Verbrechen dar.

Ein großer Teil der Zivilbevölkerung versuchte auf Trecks nach Westen zu gelangen. Diese wurden oftmals von der sowjetischen Armee überrollt. Heinz Nawratil schreibt in seinem bereits zitierten Buch »Vertreibungsverbrechen an Deutschen« hierzu: »Der Tod im Osten hatte viele Gesichter. Nemmersdorf war nur eines davon. Es sind folgende weitere Komplexe zu nennen:

1. Tod auf der Flucht durch Kälte, Erschöpfung, Hunger, Hungertyphus oder Vernichtung von Flüchtlingtrecks.
2. Tod in Gefängnissen und Lagern.
3. Zwangsarbeit und Deportation.
4. Verelendung und Hungertod der verbliebenen Bevölkerung vor allem in Ostpreußen.«

Für alle Bereiche gibt es zahlreiche Dokumente leidender Menschen, die dieses bezeugen. Das Leid blieb keineswegs auf Ostpreußen beschränkt. Es spielte sich im ganzen ostdeutschen Raum ab, wo die Zivilbevölkerung von der sowjetischen Armee überrollt wurde. Aber auch in ostmittel-, südost- und osteuropäischen Siedlungsgebieten, wo Deutsche seit Jahrhunderten lebten, kam es zu Greueltaten in ähnlichem Maße, so etwa bei Auflösung der Wolgadeutschen Republik. Freilich gab es auch zahlreiche Ausnahmen unter sowjetischen Soldaten. Im Vordergrund stand jedoch die bewußte Kalkulation Stalins, der mit seinem Propagandisten Ilja Ehrenburg es Methode werden ließ, die Deutschen mit Furcht und Schrecken zu erfüllen.

Die Ereignisse auf der Flucht und bei der Vertreibung, schließlich auch die Aussiedlung der deutschen Bevölkerung aus den Gebieten östlich der Oder und Neiße spielten sich im großen und ganzen nach den auch hier repräsentativ gewählten Leidenswegen ähnlich ab.

Ein Erlebnisbericht der Bauersfrau I.S. aus Großroden, Kreis Tilsit-Ragnit in Ostpreußen, der im Original am 5. Oktober 1952 von den Herausgebern der Dokumentation der Vertreibung aufgenommen wurde, soll in Auszügen repräsentativ für andere stehen. Überschrieben ist das Protokoll: »Evakuierung nach dem Kreis Braunsberg im Oktober 1944. Flucht über das Haff im Januar 1945, Überrollung durch die Russen und Erlebnisse auf dem Rückweg in die Heimat.« (Bd. I1, S. 77ff):

»August 1944. Die feindlichen Truppen waren in Ostpreußen eingebrochen. Wir in Großroden bekamen die ersten Flüchtlinge. Alles Bauern von der Grenze, die ihre reife Ernte und alles im Stich gelassen hatten. Den Roggen hatten sie schon zum Teil gemäht. Das andere Getreide stand kurz davor. Alle waren sie in größter Aufregung und Sorge und warteten jeden Tag auf Befehl zur Rückfahrt. Endlich nach 14 Tagen hieß es, die feindlichen Truppen wären zurückgeschlagen, alle atmeten auf. Aber kein Befehl zur Rückkehr kam. Nun machten sich vereinzelte Bauern auf und fuhren zurück, um ihr Getreide einzubringen, welches auch ihnen gelungen war.

Gleichzeitig überflutete deutsches Militär unsere Dörfer. Es war ein aufregendes Durcheinander. Kanonendonner kam wieder näher. Die ganze Hauptstraße Tilsit-Königsberg mit Nachschubkolonnen und Flüchtlingen. Wieder dieselben Flüchtlinge, die zurückgefahren waren. Und auch Flüchtlinge aus Litauen, mit verstörten Gesichtern, drängten sie vorwärts. Manche fast gar nichts mehr auf dem Wagen als nur Kinder und paar Lumpen. Verschiedene hatten auch noch eine Kuh am Wagen gebunden. Ein trauriges Bild. Dieses haben wir (mein Mann und ich, meine beiden Jungs waren Soldaten) uns Wochen mitangesehen. Mit einmal hieß es, die feindlichen Truppen stehen vor Tilsit. Tilsit wird gehalten. So stand die Front 20 km von uns entfernt. Wir befanden uns in großer Angst. Es wurde uns nichts bekanntgegeben, was wir machen sollten. Natürlich hatten wir schon gepackt. Es hieß nur, dableiben. Der Kampf tobte Tag und Nacht. Wir hatten uns nachts nie ausgezogen. Inzwischen war es Oktober geworden. Wir hatten unsere Ernte eingebracht und ausgedroschen. Meine größte Sorge galt meinen beiden Jungs, die auch an dieser Front standen. Trotzdem ich laufend Nachricht hatte, lebte ich in banger Sorge. Dann am 20. Oktober erhielten wir doch die traurige Nachricht, daß unser Ältester gefallen war.

Am 25. Oktober Räumungsbefehl. Nun haben wir unsere ganze Kraft und Geistesgegenwart festhalten müssen, um nicht umzusinken. Haben auf die Wagen gepackt, was rauf ging. In erster Linie Futter für die Pferde, Betten, Wäsche, Kleider und für uns was zu essen. Dann sind wir am 1. November mit schwerem Herzen von unserem Gehöft weggefahren. Haben alles stehen und liegen lassen, in der Hoffnung, doch noch zurückzukehren. Nur unser Nachbar W. Schlaf war nicht zu bewegen, mitzufahren. Er blieb dann auf unserem Gehöft und wollte da solange wirtschaften, bis wir wiederkämen. Da habe ich dann von Augenzeugen gehört, daß er da schon im Sommer 1945 verhungert ist, weil die Russen alles weggenommen hatten. Verhungert sind ferner die Eheleute Petschull, die nicht flüchten konnten, weil Herr Petschull krank war. Frau Barstat mit Tochter, Frau Bublies mit Kind und Frau Adomat; sämtliche aus Großroden, die wieder zurückgekehrt waren, sind verhungert.

Nun begann für uns der Leidensweg. Unser Dorf Großroden wurde erst nach dem Kreise Braunsberg evakuiert. Woppen hieß dieses Dorf. Da fühlten wir uns erst mal sicher. Unterdessen wurde der Russe bis kurz vor Weihnachten noch vor Tilsit gehalten. Und dann brach er mit aller Wucht durch. Wir meinten, daß er noch zurückgeschlagen wird, aber alles war vergebens. Es kamen da in Woppen Flüchtlinge, die schon 2 bis 3 Tage unter den Russen gewesen waren, die dann wieder von unseren Truppen befreit wurden. Die erzählten von den furchtbaren Greueltaten und flüchteten vorwärts. Wir waren in größter Aufregung. Mein Mann wollte nämlich nicht mehr weiter fahren. Der Bauer, bei dem wir wohnten, war nämlich derselben Ansicht. Er selbst hatte beide Beine gebrochen, er lag noch in Gips. Seine Frau mit 4 kleinen Kindern, das kleinste 8 Monate alt, der Großvater alt und bettlägerig. Er sagte: ›Was soll aus uns werden, es ist Januar und 20 Grad Frost, dann wollen wir lieber hier sterben. Mag da kommen, was da wolle.‹

Die Front kam näher. Tag und Nacht ein Gedröhne. Unsere Truppen fluteten zurück. Nun hieß es, die Russen stehen in Paulen. Paulen war ein Dorf 5 km vor Woppen. Unsere Truppen bauten Artillerie-Stellungen gleich hinter dem Gehöft. So lag dieses Gehöft zwischen der deutschen und der russischen Stellung. Und wir warteten der Dinge, die da kommen sollten. Abends am 20. Januar begann der Kampf zu toben. Wir saßen zusammengekauert in einer Ecke. Die Geschosse schlugen überall ein. Frau Schlesiger, die Bauersfrau, wurde am Bein verwundet. Um Mitternacht stürmten unsere Soldaten in die Wohnung und sagten, wir sollten machen, daß wir wegkämen. Nun haben wir angespannt und sind dann nachts 1 Uhr von da weggefahren. Den Bauer Schlesiger, so krank, wie er war, auf den kahlen Wagen geladen, die Kinder und den kranken Großvater. So fuhren wir ins Ungewisse. Wo Schlesigers geblieben sind, weiß ich nicht. Wir wurden getrennt. Auf der Straße standen die Trecks und konnten nicht weiter. Die Wehrmacht hatte den Vorzug. Kein Mensch hat sich um uns gekümmert.

Flüchtlingstreck auf der Kurischen Nehrung 1945.

Dann wurde der Russe eine kurze Zeit gehalten. Dadurch haben wir einen Vorsprung erhalten. Nun ging es vorwärts in Richtung Frisches Haff. Das war die einzigste Stelle, wo wir noch entkommen konnten. Da haben wir nach achttägiger Fahrt Passarge am Frischen Haff erreicht. Eine Nacht durften wir ausruhen, denn die Pferde schafften nicht mehr. Nun konnten wir von da aus beobachten, was sich da auf dem Eise abspielte. Die Eisdecke war noch nicht so stark, daß sie die ganze Last tragen konnte. Da waren denn die ersten Trecks eingebrochen und ertrunken. Man sah die eingebrochenen Wagen noch aus dem Eise ausragen. Da habe ich mit meinen eigenen Augen gesehen, wie ganze Reihen von Wagen eingebrochen waren. Wie wir das alles gesehen hatten, haben wir uns geweigert, auf das Eis raufzufahren. Es kam Befehl, der Damm würde in einer Stunde gesprengt, und das Dorf steht unter Wasser. Also waren wir gezwungen, raufzufahren. Es hieß, wir blieben nicht lange auf dem Eise, wir sollten quer rüber nach Kahlberg. Das wären 8 km, und dann wären wir gerettet. Aber es war nicht an dem. Wir waren schon 5 Stunden gefahren, und noch war kein Strand zu sehen. Das sagte uns ein Posten, die Posten waren dazu da, um zu sehen, daß die Wagen hintereinander fuhren und auch richtig Abstand hielten. Also mußten wir das Eis entlangfahren.

Als wir noch eine Stunde gefahren waren, wurden wir von Fliegern angegriffen; ein furchtbares Drama spielte sich ab. Die Bomben schlugen Löcher, und ganze Reihen von Wagen gingen unter. Wir hatten keinen Lebensmut und warteten sehnsüchtig auf den Tod. Aber es sollte noch nicht aus sein. Als dieser Angriff beendet war, sind wir Überlebende weitergefahren. Da sind wir dann noch die ganze Nacht durchgefahren und erreichten dann Land. Da haben wir erleichtert aufgeatmet. Aber nur für eine kurze Zeit. Wir waren in dem zweiten Kessel drin und konnten nicht mehr raus. Da sind wir dann noch bis zum 8. März 1945 in diesem Kessel hin- und hergefahren, die Pferde schlapp, die Menschen abgekämpft und abgestumpft. — Am 9. März 1945 hat uns dann der Russe überrannt, die Pferde weggenommen, alles ausgeplündert, die Frauen vergewaltigt und verschleppt, ebenso die Männer erschossen oder verschleppt. Mein Mann wurde auch gleich mitgenommen, wo ich auch heute keine Nachricht habe. Nun stand ich alleine da, ohne was zu essen, nur das was ich auf dem Körper hatte. Ein Russe schrieb mir einen Zettel, er sagte: ›Dokument.‹ Nun konnte ich nach Hause gehen, das hieß, wandern nach Großroden; wir befanden uns da, wo der Russe uns überrannte, kurz vor Danzig. Ich konnte ja nicht gehen, ich mußte mich verborgen halten im Gestrüpp und im Walde. Dabei trafen wir uns mit den andern aus unserm Dorfe, die sich auch versteckt hatten. Nach etlichen Tagen, als die wütenden Horden über uns weg waren, sind wir gewandert in Richtung Osten. Unterwegs trafen wir noch mehrere Bekannte aus dem Nachbardorfe, so daß wir ungefähr 30 Mann waren. Unter diesen Bekannten waren das Ehepaar Mikoleit, Skambracks, Frau Göbel mit 3 Kindern und F. Becker.

Nun sind wir so drei Wochen umhergeirrt. Nichts zu essen, nur was wir unter den ausgeplünderten Flüchtlingswagen gefunden haben. Die meisten blieben am Wege liegen und starben. Wir Überlebende waren nur noch Skeletts. Nun hatten wir unterwegs erfahren, daß die Russen und Polen Läger errichtet hatten und die umherirrenden Menschen zur Arbeit aufgriffen. So ist es uns auch ergangen. Wir wurden in Blumenau bei Pr. Holland aufgehalten und mußten sofort arbeiten. Es war nun Anfang April; auf dem Felde war noch nichts zu tun. Dieses Lager hatte viel Vieh. Da haben wir im Stall gearbeitet, andere Heu und Stroh gefahren, andere wieder im Walde Holz geschlagen. Zu essen mußten wir uns was suchen. Kartoffeln waren ja noch in den Mieten. Herr Mikoleit starb gleich nach 8 Tagen an den Strapazen. Frau Becker starb etliche Wochen später. Die Leichen wurden in Lumpen gewickelt und auf dem nahen Friedhof verscharrt.«

Der folgende Bericht aus Pommern illustriert die Lage der Deutschen für die ersten Monate des Jahres 1945 und über den Krieg hinaus bis zum Mai 1946. Der Erlebnisbericht der Pächtersfrau M.K. aus Schrotz, Kreis Dt. Krone in Pommern, wurde am 21. Oktober 1952 von den Herausgebern der Dokumentation der Vertreibung dreiseitig zu Protokoll genommen und ist in der Dokumentation der Vertreibung zum Teil abgedruckt auf den Seiten 211 ff Band I/2. Überschrieben ist der Beitrag: »Der Russeneinfall in Schrotz Ende Januar 1945 und die folgende Zeit unter Russen und Polen bis zum Mai 1946«:

»Meine Heimat wurde vom Vormarsch der Russen völlig überrascht. Nicht nur in meinem Heimatort, sondern in der ganzen Nachbarschaft ist die deutsche Bevölkerung fast vollzählig zu Hause geblieben und vom Russen überrascht worden.

Unser Gut lag etwas abseits vom Gut Schrotz, so daß wir besonders schlechte Nachrichtenverbindungen hatten. Mein Mann wurde mit dem Gros der anderen Männer der Gegend am 21. Januar zum Volkssturm eingezogen, kehrte jedoch nach einigen Tagen wieder nach Hause zurück, weil weder eine Kommandostelle noch Ausrüstung oder Waffen für den Volkssturm vorhanden waren.

In unserer Nachbarschaft lagen noch deutsche Truppen, als am 29. Januar 1945 der Russe vom Dorf Schrotz im Anmarsch gemeldet wurde. Es war morgens früh. Uns blieb nur soviel Zeit, uns anzuziehen und in den Keller zu fliehen, den wir verriegelten.

Es kamen zunächst nur einige wenige Russen, die den Keller erbrachen und zunächst alles plünderten, was ihnen des Mitnehmens wert schien. Im übrigen taten sie uns Deutschen zunächst nichts, weil deutsche Truppen in unmittelbarer Nähe unseres Gutes Widerstand leisteten und sich in der Folge eine heftige Schießerei entwickelte. Deutsche Artillerie und Infanterie nahm unser Gehöft und die anderen Gehöfte unter Feuer, einige wenige deutsche Flieger belegten die Gehöfte mit Bomben, es krachte an allen Ecken, so daß wir unsere Keller nicht verlassen konnten. Ich kann daher über den Verlauf des Gefechtes im einzelnen nichts aussagen, konnte aber nach dessen Beendigung am 2. Februar feststellen, daß etwa neun gefallene Russen von ihren Kameraden feierlich beerdigt wurden.

Ferner war ich Zeuge, wie vier deutsche gefangene Soldaten von den Russen erschossen wurden. Bei meiner Tante in der nächsten Nachbarschaft wurden 22 deutsche Soldaten erschossen. Die Toten mußten etwa drei Wochen liegen bleiben, es war ein grauenhafter Anblick, die allmählich blau werdenden Leichen verwesen zu sehen.

Noch während des Gefechtes kamen aus dem Dorf Schrotz (zwei Kilometer) eine Anzahl deutscher Mädchen auf unser Gut, da sie im Dorf dauernden Vergewaltigungen ausgesetzt waren und bei uns Schutz zu finden hofften.

Tatsächlich waren wir vorerst von derartigen Schrecken verschont geblieben, weil wir einen General mit Stab in unserem Gutshause hatten. Zwar mußten wir das Wohnhaus räumen und mußten in ein Insthaus ziehen, doch bewahrte uns die Anwesenheit der Offiziere immer wieder vor den zuchtlosen Mannschaften, die in manchen Fällen ihren Offizieren nur widerwillig gehorchten und nur durch gutes Zureden dazu zu bringen waren, von uns Frauen abzulassen.

Dieser Stab kam am 4. Februar zu uns. Gleichzeitig wurde mein Mann verhaftet und ins Nachbardorf zum Verhör gebracht. Da die als Zeugen fungierenden Ostarbeiter jedoch für meinen Mann günstig aussagten, wurde er nicht erschossen, sondern mit vielen anderen Männern zusammen ›nur‹ nach dem Südural verschleppt, wo er später gestorben ist. Verschleppt wurden im übrigen alle Männer von Dorf und Gut, die jünger als 60 Jahre waren, es waren etwa 40 Männer und vier Frauen, von denen der größte Teil nie wieder gesehen wurde. Einige junge Mädchen mußten mit einem russischen Lazarett nach Berlin mitgehen.

Derweil mußten wir Frauen für die Russen arbeiten, sei es in der Küche, im Stall oder wo sonst Hilfskräfte gebraucht wurden. Da ich vier Kinder hatte, wurde ich von der Verschleppung verschont, wurde aber ebenfalls zur Arbeit herangezogen. An jedem Morgen kam der Koch des Generals und holte sich drei Frauen zum Melken in den Stall. Nach dem Melken wurden wir dann regelmäßig vergewaltigt; mit vorgehaltener Pistole wurden wir dazu gezwungen, das Furchtbare über uns ergehen zu lassen. Ich mußte aber für meine Kinder leben bleiben, und so mußte auch ich mich in das Unabänderliche fügen. Es muß aber gesagt werden, daß unsere Beschwerde bei den Offizieren Erfolg hatte und daß fortan diese Vergewaltigungen unterblieben...

Ab Anfang Mai wurden alle deutschen Werte nach und nach nach Osten verladen. Landwirtschaftliche Maschinen, Radios, Möbel, alles, was nicht niet- und nagelfest war, auch das Mobiliar, das sich die inzwischen zu Herren gewordenen polnischen Arbeiter angeeignet hatten, wurde evakuiert. Ich selber habe einige Zeit hindurch bei den Verladungen helfen müssen...

Die polnische Verwaltung trat erst im November 1945 in Tätigkeit, die eine große Zahl von deutschen Kriegsgefangenen überall zur Arbeit einsetzte, so daß ich selber und andere Frauen nicht mehr zur Arbeit herangezogen wurden. Wir konnten daher uns vermehrt um die Ernährung unserer Kinder kümmern. Wir durchsiebten die Kaffhaufen, die von der Dreschmaschine abgepustet waren und dank der schlechten Einstellung der Dreschkästen eine schöne Menge Körner enthielten. Diese wurden auf selbstgemachten Steinmühlen zerkleinert und in jeder Form gegessen. Die auf den Speichern lagernden vollwertigen Zuckerschnitzel, mit denen die Russen oder Polen nichts anzufangen wußten, verarbeiteten wir zu Syrup, als Salz diente Viehsalz. So haben wir unsere Kinder und uns schlecht und recht über den Winter gebracht.

Wir hatten das Glück, einen einsichtigen polnischen Gemeindevorsteher zu haben, wie auch die früheren polnischen Arbeiter, die jetzt die deutschen Bauernhöfe besetzt hatten, sich uns gegenüber nicht ausgesprochen feindlich verhielten.

Im Mai 1946 erhielten wir plötzlich den Ausweisungsbefehl nach Deutschland.«

Nach dem 8. Mai 1945 setzte eine Rückflut vieler Flüchtlinge nach Osten ein. Dann begann die systematische Vertreibung, die bis Ende des Jahres 1949 stattfand. Bereits seit Dezember des Jahres 1944 bis zum Januar 1945 wurden die ersten Volksdeutschen aus Rumänien, Ungarn und Jugoslawien in die Sowjetunion verschleppt.

Während des Sommers 1945 wurden zahlreiche Sudetendeutsche von Haus und Hof in Minutenfrist vertrieben. Auch hier waren Tod, Verfolgung und Angst die Begleiter der Vertriebenen. Unter ähnlichen Bedingungen vollzog sich die Vertreibung der Deutschen aus den deutschen, nun von Polen besetzten Ostgebieten, die häufig ebenfalls in Minuten-

I.10

I.11

I.12

frist unter Todesbedrohung stattfand. In der Dokumentation der Vertreibung heißt es dazu:

»Es handelte sich dabei nicht um ein Vorgehen der einzelnen örtlichen polnischen Behörden, sondern um eine von höchster polnischer Stelle zentral geleitete Aktion, hinter der sehr wahrscheinlich der politische Zweck stand, das unmittelbare Hinterland der Oder-Neiße-Linie möglichst von Deutschen frei zu machen und diese von den Polen geforderte Grenzlinie bereits vor der Potsdamer Konferenz, die im Juli beginnen sollte, in gehöriger Weise als solche zu markieren. Die Austreibung der deutschen Bevölkerung aus diesem nahe an der Oder-Neiße gelegenen Gebieten schien Polen umso einfacher zu sein, als es dazu keiner Eisenbahntransporte bedurfte, die zu dieser Zeit durch die weitgehenden Zerstörungen und Demontagen ganz erheblich erschwert gewesen wären.«

Unmittelbar nach dem Kriege erfolgten von den Behörden angeordnete Ausweisungen der Deutschen aus den polnisch verwalteten deutschen Gebieten östlich der Oder-Neiße. Seit Ende Juli 1945 wurden alle Deutschen, die in einem Abstand von 100 bis 200 km östlich der Oder und der westlichen Neiße lebten, ausgewiesen. Am 2. August 1945 wurde in der Potsdamer Erklärung in Artikel IX festgestellt: »Die drei Regierungschefs bekräftigen ihre Auffassung, daß die endgültige Festlegung der Westgrenze Polens bis zu der Friedenskonferenz zurückgestellt werden soll.« Im Artikel XIII heißt es dann: »Die drei Regierungen erkennen an, daß die Überführung der deutschen Bevölkerung oder Bestandteile derselben, die in Polen, der Tschechoslowakei und Ungarn zurückgeblieben sind, nach Deutschland durchgeführt werden muß.«

Selbst Churchill, der diesen Beschlüssen anfangs noch zugestimmt hatte, wurde schließlich klar, was er befürwortet hatte und widersprach seinen einstigen Auffassungen. Dementsprechend erklärte Churchill am 16. August 1945 vor dem britischen Unterhaus:

». . . Besonders beschäftigen mich in diesem Augenblick die Berichte, die uns über die Bedingungen zukommen, unter denen die Vertreibung und der Auszug der Deutschen aus dem neuen Polen durchgeführt werden. Vor dem Krieg lebten acht bis neun Millionen Menschen in diesen Gebieten . . . über eine riesige Anzahl fehlt jede Nachricht. Wohin haben sie sich gewandt, was war ihr Schicksal? Die gleichen Zustände können sich in veränderter Form bei der Ausweisung einer großen Anzahl Sudetendeutscher aus der Tschechoslowakei wiederholen . . . Es ist nicht ausgeschlossen, daß eine Tragödie ungeheuren Ausmaßes sich hinter dem Eisernen Vorhang, der Europa gegenwärtig entzweischneidet, abspielt . . .«

Am 7. August 1945 hatte bereits der Propst Grüber aus Berlin an den Lordbischof von Chicester nach England folgendes geschrieben: »Gott schenke den Christen in aller Welt offene Ohren, die Notschreie der deutschen Menschen zu hören, die auf den Landstraßen sterben und verkommen. Tausende von Leichen spülen die Oder und Elbe ins Meer . . ., Tausende von Leichen hängen in den Wäldern um Berlin . . . Tausende und Zehntausende sterben auf den Landstraßen vor Hunger und Entkräftung . . . Kinder irren umher, die Eltern erschossen, gestorben, abhanden gekommen.«

Schließlich erfolgte von Oktober 1945 bis zum Jahre 1949 eine weitere Austreibung der Deutschen aus den Ostgebieten, aus den polnisch verwalteten deutschen Provinzen jenseits von Oder und Neiße. Einzeltransporte erfolgten bis zum Jahre 1950.

Ein Bericht des Diplom-Volkswirts Fritz Peter Habel aus Olmütz aus der Tschechoslowakei, im Original Ende 1956 in die Dokumentation der Vertreibung aufgenommen, unter dem Beitrag »Ausweisung von Olmützer Deutschen im Mai 1946« soll hier noch folgen. Er ist abgedruckt in Band IV/2 der Dokumentation der Vertreibung der Deutschen aus Ost-Mitteleuropa, S. 497 ff:

»Gegen Ende April 1946 begannen in Olmütz die Ausweisungen. Alle Personen deutscher Nationalität des Stadtgebietes, mit Ausnahme gewisser Kategorien von ›Kriegsverbrechern‹, konnten sich beim Místní Národní Výbor melden und — mindestens zu Beginn der Ausweisungen — angeben, wohin sie abgeschoben zu werden wünschten. Es bestand die Wahl, in die amerikanische oder in die sowjetische Besatzungszone Deutschlands zu kommen. Kriterium für die Zuteilung zu einem Transport war, ob — nach Angaben der auszuweisenden Personen — Verwandte in dem betreffenden Teil Deutschlands wohnten. Das Streben der Auszuweisenden war, in die amerikanische Zone zu gelangen. Waren dort keine Verwandten wohnhaft, so wurden sie erfunden. Auf tschechischer Seite war das Bestreben — mindestens zu Beginn der Ausweisungen — groß, die Deutschen überhaupt herauszubekommen. Die Deutschen ihrerseits sahen Tag für Tag, daß sie bei Verbleiben in der ČSR keine Chance hatten ein auch nur einigermaßen vernünftiges Auskommen zu finden. Gerüchte kursierten, daß ab etwa Juni nur noch Transporte in die Sowjetzone gehen würden. Infolgedessen waren die Meldungen für einen Transport, der am 20. Mai in die US-Zone abgehen sollte, im gewissen Sinne freiwillig und zahlreich.

Am 16. Mai abends wurden die Auszuweisenden verständigt, daß sie sich am 18. Mai morgens mit 50 kg Gepäck und Verpflegung für zehn Tage in ihren Wohnungen bereitzuhalten hätten. Sparkassenbücher und Wertsachen sollten in verschlossenen Umschlägen mitgebracht werden; die Wohnungen sollten verschlossen und durch Siegel über Türrahmen und Schlüsselloch gesichert werden. Die Mitnahme irgendwelcher Geldbeträge war untersagt (speziell tschechoslowakischen Geldes).

Die auszuweisenden Personen und ihr Gepäck wurden im Laufe des 18. Mai durch LKW abgeholt und in ein provisorisches Lager ca. 15 km östlich Ölmütz verbracht, das in einer ehemaligen Munitionsfabrik mit Gleisanschluß aufgebaut war. Das Gepäck wurde bei Eintreffen untersucht. Überschreitungen der zulässigen Gewichtsgrenze wurden gelegentlich von den tschechoslowakischen Organen gebilligt, doch gab es sehr viele Fälle, wo die auszuweisenden Personen die 50 kg einfach nicht mehr besaßen. Gelegentlich wurden auch Güter des täglichen Bedarfs (Wolldecken, Bettwäsche etc.) beschlagnahmt. Es hieß, sie würden an diejenigen Personen weitergegeben, die keine 50 kg Gepäck hatten. Wer über diese Verfahren Klage führen wollte, dem wurde bedeutet, daß er dann bis zur Klärung der Angelegenheit im Lager bleiben müßte. Da der nächste Transport in die russische Zone ging, hütete sich jeder, Beschwerde zu führen.

Geld, Schmucksachen und Sparkassenbücher wurden in allen Fällen beschlagnahmt. Jede Person erhielt 1000 RM, die vom jeweiligen Haushaltsvorstand zu quittieren waren. Jedes Schriftstück wurde genau geprüft; nur ausgesprochene Ausweise und Dokumente durften behalten werden und wurden jeweils mit einem Stempel ›Trvale evakuovan z Republiky Československe‹ versehen. Photographien wurden teilweise ganz beschlagnahmt, teilweise Stück für Stück überprüft, teilweise ganz unberücksichtigt gelassen.

Die auszuweisenden Personen wurden mit DDT desinfiziert, erhielten je einen ›Transportzettel für Evakuanten‹ und verblieben bis zum 22. Mai im Lager. Am 22. Mai morgens begann die Verladung zu 30 Personen, zuzüglich ihres Gepäcks, in einen Eisenbahnwagen. Der Zug blieb dann bis zum Einbruch der Dunkelheit stehen. Erst um ca. 19.30 Uhr setzte er sich in Bewegung und fuhr über Olmütz in Richtung Böhm.-Trübau ab. Es ist anzunehmen, daß er in der Nacht hielt, da Kolin (ca. 200 km von Olmütz entfernt in Richtung Prag) erst nach 6 Uhr morgens am 23. Mai erreicht wurde. In Kolin wurde warmer Malzkaffee ausgegeben; die Kinder unter 6 Jahren erhielten 1/4 l Milch. Gegen 9 Uhr ging die Fahrt weiter bis zu einem Lager Maleschitz im Weichbild Prags, das gegen 12 Uhr erreicht wurde. In diesem Lager hielt der Transport bis ca. 18 Uhr abends. Hier wurden ihm auch ein Rotkreuzwagen und ein Personenwagen für die Bewachungsmannschaft angehängt. Es gab ein warmes Eintopfgericht und wieder Milch für die Kinder unter 6 Jahren.

Gegen 20 Uhr erreichte der Transport Zditz und mußte wiederum über Nacht abgestellt worden sein, da Taus erst am 24. Mai morgens gegen 5 Uhr erreicht wurde. Nochmals wurde aufgefordert, tschechisches Geld abzugeben, und anschließend gab es Kaffee und Milch für die Kinder. Gegen 10 Uhr vormittags überquerte der Transport die deutsche Grenze, woraufhin wie auf Kommando die weißen Armbinden aus den Fenstern flogen. Man sah viele Leute mit Tränen in den Augen, die noch reichlicher flossen, als sie in Furth i. Wald von Rotkreuzschwestern deutsch angesprochen wurden.

In dieser Stadt wurde der Zug vom deutschen Grenzkommissar übernommen. Die Ausgewiesenen wurden wiederum desinfiziert, erhielten warme Verpflegung und feierten teilweise Wiedersehen mit den schon früher Ausgewiesenen oder sonstwie nach Deutschland gekommenen Angehörigen.«

Andere Beispiele verweisen darauf, daß Verbrechen gegen die Menschlichkeit auch bei diesen Ausweisungen vorkamen. Wesentlich war in jedem Fall das politische Kalkül, das hinter der seitens Moskaus provozierten Flucht, Vertreibung und der Aussiedlung der deutschen Bevölkerung aus ihren oft seit Jahrhunderten angestammten Gebieten stand. Die Deutschen in Ostmittel- und Osteuropa erfuhren mit der Flucht, Vertreibung und Aussiedlung seit 1945 eine Wandlung durch Zerstreuung und Auflösung ihrer Gemeinschaften.

LITERATURAUSWAHL

BECKER, Rolf: Niederschlesien 1945. Die Flucht, die Besetzung, Bad Nauheim 1965
BEKKER, Cajus: Flucht übers Meer, Oldenburg 1964
BÖDDEKER, Günter: Die Flüchtlinge. Die Vertreibung der Deutschen im Osten, Frankfurt a.M./Berlin/Wien 1985
DIEKERT, Kurt/Grossmann, Horst: Der Kampf um Ostpreußen, München 1960
GOLLANCZ, Victor: Stimme aus dem Chaos, Frankfurt a. M. 1960
KOPELEW, Lew: Aufbewahren für alle Zeit, Hamburg 1976
MÜHLFENZL, Rudolf: Geflohen und Vertrieben, Königstein 1981
NAWRATIL, Heinz: Vertreibungsverbrechen an Deutschen. Tatbestand, Motive, Bewältigung, München 1984[3]
THORWALD, Jürgen: Die große Flucht. Es begann an der Weichsel. Das Ende an der Elbe, München/Zürich 1979
ZAYAS, Alfred M. de: Zeugnisse der Vertreibung, Krefeld 1983

Vertreibungsverbrechen – Eine analytische Betrachtung

Heinz Nawratil

Das letzte Kapitel unbewältigter Vergangenheit

Daß es nach dem Zweiten Weltkrieg zahlreiche »deutsche Flüchtlinge« gegeben hat – wie die Vertriebenen oft durchgängig während der ersten Nachkriegsjahre bezeichnet wurden – ist im Ausland zumindest teilweise bekannt. Daß aber die Zahl der Deutschen in den Vertreibungs- und Deportationsgebieten Ostdeutschlands, der Sudetenländer sowie Ost- und Südosteuropas etwa der Summe der seinerzeitigen Einwohner der Republiken Irland, Island und Finnland sowie der Königreiche Norwegen, Schweden und Dänemark entsprach und daß die Vertreibung Deutscher die größte Völkervertreibung der Weltgeschichte darstellt, wissen sogar hierzulande nur die wenigsten. Noch weniger bekannt ist die Tatsache, daß im Verlauf dieser Ereignisse millionenfach Verbrechen verübt wurden.

Am 16. Juli 1969 beauftragte das Bundesinnenministerium das Bundesarchiv, »das ihm und anderen Stellen vorliegende Material über Verbrechen und Unmenschlichkeiten, die an Deutschen im Zuge der Vertreibung begangen worden sind, zusammenzustellen und auszuwerten«. Fünf Jahre später lag der abschließende Bericht zur Dokumentation der Vertreibungsverbrechen vor. Erst um die Jahreswende 1982/1983 wurden die Unterlagen für die wissenschaftliche Forschung freigegeben.

In diesem Zusammenhang betonte der damalige Bundesinnenminister Friedrich Zimmermann 1983 in einem Rundfunk-Interview neben Gesichtspunkten der Menschenwürde und der Menschenrechte noch folgendes: »Nach meiner Überzeugung ist die gründliche historische Aufarbeitung des Vertreibungsgeschehens mit seinen schrecklichen Begleiterscheinungen im Interesse der geschichtlichen und politischen Bewußtseinsbildung notwendig. Geschichtliche Vorgänge eines solchen Ausmaßes können nicht ohne tiefgreifenden geistigen Schaden verdrängt werden. Findet eine wissenschaftliche Aufarbeitung nicht statt, die sich von unbestechlicher Wahrheitsliebe leiten läßt, so entstehen verzerrte Bilder der Vergangenheit und entstellende Legenden, deren Verbreitung den Ideologen und Radikalen überlassen bliebe.«

Die Vertreibung, die zwischen 2,8 und 3 Millionen Menschen das Leben kostete, ist – wie der Minister betonte – in den Medien, im Schulunterricht und in der Geschichtswissenschaft auffallend unterrepräsentiert. Einer Umfrage des EMNID-Instituts aus dem Jahr 1979 ist z.B. zu entnehmen, daß sich die Hälfte der Befragten (49%) für ausreichend informiert über die Verbrechen des Nationalsozialismus hielt, aber nur ein Viertel (25%) über die Vertreibungsverbrechen. Um die subjektive Komponente auszuschließen, lautete die Kontrollfrage, wieviele Menschenleben die Verbrechen etwa gekostet haben. Hier zeigte sich das Informationsdefizit noch deutlicher: Bei den NS-Verbrechen konnten nur 24% keine konkreten Zahlen nennen, bei den Vertreibungsverbrechen dagegen mußten fast dreimal so viele (71%) die Antwort schuldig bleiben. Angesichts dieser Wissenslücken erscheint es geboten, die wesentlichen Ergebnisse der Dokumentation der Vertreibungsverbrechen an dieser Stelle noch einmal zusammenzufassen und, soweit erforderlich, aufgrund neuerer Untersuchungen zu ergänzen.

Der historische Tatbestand

1. Zu den Opfern der Roten Armee führt die Dokumentation aus:

»Es wurden nicht ... ›von den Erschießungen durch einrückende sowjetische Truppen zunächst vor allem Personen betroffen, die exponierte Parteistellen innehatten oder bestimmten nationalsozialistischen Organisationen angehörten‹ ..., befanden sich doch unter den in den Gemeinden Zurückgebliebenen nur noch selten Personen, die exponierte Stellungen bekleidet hatten. In der Mehrzahl waren es Menschen:

– die nicht mehr hatten fliehen können, da die Räumung ihrer Gemeinden zu spät oder überhaupt nicht angeordnet worden war, oder
– Bewohner von Stadtgemeinden, für deren Räumung nur begrenzte Transportmög-

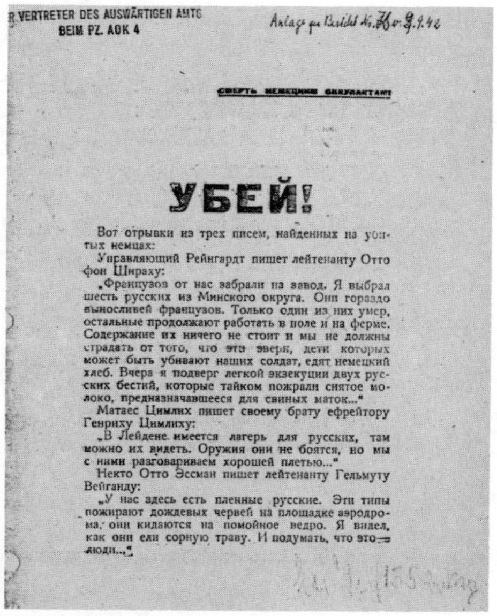
R. VERTRETER DES AUSWÄRTIGEN AMTS
BEIM PZ. AOK 4

СМЕРТЬ НЕМЕЦКИМ ОККУПАНТАМ!

УБЕЙ!

Вот отрывки из трех писем, найденных на убитых немцах:

Управляющий Рейнгардт пишет лейтенанту Отто фон Шираху:

„Французов от нас забрали на завод. Я выбрал шесть русских из Минского округа. Они гораздо выносливей французов. Только один из них умер, остальные продолжают работать в поле и на ферме. Содержание их ничего не стоит и мы не должны страдать от того, что эти звери, дети которых может быть убивают наших солдат, едят немецкий хлеб. Вчера я подверг легкой экзекуции двух русских бестий, которые тайком пожрали снятое молоко, предназначавшееся для свиных маток..."

Матаес Цимлих пишет своему брату ефрейтору Генриху Цимлиху:

„В Лейдене имеется лагерь для русских, там можно их видеть. Оружия они не боятся, но мы с ними разговариваем хорошей плетью..."

Некто Отто Эссман пишет лейтенанту Гельмуту Вейганду:

„У нас здесь есть пленные русские. Эти типы пожирают дождевых червей на площадке аэродрома, они кидаются на помойное ведро. Я видел, как они ели сорную траву. И подумать, что это — люди..."

Flugblatt »Töte!« von Ilja Ehrenburg.

Töte!

Nachstehend folgen Abschnitte aus 3 Briefen, die bei gefallenen Deutschen gefunden wurden:

Der Verwalter Reinhardt schreibt an Ltn. Otto v. Schirach: »Die Franzosen sind uns fortgenommen und in eine Fabrik gesteckt worden. Ich habe mir 6 Russen aus dem Minsker Bezirk ausgesucht. Sie sind bedeutend widerstandsfähiger als die Franzosen. Nur einer von ihnen ist gestorben, die übrigen setzen die Arbeit auf den Feldern fort. Ihre Verpflegung kostet nichts, und wir brauchen nicht darunter zu leiden, daß diese Tiere, deren Kinder vielleicht unsere Soldaten töten, das deutsche Brot essen. Gestern habe ich zwei dieser russischen Bestien einer leichten Strafexekution unterzogen, da sie heimlich die Milch aufgefressen hatten, die für die Mutterschweine bestimmt war ...«

Irgendein Otto Essmann schreibt an Ltn. Helmut Weygand: »Wir haben hier russische Kriegsgefangene. Diese Typen fressen Regenwürmer auf dem Flugplatz, sie stürzen sich auf das Spülwasser. Ich sah, wie sie dreckiges Gras aßen. Kaum zu glauben, daß es Menschen sind ...«

Die Sklavenhalter wollen unser Volk in Sklaven verwandeln. Sie führen die Russen zu sich, verspotten sie, bringen sie durch Hunger zum Wahnsinn und dazu, daß diese Leute in ihrer Todesangst Gras und Würmer essen, und der verfluchte Deutsche philosophiert mit einer erloschenen Zigarre zwischen den Zähnen: »Sind das überhaupt Menschen?«

Wir wissen alles. Wir erinnern uns an alles. Wir haben begriffen: Die Deutschen sind keine Menschen. Von jetzt ab ist das Wort »Deutscher« für uns der allerschlimmste Fluch. Von jetzt ab bringt das Wort »Deutscher« ein Gewehr zur Entladung. Wir werden nicht sprechen. Wir werden uns nicht aufregen. Wir werden töten. Wenn Du nicht im Laufe eines Tages wenigstens einen Deutschen getötet hast, so ist es für Dich ein verlorener Tag gewesen. Wenn Du glaubst, daß statt Deiner der Deutsche von Deinem Nachbarn getötet wird, so hast Du die Gefahr nicht erkannt. Wenn Du den Deutschen nicht tötest, so tötet der Deutsche Dich. Er wird die Deinigen festnehmen und sie in seinem verfluchten Deutschland foltern. Wenn Du den Deutschen nicht mit einer Kugel töten kannst, so töte ihn mit dem Seitengewehr. Wenn in Deinem Abschnitt Ruhe herrscht und kein Kampf stattfindet, so töte den Deutschen vor dem Kampf. Wenn Du den Deutschen am Leben läßt, wird der Deutsche den russischen Mann aufhängen und die russische Frau schänden. Wenn Du einen Deutschen getötet hast, so töte einen zweiten – für uns gibt es nichts lustigeres als deutsche Leichen. Zähle nicht die Tage. Zähle nicht die Kilometer. Zähle nur eines: Die von Dir geöteten Deutschen! Töte den Deutschen! – dieses bittet Dich Deine greise Mutter. Töte den Deutschen! – dieses bitten Dich Deine Kinder. Töte den Deutschen! – so ruft die Heimaterde. Versäume nichts! Versieh Dich nicht! Töte!

Ilja Ehrenburg

lichkeiten mit der Eisenbahn bestanden, oder

- Personen, die nicht fliehen wollten, wie vielfach Frauen, deren Männer bei der Wehrmacht waren und die sich mit ihren Kindern nicht von zu Hause entfernen wollten, oder
- körperlich Behinderte und alte Menschen, die die Strapazen der Flucht fürchteten;
- in Landgemeinden blieben aber auch Bauern zurück, die sich von dem ererbten Hof nicht trennen wollten.«

Unter den sowjetischen Verbrechen sind besonders die zahlreichen Tötungen von zurückgebliebenen Zivilpersonen – meist im Zusammenhang mit Plünderung oder Vergewaltigung – und die Vernichtung von Flüchtlingstrecks hervorzuheben, daneben aber auch die Ausrottung ganzer Dörfer wie Nemmersdorf, Metgethen, Gr. Heydekrug und so weiter.

Eine erschreckende Zahl von Todesopfern forderten schließlich die Deportationen deutscher Zwangsarbeiter aus den Vertreibungsgebieten in die Sowjetunion und die unmenschlichen Verhältnisse in den sowjetischen Lagern.

Auch wer den Einmarsch der Roten Armee überlebte, hatte – zumindest in Ostpreußen – nur geringe Überlebenschancen: Von den rund 100.000 zum Zeitpunkt der Kapitulation Königsbergs in der Stadt anwesenden Deutschen zum Beispiel starben 75.000, teils durch Hunger und Seuche, teils durch Mißhandlung und Mord.

Neben den Tötungsdelikten sind zusätzlich die millionenfachen Vergewaltigungsfälle zu erwähnen, die das Bundesarchiv bezeichnet als »eine der grauenhaftesten völkerrechtswidrigen Gewalttaten«.

2. Unter polnischer Verwaltung ereigneten sich die meisten Todesfälle in Polizeigefängnissen und Konzentrationslagern, von denen einige als Vernichtungslager zu bezeichnen sind. Im schlesischen Lager Lamsdorf beispielsweise starben von rund 8.000 Insassen über 6.000. Insgesamt zählte man im polnischen Machtbereich 1.255 Lager verschiedener Größen und 227 Gefängnisse, in denen Deutsche festgehalten wurden.

Im einzelnen führt die Dokumentation des Bundesarchivs aus:

»Deutsche, die im Vorkriegspolen gelebt hatten, waren gemäß dem ... Dekret vom 4. November 1944 einschließlich Kinder und Säuglinge ohnehin in überwiegender Mehrzahl als ›Verräter der Nation‹ in Zwangsarbeitslager gekommen ...

Als völkerrechtswidriges Massenvergehen stehen im Vordergrund des Berichtsmaterials die gegenüber den Deutschen bei ihrer Verhaftung, in den Gefängnissen und nach der Internierung in Arbeitslager verübten Ausschreitungen. Die Gewaltakte bestanden vorwiegend in Mißhandlungen brutalster, teils sadistischer Art mit Peitschen, Gummiknüppeln oder Gewehrkolben, teils bis zur Todesfolge, ferner in willkürlichen Erschießungen und Erschlagungen wie auch Vergewaltigungen von Frauen. Dem Berichtsmaterial nach ist kaum ein einziger Verhafteter und Internierter Mißhandlungen entgangen ...

Unter anderem wird berichtet, daß alte, nicht mehr arbeitsfähige Menschen, die sich unter den Internierten befanden, nicht allein durch Aushungern, sondern auch durch Erschießungen beseitigt wurden.«

In diesem Zusammenhang ist schließlich noch an die vielen Menschen zu erinnern, die auf Vertreibungstransporten an Hunger, Kälte und Erschöpfung starben.

3. Auch im tschechischen Machtbereich waren die meisten Todesfälle in den Lagern zu verzeichnen, die zunächst ebenso unbefangen wie zutreffend Konzentrationslager (Koncentrační tábor) genannt wurden.

Nemmersdorf, Oktober 1944.

Besondere Höhepunkte erreichte die Unmenschlichkeit bei Pogromen in verschiedenen sudetendeutschen und tschechischen Städten; in Aussig an der Elbe z.B. starben am 31. Juli 1945 ca. 2.000 Menschen, bei den Prager Mai-Pogromen im Gefolge des Aufstands vom 5. Mai 1945 dürften weit über 20.000 Deutsche grausam getötet worden sein. Daneben forderten die sogenannten wilden Ausweisungen im Mai und Juni 1945 – ähnlich wie in den grenznahen Kreisen an Oder und Neiße – Tausende von Menschenleben vor allem unter den deutschen Bürgern der mährischen Metropole Brünn. Allein beim sogenannten Brünner Todesmarsch kamen zwischen 6.000 und 9.000 Menschen ums Leben.

4. Die schwersten Verluste erlitten die Jugo-

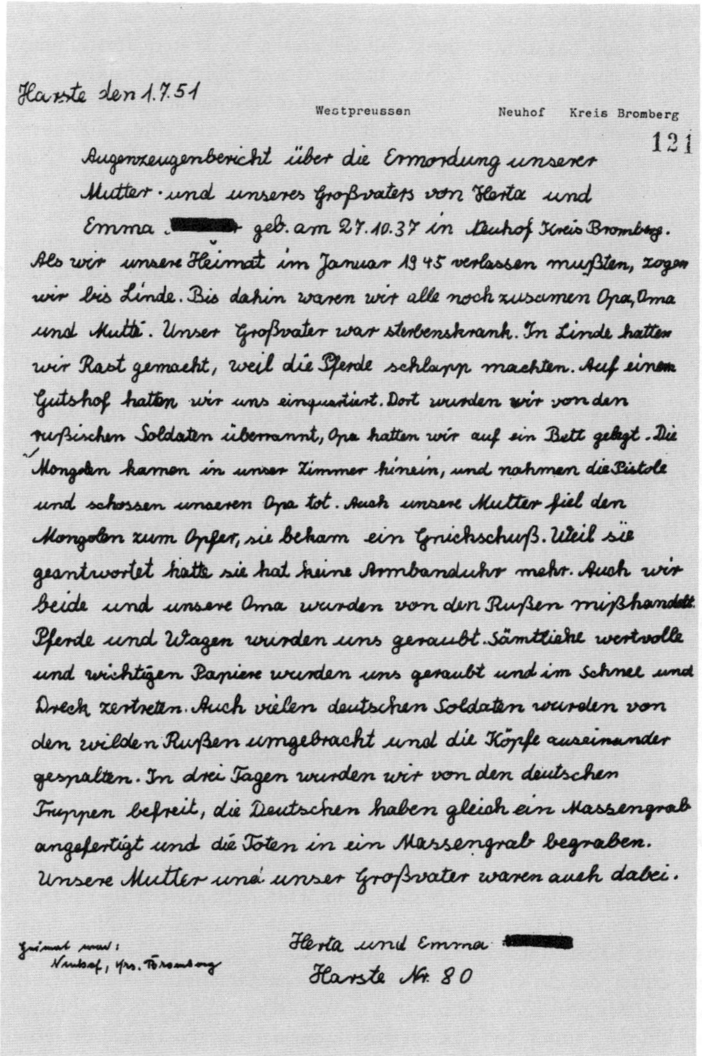

Harste den 1.7.51

Westpreussen Neuhof Kreis Bromberg

121

Augenzeugenbericht über die Ermordung unserer Mutter- und unseres Großvaters von Herta und Emma [redacted] geb. am 27.10.37 in Neuhof Kreis Bromberg. Als wir unsere Heimat im Januar 1945 verlassen mußten, zogen wir bis Linde. Bis dahin waren wir alle noch zusamen Opa, Oma und Mutti. Unser Großvater war sterbenskrank. In Linde hatten wir Rast gemacht, weil die Pferde schlapp machten. Auf einem Gutshof hatten wir uns einquatiert. Dort wurden wir von den rußischen Soldaten überannt, Opa hatten wir auf ein Bett gelegt. Die Mongolen kamen in unser Zimmer hinein, und nahmen die Pistole und schossen unseren Opa tot. Auch unsere Mutter fiel den Mongolen zum Opfer, sie bekam ein Gnickschuß. Weil sie geantwortet hatte sie hat keine Armbanduhr mehr. Auch wir beide und unsere Oma wurden von den Rußen mißhandelt. Pferde und Wagen wurden uns geraubt. Sämtliche wertvolle und wichtigen Papiere wurden uns geraubt und im Schnee und Dreck zertreten. Auch vielen deutschen Soldaten wurden von den wilden Rußen umgebracht und die Köpfe auseinander gespalten. In drei Tagen wurden wir von den deutschen Truppen befreit, die Deutschen haben gleich ein Massengrab angefertigt und die Toten in ein Massengrab begraben. Unsere Mutter und unser Großvater waren auch dabei.

Heimat war: Neuhof, Krs. Bromberg

Herta und Emma [redacted]
Harste Nr. 80

Erlebnisbericht.

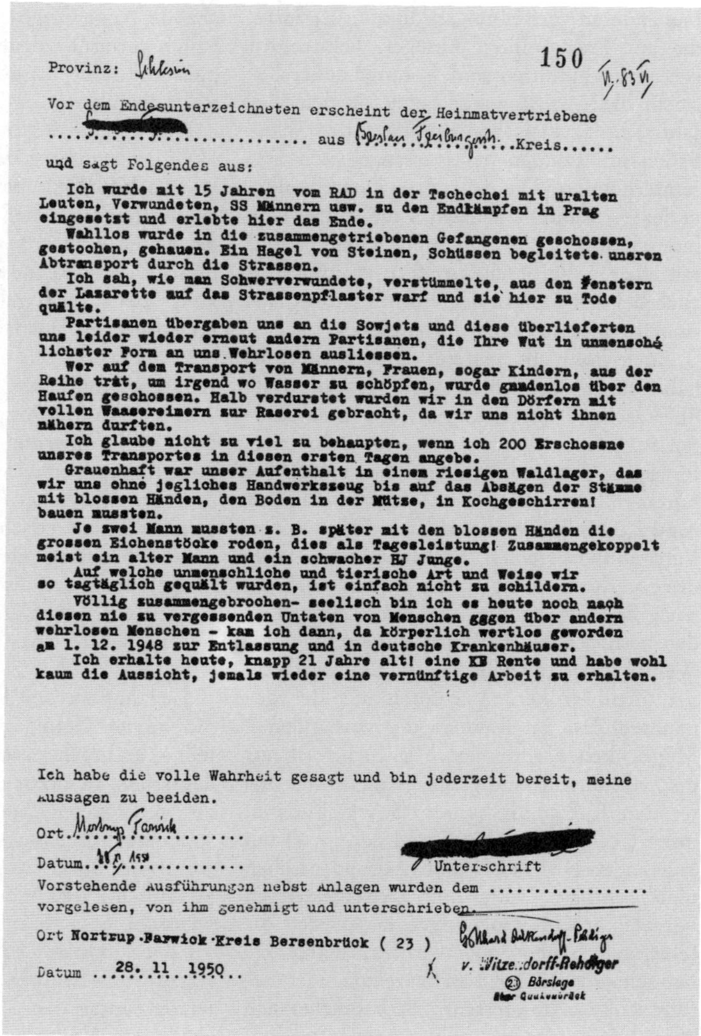

Provinz: Schlesien 150 VI. 83 VI

Vor dem Endesunterzeichneten erscheint der Heinmatvertriebene [redacted] aus Breslau Freiburg ..Kreis......

und sagt Folgendes aus:

Ich wurde mit 15 Jahren vom RAD in der Tschechei mit uralten Leuten, Verwundeten, SS Männern usw. zu den Endkämpfen in Prag eingesetzt und erlebte hier das Ende.

Wahllos wurde in die zusammengetriebenen Gefangenen geschossen, gestochen, gehauen. Ein Hagel von Steinen, Schüssen begleitete unsren Abtransport durch die Strassen.

Ich sah, wie man Schwerverwundete, verstümmelte, aus den Fenstern der Lazarette auf das Strassenpflaster warf und sie hier zu Tode quälte.

Partisanen übergaben uns an die Sowjets und diese überlieferten uns leider wieder erneut andern Partisanen, die Ihre Wut in unmenschéchlichster Form an uns Wehrlosen ausliessen.

Wer auf dem Transport von Männern, Frauen, sogar Kindern, aus der Reihe trät, um irgend wo Wasser zu schöpfen, wurde gnadenlos über den Haufen geschossen. Halb verdurstet wurden wir in den Dörfern mit vollen Waasereimern zur Raserei gebracht, da wir uns nicht ihnen nähern durften.

Ich glaube nicht zu viel zu behaupten, wenn ich 200 Erschossne unsres Transportes in diesen ersten Tagen angebe.

Grauenhaft war unser Aufenthalt in einem riesigen Waldlager, das wir uns ohne jegliches Handwerkszeug bis auf das Absägen der Stämme mit blossen Händen, den Boden in der Mütze, in Kochgeschirren! bauen mussten.

Je zwei Mann mussten z. B. später mit den blossen Händen die grossen Eichenstöcke roden, dies als Tagesleistung! Zusammengekoppelt meist ein alter Mann und ein schwacher HJ Junge.

Auf welche unmenschliche und tierische Art und Weise wir so tagtäglich gequält wurden, ist einfach nicht zu schildern.

Völlig zusammengebrochen- seelisch bin ich es heute noch nach diesen nie zu vergessenden Untaten von Menschen ggen über andern wehrlosen Menschen - kam ich dann, da körperlich wertlos geworden am 1. 12. 1948 zur Entlassung und in deutsche Krankenhäuser.

Ich erhalte heute, knapp 21 Jahre alt! eine KB Rente und habe wohl kaum die Aussicht, jemals wieder eine vernünftige Arbeit zu erhalten.

Ich habe die volle Wahrheit gesagt und bin jederzeit bereit, meine Aussagen zu beeiden.

Ort. Nortrup Farwick ....
Datum. 28/11.1950 ....

[redacted]
Unterschrift

Vorstehende Ausführungen nebst Anlagen wurden dem ....
vorgelesen, von ihm genehmigt und unterschrieben.

Ort Nortrup ·Farwick ·Kreis Bersenbrück (23)
Datum ..28. 11. 1950..

Gebhard Witzendorff-Rehdiger
v. Witzendorff-Rehdiger
(23) Börslage
über Quakenbrück

Erlebnisbericht.

slawiendeutschen. Von den 200.000 im Land Verbliebenen starb weit über die Hälfte durch Massenerschießungen oder in Konzentrationslagern.

Die Massenerschießungen begannen nach dem Rückzug der deutschen Truppen im Oktober 1944. Das Bundesarchiv berichtet darüber: »Zu diesen Exekutionen wurden teils nach Verhören, teils willkürlich Gruppen ... herausgeholt. Erschossen wurden unter anderem auch durch Krankheit und Schwäche arbeitsunfähig gewordene Deutsche. Unter dem Vorwand, sie für leichtere Arbeiten einzusetzen, waren Akademiker, Lehrer, Kaufleute veranlaßt worden, sich zu melden. Aber auch sie sind dann Opfer von Exekutionen geworden. Anfang Dezember 1944 sind dann ... die Massenerschießungen angeblich auf sowjetischen Einspruch hin eingestellt worden, wobei die Erfassung von Deutschen für Deportationen in die Sowjetunion im Hintergrund gestanden haben dürfte«.

Zu den Konzentrationslagern der Tito-Kommunisten vermerkt die gleiche Quelle:

»Die gesamte verbliebene Bevölkerung war Ende Mai 1945 in Lagern interniert oder in Gefängnissen inhaftiert ... Mißhandlungen brutalster Art durch Auspeitschungen gehörten zum Alltag des Lagerlebens ... Besonders hohe Todesquoten sind für die Konzentrationslager, die sogenannten Vernichtungs- oder ›Endlager‹ überliefert, in die alte Menschen, Kranke und Kinder verbracht worden waren. Das größte Lager dieser Art Rudolfsgnad (Knicanin) passierten ca. 33.000 Menschen, von denen nach geretteten Aufzeichnungen eines Lagerarztes 9.503 verstorben sind, davon 8.012 Erwachsene und 1.491 Kinder unter 14 Jahren. Als weitere Beispiele seien genannt: Gakovo mit 18.000 Insassen, davon etwa 8.800 Todesfälle, Backi Jarek mit 18.000 Insassen und 6.400 Todesfällen, Krusevlje mit 10.000 Insassen, davon rund 3.000 Todesfälle.«

5. Nicht in der Dokumentation der Vertreibungsverbrechen erfaßt ist das Schicksal der Ungarn- und Rumäniendeutschen. Zur umfassenden Information sei hier auf die ältere »Dokumentation der Vertreibung der Deutschen aus Ost-Mitteleuropa« verwiesen, die das Bundesvertriebenenministerium verdienstlicherweise 1953–1962 herausgab. Die genannten Minderheiten wurden vor allem durch sowjetische Deportationen dezimiert. Während in Ungarn etwa die Hälfte der Deutschen das Land verlassen mußten, wurden die Rumäniendeutschen meist enteignet, aber nicht vertrieben.

Das Schicksal der Wolgadeutschen und der anderen Rußlanddeutschen wurde in der Dokumentation der Vertreibungsverbrechen ebenfalls nicht näher untersucht. 900.000 von ihnen hatte man – ähnlich wie Krimtataren, Kalmücken und andere kleine Völker – noch während des Krieges in den asiatischen Teil der Sowjetunion deportiert; weitere 270.000–300.000 folgten 1945/46 im Weg der Zwangsrepartriierung nach und erlitten hohe Verluste (37% Todesfälle).

Die Opferbilanz

Gemäß seinem Auftrag beschränkte man sich im Bundesarchiv bei der Dokumentation der Vertreibungsverbrechen auf die Rekonstruktion der typischen Geschehensabläufe und auf die größenordnungsmäßige Erfassung der Todesfälle, die als unmittelbare Folge von »Verbrechen und Unmenschlichkeiten im Sinne der Dokumentation« anzusehen waren.

Die anderen vertreibungsbedingten Verluste, die auf Erschöpfung, Hunger, Selbstmord etc. zurückzuführen sind, konnten außer Betracht bleiben; sie waren bereits in den 50er Jahren im Statistischen Bundesamt in Wiesbaden im Rahmen der großangelegten Gesamterhebung »Die deutschen Vertreibungsverluste« ermittelt worden. Eine solche Differenzierung zwischen unmittelbaren und mittelbaren Verbrechensopfern ist zum Teil auch bei den Opfern der Herrschaft des Nationalsozialismus versucht worden.

Auch im Licht späterer Untersuchungen haben sich die Zahlen aus Wiesbaden als überraschend zuverlässig erwiesen; sie dürften zu dem am besten gesicherten Zahlenmaterial der zeitgeschichtlichen Forschung gehören. – Das Statistische Bundesamt kam auf rund 2,2 Millionen »ungeklärter Fälle« in den Vertreibungsgebieten, die auch als »Nachkriegsverluste« bezeichnet werden, weil sie nach Beendigung der Kampfhandlungen in den betreffenden Regionen eingetreten sind; Wehrmachtssterbefälle und Kriegsverluste der Zivilbevölkerung wurden aus der genannten Zahl im Rahmen der vorhandenen Möglichkeiten eliminiert. Die Bilanz ist nur insoweit unvollständig, als sie die Opfer unter den Rußlanddeutschen (Sowjetunion in ihren Grenzen von 1938) und den im Osten zugezogenen West- und Mitteldeutschen nicht enthält. Aufgrund zwischenzeitlich vorgelegter Untersuchungen lassen sich die fehlenden Größen aber verhältnismäßig genau schätzen, so daß man heute von einer Gesamtzahl von mindestens 2,8, wahrscheinlich aber 3 Millionen vertreibungsbedingter Todesfälle sprechen kann.

Motive und Hintergründe

1. Breiten Raum mußte das Bundesarchiv bei der Untersuchung der Verbrechensmotive der jahrelang betriebenen Moskauer Haßpropaganda einräumen. Sie erreichte in den Jahren zwischen 1942 und 1945 eine heute kaum vorstellbare Intensität. »Die Deutschen sind keine Menschen« und »Für uns gibt es nichts Lustigeres als deutsche Leichen«; diese Sätze aus Flugblättern des sowjetischen Chefpropagandisten Ilja Ehrenburg können als repräsentativ für die Art der seinerzeitigen Agitation gelten. Entscheidend für die Befolgung des ständig wiederholten Appells »Töte den Deutschen!« dürfte in erster Linie die parteipolitische Ausrichtung der jeweiligen Truppenteile gewesen sein. Die Dokumentation der Vertreibungsverbrechen führt dazu aus:

»Nach diesen auch an anderer Stelle belegten Informationen waren Schützen- und Maschinengewehrkompanien in besonderem Maße mit Kommunisten und Komsomolzen durchsetzt. Es dürften jene Truppenteile gewesen sein, vor denen, wie mehrfach berichtet wird, die in den Ortschaften Verbliebenen wie auch Flüchtlinge durch deutschsprechende Angehörige sowjetischer Panzereinheiten gewarnt wurden: ›Die nach uns kommen sind schlecht‹ oder ›Nach uns kommen Stalin-Schüler‹.«

Der Bericht des Bundesarchivs fährt fort: »Die Propagierung des Hasses gegen die faschistischen Okkupanten aber wirkte sich dahingehend aus, daß Soldaten und Offiziere der Roten Armee, soweit sie unter dem Einfluß der Politorgane standen, bei der Besetzung der Reichsgebiete zunächst unterschiedslos in jedem Deutschen, ob Mann oder Frau, ob Greis oder Kind, einen Faschisten sehen mußten.«

Auch die Straflosigkeit von Vergehen an der Zivilbevölkerung spielte eine verhängnisvolle Rolle; dazu wieder das Bundesarchiv:

»Von erheblicher Bedeutung für das Vorgehen der sowjetischen Truppen gegenüber der Bevölkerung war schließlich die Handlungsfreiheit, die den Truppen nach Besetzung eines Gebietes von der sowjetischen Führung für eine gewisse Zeit gewährt wurde.«

Genannt werden ferner vor allem Rachemotive im Gefolge der teils instinktlosen, teils verbrecherischen vorhergegangenen deutschen Besatzungspolitik. Im Gegensatz zu verbreiteten Spekulationen stand der spontane Vergeltungsdrang überraschenderweise eher im Hintergrund. Hierbei ist daran zu erinnern, daß in den 40er Jahren mehr sowjetische Staatsbürger durch Stalins Terror als durch Hitlers Krieg ums Leben kamen. (Dem Millionenheer der Opfer des Sowjetterrors unter den »unzuverlässigen« nichtrussischen Völkern der UdSSR, unter Systemkritikern, Kollaborateuren, Verdächtigen usw. hat der Anglorusse Nikolai Tolstoy 1981 in seinem Buch »Stalin's Secret War« ein würdiges Denkmal gesetzt.)

2. Neben Dänemark hatte das sogenannte »Protektorat Böhmen und Mähren« während des Krieges von allen besetzten Gebieten mit Abstand die geringsten personellen und materiellen Verluste zu beklagen. Persönliche Rachemotive spielten bei tschechischen Gewalttätern daher keine nennenswerte Rolle. Entscheidend waren in erster Linie die Straffreiheit von Verbrechen an Deutschen und die offizielle Haßpropaganda. Die Dokumentation der Vertreibungsverbrechen führt aus:

»Geschürt wurde der Haß durch Reden und Broschüren politischer Persönlichkeiten sowie durch Presseartikel, worin zu einer kollektiven Bestrafung der Deutschen für begangene Verbrechen aufgefordert wurde. Bei den Ausschreitungen gegenüber den Deutschen mag bei manchem Täter entfesselte nationalistische Leidenschaft, bei anderen blinder politischer Fanatismus eine Rolle gespielt haben, viele waren jedoch von opportunistischen Motiven und niedrigsten Instinkten bestimmt. Darauf weisen die zahlreichen überlieferten Nachrichten über sadistische Handlungen hin.«

In diesem Zusammenhang ist zu erwähnen, daß die ersten konkreten Vertreibungspläne tschechischer Spitzenpolitiker schon vor Kriegsbeginn entstanden und daß der entfesselte Pöbel und die kühl kalkulierten Vertreibungsverbrechen aus Prager Sicht eine zentrale Rolle bei der Schaffung vollendeter Tatsachen im Sudetenland spielten. Gegenüber einer amerikanischen Quäkerin erklärte sich z.B. der tschechische Exilminister Stransky am 28. November 1944 wie folgt:

»Stransky ... glaubt, die Verhältnisse im Sudetenland nach dem Waffenstillstand würden derartige sein, daß sich das deutsche Problem zum guten Teil ohne Transfer von selber lösen wird. Die sudetendeutsche Bevölkerung würde sogar ohne offiziellen Transfer drastisch reduziert werden ... Es wird ein schreckliches Elend geben. Es wird daher erwartet, daß es in der ersten Periode nach der Befreiung im Sudetenland eine sehr hohe Sterblichkeit geben wird.«

3. Im Gegensatz zu den Tschechen hatten die Polen (und Jugoslawen) durch Krieg und Besatzungsterror schwer zu leiden, wenn auch nicht in dem Ausmaß, das vor allem in der Propanda der polnischen Kommunisten immer wieder aufscheint. Viele Angehörige einer willkürlich zusammengestellten Miliz – durch sie wurden die meisten Verbrechen begangen – waren tatsächlich von Rachsucht getrieben; ihr Haß richtete sich aber nicht allein gegen Repräsentanten des Nationalsozialismus, sondern gegen alle Deutschen, war also stark mit chauvinistischen Gefühlen gemischt, so wie dies schon bei der blutigen Unterdrückung der ukrainischen Minderheit in den 20er und 30er Jahren, ferner 1921 beim sogenannten 3. Polen-Aufstand (das heißt, während des polnischen Versuches, ganz Oberschlesien entgegen dem Ergebnis der international überwachten Volksabstimmung zu annektieren) und wieder 1939 bei den Massakern unter der deutschen Minderheit aus Anlaß des Kriegsausbruchs zu beobachten gewesen war. Wie in den anderen Vertreibungsgebieten spielten daneben die Möglichkeiten persönlicher Bereicherung und die Straflosigkeit von Verbrechen eine Rolle.

Ergänzend berichtet die bereits erwähnte »Dokumentation der Vertreibung der Deutschen aus Ost-Mitteleuropa« in Band I/1:

»Auch in der auf der Potsdamer Konferenz von polnischer Seite vorgebrachten Versicherung, ein großer Teil der Deutschen werde die Gebiete jenseits von Oder und Neiße freiwillig verlassen, wenn diese dem polnischen Staat unterstellt würden, darf man mit gutem Grund den ungesagt gebliebenen Vorsatz der polnischen Regierung erkennen, alles irgend Mögliche zu tun, um schon während der polnischen Verwaltung und vor der Ausweisung die Verminderung der ostdeutschen Bevölkerung in die Wege zu leiten und den Deutschen eine Behandlung widerfahren zu lassen, die ihren Willen, in der Heimat zu bleiben, sehr bald brechen würde.«

Wie zielstrebig die polnische Regierung schon vor dem Krieg auf eine gewaltsame Expansion hinarbeitete, ergibt sich unter anderem aus einem Schreiben des Schweizer Völkerbund-Diplomaten und Historikers Carl J. Burckhardt vom 20. August 1938 über seine Gespräche mit dem polnischen Außenminister Beck (zitiert aus »Meine Danziger Mission«):

»Die Polen warten in scheinbarer Ruhe. Beck, während unserer nächtlichen Fahrt, hat mich etwas in seine Pläne eingeweiht. Weiterhin spielt er sein doppeltes Spiel. Es ist kein deutsches Spiel, wie manche Franzosen und die polnische Opposition glauben. Es ist ein Spiel, bei welchem man für Polen auf den höchsten Gewinn hofft, einen Gewinn, der sich ergeben soll aus einer schließlichen und unvermeidlichen deutschen Katastrophe ... Jetzt hofft man im stillen in Warschau nicht nur auf die bedingungslose Integration Danzigs in den polnischen Staatsbereich, sondern auf viel mehr, auf ganz Ostpreußen, auf Schlesien, ja auf Pommern. Im Jahre 1933 noch sprach man in Warschau vom polnischen Pommerellen, aber jetzt sagt man ›unser Pommern‹. Beck macht eine rein polnische Politik, eine letzten Endes antideutsche Politik, eine nur scheinbar polnisch-deutsche Entspannungspolitik seit der Besetzung des Rheinlandes und der französischen Passivität bei Anlaß dieses Vorganges. Aber man bemüht sich, die Deutschen ganz methodisch in ihren Fehlern zu bestärken ...«.

4. Generell ist festzuhalten, daß der Schlüssel der Vertreibungsverbrechen weniger bei den einzelnen Tätern zu suchen ist als vielmehr bei den betreffenden Regierungen, die den Pöbel mobilisierten und legitimierten.

Über die Rolle der Verantwortlichen der Vertreibung im globalen Kräftefeld vermerkt Andreas Hillgruber in seinem Aufsatz »Der Zusammenbruch im Osten 1944/45 als Problem der deutschen Nationalgeschichte und der europäischen Geschichte«:

»Die Komplexität des Geschehens wurde (von der überkommenen Zeitgeschichtsforschung) auf unzulässige Weise ausschließlich als sachlogische Konsequenz der hybriden Ziele der Hitlerschen Expansionspolitik ... interpretiert, ohne daß die davon unabhängigen Ziele der östlichen und westlichen Gegenmächte viel untersucht wurden. Dabei war das gegnerische Konzept nicht nur eine Reaktion auf die nationalsozialistische Herausforderung; es entsprach vielmehr lange herkommenden Vorstellungen, die im Kriege nur zum Durchbruch kamen.«

Die Kollektivschuld

Kaum verständlich erscheint heute, wie traditionsreiche Demokratien wie Großbritannien und die USA in Nürnberg Nationalsozialisten wegen Vertreibung von Tausenden aus Slowenien, Polen, Elsaß etc. aburteilen und zugleich selbst der Vertreibung von Millionen aus Ostdeutschland und Osteuropa zustimmen konnten.

Sieht man von gewissen machtpolitischen Erwägungen in Kreisen der britischen Konservativen ab, so bleibt als Hauptmotiv die Vorstellung einer kollektiven Schuld aller Deutschen am Nationalsozialismus. Hand in Hand mit solchen Annahmen ging die stillschweigende Unterscheidung von (guten) Völkern mit Menschenrechten und (bösen) Völkern ohne Menschenrechte. So konstatierte mit Blick auf »die Deutschen« zum Beispiel Clement Attlee am 1. März 1945 vor dem Britischen Unterhaus: »Sie haben die alten Schranken eingerissen, und deshalb sage ich, daß sie sich nicht auf das alte Europa berufen können ... (Sie haben) kein Recht, die Grundlage der Moralgesetze zu beschwören, die sie selbst nicht beachtet haben.« Und aus einflußreichen Kreisen der Vereinigten Staaten ertönte eine unverhohlen rassistische Begleitmusik:

»Der Nazismus ist keine neue Theorie, geboren aus der Ungerechtigkeit des Versailler Vertrages oder aus wirtschaftlicher Notlage. Er ist ein Ausdruck deutscher Bestrebungen, die in Jahrhunderten ihren Niederschlag gefunden haben ... Es gab einen Kaiser vor Hitler und Bismarck vor dem Kaiser und Friedrich den Großen vor Bismarck – in der Tat sind 2.000 Jahre deutschen Wesens dafür verantwortlich ... Ja, es gibt eine deutsche Verschwörung gegen den Weltfrieden und gegen jeden freien Menschen in jedem Land. Es ist eine Verschwörung, die in der Niederlage nie abgestorben ist. Sie ist dem Volk angeboren ... Die deutsche Philosophie ist aus der Barbarei entstanden und durch Kultur verfeinert und gefährlicher gemacht worden. Sie bleibt jedoch die Philosophie von Zahn und Klaue, modernisiert durch Flugzeug-Zähne und Panzer-Klauen. Die Jahrhunderte haben sie nicht geändert. Der Evolution des Menschen, die seine geistigen Fähigkeiten entwickelt hat, haben die Deutschen getrotzt.«

Das an sich unbedeutende Pamphlet »What to do with Germany« eines gewissen Louis Nizer, aus dem diese Zeilen stammen, verdient insoweit Beachtung, als es die Lieblingslektüre dreier amerikanischer Präsidenten war: F.D. Roosevelt verteilte es an seine Kabinettsmitglieder, Eisenhower verteilte 100.000 Exemplare an die Truppe und ließ alle Offiziere seines Stabes Aufsätze über das Buch schreiben und Harry S. Truman schließlich hielt es für »eines der fesselndsten und aufschlußreichsten Bücher«, das er je gelesen hatte.

Einer der frühesten Warner vor den Gefahren des Nationalsozialismus und zugleich einer der ersten Kritiker der Vertreibungsverbrechen war der britisch-jüdische Verleger und Schriftsteller Victor Gollancz. Über die Kollektivschuld-Theorie hat er ein vernichtendes Urteil gefällt: »Sie stützt sich – bestenfalls – auf gänzliche Unkenntnis der psychologischen und wissenschaftlichen Tatsachen und läßt sich in einer halben Stunde unter Zuhilfenahme jedes beliebigen Lehrbuches der europäischen oder Weltgeschichte richtigstellen. Ihr weitgehender Einfluß ist natürlich der Ansteckung durch das nazistische Rassedogma zuzuschreiben.«

Die Parallele zu braunen und anderen Rassismen ist keineswegs abwegig. Die mittelalterlichen Judenverfolgungen basierten auf einer Lehre von der jüdischen Kollektivschuld am Gottesmord, und auch die Ausrottung der Armenier im türkischen Reich während des Ersten Weltkriegs wurde mit einem kollektiven Verrat des armenischen Volkes begründet. Hitler selbst hat bei verschiedenen Gelegenheiten versucht, das »rücksichtslose Durchgreifen« in der Sowjetunion als bloße Reaktion auf die vorangegangenen Millionenmorde Stalins hinzustellen.

Wenn es so leicht ist, ein totalitäres Regime zu beseitigen, warum haben dann die Russen Stalin nicht gestürzt? Auf diese naive Frage hat Chruschtschow eine lakonische Antwort gegeben. Als er in seiner Geheimrede auf dem XX. Parteitag Stalins Verbrechen anprangerte, riefen einzelne Delegierte spontan: »Warum habt ihr Stalin nicht getötet?« Der Generalsekretär erwiderte: »Was konnten wir tun? Es war eine Terrorherrschaft.«

Während die Vereinigten Staaten noch im Verlauf der Nürnberger Kriegsverbrecher-Prozesse offiziell von der Idee einer Kollektivschuld abrückten, während Papst Pius XII. und die katholischen Bischöfe in Deutschland und den USA und auch herausragende jüdische Theologen wie Leo Baeck oder Pinchas Lapide diese menschenfeindliche These geißelten, erlebt die »Kollektivschuld« seit den 60er Jahren im westlichen Deutschland eine wundersame Wiedergeburt.

Schon 1965 sprach – anknüpfend an das umstrittene »Stuttgarter Schuldbekenntnis« von 1945 – die Vertriebenen-Denkschrift des Rats der Evangelischen Kirche in Deutschland (EKD) im Zusammenhang mit Vertreibung und Vertreibungsverbrechen unter anderem von einem »Gericht Gottes«. Millionen evangelischer Christen konnten diese und ähnliche Gedankengänge nicht nachvollziehen und erklärten in den Folgejahren ihren Kirchenaustritt.

Obwohl sich die Mehrheit der zeitgenössischen Kollektivschuld-Theoretiker einer Tarnsprache bedient (»Gesetz von Ursache und Wirkung«, »unvermeidliche« bzw. »verständliche Reaktion auf Nazigreuel«), ist nicht zu verkennen, daß dieses überwunden geglaubte Relikt kriegsbedingter Geistesverrohung hier und heute wieder Konjunktur hat wie noch nie seit 1945/46. Die Erben des deutschen Widerstandes haben das vielleicht am klarsten erkannt. Beispielsweise mahnte Franz Ludwig Graf Stauffenberg, der Sohn des Hitler-Attentäters, bei der Eröffnung einer Widerstands-Ausstellung in Rom im Oktober 1987, die deutsche Résistance stärker unter dem Gesichtspunkt des Wofür — Freiheit, Recht, Menschenwürde — als des Wogegen zu sehen. Und so ist noch immer aktuell, was Yves Ternon angesichts des Völkermordes an den Armeniern ausgerufen hat: »Wenn die Menschheit Verbrechen gegen die Menschlichkeit hinnimmt, spricht sie sich selbst das Urteil.«

LITERATURAUSWAHL

BUNDESMINISTERIUM für Vertriebene, Flüchtlinge und Kriegsgeschädigte (Hrsg.): Dokumentation der Vertreibung der Deutschen aus Ost-Mitteleuropa, 5 Bde, 3 Beihefte, Bonn 1953—1961.

HABEL, Fritz Peter: Dokumente zur Sudetenfrage, München 1984[4]

KAPS, Johannes: Vom Sterben schlesischer Priester 1945/46, Köln 1984[2]

LEHNDORF, Hans Graf: Ostpreußisches Tagebuch, München o.J.[1]

NAWRATIL, Heinz: Vertreibungsverbrechen an Deutschen/Tatbestand, Motive, Bewältigung, Frankfurt a.M. / Berlin 1987

SCHICKEL, Alfred: Die Vertreibung der Deutschen/Geschichte, Hintergründe, Bewertungen, Asendorf 1986.

ZAYAS, Alfred Maurice de: Die Anglo-Amerikaner und die Vertreibung der Deutschen, Frankfurt a.M./Berlin 1988[7]

DERS.: Anmerkungen zur Vertreibung, Stuttgart u.a.O. 1986.

Aussiedler – Die Vertriebenen von heute

Guido Zurhausen

Im Jahre 1988 sind mehr als 202.000 Aussiedler in der Bundesrepublik Deutschland eingetroffen und registriert worden, davon aus dem polnischen Bereich rund 140.000, aus der Sowjetunion 47.500 und aus Rumänien 12.900. Mit diesen Zahlen ist das Thema mehr denn je in die politische Diskussion unserer Tage geraten. Von der Politik zu einem Schwerpunkt des Handelns gemacht, von den Medien mit seinen menschlichen, zeitgeschichtlichen und politischen Bezügen nach außen und innen in den Vordergrund des Interesses gerückt, dringt diese stromhafte Wanderschaft der Deutschen aus dem mittelost- und südosteuropäischen Raum in die Bundesrepublik Deutschland zunehmend in das allgemeine Bewußtsein der Bevölkerung. Die sich häufenden persönlichen Begegnungen und Erfahrungen zwischen Einheimi-

Ankunft rußlanddeutscher Aussiedler in Frankfurt.

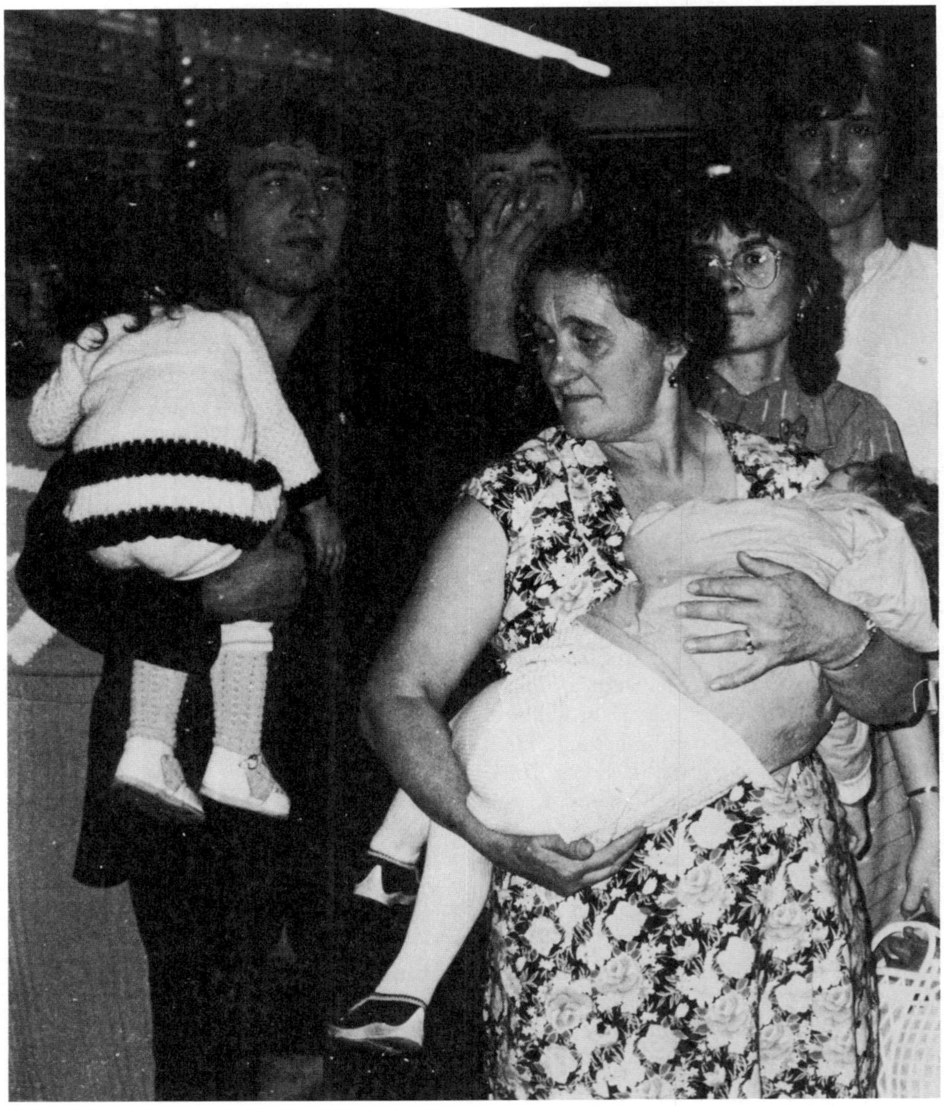

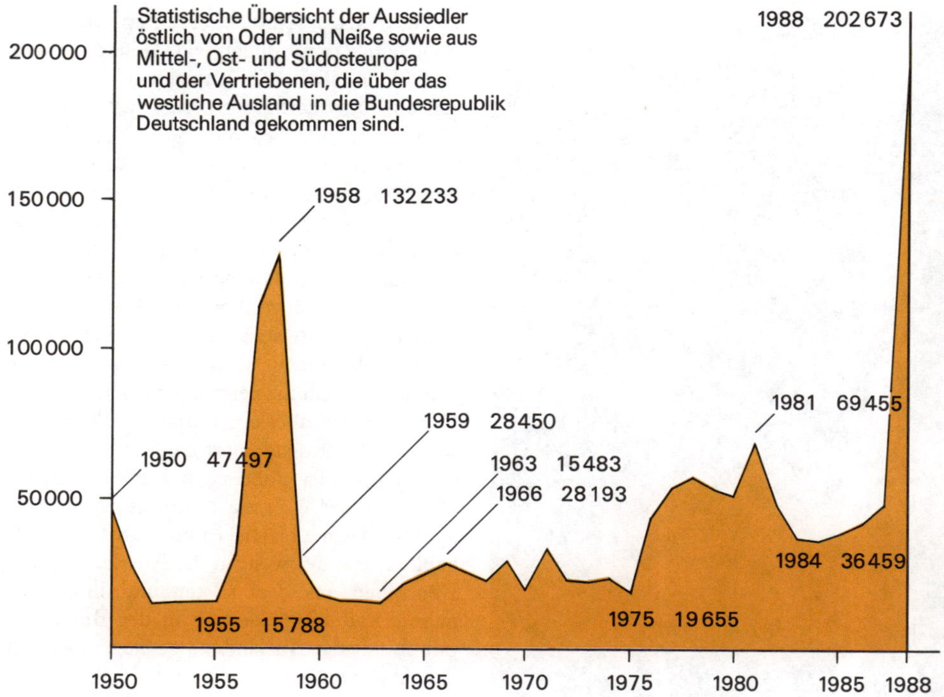

Nach: Bundesausgleichsamt, Bad Homburg v. d. H.

Aussiedler von 1950–1988.

schen und Aussiedlern im Alltag machen die Aktualität des Geschehens bewußt und prägen unmittelbar das individuelle Meinungsbild voneinander.

Gewiß hat es mit der Magie der großen Zahl zu tun, die Aufmerksamkeit und Erstaunen erregt. Aber Aussiedler – und das als eine noch fortwährende Folge des Zweiten Weltkrieges – gibt es, seitdem die Bundesrepublik besteht, statistisch genau seit 1950 erfaßt. Bis Ende 1988 sind es etwa 1,6 Millionen Menschen, die von dem Exodus der Deutschen, nämlich deutsche Staatsangehörige aus den Ostgebieten des deutschen Reiches in den Grenzen von 1937 und deutsche Volkszugehörige aus den Siedlungsgebieten aller Ostblockstaaten, betroffen sind. Diese Wanderschaft hat in ihrem ständigen Auf und Ab der Zugangszahlen bereits ihre eigene Geschichte. Seit Anfang 1987 beginnend bis Ende 1988 erreichte sie in zwei Jahren mit mehr als 285.000 Menschen allerdings einen bislang nicht dagewesenen Höhepunkt. Ein Ende dieses Trends ist einstweilen nicht abzusehen. Eher ist anzunehmen, daß bei gleichbleibenden Ausreisebedingungen in den Herkunftsländern der Aussiedler in 1989 der Strom noch anwachsen wird.

Dann aber, das ist vorauszusehen, wird der Diskussionspegel noch erheblich steigen. Schon jetzt mischt sich in das Staunen über die unerwarteten Zugangszahlen knäuelhaft eine Menge von Fragen und Empfindungen hierzulande, die sich im Für und Wider gegenüberstehen. Die Demoskopie, die in dem Ereignis längst schon ein dankbares Feld der Meinungsforschung entdeckt hat, und die publizistische Verbreitung ihrer Ergebnisse zeigen an, wohin die Fragestellungen zielen. Woher eigentlich kommen die Aussiedler und warum verlassen sie ihre angestammte Heimat? Wie lange noch wird das so sein und wieviele? Kann die Bundesrepublik Deutschland, zunächst offensichtlich nicht vorbereitet, mit diesen Menschenmassen überhaupt fertig werden? Können die Menschen, die zudem vielfach die deutsche Sprache nicht mehr hinreichend beherrschen, sinnvoll in die Gesellschaft eingegliedert werden? Vergrößern sie nicht die ohnehin schon zu große Zahl der Arbeitslosen oder nehmen sie einheimischen Bürgern gar die Arbeitsplätze weg? Und stellt sich nicht dieselbe Frage hinsichtlich des angespannten Wohnungsmarktes insbesondere in den Ballungszentren, die auch für die Aussiedler Hauptanziehungspunkte sind? Wachsen die Belastungen in eine nicht vertretbare Größenordnung – wirtschaftlich, sozial und gesellschaftspolitisch? Machen sich die Aussiedler nicht zu große Illusionen über ihre Lebenschancen in der Bundesrepublik? Werden sie am Ende nicht enttäuscht, verbittert, unglücklich? Sind sie eigentlich noch Vertriebene?

Das ist nur eine Auswahl dessen, was derzeit landauf, landab im politischen wie im privaten Bereich den Gesprächsstoff abgibt. Vieles ist nicht gerade neu daran. In den Phasen stärkeren Zugangs in früheren Jahren klangen ähnliche Fragen auch immer wieder an. Aber durchaus neu in der Qualität ist die Nachhaltigkeit, mit der heute die persönliche Entscheidung der Aussiedler zum Verlassen der Heimat einerseits und die Aufnahmeverpflichtung und -bereitschaft der Bundesrepublik andererseits problematisiert, ja in Frage gestellt wird. Ungleich stärker als früher sehen sich Aussiedler einem Argumentationsdruck ausgesetzt, ihren Entschluß zu rechtfertigen. Und die tatsächlichen wie die oft nur vermeintlichen Belastungsfolgen für die Bundesrepublik werden mit deutlicher Reserve registriert. Die Bereitschaft zur Akzeptanz des Geschehens generell, das bei wesentlich geringeren Zugangszahlen in der Vergangenheit als beinahe gewohnte Zuwanderungsquote für die Bundesrepublik ziemlich gelassen hingenommen worden ist, hat Sprünge bekommen. Der einzelne Aussiedler mag allerdings davon nicht allzu sehr betroffen sein, weil er in der Regel bald schon nach seiner Ankunft seine besondere Situation richtig einzuordnen weiß und im unmittelbaren Kontakt mit seiner neuen Umgebung, von diskriminierenden Entgleisungen abgesehen, als Nachbar oder Arbeitskollege im allgemei-

Altersstruktur der Aussiedler.

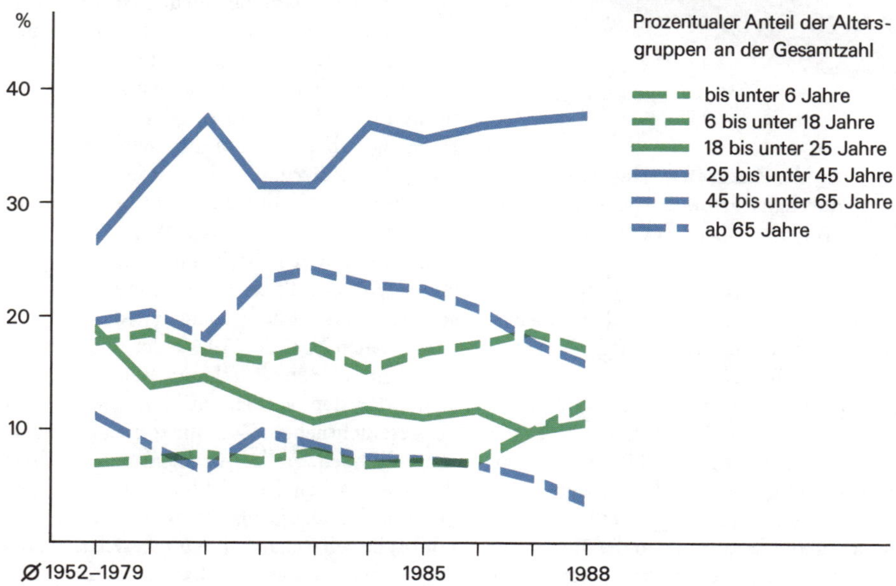

Nach: Jahresberichte des Lastenausgleichsamtes, Bad Homburg v.d.H.

Das Heimkehrer-Denkmal in Friedland.

nen bald angenommen ist. Tausendfache Erfahrungen aus der Vergangenheit beweisen das trotz der anfänglich großen Sprachdefizite. Eine im alltäglichen Umgang mit Aussiedlern aufbrechende Aversion gibt es nicht – noch nicht, wie viele Beispiele spontaner Hilfsbereitschaft beweisen.

Freilich ist die Tatsache eines sich offenbar aufbauenden Verhaltens gegen den hohen Zugang an Aussiedlern bei der Aufnahmeseite, d.h. bei dem allgemeinen Einschätzungsbild in der Gesellschaft der Bundesrepublik aufschlußreich. Sie hat ihre Gründe, die einer nüchternen Betrachtung wert sind, weil sie – in die Zukunft verlängert und verstärkt – durchaus in politische Handlungsmaximen von erheblicher Tragweite einmünden können.

So wird man zunächst zu registrieren haben, daß die Vorstellung, es bei den Aussiedlern mit einer Nachhut des Zweiten Weltkrieges als dessen heute noch unmittelbar wirkender Folge zu tun zu haben, weitgehend verblaßt ist oder verdrängt wird. Von der Mehrheit der Bevölkerung, also der Nachkriegsgeneration, werden die zeitgeschichtlichen Ursachen und Zusammenhänge, die das Schicksal der Deutschen in den deutschen Ostgebieten und im osteuropäischen Raum vor und nach dem 2. Weltkrieg bestimmt haben und immer noch bestimmen, nicht mehr gewußt. Selbst einfache geographische und politische Zuordnungen wie Grenzen, Städte und Nationalitäten fallen schwer, vom Wissen um die wichtigsten geschichtlichen Entwicklungen und gegenwärtigen Verhältnisse ganz zu schweigen. Man überläßt das Feld den Spezialisten. Allenfalls weiß man, freilich erst neuerdings wieder, daß jenseits von Oder und Neiße bis nach Sibirien hin noch annähernd 3,5 Millionen Deutsche leben, die das Potential ausmachen, aus dem die Aussiedler von heute stammen. Ihre objektive Situation als überall diskriminierte nationale Minderheit und ihr zermürbender Kampf, als Deutsche zu überleben und anerkannt zu sein, wird nur distanziert als eines von vielen nationalen oder politischen Minderheitsproblemen in der Welt zur Kenntnis genommen. Symptomatisch hierfür ist die Selbstverständlichkeit, mit der weithin die Aussiedlung der Deutschen aus dem Osten und ihre Aufnahme und Eingliederung in der Bundesrepublik mit der Ausländer-, genauer noch mit der Asylantenfrage in eine inhaltlich vergleichende Parallelität gesetzt wird. Von den prinzipiellen rechtlichen, nationalpolitischen und kulturellen Unterschieden wird in öffentlichen und privaten Erörterungen bis hin zu Erklärungen aus Politikermund nur zögernd, mitunter unwillig oder ablehnend Kenntnis genommen. Das wiederum macht es erklärlich, wenn auch die Einsicht in die Notwendigkeit schon seit langem bestehender Aufnahme- und Betreuungsregelungen speziell für Aussiedler im Vergleich zu früheren Jahren durchaus nachgelassen hat. Selbst die ältere Generation, die den Zweiten Weltkrieg mit seinen traumatischen Folgen von Tod, Versehrtheit, Zerstörung, Flucht und Vertreibung noch bewußt erlitten hat, sich mithin, so sollte man meinen, ein waches Gespür für ein Spätschicksal wie die Aussiedlung bewahrt haben sollte, reagiert mit eher skeptischer Distanz. Das eigene Erleben wird mit dem der Aussiedler nicht identifizierend gleichgesetzt, auch nicht von den Vertriebenen und Flüchtlingen der ersten Jahre nach dem Krieg. Wenn die Meinungsforscher richtig gefragt haben, sind es gerade die älteren Jahrgänge über 60 Jahre, die, würden sie gefragt, Aussiedlern abraten würden, ihre Heimat zu verlassen und in die Bundesrepublik zu kommen.

Aber es reicht sicherlich nicht hin, die größer gewordene Reserve gegenüber dem Geschehnis Aussiedlung allein mit der so groß gewordenen Zahl der Aussiedler und den damit verbundenen vielfältigen Belastungsängsten oder den verblaßten Kenntnissen von zeitgeschichtlichen Zusammenhängen erklären zu wollen. Sie ist vor allem das Ergebnis der spezifischen Entwicklung, die die Bundesrepublik Deutschland innen- wie außenpolitisch, wirtschaftlich und gesellschaftlich inzwischen genommen hat. Die Kriegsfolgenbeseitigung im materiellen Sinn, wie sie in der Konsolidierungsphase der Bundesrepu-

Aussiedler aus dem polnischen Machtbereich (Stand: 1989).

blik in einer gewaltigen Kraftanstrengung aller geleistet worden ist, liegt heute hinter dem aktuellen Bewußtseinshintergrund. Die materiellen, aber auch die geistigen Inhalte dessen, was das gesellschaftliche und individuelle Interesse an dem Gemeinwesen Bundesrepublik in Anspruch nimmt, wird nicht mehr an den Fakten des Jahres 1945 oder kurz danach gemessen. Es sind andere Koordinaten, in denen politisch das allgemeine Denken, Fühlen und Handeln verläuft. Längst ist die Bundesrepublik aus ihrer anfänglichen Vorläufigkeit herausgewachsen und nach Verfassung und Organisation zu einem stabilen Staatsgebilde mit einem selbstgeschaffenen eigenen Gewicht geworden. Ihre Zuordnung zur westlichen Welt durch EG und NATO, die Effektivität ihrer markt-

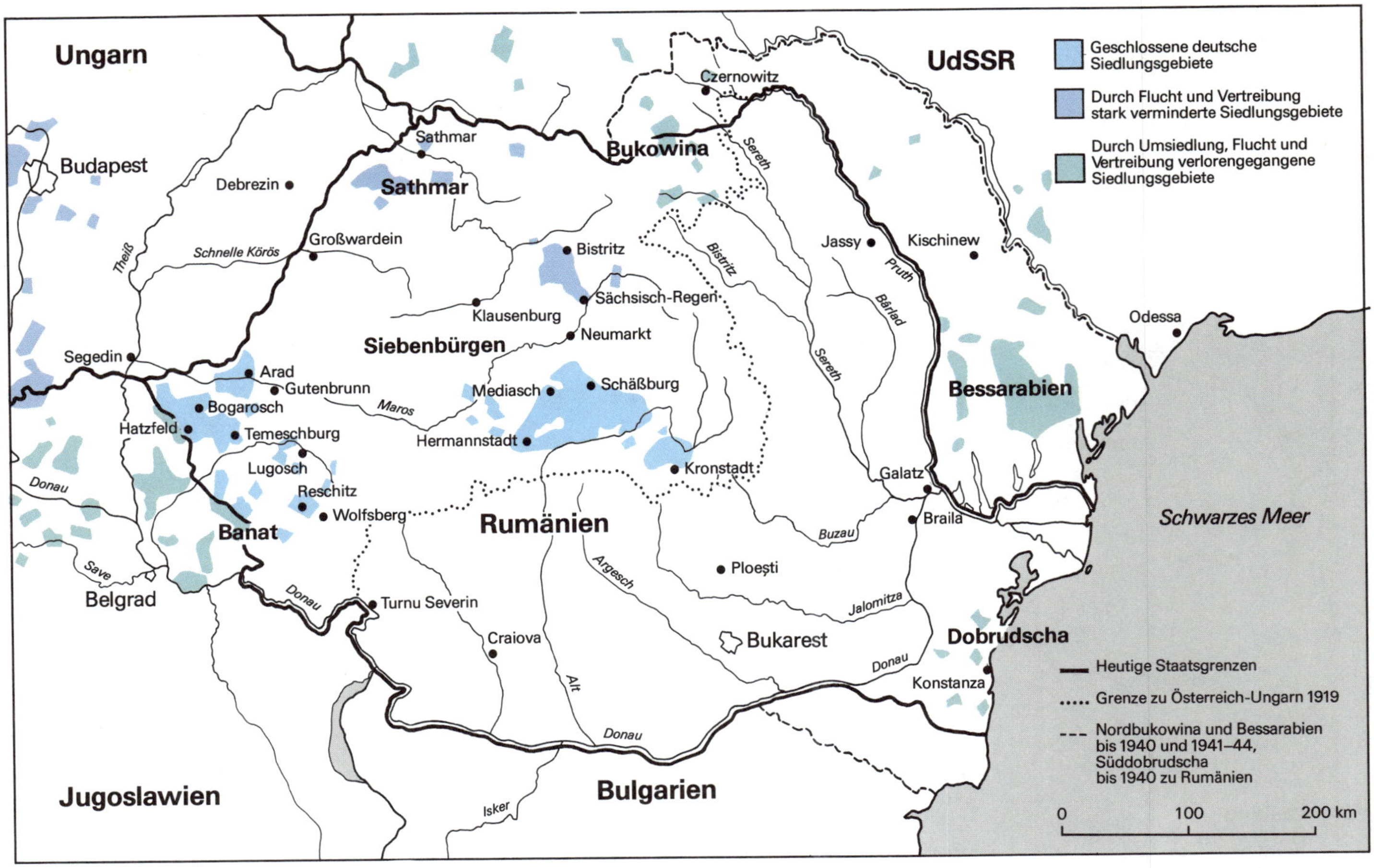

Aussiedler aus Rumänien (Stand: 1989).

wirtschaftlichen Ordnung mit ihrer weltweiten Verflechtung, das erkämpfte hohe sozialstaatliche Niveau und das oft streithafte Bemühen um die Sicherung des Erreichten, um nur einige Eckpunkte zu nennen, all das prägt zugleich das gesellschaftliche und individuelle Gemeinschaftsgefühl der Bevölkerung in seinen vielfältigen Erscheinungsformen. Bei der weit überwiegenden Mehrheit der Bevölkerung gibt es einen Grundkonsens, der die Existenz dieses Staates und seine Ordnung, wie sie sich nun einmal herausgebildet hat, bejaht und nicht in Frage stellt. Und es ist inzwischen zum allgemeinen Erfahrungswissen geworden, daß ihn bislang selbst heftigste Meinungsunterschiede und Auseinandersetzungen über die Staatszielbestimmungen nicht zu erschüttern vermochten. Das sich aus solchen Zusammenhängen herleitende gemeinschaftsbestimmende Wir-Gefühl mit seinen subjektiven Identifikationen und Loyalitäten ist also auf diese feste politische Größe in Gestalt der Bundesrepublik und nicht zuletzt auch auf die Zugehörigkeit zu einem bestimmten Bundesland mit seiner Landsmannschaft ausgerichtet. Die überlieferten nationalen Orientierungen und Bewußtseinsinhalte entsprechender Art, wie sie für das Deutsche Reich bis 1945 lebendig waren, sind demgegenüber weithin verblaßt.

Auf diesem Hintergrund wird Aussiedlung der Deutschen aus dem Osten und ihre Aufnahme in der Bundesrepublik als ein Vorgang empfunden, dessen Ursachen zeitgeschichtlich einer anderen nationalen Schicksalsgemeinschaft zugeordnet werden, als man sich heute so verstehen möchte. Das Bemühen um eine Einstellung gemeinschaftlicher Solidarität, aus der heraus Aussiedler ganz selbstverständlich als dazugehörig angesehen werden, ist nicht sonderlich ausgeprägt. Sicherlich wird ihnen aus einem allgemeinen Gefühl der Humanität durchaus Verständnis entgegengebracht, das auch konkrete Hilfsbereitschaft im alltäglichen Umgang einschließt. Insgesamt aber mißt man dem Geschehnis Aussiedlung und seinen Zusammenhängen in abgrenzender Distanz eher den Stellenwert eines sozialen Gruppenproblems bei. Den staatlichen und kommunalen Zuständigkeiten bleibt es wie in anderen Fällen sozialer Minderheiten überlassen, damit ordentlich und menschenwürdig fertig zu werden.

Nicht von ungefähr sieht sich die Bundesregierung genötigt, mit Nachdruck deutlich zu machen, daß Aussiedler, wie jeder andere Bundesbürger auch, Deutsche sind, die nach dem Grundgesetz einen Anspruch darauf haben, ohne Einschränkung in der Bundesrepublik aufgenommen zu werden. Diesen Tatbestand einzusehen und in seinen Konsequenzen zu akzeptieren, bereitet sichtlich Schwierigkeiten.

Inzwischen ist die Meinung weit verbreitet, deutscherseits zahlenmäßige Zugangsbeschränkungen einzuführen. Selbst politische Repräsentanten denken laut in der Öffentlichkeit darüber nach, gegebenenfalls durch Vereinbarungen mit den Herkunftsländern zu einer in ihren Augen belastungsangemessenen Kontingentierung der Ausreisen zu kommen. Abgesehen von den entgegenstehenden Postulaten unserer Rechts- und Staatsordnung wird der zutiefst inhumane Widersinn solcher Vorstellungen und Forderungen weder erkannt noch empfunden. Es ist doch wohl mehr als eine paradoxe Volte, ausgerechnet in dem Augenblick, in dem die Herkunftsländer, besonders augenfällig die Sowjetunion, den deutschen Ausreisewilligen, die jahrzehntelang darum gekämpft und gelitten haben, aus welchen Gründen auch immer, einige Schritte entgegenzukommen, hierzulande neue Hürden aufrichten zu wollen. Aussiedlung per Erlaubnisschein nach deutschem Reglement und bürokratischer Sortierung – wo liegt für die Menschen der Unterschied gegenüber ihrem bisherigen Schicksal, festgehalten zu werden? Und wie ist dann wohl die Bundesrepublik anzusehen, die stets für ihr Ausreiserecht eingetreten ist?

Wer so oder ähnlich einer Drosselung des Zugangs politisch das Wort redet oder gar die Politik der offenen Tür für Aussiedler als »Deutschtümelei« stimmungsmachend diskreditiert, verkennt die bestehende Rechtsordnung und denkt sogar verfassungswidrig.

Nach: A. Eisfeld (1988)

Ehemalige und heutige Siedlungsgebiete der Deutschen in der Sowjetunion.

Denn bei Aussiedlern, die bis heute die deutsche Staatsangehörigkeit besitzen, käme jede Zugangsbeschränkung, die seitens der Bundesrepublik verfügt würde, auch wenn sie nur zeitlich befristet wäre, einer Verletzung ihres Grundrechtes auf Freizügigkeit gleich. Das gilt bei allen Personen, die von jeher als Angehörige des Deutschen Reiches in den Grenzen von 1937 die deutsche Staatsangehörigkeit besitzen oder die bis 1945 auch nach dem heute in der Bundesrepublik Deutschland geltenden Staatsangehörigkeitsrecht als Angehörige bestimmter Personengruppen wirksam eingebürgert worden sind – jeweils die Abkömmlinge eingeschlossen – und sie später, wiederum nach deutschem Recht, nicht verloren haben. Das trifft vor allem auf die Aussiedler aus dem polnischen Bereich zu. Es gilt aber auch für sehr viele rußlanddeutsche Aussiedler, die selbst noch oder deren Eltern oder Großeltern während der Kriegszeit ins Deutsche Reich in mehreren Aktionen umgesiedelt und eingebürgert, nach dem Kriege jedoch wieder von der damaligen sowjetischen Besatzungsmacht in die Sowjetunion verschleppt worden sind. Für diese Rechtsposition als deutsche Staatsangehörige spielt es überhaupt keine Rolle, ob die deutsche Sprache noch beherrscht wird oder nicht. Bis heute kann sich die Mehrheit der Aussiedler darauf berufen, in diesem Sinne deutsche Staatsangehörige zu sein.

Aber auch Aussiedler ohne die deutsche Staatsangehörigkeit, die aus den deutschen Siedlungsgebieten in Ost- und Südosteuropa stammen, heute beispielsweise vor allem in Rumänien, aber auch in der Sowjetunion oder Polen, stellt das Grundgesetz keineswegs schlechter. Für die Väter des Grundgesetzes war es eine so auch zum Ausdruck gebrachte und bis heute unverändert in Kraft gebliebene Selbstverständlichkeit, der neu geschaffenen Bundesrepublik die Pflicht aufzuerlegen, für alle Deutschen innerhalb und außerhalb der östlichen Grenzen des Deutschen Reiches einzustehen, die damals das Schicksal der Vertreibung oder danach die Bürde fortdauernder Unterdrückung zu erleiden hatten. Man kann es bildhaft ausdrükken, was seinerzeit unter dem Eindruck der damaligen, schier verzweifelten Situation der im Osten festgehaltenen und entrechteten Deutschen gemeint war: Für alle sollte die Bundesrepublik ohne Unterschied, also ohne Rücksicht auf die statusrechtliche Staatszugehörigkeit, eine Art Fliehburg sein. Wenn sie trotz allem den Weg nach Deutschland finden, soll ihnen die ungehinderte Aufnahme und das Überleben als Deutsche garantiert sein. In diesem Sinne ist von ihrer Entstehungsgeschichte her die Norm des Art. 116 GG zu verstehen. Sie gibt auch den deut-

Schlangestehen bei der Essensausgabe im Lager Friedland.

schen Volkszugehörigen ohne deutsche Staatsangehörigkeit oder deren Ehegatten oder deren Abkömmlingen die Rechtsstellung als Deutsche mit allen Rechten und Pflichten, wie jedem Bundesbürger auch, sobald sie als Flüchtlinge oder Vertriebene Aufnahme in dem Gebiete des Deutschen Reiches nach dem Stande vom 31. Dezember 1937 gefunden haben. Dies ist zugleich mit dem Anspruch auf Einbürgerung verbunden.

Man könnte einwenden, heute sei Art. 116 GG überholt, weil sich mit dem Zeitablauf die Situation der Deutschen im Ostblock, wenn auch mit Unterschieden von Land zu Land, erheblich verbessert habe. Dabei wird jedoch übersehen, daß es für eine solche Bewertung nicht auf vordergründige Tatbestände ankommen kann. Gewiß haben gewaltsame Unterdrückungsmaßnahmen und Verschleppungen, die eine ganze Volksgruppe betrafen, aufgehört. Aber allenthalben liegt über den Deutschen der Grauschleier ethnischer Rechtlosigkeit. Eine eigenständige und autonom gesicherte kulturelle oder gesellschaftliche Entwicklungsmöglichkeit ist ihnen, wenn man von einigen Ansätzen oder bescheidenen Möglichkeiten in dem einen oder anderen Land absieht, nach wie vor verwehrt. Faktisch sehen sie sich vor die Alternative gestellt, entweder völlig in der jeweiligen Mehrheitsbevölkerung aufzugehen oder weiterhin als mehr oder weniger verpönte Minderheit im Abseits zu stehen. Nimmt man Rumänien mit seiner beabsichtigten oder möglicherweise schon begonnenen Dorfvernichtungspolitik als aktuelles Beispiel, so wird die Fragilität der Lage der dortigen deutschen Minderheit deutlich. Ihr auf dörfliche Gemeinschaften sich bis heute stützender Rückhalt wird am Ende mit Sicherheit zerstört und das deutsche Volkstum untergegangen sein. Die Menschen selber sind es im übrigen, die die Aktualität des Art. 116 GG rechtfertigen. Es gäbe den enormen Aussiedlungsdruck nicht, wenn sie hinreichende Sicherheit hätten in ihrer Heimat in der Sowjetunion, in Rumänien oder im polnischen Bereich als Deutsche anerkannt zu sein und so auch ungestört leben zu können.

Nicht ohne Bezüglichkeit auf vorausgegangene Ausführungen zu Überlegungen, wie der Zustrom gemindert werden könne, muß auf den Begriff des Aufnahmefindens eingegangen werden. Er setzt voraus, daß der Aussiedler seinen Wohnsitz im Herkunftsland endgültig aufgegeben, d.h. ohne Rückkehrwillen verlassen hat. Dabei handelt es sich um eine höchstpersönliche Entscheidung, die auch den mitgenommenen minderjährigen Kindern zuzurechnen ist, die seiner elterlichen Gewalt unterliegen. Wesentlich ist, daß diese Entscheidung weder sachlich seitens der Bundesrepublik in Frage gestellt noch zeitlich reglementiert werden kann. Daran rütteln zu wollen, wäre auch nach höchstrichterlicher Rechtsprechung rechtlich unzulässig, überdies politisch dumm und im übrigen praktisch kaum durchzusetzen. Erreicht ein deutscher Volkszugehöriger aus einem Ostblockland, mit dem Willen auszusiedeln, das Gebiet des Deutschen Reiches von 1937 und findet er Aufnahme, so ist ihm, sofern er Vertriebener ist, die Rechtsstellung eines Deutschen gewährleistet. Dieses Aufnahmefinden ist ein tatsächlicher Vorgang, der in der Konsequenz der persönlichen Entscheidung zur Aussiedlung liegt und ohne Rücksicht auf die äußeren Umstände in der Regel mit dem Erreichen des angestrebten Zieles abgeschlossen ist. Er unterliegt in der Bundesrepublik keiner behördlichen Sanktion. Auch das Registrierverfahren in den Grenzdurchgangslagern besitzt eine solche Funktion nicht, was häufig verkannt wird. Davon zu unterscheiden ist allerdings die notwendige Feststellung der Vertriebeneneigenschaft, um die ein deutscher Volkszugehöriger nicht umhin kommt, wenn er die Deutscheneigenschaft beanspruchen will. Wird sie nicht festgestellt, muß er sich als Ausländer nach den Vorschriften des Ausländergesetzes behandeln lassen.

Die Vertriebeneneigenschaft der heutigen Aussiedler, gleichgültig ob sie als deutsche Staatsbürger oder deutsche Volkszugehörige eintreffen, ist ebenfalls ein Thema der öffentlichen Diskussion um die hohen Zugangszahlen. Die Aussiedlung von heute wird in eine vergleichende Beziehung gesetzt zu den schrecklichen Geschehnissen von Flucht, Verschleppung und Vertreibung, wie sie am Kriegsende und in den Jahren unmittelbar danach von vielen Millionen Menschen erlitten worden sind. Tatsächlich sind die äußeren Umstände evident unterschiedlich. Aussiedlung geht nicht unter existentieller Bedrohung mit Trecks oder Viehwaggons vonstatten, sondern komfortabler mit Flugzeug, Bahn oder eigenem Auto. Und mit Gewalt herausgetrieben wird ebenfalls niemand mehr. Im Gegenteil, seit Jahrzehnten bis heute werden die Deutschen gegen ihren Willen festgehalten. Nicht mehr der Zwang zum Gehen, sondern der Zwang zum unfreiwilligen Bleiben treibt die Menschen zur befreienden Wanderschaft. Ob und unter welchen Umständen sich ihnen der Weg dazu öffnet, bestimmen nicht sie, sondern die Regierungen der Herkunftsländer. Das mag aus Gründen der politischen Opportunität geschehen, wie derzeit offensichtlich in der Sowjetunion, oder wegen materieller Vorteile aufgrund entsprechender, für diesen Zweck geleisteter

Willy Brandt bei einem Besuch des Flüchtlings-Notaufnahmelagers Berlin-Marienfelde, 29.4.1969.

Massenunterkunft in einer Turnhalle in Friedland.

Zahlungen durch die Bundesrepublik wie gegenwärtig im Falle Rumäniens und in der Vergangenheit schon einmal gegenüber Polen. Wie auch immer, eine Sicherheit, daß die Barrieren hochgezogen bleiben und das Recht auf Freizügigkeit für die Ausreisewilligen dauernd garantiert ist, gibt es bis heute in den wichtigsten Herkunftsländern der Aussiedler nicht. Jahrzehntelange Erfahrungen beweisen es, daß es in der Willkür der Regierungen liegt, die Grenzen jederzeit wieder zu schließen. Ob sich dies im Rahmen der KSZE-Konferenzen über die allseitige Durchsetzung der Menschenrechte grundlegend ändern wird, bleibt erst noch abzuwarten.

Das für die Feststellung der Vertriebeneneigenschaft maßgebliche Bundesvertriebenengesetz vom 19. Mai 1953 (BVFG) hat von Anfang an den Aussiedlern denselben Status eingeräumt wie den im Zusammenhang mit den Ereignissen des Zweiten Weltkrieges direkt von Flucht und Vertreibung betroffenen Deutschen. Rechtstechnisch umfaßt der Begriff »Aussiedler« alle Personen, die erst nach Abschluß der allgemeinen Vertreibungsmaßnahmen – etwa 1949/50 – ihren Wohnsitz in den einzelnen Vertreibungsgebieten verlassen haben und in die Bundesrepublik Deutschland gelangt sind (§ 1 Abs. 2 Ziff. 3 BVFG). Der Gesetzgeber hat also die Flucht oder das möglich gemachte Ausweichen vor dem Bleibezwang und fortdauerndem Druck einer angefeindeten und vereinsamten Minderheit ebenfalls als vertreibungsbedingt angesehen.

Diese zur Entstehungszeit des BVFG und noch lange danach ganz selbstverständliche Verknüpfung wird heute im allgemeinen Meinungsbild über die Ausreisemotive der Aussiedler erkennbar immer mehr in Frage gestellt. Das zielt letztlich auch auf die Rechtsposition, die sich für die Aussiedler aus der ihnen zugebilligten Vertriebeneneigenschaft ergibt. Sie ist durch einen ganzen Komplex eingeräumter Rechte, Vergünstigungen und materieller Leistungen aus öffentlichen Mitteln gekennzeichnet, womit ihnen geholfen werden soll, die Entwurzelung zu überwinden und sich sozial, wirtschaftlich und gesellschaftlich-kulturell in der neuen Heimat einzugliedern. Immerhin katalogisiert eine Zusammenstellung des Bundesinnenministeriums über 40 Positionen für diesen Zweck, angefangen von der Aufnahme und Betreuung in den Grenzdurchgangslagern und in den Einrichtungen der Länder über die Wohnungsversorgung, die sprachliche und berufliche Förderung, die nahtlose Einfügung in das allgemeine System der sozialen Sicherung und den Lastenausgleich bis hin zu dem Anspruch für deutsche Volkszu-

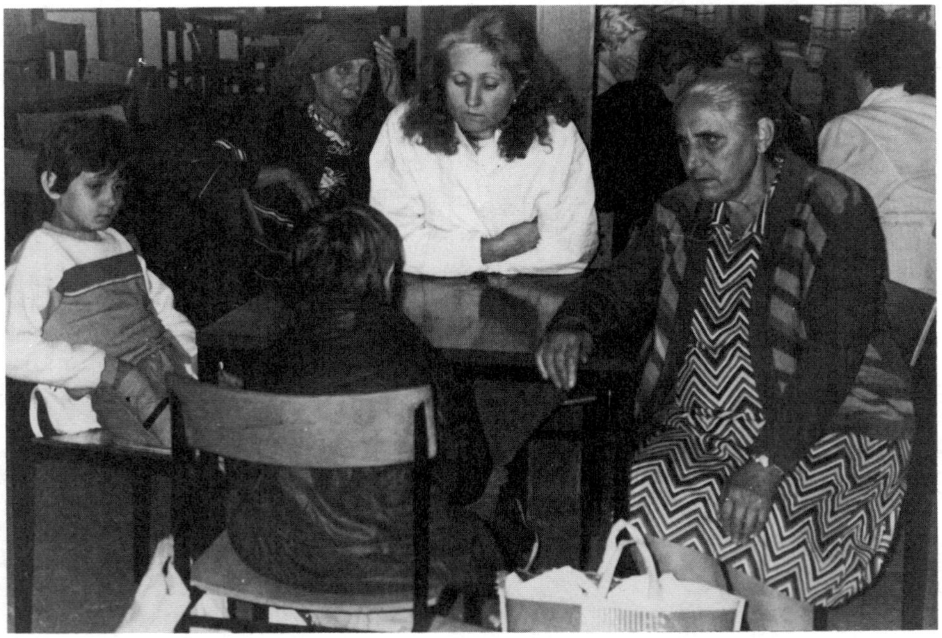

Helferinnen betreuen Aussiedler aus der Sowjetunion.

Rußlanddeutsche aus Usbekistan nach ihrer Ankunft in Friedland.

gehörige auf Einbürgerung. Bei mehr als 200.000 Aussiedlern im Jahr summiert sich der dafür erforderliche Aufwand in Bund, Ländern und Gemeinden auf eine Summe von mehreren Milliarden DM.

Nun sind freilich die Zweifel an der Berechtigung einer vorbehaltlosen Gleichsetzung der Aussiedlereigenschaft mit der Vertriebeneneigenschaft in ihrer kriegsfolgenbedingten Ausgangsform keineswegs eine aktuelle Zeiterscheinung, sondern schon älteren Datums. Die Einsicht in den immer größer werdenden Zeitabstand zu den Ereignissen und Folgen des Zweiten Weltkrieges mit den inzwischen zweifellos eingetretenen Veränderungen auch für die Lebenssituation der Deutschen in den Staaten des Ostblocks war für das Bundesverwaltungsgericht der Anlaß, sich mit der Frage auseinanderzusetzen, in welchem Umfang und unter welchen Voraussetzungen das BVFG auf Aussiedler noch anwendbar sei. In seinem Urteil vom 15. Juli 1976 und in weiteren bis zur Gegenwart kristallisierte sich verfestigend eine Linie heraus, die eine Änderung gegenüber der bisherigen gleichsetzenden Bewertung von Aussiedlerschicksal mit Vertriebenenschicksal als fortdauerndes Prinzip bedeutet. Danach soll beides nicht mehr in jedem Fall als rechtlich identisch behandelt werden dürfen. Da das BVFG nach seiner Entstehungsgeschichte aus einer spezifischen Bedrängungssituation der maßgeblichen Zeit nur genuin Vertriebene im Auge gehabt habe, könne es für Aussiedler nur dann noch gelten, wenn sie aus vertreibungsbedingten Gründen das Herkunftsland verlassen, d.h. wenn dieser Entschluß noch überwiegend in der Fernwirkung der allgemeinen Vertreibungsmaßnahmen nach 1945 liegt. Das Bundesverwaltungsgericht verkennt keineswegs die Gefährdung und Entwurzelung des Deutschtums in den Vertreibungsgebieten und auch nicht die damit verbundene Vereinsamung, der die einzelnen Menschen ausgesetzt sind. Aber es meint feststellen zu können, daß diese Folgen immer mehr durch ganz andere politische Umstände, durch persönliche Anpassungen, Verhaltensweisen und Entwicklungstatbestände im Umfeld des gesamten Lebens ergänzt, überlagert und modifiziert würden.

Die Konsequenzen, die sich aus dieser Denkrichtung ergeben, sind für das Bundesverwaltungsgericht in stark geraffter Darstellung folgende:

1. Das BVFG gilt grundsätzlich für alle Aussiedler, die das Kriegsende als Erwachsene oder Kinder im damaligen Familienverband erlebt haben. Sie machen allerdings kaum noch ein Viertel der heute eintreffenden Aussiedler aus.
2. Vertretbarerweise gilt dies auch – allerdings nur in entsprechender Anwendung – für die sogenannten Spätgeborenen der ersten, nach dem Krieg geborenen Generation, weil sie, ohne die allgemeinen Vertreibungs- und Bedrückungsmaßnahmen mit ausgeprägtem eigenem Erleben erfahren zu haben, gleichwohl als in die Erlebniswelt der Eltern einbezogen anzusehen sind. Mangels genauerer statistischer Daten ist nicht sicher auszumachen, wie groß ihr Anteil an den heutigen Aussiedlern ist. Er dürfte zwischen 40 und 50 Prozent liegen. Im übrigen ist dieses Abgrenzungskriterium auch biologisch fragwürdig. Ein Aussiedler von 25 Jahren kann ebenso der ersten wie der zweiten nach dem Krieg geborenen Generation angehören.
3. Bei Aussiedlern der zweiten Generation hält das Bundesverwaltungsgericht die Anwendung des § 1 Abs. 2 Ziff. 3 des BVFG für sehr zweifelhaft. Hier müsse an die Stelle des BVFG ein besonderes Aussiedlergesetz treten. Der Anteil dieser 2. Generation an den heutigen Aussiedlern ist naturgemäß stark steigend und dürfte inzwischen mit mindestens 30 Prozent zu veranschlagen sein. Inzwischen tritt schon die dritte nachgeborene Generation im Kleinkindalter in Erscheinung.
4. Für alle aufgeführten Gruppen soll nach der Rechtsprechung des Bundesverwaltungsgerichts die Anwendung des BVFG dann ausgeschlossen sein, wenn im Einzelfall Tatsachen festgestellt werden, durch

Rußlanddeutsche Aussiedlerin mit ihrer Großnichte.

die die generelle materiellrechtliche Vermutung einer vertreibungsbedingten Aussiedlung widerlegt wird, d.h wenn für die Wohnsitzaufgabe und anschließende Ausreise aus dem Herkunftsland überwiegend Gründe oder Motive maßgebend waren, die nicht mehr in einen ursächlichen Zusammenhang mit der allgemeinen Bedrükkung und Vereinsamung der Deutschen gebracht werden können. Wer z.B. aus politisch-ideologischen Gründen oder wegen krimineller Gründe nachweislich ausgewandert ist, dessen Vertriebeneneigenschaft als Aussiedler, sei er nun deutscher Staatsangehöriger oder deutscher Volkszugehöriger, soll danach nicht mehr anerkannt werden können.

Gegenüber der älteren Rechtsprechung, die eine solche genauere Herausarbeitung vertreibungsfremder Gründe im Ergebnis noch nicht erkennen läßt, urteilt also die neuere mit größerer Brennschärfe, was die Beurteilung der allgemeinen Situation der Deutschen in den Aussiedlungsgebieten angeht. Dennoch hält auch sie, wie in dem Urteil des Bundesverwaltungsgerichts vom 15. Juli 1986 in grundsätzlicher Weise deutlich wird, an dem prinzipiellen und verfahrensrechtlich so zu behandelnden vertreibungsbedingten Zusammenhang einer Aussiedlung fest mit der Folge, daß nicht der Aussiedler seine Vertriebeneneigenschaft darzutun und zu beweisen hat, sondern die zuständige Feststellungsbehörde ihr Fehlen, freilich erst dann, wenn ernst zu nehmende Anhaltspunkte für eine Prüfung vorliegen, die geeignet sein können, die Vermutung eines fortbestehenden Vertreibungsdrucks zu widerlegen.

Dennoch birgt diese Rechtsprechung, sofern sie nicht diese, auf Ausnahmen bedachte Linie strikt einhält, einige Gefahren. Schon in der Vergangenheit wurde in der Praxis der Feststellungsbehörden eine bedenkliche Tendenz zur Ausweitung des Katalogs vertreibungsfremder Gründe spürbar, etwa wenn einem Aussiedler vorgehalten wurde, er habe sich nach zwei Besuchsreisen in die Bundesrepublik erst bei der dritten Ausreise entschlossen, hier zu bleiben. Vielfach liegt solchen Tendenzen eine weitverbreitete Unkenntnis zeitgeschichtlicher Ursachen selbst bei den Behörden zugrunde oder schiefe Vorstellungen über die gegenwärtigen Verhältnissen in den Vertreibungsgebieten. Aber auch opportunistische oder schlicht ermessenswillkürliche Beurteilungen sind im Spiel. Die neuesten Entscheidungen des Bundesverwaltungsgerichts, etwa vom 22. Januar 1987 oder 29. April 1988 lassen jedoch erkennen, daß es offensichtlich nicht seine Hand zu einer extensiven Erweiterung des bisherigen Spektrums vertreibungsfremder Gründe zu reichen gedenkt, die aus der Ausnahme die Regel werden läßt und letztlich der Anwendung des BVFG entgegen der Intention des Gesetzgebers auf kaltem Wege den Boden entziehen würde.

Die obersten Landesflüchtlingsverwaltungen haben nach einer anfänglichen Phase der Unsicherheit in weitgehender Übereinstimmung mit der Rechtsprechung bereits im Jahre 1986 ein einheitliches Regelwerk geschaffen, das für die Verwaltungspraxis bis in die kommunale Ebene ein brauchbares Entscheidungsinstrument darstellt. Allerdings gibt die Fortbildung der Mitarbeiter in den nachgeordneten Vertriebenen- und Ausgleichsbehörden Anlaß zur Kritik. Das gilt nicht minder für die sachgerechte Bewertung ihrer Tätigkeit. Angesichts der zu stellenden fachlichen Anforderungen und der Tragweite ihrer Entscheidungen in politischer, menschlicher und materieller Hinsicht liegt hier noch vieles im Argen. Es gehört auf diesem Gebiet der Eingliederung der Aussiedler gegenwärtig zu den größten Unverständlichkeiten, daß die personalführenden Stellen in den zuständigen Behörden bei einem Potential von mehreren Hunderttausend Aussiedlern jährlich noch immer nicht hinreichend zur Kenntnis nehmen, welche enorme allgemeinpolitische Bedeutung eine kompetent und effektiv arbeitende Verwaltung hat.

In einer anderen für die Anerkennung der Vertriebeneneigenschaft wichtigen Frage, nämlich des Nachweises der deutschen Volkszugehörigkeit bei Aussiedlern ohne deutsche Staatsangehörigkeit, hat sich auf der Grundlage einer Entscheidung des Bundesverfassungsgerichts vom 16. Dezember 1981 eine Entwicklung durchgesetzt, die der immer größer gewordenen Beweisnot der Aussiedler eher Rechnung trägt als zuvor. Der ihnen obliegende Nachweis ihres Bekenntnisses zum deutschen Volkstum bis zum Ende der Kriegshandlungen 1944/45 in ihren Siedlungsgebieten oder der entsprechenden Prägung der spätgeborenen Abkömmlinge gemäß § 6 BVFG ist im Ergebnis erleichtert worden. Ohne auf Einzelheiten eingehen zu wollen, wurden die Nachweiskriterien unter stärkerer Betonung objektiver Zugehörigkeitsmerkmale, wie Abstammung, Sprache, Erziehung und Kultur, als zugleich bestäti-

Katholische Lagerkirche im Grenzdurchgangslager Friedland.

gender Rückschluß auch für ein subjektives Bekenntnis zeitgerechter gestaltet.

Diese neuere Rechtsentwicklung ging ohne Eingriff des Gesetzgebers vonstatten. Er sah sich bislang nicht veranlaßt, das BVFG zu ändern und/oder daneben ein besonderes Aussiedlergesetz zu schaffen, wie es in einigen höchstrichterlichen Entscheidungen, insbesondere für Spätgeborene der zweiten und nachfolgenden Generation als eigentlich notwendig erörtert oder in der Literatur angeraten worden ist. Auch die bereits erwähnten Verwaltungsrichtlinien der obersten Landesbehörden zum Vertreibungsdruck wie auch die zum Nachweis der deutschen Volkszugehörigkeit sehen rechtlich keine Schwierigkeiten, das BVFG auch auf diese ständig wachsende Personengruppe uneingeschränkt entsprechend anzuwenden.

Die jüngsten Erfahrungen geben der Zurückhaltung des Gesetzgebers recht. Trotz der großen Zugangszahlen funktioniert das dargestellte rechtliche System der Statusregelungen mit dem darauf aufbauenden Instrumentarium für die Eingliederung der Menschen auf den wichtigsten Lebensbereichen erstaunlich gut. Es akzeptiert in wirksamer Weise nur diejenigen als Aussiedler, die rechtens diese Rechtsstellung beanspruchen können. Im Schnitt liegt die Ablehnungsquote bei den Neuankömmlingen unter 10 Prozent. In der Masse melden sich nur diejenigen als Aussiedler, die selbst der festen Überzeugung sind, als Deutsche den beschwerlichen Weg in ein neues Leben in der Bundesrepublik angetreten zu haben. Sie hätten andernfalls die existentiell bedrohliche Ungewißheit einer Wanderschaft ohne Rückkehr nicht in Kauf genommen.

Andererseits zeigt die Ablehnungsquote an — mag sie auch als relativ gering erscheinen —, daß es an der prinzipiell offenen Tür des Art. 116 GG rechtliche Schleusen gibt, die einem sonst zu befürchtenden Mißbrauch vorzubeugen immer noch geeignet sind, ohne damit einer subjektiven oder gar willkürlichen Auswahlpraxis Vorschub zu leisten, wen man haben will oder nicht.

Die rechtliche Ausgestaltung der geltenden Aufnahmeordnung und ihre nach wie vor gegebene Effektivität können gerade in der Gegenwart, wo es um Hunderttausende von Aussiedlern jährlich geht, nicht in Frage gestellt werden. Auf diesem Hintergrund müssen alle Überlegungen, daran etwas ändern zu wollen, mit welchen Gründen auch immer sie angestellt werden, hintanstehen.

Die außerordentliche politische Bedeutung dieses Axioms liegt auf der Hand. Das bezieht sich zum einen auf die berechtigten Hoffnungen der Aussiedler. Denn sie reagieren mit ihrer höchstpersönlichen Ausreiseentscheidung auf ihre individuelle und zugleich gruppenhafte Schicksalsposition einer mehr als vierzigjährigen leidvollen Erfahrung im Umgang mit dem jeweiligen Herrschaftsvolk und seiner Regierung. Das hat ihr Vertrauen, wie vielfache Bekundungen bestätigen, in einen grundlegenden Wandel zum Besseren zerstört. Das ist mit den hierzulande im Schwange befindlichen oder vordergründigen oder euphorisch-emotionalen Bewertungen der Gegenwartssituation in den Ostblockstaaten kaum nachzuvollziehen. Solange den Deutschen in den Hauptherkunftsgebieten, also im polnischen Machtbereich, in der Sowjetunion und in Rumänien nicht ein stabiles, eigenständiges und nicht für staatsideologische Zwecke mißbrauchtes Volksgruppenrecht als einer gleichberechtigt anerkannten Minderheit unverbrüchlich gewährleistet ist und politisch opportune Erleichterungen jederzeit zurückgenommen werden können, die Ungewißheit also für die Zukunft fortdauert, solange wird ihr Ausreisewille das entscheidende Merkmal für ihre uneingeschränkte Akzeptanz in der Bundesrepublik Deutschland bleiben müssen. Darin besteht im Kern die Pflicht zur nationalen Solidarität, der sich die Bundesrepublik ohne Verlust ihrer politischen Glaubwürdigkeit als Verfechterin der Menschenrechte nicht entziehen kann. Sie liefe sonst Gefahr, gegenüber den eigenen Landsleuten unter dem Minimum menschenrechtlicher Pflichten zu bleiben.

Mit Blick auf die eigene Bevölkerung ist die Eindeutigkeit dieser Position der Bundesrepublik und ihrer Organe eine unabdingbare Voraussetzung für eine uneingeschränkte Aufnahme- und Eingliederungsbereitschaft mit allen ihren tatsächlichen oder nur vermeintlichen Belastungen. Sie kann derzeit keineswegs als befriedigend bewertet werden. Dies durch die Meinungsforschung in allen nur denkbaren Bezügen bescheinigt zu bekommen, ist allerdings nur das Eine und durchaus nicht Entscheidende. Es bedeutet, genau gesehen, nicht mehr als die Beschreibung eines Ist-Zustandes, gibt aber keineswegs einen Anlaß, dem festgestellten Meinungswind einen falschen Tribut zu zollen. Das Andere ist es, durch einen stabilen Führungswillen mit geduldiger Ausdauer und sachlicher Überzeugungskraft den ungünstigen Bewußtseinszustand zu verändern.

Dafür gibt es gute Aussichten und Gründe. Auch die Flüchtlinge und Vertriebenen der ersten Jahre nach dem Kriege waren seinerzeit bei weitem nicht immer gern gesehene Ankömmlinge bei der einheimischen Bevölkerung. Zahlreiche Erlebnisberichte zeugen von den damaligen Spannungen, Mißhelligkeiten und oft häßlichen Vorbehalten. Das ist alles längst überwunden und wirkt sogar bei den Betroffenen kaum noch fort. Nicht viel anders wird es mit den Aussiedlern von heute sein, wenn die Bundes- und Landesregierungen wie in den 50er Jahren mit entschiedener Konsequenz und Führungskraft daran festhalten, den rechtlichen, gesellschaftlichen und materiellen Rahmen zu sichern, in dem sich die Aussiedler mit Initiative und Durchsetzungsvermögen eingliedern können.

Das werden sie mit Gewißheit auch tun, sogar viel schneller, als es sich ängstliche Gemüter oder einige politische Auguren unserer Tage vorstellen können. Die Sorge, daß in der gegenwärtigen Größenordnung die Aussiedler zu einem unvertretbaren Belastungsfaktor in materieller oder sozialer Hinsicht werden könnten, ist ebenso unbegründet wie die diffusen Neidkomplexe gegenüber den materiellen Leistungen, die für Aussiedler aufgewendet werden müssen, damit sie sich chancengleich mit allen Bürgern eingliedern können.

Wissen zu wollen, was heute in der Bevölkerung über Aussiedler gedacht oder empfunden wird, mag zwar von aktuellem Interesse sein, ist aber letztlich nicht von sonderlichem Nutzen. Ein so ungewöhnliches Hereinströmen von Menschen mit einem ganz anderen sozialen oder sprachlich-kulturellen Habitus und seelischem Gepäck löst natürlicherweise die vielfältigsten emotionsbehafteten Reaktionen aus bis hin zu massiven Vorbehalten. Das weiß man auch, ohne die Meinungen subtil zu erforschen.

Für die Aussiedler selbst wie für die gesamte Gesellschaft der Bundesrepublik Deutschland wäre es viel sinnvoller, das Augenmerk darauf zu richten, ob und wie schnell sie sich bei der jetzigen Größenordnung des Zugangs in den Alltag ihrer neuen Heimat einzufügen vermögen. Das hängt in erster Linie sicherlich von ihnen ab. Aber man wird, wenn sich die Erfahrungen mit den Aussiedlern der vorangegangenen Jahrzehnte erneut bestätigen — und nichts spricht dagegen —, davon ausgehen können, daß es ihnen nicht an der Bereitschaft und Motivation fehlt. Stimmen müssen genau so die objektiven Rahmenbedingungen, die ihnen für ihre Eingliederung geboten werden.

Dafür gelten zwei entscheidende Prinzipien. Eine Priviligierung der Aussiedler darf es noch nicht einmal dem Anschein nach geben. Sie würde auf einen verständlichen Widerstand stoßen und das allgemeine Meinungsklima gründlich verderben. Falsche Erwartungshaltungen und fehlgesteuerte Mentalitäten dürfen gar nicht erst aufkommen.

Aber Chancengleichheit können Aussiedler sehr wohl beanspruchen. Das ist eine logische Konsequenz aus der politischen Grundentscheidung, deutsche Aussiedler ohne Wenn und Aber aufzunehmen. Unbeschadet dessen verlangt es das allgemeine Staatswohlinteresse, den neuen Mitbürgern in dem politischen, sozialen und gesellschaftlichen System einen vollen Rückhalt zu geben. Hunderttausenden, vielleicht schon bald einer Million von Menschen die sozialen Eingangspforten verschlossen zu halten, weil es sonst zu teuer kommen könnte, hieße, sie zu einer Randgruppe wie in ihrer Heimat zu stempeln mit einer politischen Sprengsatzwirkung, die böse Folgen für das Gemeinwesen haben kann. Aussiedler in dieser Größenordnung sind keine amorphe Masse, deren Leidensfähigkeit unbegrenzt ist. Wenn ihnen nicht von vorneherein eine Startposition zugestanden wird, die sie im sozialen wie im gesellschaftlichen Leben als gleichberechtigt anerkennt, werden sie sich über kurz oder lang nachdrücklich und wirksam mit ihren Interessen auch politisch zu Wort melden. Das steht auch trotz ihrer großen landsmannschaftlichen, religiösen und schicksalsbedingten Verschiedenartigkeit zu erwarten. Es ist eine Tatsache, daß Rußlanddeutsche und Deutsche aus dem polnischen Bereich sich hierzulande unter ihrem einheitlichen Status als Aussiedler zumindest anfangs gemeinsam in eine rechtliche und soziale Sonderposition gedrängt sehen, die auch politisch virulent werden kann, wenn auf Dauer ihre legitimen Lebensinteressen vernachläßigt werden.

Einstweilen braucht dies eine konkrete Sorge noch nicht zu sein. Das auf jahrzehntelanger Erfahrung beruhende umfassende Instrumentarium der materiellen Eingliederung, das sich an den dargestellten Prinzipien orientiert, wird sich auch bei dem jetzigen Zustrom bewähren. Es bedarf keiner grundsätzlichen Änderung. Voraussetzung ist allerdings seine ausreichende finanzielle Ausstattung. Sie erscheint jedoch nach den in Bund und Ländern inzwischen aufgestellten Sonderprogrammen im wesentlichen als gesichert. Wenn es vor einiger Zeit wegen des unerwarteten Anstiegs der Zugänge größere Schwierigkeiten in der Versorgung und Betreuung der Erstaufnahmen in den Grenzdurchgangslagern und den Einrichtungen der Länder und Gemeinden gab und teilweise noch heute gibt, so ist jedoch an den inzwischen getroffenen organisatorischen und personellen Vorkehrungen ablesbar, daß die Abläufe zunehmend in einer auch für die Betroffenen annehmbaren Weise in eingespielten Bahnen einer verwaltungsmäßigen Normalität bewältigt werden.

Das freilich darf in bestimmten sensiblen Bereichen nicht zur bloßen Routine geraten. Beispiele hierfür sind die Sprachförderung und berufliche Anpassung der Erwachsenen. Viele ihrer Unsicherheiten und Ängste gründen in der Furcht, wegen der mitunter krassen Unterschiede der Anforderungsprofile in der hiesigen Arbeitswelt gegenüber dem Herkunftsland nicht mithalten zu können. Ähnliches gilt für die jugendlichen Aussiedler für ihre Einbindung in unser Schul- und Ausbildungssystem auf dem Hintergrund einer stark empfundenen seelischen Bruchsituation, in die sie nun einmal aussiedlungsbedingt durch die Aufgabe ihres bisherigen Lebensumfeldes im Herkunftsland geraten sind.

Was not tut, ist, den Menschen in dem Zeitrahmen einer notwendigen öffentlichen Förderung unter materieller Absicherung zugleich eine Phase zu sichern, die ihnen Gelegenheit läßt, in eine neue Übereinstimmung mit sich selbst und ihrer Umgebung zu kommen. Das braucht seine Zeit, oft sogar Jahre. Schädlich ist es, Aussiedler dem Klima eines zweckhaften Förderungsaktivismus auszusetzen, das sie zu getrimmten Objekten der Arbeitsmarkt- oder Berufspolitik macht. Wenn diese Prämissen stimmen, kommt es nicht darauf an, wie im einzelnen die Formen und Methoden einer Förderung gestaltet sind. Die gegenwärtig notwendigen Leistungen der öffentlichen Hände zur Eingliederung erfordern ohne Zweifel jährlich einen hohen, in mehrere Milliarden DM gehenden Anfangsaufwand. Nicht zuletzt daran werden im allgemeinen Meinungsspektrum die Vorbehalte festgemacht. Sie sind jedoch kurzsichtig und im Ergebnis grundlos. Wanderschaften gerade größeren Ausmaßes brauchen nicht zu einer dauerhaften Last für die aufnehmende Bevölkerung zu werden. Ebenso können sie ungeahnte Impulse in allen Lebensbereichen auslösen, die in ihrer allgemeinen Wirkung die anfänglichen Opfer mehr als ausgleichen. Das lehren geschichtliche Erfahrungen, zuletzt mit den Vertriebenen der ersten Nachkriegsjahre, die einen entscheidenden Anteil am Aufbau des gesellschaftlichen, politischen und wirtschaftlichen Status der heutigen Bundesrepublik Deutschland haben.

Freilich ist eine solche Erwartung an eine entscheidende Voraussetzung geknüpft. Wanderschaften ohne Ziel und Hoffnung leisten solches nicht. Ohne Bereitschaft zur Aufnahme und Annahme der Menschen auf der einen Seite und zur neuen Verwurzelung auf der anderen Seite gerät alles nur zu einem politischen und sozialen Fiasko, und das für alle Teile. Für die Bundesrepublik und ihre Bevölkerung gibt es danach keine Alternative in der Grundeinsicht, mit der sie sich jetzt und künftig dem Ablauf der Aussiedlung zu stellen hat. Demgegenüber ist es nur legitim, auch zu registrieren, was Aussiedler von sich einzubringen vermögen. Es sind junge Menschen, die in die Bundesrepublik drängen und in der Masse willens sind, sich durchzusetzen. Sie haben keine andere Wahl. Mehr als 20 Prozent sind unter 10 Jahre alt, über 30 Prozent unter 16 und fast zwei Drittel bis zu 35 Jahre. Die Altersgruppe bis zu 35 Jahren machte 1988 über 135.000 Personen aus. Arbeitslosigkeit als dauerndes Aussiedlerschicksal? Es gibt sie nicht in dieser Altersgruppe, wenn man von der Phase einer Sucharbeitslosigkeit ausgeht. Angst um den eigenen Arbeitsplatz hierzulande oder die Wohnung oder die Rente? Sie hat keine meßbaren Gründe und will die Gegenrechnung nicht wahrhaben, die sich aus den vielfältigen Impulsen ergibt, die mit dem Zustrom leistungswilliger und -fähiger Menschen in allen Bereichen, sei es am Arbeitsmarkt, sei es im Wohnungsbau, jetzt schon erkennbar verbunden sind.

Auf den ersten Blick mögen sich solche oder ähnliche Überlegungen wie eine bloße nationale volkswirtschaftliche Verlust- und Gewinnrechnung ausnehmen. In Wirklichkeit sind sie nur ein äußeres Bewertungsbild für einen Vorgang, der wesentlich tieferreichende Dimension besitzt. Er zeigt an, daß die Bundesrepublik und ihre Bevölkerung nicht in Selbstgenügsamkeit verharren kann, mit der die eigene Geschichte verdrängt wird. Die Aussiedler unserer Tage gehören zu den zeitgeschichtlichen Ursprüngen, aus denen sie entstanden ist. Bringt die Bundesrepublik Deutschland heute und auch künftig nicht die erforderliche Kraft auf, sich der Menschen überzeugend anzunehmen, so nimmt sie in ihrer nationalen Identität und im Ansehen der Völker den größten Schaden.

LITERATURAUSWAHL

ARNOLD, Wilhelm (Hrsg.): Die Aussiedler in der Bundesrepublik Deutschland, Wien/Hannover 1980

HABERLAND, Jürgen: Eingliederung von Aussiedlern und Zuwanderern, Leverkusen 1983[3]

KOSSOLAPOW, Line: Aussiedler-Jugendliche. Ein Beitrag zur Integration Deutscher aus dem Osten, Weinheim 1987

Flüchtlinge und Übersiedler

Werner Bader

Flüchtlinge aus dem sowjetischen Besatzungsgebiet gibt es seit Kriegsende, seit dem 8. Mai 1945, der Kapitulation der Deutschen Wehrmacht.

Vom ersten Nachkriegstag an flohen täglich Deutsche vor der Willkürherrschaft der sowjetischen Besatzungsmacht und der von ihrer Seite drohenden Übergriffe, vor möglichen Konzentrationslagern, vor der Verschleppung in die Sowjetunion.

Eine große Gruppe der ersten politischen Flüchtlinge aus dem sowjetischen Besatzungsgebiet waren enttäuschte KPD-Mitglieder, enteignete Großgrundbesitzer, Großbauern und Unternehmer der mittelständischen Wirtschaft, denen sehr häufig nach der Enteignung die Verschleppung in die Sowjetunion drohte. Sie alle gingen über die, wie es damals hieß, »Grüne Grenze«.

Im Rundfunk gehörte in jenen ersten Jahren, wie der Wetterbericht zum Schluß der Nachrichtensendungen, die davor stehende Meldung zur täglichen Routine, in der die Tageszahlen der Flüchtlinge, getrennt nach der Sowjetischen Besatzungszone und dem Sowjetsektor von Berlin, genannt wurden. Kein Tag verging ohne diese Meldung. Allerdings gibt es für die ersten Nachkriegsjahre keine statistische Erfassung der Flüchtlingszahlen. Die statistische Registrierung beginnt erst im September 1949, nach Entstehung der Bundesrepublik Deutschland.

Für die Zeit vom Mai 1945 bis zum September 1949 ist man auf Schätzungen angewiesen. Die Schätzungszahl hat das frühere Bundesministerium für gesamtdeutsche Fragen einmal mit 438.700 angegeben, ohne Hinweis, wie die Zahl zustandegekommen ist. Sie dürfte in Wahrheit bei weit über einer Million liegen.

Seit September 1949 und seit dem Inkrafttreten des Notaufnahmegesetzes vom 22. August 1950, werden die Flüchtlinge aus dem sowjetischen Besatzungsgebiet mit ihrer Lagerregistrierung auch gezählt.

Bis zum Bau der Mauer quer durch Berlin und der Errichtung der nur unter Todesgefahr zu durchbrechenden Sperranlagen an der Zonengrenze mit Todesstreifen, Stacheldraht, Wachtürmen und Hunden an Laufleinen, wurden in den Notaufnahmelagern 2.691.270 Flüchtlinge gezählt. Rechnet man alle diejenigen hinzu, die in die Bundesrepublik Deutschland flüchteten, ohne die Notaufnahmelager zu durchlaufen und die Flüchtlinge, die in der Zeit von 1945 bis 1949, dem Beginn der Registrierung, in den Westen Deutschlands kamen, dann haben bis zum Mauerbau am 13. August 1961 mindestens 3,5 Millionen Deutsche die Sowjetische Besatzungszone und den Sowjetsektor von Berlin verlassen.

Die Dimensionen dieser Bevölkerungsbewegung, die durchweg den Charakter einer Flucht hat, werden im Vergleich sichtbar: Die Zahl dieser Flüchtlinge aus der Sowjetischen Besatzungszone und Berlin (Ost) entspricht der Bevölkerung Norwegens (1959 = 3,6 Millionen) oder fast der Bevölkerung Tunesiens (1959 = 3,9 Millionen).

Die Menschen haben aus Gründen der persönlichen Gefährdung ihre Flucht plötzlich, Hals über Kopf angetreten. Sie kamen oftmals lediglich mit dem, was sie auf dem Leib trugen, nach Westen. Sie haben nicht nur ihre ganze Habe und ihren Besitz aufgeben müssen, sondern auch ihre Familie, ihre Verwandten, ihre Freunde und – das wiegt nicht wenig – ihre Heimat verlassen müssen.

Angesichts dieser Massenfluchtbewegung ist es aufschlußreich, die Gründe zu untersuchen.

Bei dieser Massenfluchtbewegung vor der Herrschaft der sowjetischen Besatzungsmacht und den von ihr eingesetzten deutschen Behörden war es den Flüchtlingen klar, daß es sich nicht um eine kurzfristige, zeitweilige Flucht aus der Heimat handelte. Und doch war diese Flucht insoweit eine Besonderheit, als die Menschen zwar ihre Heimat, nicht aber ihr Vaterland verließen. Sie gingen also nicht ins Exil, sie brauchten kein Asyl, sie gingen in einen anderen Teil ihres eigenen Landes, weil ihnen das Leben in der Heimat ohne Gefährdung nicht mehr möglich war.

In der Denkschrift »Der Bau der Mauer durch Berlin« hat im Jahr 1961 das Bundesministerium für gesamtdeutsche Fragen zum Grundsätzlichen festgestellt: »Jede Analyse der Fluchtgründe muß von einer Charakterisierung der Umwelt, die die Flüchtlinge hinter sich ließen, ausgehen, denn jene Gründe sind nicht allein, ja nicht einmal primär bei ihnen selbst zu suchen.

Die totalitären Systeme unserer Tage (Nationalsozialismus und Sowjetkommunismus) sind Diktaturen von beispielloser Art. Man hat sie sogar als eine neue Staatsform bezeichnet, deren Wesen in der Verbindung von Ideologie und Terror liege. Die Kennzeichnung dieser Systeme durch Hannah Arendt (»Elemente und Ursprünge totalitärer Herrschaft«, Deutsche Ausgabe, Frankfurt 1955, S. 737 ff) entspricht den Erfahrungen, die das

Das Brandenburger Tor, 1945.

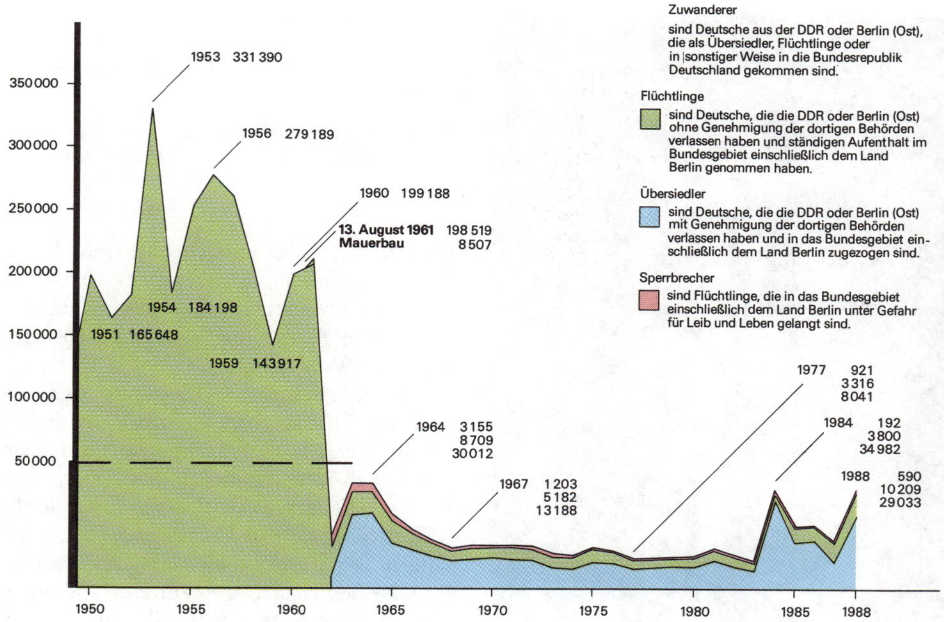

Nach: Bundesausgleichsamt Bad Homburg v.d.H., Statistischer Bericht Vt – 2/89 vom 1. März 1989

Zustrom der Deutschen aus der Sowjetischen Besatzungszone/DDR von 1945–1988.

Potsdamer Konferenz vom 17. Juli – 2. August 1945: Churchill, Truman und Stalin (v.l.n.r.) nach dem Treffen der Großen Drei im Schloß Cecilienhof am 23. Juli 1945.

Deutsche Volk mit beiden, mit dem Dritten Reich wie mit dem in Mitteldeutschland nach sowjetischem Modell errichteten Herrschaftssystem gemacht hat.

›Insofern ... totalitäre Herrschaft ... sich immer noch in einer Welt bewegt, in welcher es Handeln gibt und daher auch Prinzipien des Handelns benötigt werden, braucht auch sie noch ein ihr eigentümliches Prinzip, das ihren Terrorapparat in Bewegung setzt und die ihm ausgelieferten Menschen in ihrem Verhalten inspiriert.

Unter totalitären Bedingungen scheint ein wagendes Prinzip einerseits überflüssig geworden zu sein, weil das Wesen jetzt an sich selbst bereits Bewegung ist, andererseits scheint das einzige Prinzip des Handelns, das rein praktisch in Frage kommt, wie in allen Tyranneien die Furcht zu sein. Furcht entsteht in der Tyrannei dadurch, daß der Raum der Freiheit, den die Gesetze umhegten, von der Willkür des Tyrannen in eine Wüste verwandelt wird. Auch in dieser Wüste gibt es noch ein Minimum menschlichen Kontakts, sie bewahrt noch eine Spur jenes Raumes, den menschliche Freiheit braucht, um wirklich zu werden. In ihr bewegen sich Menschen noch und begegnen einander, beraten von den Prinzipien der Furcht und des Mißtrauens. Furcht und Mißtrauen können aber keine Ratgeber mehr sein, wenn unter totalitärer Herrschaft der Terror beginnt, seine Opfer nach objektiven Merkmalen, ohne allen Bezug auf irgendwelche Gedanken oder Handlungen der Betroffenen auszuwählen ... Totalitäre Herrschaft, deren Wesen der Terror ist, und die daher auf ihn als ein furchteinflößendes Mittel der Beherrschung nicht mehr rechnen kann, rechnet überhaupt nicht mit handelnden Menschen und kann daher auch kein eigenes Prinzip des Handelns gebrauchen ... An die Stelle des Prinzips des Handelns tritt die Präparierung der Opfer, die Natur- oder Geschichtsprozeß fordern werden, eine Präparierung, die den einzelnen gleich gut für die Rolle des Vollstreckers wie für die des Opfers vorbereiten kann. Diese Präparierung leistet in der totalitären Herrschaft die Ideologie‹.«

Soweit Hannah Arendt.

In der Denkschrift des Bundesministeriums heißt es dann: »Nur von Wenigen kann unter den Verhältnissen erwartet werden, daß sie ›eine unbeirrbare Gesinnung durch alle wechselnden und oft so ungünstigen Konstellationen so lange behaupten, bis irgendeine zufällig günstige Konstellation ... sie endlich honoriert‹. Dem Menschen, der weder zum Heroismus noch zum Fatalismus veranlagt ist, werden drei Möglichkeiten der Anpassung zugeschrieben: Opportunismus, Selbstauslieferung an die wechselnden Umstände oder Selbstauslöschung, Flucht in die Unauffälligkeit (Totstell-Reflex), schließlich eine Art von ›Feminisierung‹, eine Konsumenteneinstellung von neuartiger Passivität (Gehlen). Wenn dies Verhaltensformen des Erfahrungsbereiches der freien Welt sind, wenn der Mensch schon auf die Anforderungen einer vergleichsweise ›normalen‹ Umwelt derart reagiert, wie behauptet er sich dann unter extremen Umständen, unter dem doppelten Druck von Terror und Ideologie des totalitären Regimes? Auf welche Weise und wie lange hält er diesem Drucke stand, und was gibt den Ausschlag dazu, daß er sich ihm durch Flucht entzieht?« Soweit zum Grundsätzlichen.

Diejenigen, die nicht unmittelbar nach Kriegsende oder in den Folgejahren flüchteten, harrten kraft ihrer Selbstbehauptung aus, in dem Wissen, daß die Sowjetische Besatzungszone nur ein Teil Deutschlands ist und, so das Bundesministerium:

»Das Regime ... hat nur einen Teil Deutschlands im Griff, und mit dem Tage der Wiedervereinigung sind ihm zeitliche Grenzen gesetzt.« Ein Glaube, der durch die politische Entwicklung naturgemäß schwächer und zweifelhafter werden mußte. Die in Untersuchungen ermittelten Gründe, die Menschen in immer größerer Zahl zur Flucht aus der Sowjetischen Besatzungszone, der späteren DDR veranlaßten oder geradezu trieben, ergeben einen langen Katalog.

Die Einschränkung und Aufhebung allgemeiner Grund- und Menschenrechte stehen an der Spitze, mit all ihren Folgerungen, wie Verbot der Kommunikation mit dem Westen, Verbot, westliche Zeitungen zu lesen und westlichen Rundfunk zu hören. Verbot von

Die Alliierte Kommandatur in Berlin.

Erstürmung des Neuen Stadthauses in Berlin am 6.9.1946.

Der Regierende Bürgermeister Ernst Reuter am 9.9.1948 bei seiner Rede: »Berlin ruft die Welt«.

Reisen, damit das entstehende Gefühl von Abgeschnittensein, später von Eingemauertsein. Die Abhängigkeit der schulischen und beruflichen Ausbildung vom politisch-ideologischen Wohlverhalten.

Dies alles führte zur Einengung der persönlichen Lebenssphäre und der körperlichen wie geistigen Bewegungsfreiheit. Dazu kam der Druck der staatlichen und politischen Stellen, sich »gesellschaftlich« in einer nie abreißenden Kette von Verpflichtungen zu betätigen. Der Druck, in die herrschende Sozialistische Einheitspartei einzutreten und deren stalinistischen Kurs in jeder Wendung mitzuvollziehen, sich in den »Massenorganisationen« zu betätigen, »Selbstverpflichtungen« am Arbeitsplatz »freiwillig« auf sich zu nehmen und die knappe Freizeit dafür zu opfern, an Aufmärschen und Versammlungen teilzunehmen und gegen den eigenen Willen vorgegebene Resolutionen zu unterzeichnen oder für sie zu stimmen.

Hinzu trat die massive Werbung für den »Ehrendienst« in der Nationalen Volksarmee oder der Volkspolizei, die militärische Ausbildung und der Dienst in den »Kampfgruppen« und häufig die massive Aufforderung, aus ideologisch-moralisierenden Gründen Dienste für den Staatssicherheitsdienst zu leisten.

Zu diesen seelisch zermürbenden Faktoren traten noch eine Fülle von materiellen Gründen. Beruflich gab es niedrige Löhne, auch für die engagierteste Arbeit. Die Wohnverhältnisse blieben schlecht, die Renten lagen an der Grenze des Existenzminimums, die Versorgung blieb über alle Jahre durchgehend schlecht bei mangelnder Warenqualität.

Dies alles war für viele unerträglich. Wenn dann noch zusätzlich die Gefahr drohte, von der Ausbildung oder vom Studium ausgeschlossen oder aus beruflichen Positionen gedrängt zu werden, oder wenn gar politische Verfolgung drohte, dann mußte der Entschluß zur Flucht in den Westen schnell gefaßt werden. Dieser war vorher oft wegen eines Gewissensnotstandes nicht zustandegekommen, dem Konflikt zwischen Berufs- und Elternpflicht, Heimatverbundenheit und Verantwortung gegenüber Familie, Freunden und dem ererbten Besitz. Aber auch die während dieser Zeit des Zweifels, ob man gehen oder bleiben soll, immer wiederkehrende Torschlußpanik ist ein Motiv für die Flucht.

An einer Reihe von politischen Maßnahmen der DDR-Führung ist dies in der Flüchtlingsstatistik ablesbar. In den regelmäßigen Berichten, die der damalige Bundesminister für Vertriebene, Flüchtlinge und Kriegsge-

Protestveranstaltung gegen die Blockade am 9. September 1948. 300 000 Berliner aus beiden Teilen der Stadt protestieren vor dem Reichstagsgebäude gegen die Spaltung Berlins.

Transportflugzeuge auf dem Berliner Flughafen Tempelhof.

Berliner Jungen spielen »Luftbrücke«.

schädigte im »Bulletin des Presse- und Informationsamtes der Bundesregierung« oder in den Jahresberichten der Bundesregierung veröffentlichte, finden sich viele Hinweise auf den Zusammenhang zwischen der Entwicklung der deutschen Frage, den Maßnahmen der Führung der DDR und der Fluchtbewegung. Allerdings gibt es dabei auch eine gewisse Ambivalenz zu berücksichtigen. Ein schärferer Kurs der Sozialistischen Einheitspartei Deutschlands (SED) hat die einen zum Entschluß gebracht zu flüchten, die anderen aber davon abgehalten. Ähnlich war es bei Phasen einer gewissen Liberalisierung. Für die einen ist dies der Zeitpunkt, nun die Heimat zu verlassen, bei anderen belebt sich die Hoffnung, die allgemeine Lage werde sich bessern und man könne bleiben. Eindeutig auf bestimmte Ereignisse in der DDR lassen sich jedoch in einer Reihe von Fällen die steigenden Flüchtlingszahlen zurückführen. Dazu gehören: die Errichtung von Sperren an der Zonengrenze im Mai 1952, die schwere Versorgungskrise am Ende des gleichen Jahres, ferner die Zwangswerbung für die Kasernierte Volkspolizei im Frühjahr 1953, die Verschärfung des Kirchenkampfes und der Entzug der Lebensmittelkarten für bestimmte Berufsgruppen. Umgekehrt wirkte dagegen die nach dem Volksaufstand vom 17. Juni 1953 vorübergehende Liberalisierung. Eine neue Zuspitzung gab es 1955 aus der Sorge um die Schließung der Zonengrenze, 1956 auf die Verschärfung des SED-Kurses während der Unruhen und Aufstände in Polen und Ungarn, 1960 auf die Zwangskollektivierungskampagne in der Landwirtschaft und 1961 dann angesichts der drohenden Verriegelung der letzten Fluchtwege insbesondere an der Sektorengrenze in Berlin, wo die »letzte Tür« in den Westen verschlossen zu werden drohte.

Seit die Zahlen der Flüchtlinge aus der Sowjetischen Besatzungszone und dem sowjetischen Sektor von Berlin und später der DDR gezählt werden, seit 1949 also, gab es bis zum Bau der Berliner Mauer nur sechs Monate, in denen knapp weniger als 10.000 kamen. Das war im Dezember 1949 (9.078), im Januar 1952 (7.227), im November und Dezember 1959 (9.754 und 9.285) und im Januar und Februar 1960 (9.905 und 9.803). 1953 wurden besonders hohe Flüchtlingszahlen in den ersten sechs Monaten bis zum Volksaufstand vom 17. Juni 1953 registriert. Sie schnellten im März 1953, Stalins Sterbemonat, auf 58.605 hoch. Im Jahr des Mauerbaus lagen die Flüchtlingszahlen in den ersten fünf Monaten zwischen 15.000 und 20.000. Im Juli waren es

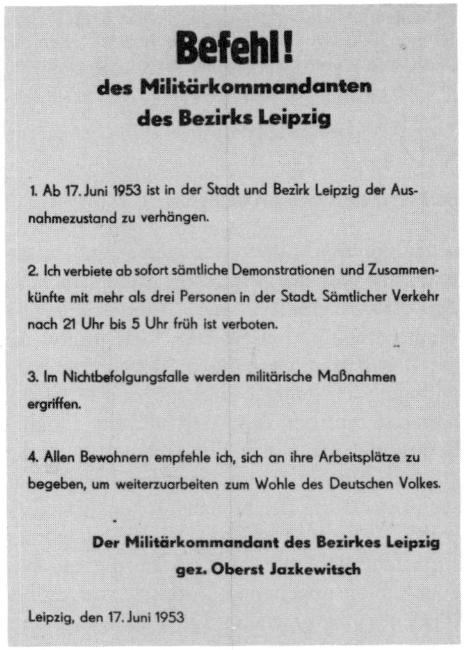

Befehl!

des Militärkommandanten
des Bezirks Leipzig

1. Ab 17. Juni 1953 ist in der Stadt und Bezirk Leipzig der Ausnahmezustand zu verhängen.

2. Ich verbiete ab sofort sämtliche Demonstrationen und Zusammenkünfte mit mehr als drei Personen in der Stadt. Sämtlicher Verkehr nach 21 Uhr bis 5 Uhr früh ist verboten.

3. Im Nichtbefolgungsfalle werden militärische Maßnahmen ergriffen.

4. Allen Bewohnern empfehle ich, sich an ihre Arbeitsplätze zu begeben, um weiterzuarbeiten zum Wohle des Deutschen Volkes.

Der Militärkommandant des Bezirkes Leipzig
gez. Oberst Jazkewitsch

Leipzig, den 17. Juni 1953

Befehl des Militärkommandanten des Bezirks Leipzig.

Sowjetische Panzer am 17. Juni 1953 in der Leipziger Straße.

Zwei Berliner demonstrieren vor sowjetischen Panzern.

dann 30.415. In den Tagen vor dem Mauerbau verließen täglich sogar rund 2.000 Menschen die DDR.

Diese Massenflucht offenbarte, was die Deutschen in der DDR von der dortigen Staatlichkeit hielten und was sie von der politischen Realität der Bundesrepublik Deutschland erhofften. Das kommunistische Regime war gezwungen, mit großem Aufwand die Massenflucht mit Ideologie und Propaganda zu bekämpfen. Die »Republikflucht« wurde als verbrecherische Handlung, als juristischer Tatbestand eingesetzt. Sogenannte Republikflüchtige, aber auch Personen, denen vorgeworfen wurde, Republikfluchthilfe geleistet zu haben, wurden dementsprechend mit Zuchthaus bestraft.

Die Propaganda stellte die »Errungenschaften der Arbeiter- und Bauernmacht« der »kapitalistischen Ausbeutung im NATO-Staat Westdeutschland« gegenüber. Die Propaganda verhieß damals sogar, die DDR werde auf allen Gebieten »Westdeutschland einholen und überholen«, eine These, die einige Jahre nach dem Mauerbau aufgegeben worden ist.

Walter Ulbricht, damals noch Pol und Drehpunkt aller Politik in der DDR, SED-Parteichef und Staatsratsvorsitzender, räumte zwar vor dem SED-Zentralkomitee ein, daß »wertvolle Bürger die DDR verlassen, weil sie von den Dienststellen des Staates und manchmal auch von den Organen der Partei bürokratisch und lieblos behandelt (würden), weil ihre berechtigten Wünsche

Flucht aus einem zugemauerten Haus an der Sektorengrenze am 13.9.1961.

Die Mauer am Brandenburger Tor, November 1961.

mißachtet werden«. Das Problem wurde damit zu einzelnen »Betriebspannen« herabgemildert. Ulbricht formulierte in dieser Rede vor dem Zentralkomitee (20. März 1961) die Legende von dem »von Bonn gelenkten Menschenhandel«.

Damit wurde die SED des Flüchtlingsstroms nicht Herr. Sie entschloß sich deshalb, das für die freie Welt Unfaßbare zu tun: Sie baute die Mauer quer durch Berlin und verstärkte die Sperranlagen entlang der Zonengrenze von der Lübecker Bucht bis zur tschechoslowakischen Grenze. Errichtet wurde ein tiefgestaffeltes System von Stacheldrahtzäunen, Gräben, Stolperdrähten und zwei Kontrollstreifen. Der Schießbefehl sorgte dafür, daß kaum noch Flüchtlinge bis nach Westen kamen. Auch der Reiseverkehr wurde fast vollständig unterbunden. Für den Telefonverkehr standen zwischen der DDR und der Bundesrepublik noch ganze 34 Leitungen, für den Verkehr zwischen den Westsektoren und dem Ostsektor Berlins stand überhaupt keine Leitung mehr zur Verfügung. Die deutsche Spaltung hatte ihren Tiefpunkt 1961 erreicht. Nur durch den Mauerbau konnte die DDR die Fluchtbewegung quantitativ stoppen. Sie hat aber keine Änderung der ablehnenden Haltung der Bevölkerung bewirkt, obwohl jährlich nur noch soviele Übersiedler das lebensgefährliche Abenteuer bewältigten wie vor dem Mauerbau pro Tag.

Die Unzufriedenheit der Bürger hat sich in den letzten Jahren in dem hunderttausendfach bei den Behörden schriftlich vorgebrachten Wunsch nach Ausreise niedergeschlagen. Der damaligen »Abstimmung mit den Füßen« – so wurde die Flucht zu recht bezeichnet – folgte die innere Emigration und schließlich der verbreitete Wille, die DDR auf legale Weise zu verlassen. Also gewissermaßen eine Flucht vor den Zuständen im autoritären Staat mit amtlichem Siegel, die zwar die Ungewißheit eines Neuanfangs in der Bundesrepublik Deutschland in Kauf nimmt, aber bei der nicht mehr das Leben riskiert wird, sondern »nur« noch politische Nötigungen und Drangsalierungen ertragen werden müssen.

Neben den Millionen Heimatvertriebenen hat die Bundesrepublik Deutschland auch die Sowjetzonenflüchtlinge und Übersiedler aufgenommen. Den nach wie vor hunderttausendfach bestehenden Wunsch, die DDR zu verlassen, kann die politische Führung der DDR nur durch Verwirklichung der Menschenrechte, zu der Freizügigkeit unabdingbar gehört, in den Willen zum Verbleib wandeln.

Die Mauer heute.

Sperrsystem auf dem Gebiet der DDR.

LITERATURAUSWAHL

GRANICKY, Günter: Die Zuwanderer aus der sowjetischen Besatzungszone als konkurrierendes Problem, in: Eugen Lemberg/Friedrich Edding (Hrsg.), Die Vertriebenen in Westdeutschland, Bd. 3, Kiel 1959, S. 475–510

FINN, Gerhard/JULIUS, Lieselotte (Hrsg.): Von Deutschland nach Deutschland. Zur Erfahrung der inneren Übersiedlung, Bonn 1983

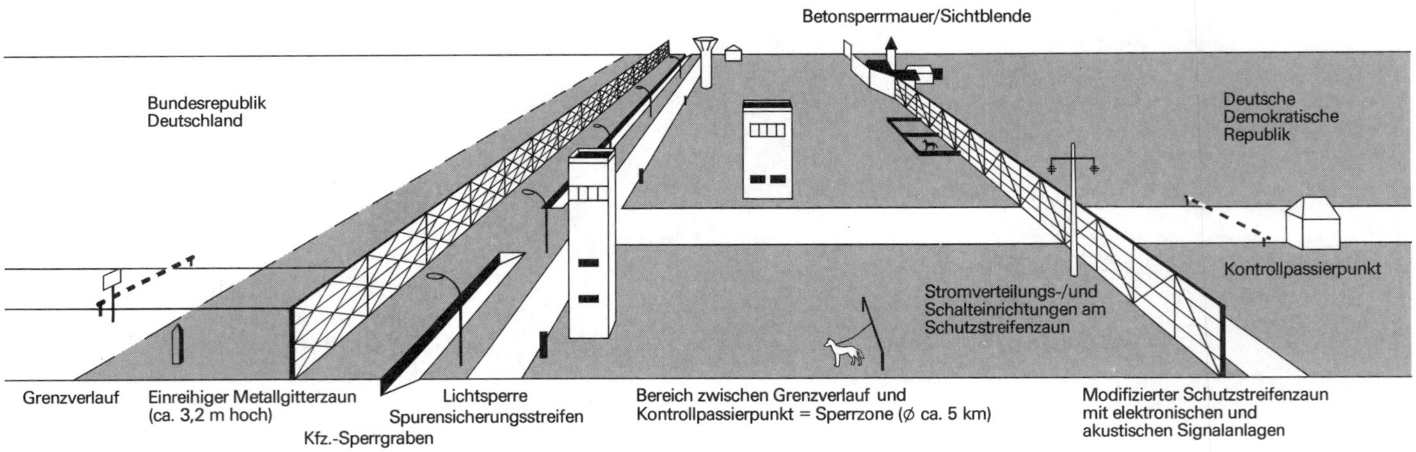

Nach: Bundesministerium für innerdeutsche Beziehungen. Zahlenspiegel Bundesrepublik Deutschland/Deutsche Demokratische Republik, Ein Vergleich, Bonn 1988

Exponate

I.1

Fluchtwagen

Haus der Donauschwaben, Sindelfingen

Mit diesem Wagen flüchtete die Familie Pertschy aus Filipowa am 12. Oktober 1944 über Stapar, Sombor, Pecs/Fünfkirchen, Worsch, Wiener Neustadt und St. Pölten bis Glatz, Breslau und Günterwitz, bis auch dort die Ostfront heranrückte.
Von der Roten Armee eingeholt und der Pferde beraubt (27. Februar 1945), ging die Flucht weiter bis in die amerikanische Zone, wo die Familie am 18. Dezember 1945 endlich ankam F.W.

I.2

Handwagen

Sammlung Haus der Geschichte der Bundesrepublik Deutschland, Bonn

Im Winter 1944/45 auf der Flucht aus Ostpreußen verwendet

I.3

Fluchtkoffer

Bistritz

Gerhard Rill, Augsburg

Fluchtkoffer mit Leinenstruktur, Tragegriffe aus Leder, links und rechts F.W.

I.4

Korb-Koffer

Bistritz

Gerhard Rill, Augsburg

I.5

Fluchtrucksack

um 1944

Elfriede Albrecht, Göttingen

Original-Fluchtrucksack, der auf der Flucht aus Pommern benutzt wurde, sowie eine Liste des mitgeführten Inhalts F.W.

I.6

Fluchtkoffer

Oberschlesisches Landesmuseum, Ratingen

Fluchtkoffer, benutzt auf der Flucht aus Oberschlesien 1945

I.7

Fluchtkorb

1945

Haus Schlesien, Königswinter

I.8

Wäschesack

1945

Westpreußisches Landesmuseum, Münster

In diesem für die Flucht angefertigten Sack wurden Kopfkissen und Wäsche im Treck von Christburg in die Lüneburger Heide transportiert F.W.

I.9

Original-Kennzeichnung von Vertreibungsgepäck

Jägerndorf, 1946

Toni Herget, Marburg

Aufdruck: 10 Walter Miliczek Krnov-Jägerndorf

I.10

Original-Brustabzeichen »N«

Jägerndorf

Toni Herget, Marburg

I.11

Original-Armbinde zur Kennzeichnung Deutscher aus dem Bezirk Karlsbad

Karlsbad

Toni Herget, Marburg

Weiße Leinenarmbinde mit aufgestickter Registrierungsnummer und gesticktem Stempel des Arbeitsamtes in Karlsbad F.W.

I.12

Zwei Ansteckscheiben »N«

Oberleutensdorf, 1945

Walli Richter, München

Zwei Scheiben, eine davon selbst gefertigt, mit dem Buchstaben »N« für »Nemec« (= »Deutscher«) und »Horni Litvinov«. Diese Abzeichen mußten 1945 alle Deutschen im Sudetenland tragen F.W.

I.13

Ausweisungs-Bescheid

Asch, 15.11.1945

Toni Herget, Marburg

Ausgestellt auf Fritz Müller aus Asch

I. 14

Waggon-Liste

Schüttenhofen/Böhmerwald, 9.10.1946

Toni Herget, Marburg

I.15

Musterausgabe an einen jugendlichen Aussiedler

Lager Friedland, 1989

Lager Friedland

Kleidungsmusterausgabe an einen jugendlichen Aussiedler:

- eine Jeans
- ein Sweatshirt
- ein Handtuch
- Unterwäsche
- ein Paar Strümpfe
- Seifendose mit Seife
- Kamm
- Zahnbürste mit Zahnpasta

I.16

Die Mauer, Skulptur

Düsseldorf, 1963

Haus des deutschen Ostens, Düsseldorf

Hergestellt von dem Düsseldorfer Schüler Michael Franke, im Rahmen des mittel- und ostdeutschen Schülerwettbewerbs des Landes Nordrhein-Westfalen 1963 F.W.

II. Ankunft und Unterbringung

Organisatorische Aspekte der Aufnahme und Unterbringung der Vertriebenen

Georg Klemt

Anfänge und Aufbau der Flüchtlingsverwaltungen seit Kriegsende

Als Tausende von Massentransporten mit Millionen Vertriebenen und Flüchtlingen in Eisenbahnwaggons und fast endlos erscheinende Flüchtlingstrecks die Besatzungszonengrenzen nach Westdeutschland überschritten hatten, waren in der »Stunde Null« die ersten oft improvisierten Hilfsmaßnahmen: Eine Mahlzeit, ärztliche Hilfe, notdürftige Versorgung mit Kleidungsgegenständen. Erst nach Einweisung in ein oftmals nur behelfsmäßiges Notquartier konnten die Vertriebenen nach den Wochen des Umherziehens und Umherirrens zunächst zur Ruhe kommen. Bei diesen ersten Nothilfemaßnahmen, aber auch später, leisteten Hilfskräfte der katholischen und evangelischen Kirche sowie des Roten Kreuzes die dringend erforderliche humanitäre Hilfe. Unter den Helfern befanden sich erfahrene Kräfte, oftmals ebenfalls Vertriebene oder Flüchtlinge, die selbst die Strapazen der Flucht und Vertreibung erlitten hatten. Sie wußten am besten, wo die Not am größten war. All diesen namenlosen Helfern gebührt Dank und Anerkennung.

Die Besatzungsmächte beschränkten sich im wesentlichen auf generelle technische und administrative Anweisungen für die Transporte und auch auf eine Verhinderung von eventuellen Unruhen unter den Vertriebenen. Alles andere überließen sie weitgehend der deutschen Selbsthilfe. Die größte Last aber lag bei den Bürgermeistern in den ländlichen Gemeinden der drei Hauptaufnahmeländer Schleswig-Holstein, Niedersachsen und Bayern, in die die meisten Vertriebenen eingewiesen worden waren. Infolgedessen wurden diese auch als sogenannte »Flüchtlingsländer« bezeichnet. Die Bürgermeister hatten die schwere Aufgabe, in das letzte oft noch verfügbare Zimmer, Vertriebene einweisen zu müssen und dabei nach Möglichkeit soziale Spannungen zu vermeiden. Lehrer und Pfarrer halfen dem Bürgermeister »als angesehene Respektspersonen« bei dieser Amtshandlung.

Die institutionelle Entwicklung und der besondere Rechtscharakter der Flüchtlingsverwaltungen war in den drei westlichen Besatzungszonen ganz unterschiedlich und bestimmte sich nach dem Willen der Besatzungsmächte. Sie war selbst in den einzelnen neugebildeten Ländern in derselben Zone nicht einheitlich, wodurch die Hilfsmaßnahmen für die Vertriebenen und Flüchtlinge erheblich erschwert wurden.

In der *britischen Besatzungszone* hatte sich die zentrale Militärregierung die Entscheidungen in generellen Flüchtlingsangelegenheiten selbst vorbehalten. Trotz der erheblichen Beschränkungen und Erschwerungen durch die Besatzungsmacht suchten sich die erst 1946 gebildeten Länder in der britischen Zone im Rahmen der allgemeinen Verwaltung, zum Beispiel durch die Einsetzung von Flüchtlingssonderbeauftragten, zu helfen, um die dringendsten Notstände zu beseitigen.

Erst gegen Ende 1946 war es den Flüchtlingsstellen der Länder in der britischen Zone möglich, einen losen Kontakt mit den Flüchtlingsverwaltungen der amerikanischen Zone aufzunehmen. Die Einrichtung eines gemeinsamen Amtes für Flüchtlingsangelegenheiten lehnte die britische Militärregierung ab. Erst 1947 gestattete sie den Ländern der Zone Gesetze über das Flüchtlingswesen zu erlassen.

In der *amerikanischen Zone* hatte die Militärregierung bereits im Oktober 1945 die Genehmigung zur Bildung von Landesregierungen und zur Einrichtung eines Länderrates erteilt. Daraufhin schufen die Länder der Zone kurze Zeit später eigene Flüchtlingsverwaltungen und ernannten einen besonderen Staatskommissar für das Flüchtlingswesen. Noch vor Jahresende 1945 erließ die Bayerische Staatsregierung ein Flüchtlingsnotgesetz, durch das bei den nachgeordneten Verwaltungsstellen ein Sonderbeauftragter für Flüchtlingsfragen eingesetzt werden konnte. Hessen und Württemberg-Baden folgten diesem Beispiel. Am 24. Januar 1947 konnte mit Zustimmung der amerikanischen Militärregierung ein Zonenflüchtlingsgesetz erlassen werden, in dem einheitliche Grundsätze und Richtlinien für die Eingliederung der Vertriebenen und Flüchtlinge festgelegt worden sind. Die rechtlichen und verwaltungsmäßigen Bestimmungen Bayerns in den Flüchtlingsangelegenheiten, die die Aufnahme und die Eingliederung erheblich erleichterten, übten später einen stärkeren Einfluß auf die Länder der beiden anderen Zonen aus.

In der *französischen Besatzungszone* hatte die Militärregierung in den ersten Nachkriegsjahren keine Genehmigung zur Aufnahme von Vertriebenen erteilt. Die Landesregierungen erhielten keine Befugnisse in Flüchtlingsangelegenheiten. Es war ihnen auch untersagt, mit den Ländern der beiden anderen Zonen Kontakte in Flüchtlingsfragen aufzunehmen. Dementsprechend gab es auch keine Flüchtlingsverwaltungen. Erst im Frühjahr 1949, kurz vor der Konstituierung der Bundesrepublik Deutschland, wurde das

So abgerissen sind die Vertriebenen nach ihrer Ausweisung. All ihre Habe, auch gute Schuhe und Bekleidung, wurde ihnen bei der Vertreibung abgenommen.

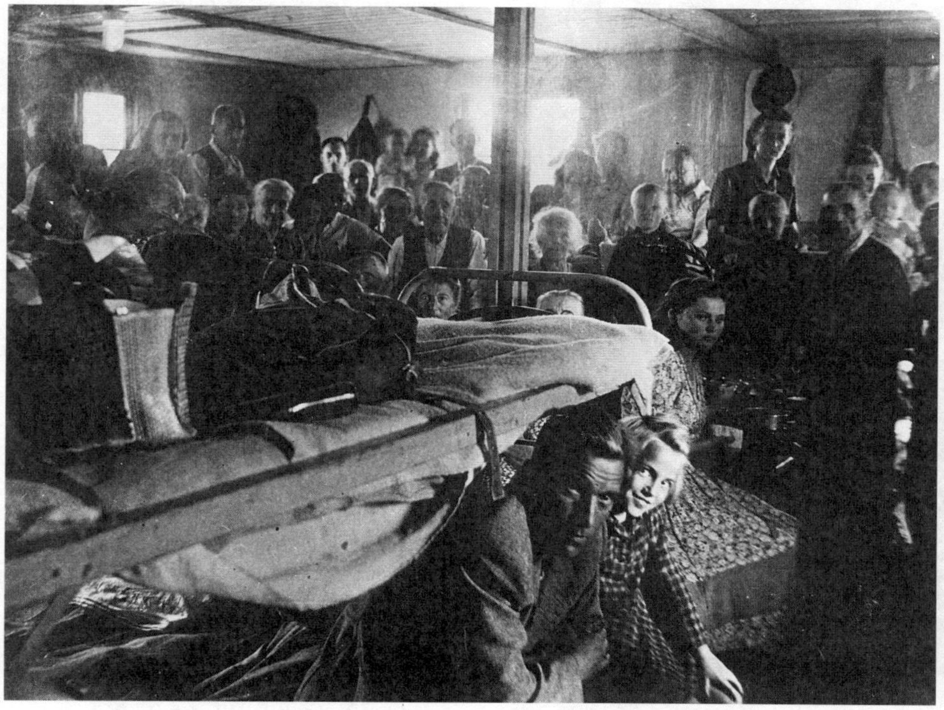

Lager des Deutschen Roten Kreuzes in Berlin.

Überfülltes Notaufnahmelager in Bayern.

Verbot für eine Aufnahme von Vertriebenen und Flüchtlingen aufgehoben.

Nach mehrjähriger loser Zusammenarbeit der Länder der britischen und amerikanischen Zone konnte am 11. August 1947 eine *Arbeitsgemeinschaft der deutschen Flüchtlingsverwaltungen (ADFV)* mit Sitz in Stuttgart gebildet werden. Sie besaß keine Weisungsbefugnisse, war jedoch zu einer Koordinierung der Flüchtlingsarbeit verpflichtet. Generalsekretär der ADFV war Werner Middelmann. Trotz der fehlenden Befugnisse entfaltete die ADFV eine rege und erfolgreiche Tätigkeit.

Auf Beschluß der westdeutschen Ministerpräsidenten wurde am 14. Februar 1949 eine Zentralstelle für Flüchtlingsfragen bei der Verwaltung des Vereinigten Wirtschaftsrates in Frankfurt/Main als »Amt für Fragen der Heimatvertriebenen« gebildet, in das die ADFV übergeleitet wurde. Leiter war Otto Schreiber. Dem Amt waren umfangreiche und vielfältige Aufgaben auf dem Gebiet des Flüchtlingswesens gestellt, unter anderem die Vorbereitung und Verteilung eines tragfähigen Finanzausgleichs, die Familienzusammenführung, Maßnahmen zur Förderung des Flüchtlingswohnungsbaus und der beruflichen Beschäftigung. Besonderer Wert wurde auf Kontaktpflege mit dem Ausland gelegt. Das Amt war auch an der Vorbereitung von bundeseinheitlichen Gesetzen beteiligt, die im Zusammenhang mit der Umsiedlung und Eingliederung von Vertriebenen und Flüchtlingen standen, wie das Soforthilfegesetz und das Flüchtlingssiedlungsgesetz.

Mit der Entstehung der Bundesrepublik Deutschland begann ein neuer Zeitabschnitt in der Flüchtlingsverwaltung und in den Zuständigkeiten für die Flüchtlingshilfe. Das Grundgesetz vom 23. Mai 1949 sieht eine konkurrierende Flüchtlingsgesetzgebung vor. Die Durchführung der entsprechenden Gesetze und Verordnungen liegt bei den Bundesländern, wodurch von einem Verwaltungsunterbau des im August 1950 gebildeten Bundesministeriums für Vertriebene, Flüchtlinge und Kriegsgeschädigte abgesehen wurde. 1952 wurde eine Arbeitsgemeinschaft der Landesflüchtlingsverwaltungen geschaffen, in der die laufenden Maßnahmen der Vertriebenen und Flüchtlinge zwischen dem Bund und den Ländern abgestimmt wurden. Unter der sozialliberalen Regierung Brandt/Scheel wurde das Bundesministerium für Vertriebene, Flüchtlinge und Kriegsgeschädigte im Jahre 1969 aufgelöst und als eigene Abteilung in das Bundesministerium des Innern eingegliedert.

Der Wohnungsbau für Vertriebene und Flüchtlinge

Die Bereitstellung von Wohnraum gehörte nach dem totalen Zusammenbruch im Mai 1945 mit zu den wichtigsten und dringlichsten Aufgaben der Aufnahme und Eingliederung der 7,9 Millionen Vertriebenen und Flüchtlinge. Aber nicht nur diese warteten auf eine Wohnung, sondern auch die schätzungsweise 10 Millionen Evakuierten, die infolge der zahlreichen Luftangriffe ihre Wohnungen in den Heimatorten, des hohen Zerstörungsgrades wegen, verlassen mußten und auf dem Land untergekommen waren.

Nach Kriegsende fehlten in den drei Besatzungszonen Westdeutschlands etwa 6 Millionen Wohnungen. Durch Kriegshandlungen waren von den über 12 Millionen Wohnungen, die es 1939 gab, über 2,7 Millionen völlig zerstört oder so schwer beschädigt, daß sie nicht mehr bewohnbar waren. Weitere über 3 Millionen Wohnungen wiesen schwere oder leichtere Schäden auf, von denen ein großer Teil nur notdürftig bewohnbar war, so daß von den stärksten Wohnungsverlusten vor allem die Großstädte und die Industriezentren, darunter das Rhein-Ruhrgebiet, betroffen waren. Etwa die Hälfte des zerstörten Wohnraums entfiel auf die Großstädte. Manche Orte lagen bis zu 80 Prozent in Trümmern. Hier gab es keine Möglichkeit, die Vertriebenen unterzubringen. So wurden diese von

Flüchtlingslager in Berlin.

Grenzdurchgangslager Hof-Nord.

den Besatzungsmächten in die vom Krieg weniger oder kaum betroffenen ländlichen Räume von Schleswig-Holstein, Niedersachsen und Bayern eingewiesen und erhielten dort eine erste, oft nur notdürftige Bleibe. Viele Vertriebene mußten froh sein, wenn sie in Baracken, Lagern, Nissenhütten und anderen Notunterkünften Aufnahme fanden.

In diesen drei Hauptaufnahmeländern der Vertriebenen war der Wohnraum bereits durch Evakuierte, Kriegsgeschädigte und Vertriebene, die schon in den letzten Kriegsmonaten vor der herannahenden Sowjetarmee ihre ostdeutsche Heimat verlassen hatten, oft überbelegt.

Bei einem Vergleich der Volkszählungen von 1939 und 1950 ergibt sich, daß die Einwohnerzahl in den drei Hauptaufnahmeländern um fast 5,4 Millionen oder 40 Prozent gegenüber nur 21 Prozent im gesamten Bundesgebiet zugenommen hatte. Von den 1946 in den drei Besatzungszonen ansässigen rund 44 Millionen Personen war fast die Hälfte, davon die meisten Vertriebenen und Flüchtlinge, behelfsmäßig in Lagern, Baracken und anderen Notunterkünften untergebracht oder lebte als Untermieter sehr beengt in den vorhandenen Not- oder Normalwohnungen.

Bis zur Währungsreform im Jahr 1948 gab es keine größere Wohnungsneubautätigkeit. Die Wohnraumbeschaffung erstreckte sich in erster Linie auf den Wiederaufbau und das Instandsetzen von beschädigten Wohnungen. Das geschah meist auf dem Wege der Eigeninitiative oder durch Gemeinschaftshilfe; öffentliche Mittel und Lastenausgleich konnten erst später greifen. Nach der Währungsreform setzte eine lebhafte Wohnungsbautätigkeit ein. Bereits 1949 wurden im Bundesgebiet 215.000 Wohnungen neugebaut oder wiederhergestellt. Bei Entstehen der Bundesrepublik Deutschland im Jahre 1949 war noch ein Wohnungsfehlbestand von über 5 Millionen Wohnungen vorhanden bei einer Bevölkerung von 50,3 Millionen. Dieser Wohnungsnotstand veranlaßte die Bundesregierung unter Bundeskanzler Konrad Adenauer zu besonderen gesetzlichen und finanziellen Maßnahmen. In der ersten Regierungserklärung vom 20. September 1949 hieß es, daß die Schaffung einer ausreichenden Versorgung der breiten Schichten der Bevölkerung mit familiengerechten Wohnungen die unerläßliche Voraussetzung für den sozialen Aufstieg des Volkes, insbesondere aber auch für eine befriedigende Eingliederung der Millionen Vertriebenen und Geschädigten sei. Um dieses gesteckte Ziel so rasch wie möglich zu verwirklichen, wurde 1949 das Bundesministerium für Wohnungsbau gebildet.

Bereits am 24. April 1950 trat das Erste Wohnungsbaugesetz in Kraft. Dieses Gesetz räumte dem Wohnungsbau für Vertriebene und Geschädigte eine Vorrangstellung ein und trug ihren dringenden Bedürfnissen damit Rechnung. Nach § 15 des Ersten Wohnungsbaugesetzes waren auch die zu den Bundesmitteln zählenden Soforthilfegelder zugunsten des Wohnungsbaues für Geschädigte zweckgebunden. Bei der schlüsselmäßigen Verteilung der Bundeshaushaltsmittel auf die Länder wurde für die Vertriebenen eine besondere Komponente eingefügt. Die jährlichen Richtlinien für den sozialen Wohnungsbau enthielten ab 1951 die Bestimmung, daß der Wohnungsbau für Vertriebene und sonstige Geschädigte bevorzugt zu fördern sei. Die Richtlinien für den Einsatz der Soforthilfemittel wie auch die Wohnraumhilfe hatten gleichlautende Bestimmungen. Über den allgemeinen öffentlich geförderten sozialen Wohnungsbau hinaus fanden die Vertriebenen eine weitere Berücksichtigung bei der Bereitstellung von Haushaltsmitteln des Bundes und der Länder sowie des Lastenausgleichs im Rahmen der verschiedenen Wohnungsbau-Sonderprogramme.

In der Novelle zum Ersten Wohnungsbaugesetz vom 29. Juli 1953 wurde die programmatische Zielsetzung des Wohnungsbaus für Vertriebene beibehalten. Die im Ersten Wohnungsbaugesetz festgelegte Errichtung von möglichst 1,8 Millionen Wohnungen innerhalb von sechs Jahren wurde in der vorgenannten Novelle auf 2 Millionen erhöht. Da-

Kriegszerstörung in deutschen Städten nach 1945.

Barackenlager.

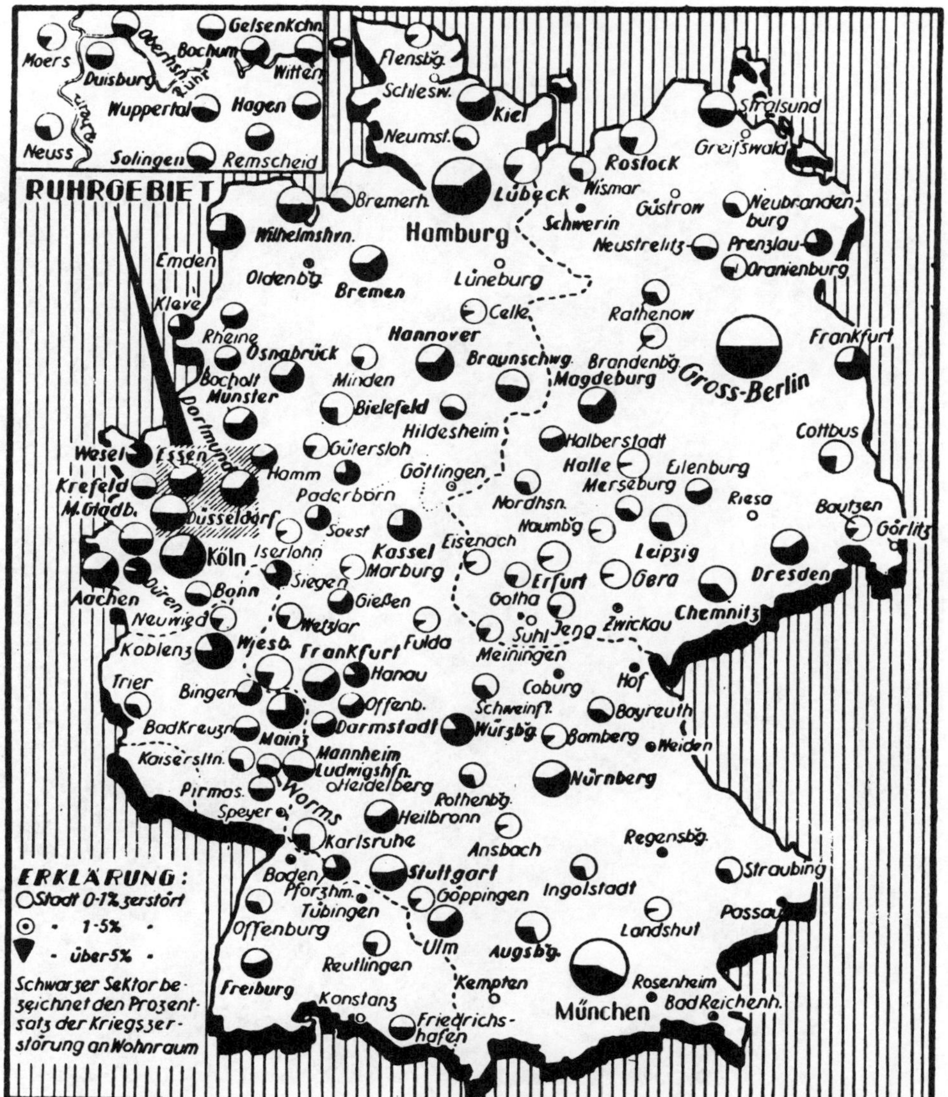

durch kamen noch mehr fertiggestellte Wohnungen den Vertriebenen zugute. In Übereinstimmung mit dem Ersten Wohnungsbaugesetz ist auch im Zweiten Wohnungsbaugesetz (Wohnungsbau- und Familienheimgesetz) vom 27. Juni 1956 festgelegt, daß der Wohnungsbau für Vertriebene neben dem Wohnungsbau für einkommensschwache Bevölkerungskreise Vorrang haben soll. Dabei soll der Neubau von Familienheimen und Eigentumswohnungen besondere Berücksichtigung finden.

Bei der wohnungsmäßigen Eingliederung der Vertriebenen und Flüchtlinge kommt der Förderung von Eigentumsmaßnahmen eine besondere Bedeutung zu. Die Eigentumsbildung fördert die Eingliederung und Seßhaftmachung. Sie hebt das Selbst- und Verantwortungsbewußtsein, hält die Familie zusammen, erleichtert die soziale Eingliederung, vermeidet eine soziale Deklassierung gegenüber der einheimischen Bevölkerung und ist so ein wichtiges Kriterium für die gesellschaftliche Einstufung des heimatlos gewordenen und entwurzelten Vertriebenen mit seiner Familie. Das eigene Heim gibt dem Vertriebenen, der oft in der angestammten Heimat ein eigenes Haus gehabt hat, das Gefühl, wieder ein neues Zuhause gefunden zu haben.
Die Bundesregierung hat diesen hohen Stellenwert der Eigentumsbildung für die große Zahl der besitzlosen Vertriebenen und Flüchtlinge früh erkannt und diesen mit Zustimmung des Parlaments in der Wohnungsbaugesetzgebung verankert. Auch das Lastenausgleichsgesetz und das Bundesvertriebenengesetz erkennen grundsätzlich den großen sozialen Wert der Eigentumsmaßnahmen für die Vertriebenen an.

Besondere Verdienste bei der Förderung des Familienheimbaues für die Vertriebenen und Flüchtlinge haben sich der langjährige Vorsitzende des Bundestagswohnungsausschusses und spätere Bundeswohnungsbauminister Paul Lücke und der Präsident des Bundes der Vertriebenen, Herbert Czaja MdB, erworben. Ihre Handschrift trägt insbesondere das Zweite Wohnungsbau- und Familienheimgesetz. Die Förderung von Eigentumsmaßnahmen für Vertriebene und Flüchtlinge war ein besonderes Anliegen des Katholischen Siedlungsdienstes und des Evangelischen Hilfswerkes.

Aufgrund der günstigen wirtschaftlichen Entwicklung in der Bundesrepublik, wobei dem Wohnungsbau eine Schlüsselstellung zufiel, konnten erheblich mehr Wohnungen gebaut werden als in der Wohnungsbaugesetzgebung vorgesehen war. Die Zahl der fertiggestellten Wohnungen stieg von Jahr zu Jahr und erreichte 1973 mit einer Leistung von 714.000 Wohnungen den höchsten Stand. Von 1949—1988 wurden insgesamt

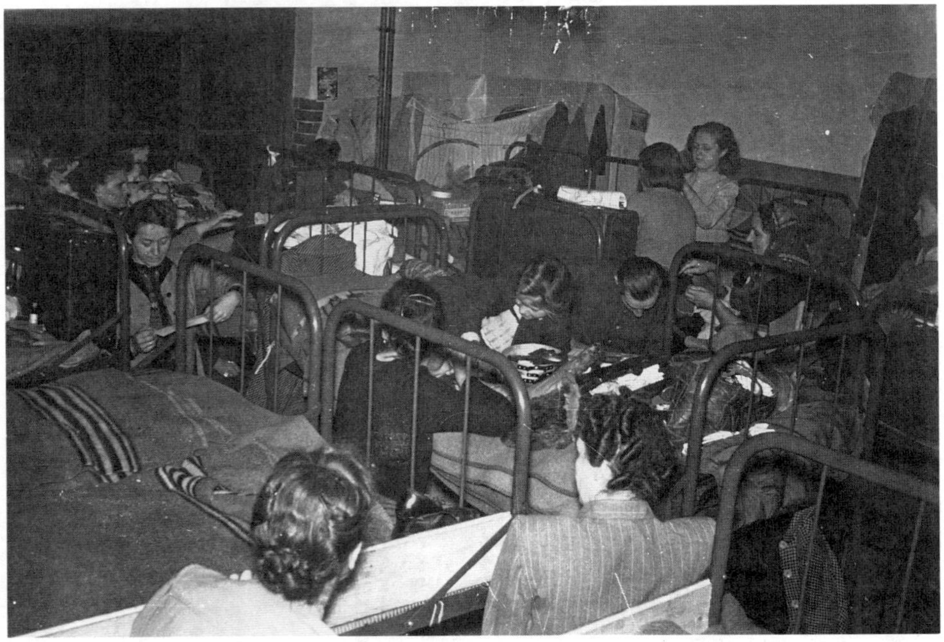

Flüchtlingslager Ehndorfer Platz bei Neumünster.

Drangvolle Enge in einer Notunterkunft.

über 19 Millionen Wohnungen, davon mehr als 7 Millionen Sozialwohnungen errichtet, an deren Finanzierung nach Schätzungen der Bund, die Länder und Gemeinden mit mehr als 200 Milliarden DM (Darlehen, Zinszuschüsse, Lastenausgleichsmittel, Steuervergünstigungen, Bausparprämien und Wohngelder) beteiligt waren. Die Gesamtzahl der Wohnungen betrug nach der Zählung von 1987 26,3 Millionen. Nach Schätzungen von Gerhard Reichling sind in der Zeit von 1949–1985 vom Bund und den Ländern allgemeine Förderungsmittel des Wohnungsbaues zugunsten der Vertriebenen in Höhe von über 15 Milliarden DM bereitgestellt worden.

Der Lastenausgleich hatte an der Versorgung der Vertriebenen und Flüchtlinge mit familiengerechtem Wohnraum einen hohen Anteil. Hierauf wird in dem Beitrag von Karl Heinz Schaefer ausführlich eingegangen.

Von 1950 bis heute haben in der Bundesrepublik Deutschland rund 3,5 Millionen Flüchtlinge und Zuwanderer aus Mitteldeutschland Aufnahme zusätzlich zu den Vertriebenen gefunden. Zur leichteren Eingliederung dieses großen Personenkreises wurden vom Bund 33 Wohnungsbau-Sonderprogramme durchgeführt, für die bis Ende 1980 Bundeshaushaltsmittel in Höhe von etwa 8,6 Milliarden DM, davon über 7 Milliarden DM als Darlehensmittel, der Rest als Zinszuschüsse zur Verbilligung von Kapi-

Trümmergelände in Neugablonz.

talmarktmitteln bereitgestellt worden sind. Mit diesen Mitteln konnten 2,7 Millionen Personen mit Wohnraum versorgt werden. Darüber hinaus wurden vom Bund noch verschiedene andere Sonderprogramme durchgeführt, wie die Umsiedlung von über 1 Million Vertriebenen und Flüchtlingen, die Räumung von mehreren Tausend Wohnlagern und Notunterkünften sowie die Rückführung von Millionen Evakuierten in ihre Heimatorte. Die für die Durchführung dieser Wohnungsbau-Sonderprogramme eingesetzten Haushaltsmittel des Bundes betrugen rund 9 Milliarden DM.

Die wohnungsmäßige und wirtschaftliche Eingliederung von 13 Millionen Vertriebenen und Flüchtlingen nach 1945 hat wesentlichen Anteil an dem Verstädterungs- und Konzentrationsprozeß gehabt. Ein großer Teil der Flüchtlinge und Vertriebenen ist in den industriellen Ballungsgebieten und Großstädten mit oft besseren Arbeitsmöglichkeiten seßhaft geworden. Andererseits haben auch Millionen in ländlich strukturierten Gebieten, vielfach auf dem Wege des Eigenheimbaues, eine neue Heimatstatt gefunden.

Sie haben dort das Leben wesentlich verändert und bereichert. In diesem Zusammenhang ist auf die große Pionierleistung der Vertriebenen bei der Gründung einer Anzahl von neuen Flüchtlingsstädten hinzuweisen, die sich als »Wildgewächse« bald nach Kriegsende unter anderem auf ehemaligen Wehrmachtsanlagen bis zu mittleren Städten mit gesunder Wirtschafts- und Sozialstruktur in einer umweltfreundlichen Landschaft entwickelt haben. Die bekanntesten von ihnen sind Espelkamp (Nordrhein-Westfalen) und Kaufbeuren-Neugablonz (Bayern), letztere bekannt durch ihren Weltruf in der Glas- und

Die Sudetenstraße früher ...

Die Sudetenstraße im Jahr 1978.

Aufruf zur Gründungsversammlung des Gablonzer Siedlungswerkes.

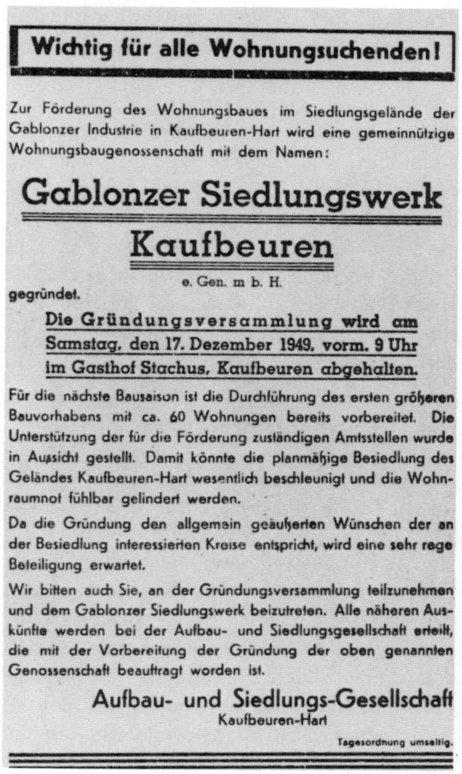

Wichtig für alle Wohnungsuchenden!

Zur Förderung des Wohnungsbaues im Siedlungsgelände der Gablonzer Industrie in Kaufbeuren-Hart wird eine gemeinnützige Wohnungsbaugenossenschaft mit dem Namen:

Gablonzer Siedlungswerk

Kaufbeuren

e. Gen. m b. H.

gegründet.

Die Gründungsversammlung wird am Samstag, den 17. Dezember 1949, vorm. 9 Uhr im Gasthof Stachus, Kaufbeuren abgehalten.

Für die nächste Bausaison ist die Durchführung des ersten größeren Bauvorhabens mit ca. 60 Wohnungen bereits vorbereitet. Die Unterstützung der für die Förderung zuständigen Amtsstellen wurde in Aussicht gestellt. Damit könnte die planmäßige Besiedlung des Geländes Kaufbeuren-Hart wesentlich beschleunigt und die Wohnraumnot fühlbar gelindert werden.

Da die Gründung den allgemein geäußerten Wünschen der an der Besiedlung interessierten Kreise entspricht, wird eine sehr rege Beteiligung erwartet.

Wir bitten auch Sie, an der Gründungsversammlung teilzunehmen und dem Gablonzer Siedlungswerk beizutreten. Alle näheren Auskünfte werden bei der Aufbau- und Siedlungsgesellschaft erteilt, die mit der Vorbereitung der Gründung der oben genannten Genossenschaft beauftragt worden ist.

Aufbau- und Siedlungs-Gesellschaft
Kaufbeuren-Hart

Tagesordnung umseitig.

Neugablonz 1980.

Schmuckwarenindustrie. Sie exportiert ihre Waren in fast 150 Länder der Erde.

Zur Erinnerung für spätere Generationen stehen in der Grundsteinurkunde der Thomaskirche in Espelkamp die vielsagenden Worte: »Wir waren Flüchtlinge und Vertriebene und haben nun wieder eine feste Statt. Wir waren ausgeplündert, elend und arm, ohne schützendes Dach. Es ist uns alles wieder geworden. Wir hatten in der Heimat Namen und Gesicht, Rang und Geltung verloren und sind nun wieder Bürger des Landes gleicher Verantwortung und gleichen Rechts ...«

Die Sonderprogramme

Die erste Bundesregierung mußte schon bald nach ihrer Konstituierung im Jahre 1949 feststellen, daß die von den Besatzungsmächten angeordnete Einweisung und Unterbringung von Millionen Vertriebenen und Flüchtlingen in die überwiegend ländlichen Gebiete von Schleswig-Holstein, Niedersachsen und Bayern eine Fehlleitung war und in wenigen Jahren zu großen menschlichen, wirtschaftlichen und sozialen Schwierigkeiten geführt hatte. Viele Vertriebene und Flüchtlinge mußten jahrelang in Lagern und anderen Notunterkünften leben, um überhaupt ein Dach über dem Kopf zu haben. In Schleswig-Holstein, dessen Bevölkerung von 1939–1946 von 1,6 Millionen auf 2,6 Millionen oder um 62 Prozent zugenommen hatte, stieg die Zunahme in den Landkreisen sogar um 86 Prozent. In Niedersachsen erhöhte sich die Bevölkerung im selben Zeitraum von über 4,5 Millionen auf über 6,2 Millionen oder um 37 Prozent, in den Landkreisen um 65 Prozent und in Bayern von über 7 Millionen um 24 Prozent auf über 8,7 Millionen. In manchen Landkreisen war die Zahl der Vertriebenen größer als die der Einheimischen. In den drei Hauptflüchtlingsländern lebten 1949 noch 4,6 Millionen Vertriebene.

Die hohe Zahl der Vertriebenen bedeutete für die drei Hauptflüchtlingsländer eine starke, auf längere Zeit nicht tragbare Belastung. Hinzu kam, daß neben der unzureichenden wohnraummäßigen Unterbringung in den ländlichen Gebieten kaum eine Aussicht auf einen Dauerarbeitsplatz bestand. Im Jahre 1949 war der Anteil der arbeitslosen Vertriebenen prozentual mehr als doppelt so hoch wie ihr Anteil an der Gesamtbevölkerung.

Es stellte sich nun die Frage, ob in den Dörfern und Kleinstädten – Ende 1949 lebte noch etwa die Hälfte der Vertriebenen in Gemeinden unter 2.000 Einwohnern – die erforderlichen Arbeitsmöglichkeiten geschaffen werden könnten, oder aber, ob die arbeitsfähigen Vertriebenen mit ihren Familien in die alten westdeutschen Industriezentren umgesiedelt werden sollten. Strukturverbessernde Maßnahmen durch Ansiedlung neuer industrieller und gewerblicher Betriebe in den ländlichen Gebieten mit hoher Flüchtlingsbevölkerung schied wegen der fehlenden öffentlichen Mittel aus. Auch hätten solche Maßnahmen einen längeren Zeitraum beansprucht. Andererseits aber drängte die wohnungs- und arbeitsmäßige Eingliederung der Vertriebenen auch aus politischen Gründen zu einer möglichst raschen Lösung. Um die schwierige Lage der Vertriebenen zu verbessern und die drei Hauptflüchtlingsländer zu entlasten, entschloß sich die Bundesregierung zur Durchführung einer Reihe von Sonderprogrammen.

Das Umsiedlungsprogramm

Als erste vordringliche Maßnahme wurde durch die Verordnung vom 29. November 1949 die (äußere) Umsiedlung von Bundesland zu Bundesland beschlossen. Ihre Durchführung erfolgte in vier Programmen von 1949 bis 1963 und sah die organisierte Umsetzung von 1.050.000 Vertriebenen aus den drei Hauptflüchtlingsländern Schleswig-Holstein, Niedersachsen und Bayern vor.

Das *erste Umsiedlungsprogramm* sah die Umsetzung von 300.000 Vertriebenen vor, aus Schleswig-Holstein 150.000, Niedersachsen und Bayern je 75.000. Die Mehrzahl sollte in der französischen Zone (Rheinland-Pfalz 90.000, Württemberg-Hohenzollern 49.000 und Baden 48.000) Aufnahme finden. Von der restlichen Zahl entfielen auf die britische Zone 95.000 (Nordrhein-Westfalen 90.000, Hamburg 5.000) und auf die amerikanische Zone 18.000 (Hessen 8.000, Württemberg-Baden 8.000, Bremen 2.000). In Rheinland-Pfalz fanden die Vertriebenen im allgemeinen in den ländlichen Gebieten zwar ausreichende Unterkunftsmöglichkeiten, erwerbsmäßig konnten sie aber nicht eingegliedert werden. Die Folge davon war, daß ein großer Teil dieser Umsiedler in die wieder im Aufbau befindlichen Industriegebiete nach Nordrhein-Westfalen und Baden-Württemberg abwanderte. Die Abwicklung des ersten Umsiedlungsprogramms zeigte, daß eine befriedigende wirtschaftliche und soziale Eingliederung nur dann zu erreichen war, wenn mit dem Arbeitsplatz auch gleichzeitig der benötigte Wohnraum in der Nähe zur Verfügung stand. Da letzterer aber in den Industriegebieten oft noch fehlte, verzögerte sich die Abwicklung des ersten Programms bis 1952.

Noch während der Durchführung des ersten Programms mußte man feststellen, daß mit der Umsiedlung dieser 300.000 Vertriebenen die erhoffte fühlbare Entlastung der drei Hauptflüchtlingsländer bei weitem nicht eingetreten war. Zu Beginn des Jahres 1951 schätzte man die Zahl der Umsiedlungswilligen in diesen drei Ländern noch auf 800.000. Die Bundesregierung entschloß sich daraufhin zur Durchführung eines *zweiten Umsiedlungsprogramms*, wofür das Gesetz vom 22. Mai 1951 nebst Ergänzungsgesetz vom 23. September 1952 die rechtliche Grundlage bildete. Auch dieses Programm sah wiederum die Umsiedlung von insgesamt 300.000 Vertriebenen aus den drei Ländern Schleswig-Holstein, Niedersachsen und Bayern vor; sie sollte jedoch in zwei Abschnitten zu 200.000 und dann nochmals zu 100.000 erfolgen. Von den 300.000 Umsiedlungswilligen sollte Schleswig-Holstein wiederum 150.000 abgeben, Niedersachsen nur 85.000 und Bayern 65.000. Hauptaufnahmeland war diesmal das Land Nordrhein-Westfalen mit 179.000 (60 Prozent), das im Zuge des wirtschaftlichen und industriellen Wiederaufbaus die größte Chance für Arbeitsmöglichkeiten bot. Auf das Land Baden entfiel ein Aufnahmesoll von 39.000 und auf das Land Rheinland-Pfalz jetzt nur noch von 20.000 Umsiedlern. Der Rest verteilte sich auf die übrigen Bundesländer.

Die beiden Gesetze zum zweiten Umsiedlungsprogramm enthielten abweichend von der ersten Umsiedlungsverordnung vom 29. November 1949, die nur eine zahlenmäßige Verteilung der Umsiedler auf die einzelnen Aufnahmeländer vorsah, auch Bestimmungen über eine Auswahl der Umsiedler. Im ersten Umsiedlungsprogramm waren nur Vertriebene berücksichtigt worden, die als Arbeitskräfte in den Aufnahmeländern gebraucht wurden, während das »Sozialgepäck«, die Rentner, von der Fürsorge Le-

Wohnsituation in einer Vertriebenenunterkunft.

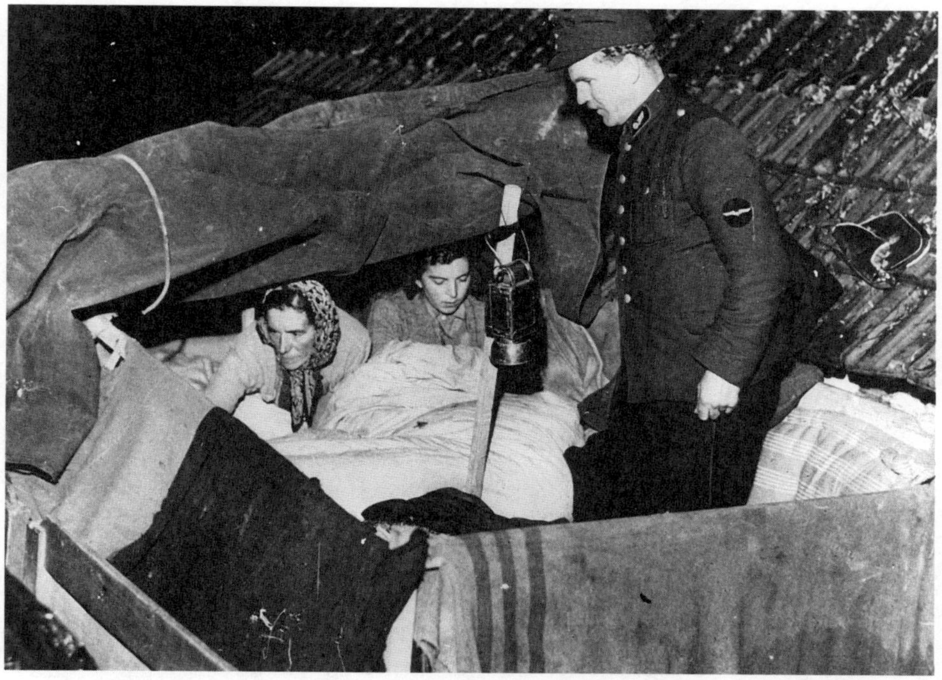

Notbehausung der achtköpfigen Familie Knirsch aus Troppau während des Winters 1949-50 in Daschendorf.

Notunterkunft in Bad Cannstatt.

Flüchtlingsunterkunft in Bad Segeberg.

bende, Halbfamilien, unberücksichtigt blieben. Das Umsiedlungsgesetz vom 22. Mai 1951 sah die Einbeziehung von 30.000 Vertriebenen der sozial schwachen Gruppen vor. Diese Regelung war auch zur Entlastung der drei Abgabeländer von den ständig steigenden Soziallasten notwendig. Das zweite Umsiedlungsprogramm sollte bis Ende Juni 1953 durchgeführt werden. Infolge der Verzögerung bei der Mittelbereitstellung und dem Bau von Neubauwohnungen konnte dieses Programm erst 1954 abgeschlossen werden.

Auch diese beiden Umsiedlungsprogramme reichten nicht für die notwendige Entlastung der drei Hauptflüchtlingsländer aus, so daß die Bundesregierung ein drittes und viertes Umsiedlungsprogramm durchführen mußte.

Im *dritten Programm*, das sich auf die Verordnung vom 13. Februar 1953 zur »Umsiedlung von Vertriebenen aus Flüchtlingslagern und Notwohnungen« aus den Ländern Schleswig-Holstein, Niedersachsen und Bayern stützte, fanden die Familienzusammenführung mit den bereits umgesiedelten Erwerbspersonen und die weitere Räumung der Flüchtlingslager von den nur schwer in den Arbeitsprozeß einzugliedernden Vertriebenen stärkere Berücksichtigung. Im Zuge dieses dritten Programmes waren weitere 150.000 Vertriebene zunächst in einem ersten Abschnitt umzusiedeln. Die Verordnung vom 13. Februar 1953 sah eine ausdrückliche Verpflichtung für die Aufnahmeländer vor, die Umgesiedelten nur in Wohnungen und nicht eventuell wieder zunächst in Lagern unterzubringen. Weiterhin bestimmte die Verordnung, daß die Aufnahmeländer mindestens 20 Prozent der Familienangehörigen der bereits Umgesiedelten, soweit sie sich nicht in den Lagern und Notunterkünften der Abgabeländer befanden, aufzunehmen hätten. Das Abgabesoll betrug für Schleswig-Holstein nur noch 65.000, da die Umsiedlungsbereitschaft dort zurückgegangen war. Sie erhöhte sich demgegenüber in Niedersachsen auf 50.000, weil dort noch viele Vertriebene in Lagern und anderen Behelfsunterkünften lebten. Das Abgabesoll für Bayern betrug 35.000.

Im Rahmen des zweiten Abschnitts des dritten Umsiedlungsprogramms (Verordnung vom 19. Januar 1955) sah die weitere Umsiedlung von 165.000 Vertriebenen vor und zwar 57.000 aus Schleswig-Holstein, Niedersachsen 58.000 und Bayern 50.000. Das Land Nordrhein-Westfalen wurde verpflichtet, 95.500 Personen aufzunehmen, Baden-Württemberg 31.000, Hamburg 25.000, Hessen 6.000, Rheinland-Pfalz 5.500 und Bremen 2.000. Bei diesem Programm wurden zunehmende Tendenzen der freien Wanderung bei der Quotenfestlegung berücksichtigt. Die größten Aufnahmequoten fielen auf die beiden Länder Nordrhein-Westfalen mit 58 Prozent und Baden-Württemberg mit 19 Prozent.

Das *vierte* und *letzte Umsiedlungsprogramm* (Verordnung vom 5. Juni 1956) hatte die übergebietliche Familienzusammenführung und die Evakuiertenrückführung in ihre früheren Wohnorte zum Ziel. Dieses Programm sah die Umsiedlung von nochmals 135.000 Personen vor, davon aus Niedersachsen mit 70.000 über die Hälfte (52 Prozent), gefolgt von Bayern mit 43.000 (32 Prozent) und Schleswig-Holstein mit nur 22.000 (16 Prozent), in dem die Zahl der umsiedlungswilligen Vertriebenen stark zurückgegangen war, da viele inzwischen seßhaft geworden oder abgewandert waren. Die quotenmäßige Aufnahme war folgende: Nordrhein-Westfalen 67.500, Baden-Württemberg 29.300, Hamburg 17.150, Hessen 10.550. Der Rest von 10.500 entfiel auf Rheinland-Pfalz und Bremen.

Zusammenfassend ist festzustellen, daß im Rahmen dieser vier Programme in den Jahren von 1949 bis 1963 insgesamt 1.035.000 Vertriebene aus den völlig überlasteten drei Hauptflüchtlingsländern Schleswig-Holstein, Niedersachsen und Bayern umgesiedelt wurden. Damit konnte das gesteckte Ziel von 1.050.000 Umsiedlern, wenn auch mit Zeitverschiebungen, annähernd erreicht werden. Die nachstehende Tabelle zeigt noch einmal in einem zusammenfassenden Überblick das Abgabe- und das Aufnahmesoll in den einzelnen Bundesländern:

Abgabeländer	Personen absolut	in %
Schleswig-Holstein	444.000	42,3
Niedersachsen	338.000	32,2
Bayern	268.000	25,5
insgesamt	1.050.000	100
Aufnahmeländer	absolut	in %
Nordrhein-Westfalen	529.000	50,4
Baden-Württemberg	284.000	27,0
Rheinland-Pfalz	126.000	12,0
Hamburg	64.000	6,1
Bremen und Hessen	47.000	4,5
insgesamt	1.050.000	100

Die Lagerräumungsprogramme

Obwohl bereits das dritte Umsiedlungsprogramm die Umsetzung einer größeren Zahl von Vertriebenen aus Flüchtlingslagern und Notunterkünften vorsah, lebten noch immer Hunderttausende von Vertriebenen im Bundesgebiet in Baracken, Lagern und Notbehelfen. Es waren meist nicht mehr im Erwerbsleben stehende ältere Menschen, wie Rentner, Pensionäre, Invalide, aber auch langfristig Arbeitslose und alleinstehende Frauen mit Kindern (»Sozialgepäck«). Nach einer am 30. Mai 1955 erstmalig durchgeführten Erhebung waren zu diesem Zeitpunkt noch etwa 3.000 kriegsbedingte Wohnlager und Notwohnungen, davon 1.935 für eine längere Unterkunft vorhanden, in denen fast 400.000 Personen, überwiegend Vertriebene, lebten. Die Mehrzahl dieser Lager befand sich in den drei Hauptflüchtlingsländern. Mit einem Anteil von 70 Prozent waren hier die Vertriebenen erheblich stärker vertreten als in den Lagern der übrigen Länder mit nur 34 Prozent. Hier gab es noch eine große Anzahl von Evakuierten, die auf eine Zurückführung in ihre früheren Wohnorte warteten. Aber auch zahlreiche Ausländer und Fremdarbeiter befanden sich noch lange Zeit nach Kriegsende in den Lagern. Diese leidgeprüften Menschen aus einem langen trostlosen Lagerleben herauszunehmen und in menschenwürdige Normalwohnungen überzuführen war das Ziel der Lagerräumungsprogramme. In den Jahren von 1953–1958 wurden vier Lagerräumungsprogramme durchgeführt zur Unterbringung von 140.000 Personen in über 40.000 Neubauwohnungen. Für die Erstellung dieser Wohnungen wurden 73 Millionen DM aus dem Bundeshaushalt und über 130 Millionen DM aus dem Ausgleichsfonds des Lastenausgleichs, insgesamt mehr als 200 Millionen DM, bereitgestellt.

Darüber hinaus haben die drei Hauptflüchtlingsländer, aber auch andere Bundesländer, *eigene Sonderprogramme zur Lagerauflösung* durchgeführt. So hat zum Beispiel Bayern in den Jahren von 1951–1955 rund 14.700 Wohnungen zur Lagerräumung gefördert. Auch das Land Nordrhein-Westfalen hat zur Beseitigung von Notunterkünften in den Jahren 1948–1956 fast 270 Millionen DM Haushaltsmittel bereitgestellt.

Weiterhin hat die Bundesregierung 1960 ein *Sonderprogramm zur Räumung von Altvertriebenenlagern* beschlossen. Nach einer Zählung gab es in diesem Jahr noch 2.281 Wohnlager mit rund 142.600 Insassen, davon war die weitaus größte Zahl in Niedersachsen (889 Lager mit 38.200 Personen), gefolgt von Bayern (452 Lager mit 23.300 Personen) und Schleswig-Holstein (385 Lager mit 23.100 Personen). In den anderen Bundesländern befanden sich weitere 555 Wohnlager mit 58.000 Insassen.

100.000 Personen aus den Altvertriebenenlagern konnten in fast 31.000 Neubauwohnungen oder in guterhaltenen mietgünstigen Altbauwohnungen im Tauschwege untergebracht werden. Für die Durchführung dieses Räumungsprogramms für Altvertriebenenlager stellte der Bund den Ländern Darlehensmittel in Höhe von 220 Millionen DM bereit, weitere 70 Millionen DM kamen als Aufbaudarlehen aus dem Lastenausgleichsfonds. Die letzten Lager konnten 1971 aufgelöst werden.

Wohnungsbau

Für die organisierte Umsiedlung der Vertriebenen von Land zu Land wurden rund 265.000 Wohnungen gebaut, wofür insgesamt 1,9 Milliarden DM an Bundesmitteln, davon etwa 370 Millionen DM Lastenausgleichsmittel, bereitgestellt worden sind. Darüber hinaus hat der Bund auch die Transportkosten der Umsiedlungsmaßnahmen in Höhe von 200 Millionen DM getragen, so daß sich die Gesamtsumme der Bundesförderungsmittel auf 2,1 Milliarden DM erhöhte.

Die Leistung der Aufnahmeländer, insbesondere von Nordrhein-Westfalen und Baden-Württemberg ist umso beachtlicher, wenn man berücksichtigt, daß sie nicht nur die »äußere Umsiedlung« tragen mußten, sondern daneben auch noch eine *Binnenumsiedlung* mit erheblichen finanziellen Belastungen durchführten. Sie diente dem Ziel, die Vertriebenen innerhalb eines Landes dort seßhaft zu machen, wo auf die Dauer Möglichkeiten der Existenzgründung vorhanden waren oder geschaffen werden konnten.

Selbsthilfe beim Wohnungsbau, St. Stephan auf dem Griesheimer Sand.

Eine größere raumordnerische Maßnahme auf dem Gebiet der »inneren Umsiedlung« war der *Hessenplan*, der darauf gerichtet war, durch einen wirtschaftlichen Ausgleich eine größere Anzahl von Vertriebenen und Flüchtlingen aus dem strukturschwachen und mit dieser Personengruppe stark belegten Kreisen Nordhessens in den wirtschaftlich stärkeren südhessischen Landesteil umzusiedeln. Im Rahmen des Hessenplans sind in den Jahren von 1951–1961 etwa 87.000 Vertriebene und Flüchtlinge an Arbeitsplätze herangeführt und mit Wohnungen versorgt worden. Gleichzeitig wurden über 1.000 industrielle und gewerbliche Betriebe errichtet.

In Bayern haben im Zuge der Binnenumsiedlung mehr als 200.000 Vertriebene mit Familienangehörigen, überwiegend Sudetendeutsche, eine neue Heimstatt gefunden.

Die freie Wanderung

Neben der äußeren und inneren Umsiedlung hat sich eine große Bevölkerungsverschiebung durch die freie Wanderung der Vertriebenen und Flüchtlinge ergeben. Hierüber gibt die Wanderungsstatistik Aufschluß. Danach sind zwischen den Jahren 1949 und 1960 mehr als 3,4 Millionen Vertriebene und Flüchtlinge von einem Bundesland in ein anderes verzogen.

Dazu kommen die freiwilligen Umzüge von etwa 6,7 Millionen innerhalb der einzelnen Bundesländer. Nach Schätzungen des Bundesinnenministeriums haben in der Zeit von 1948–1960 über 10 Millionen Personen einmal oder mehrmals ihren Wohnsitz gewechselt. Dies bestätigt auch eine Untersuchung der früheren Lastenausgleichsbank in Bonn. Von ihr wurde festgestellt, daß gewerbliche Vertriebenen- und Flüchtlingsbetriebe im Gesamtdurchschnitt erst am dritten Ort Fuß gefaßt haben, ein Fünftel der Befragten gab an, daß sie bis zu siebenmal umgezogen seien, solange, bis sie einen produktionsgünstigen Standort gefunden hätten.

DIE SUCHDIENSTE

Die kirchlichen Suchdienste

Eine der wichtigsten und vordringlichsten Aufgaben der Caritas war sogleich nach Kriegsende die Wiederzusammenführung von getrennten Familien. Aber nicht nur viele Vertriebene und Flüchtlinge, Mütter von ihren Kindern, waren auf dem langen Fluchtweg, manchmal inmitten von Kampfhandlungen, voneinander getrennt worden, sondern auch zahlreiche aus der Kriegsgefangenschaft heimkehrende Soldaten suchten nach ihren Angehörigen. In dieser Notlage fühlte sich die katholische Kirche verpflichtet, im Rahmen der gegebenen Verhältnisse zu helfen. So wurde bereits Mitte August 1945, wenige Monate nach der Beendigung des Krieges, gestützt auf improvisierte Such- und Meldestellen bei Pfarrämtern und örtlichen Einrichtungen der Caritas, bei der Zentralstelle des Deutschen Caritasverbandes in Freiburg im Breisgau ein Caritas-Suchdienst eingerichtet. Er stand anfangs ohne sachliche und historische Vorbilder da, denn es gab noch keine funktionierende Verwaltung und die Suchdienste des evangelischen Hilfswerkes und des Deutschen Roten Kreuzes nahmen ihre Arbeit erst etwas später auf. Eine wichtige aufbauende Hilfestellung erhielt der Caritas-Suchdienst bereits zu Anfang seiner Tätigkeit durch die »Pontificia opera di assistenca« beim Vatikan in Rom, aber auch von Orden und katholischen caritativen Stellen, wie der Caritas Internationale, im Ausland. So konnten bereits bis Ende 1946 rund 3,5 Millionen Karteikarten bearbeitet und etwa 1,5 Millionen Suchanträge positiv geklärt werden. In den Jahren von 1945–1950 hat der Caritas-Suchdienst 1,5 Millionen Schicksale von Kriegsgefangenen und verschleppten Zivilpersonen, von ehemaligen Insassen von Konzentrations- und Arbeitslagern aufgeklärt.

Die immense Größe des Problems wird verständlich bei der Betrachtung folgender Zahlen aus dem Bundesinnenministerium:

15 Millionen Heimatvertriebene und Flüchtlinge

11 Millionen Kriegsgefangene

2 Millionen vermißte Wehrmachtsangehörige

0,8 Millionen verschleppte Zivilpersonen

Dazu kamen 291.000 Kinder, die von ihren Eltern oder sonstigen Angehörigen getrennt

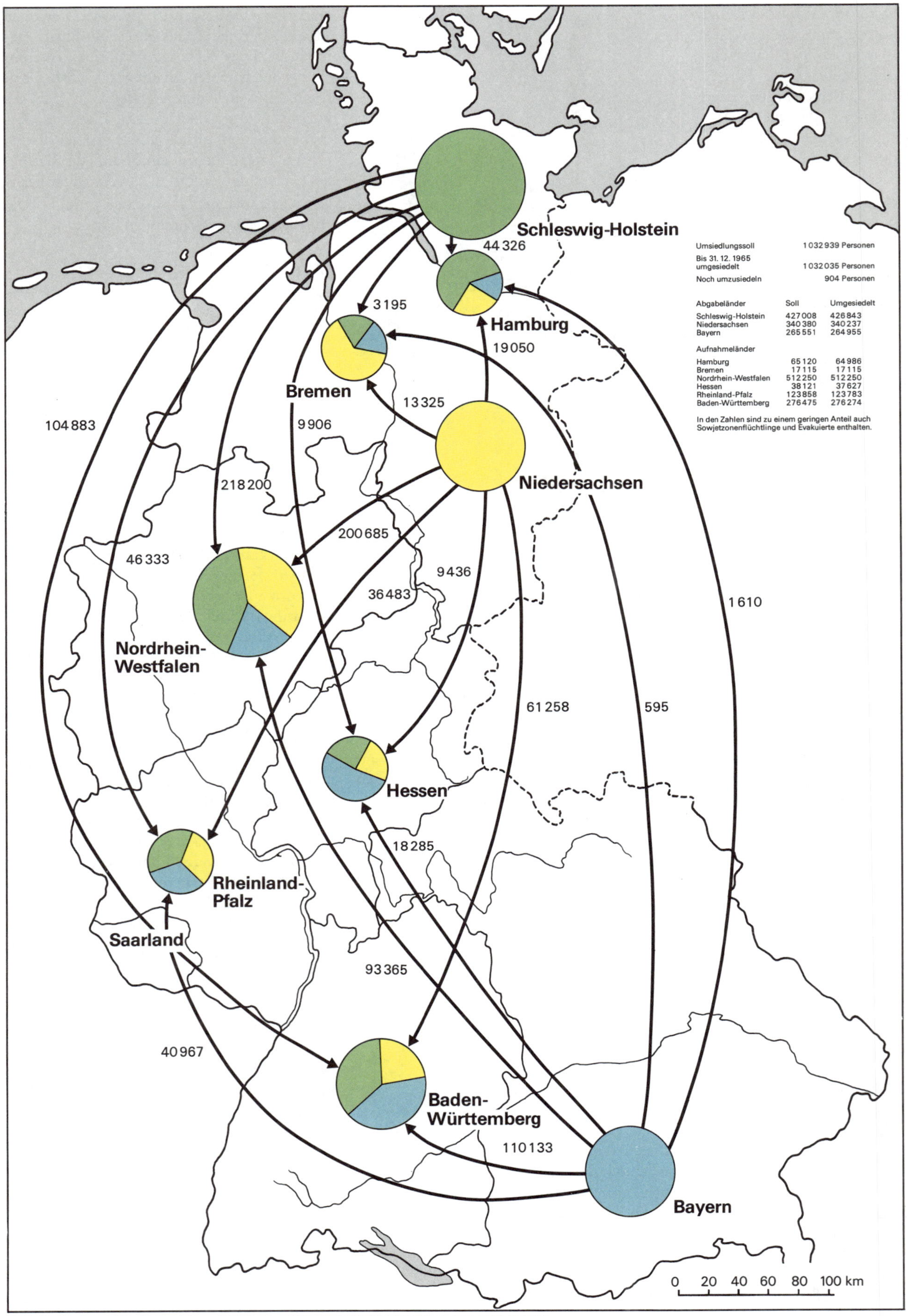

Nach: Der Bundesminister für Vertriebene, Flüchtlinge und Kriegsgeschädigte, Tatsachen, Bonn 1967, Tafel 13.

Umsiedlung der Vertriebenen 1949–1965.

wurden. Bereits in den ersten Nachkriegsjahren wurden beim Caritas-Suchdienst 14 Millionen Suchanträge gestellt. Etwa jeder vierte Einwohner in Westdeutschland suchte einen Angehörigen oder eine nahestehende Person. Auf Verlangen der französischen Besatzungsmacht mußte die Zentrale des Caritas-Suchdienstes später von Freiburg i. Br. in die amerikanische Zone nach München verlegt werden.

Anfang 1946 wurde eine Suchdienst-Arbeitsgemeinschaft mit der Aufgabe gebildet, eine enge Zusammenarbeit zwischen den verschiedenen Suchdiensten zu erreichen. Am 11. April 1946 hatte der Zentralrat des Deutschen Caritasverbandes beschlossen, eigene Karteien für Vertriebene zu erstellen. Kurze Zeit später, am 31. Juli 1946, hatte der Rat der Evangelischen Kirche den Beschluß gefaßt, sogenannte Hilfskomitees für die Heimatvertriebenen aus dem Osten zu bilden. Die beiden Beschlüsse waren entscheidend für die Errichtung von *Heimatortskarteien*, gestützt auf die örtlichen kirchlichen Suchdienststellen. Auf evangelischer Seite lag der Suchdienst in den ersten Nachkriegsjahren beim Hilfswerk der Kirche. Im Zuge der Neuordnung des gesamten Suchdienstes durch die Bundesregierung (1950) wurde der Suchdienst des Evangelischen Hilfswerkes mit dem zentralen Suchdienst der Caritas in München zusammengeführt. Dieses kirchliche Verbundwerk hat in den fast 40 Jahren seines Bestehens eine sehr wichtige und erfolgreiche Arbeit bei der Klärung von vielen Millionen Schicksalen geleistet. Das Heimatortskarteiwerk, das in regionale Betreuungsgebiete gegliedert ist, weist heute mehr als 19 Millionen Karteikarten auf, in denen fast alle Heimatvertriebenen und Flüchtlinge aus den Vertreibungsgebieten namentlich erfaßt sind. Mit Hilfe dieser Heimatortskarteien haben die kirchlichen Suchdienste bis heute mehr als 30 Millionen Anfragen und Auskünfte erteilt. Es liegt jedoch noch eine große Zahl von unerledigten Suchanträgen vor. Mehr als eine Million Personen sind dem zentralen Suchdienst namentlich bekannt, deren Schicksal noch nicht geklärt ist. Das umfangreiche Kartei- und Archivmaterial muß ständig auf dem Laufenden gehalten werden, denn die Zahl der Anfragen ist immer noch groß.

Die Aufgaben des kirchlichen Suchdienstes stützen sich rechtlich auf eine zwischen der Bundesregierung und den Rechtsträgern der Heimatortskarteien – dem Deutschen Caritasverband und dem Diakonischen Werk – getroffene Vereinbarung vom 7. November 1961. Danach haben diese folgende Aufgaben:

– Auskunfterteilung in behördlichen Angelegenheiten
– Suchdienst nach Zivilvermißten aus den Vertreibungsgebieten
– Evidenzhaltung der Heimatortskarteien

Die Auskunfterteilung in behördlichen Angelegenheiten erstreckt sich insbesondere auf Personenstandsangelegenheiten, Renten und Versorgung, Ausgleich und Entschädigung sowie sonstige behördliche Anfragen und Auskünfte.

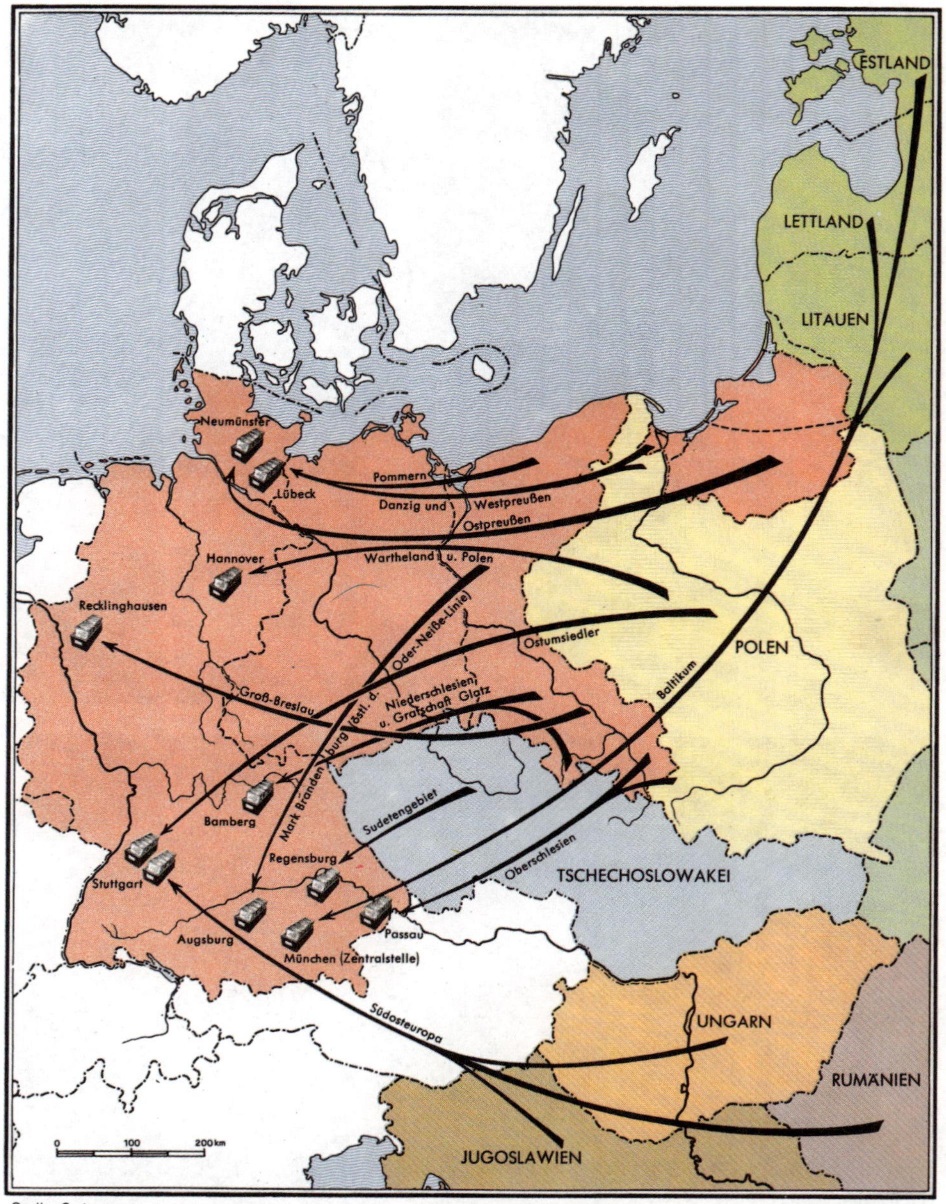

Quelle: Caritas

Abb. 42

Die Heimatortskarteien der kirchlichen Wohlfahrtsverbände.

Der Suchdienst des Deutschen Roten Kreuzes (DRK)

Ebenso wie die kirchlichen Suchdienste, so hat sich auch der Suchdienst des Deutschen Roten Kreuzes (DRK) durch seine hervorragenden Erfolgsleistungen weltweite Anerkennung und große Verdienste bei der Klärung des Schicksals von vielen Millionen auseinandergerissenen Familienangehörigen, von vermißten Wehrmachtsangehörigen und verschleppten oder vermißten Zivilpersonen erworben. Ein großer Teil der deutschen Bevölkerung war nach dem eingetretenen Chaos auf der Suche nach vermißten Angehörigen, Verwandten oder Bekannten. Diese große Notlage erkennend, fanden sich bald nach Kriegsende Freiwillige des durch den Nationalsozialismus verbotenen Roten Kreuzes zusammen, um an der Aufklärung der vielen erschütternden Schicksale mitzuhelfen. Die ersten Stützpunkte des DRK-Suchdienstes bildeten sich in der britischen und in der amerikanischen Besatzungszone bereits 1945. Wegen der ungünstigen geographischen Lage und des Fehlens von geeigneten Räumlichkeiten siedelte der Suchdienst in der britischen Zone von Flensburg nach Hamburg über, wo er anfangs auch unter äußerst schlechten Verhältnissen arbeiten mußte. Wie wichtig in den ersten Nachkriegsjahren die Nachforschung nach Vermißten war, ergibt sich daraus, daß der Hamburger Suchdienst von 1945 bis 1950 von 12 Millionen Anfragen fast 3 Millionen Vermißtenschicksale klären konnte. Im März 1950 wurde die Hamburger Suchdienstkartei nach München verlegt und mit der dortigen zur »Zentralen Namenskartei des DRK-Suchdienstes« verbunden, wodurch der gesamte DRK-Suchdienst wirksamer tätig werden

Poststelle des DRK-Suchdienstes Hamburg.

Suchdienstkartei des Deutschen Roten Kreuzes.

konnte. Der Hamburger Suchdienst übernahm dann andere wichtige Aufgaben in der Suche nach den in Ost- und Südosteuropa und ab 1953 auch in der DDR verschollenen Zivilgefangenen. Von 1950 bis 1978 konnten durch diesen von 357.000 Fällen von registrierten vermißten Zivilgefangenen in Ost- und Südosteuropa über 200.000 (57 Prozent) erfolgreich geklärt werden. In der DDR waren von (1953–1978) von über 91.000 registrierten verschollenen Inhaftierten rund 44.000 (fast 50 Prozent). Von 1950–1975 konnten von rund 360.000 an das Sowjetische Rote Kreuz gerichteten Suchanträgen, davon fast 284.000 verschollene Wehrmachtsangehörige und etwa 76.000 verschollene Zivilgefangene, rund 23 Prozent geklärt werden. Diese Erfolge waren nur möglich aufgrund herbeigeführter Vereinbarungen und Absprachen mit den Rotkreuzorganisationen in Ost- und Südosteuropa und der DDR auf der Basis der Gegenseitigkeit. Ende 1978 übernahm die zentrale Suchstelle in München diese Nachforschungsunterlagen. Der Hamburger Zentrale blieben aber zur Bearbeitung weiterhin jährlich viele Tausend Gesuche um Unterstützung und Beratung sowie um materielle und sonstige Hilfe. Der *Kindersuchdienst* des DRK konnte ebenfalls beachtliche Erfolge erzielen.

Eine wichtige Ergänzung der Namenslistenkartei in München war der Aufbau einer *Vermißten-Bildliste* für die umfangreiche Befragung insbesondere von Heimkehrern. Das Gesamtwerk der Bildliste besteht inzwischen aus 200 Bänden mit 1,4 Millionen erfaßten Wehrmachtsangehörigen und 26 Bänden für Zivilverschollene mit 114.000 Gesuchten. Im Rahmen der Heimkehrerhilfe wurden in rund 6 Millionen Fällen Heimkehrer mit Hilfe der Namen- und Bildliste befragt. Der Bildsuchdienst fand auch Anwendung bei der Suche nach elternlosen und »namenlosen« Kindern, die heute erwachsen sind und ihre Eltern nicht kennen. Hier haben der Rundfunk, das Fernsehen und auch die Heimatpresse eine große Hilfe geboten und sie tun es auch heute noch. Bis 1985 konnten von über 293.000 Suchanträgen 291.000 Kinderschicksale geklärt werden. Nach den restlichen 2.000 wird weitergeforscht, die erfolgreiche Suche wird jedoch immer schwieriger. Seit 1966 hat das DRK fast eine Million Suchdienstgutachten für Wehrmachtsverschollene und 16 Gutachten für verschollene Zivilgefangene erarbeitet. Bis Ende 1981 waren bei der Nachforschung nach verschollenen Wehrmachtsangehörigen rund 1,75 Millionen Fälle registriert worden, von denen über 1,44 Millionen Fälle erledigt werden konnten. Über 300.000 konnten noch nicht geklärt werden.

Eine neue große Aufgabe ergibt sich für den DRK-Suchdienst ferner bei den in großer Zahl (1988 über 200.000) aus Ost- und Südosteuropa ankommenden Aussiedlern, die bisher keine Möglichkeit hatten, nach vermißten Angehörigen zu forschen.

Es ist sicherlich von Interesse zu erfahren, wie der DRK-Suchdienst seine immensen Aufgaben in den über 40 Jahren gelöst hat und weiter erfolgreich bewältigt. Für diese Tätigkeit steht ihm ein gut organisierter, föderativ strukturierter Dienst zur Verfügung.

An der Spitze befindet sich beim DRK-Generalsekretariat die Suchdienst-Leitstelle Bonn. Zugeordnet sind ihr die zentralen Suchdienste in Hamburg und München. Dem ersten obliegt insbesondere die Familienzusammenführung, der Hilfs- und Beratungsdienst, dem Suchdienst in München die Nachforschung nach Kriegsverschollenen, der Kindersuchdienst und die Auskunft- und Dokumentenstelle. Den beiden zentralen Suchdiensten sind 14 Landesforschungsdienste bei den DRK-Landesverbänden zugeordnet. Darüber hinaus gibt es noch weitere 400 Nachforschungsstellen bei den Kreisverbänden.

Plakat des Suchdienstes des Deutschen Roten Kreuzes. ▶

Wer kennt unsere Eltern und unsere Herkunft?

Wir sind alle schon über 20 Jahre alt und **wissen nicht einmal, wie wir richtig heißen, wann wir geboren sind und woher wir stammen.** Durch den Krieg haben wir die Verbindung mit unseren Angehörigen verloren, waren damals aber noch so klein, daß wir nicht sagen konnten, wer wir sind. Es bedrückt uns nicht nur, daß unsere Herkunft ungeklärt ist, **wir haben** auch vielerlei **Schwierigkeiten und Nachteile** in unserem Leben, weil wir nur provisorische Personalpapiere besitzen, **mit angenommenen Namen** und geschätzten Geburtsdaten. Seit vielen Jahren bemüht sich der Suchdienst des Deutschen Roten Kreuzes, uns zu identifizieren und unsere Angehörigen zu finden.

Wer kann dabei helfen, und wer glaubt, unsere Familien zu kennen? **Bitte, sehen Sie sich unsere Bilder genau an!**

Für Hinweise, auch wenn es nur Vermutungen sind, danken wir Ihnen.

Zuschriften richten Sie bitte an:

DEUTSCHES ROTES KREUZ
SUCHDIENST
2 Hamburg 53, Blomkamp 51

01999. Name: unbekannt, vielleicht Fritz Berndt, geb.: 1942/43. Augen: blau, Haar: hellblond. Soll aus einem Krankenhaus in Königsberg/Pr. nach Eggesin gekommen sein. Die Mutter ist angeblich verstorben. Vater war Soldat.

02108. Name: unbekannt, Vorname: vielleicht Christa, geb.: etwa 1944. Augen: blau, Haar: hellblond. Am 25. 1. 1945 von der Pflegemutter aus einem Krankenhaus in Sagan/Schlesien übernommen, wo vermutlich von Flüchtlingen eingeliefert.

04987. Name: unbekannt, geb.: etwa 1943. Augen: graublau, Haar: mittelblond. Er kam im Oktober 1948 mit einem Aussiedlertransport aus Ostpreußen und stammt vermutlich aus Königsberg oder Umgebung.

0864. Name: unbekannt, Vorname: Werner, geb. 1940/41. Kam mit Transport vermutlich aus Ostpreußen. Er will sich an zwei ältere Brüder erinnern. Seine Mutter soll sehr gut und viel gesungen haben.

05049. Name: unbekannt, geb.: 1940/41, Augen: graugrün, Haar: blond. Kam im Spätherbst 1945 in das Lager Konstancin bei Warschau. Sie war sehr krank (Wassersucht und Erfrierungen).

0755. Name: unbekannt, Vorname: Marianne, geb.: etwa 1939. Augen: blau, Haar: dunkelblond. Herkunft unbekannt. Erinnert sich, wegen Ohrenerkrankung im Krankenhaus Freiburg/Schlesien gelegen zu haben.

01149. Name: unbekannt, vielleicht Horst und Helmut Kehrt, geb.: etwa 1944. Augen: graublau, Haar: blond. Beide kamen Ende Januar 1945 mit einem Kindertransport aus dem Wartheland, vermutlich aus Kalisch. Es wird angenommen, daß sie Zwillinge sind.

04701. Name: unbekannt, geb.: etwa 1943, Augen: braun, Haar: dunkel. Wurde 1945 in Wildpark bei Potsdam nahe der Bahngleise gefunden. Sie sprach nur von Helga und Oma.

05077 Name: unbekannt, Vorname: Kristina, geb. etwa 1939, Augen: blau, Haar: blond. Stammt vermutlich aus Königsberg/Pr. und glaubt, mehrere Geschwister zu haben.

03591. Name: unbekannt, geb.: 1943/44. Augen: graubraun, Haar: blond. Mai 1945 fanden ihn Soldaten auf der Landstraße bei Reibersdorf, Krs. Zittau. Er hatte einen Pagenkopf und trug ein Schusterschürzchen.

01714. Name: unbekannt, geb.: etwa 1943. Augen: grau, Haar: mittelblond. Wurde im Januar 1945 auf dem Bahnhof in Lauban/Schlesien gefunden; erzählte von einem Kindergarten und Fliegerbomben.

1175. Name: unbekannt, geb.: etwa im Frühjahr 1944. Augen: blaugrau, Haar: blond. Als Kleinkind 1945 mit einem Flüchtlingstransport nach Rostock gekommen. Er hat am Ellbogen ein Merkmal.

02250. Name: unbekannt, geb.: etwa 1942. Augen: braun, Haar: dunkelblond. Der Jugendliche, der auf der Flucht von den Angehörigen getrennt wurde, stammt evtl. aus dem Sudetenland oder Schlesien.

04989. Name: unbekannt, geb.: 1933/34. Haar: braun, Augen: braun. Wurde 1939 zwischen Lemberg und Przemysl von seinen Angehörigen getrennt. Sein Vater soll eine Uniform getragen haben.

02223. Name: unbekannt, geb.: etwa 1943. Augen: braun, Haar: dunkelblond. Wurde Mai 1945 bei Pardubitz einer deutschen Familie übergeben. Kam mit einem Bus, der mitten im Walde hielt.

04449. Name: unbekannt, geb.: etwa 1943. Augen: blau, Haar: blond. Wurde Ende Oktober 1945 im Walde von Lapken, Krs. Allenstein/Ostpr., auf einem Chausseestein sitzend, gefunden.

633. Name: unbekannt, Vorname: Gisela, geb.: etwa 1942. Augen: graublau, Haar: blond. Kam im März 1945 mit Scharlach in ein Krankenhaus nach Sternberg/Mecklb. Ihr Familienname soll Wilsen oder Milster lauten.

2542. Name: unbekannt, vielleicht Günther Winkling od. ähnlich, geb.: etwa 1938. Augen: graublau, Haar: dunkelblond. Wurde 1943 oder 1944 mit Kindertransport vom Rheinland nach Österreich evakuiert.

02765. Name: unbekannt, vielleicht Martin Lask, geb.: 1942/43. Augen: braun, Haar: braun. Kam 1944 mit einem Transport aus einem Kinderheim in Ostpreußen nach Schlesien. Er hat ein Körpermerkmal.

04280. Name: unbekannt, vielleicht Fritz Nierle, geb.: etwa 1939. Augen: blau, Haar: blond. War während des Krieges in einem Potsdamer Waisenhaus. Seine Herkunftsunterlagen sind durch Kriegseinwirkung verlorengegangen.

02458. Name: unbekannt, vielleicht Günter Hamann, geb.: 1941 in Ostpr. Augen: blaugrau, Haar: blond. Kam 1945 in ein Kinderheim, war vorher bei einer alten Frau (Oma?), die gestorben war. Er hat ein Merkmal am rechten Unterschenkel.

02190. Name: unbekannt, Vorname: vielleicht Jürg, geb.: etwa 1941. Augen: graugrün, Haar: blond. Kam Januar 1945 mit Kindertransport aus Ostpreußen. Mutter Dez. 1944 verstorben. Zu Hause war eine Tankstelle.

03211. Name: unbekannt, vielleicht Herbert Grigas od. ähnlich, geb.: 1940/41. Augen: grau, Haar: blond. War 1945/46 angeblich in einem Kinderheim in Königsberg/Pr. Eltern u. Geschwister lebten in der Nähe eines Gutes.

03001. Name: unbekannt, Vorname: Marion Monika, geb.: 1941/42. Augen: graugrün, Haar: dunkelblond. Kam Dezember 1947 mit Kindertransport aus Königsberg-Ponarth und erinnert sich an Tante Hedwig, die sie im Sportwagen gefahren hat.

04805. Name: unbekannt, geb.: 1944/45, Augen: blau, Haar: dunkel. Wurde im November 1945, etwa 30 km südlich Stettin, auf der Straße von sowj. Soldaten gefunden, in einer seidenen Steppdecke eingehüllt.

02161. Name: unbekannt, geb.: etwa 1943/44. Augen: braun, Haar: hellblond, lockig b. Auffindung. Wurde Ende April, Anfang Mai 1945 in Stralsund aufgefunden.

04792 Name: unbekannt, vielleicht Erich Braun, geb.: etwa 1944. Augen: blaugrau, Haar: als Kleinkind blond. Kam 1945 mit Flüchtlingstransport aus dem Kreise Gnesen/Wartheland.

1562. Name: unbekannt, geb.: etwa 1942. Augen: graublau, Haar: blond. Ostpreußenflüchtlinge gaben den damals etwa Dreijährigen in einem Kinderheim auf Rügen ab.

05011. Name: unbekannt, geb.: etwa 1941. Augen: blau, Haar: dunkelblond. Im April 1945 lebte er in einem Kinderheim in Königsberg/Pr. Sein Vater war bei der Wehrmacht.

02126. Name: unbekannt, geb.: etwa 1944. Haar: dunkelblond, Augen: hellbraun. Kam mit einem Transport Januar 1945 vermutlich aus Ostpreußen. Kleines Muttermal ist vorhanden.

04873. Name: unbekannt, geb.: etwa 1946, Augen: blau, Haar: blond. Wurde im April 1948 vor der kath. Kirche in Titel/Jugosl. gefunden. Sie sprach für ihr Alter ein gutes Deutsch.

2237. Name: unbekannt, geb.: etwa 1944. Augen: blaugrau, Haar: blond. Traf am 21. 2. 1945 mit Flüchtlingstransport aus Richtung Hirschberg/Schlesien in Görlitz ein.

05055. Name: unbekannt, geb.: etwa 1943. Augen: blau, Haar: blond. Angeblich wurde sie 1945 auf einem Bahnhof in Ostpreußen von Mutter und kleinem Bruder getrennnt.

BILDFOLGE 31 SEIT 1945

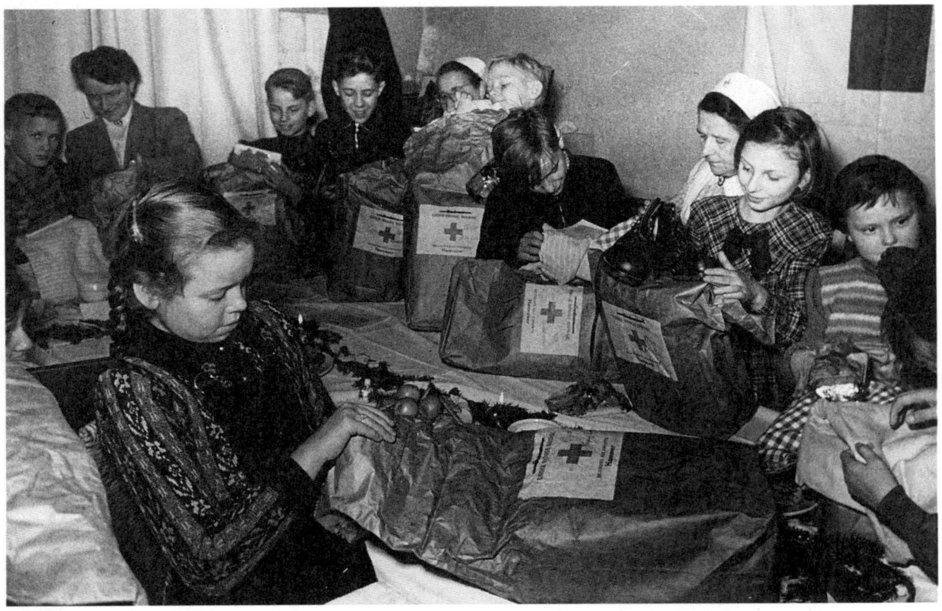

Verteilung von Patenspenden.

Förderung der Suchdienste durch den Bund

Nach der Entstehung der Bundesrepublik Deutschland übernahm 1950 die Bundesregierung die Verantwortung für die Suchdienste. Auf ihre Veranlassung hin wurde im März 1950 im ganzen Bundesgebiet und Berlin (West) eine Registrierung der Kriegsgefangenen und Vermißten durchgeführt, um einen Überblick über den Umfang der zu lösenden Probleme zu erhalten. Im Jahre 1953 beauftragte die Bundesregierung den Suchdienst des DRK, die kirchlichen Suchdienste, den Bund der Vertriebenen (BdV) und den Verband der Landsmannschaften (VdL) mit der Durchführung einer namentlichen Erhebung zur Ermittlung des Schicksals der deutschen Bevölkerung in den Vertreibungsgebieten. Die gemeinsame Erhebung ergab, daß etwa 2,1 Millionen Deutsche im Zusammenhang mit der Vertreibung den Tod gefunden haben oder als Vermißte galten. Dieses Resultat stimmte in etwa mit Feststellungen des Statistischen Bundesamtes überein. Durch weitere Nachforschungen konnte das Schicksal von etwa 8,7 Millionen Deutschen aus den Vertreibungsgebieten und von über 120.000 vermißten Angehörigen aufgeklärt werden. Die Gesamterhebung ergab schließlich Aufklärung über den Verbleib von 15,7 Millionen Personen, die in den Vertreibungsgebieten ihren Wohnsitz gehabt haben. Das sind 90 Prozent der in den deutschen Ostgebieten (9,62 Millionen) und außerhalb der Reichsgrenzen von 1937 wohnhaft gewesenen Deutschen (7,42 Millionen).

Bei der Suche nach vermißten und verschollenen Deutschen haben die Heimatortskarteien und die Personenlisten eine wichtige und erfolgreiche Rolle gespielt. Sie werden es auch weiterhin tun. Denn noch werden über 1,1 Millionen Deutsche aus den Vertreibungsgebieten von den Angehörigen gesucht. Hierunter fallen nach Angaben des Bundesinnenministeriums (Stand Ende 1981) Suchanträge nach

Zivilvermißten aus den Vertreibungsgebieten	654.000
Wehrmachtsverschollenen	303.000
Verschollenen Zivilgefangenen	152.000
von und nach Kindern	2000

Die Heimatortskarteien und Namenslisten dienen heute den Suchdiensten vielfach auch für die Erteilung von Auskünften über den Nachweis von früheren Wohnsitzen, der Vertriebeneneigenschaft, Staatsangehörigkeit, Volkszugehörigkeit u. a. m. an Behörden, Dienststellen und Private. Diese Unterlagen umfassen die Namen von mehr als 18,5 Millionen registrierten Personen. Sie werden laufend überprüft und ergänzt. Die Nachforschungen der Suchdienste werden mit Bundesmitteln gefördert. Bisher wurden hierfür vom Bund weit über 200 Millionen DM zur Verfügung gestellt.

Mit Bundesmitteln wird auch der Internationale Suchdienst mit Sitz in Arolsen (Hessen) gefördert, der sich insbesondere mit dem Schicksal von ehemaligen Naziverfolgten, Insassen von Konzentrationslagern und Kriegsarbeitsverpflichteten befaßt. Hierfür steht ihm ein umfangreiches Namens-Karteisystem mit Dokumentation zur Verfügung, das noch oft in Anspruch genommen wird.

LITERATURAUSWAHL

BOHNSACK, Else: Ergebnisse der Untersuchung über die Häufigkeit des Wohnsitzwechsels von Vertriebenen und Flüchtlingen in der Bundesrepublik Deutschland, in: AWR-Bulletin Nr. 2 (1971)

BUNDESMINISTERIUM des Innern (Hrsg.): Betrifft. Eingliederung der Vertriebenen, Flüchtlinge und Kriegsgeschädigten in der Bundesrepublik Deutschland, Bonn 1982

BUNDESMINISTERIUM für Vertriebene, Flüchtlinge und Kriegsgeschädigte (Hrsg.): Tatsachen zum Problem der deutschen Vertriebenen und Flüchtlinge, Bonn 1966

DEUTSCHER Caritasverband (Hrsg.): Chronik des katholischen Lagerdienstes 1952–1982, Karlsruhe 1982

DERS: 30 Jahre katholischer Lagerdienst 1952–1982, Protokoll der Jubiläumstagung, Karlsruhe 1983

DERS: Kirchlicher Suchdienst 1945–1985

DEUTSCHES Rotes Kreuz: 40 Jahre Suchdienst, Nr. 5/1985

EDDING, Friedrich/Lemberg, Eugen: Die Vertriebenen in Westdeutschland, 3 Bde, Kiel 1959

KORNRUMPF, Martin: Als die Flüchtlinge kamen, in: »Bayernland« Nr. 8, 1970

REICHLING, Gerhard: Die deutschen Vertriebenen in Zahlen, Teil I, Kulturstiftung der deutschen Vertriebenen, Bonn 1986

Es ging um das Überleben – Ein Erlebnisbericht

Erich Mende

Am 6. Oktober 1945 stand ich im Bonner Hofgarten vor der Fassade der ausgebrannten Universität noch einmal hinter Stacheldraht. Die britischen Behörden hatten hier ein Entlassungslager für alle deutschen Kriegsgefangenen aus dem Regierungsbezirk Köln eingerichtet. Wir waren aus Ost-Holstein aus der Kriegsgefangenenzone mit Militärlastwagen angekommen und mußten eine letzte Befragung und Kontrolle der in Baracken residierenden britischen Offiziere und Soldaten über uns ergehen lassen. Dann endlich war die neue Freiheit des Zivilisten nach fast zehn Jahren Soldatenzeit in Frieden und Krieg angebrochen. Wir Schlesier, die wir mit einem der letzten Schiffe aus Pillau das eingeschlossene Ostpreußen verlassen hatten, waren froh, in die alten Quartiere im Rheinland zurückkehren zu können, in denen wir nach dem Polenfeldzug von Oktober 1939 bis zum Frühjahr 1940 gelegen hatten. Aber es war ein anderes Rheinland zwischen Aachen—Köln und Bonn als damals im Herbst und Winter 1939/40! Die Städte lagen in Trümmern, Köln bot ein schauerliches Bild der Zerstörung, die Rheinbrücken lagen gesprengt im Strom, durch die notdürftig geräumten Straßen hasteten ausgemergelte Menschengestalten, meist Frauen und ältere Männer. Um den Kölner Dom und den Hauptbahnhof eine einzige Trümmerwüste, Steinwälle und Stahlgerippe verglühter Träger und Schienen. Der Dom war schwer getroffen, an der linken Portalseite klaffte ein riesiges Mauerloch, die Absperrungen warnten vor dem Nähertreten, Lebensgefahr durch Steinschlag und Einsturzgefahr.

Das war nun die neue Heimat für den Heimkehrer, nachdem die alte Heimat Schlesien ihm genommen und verschlossen war. Aber auch die neue Heimat hielt ihre besonderen Schwierigkeiten bereit. Da war zunächst die Zuzugsgenehmigung unter Vorlage des Entlassungsscheines aus der britischen Kriegsgefangenschaft zu erwirken, ihr folgte die Registrierung beim Einwohnermeldeamt. Ohne beides war eine Meldung beim Arbeitsamt sinnlos. Das Arbeitsamt aber war die Voraussetzung für die Zuteilung der Lebensmittelkarte, diese wiederum die amtliche Genehmigung zum Überleben in dieser Zeit des Hungers und der Zerstörung aller Lebensgrundlagen. Die rheinischen Amtsträger waren alles andere als freundlich! Die »Pimoks«, so nannten die Rheinländer die zugereisten Schlesier, sollten sich gefälligst anderswo niederlassen, aber nicht im schwer zerstörten Kölner und Bonner Raum, wo man nicht einmal die eigenen evakuierten und ausgebombten Bürger unterbringen könnte. Es gehörte viel Geduld und manche rheinische Freundschaft dazu, die verständliche Zurückhaltung der Einheimischen allmählich zu überwinden. Es galt damals wie heute das sarkastische Bonmot: »Deutsches Schicksal, vor dem Schalter zu stehen! Deutsches Ideal, hinter dem Schalter zu sitzen.« Deutschland stand in den vier Besatzungszonen der Siegermächte unter ausschließlichem Besatzungsrecht. Nur kommunale Amtsträger, Bürgermeister und Landräte, von den Militär-Regierungen eingesetzt, durften unter der Weisung und Aufsicht der Militärs amtieren. Eine abendliche Sperrstunde legte alles Leben bis zum frühen Morgen lahm. Kraftfahrzeuge durften nur mit besonderer Genehmigung benutzt werden, am Wochenende war aller Verkehr mit Kraftfahrzeugen stillgelegt.

Erst später wurden Provinzbehörden eingesetzt und schließlich im Jahre 1947 in der britischen Zone die Länder unter ausschließlicher Verantwortung der Militär-Gouverneure dekretiert, die ersten Landtage und Landesregierungen von ihnen ernannt. Die ersten Zeitungen unter deutscher Verantwortung durften erscheinen, Lizenzen, Papier und Benzingutscheine wurden zugeteilt. Die politischen Parteien konnten auf Kreis- und Landesebene gegründet werden, ihre Genehmigung erfolgte ausschließlich durch die Militärregierungen. So waren alle Lebensbereiche bis in den letzten Winkel der Gnade oder Ungnade der Besatzungsmächte ausgeliefert.

Das deutsche Volk erlebte in diesen ersten Nachkriegsjahren das Schwerste an Leid, Not und Elend seit dem dreihundert Jahre zurückliegenden Dreißigjährigen Krieg. Etwa 3,5 Millionen Soldaten waren gefallen oder in der Kriegsgefangenschaft umgekommen, weitere vermißt, 12 Millionen Soldaten in Kriegsgefangenschaft geraten. Mehr als 14 Millionen Deutsche aus Ostdeutschland, den Sudetenländern sowie Ostmittel- und Südosteuropa waren geflüchtet oder vertrieben, etwa 2,5 Millionen waren dabei umgekommen. In den Städten waren über 600.000 Zivilisten, meist Frauen und Kinder, im Bombenkrieg verbrannt, erstickt, erschlagen. In den Konzentrationslagern und Gefängnissen hatten 300.000 Deutsche als Opfer politischer oder rassistischer Verfolgung ihr Leben verloren. Unvorstellbares Leid und tiefe Verzweiflung lasteten auf den Überlebenden, die noch einmal davongekommen waren und sich nun anschickten, diese schwere Zeit zu überstehen. Es war im wahrsten Sinne des Wortes ein Überlebenskampf. Es ging um die einfachsten Lebensvoraussetzungen, um Nahrung, Kleidung, Wohnung und Heizung.

Die zerstörte Innenstadt von Köln, 1945.

Meine erste Lebensmittelkarte verzeichnete eine tägliche Kalorienmenge von 1.300 Kalorien, ein Jahr später sogar nur noch von

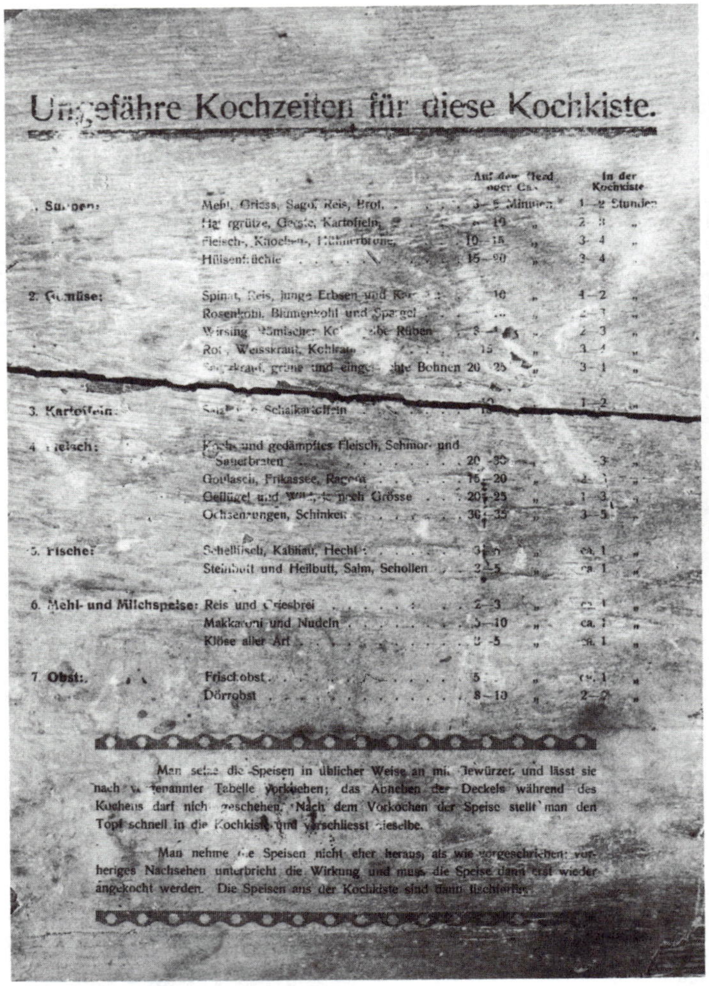

Ungefähre Kochzeiten für diese Kochkiste.

		Auf dem Herd oder Gas	In der Kochkiste
1. Suppen:	Mehl, Griess, Sago, Reis, Brot	3–5 Minuten	1–2 Stunden
	Hafergrütze, Gerste, Kartoffeln	[illegible]–10 „	2–3 „
	Fleisch-, Knochen-, Hühnerbrühe	10–15 „	3–4 „
	Hülsenfrüchte	15–20 „	3–4 „
2. Gemüse:	Spinat, Reis, junge Erbsen und [illegible]	[illegible]10 „	1–2 „
	Rosenkohl, Blumenkohl und Spargel	[illegible] „	2–3 „
	Wirsing, [illegible] Kohl, gelbe Rüben	[illegible] „	2–3 „
	Rot-, Weisskraut, Kohlrabi	15 „	3–4 „
	Sauerkraut, grüne und eingemachte Bohnen	20–25 „	3–4 „
3. Kartoffeln:	Salz- [illegible] Schalkartoffeln	10	1–2 „
4. Fleisch:	Koch- und gedämpftes Fleisch, Schmor- und Sauerbraten	20–30 „	[illegible]3 „
	Goulasch, Frikassee, Ragout	15–20 „	[illegible] „
	Geflügel und Wild, je nach Grösse	20–25 „	1–3 „
	Ochsenzungen, Schinken	30–35 „	3–5 „
5. Fische:	Schellfisch, Kabliau, Hecht	3–[illegible] „	ca. 1 „
	Steinbutt und Heilbutt, Salm, Schollen	3–5 „	ca. 1 „
6. Mehl- und Milchspeise:	Reis und Griesbrei	2–3 „	ca. 1 „
	Makkaroni und Nudeln	5–10 „	ca. 1 „
	Klöse aller Art	[illegible]–5 „	ca. 1 „
7. Obst:	Frischobst	5 „	ca. 1 „
	Dörrobst	8–10 „	2–[illegible] „

Man setze die Speisen in üblicher Weise an mit Gewürzen und lässt sie nach [illegible] Tabelle vorkochen; das Abnehmen des Deckels während des Kochens darf nicht geschehen. Nach dem Vorkochen der Speise stellt man den Topf schnell in die Kochkiste und verschliesst dieselbe.

Man nehme die Speisen nicht eher heraus, als wie vorgeschrieben; vorheriges Nachsehen unterbricht die Wirkung und muss die Speise dann erst wieder angekocht werden. Die Speisen aus der Kochkiste sind dann tischfertig.

Kochzeiten für die Verwendung einer Kochkiste.

II.4

1.100 Kalorien. Das ist heute die einem Übergewichtigen in einem Sanatorium verordnete Fastenration. Wir aber sollten davon leben und arbeiten. In der Praxis sah die Verpflegung so aus: 300 Gramm Brot, das sind sechs Scheiben pro Tag, 100 Gramm Fleisch oder Wurst, 50 Gramm Butter oder Margarine und 250 Gramm Nährmittel wie Reis oder Nudeln pro Woche. Schließlich 500 Gramm Zucker, 50 Gramm Käse und ein Ei pro Monat. Dazu gab es auf Sonderabschnitten noch Kunsthonig, Marmelade und je nach Anlieferung einige Heringe im Monat, ebenso monatlich 40 Zigaretten auf eine eigene Raucherkarte. Nur Schwerarbeiter im Bergbau und in der Eisenindustrie, am Bau und in der Landwirtschaft erhielten höhere Zuteilungen bis zum Dreifachen eines Normalverbrauchers. Zu diesem Nahrungsmangel kam ein katastrophales Minus an Heizmaterial, an Kohlen und Briketts, so daß in jeder Familie nur ein Raum notdürftig beheizt werden konnte, meistens die Wohnküche. Elektrischer Strom für Beleuchtung und Küchenherde wurde ebenso rationiert wie die Gaszuteilung, das Überschreiten des zugewiesenen Kontingents mit hohen Strafen und Abschaltung geahndet. Alte und kranke Leute starben zu Tausenden an Entkräftung und Erfrierungen, nachdem auch im Kölner Raum der Winter mit Schnee und Kälte Einzug gehalten hatte.

Wer überleben wollte, mußte sich um zusätzliche Nahrung und Heizung bemühen, das »Maggeln« hatte begonnen! Darunter verstand man im Kölner Raum das Tauschen von Gegenständen aller Art gegen Nahrungsmittel. Hier hatten es die Einheimischen leichter als die Neubürger, die nur mit einem Handwagen oder einem Rucksack geflüchtet waren oder vertrieben wurden. Als Nichtraucher tauschte ich meine Raucherkarte gegen Fleisch- oder Fettmarken, später auch gegen ein Weißbrot am Samstag. Denn nur einmal in der Woche gab es zum Wochenende in manchen Bäckereien das so lange entbehrte Weizenbrot – soweit der Vorrat reichte! Natürlich mußte man anstehen, das Schlangestehen wurde dort zur Regel, wo es etwas zu Kaufen gab. Die auf dem Lande untergebrachten Flüchtlinge und Ausgebombten suchten in den Sommerwochen auf den abgeernteten Getreidefeldern nach Ähren. Waren einige Kilos zusammen, wurde der Weizen, Roggen oder Hafer in einem alten Stahlhelm zerstampft oder die Körner in einer Kaffeemühle gemahlen. So gab es die zusätzliche Mehlsuppe oder den Haferflockenbrei für die Kinder. Im Herbst waren die Kartoffel- und Rübenfelder an der Reihe. Mancher Zentner Kartoffeln rettete die Familie über den Winter. Besonders beliebt war das Absuchen der Zuckerrübenfelder. Hier haben die erwachsenen Kinder und Mütter Schwerstarbeit geleistet, die einzelnen Rüben aus dem nassen Lehmboden gebuddelt, zu Hause gewaschen, geschnetzelt und zu Zuckerrübensirup verkocht. Man nannte diesen köstlichen Brotaufstrich im Rheinland »Rübenkraut«. Ein Festmahl waren Reibekuchen aus geriebenen rohen Kartoffeln mit Rübenkraut. Dazu aber brauchte man Öl! Das Rapsöl konnte man bei einer Ölmühle oder bei den Rapsbauern »ermaggeln«. Schwieriger war es, an Sonnenblumenöl oder Margarine heranzukommen. Darum schwärmten viele Mütter oder Großmütter mit ihren Kindern in die Buchenwälder aus, um Bucheckern zu sammeln. Gasmaskenbehälter oder Stahlhelme waren die Sammelbüchsen. Für 10 kg Bucheckern gab es bei der Margarinefabrik ein Pfund Margarine im Tausch. Aber auch Kastanien und Eicheln gehörten in den ersten Nachkriegsjahren zum Sammelgut. Sie wurden bei Stärkefabriken und in der Schweinemastanstalt gegen einige Kilo Mehl oder ein Stück Speck eingehandelt. Als ich im Sommer 1946 aus meinem alten Quartier bei Köln in die Nähe der Farbenfabriken Bayer Leverkusen umsiedelte, kam ich auch an manche Packung des begehrten Süßstoffs »Sacharin« heran, der hier produziert wurde. Sacharin und Aspirin gehörten im Umkreis von Leverkusen zu den Tauschmitteln für Nahrung und Kleidung.

II.13

II.8

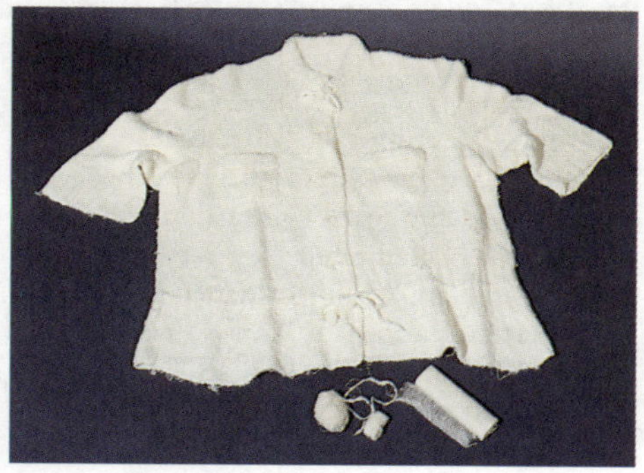

II.9

II.36

Eine besondere Sorge galt damals der Bekleidung. Durch alliierte Gesetze war das Tragen von alten Uniformen oder uniformähnlichen Kleidungsstücken verboten und unter Strafe gestellt. Aber die heimkehrenden Soldaten hatten oft nur, was sie aus dem Kriegsgefangenenlager auf dem Leib trugen. Zur »Entmilitarisierung« wurden die Uniformen daher umgefärbt. Aus Grau wurde Grün oder Dunkelblau bis Schwarz, die Metallknöpfe verschwanden. Wer Glück hatte, konnte mit Hirschhornknöpfen und einem grünen Kragen seine Uniformjacke zu einem Jägerwams umgestalten. Ich lief nun mit meiner Jägerkleidung durch die Straßen, bei Regen geschützt durch den grauen Gummimantel des Heeres, der sich nicht einfärben ließ und darum mit einem grünen Kragen entmilitarisiert werden mußte. So kam es, daß ich im Herbst 1945 bei meiner ersten Reise in die amerikanische Zone auf der Suche nach meinen Angehörigen von der Militärpolizei der Amerikaner mehrfach festgenommen wurde. Nur mein britischer Entlassungsschein und der Studentenausweis der Universität Köln bewahrten mich vor erneuter Einweisung in ein Lager.

Die Kleiderkarten, von der nationalsozialistischen Kriegswirtschaft eingeführt, galten auch in den ersten Nachkriegsjahren. Um ein Paar Schuhe zu erhalten, war eine Wartezeit von drei Jahren, für einen Anzug oder ein Kleid von vier Jahren und für einen Mantel von zehn Jahren vorgeschrieben. Was lag da näher, als selbst Schuhe, Sandalen oder Pantoffeln zu basteln. Alte Autoreifen nutzte man für die Sohlen. Riemen und Lederkoppel der Soldaten lieferten das Oberleder, wo es fehlte, mußte das Segeltuch der Brotbeutel und der Seemannssack herhalten. Kaninchenfelle wurden zu Pelzmützen und Mantelkragen verarbeitet, in der Lüneburger Heide und in Ostfriesland waren die Heidschnucken-Schafsfelle hochbegehrte Zutaten zu einer Fellweste oder gar zu einem Schafspelz. Wie schwierig die Versorgung im Bekleidungswesen war, erhellt eine Meldung aus dem Jahre 1947 aus der Stadt Duisburg. Bei einem Fortgang der bisherigen Zuteilungen, so hieß es dort, werde der letzte Mantel in 98 Jahren zur Ausgabe gelangen.

Nicht minder katastrophal war die Wohnungslage, besonders im Rhein-Ruhrgebiet und in den zerstörten Großstädten. Aus Wellblech gefertigte Nissenhütten, Holzbaracken, Notunterkünfte und primitive Kellerwohnungen dienten Millionen als Behausung. In den noch erhaltenen Wohngebieten mußte zusammengerückt werden. Diese Wohnraum-Zwangsbewirtschaftung der Städte und Gemeinden verfügte über jeden Quadratmeter Wohnfläche. So wohnte ich in einer Kreisstadt zwischen Köln und Düsseldorf als möblierter Herr in einem Plüschzimmer, in der gleichen Etage eine vierköpfige Vertriebenenfamilie aus Breslau

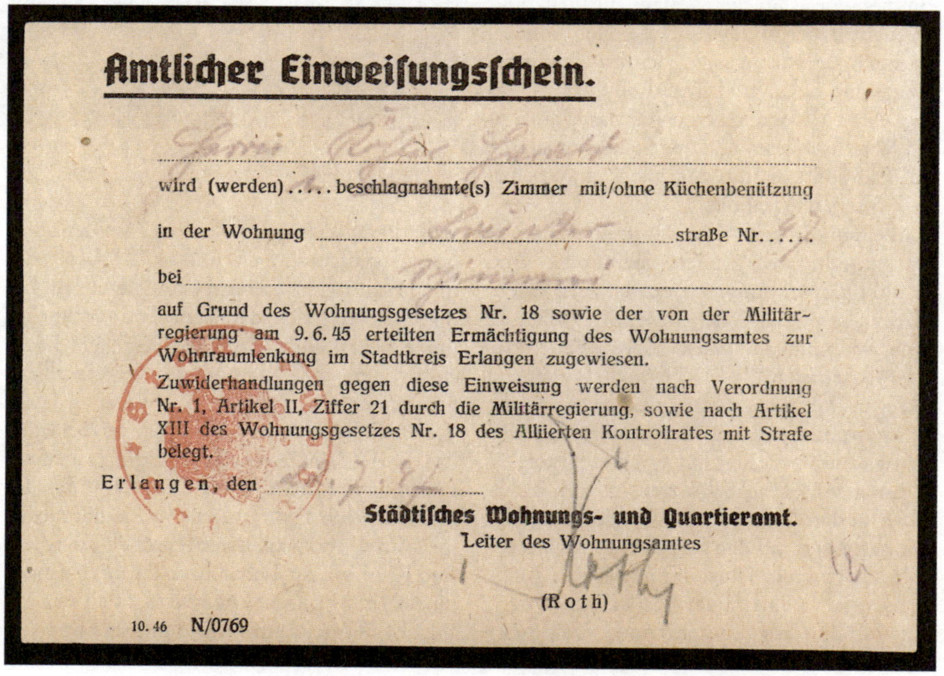

Amtlicher Einweisungsschein.

wird (werden) ..... beschlagnahmte(s) Zimmer mit/ohne Küchenbenützung

in der Wohnung .... straße Nr. ....

bei ....

auf Grund des Wohnungsgesetzes Nr. 18 sowie der von der Militärregierung am 9. 6. 45 erteilten Ermächtigung des Wohnungsamtes zur Wohnraumlenkung im Stadtkreis Erlangen zugewiesen.

Zuwiderhandlungen gegen diese Einweisung werden nach Verordnung Nr. 1, Artikel II, Ziffer 21 durch die Militärregierung, sowie nach Artikel XIII des Wohnungsgesetzes Nr. 18 des Alliierten Kontrollrates mit Strafe belegt.

Erlangen, den ....

Städtisches Wohnungs- und Quartieramt.

Leiter des Wohnungsamtes

(Roth)

10. 46 N/0769

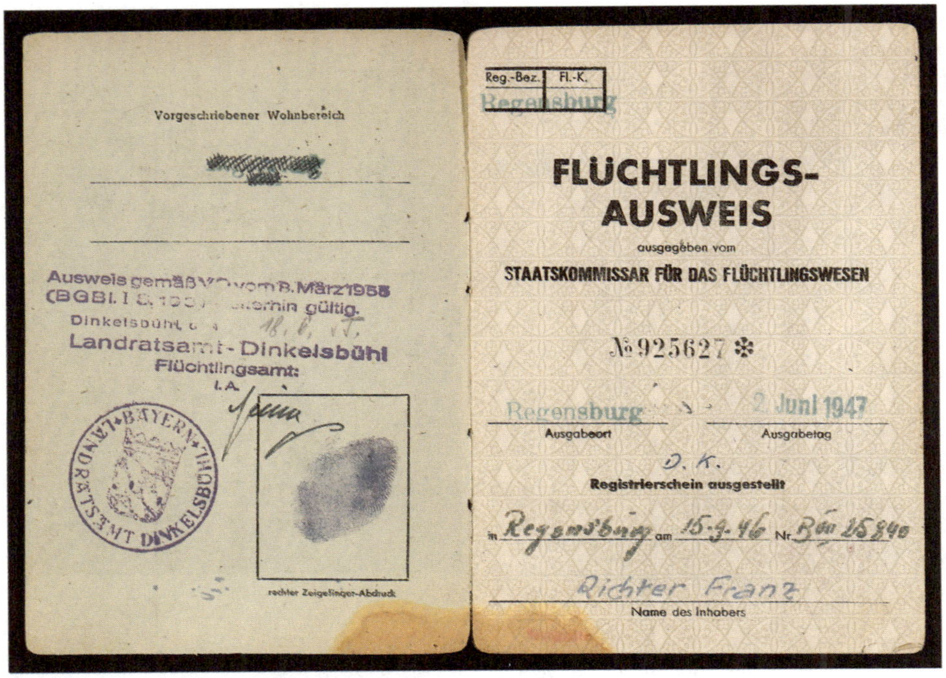

Vorgeschriebener Wohnbereich

Ausweis gemäß VO vom 8. März 1955

Landratsamt - Dinkelsbühl

Flüchtlingsamt:

I.A.

rechter Zeigefinger-Abdruck

Reg.-Bez. | Fl.-K.

Regensburg

FLÜCHTLINGS-AUSWEIS

ausgegeben vom

STAATSKOMMISSAR FÜR DAS FLÜCHTLINGSWESEN

№ 925627

Regensburg 2. Juni 1947

Ausgabeort Ausgabetag

O. K.

Registrierschein ausgestellt

in Regensburg am 15-9-46 Nr. Bü 25840

Richter Franz

Name des Inhabers

II.41

und die Eigentümerin, eine Kriegerwitwe. Wir drei Parteien waren auf eine Küche mit einem dreiflammigen Gasherd angewiesen. Unvergeßlich bleibt mir das Weihnachtsfest 1946. Ich saß am Weihnachtsabend im kalten, ungeheizten Zimmer im Mantel, hatte mir ein Kerzenlicht angezündet und aß Kartoffelbrei mit Sauerkraut – mein Weihnachtsmahl. Eine Sonderzuteilung zum Heiligen Abend hatte es nicht gegeben und meine 100 Gramm Fleischration für die Woche war schon aufgezehrt. Ein trauriger Abend voller Einsamkeit und Bitternis. Nebenan begingen die schlesischen Frauen und Kinder den Weihnachtsabend. Ihnen ging es nicht besser, aber sie waren wenigstens in Familie. Die Hauswirtin war bei Verwandten im Ort. Da ich es im Zimmer vor Kälte nicht mehr aushielt, und ich nicht dauernd auf- und abgehen konnte, um mich zu wärmen, ging ich im Trainingsanzug mit Schal und Handschuhen in das Bett. Am nächsten Morgen war das Wasser in der Waschschüssel und im Steinkrug gefroren. Das sollte sich in den nächsten Wochen noch öfters wiederholen.

Allein in der britischen Besatzungszone, in der immerhin die größten Steinkohle- und Braunkohlevorkommen Deutschlands lagen, erfroren in diesen Wochen 762 Menschen in ihren Wohnungen, meist ältere Leute oder Kriegsbeschädigte, die sich nicht genügend bewegen konnten. Daran haben auch die Wärmestuben nichts ändern können, die einsichtige Bürgermeister eingerichtet hatten.

Entlang der Eisenbahnstrecken vom Ruhrgebiet in den Westen ging der »Kohlenklau« um, besonders auf den Rangierbahnhöfen um Köln, Dortmund, Duisburg und Essen. Junge Menschen, vielfach noch Kinder, schwangen sich auf die langsam fahrenden Kohlezüge und warfen Kohlen und Briketts auf die

Hamsterfahrt 1946.

Bahndammseiten, wo sie von Familienangehörigen aufgesammelt und in Körben oder mit Handwagen abtransportiert wurden. Einige stürzten sich dabei zu Tode, manches junge Leben endete auf den Schienen. Diese Bilder, in der Tagespresse veröffentlicht, führten zu einer großen Verbitterung unter der Bevölkerung, so daß sogar der Kardinal des Erzbistums Köln, Josef Frings, in einer Predigt im Kölner Dom diese Nothilfe des Kohleklauens sanktionierte, da sie das alleinige Mittel verzweifelter Menschen an Rhein und Ruhr sei, ihr Leben und das ihrer Kinder zu retten. »Fringsen« war von da an das geflügelte Wort, wenn man unterwegs war, um sich etwas zu besorgen, was lebensnotwendig war. Niemals war ein Erzbischof von Köln in der breiten Bevölkerung beliebter und geachteter als Kardinal Frings, der zur rechten Zeit das rechte mutige Wort gesprochen hatte. Man empfand es als eine Erlösung von den Nöten und Verstrickungen dieser Tage.

Wie sah es damals in der Ausbildung und in den Universitäten aus? Die Universität in Köln war zwar durch Bombentreffer schwer beschädigt, aber der Mittelbau noch relativ intakt. Mitte November 1945 konnte daher bereits der Vorlesungsbetrieb beginnen. Die äußeren Verhältnisse unseres Studiums waren noch fast kriegsmäßig. Weder in den Hörsälen noch in den zugigen Fluren gab es eine Heizung. Die großen Fenster waren nur notdürftig mit Sperrholzplatten, die kleineren mit Pappe geflickt. Das Tageslicht kam nur gedämpft in den Raum, sofern die wenigen Fensterscheiben es durchließen. In den dunklen November- und Dezembertagen brannte fast durchgehend Licht in allen Räumen.

Da saßen wir nun – meist hungrig – dichtgedrängt in unseren Mänteln, die eine Hand im Handschuh, die andere ohne, um mitschreiben zu können. Papier und Bleistifte waren Mangelware, glücklich, wer noch Schulhefte oder Kontobücher auftreiben konnte. Lehrbücher waren ebensowenig zu erhalten wie das Bürgerliche Gesetzbuch oder das Strafgesetzbuch. Glücklich, wer aus den Trümmern Kölns oder in Düsseldorf das eine oder andere juristische Fachbuch retten konnte. Wir mußten daher so viel wie möglich mitschreiben oder mitstenografieren, um den Vorlesungsinhalt daheim auszuarbeiten und zu studieren.

Auch die Professoren hatten es schwer. Sie litten ebenfalls unter Hunger und Kälte, den weiten, oft stundenlangen Anfahrtswegen

Kartoffelzuteilung auf Bezugsschein, Berlin 1945.

mit der Eisenbahn, der Rheinuferbahn oder den Kölner Straßenbahnen, die schon wieder einigermaßen funktionierten. Natürlich waren die Verkehrsmittel morgens und abends überfüllt, in Trauben hingen die Menschen an den Trittbrettern.

Diese außergewöhnlichen Verhältnisse im besiegten und besetzten Deutschland dauerten bis zum Jahreswechsel 1948/49. Über Jahre ging es um das Überleben auf vielfache Art, um Nahrung, Kleidung, Wohnung und Arbeit. Nach der Währungsreform vom Sommer 1948 begannen sich die Lebensbedingungen zu normalisieren. Aber erst die Entstehung der Bundesrepublik Deutschland im Herbst 1949 setzte der Willkür der Siegermächte und ihrem Besatzungsregime ein Ende. Die Deutschen begannen, einen Lichtschimmer am Ende des dunklen Tunnels der Nachkriegszeit zu entdecken. In dieser dunklen Zeit verdienen drei Quellen für das Überleben der Deutschen besonders gewürdigt zu werden:

1. Die Familien
2. Die Kirchengemeinden
3. Das Deutsche Rote Kreuz.

Als alle Ordnung im Untergang der nationalsozialistischen Diktatur zusammenbrach, erwies sich die Familie als letzter Hort der Menschlichkeit und Nächstenliebe. Besonders die Mütter haben meist in Abwesenheit der Väter durch Tod oder Gefangenschaft schier Übermenschliches geleistet, um die Kinder und die alten Verwandten am Leben zu erhalten. Ihnen gebührt der Dank zweier Generationen, der Alten wie der Jungen.

Die Kirchengemeinden der Katholiken wie der Protestanten waren seelischer Halt und Trost, als alle vermeintlichen Werte sich als wertlos oder als niederträchtig erwiesen.

Das Deutsche Rote Kreuz hat von den Bahnhofsmissionen über die Lazarette und Krankenhäuser bis zu den Heimkehrertransporten seine organisatorische Kraft und den Idealismus seiner Helferinnen und Helfer erwiesen. Besonders aber hat der Suchdienst des Roten Kreuzes millionenfache Ungewißheit beseitigt und Eltern mit ihren Kindern wieder zusammengeführt, als 14 Millionen Deutsche infolge der größten Zwangsvertreibung der Geschichte unterwegs waren.

LITERATURAUSWAHL

MENDE, Erich: Das verdammte Gewissen. Zeuge der Zeit 1921–1945, München/Berlin 1983[3]

DERS.: Die neue Freiheit. 1945–1961, München/Berlin 1984[2]

Wandel der Bevölkerungsstruktur und regionale Konsequenzen im Lichte der Statistik

Gerhard Reichling

Die allgemeine Vertreibung hat etwa mit dem Jahr 1950 ein Ende gefunden. Ihr Ablauf und ihre Folgen sind im einleitenden Beitrag »Flucht und Vertreibung in Zahlen« dargestellt. Seitdem sind fast 40 Jahre vergangen, in denen die Geschicke der vertriebenen Deutschen in der Bundesrepublik Deutschland und diejenigen der in den östlichen Wohngebieten zurückgebliebenen bzw. dort zurückgehaltenen Deutschen sich in einem nicht wegzudenkenden Zusammenhang weiterentwickelt haben. Das stärkste Verbindungsglied bilden die Aussiedler, die in zahlenmäßig wechselnden, aber in der Tendenz zunehmenden Strömen ihren Landsleuten in der Bundesrepublik Deutschland nachgefolgt sind. Den gleichen Drang in dieser Richtung zeigten auch die in der DDR aufgenommenen Vertriebenen. Gegenüber der gesellschaftlichen Umwelt war das Verhalten der Vertriebenen jedoch ein anderes als dasjenige der in der Heimat Verbliebenen. Diese grenzten sich so weit als möglich gegen ihre Umwelt ab, während die Vertriebenen hingegen schon frühzeitig begannen, sich wirtschaftlich und sozial einzugliedern. Dies ging mit einem Wandel der allgemeinen Bevölkerungsstruktur einher und war mit regionalen Konsequenzen verbunden.

In den der allgemeinen Vertreibung folgenden Zeiträumen entwickelte sich die Zahl der im Bundesgebiet eintreffenden Aussiedler aus den Vertreibungsgebieten wie folgt (Zahlen in 1.000 Personen):

Aussiedler 1951 bis 1988

Zeitraum	Aussiedler insgesamt	davon aus den Gebieten östlich der Oder-Neiße, Danzig und Polen	dem sowjetischen Bereich	Rumänien	den übrigen Aussiedlungsgebieten
1951–1960	391	268	17	6	100
1961–1970	221	108	6	21	86
1971–1980	388	224	63	81	20
1981–1988	555	356	72	112	15
Zusammen	1.555	956	158	220	221

Zur gleichen Zeit wechselte annähernd eine Million deutscher Vertriebener aus Mitteldeutschland, wo sie nach der Vertreibung zunächst Aufnahme gefunden haben, in das Bundesgebiet über. Andererseits wanderte gleichzeitig eine halbe Million Vertriebener nach dem westlichen Ausland und nach überseeischen Ländern aus. Der Geburtenüberschuß der Vertriebenen einschließlich der Aussiedler nach der Ankunft in der Bundesrepublik Deutschland ist auf 1,4 Millionen zu veranschlagen. Im Endergebnis aller dieser Zu- und Abgänge stieg die Anzahl der Vertriebenen einschließlich der West- und Überseevertriebenen von 8,1 Millionen im Jahre 1950 auf 11,5 Millionen im Jahre 1988 an (Vertriebene im Sinne §§ 1 und 2 des Bundesvertriebenengesetzes).

Nach den Ergebnissen der in der Bundesrepublik Deutschland stattgefundenen Volkszählungen änderte sich die Zusammensetzung der deutschen Bevölkerung (ohne Ausländer) nach Herkunftsgebieten (siehe Tabelle).

Zusammensetzung der deutschen Bevölkerung des Bundesgebiets nach Herkunftsgruppen

Jahr der Volkszählung	Deutsche Bevölkerung insgesamt	davon Vertriebene		Zugewanderte und Flüchtlinge aus der DDR		einheimische Bevölkerung des Bundesgeb.	
	Mill.	Mill.	%	Mill.	%	Mill.	%
1950	49,6	8,1	16,3	1,0*	2,0	40,5	81,7
1961	55,5	9,0	16,2	3,1	5,6	43,4	78,2
1970	58,0	10,0	17,2	3,6	6,2	44,4	76,6
1987	56,9	11,5	20,2	4,3	7,6	41,1	72,2

* ohne Berlin (Ost)

Danach bewegte sich der Anteil der Vertriebenen an der deutschen Bevölkerung über zwei Jahrzehnte hinweg zwischen 16 Prozent und 17 Prozent bis der Anstieg der Aussiedlerzahlen in den 80er Jahren den Anteil auf 20 Prozent hochtrieb. Was die Zugewanderten und Flüchtlinge aus der DDR und Berlin (Ost) betrifft, so trat nach 1950 bis zur Errichtung der Sperranlagen im Jahre 1961 eine Verdreifachung ihrer Zahl ein; die weitere Zunahme im Rahmen der Familienzusammenführung und der offiziell zugelassenen Übersiedlung bis 1988 bewegte sich in mäßigen Grenzen. Interessant ist die Entwicklung der einheimischen Bevölkerung der Bundesrepublik Deutschland, die sich nach der letzten Vorkriegszählung 1939 auf 42,9 Millionen Personen belief, bis 1950 aber infolge der Kriegsverluste auf 40,5 Millionen absank. 1961 und stärker 1970 wurde die Vorkriegsbevölkerungszahl überschritten, 1987 aber um 1,8 Millionen unterschritten.

In diesem Zusammenhang ist zu ergänzen, daß zur Wohnbevölkerung der Bundesrepublik Deutschland auch Ausländer gehören, deren Zahl 1950 nur 245.000 betrug, bis 1961 auf 686.000 und bis 1970 auf 2.612.000 angestiegen war. Bei der Volkszählung 1987 wurde eine Zahl der Ausländer von 4.145.900 ermittelt. Die Gesamtbevölkerung belief sich 1987 somit auf 61,1 Millionen Personen, unter denen die 41,1 Millionen einheimischen Bundesbürger 67,3 Prozent ausmachen. Wenn man die nicht unerhebliche Zahl der in der Nachkriegszeit eingebürgerten Ausländer berücksichtigt, die die deutsche Staatsangehörigkeit, aber nicht die deutsche Volkszugehörigkeit angenommen haben, kommt man zu dem Schluß, daß 1987 der Anteil der nach dem Krieg eingewanderten Deutschen und Nichtdeutschen einschließlich ihrer Abkömmlinge ein Drittel der Gesamtbevölkerung der Bundesrepublik Deutschland überschritten hat.

Die Vertriebenen trafen zum größten Teil in der Notzeit nach Kriegsende während des Zusammenbruchs in Deutschland ein. Nach der Volkszählung vom Oktober 1946 waren es in den westlichen Besatzungszonen bereits 6 Millionen. Die ersten Flüchtlingsströme aus Ostpreußen und Pommern machten zunächst in Schleswig-Holstein und Niedersachsen halt. Die geflüchteten Schlesier und Sudetendeutschen ließen sich zunächst hauptsächlich in der Oberpfalz und in Niederbayern nieder. Als danach die Massentransporte der Vertriebenen ankamen, belegte man zum Teil diese Gebiete von neuem, zum anderen Teil zog man die ländlichen Regionen in Westfalen, Baden-Württemberg und Hessen für die Erstunterbringung heran. Bei diesen Einweisungsmaßnahmen wurde auf die Kriegszerstörung der Städte und Fabrikanlagen Rücksicht genommen, außerdem war damit gleichzeitig die Ernährung der Neuankömmlinge am besten sichergestellt. Die Gebiete unter französischer Besetzung verschlossen sich der Aufnahme von Vertriebenen, was damit begründet wurde, daß Frankreich am Potsdamer Abkommen über die Aussiedlung der Deutschen aus dem Osten nicht beteiligt war. Es handelte sich um die Länder Rheinland-Pfalz, Baden und Württemberg-Hohenzollern.

Den weiteren Betrachtungen wird eine Aufstellung über die Verteilung der Vertriebenen auf die Länder der Bundesrepublik Deutschland für die Volkszählungsjahre von 1946 bis 1987 vorangestellt. Für das Jahr 1987 ist die regionale Verteilung der Vertriebenen unter Zugrundelegung der von den Grenzdurchsgangslagern vorgenommenen Verteilung der Aussiedler, die nach 1970 eingetroffen sind, errechnet worden.

Im Jahre 1946, als die Vertreibungsmaßnahmen noch nicht abgeschlossen waren, befanden sich zwei Drittel (66,4 Prozent) aller Vertriebenen in den Ländern Schleswig-Holstein, Niedersachsen und Bayern. Nach Beendigung der allgemeinen Vertreibung Ende 1950 waren es immer noch weit über die Hälfte (58,1 Prozent). Der gravierende Wandel in der regionalen Verteilung der Vertriebenen trat zwischen 1950 und 1961 ein, nachdem parallel mit dem Wiederaufbau der Städte und dem wirtschaftlichen Aufschwung die große staatliche Umsiedlungsaktion der Vertriebenen nach den bisher unterbelegten Ländern durchgeführt wurde, die durch die freie Wanderung in wachsendem Maße Verstärkung fand.

Ausgehend von 8,1 Millionen Vertriebenen im Jahre 1950 haben somit bis 1962 insgesamt 2.130.000 oder 26,3 Prozent ihre Erstaufnahmeländer (Abgabeländer) verlassen, um in einem anderen Bundesland Unterbringung und wirtschaftlichen Erwerb zu finden. Der Anteil der Abgabeländer an der Gesamtzahl der Vertriebenen im Bundesgebiet verminderte sich hierdurch von 58,1 Prozent im Jahre 1950 auf 43,4 Prozent im Jahre 1961. Bis 1970 setzte sich dieser Trend (mit Ausnahme Bayerns, wo wieder eine kleine Zunahme zu verzeichnen ist) nur noch unwesentlich fort. Nach 1970 wurde die Verteilung der Vertriebenen auf die Länder hauptsächlich durch den Zustrom der in dieser Zeit eintreffenden 940.000 Aussiedler beeinflußt. Für deren Verteilung wurde zwischen Bund und Ländern ein Verteilungsschlüssel vereinbart, dessen letzte Fassung vom 10. März 1961 bis heute maßgebend ist. Die tatsächliche Verteilung wich jedoch erheblich davon ab, weil die Wünsche der Aussiedler nach Zusammenführung mit ihren Verwandten und Landsleuten wie auch die Erwerbsaussichten für ihre erlernten Berufe vereinbarungsgemäß berücksichtigt werden mußten. (Die Nichteinhaltung des Verteilungsschlüssels wurde durch eine entsprechend geänderte Verteilung der Übersiedler aus der DDR und der ausländischen Flüchtlinge, für die derselbe Verteilungsschlüssel galt, ausgeglichen.)

Näheres ist der tabellarischen Aufstellung zu entnehmen.

Die stärkste Abweichung zwischen Soll und Ist zeigt sich bei den Anteilen der Länder Nordrhein-Westfalen, Baden-Württemberg und Bayern, in denen zusammen nach dem Verteilungsschlüssel 61,8 Prozent der Aussiedler aufgenommen werden sollten, tatsächlich aber 71,4 Prozent Aufnahme gefunden haben.

Zu der allgemeinen Zunahme und der geänderten Verteilung der Vertriebenen zwischen 1970 und 1988 trugen neben den Aussiedlern auch noch andere Ursachen bei, wie die Übersiedlung von Vertriebenen aus der DDR nach dem Bundesgebiet, die Binnen- und Außenwanderung und die natürliche Entwicklung durch Geburtenüberschuß. Im Endergebnis haben sich zwischen 1970 und 1988 die Anteile an der Gesamtzahl der Vertriebenen bei den alten Abgabeländern im Sinne der oben erwähnten Umsiedlungsaktion, zu denen nun auch Hessen getreten ist, vermindert, und diejenigen Nordrhein-Westfalens, Baden-Württembergs und des

Die Verteilung der Vertriebenen auf die Länder der Bundesrepublik Deutschland 1946–1988

Länder	1946	1950	1961	1970	1988
Gesamtzahl der Vertriebenen	6,0 Mill.	8,1 Mill.	9,0 Mill.	10,0 Mill.	11,5 Mill.
Davon entfielen auf die Länder	%	%	%	%	%
Schleswig-Holstein	14,0	10,7	7,0	6,0	5,6
Hamburg	0,9	1,4	2,3	2,4	2,4
Niedersachsen	24,6	23,2	18,0	16,4	15,6
Bremen	0,4	0,6	1,1	1,2	1,2
Nordrhein-Westfalen	11,7	19,6	25,7	25,1	26,0
Hessen	9,3	9,0	9,1	9,5	9,4
Rheinland-Pfalz	0,5	1,7	3,1	3,1	3,1
Baden-Württemberg	9,4	10,7	13,4	14,8	15,2
Bayern	27,8	24,2	18,4	18,9	18,8
Saarland	0,1	0,1	0,2	0,4	0,5
Berlin (West)	1,3	1,9	1,7	2,2	2,2

Umsiedlung und freie Wanderung der Vertriebenen innerhalb des Bundesgebiets 1950 bis 1962 (Zahlen in 1.000 Personen)

Abgabeländer	Fortgezogene Vertriebene insgesamt	davon: im Rahmen der staatlichen Umsiedlung		davon: in freier Wanderung	
	1.000	1.000	%	1.000	%
Schleswig-Holstein	576	413	71,7	163	28,3
Niedersachsen	926	333	36,0	593	64,0
Bayern	628	261	41,6	367	58,4
Zusammen	2.130	1.007	47,6	1.123	52,7

Saarlands erhöht, während sie bei den drei Stadtstaaten und in Rheinland-Pfalz gleichgeblieben sind. Hierbei ist nicht zu vergessen, daß sich die Anteile im Jahre 1988 auf eine um 1,5 Millionen größere Vertriebenenzahl gegenüber 1970 beziehen und sich daher hinter gleichgebliebenen, u.U. sogar gesunkenen Prozent-Anteilen eine Zunahme der absoluten Zahl der Vertriebenen in den betreffenden Ländern verbirgt.

Im gleichen Zuge mit der Umsiedlung und freien Wanderung aus den vorläufigen Aufnahmegebieten zu den endgültigen Wohngebieten verlagerte sich der Schwerpunkt der Wohnsitze der Vertriebenen von den Landgemeinden und Kleinstädten zu den Mittel- und Großstädten, nachdem diese dank ihres Wiederaufbaus und der Wiederbelebung der gewerblichen Wirtschaft für die Vertriebenen aufnahmefähig und -bereit geworden sind.

Hatten 1950 noch fast zwei Drittel der Vertriebenen in Landgemeinden und Kleinstädten gelebt, so waren es 1970 nur etwas mehr als ein Drittel der inzwischen um 1,9 Millionen gestiegenen Gesamtzahl. Auf die Mittel- und Großstädte mit 10.000 bis 500.000 Einwohnern entfielen 29,5 Prozent im Jahre 1950, dagegen 49,1 Prozent im Jahre 1970. Die Zahl der in Großstädten über 500.000 Einwohnern wohnenden Vertriebenen nahm im gleichen Zeitraum von 535.000 (6,6 Prozent) auf 1.246.000 (12,5 Prozent), damit auf mehr als das Doppelte, zu. Im Zusammenhang mit der von vornherein gezielten Einweisung der nach 1970 eingetroffenen Aussiedler in arbeitsintensive Gewerbezentren ist mit Sicherheit eine weitere Zunahme der Vertriebenen in Mittel- und Großstädten anzunehmen. Erst der ungewöhnliche Anstieg des Aussiedlerzustroms gegen Ende der 80er Jahre läßt vermuten, daß die Schwierigkeiten der Erstunterbringung jetzt dazu zwingen, wieder auf Städte kleinerer und mittlerer Größenordnung zurückzugreifen.

Der Aussiedlerstrom führte auch zur Veränderung der landsmannschaftlichen Struktur der Vertriebenen. Diejenigen Länder und nach 1945 entstandenen Machtbereiche, die bereits in den ersten Nachkriegsjahren die Totalvertreibung der Deutschen durchgeführt haben (Tschechoslowakei, Jugoslawien), erscheinen naturgemäß kaum noch als Herkunftsländer von Aussiedlern. Ungarn, das nach dem Potsdamer Abkommen von 1945 ermächtigt wurde, die »restlichen deutschen Bevölkerungsteile« auszusiedeln, hat davon nur beschränkten Gebrauch gemacht, dann aber endgültig darauf verzichtet. Als Hauptaussiedlungsgebiete treten dagegen Polen und Rumänien auf, die stärkere deutsche Volksteile im Lande zurückhielten, weil man – wie man heute weiß, vergeblich – hoffte, sie zu Polen bzw. Rumänen machen zu können. Dazu tritt die Sowjetunion neuerdings als drittes Aussiedlungsgebiet hinzu, die die Deutschen nach zehnjähriger Verban-

Die Verteilung der von 1971 bis 1988 eingetroffenen Aussiedler auf die Länder der Bundesrepublik Deutschland

Länder	Verteilungsschlüssel vom 10.3.1961 (Soll)	Tatsächliche Verteilung der Aussiedler 1971–1988 (Ist)	
	%	1.000	%
Schleswig-Holstein	1,8	10	1,1
Hamburg	3,1	23	2,4
Niedersachsen	8,2	72	7,6
Bremen	1,2	17	1,3
Nordrhein-Westfalen	31,7	324	34,5
Hessen	8,5	75	8,0
Rheinland-Pfalz	4,9	34	3,6
Baden-Württemberg	16,9	187	19,9
Bayern	13,2	160	17,0
Saarland	2,5	14	1,5
Berlin (West)	8,0	29	3,1
Zusammen	100	940	100

Die Wohnorte der Vertriebenen nach Gemeindegrößenklassen 1950 und 1970

Wohnorte mit ... Einwohnern	1950	1970
Gesamtzahl der Vertriebenen	8,1 Mill.	10,0 Mill.
Davon wohnten in	%	%
Landgemeinden unter 1.000	22,7	8,3
Kleinstädten 1.000 bis unter 10.000	41,2	30,1
Mittelstädten 10.000 bis unter 100.000	18,9	32,7
Großstädten 100.000 bis unter 500.000	10,6	16,4
Großstädten 500.000 und mehr	6,6	12,5

Die Vertriebenen in der Bundesrepublik Deutschland nach landsmannschaftlichen Gruppen 1950, 1970 und 1988

Provinzen und Länder der Heimatgebiete (Gebietsstand 31. Dez. 1937)	1950	1970	1988
Gesamtzahl der Vertriebenen	**8,1 Mill.**	**10,0 Mill.**	**11,5 Mill.**
Davon stammen aus	%	%	%
Ostpreußen	17,2	17,0	16,1
Brandenburg	1,9	1,6	1,4
Pommern	11,6	11,1	10,2
Niederschlesien	19,4	19,0	17,4
Oberschlesien	6,8	9,8	12,8
Deutsche Ostgebiete zusammen	**56,9**	**58,5**	**57,9**
Tschechoslowakei	24,0	21,2	19,3
Freie Stadt Danzig	2,9	2,5	2,4
Polen	5,3	5,7	6,2
Baltische Staaten	1,4	1,2	1,1
Sowjetunion	0,6	0,9	2,1
Ungarn	2,2	2,0	2,0
Rumänien	1,9	2,0	4,0
Jugoslawien*	1,9	2,8	2,7
Übriges Ausland	2,9	3,2	2,3
Vorsteh. Heimatgebiete zus.	**19,1**	**20,3**	**22,8**

* Die Zunahme der Vertriebenen zwischen 1950 und 1970 nach der bereits bis 1950 erfolgten Totalvertreibung erklärt sich durch die aus Jugoslawien nach der Sowjetunion verschleppten Deutschen, die Mitte der 50er Jahre direkt nach Deutschland entlassen wurden, während die aus Rumänien und Ungarn verschleppten Deutschen nach der Entlassung zum größten Teil in ihre Heimatgebiete zurückkehrten

nung »rehabilitierte« und zu guten Sowjetbürgern, insbesondere in den mehrheitlich nicht russischen Sowjetrepubliken, machen wollte. Demgemäß haben alle diejenigen landsmannschaftlichen Gruppen unter den Vertriebenen eine Verstärkung gefunden, deren Vorkriegsheimat zu einem der drei Hauptaussiedlungsgebiete gehörte.

In der vorstehenden Aufstellung fällt vor allem der ungewöhnliche Anstieg des Anteils der Oberschlesier, der Rußland- und Rumäniendeutschen zwischen 1970 und 1988 auf. In absoluten Zahlen ausgedrückt, haben sich die Zahlen in diesem Zeitraum wie folgt erhöht:

Oberschlesier von 980.000 auf 1.470.000
Rußlanddeutsche von 90.000 auf 240.000
Rumäniendeutsche von 200.000 auf 450.000

Im übrigen wird erneut darauf hingewiesen, daß sich auch bei gleichgebliebenen, u.U. sogar bei gesunkenen Prozent-Anteilen die absoluten Zahlen der einzelnen landsmannschaftlichen Gruppen durchaus auch erhöht haben können.

Der verstärkte Abgang durch die Aussiedler aus den östlichen und südöstlichen Ländern Europas in den 80er Jahren hat zu einem zahlenmäßigen Rückgang der dortigen deutschen Minderheiten geführt. Nachdem für 1980 die Zahl der in den Vertreibungsgebieten einschließlich der Sowjetunion noch zurückgebliebenen bzw. zurückgehaltenen Deutschen auf 3,8 Millionen angesetzt worden war, kann heute nur noch mit etwa 3,5 Millionen Deutschen gerechnet werden, von denen in annähernden Größenordnungen 2,0 Millionen auf die Sowjetunion, 900.000 auf den polnischen Bereich, 500.000 auf Rumänien und Ungarn sowie 100.000 auf die Tschechoslowakei entfallen dürften.

Danach haben die drei nördlichen Flächenstaaten fast zwei Drittel der vertriebenen Deutschen aus den deutschen Ostprovinzen, aus der Freien Stadt Danzig und aus dem Vorkriegsgebiet Polens und ebenso fast zwei Drittel der Memelländer, der Deutschen aus den baltischen Ländern und der Rußlanddeutschen aufgenommen. In den aufgeführten drei südlichen Bundesländern lag der Ansiedlungsschwerpunkt für die Sudetendeutschen und Karpatendeutschen mit fast 90 Prozent aller Vertriebenen dieser Herkunftsgruppe. Von den Vertriebenen aus Rumänien, Ungarn und Jugoslawien leben allein in den Ländern Baden-Württemberg und Bayern 62,9 Prozent, also fast wiederum zwei Drittel. Diese Schwerpunktbildung beruht unter anderem auch auf dem Wunsch der Vertriebenen möglichst mit Landsleuten zusammenzuleben, ein Wunsch, der inbesondere auch bei der Verteilung der nachfolgenden Aussiedler berücksichtigt wurde. Diese regionale Schwerpunktbildung bei der Aufnahme und Eingliederung der Vertriebenen nach Herkunftsgruppen dürfte sich daher bis heute erhalten haben.

Die Verteilung der Herkunftsgebietsgruppen der Vertriebenen auf die Hauptaufnahmeländer* im Jahre 1970

Länder	Vertriebene insgesamt	% darunter aus den Oder-Neiße-Gebieten Danzig, und Polen	der Tschechoslowakei	dem sowjetischen Bereich	Südosteuropa
Schleswig-Holstein	6,0	7,6	–	10,9	–
Niedersachsen	16,4	21,9	–	18,7	–
Nordrhein-Westfalen	25,1	32,5	–	31,7	–
Zusammen	**47,5**	**62,0**	**–**	**61,3**	
Hessen	9,5	–	19,4	–	–
Baden-Württemberg	14,8	–	21,1	–	40,9
Bayern	18,9	–	45,5	–	22,0
Zusammen	**41,4**	**–**	**86,0**	**–**	**62,9**

* ohne Stadtstaaten, Rheinland-Pfalz und Saarland

Ehepaare mit Ehepartnern aus verschiedenen Bevölkerungsgruppen in der Bundesrepublik Deutschland 1950, 1961 und 1970

Volkszählungsjahre	Ehepaare insgesamt	darunter Ehepaare mit ... als Ehepartner: Vertriebenen und Einheimischen		Vertriebenen und Mitteldeutschen		Einheimischen und Mitteldeutschen	
	1.000	1.000	%	1.000	%	1.000	%
1950	10.341	432	4,2	44	0,4	80	0,8
1961	13.434	1.077	8,0	119	0,9	409	3,0
1970	14.116	2.091	14,8	257	1,8	745	5,3

Ungeachtet der eingangs dargestellten Zusammensetzung der deutschen Bevölkerung aus Vertriebenen, Zugewanderten, Flüchtlingen und Übersiedlern aus der DDR — landsmannschaftlich als Mitteldeutsche bezeichnet — und altansässigen Bundesbürgern (»Einheimische«) hat es in Deutschland nie eine Trennung dieser Bevölkerungsgruppen im gesellschaftlichen und wirtschaftlichen Leben gegeben.

Es fand zunehmend eine Verbindung durch Eheschließung zwischen ihnen statt. Aus den drei Volkszählungen 1950, 1961 und 1970 ergibt sich hierüber folgendes eindrucksvolle Zahlenbild:

Danach war die Zahl der Ehepaare, die sich aus Angehörigen verschiedener Bevölkerungsgruppen zusammensetzten, innerhalb von 20 Jahren von 556.000 auf 3.093.000 — auf fast das Sechsfache — angestiegen. Ihr Anteil an der Gesamtzahl der Ehepaare betrug 5,4 Prozent im Jahre 1950, dagegen 21,9 Prozent im Jahre 1970. Mit Sicherheit ist anzunehmen, daß der Anteil in der nachfolgenden Zeit weiterhin erheblich angestiegen ist, zumal sich zwischen 1970 und 1987 die Zahl der Einheimischen von 44,4 Millionen auf 41,1 Millionen verringert hat, während die Vertriebenen und Mitteldeutschen von 13,6 Millionen auf 15,8 Millionen zugenommen haben. Das hat zur Folge, daß für 100 Heiratswillige im Jahre 1970 in der deutschen Bevölkerung der Bundesrepublik 24 Heiratskandidaten aus den Personenkreisen der Vertriebenen und Mitteldeutschen in Frage kamen, bis zum Jahre 1987 sich das entsprechende Verhältnis aber in 100:28 änderte. Die statistische Wahrscheinlichkeit, daß sich ein Einheimischer einen Ehepartner unter den Vertriebenen oder Mitteldeutschen wählte, ist 1987 also größer als 1970 gewesen. Aus der Volkszählung von 1987 liegen Ergebnisse hierüber leider nicht vor.

In den drei Volkszählungen von 1950, 1961 und 1970 wurden auch die Kinder unter 15 Jahren aus Ehen zwischen Vertriebenen und Nichtvertriebenen (Einheimischen und Mitteldeutschen) ermittelt. Im Jahre 1950 entfielen auf solche Ehen 719.000 Kinder, im Jahre 1961 war diese Zahl auf 1,7 Millionen angewachsen und bis 1970 bereits auf 2,6 Millionen; das waren 18 Prozent aller Kinder unter 15 Jahren in der Bundesrepublik Deutschland überhaupt. Rechnet man die 1,7 Millionen Kinder unter 15 Jahren aus 1,5 Millionen Ehepaaren, in denen Mann *und* Frau Vertriebene waren, hinzu, ergibt sich für 1970 eine Zahl von 4,3 Millionen Kindern, das sind 30 Prozent aller Kinder dieser Altersgruppe, deren beide oder ein Elternteil Vertriebene waren. Heute kann man mit gutem Grund jedes dritte Kind in der Bundesrepublik Deutschland als insoweit von Vertriebenen abstammend ansehen.

Exponate

II.1

Kleinofen

Wilhelmshaven, 1946

Julius Graw, Schortens

Handgearbeiteter, noch heute funktionsfähiger eiserner Kleinofen, benutzt von der Familie Herrmann aus Pommern F.W.

II.2

Amerikanisches Feldbett

um 1945

Verein zur Förderung des Gablonzer Industriemuseums, Neugablonz

II.3

Bettdecke

1945/46

Walli Richter, München

II.4

Kochkiste

um 1945/46

Sammlung Haus der Geschichte der Bundesrepublik Deutschland, Bonn

Die Kochkiste diente zur besonders guten Ausnutzung damals knappen Brennmaterials. Die Kiste wird mit wärmeisolierendem Material (z.B. Zeitungspapier) ausgelegt. Die Töpfe mit Speisen werden in die Kiste gestellt und köcheln dort weiter, bis die Speisen gar sind

II.5

Aussiedlungskiste

1945/46

Verein zur Förderung des Gablonzer Industriemuseums, Neugablonz

Holzkiste, bei der Ausweisung aus dem Sudetenland benutzt

II.6

Fluchtstiefel

Kulturzentrum Ostpreußen, Schloß Ellingen

Herrenlederschaftstiefel, getragen auf der Flucht

II.7

Strickjacke

1945–1948

Landsmannschaft Ostpreußen, Hamburg

Strickjacke aus gerebelten alten Wollsachen. Arbeit einer Ostpreußin während ihres Aufenthaltes in einem Flüchtlingslager M.F.

II.8

Wams

um 1947

Landsmannschaft Ostpreußen, Hamburg

Ärmelloser Wams, angefertigt aus den unterschiedlichsten Garnen und Notmaterialien wie Sackleinen in traditioneller Handarbeit mit Blumensticker- und -strickereien. Verarbeitung verschiedener vorhandener Knöpfe M.F.

II.9

Damenstrickjacke aus Mullbinden

1945/46, Oxbüll/Dänemark

Landmannschaft Ostpreußen, Hamburg

Weiße Damen-Strickjacke, gestrickt aus Mullbinden, gefertigt im Flüchtlingslager Oxbüll, Dänemark M.F.

II.10

Vier Reibeisen

1946/48

Verein zur Förderung des Gablonzer Industriemuseums, Neugablonz

Selbstgefertigt aus Abfallblech

II.11

Sieb

1946/48

Verein zur Förderung des Gablonzer Industriemuseums, Neugablonz

Selbstgefertigt aus Abfallblech

II.12

Zwei Kochtöpfe

1946/48

Walli Richter, München

Hergestellt aus Granaten

II.13

Uhr, aus Notmaterial gefertigt

1946/47

Julius Graw, Schortens

Das Uhrwerk stammt aus dem 24-Stunden-Gangwerk des Zeitzünders einer englischen Zehn-Zentnerbombe. Die Messingskala (außen Sekunden-, innen Stundenanzeiger) sowie das Holzgehäuse sind handgearbeitet. Die Uhr stammt aus dem Flüchtlingsbarakkenlager Roffhausen bei Wilhelmshaven. Sie ist noch heute voll funktionsfähig F.W.

II.14

Grubensicherheitslampe

um 1930

Stiftung Heimatstuben der Stadt und des Kreises Dux, Neu-Ulm

Grubensicherheitslampe eines Bergmannes aus dem Braunkohlerevier um Dux

II.15

Drei Handtücher

um 1940

Gerhard Rill, Augsburg

II.16

Karbidlampe

Bistritz, Siebenbürgen

Gerhard Rill, Augsburg

II.17

Strohschuhe

Schlesien

Gerhard Rill, Augsburg

II.18

Handarbeitskorb

1946/48

Anni Baier, Bad Homburg v.d.H.

Gefertigt aus Holzabfällen, die bei der Herstellung von Spielwaren und Lernmitteln (Rechenmaschinen) anfallen.
Inhalt: verschiedene Garnreste, Näh-

buch mit Knöpfen, Topflappen, Babyhöschen, Kinderstrümpfe, Nadelkissen in Herzform F.W.

II.19

Zwei Teller

1946

Verein zur Förderung des Gablonzer Industriemuseums, Neugablonz

Im Jahr 1946 auf Bezugsschein zu erhalten

II.20

Kochtopf mit Deckel

1946/48

Verein zur Förderung des Gablonzer Industriemuseums, Neugablonz

II.21

Korb

1946/48

Verein zur Förderung des Gablonzer Industriemuseums, Neugablonz

Hergestellt aus Notmaterial

II.22

Kleiderbügel

1946/48

Anni Baier, Bad Homburg v.d.H.

Gefertigt aus einem Weidenast

II.23

Kraftfahrzeug-Ablieferungs-Bescheinigung

Mohrungen, 5. August 1943

Alfred Teßmann, Kiel

Bescheinigung über die Ablieferung des Personenwagens von Walter Klabes, wohnhaft in Sonnenborn, Kreis Mohrungen, an die Deutsche Wehrmacht F.W.

II.24

Entlassungsschein aus sowjetischer Kriegsgefangenschaft

Friedland, 31. August 1946

Alfred Teßmann, Kiel

Entlassungsschein von Walter Klabes, ausgestellt von den britischen Besatzungsbehörden im Lager Friedland F.W.

II.25

Arbeits-Paß

Husum, 2. Januar 1948

Alfred Teßmann, Kiel

Arbeits-Paß von Walter Klabes, ausgestellt vom Arbeitsamt Husum F.W.

II.26

Antrag auf Ausstellung eines Ausweises für Vertriebene und Flüchtlinge

Ramstedt-Feld, 31. Januar 1955

Alfred Teßmann, Kiel

Antrag von Walter Klabes aufgrund des Gesetzes über die Angelegenheiten der Vertriebenen und Flüchtlinge (Bundesvertriebenengesetz) vom 19. Mai 1953 F.W.

II.27

Vertriebenenausweis, Kategorie A

Schwabstedt, 1. August 1955

Alfred Teßmann, Kiel

Vertriebenenausweis der Kategorie A von Auguste Klabes, geb. Wolff aus Groß Trukainen, Kreis Mohrungen/Ostpreußen, ausgestellt von der Stadt Schwabstedt, Kreis Husum F.W.

II.28

Einheitswertbescheid

Husum, 9. Dezember 1950

Alfred Teßmann, Kiel

Einheitswertbescheid über einen landwirtschaftlichen Betrieb mit einer Fläche von 1,31 ha in Ramstadt, Kreis Husum F.W.

II.29

Bescheid über die Schadensfeststellung nach dem Feststellungsgesetz

Husum, 22. Dezember 1955

Alfred Teßmann, Kiel

Bescheid über die Vertreibungsschäden an land- und forstwirtschaftlichem Vermögen sowie über den Verlust von Spareinlagen von Walter Klabes, der als selbständiger Landwirt in Sonnenborn, Kreis Mohrungen/Ostpreußen bis zur Vertreibung tätig war F.W.

II.30

Gesamtbescheid über die Feststellung von Hausratverlusten

Husum, 19. Februar 1958

Alfred Teßmann, Kiel

Zuerkennung einer Hausratentschädigung in Höhe von DM 1.500,-- für Walter Klabes, ausgestellt vom Landratsamt des Kreises Husum F.W.

II.31

Normalvertrag über die Verpachtung eines landwirtschaftlichen Betriebes

Albersdorf, 8. Oktober 1957

Alfred Teßmann, Kiel

Pachtvertrag zwischen Egon Klaas (Verpächter) und Walter Klabes (Pächter) über die Verpachtung eines Hofes mit einer Größe von 15,47 ha in der Gemeinde Albersdorf F.W.

II.32

Zuzugsgenehmigung

Erlangen, 3. März 1947

Walli Richter, München

Zuzugsgenehmigung von Harald Köhler für den Stadtkreis Erlangen ohne Wohnraumzuteilung, ausgestellt vom Flüchtlingskommissar des Stadt- und Landkreises Erlangen F.W.

II.33

Einweisungsschein

Bayreuth, 6. November 1945

Walli Richter, München

Einweisungsschein für ein Barackenzimmer in der Flüchtlingssiedlung Hindenburgstraße in Bayreuth, ausgestellt vom Wohnungsamt der Stadt Bayreuth F.W.

II.34

Fahrrad-Registrierungskarte

Bayreuth, 28. März 1946

Walli Richter, München

Fahrrad-Registrierungskarte, ausgestellt auf Franz Richter, wohnhaft in Bayreuth, Hindenburgstraße, für die Fahrt zur Arbeitsstelle. Ausgestellt von der Stadt Bayreuth F.W.

II.35

Zuweisung eines Zimmers

Bayreuth

Walli Richter, München

Zuweisung eines Zimmers für Magdalene Scherm, ausgestellt vom Wohnungsamt der Stadt Bayreuth F.W.

II.36

Amtlicher Einweisungsschein

Erlangen, 22. Juli 1947

Walli Richter, München

Amtlicher Einweisungsschein für ein Zimmer in der Bruckerstraße 47 in Erlangen für Harald Köhler, ausgestellt vom Städtischen Wohnungs- und Quartieramt der Stadt Erlangen F.W.

II.37

Soforthilfebescheid

Bayreuth, 12. Oktober 1951

Walli Richter, München

Soforthilfebescheid für Margarete Richter über die Bewilligung von DM 100,-- im Rahmen des Haushaltshilfeprogrammes. Ausgestellt durch den Soforthilfeausschuß des Stadtkreises Bayreuth F.W.

II.38

Meldekarte beim Arbeitsamt Bayreuth für das Jahr 1949

Bayreuth, 1949

Walli Richter, München

Meldekarte beim Arbeitsamt Bayreuth, ausgestellt auf Franz Richter. Die Arbeitslosenunterstützung betrug für vier Personen DM 28,80 pro Woche F.W.

II.39

Meldekarte für die Suchzentrale des Roten Kreuzes in Bayreuth

Bayreuth

Walli Richter, München

II.40

Wohnliste

Stuttgart

Landsmannschaft der Oberschlesier, Ratingen

Wohnliste Nr. 1 der Adressenvermittlung »Silesia«, Stuttgart. In Ergänzung zum Suchdienst des Roten Kreuzes unterstützten die Vertriebenen die Suche nach Familienangehörigen durch die Herausgabe von Wohnlisten, die in allen Besatzungszonen verkauft wurden F.W.

II.41

Flüchtlingsausweis

Regensburg, 2. Juni 1947

Walli Richter, München

Flüchtlingsausweis für Franz Richter, ausgegeben vom Staatskommissar für das Flüchtlingswesen, Regensburg F.W.

II.42

Flüchtlingsausweis

Darmstadt, 1946

Klas Lackschewitz, Herrischried

Flüchtlingsausweis von Theodor Lackschewitz, ausgegeben vom Kreiskommissar für das Flüchtlingswesen, Reg.-Bez. Darmstadt F.W.

II.43

Zeitweilige Registrierungskarte

Eisenbach, Kreis Lauterbach, Hessen, 6. Juli 1945

Klas Lackschewitz, Herrischried

Ausgestellt auf Theodor Lackschewitz

II.44

Transportzettel für Evakuanten

1946

Günter Reichert, Bad Honnef

Ausgestellt auf Günther Reichert aus Braunau

II.45

Gesundheitsschein

Bayreuth, 2. Mai 1946

Günter Reichert, Bad Honnef

Ausgestellt auf Günther Reichert aus Braunau. Erst nach Vorlage dieses Gesundheitsscheines konnten Vertriebene eine Zuzugserlaubnis, Lebensmittelkarten und einen Registrierschein erhalten F.W.

II.46

Bescheinigung über die Behandlung mit Läusepuder

Bayreuth, 3. Mai 1946

Günter Reichert, Bad Honnef

Ausgestellt vom Regierungs-Durchgangslager Bayreuth

II.47

Kartei des Suchdienstes des Roten Kreuzes

Suchdienst des Deutschen Roten Kreuzes, München

Nach dem Zweiten Weltkrieg war jeder vierte Deutsche auf der Suche nach Angehörigen. Aus zahlreichen regional begrenzten Karteien entstand die zentrale Suchkartei des Deutschen Roten Kreuzes (DRK) in München mit ca. 52 Millionen Karteikarten M.F.

III. Landwirtschaft

Die Eingliederung vertriebener und geflüchteter Landwirte – Ein gesellschaftlicher Auftrag

Siegfried Palmer und Karl Wimmers

Einführung

Kaum eine andere Berufsgruppe unter den Vertriebenen und Flüchtlingen ist von dem Schicksal der Vertreibung so hart betroffen worden wie die Landwirte. Und keine andere Berufsgruppe der Vertriebenen hat in den mehr als vierzig Jahren, die seit dem Ende des Zweiten Weltkrieges vergangen sind, in ihrem Lebensschicksal so tiefgreifende Veränderungen hinnehmen müssen wie gerade die aus ihrer Heimat vertriebenen ehemals selbständigen Bauern. Nicht nur, daß sie — wie alle anderen Vertriebenen und Flüchtlinge auch — ihre Heimat, das ihnen vertraute Lebensumfeld und ihren Besitz zurücklassen mußten. Zu dem ohnehin schon schmerzlichen Verlust der Heimat kam der ebenso schwerwiegende Verlust des doch oft über Generationen in der Familie gehaltenen Hofes und damit der Verlust der ureigensten Lebens- und Existenzgrundlage für die gesamte Familie.

Siegfried Palmer, langjähriger Geschäftsführer des Bauernverbandes der Vertriebenen e.V., hat in der 1979 von Hans Joachim von Merkatz aus Anlaß dreier Jahrzehnte Integration Vertriebener, Flüchtlinge und Aussiedler herausgegebenen Dokumentation »Aus Trümmern wurden Fundamente« in seinem Beitrag »Die Eingliederung der vertriebenen und geflüchteten Landwirte« diese die Landwirte in besonderer Weise treffende Härte des Vertreibungsschicksals eindrucksvoll beschrieben: »Kein Berufsstand unter den Vertriebenen ist derart schwer durch die politischen Folgen des Krieges betroffen wie die ehemals selbständigen Bauern. Denn alles, was Vertreibungsschicksal heißt, erfährt an den Landwirten die schärfste Ausprägung: Sie tragen als Landmenschen an der Entwurzelung am schwersten, sie sind eindeutiger als alle anderen Vertriebenen sozial deklassiert und sie sind beruflich zu der größten Umschichtung gezwungen.«

Über 400.000 durch Flucht und Vertreibung heimat- und landlos gewordener Bauern- und Landarbeiterfamilien hatten nach dem Ende des Zweiten Weltkrieges im westlichen Teil Deutschlands Zuflucht gesucht. Es galt, sich hier in der Bundesrepublik Deutschland eine neue Existenzgrundlage für die Familie zu schaffen und damit einen neuen Anfang zu wagen.

Auf diesem nun schon historischen Hintergrund der damaligen Entwicklung wird heute deutlich, vor welch ungeheuren, kaum überwindbaren Schwierigkeiten die vielfältigen Bemühungen um die Eingliederung gerade der vertriebenen und geflüchteten Landwirte gestanden haben.

Aufgabe und Ziel dieses Beitrages kann es nur sein, unter weitgehender Verwendung der schon von S. Palmer geleisteten Arbeit, dem es eine heimtückische Krankheit verwehrt hat, diesen Beitrag noch bis zum Ende mitgestalten zu können, wesentliche Abschnitte und Ereignisse mit wenigen markanten Strichen darzustellen.

Von den Anfängen der Flüchtlingssiedlung bis zur Eingliederungsförderung nach dem Bundesvertriebenengesetz

Schon bald nach dem Krieg drängte der ungebrochene Selbstbehauptungswille der vertriebenen Landwirte danach, sich wieder auf eigenem Grund und Boden seßhaft zu machen und einen eigenen Betrieb zu bewirtschaften. Die ersten Möglichkeiten der Übernahme von Pachtungen, die oft nur durch verwandtschaftliche Verbindungen entstanden, wurden von vertriebenen Landwirten in eigener Initiative genutzt, ebenso wie die Kultivierung von Neuland oder die Inbesitznahme sog. »wüster« oder nicht mehr bewirtschafteter Höfe. Mehr oder weniger waren es zunächst Zufälle oder besondere Glücksumstände, die zu solchen Gelegenheiten führten. Aus diesen noch vereinzelten Anfängen zur Selbsthilfe wuchsen, nachdem nach und nach wieder Landwirtschaftsverwaltungen und Siedlungsbehörden im Zuge des Wiederaufbaus öffentlicher Verwaltungen ihre Arbeit aufnehmen konnten, erste institutionalisierte Maßnahmen, die — wie schon in der Zeit nach dem Ersten Weltkrieg — das Ziel verfolgten, mit den Möglichkeiten der ländlichen Siedlung auf den Grundlagen des Reichssiedlungsgesetzes (das in den neuentstandenen Ländern vorerst als Landesrecht weiter in Geltung blieb), heimatvertriebene und geflüchtete Landwirte in die einheimische Landwirtschaft einzugliedern. Alle diese Bemühungen waren darauf gerichtet, die ehemals selbständigen Bauern auch weiterhin an Grund und Boden zu binden und ihnen mit ihren Familien eine neue Lebensgrundlage in der Landwirtschaft zu schaffen.

So entstanden auf diesem Weg in behördlich geleiteten Siedlungsverfahren auf der Grundlage des Reichssiedlungsgesetzes auf durch Kriegsereignisse verwüsteten Waldgebieten, wie z.B. im Hürtgenwald, in der Eifel oder im Reichswald am Niederrhein sog. Rodungssiedlungen, in denen neben einheimischen Siedlern vor allem vertriebene Bauern mit dem Erwerb einer Neubauernstelle wieder eine eigene Existenz in der Landwirtschaft finden sollten. In Niedersachsen, vornehmlich im Emsland, begann man wieder Moor- und Ödländereien für Siedlungszwecke zu kultivieren. In Schleswig-Holstein versuchte man, mit Neulandgewinnung durch Eindeichung an der Nordseeküste das notwendige Siedlungsland zu gewinnen. Eine andere Möglichkeit, vertriebenen Bauern wieder eine neue Lebensgrundlage zu schaffen, war die Aufsiedlung von ehemaligen Truppenübungsplätzen, wie das z.B. in Rheinland-Pfalz und Hessen geschah. Mit dem Aufbau der Bundeswehr und der Notwendigkeit, diese Übungsgelände teilweise wieder für militärische Zwecke zu nutzen, mußten jedoch die neuangesiedelten vertriebenen Bauern später umgesiedelt werden. Darüber hinaus bemühten sich auch die Länder, Grundeigentum der öffentlichen Hand

Der zerstörte Wald um Hürtgen.

Trockenlegung eines Moorgebietes.

oder, wie z.B. in Bayern, noch vorhandene Staatsgüter oder in Niedersachsen staatliche Domänen aufzusiedeln und auf den dort geschaffenen Neubauernstellen vertriebenen Bauern wieder auf einem eigenen Betrieb seßhaft zu machen. Und schließlich wurde ein großer Landanfall aus den Ländereien erwartet, die unter die Landabgabepflicht auf Grund der von den damaligen Besatzungsmächten angeordneten Bodenreform und der hierzu von den Ländern erlassenen Gesetze fielen. Mit der jedoch meist freiwilligen Landabgabe durch die größeren Grundbesitzer, vor allem für die Zwecke der Eingliederung vertriebener Bauern, verloren die Bodenreformgesetze schon bald ihre eigentliche Bedeutung und wurden z.B. schon 1962 in Nordrhein-Westfalen wieder aufgehoben.

Wir können zwar heute feststellen, daß in beträchtlichem Umfang für die Zwecke der Seßhaftmachung vertriebener und geflüchteter Landwirte durch die hier nur beispielhaft beschriebenen Möglichkeiten besiedlungsfähiges Land bereitgestellt werden konnte. Diese Bemühungen aber reichten nicht aus, um mit dem wachsenden Strom siedlungswilliger Vertriebener den weiter steigenden Landbedarf nur annähernd abdecken zu können.

Ein in der damaligen Zeit gravierender Nachteil war die Zeitdauer der Siedlungsverfahren, da das »klassische« Siedlungsverfahren auf der Grundlage des Reichssiedlungsgesetzes (RSG) nur den Neubau von Bauernstellen ermöglichte. Ganz abgesehen davon, daß gegenüber der immer drängender werdenden Nachfrage siedlungswilliger Landwirte eine kaum befriedigende Anzahl fertiggestellter Vollerwerbsstellen standen, die den Vertriebenen und Flüchtlingen zugeteilt werden konnten. Der »Wettlauf mit der Zeit« wurde so von Anbeginn an zum zentralen Problem in der Eingliederung der aus der Landwirtschaft stammenden Vertriebenen und Flüchtlinge.

Trotz vielfacher Bemühungen zur Beschleunigung und einem weit über das geforderte Maß hinausgehenden Engagement der

Der Griesheimer Sand vor der Kultivierung.

Rapsfeld.

Sonnenblumenfeld in St. Stephan.

Spargelstechen.

vielen Helfer in den Siedlungsbehörden, bei den Verbänden und in der Landwirtschaft selbst, setzte sich doch schon zum Ende der vierziger Jahre die Erkenntnis durch, daß auf dem Wege der Siedlungsverfahren im althergebrachten »klassischen Stil« allein die Eingliederung der heimat- und landlos gewordenen Bauern in einer kaum befriedigenden Weise, vor allem auch nicht im Blick auf die damaligen agrarstrukturellen Zielsetzungen, würde gelöst werden können. Im Widerstreit der Hoffnungen, die vertriebenen Bauern mit Grund und Boden verbunden zu halten und sie wieder in die Landwirtschaft eingliedern zu können, wurde bewußt, wie eng doch die Grenzen waren, die der Eingliederung in die Landwirtschaft gesetzt waren. Man sah und erlebte, wie bei der Masse der vertriebenen Bauern, die noch immer – vor allem im norddeutschen Raum – in Lagern und in oft menschenunwürdigen Unterkünften einer ungewissen Zukunft entgegensahen, Hoffnungslosigkeit und Resignation, aber auch Unmut und Verzweiflung wuchsen. In dieser Situation und aus der Sorge vor einer Radikalisierung entstand der Aufruf einer ad hoc gebildeten Arbeitsgemeinschaft zur Eingliederung der Heimatvertriebenen auf dem Lande: »Die Heimat- und Besitzlosigkeit der Ostvertriebenen schafft täglich neue Beunruhigung. Mit allen Mitteln und auf jedem gangbaren Weg muß daher ohne weiteren Aufschub den Ostvertriebenen die Möglichkeit gegeben werden, sich in das Leben und die Ordnung des Dorfes einzugliedern. Besonders die aus der Landwirtschaft stammenden Ostvertriebenen mit ihren beruflichen Kenntnissen und ihrer besonderen Befähigung zu bäuerlicher Arbeit brauchen schnell wieder eine gesunde Existenzgrundlage. Zwingt sie nicht, zu Almosenempfängern des Dorfes zu werden. Macht sie zu mitschaffenden Gliedern Eurer Gemeinde! Es gibt Dörfer, die die Frage bereits gelöst haben.«

Dieser am 8. April 1949 in Köln bekanntgegebene Aufruf war unterzeichnet von Schlange-Schöningen, dem Direktor der Verwaltung für Ernährung, Landwirtschaft und Forsten, Kardinal Frings, dem Erzbischof von Köln, dem ehemaligen Oberpräsidenten von Oberschlesien, Lukaschek, dem Präsidenten des Hauptausgleichsamtes, Treibert, dem Präsidenten des Deutschen Landkreistages, Schreiber, für das Amt für Heimatvertriebene bei der Verwaltung des Vereinigten Wirtschaftsgebietes, Landesbischof Dr. Lilje, für die Evangelische Kirche in Deutschland, Hummel, dem Generalsekretär des Deutschen Bauernverbandes und Dey, dem Präsidenten des Deutschen Gemeindeverbandes.

Neue Wege mußten beschritten werden, neue gesetzliche und verwaltungsmäßige Grundlagen mußten geschaffen werden, damit z.B. auch der Kauf eines bestehenden Betriebes oder eine Pachtung zur Eingliederung eines vertriebenen Landwirtes wie eine Siedlungssache gefördert werden konnte. Aus diesen Überlegungen und der Notwendigkeit, schnell helfen und auch in der Siedlung neue, unkonventionelle Wege zu gehen, entstand 1949 das »Gesetz zur Förderung der Eingliederung von Heimatvertriebenen in der Landwirtschaft«, das wohl besser unter seiner Abkürzung als FlüSG, als »Flüchtlingssiedlungsgesetz«, bekannte Gesetz. Das noch vom Wirtschaftsrat des Vereinigten Wirtschaftsgebietes in Frankfurt/Main als gesetzgebender Körperschaft beschlossene Flüchtlingssiedlungsgesetz (FlüSG) trat am 10. August 1949 in Kraft. Es bildete, ebenso wie dreißig Jahre vorher das Reichssiedlungsgesetz, die erste neue gesetzliche Grundlage für die staatlich geförderten Maßnahmen zur Eingliederung vertriebener Landwirte. Das Flüchtlingssiedlungsgesetz, das später mit seinem wesentlichen Inhalt in das Bundesvertriebenengesetz mit dem Titel »Landwirtschaft« übernommen wurde, spielte innerhalb der Kriegsfolgengesetzgebung insoweit eine besondere Rolle, als es ausschließlich auf die Eingliederung der aus der Landwirtschaft stammenden Vertriebenen und Flüchtlinge ausgerichtet war und diesem Personenkreis Vergünstigungen und Finanzierungshilfen einräumte, die anderen Berufsgruppen unter den Vertriebenen und Flüchtlingen nicht in gleicher Weise zugebilligt wurden.

Mit der Eingliederungsförderung nach dem Flüchtlingssiedlungsgesetz war eine andere Konzeption und Zielsetzung verbunden, als sie bisher mit den klassischen Siedlungsverfahren auf der Grundlage des Reichssiedlungsgesetzes verfolgt werden konnte. Der Grundgedanke des Flüchtlingssiedlungsgesetzes läßt sich mit der Devise umschreiben: »Staatliche Hilfe zur Weckung

Weintrauben.

Tomaten.

und Förderung der Selbsthilfe«, eine durch die öffentliche Hand geförderte Freiwilligkeit der Vertragspartner auf dem Grundstücksmarkt. Das Flüchtlingssiedlungsgesetz strebte nichts anderes an, als einheimische Grundeigentümer und landsuchende Vertriebene auf privatrechtlicher Basis nach den Spielregeln des möglichst »behördenfreien« Grundstücksverkehrs zusammenzubringen, den Abschluß von Verträgen, gleichgültig, ob Pacht- oder Eigentumserwerb, zu fördern und diesen steuerrechtliche Begünstigungen verschiedenster Art zu geben.

Es kam bei der Eingliederung auf schon bestehende landwirtschaftliche Vollerwerbsbetriebe durch Kauf, 12- bis 18jährige Pacht oder Einheirat auf die Eigeninitiative des antragsberechtigten Bewerbers an. Erst wenn es dem Antragsteller gelungen war, ein geeignetes Objekt, dessen Eigentümer zur Verpachtung oder zum Verkauf bereit war, ausfindig zu machen, konnten die im FlüSG (und später nach dem Bundesvertriebenengesetz) in Aussicht gestellten Finanzierungshilfen und Vergünstigungen bei der zuständigen Siedlungsbehörde und dem Ausgleichsamt beantragt werden. Die Siedlungsbehörde »wirkte« dadurch mit, daß sie sowohl die persönliche Antragsberechtigung und fachliche Befähigung wie auch die wirtschaftliche Ertragskraft des zu übernehmenden landwirtschaftlichen Betriebes überprüfte und damit die Eignung dieses Eingliederungsverfahrens feststellte. Bei der Überprüfung bediente sie sich in der Regel der Siedlungsberater und Betreuer der Vertriebenenorganisationen. Diese Funktionen wurden in einigen Bundesländern später überwiegend von den fachlich versierten Landgesellschaften übernommen.

Schon bei den ersten Vorüberlegungen in der damaligen Zweizonenverwaltung in Frankfurt war es ein Mann der evangelischen Kirche, Pfarrer Fricke, der sich als Mittler und Helfer betätigte und so zu einem der Geburtshelfer des Flüchtlingssiedlungsgesetzes wurde. Er war auch einer der Initiatoren der Kölner Konferenz im April 1949, auf der Spitzenvertreter der Kirchen, des Deutschen Bauernverbandes, des Landkreis- und Landgemeindetages ihren mahnenden Aufruf erließen.

Die vertriebene Landbevölkerung hatte sich in ihrer seelischen und materiellen Not immer wieder an die Kirchen gewandt und bei ihren Einrichtungen um Unterstützung und Hilfe nachgesucht. Schon auf dem Kirchentag 1952 in Stuttgart war der Versuch unternommen worden, die Öffentlichkeit durch eine Kundgebung auf die Notlage der aus dem Osten vertriebenen Bauernfamilien aufmerksam zu machen. Den Mahnworten und Appellen an die Mithilfe aller angesprochenen Stellen blieb ein Erfolg nicht versagt. Immerhin konnten etwa 120 bis 160 Hofstellen und Betriebe an vertriebene Landwirte vermittelt werden.

Demonstration vertriebener Landwirte für berufsgerechte Eingliederung und Schaffung von Vollbauernstellen auf dem 2. Ostdeutschen Bauerntag in Bonn-Bad Godesberg, September 1962.

Der in diesen Jahren jedoch nicht abreißende und weiter anwachsende Zustrom von Vertriebenen und Flüchtlingen ließ deren Lage immer schwieriger werden. Die ohnehin schon dicht besiedelte Bundesrepublik bot ja nur geringe Möglichkeiten, eine echte bäuerliche Eingliederung zu vollziehen. Um den von Haus und Hof Vertriebenen zu helfen, jede Möglichkeit für sie nutzbar zu machen und auch von kirchlicher Seite einen Beitrag hierzu zu leisten, wurde im Sommer 1955 in Bonn die »Evangelische Aktionsgemeinschaft zur Eingliederung vertriebener Landwirte« gegründet. Träger dieser Einrichtung war das Zentralbüro des Evangelischen Hilfswerks in Stuttgart. Die Aktionsgemeinschaft versuchte, an die Erfolge des Kirchentages in Stuttgart anzuknüpfen und arbeitete mit den Hauptbüros des Evangelischen Hilfswerks in den Landeskirchen zusammen. In allen Landeskirchen, meist bei den Hauptbüros des Evangelischen Hilfswerks, befanden sich Mitarbeiter der Aktionsgemeinschaft. Sie suchte alle kirchlichen Stellen und Einrichtungen anzusprechen, über die Lage der Vertriebenen aufzuklären, ihnen Wege aufzuzeigen, wie geholfen werden könnte, und ihre Mitarbeit zu erwirken. So hoffte man, bis an die letzten Siedlungsmöglichkeiten heranzukommen und sie unter Mitwirkung der Pastoren und Gemeindehelfer für die landlosen Bauern nutzbar zu machen. Es wurde dabei nicht daran gedacht, in eigener Regie Siedlungen durchzuführen. Die Aufgabe sollte lediglich darin bestehen, Siedlungsobjekte aufzuspüren, nach Möglichkeit die Eigentümer zur Pacht oder zum Verkauf zu bewegen, Vertriebene darauf hinzuweisen und den ganzen Vorgang den eigentlichen Siedlungsträgern bekanntzumachen und zur Bearbeitung zu übergeben. Diese Tätigkeit wurde nicht immer durch die Aktionsgemeinschaft selbst durchgeführt, sondern in vielen Fällen direkt über die von der Aktionsgemeinschaft angesprochenen Stellen, oft auch, ohne deren vermittelnde Tätigkeit sichtbar werden zu lassen. Es ging hierbei nicht so sehr um optische Erfolge, wie um das Bemühen, den Landlosen zu helfen. Die erzielten Erfolge haben die Richtigkeit dieser Arbeitsweise erkennen lassen.

In einer ähnlichen Form hat auch der Katholische Siedlungsdienst, der dem Beauftragten für das Siedlungswesen bei der Fuldaer Bischofskonferenz untersteht, in tatkräftiger und verdienstvoller Weise mit dazu beigetragen, den von ihrem Hof vertriebenen Landwirten und ihren Familien neuen Lebensmut zu geben und eine neue Heimat zu schaffen. In einem mahnenden Aufruf wiesen die katholischen Bischöfe in der Fuldaer Bischofskonferenz am 21. August 1953 auf die besondere Notlage der vertriebenen Bauern hin und appellierten an die Hilfsbereitschaft und Unterstützung vor allem der ländlichen Bevölkerung.

Damals sagten die Bischöfe: »Nur eine Gruppe von Familien hat trotz aller gesetzlichen Förderung nicht oder nur in ganz geringem Maße den für sie so notwendigen Lebensraum erhalten – das sind die heimatvertriebenen Bauern. Die bäuerliche Familie aber hat eine besondere Aufgabe. Ohne gefestigten Bauernstand kann kein Volk, keine Kultur leben und bestehen. Wir können und dürfen es darum nicht zulassen, daß Hunderttausende von Bauernfamilien als Hilfsarbeiter in der Masse der industriellen Bevölkerung untergehen. Wir müssen ihnen helfen, daß sie wieder zu Land und Hof kommen, denn bäuerliche Lebens- und Wirtschaftskraft kann nur entfaltet werden in der Arbeit und in der selbständigen Betätigung auf der eigenen Scholle; und sei es wenigstens im Wege langjähriger Pacht.«

Heute läßt sich feststellen, daß in dieser Zeit, in der es darum ging, den aus ihrer Heimat vertriebenen Landwirten mit ihren Familien neuen Lebensmut zu geben und ihnen eine neue Lebensgrundlage in der Bundesrepublik Deutschland zu schaffen, die beiden Kirchen in beispielhafter Weise mit öffentlichen Verwaltungen, vor allem mit den Siedlungsbehörden und mit dem Deutschen Bauernverband, dem Bauernverband der Vertriebenen und mit den kommunalen Spitzenverbänden zusammengewirkt haben, um diese so wichtige gesellschafts- und sozialpolitische Aufgabe gemeinsam lösen zu können.

Das Bundesvertriebenengesetz als bundesgesetzliche Grundlage zur Förderung der Eingliederung – Die Grundlagen

Mit dem 1953 vom Bundesgesetzgeber erlassenen »Gesetz über die Angelegenheiten der Vertriebenen und Flüchtlinge«, kurz und bekannter »Bundesvertriebenengesetz« – BVFG –, ist erstmals bundeseinheitlich ein Gesetzesfundament geschaffen worden, das von da an die Grundlage für die Förderung der Eingliederung bildet.

Die günstigen Erfahrungen mit dem Flüchtlingssiedlungsgesetz hatten den Gesetzgeber veranlaßt, in das BVFG einen besonderen Titel »Landwirtschaft« (§§ 35–68 BVFG) aufzunehmen. In diesen Titel Landwirtschaft war das in der kurzen Zeit schon bewährte Instrument des Flüchtlingssiedlungsgesetzes fast inhaltsgleich übernommen und durch ergänzende Vorschriften noch verbessert worden. Der Titel Landwirtschaft des BVFG war damit zum neuen bundesgesetzlichen Fundament geworden, um Vertriebene oder Flüchtlinge und später auch Aussiedler, die aus der Landwirtschaft stammen, oder die nach der Flucht oder Vertreibung überwiegend in der Landwirtschaft tätig gewesen waren, wieder in die Landwirtschaft eingliedern zu können. Der Bund und die Länder mußten jedoch erst die notwendigen administrativen Voraussetzungen dafür schaffen, damit der vom Gesetzgeber vorgegebene gesellschaftliche Auftrag zur Eingliederung auch ausgeführt werden konnte. Das geschah durch den Erlaß entsprechender Richtlinien und Verwaltungsvorschriften. Als Grundlage für die erforderlichen Eingliederungsmaßnahmen erließ der Bund Finanzierungsrichtlinien für die Gewährung von Darlehen und Beihilfen aus Bundeshaushaltsmitteln für die ländliche Siedlung nach dem Bundesvertriebenengesetz, für die Gewährung von Beihilfen für die Vorbereitung, Durchführung und Sicherung der Eingliederung und für die Nachfinanzierung von Neusiedler-, Kauf- und Pachtstellen, um hier nur die wichtigsten zu nennen. Die Länder haben hierzu dann weitere, diese Richtlinien des Bundes weiter ausfüllende und ergänzende Finanzierungsrichtlinien bzw. Verwaltungsvorschriften erlassen. Meist ist dies in der Form ministerieller Runderlasse durch die Obersten Siedlungsbehörden geschehen.

Formen und Maßnahmen der Eingliederung

Die grundlegende Form der Eingliederung in die Landwirtschaft blieb – wie schon bisher – die Neubegründung eines landwirtschaftlichen Haupt- oder auch Nebenerwerbsbetriebes in der Form der klassischen Siedlung. Daneben war aber jetzt auch der Kauf eines bereits bestehenden Voll-, Zu- oder auch Nebenerwerbsbetriebes in einem BVFG-Kaufsiedlungsverfahren mit Siedlungsmitteln möglich, da jetzt auch der Kauf bestehender Betriebe zur Siedlung erklärt werden konnte. Und schließlich blieb die Möglichkeit der Einheirat oder der langjährigen Anpachtung eines Betriebes, die ebenfalls in der Form der Siedlung gefördert werden konnten. Alle diese Maßnahmen konnten aber nur gefördert werden, wenn die Siedlungsbehörde mitwirkte (§§ 35 und 37 BVFG).

Im Verlauf des Gesetzgebungsverfahrens zum BVFG waren drei Fragen, die schon in der bisherigen Eingliederungspraxis zu teilweise kontroversen Diskussionen geführt hatten, mit dem Titel Landwirtschaft nunmehr bundeseinheitlich geregelt worden:

- das Verhältnis der klassischen einheimischen Siedlung zur Vertriebenen-(Neu-)Siedlung
- die wachsende Bedeutung der Ansetzung auf Nebenerwerbssiedlungen für den gesellschaftlichen Erfolg der Eingliederung und
- die Finanzierung der Eingliederungs- und Siedlungsmaßnahmen aus Bundes- und Landesmitteln.

Mit dem schon vor dem Erlaß des BVFG

Vollbauernstellen in Vossenack, gebaut 1951/53.

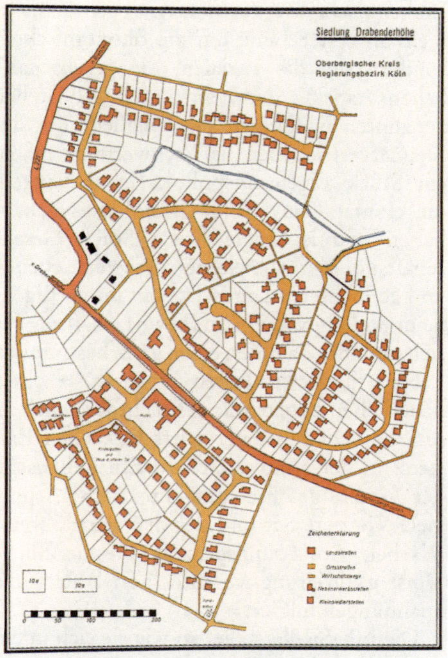

immer stärker gewordenen Druck der Eingliederung der vertriebenen und geflüchteten Bauern war die klassische Siedlung als Mittel zur Förderung einer zeitgerechten Agrarstruktur auch für die einheimische Landwirtschaft zwangsläufig in den Hintergrund gedrängt worden. Der Ernährungsausschuß des Deutschen Bundestages forderte daher in der weiteren Beratung des Bundesvertriebenengesetzes, daß bei der Vergabe von Neusiedlerstellen zur Hälfte auch Einheimische, vor allem zweite und dritte Söhne aus Bauernfamilien und siedlungswillige Landarbeiter berücksichtigt werden müßten. Nach eingehender Beratung in der 3. Lesung wurde dann die Vorschrift des § 38 BVFG (die nach dem Abgeordneten Horlacher so genannte »Lex Horlacher«) mit der Maßgabe beschlossen, daß bei den Neusiedlerstellen mindestens die Hälfte der anfallenden Siedlungsflächen den vertriebenen Landwirten zuzuteilen sei, und daß bei der weiteren Vergabe die einheimischen Siedlerbewerber gleichrangig entsprechend der Zahl der vorliegenden Anträge zu berücksichtigen seien. Bis in die zweite Hälfte der fünfziger Jahre spielte diese Vorschrift noch eine gewisse Rolle. Aber schon zu Beginn der sechziger Jahre und sicher auch beeinflußt durch den immer mehr einsetzenden Strukturwandel in der Landwirtschaft, ließ die früher noch deutlich spürbar gewesene Konkurrenzsituation merklich nach. Zumal mit der auch in den ländlichen Bereich ausstrahlenden zunehmenden Industrialisierung und dem damit beginnenden »Wirtschaftswunder« eine wachsende Nachfrage der Förderung von Nebenerwerbssiedlerstellen einsetzte.

Gesellschaftlicher Auftrag und Ziel der Eingliederung blieb die Eingliederung in die Landwirtschaft. Das beginnende Wirtschaftswunder und die damit zunehmende Industrialisierung Westdeutschlands erleichterte aber sehr vielen vertriebenen Landwirten die Möglichkeit, sich auch außerhalb der Landwirtschaft eine neue Existenzgrundlage und ein festes Einkommen zu schaffen. Im Rahmen dieser Entwicklung gewann die Möglichkeit der Förderung einer sog. Nebenerwerbs-(NE-)Siedlerstelle und damit die Möglichkeit, mit dieser Förderung noch am ehesten eine den früheren Lebensverhältnissen gleichgeartete neue Lebensgrundlage vermitteln zu können, eine nicht zu unterschätzende soziale und gesellschaftspolitische Bedeutung.

Mit der im Bundesvertriebenengesetz neu gestalteten Bestimmung des § 36 Ziff. 2 BVFG war die gesetzgeberische Grundlage dafür geschaffen worden, daß auch mit der Förderung einer Nebenerwerbsstelle eine den Zielen des BVFG entsprechende neue, den früheren Lebensverhältnissen gleichartige und gesicherte Lebensgrundlage für die einzugliedernde Familie geschaffen werden konnte. Nun konnten landwirtschaftliche Nebenerwerbsstellen auch dann gefördert

Plan der Siedlung Drabenderhöhe.

Bauschild »Drabenderhöhe«, 1963.

Drabenderhöhe.

werden, wenn, im Gegensatz zum FlüSG, der Antragsteller seinen neuen Hauptberuf nicht in der Land- oder Forstwirtschaft hatte, sondern z. B. im Bergbau, in der Industrie oder im Handel einen außerlandwirtschaftlichen Erwerb zur Sicherung seines Lebensunterhaltes gefunden hatte.

Die Vorschrift des § 36 Ziff. 2 BVFG ist inhaltlich aus § 254 Abs. 1 LAG übernommen worden. Sie hat zunächst auch nichts an dem Grundsatz geändert, daß eine neue gesicherte Lebensgrundlage in der Landwirtschaft durch den Erwerb oder durch die Pachtung eines landwirtschaftlichen Betriebes geschaffen werden kann. Mit dem Erwerb oder der Anpachtung einer Nebenerwerbsstelle allein erhielt der Vertriebene oder Flüchtling noch keine ausreichende Existenzgrundlage oder wie es § 254 LAG in der gesetzlichen Begriffsbestimmung beschreibt »noch keine neue gesicherte Lebensgrundlage«. Der Gesetzgeber wollte jedoch vor allem die Förderung von landwirtschaftlichen Nebenerwerbsstellen zugunsten der aus der Landwirtschaft stammenden Vertriebenen und Flüchtlinge nicht von den Vergünstigungen des Bundesvertriebenengesetzes und insbesondere den Möglichkeiten zur Eingliederung, wie sie dann im Titel »Landwirtschaft« gestaltet worden sind, ausschließen. Das Ziel des Gesetzgebers war es, mit der Fiktion des § 36 Ziffer 2 Satz 2 BVFG auch den Neubau einer NE-Stelle, den Erwerb oder die Anpachtung einer schon bestehenden Stelle ebenso als Möglichkeit zur Eingliederung zu fördern wie den Bau oder den Erwerb einer Vollerwerbs-(VE-)Stelle. Hiermit wurde deshalb eine gesetzlich gleichrangige Grundlage dafür geschaffen, daß auch mit der Begründung einer NE-Stelle im Zusammenhang mit dem außerlandwirtschaftlichen Haupterwerb eine neue gesicherte Lebensgrundlage geschaffen und erwartet werden konnte. Die NE-Stelle hat damit, wie sie sich bis heute in der Praxis entwickelt und sehr bewährt hat, wenn man sie von ihrer eingliederungspolitischen Wirksamkeit her betrachtet, eine gleichwertige Qualität für den mit der Förderung vor allem sozial- und gesellschaftspolitisch zu erreichenden Eingliederungserfolg erhalten, wie er sonst mit der Förderung auf einer VE-Stelle angestrebt worden war.

Mit der Begründung einer NE-Stelle wird gerade für den Personenkreis der aus dem ländlichen Lebensraum stammenden Vertriebenen und Flüchtlinge eine am ehesten den früheren Lebensverhältnissen gleichgestaltete neue Lebensgrundlage ermöglicht, die damit zugleich ein wesentliches Fundament für eine dauerhafte sozial- und gesellschaftspolitische Stabilisierung bildet. Hier liegt der eigentliche und dauerhafte sozial- und gesellschaftspolitische Wert und damit der Erfolg der Eingliederungsförderung mit einer NE-Stelle.

In einer bemerkenswerten Rede zum Beginn der siebziger Jahre hat schon damals der Minister für Ernährung, Landwirtschaft und Forsten des Landes Nordrhein-Westfalen, Diether Deneke, die besondere gesellschaftspolitische Bedeutung der Eingliederungsförderung für die vertriebenen Landwirte mit einer Nebenerwerbssiedlerstelle und die damit verbundene Chance zu einer dauerhaften Stabilisierung der mit der Förderung neu geschaffenen Lebensgrundlage unterstrichen. Bei der Grundsteinlegung für 127 NE-Stellen in einer Gruppensiedlung in Oelde in Westfalen, einer der Siedlungen, die auf die tatkräftige Initiative des ehemaligen Lagerpfarrers von Friedland, Monsignore Scheperjans, zurückgehen, sagte damals Diether Deneke:

»Die Eingliederung der heimatvertriebenen Bauern und Landwirte stellt sich heute in einem anderen Lichte dar als vor 20 Jahren. Die agrar- sowie die gesellschaftspolitischen Aspekte haben sich zum Teil erheblich geändert. Nicht mehr der Hunger der Nachkriegsjahre, sondern die Überschußproduktion in der EWG beherrschen die agrarpolitische Diskussion. Die Arbeitsmarktsituation hat sich ebenfalls grundlegend verändert.

Aus dem landwirtschaftlichen Nebenerwerb ist für viele bereits eine produktive Freizeitgestaltung geworden. Für viele — Einheimische wie Vertriebene — geht es nicht mehr in erster Linie um die ökonomischen, sondern um die sozialen, die gesellschaftlichen Aspekte der heute noch NE-Stellen genannten Siedlungen. Die Eingliederung der Heimatvertriebenen ist schwerpunktmäßig ein Stück Eigentumspolitik für diejenigen, die einmal Haus- und Grundbesitz gehabt haben und ist zugleich ein Stück Gesellschaftspolitik insoweit, als diese vertriebenen und geflüchteten Landwirte mit ihrem Eigenheim und ein wenig Landbewirtschaftung für sich und ihre Familien einen ganz bestimmten Lebensstil verwirklichen möchten — einen bäuerlichen Lebensstil, der nicht identisch zu sein braucht mit einer wirtschaftlichen Existenz in der Landwirtschaft. Ein Lebensstil, der unter gesellschaftspolitischem Aspekt viele Vorzüge hat und der den sozialökonomischen Anpassungsprozeß, die berufliche Umstrukturierung wesentlich erleichtert und Spannungen mildert.«

Die NE-Siedlerstelle, so wie sie sich in der

Nebenerwerbsstelle in Reichswald bei Kleve, gebaut 1949/50.

Nebenerwerbsstelle in Weisweiler, Kr. Düren, gebaut 1945/46.

Nebenerwerbsstellen in Eichholz bei Wesseling, gebaut 1959/60.

nun schon über Jahrzehnte währenden Eingliederungspraxis entwickelt und bewährt hat, fand am Anfang zunächst in Zuschnitt und in der Ausstattung ihr Vorbild in der Landarbeiter- und Kleinsiedlung. Sie hob sich aber sehr schnell aufgrund ihrer gesellschafts- und sozialpolitischen Bedeutung und vor allem wegen ihrer eingliederungspolitischen Zielsetzung auch in ihrem äußeren Erscheinungsbild von diesen Siedlungsformen deutlich ab. Die NE-Stellen konnten auch entsprechend ihrer Zweckbestimmung in den früheren Jahren mit einer erheblich größeren Landzulage ausgestattet werden. Mit der zunehmenden Landknappheit und dem wachsenden Bauboom in den sechziger und siebziger Jahren, vornehmlich in den Randgebieten der Ballungsräume, mußten — auch wegen der Finanzierbarkeit im Blick auf die Tragbarkeit der Belastung — die Landzulagen entsprechend angepaßt und herabgesetzt werden. Diese im Wandel der Zeit liegenden Erfordernisse haben aber an der grundsätzlichen sozial- und gesellschaftspolitischen Bedeutung der NE-Stelle für einen dauerhaften Eingliederungserfolg nichts ändern können.

Die Finanzierung

Mit dem Bundesvertriebenengesetz wurde auch die Finanzierung der Eingliederung, die bis dahin aus verschiedenen Quellen gespeist wurde, bundeseinheitlich geregelt. Der Bund wurde verpflichtet, mit einem von der Bundesregierung aufzustellenden Siedlungsprogramm die für die Neusiedlung notwendigen Mittel bereitzustellen. Der zunächst nur für die Jahre von 1953 bis 1957 bestimmte Zeitraum für das aufzustellende Siedlungsprogramm wurde durch die 2. Novelle zum BVFG verlängert. Vor allem aber wurde bestimmt, daß die Rückflüsse aus den gewährten Siedlungsdarlehen einem Zweckvermögen zugeführt werden, das heute von der Deutschen Siedlungs- und Landesrentenbank (DSL) im Auftrage des Bundes verwaltet wird. Schon ab der Mitte der sechziger Jahre entlastete dieses Zweckvermögen, das bei der Finanzierung der Eingliederung mit eingesetzt wurde, den Bundeshaushalt. Von 1977 ab konnten und können bisher die vom Bund stammenden Siedlungsprogramme ausschließlich aus dem Zweckvermögen finanziert werden, so daß seit dieser Zeit für diese Form der Eingliederung keine Bundeshaushaltsmittel mehr benötigt wurden.

Die Entschließungen des Deutschen Bundestages und die Prioritätenregelung

In seiner Entschließung vom 20. Juni 1968 forderte der Deutsche Bundestag, daß der Stand der Eingliederung der vertriebenen und geflüchteten Landwirte geprüft und für die zukünftige Vergabe der Fördermittel Prioritäten festgelegt werden sollten. Trotz eines weiteren Fünfjahresplanes, den die Bundesregierung für die Jahre von 1963 bis 1968 beschlossen hatte, und der Vorstellung, daß es in diesem Zeitraum möglich sein müsse, noch 40.000 Bewerber, wenn auch überwiegend auf NE-Stellen, eingliedern zu können, war dieses Ziel bei weitem nicht erreicht worden. Nach weiteren Erhebungen und der Feststellung vieler noch nicht erfüllter Eingliederungswünsche faßte der Deutsche Bundestag erneut am 26. Juni 1969 eine Entschließung, mit der er die Bundesregierung ersuchte, im Rahmen der mehrjährigen Finanzplanung des Bundes die Voraussetzungen dafür zu schaffen, daß einmal

1. die Schaffung und Übernahme von jährlich 1.000 landwirtschaftlichen Nebenerwerbsstellen ermöglicht werden kann, damit auf diese Weise die Eingliederung der aus Ost- und Mitteldeutschland vertriebenen und geflüchteten Landwirte bis 1974 zu einem geregelten Abschluß gebracht wird, und
2. alle zur Erhaltung und Anpassung an die Erfordernisse der EWG notwendigen Maßnahmen für die auf Vollerwerbsstellen vertriebener und geflüchteter Bauern im Rahmen der landwirtschaftlichen Strukturverbesserung gefördert werden können.

Zum Jahreswechsel 1968/1969 war auch vom Bundesminister für Ernährung, Landwirtschaft und Forsten die vom Bundestag geforderte Prioritätenregelung veröffentlicht worden, die künftig für die Vergabe von Siedlungsdarlehen maßgebend sein sollte. Danach konnten Siedlungsbewerber für eine NE-Stelle nur noch dann berücksichtigt werden, wenn ihr Jahreseinkommen die im 2. Wohnungsbaugesetz bestimmten Grenzen nicht überschritt, und wenn sie bisher noch nicht im Wege der Eingliederung gefördert worden waren. Die unmittelbar Geschädigten, die in der Heimat ihre Existenz als selbständiger Landwirt verloren hatten, sollten die Priorität in der Förderung vor den Hof- oder Betriebserben haben. Erst danach konnten auch die früher unselbständigen Gutsverwalter, Heuerlinge oder Landarbeiter gefördert werden, wenn Bewerber aus den Kategorien mit den höheren Prioritäten nicht mehr eine Förderung begehrten. Über Ausnahmen in Härtefällen sollten die von den Ländern dazu bestimmten Stellen entscheiden.

Auch die in der Entschließung von 1969 vorgesehenen 20.000 NE-Stellen konnten trotz der jetzt geltenden Einschränkungen nach dem Prioritätenkatalog und ausreichender Mittelbereitstellung in den Siedlungsprogrammen nicht erreicht werden. Das Programm wurde erneut verlängert und bis 1976 waren dann 19.000 Stellen gefördert worden.

Die Fortführung der Eingliederung

Die Bundestagsentschließung vom Sommer 1969 zielte auch darauf ab, mit den in den kommenden Jahren vorgesehenen Förderungsmaßnahmen die Voraussetzungen dafür zu schaffen, daß die Eingliederung der sog. »Altvertriebenen« zu einem geregelten Abschluß gebracht werden konnte. Aber selbst mit der Verlängerung des Programms bis 1976 war es nicht möglich gewesen, dieses Ziel auch nur annähernd zu erreichen und den immer noch erkennbaren Bedarf an Eingliederungswünschen mit einer NE-Stelle befriedigen zu können. Im Rahmen des 1. Haushaltsstrukturgesetzes wurde deshalb das BVFG dahingehend geändert, daß ein Bewerber, der bis zum 31. Dezember 1976 einen entsprechenden Antrag auf Förderung eines Eingliederungsvorhabens bei den zuständigen Stellen stellte, noch mit einer Finanzierung und damit mit einer Verwirklichung seines Vorhabens rechnen konnte. Es gingen dann noch rund 8.000 Anträge bei den Siedlungsbehörden bzw. bei den Ausgleichsämtern ein, von denen bis zum 31. Dezember 1982 noch ca. 80 Prozent der Antragsberechtigten mit einer NE-Stelle gefördert werden konnten.

Damit war dann bis Ende 1982 die Eingliederung der »Altvertriebenen« endgültig abgeschlossen worden.

Gleichzeitig mit dem Abschluß der Eingliederung der »Altvertriebenen« wurde die Bereitstellung von Nachfinanzierungskrediten für die von Vertriebenen oder Flüchtlingen übernommenen landwirtschaftlichen Vollerwerbsbetriebe befristet. Mit dem schon in den sechziger Jahren stärker spürbar gewordenen Strukturwandel in der Landwirtschaft und dem Eintritt in die EG war es notwendig geworden, vor allem den von Vertriebenen begründeten Betrieben die Möglichkeit zu geben, mit entsprechenden Finanzierungshilfen die Anpassung an die veränderten agrarwirtschaftlichen Rahmenbedingungen zu erreichen und so in ihrer wirtschaftlichen Entwicklung gefährdete Betriebe weiter entwickeln und festigen zu können. So konnten mit den Nachfinanzierungskrediten die zur weiteren Entwicklung der Betriebe notwendigen Aufstockungsmaßnahmen, der Um- oder Ausbau der Wirtschaftsgebäude und die Erweiterung bzw. Ergänzung des Inventars finanziert werden.

Aufgrund eingehender Untersuchungen und Erhebungen bei den von Vertriebenen und Flüchtlingen bewirtschafteten Betrieben war es dann möglich, mit dem Gesetz zur Fortsetzung der Eingliederung noch bis 1983 insgesamt 180 Millionen DM Siedlungsmittel für die Zwecke der Nachfinanzierung bereitstellen zu können.

Mit dem Beginn der Hochzinsphase zu Beginn der achtziger Jahre drohte durch die Refinanzierung der Siedlungsprogramme das Zweckvermögen so schnell zu schrumpfen, daß ein Ende der Eingliederung plötzlich sehr naherückte. Im Einvernehmen mit dem Bauernverband der Vertriebenen e.V. war es dann möglich, mit dem 1983 verabschiedeten Gesetz zur Finanzierung der ländlichen Siedlung, mit dem die Leistungen der Altdarlehen in mäßigem Umfang angehoben wurden, die notwendige finanzielle Grundlage für die Weiterführung der Eingliederungsmaßnahmen zu schaffen. Nur mit der Solidarität der bereits angesetzten Siedler und ihrer Bereitschaft, mit ihren höheren Leistungen auf die gewährten Darlehen mitzuhelfen, daß die Finanzierung der Eingliederungsmaßnahmen auch bis in die neunziger Jahre gesichert werden kann, ist es möglich gewesen, den aus der Landwirtschaft stammenden Aussiedlern eine Förderung mit einer NE-Stelle auch noch bis in die heutige Zeit zu ermöglichen.

Schlußbetrachtung

Die Eingliederung der aus dem ländlichen Bereich stammenden Vertriebenen und Flüchtlinge, ihre Integration in die Gesellschaft der Bundesrepublik Deutschland, ist eine der bedeutsamsten sozial- und gesellschaftspolitischen Leistungen der Nachkriegszeit. Sie gewinnt jetzt, mit dem sprunghaft gewachsenen Zustrom der Aussiedler auch in der öffentlichen Meinung wieder ein zunehmendes Interesse.

Mit dem beginnenden Wirtschaftswunder und den stetig besser werdenden Verdienst- und Einkommensmöglichkeiten in Industrie und Gewerbe stand die Notwendigkeit einer Eingliederung in die Landwirtschaft nicht mehr so im Vordergrund, da jetzt, mit der Begründung einer NE-Stelle und einem Haupterwerb außerhalb der Landwirtschaft, die Schaffung einer neuen und sozial gesicherten Lebensgrundlage möglich wurde. Der Erfolg auf dem in der Eingliederungsarbeit damals neu beschrittenen Weg ist, wie S. Palmer dies zutreffend bemerkt, nicht zuletzt auf das Engagement zurückzuführen, mit dem alle an der Eingliederung aktiv Beteiligten darangingen, »eine zeitgerechte, die gesellschaftspolitische Entwicklung berücksichtigende Lösung einer auch staatspolitisch bedeutsamen Aufgabe zu finden«.

Die Ansetzung der aus dem ländlichen Lebensbereich stammenden Vertriebenen und Flüchtlinge, ihre Integration in die heimische Landwirtschaft hat auch, wie wir heute rückschauend feststellen können, in nachhaltiger Weise die Landschaft mitgeprägt und die Wirtschaftsformen in den Regionen verändert. Mit dem Versuch, althergebrachte Wirtschaftsformen auf die neuen Verhältnisse zu übertragen, Nutz- und Kulturpflanzen in der Bundesrepublik Deutschland »heimisch« werden zu lassen, haben Vertriebene der westdeutschen Landwirtschaft nachhaltige Impulse gegeben.

I.: Ergebnis der Förderungsmaßnahmen auf Grund des Flüchtlingssiedlungsgesetzes und des Bundesvertriebenengesetzes zugunsten der vertriebenen und geflüchteten Landwirte vom 1. Juli 1949 bis 31.12.1987

A. Von Vertriebenen und Flüchtlingen übernommene landwirtschaftliche Betriebe

Land	Anzahl der Betriebe insges.	Anzahl der Betriebe nach Größenklassen (Betriebsgröße): unter 0,5 ha	0,5 bis unter 2 ha	2 ha bis unter 5 ha	5 ha bis unter 10 ha	10 ha bis unter 20 ha	20 ha bis unter 30 ha	30 ha und darüber	Gesamtfläche ha	Von den Betrieben (Sp. 2) wurden übernommen: als Neusiedlerstellen Anzahl	als Neusiedlerstellen ha	aus dem Eigentum von Einheimischen: durch Ankauf Anzahl	durch Ankauf ha	durch Pacht Anzahl	durch Pacht ha	durch Einheirat Anzahl	durch Einheirat ha	Von den Betrieben (Sp.2) waren: auslaufende Höfe	stillgelegte Höfe	sonstige Grundstücke
1	2	3	4	5	6	7	8	9	10	11	12	13	14	15	16	17	18	19	20	21
Schlesw.-Holst.	19.800	13.321	1295	826	599	1602	1195	962	114.052	12.679	23.947	4657	26.403	1731	43.808	733	19.894	784	165	18.851
Hamburg	568	377	100	32	8	14	21	16	1673	266	88	172	223	112	1257	18	105	43	9	516
Niedersachsen	60.605	18.681	29.223	2647	1968	3890	1911	2315	272.819	40.528	49.579	11.192	46.181	6410	113.068	2475	63.991	4657	1833	54.115
Bremen	1597	1165	364	18	13	14	13	10	1725	1141	444	331	270	125	1011	–	–	45	28	1524
Nordrh.-Westf.	49.887	41.055	3443	1280	1232	1803	643	431	84.708	32.166	15.239	13.143	10.379	4162	53.974	416	5116	1225	369	48.293
Hessen	19.800	13.794	1328	799	1282	1874	458	265	73.689	10.129	17.611	7031	18.352	964	21.298	1676	16.428	2200	736	16.864
Rheinl.-Pfalz	11.800	7531	1030	448	834	1012	221	104	36.844	6303	8107	3603	14.130	838	11.141	436	3466	1389	452	9338
Baden-Württ.	32.662	27.163	1583	966	1164	1275	317	194	51.779	13.876	12.913	16.654	16.632	1382	15.256	750	6978	1100	74	31.488
Bayern	27.108	12.318	2348	2333	3603	4224	1373	907	187.713	11.415	16.810	8351	55.717	3010	61.160	4330	54.026	3688	476	22.942
Saarland	1373	1282	22	9	3	10	24	23	2329	890	1006	465	346	12	842	6	135	346	29	998
Berlin	450	363	58	14	7	6	1	1	349	340	115	79	49	30	168	1	17	20	–	430
zusammen	225.028	137.050	40.794	9372	10.713	15.694	6177	5228	827.680	129.733	145.859	65.678	188.682	18.776	322.983	10.841	170.156	15.497	4171	205.360

Quelle: Der Bundesminister für Ernährung, Landwirtschaft und Forsten.

II.a: Für die Übernahme der Betriebe von Bund und Ländern bereitgestellte Mittel

Land		Landesmittel (einschließlich Darlehen nach § 46, 3 BVFG vgl. auch Tab. III) (in Tausend DM)	Eigenmittel der DSL Bank (seit 1982) (in Tausend DM)	Bundesmittel (in Tausend DM) Bundeshaushaltsmittel einschließlich Zweckvermögen	Aufbaudarlehen für die Landwirtschaft	Soforthilfemittel	ERP-Mittel	Arbeitsbeschaffungsprogramm der Bundesregierung 1950	Zusammen Spalte 4–8	Insgesamt Spalte 2, 3 + 9 (in Tausend DM) (in Tausend DM)
1		2	3	4	5	6	7	8	9	10
	a)	57.853	–	29.068	–	4076	–	–	33.144	90.997
	b)	193.712	–	319.275	131.658	54.373	–	–	505.306	699.018
	c)	44.421	5300	185.864	–	–	7934	6009	199.807	249.528
Schleswig-Holstein	d)	17.195	–	64.437	4936	–	–	–	69.373	86.568
	e)	313.181	5300	598.644	136.594	58.449	7934	6009	807.630	1.126.111
	a)	39	–	372	–	3	10	–	385	424
	b)	3145	–	2451	4393	844	–	–	7688	10.833
	c)	1158	–	3537	–	–	328	–	3865	5023
Hamburg	d)	682	–	1301	513	–	–	–	1814	2496
	e)	5024	–	7661	4906	847	338	–	13.752	18.776
	a)	63.236	–	112.341	–	3889	137	–	166.367	179.603
	b)	338.535	–	797.690	439.396	98.572	32	–	1.335.690	1.674.225
	c)	377.239	30.483	964.875	–	2212	6318	10.197	983.602	1.391.324
Niedersachsen	d)	–	–	–	138	3075	–	–	3213	3213
	e)	779.010	30.483	1.874.906	439.534	107.748	6487	10.197	2.438.872	3.248.365
	a)	109	–	62	–	–	–	–	62	171
	b)	9345	–	29.876	14.121	2200	–	–	46.197	55.542
	c)	5799	550	14.282	–	–	300	–	14.582	20.931
Bremen	d)	1071	–	1644	632	–	–	–	2276	3347
	e)	16.324	550	45.864	14.753	2200	300	–	63.117	79.991
	a)	133.915	–	124.663	–	2200	750	–	127.613	261.528
	b)	523.024	–	581.606	465.116	18.530	–	–	1.065.252	1.588.276
	c)	553.674	44.139	1.002.767	–	–	2650	–	1.005.417	1.603.230
Nordrhein-Westfalen	d)	–	–	–	–	–	–	–	–	–
	e)	1.210.613	44.139	1.709.036	465.116	20.730	3400	–	2.198.282	3.453.034
	a)	35.518	–	30.976	–	1405	270	–	32.651	68.169
	b)	168.728	–	454.243	168.675	15.954	–	–	638.872	807.600
	c)	76.947	6082	200.543	4350	156	3838	3357	212.244	295.273
Hessen	d)	–	–	–	–	–	–	–	–	–
	e)	281.193	6082	685.762	173.025	17.515	4108	3357	883.767	1.171.042

a) Zuschüsse b) zinslose Darlehen c) verzinsliche Darlehen d) Aufstockungsdarlehen e) insgesamt

II.b: Für die Übernahme der Betriebe von Bund und Ländern bereitgestellte Mittel

Land		Landesmittel (einschließlich Darlehen nach § 46, 3 BVFG vgl. auch Tab. III) (in Tausend DM)	Eigenmittel der DSL Bank (seit 1982) (in Tausend DM)	Bundesmittel (in Tausend DM) Bundeshaushaltsmittel einschließlich Zweckvermögen	Aufbaudarlehen für die Landwirtschaft	Soforthilfemittel	ERP-Mittel	Arbeitsbeschaffungsprogramm der Bundesregierung 1950	Zusammen Spalte 4–8	Insgesamt Spalte 2, 3 + 9 (in Tausend DM) (in Tausend DM)
1		2	3	4	5	6	7	8	9	10
	a)	14.115	–	14.412	–	125	660	–	15.197	29.312
	b)	45.006	–	156.237	88.566	6032	–	–	250.835	295.841
	c)	31.089	2513	161.676	–	1964	8640	–	172.280	205.882
Rheinland-Pfalz	d)	15.511	–	52.718	10.414	–	–	–	63.132	78.643
	e)	105.721	2513	385.043	98.980	8121	9300	–	501.444	609.678
	a)	19.219	–	17.870	–	5845	419	–	24.134	43.353
	b)	211.071	–	224.129	159.780	13.168	–	–	397.077	608.148
	c)	268.733	35.515	678.564	–	–	4518	–	683.082	987.330
Baden-Württemberg	d)	5922	–	10.426	5701	–	44	–	16.171	22.093
	e)	504.945	35.515	930.989	165.481	19.013	4981	–	1.120.464	1.660.924

II.b: Für die Übernahme der Betriebe von Bund und Ländern bereitgestellte Mittel

Land		Landesmittel (einschließlich Darlehen nach § 46, 3 BVFG vgl. auch Tab. III) (in Tausend DM)	Eigenmittel der DSL Bank (seit 1982) (in Tausend DM)	Bundesmittel (in Tausend DM) Bundeshaushaltsmittel einschließlich Zweckvermögen	Aufbaudarlehen für die Landwirtschaft	Soforthilfemittel	ERP-Mittel	Arbeitsbeschaffungsprogramm der Bundesregierung 1950	Zusammen Spalte 4–8	Insgesamt Spalte 2, 3 + 9 (in Tausend DM) (in Tausend DM)
1		2	3	4	5	6	7	8	9	10
	a)	14.292	–	32.084	–	4590	700	–	37.374	51.666
	b)	233.599	–	488.308	181.953	19.590	–	–	689.851	923.450
	c)	72.636	24.369	72.834	–	–	8618	9231	90.683	187.688
Bayern	d)	48.128	–	234.346	34.220	–	–	–	268.566	316.694
	e)	368.655	24.369	827.572	216.173	24.180	9318	9231	1.086.474	1.479.498
	a)	4314	–	6391	–	–	–	–	6391	10.705
	b)	14	–	20.676	1757	–	–	–	22.433	22.447
	c)	7299	1049	62.032	304	–	–	–	62.336	70.684
Saarland	d)	–	–	–	–	–	–	–	–	–
	e)	11.627	1049	89.099	2061	–	–	–	91.160	103.836
	a)	427	–	344	–	–	–	–	344	771
	b)	7931	–	38.402	4966	–	–	–	43.368	51.299
	c)	8758	–	4395	–	–	–	–	4395	13.153
Berlin (West)	d)	117	–	20	104	–	–	–	124	241
	e)	17.233	–	43.161	5070	–	–	–	48.231	65.464
	a)	343.037	–	368.583	–	22.133	2946	–	393.662	736.699
	b)	1.734.110	–	3.112.393	1.660.381	229.263	32	–	5.002.569	6.736.679
	c)	1.447.753	150.000	3.351.369	4654	4332	43.144	28.794	3.432.293	5.030.046
	d)	88.626	–	364.892	56.658	3.075	44	–	424.669	513.295
Zusammen	e)	3.613.526	150.000	7.197.737	1.721.693	258.803	46.166	28.794	9.253.193	13.016.719

III: Aufteilung der in Spalte 2 der Anlage II a + b aufgeführten Landesmittel in Darlehen nach § 46 Abs. 3 BVFG und sonstige Landesmittel

Land	Landesmittel einschließlich Darlehen nach § 46 Abs. 3 BVFG Tsd. DM	Von Spalte 2 sind: Darlehen nach § 46 Abs. 3 BVFG Tsd. DM	Sonstige Landesmittel Tsd. DM
1	2	3	4
Schleswig-Holstein	313.181	95.381	217.800
Hamburg	5024	892	4132
Niedersachsen	779.010	123.607	655.403
Bremen	16.324	4821	11.503
Nordrhein-Westfalen	1.210.613	75.900	1.134.713
Hessen	281.193	68.804	212.389
Rheinland-Pfalz	105.721	30.480	75.241
Baden-Württemberg	504.945	57.500	447.445
Bayern	368.655	42.084	326.571
Saarland	11.627	–	11.627
Berlin (West)	17.233	550	16.683
Zusammen	3.613.526	500.019	3.113.507

IV: Herkunft der Vertriebenen und Flüchtlinge

Land	Zahl der insgesamt auf Kauf-, Pacht- u. Neusiedlerstellen angesetzten Betriebsinhaber	Familienangehörigen einschließlich der im Haushalt lebenden Verwandten	Von den Betriebsinhabern (Sp. 2) haben vor dem 1.1.1945 gewohnt außerhalb der Grenzen v. 1.1.1938	ostwärts der Oder-Neiße	waren Sowjetzonenflüchtlinge
1	2	3	4	5	6
Schleswig-Holstein	19.800	81.576	1251	16.881	1668
Hamburg	568	2078	61	418	89
Niedersachsen	60.605	203.413	15.842	40.165	4598
Bremen	1601	5509	331	1163	107
Nordrhein-Westfalen	49.887	198.325	4628	40.826	4433
Hessen	19.800	84.192	12.075	6349	1376
Rheinland-Pfalz	11.180	49.933	4733	5449	998
Baden-Württemberg	32.662	130.905	23.981	7239	1442
Bayern	27.106	114.686	20.380	6097	629
Saarland	1370	5341	678	466	226
Berlin (West)	450	1333	12	221	217
Zusammen	225.029	877.291	83.972	125.274	15.783

Aber auch Nebenerwerbssiedlungen, wie z.B. die Siedlung der Siebenbürger Sachsen in Drabenderhöhe bei Wiehl im Oberbergischen Land, die Scheperjans-Siedlungen im Emsland und in Westfalen, die Siedlungen der Mennoniten oder anderer Gemeinschaften haben entscheidenden Einfluß auf ihr Umfeld gehabt und unsere Kulturlandschaft geprägt. Viele vertriebene Landwirte stehen heute ebenso selbstverständlich wie ihre einheimischen Kollegen in führenden Positionen der bäuerlichen Interessenvertretungen. Sie sind oftmals Mitglieder von Gemeindeparlamenten oder Abgeordnete in Landtagen oder des Deutschen Bundestages.

Heute, nach mehr als vierzig Jahren auf dem mühevollen und oft so beschwerlichen Weg zur Eingliederung des vertriebenen und heimatlosen Landvolkes können wir feststellen: Von den mehr als 400.000 vertriebenen und geflüchteten Bauernfamilien konnten nur knapp mehr als die Hälfte eine Förderung mit einer Vollbauernstelle oder mit einer Nebenerwerbssiedlung erhalten. Dafür sind bisher aus Mitteln des Bundes und der Länder rund 13 Milliarden zur Finanzierung der Eingliederungsvorhaben aufgewendet worden. Es schmerzt die Feststellung, daß eine große Zahl der auf Vollbauernstellen angesetzten vertriebenen Bauern aufgrund des Strukturwandels und der sich ändernden agrarwirtschaftlichen Rahmenbedingungen ebenso wie ihre einheimischen Berufskollegen ihre Höfe wieder aufgeben mußten. In der Mehrzahl dieser Fälle ist es gelungen, diese Familien wieder auf einer Nebenerwerbsstelle seßhaft zu machen.

LITERATURAUSWAHL

HERLEMANN, Hans-Heinrich: Vertriebene Bauern im Strukturwandel der Landwirtschaft, in: Eugen Lemberg/Friedrich Edding (Hrsg.): Die Vertriebenen in Westdeutschland, Bd. 2, Ferdinand Hirt, Kiel 1959, S. 53–165

PALMER, Siegfried: Die Eingliederung der vertriebenen und geflüchteten Landwirte, in: Hans Joachim von Merkatz (Hrsg.), Aus Trümmern wurden Fundamente, Düsseldorf 1979, S. 83–128

Der Beitrag ostdeutscher Fischer zur Entwicklung der maritimen Alltagskultur in der Nachkriegsgeschichte der Bundesrepublik Deutschland

Ulrich Tolksdorf

Die einschneidende Zäsur des Jahres 1945 ist sicherlich für die ostdeutsche Fischerbevölkerung ein Datum, das alles in »früher« und »heute« teilt. »Wir sind ein Volk vom Strom der Zeit« ist das beliebteste Kirchenlied der ost- und westpreußischen Fischerfamilien, mit dem sie am eingängigsten ihr Schicksal und ihre eigene Existenzbestimmung begreifen gelernt haben. Sie haben kulturell ihren Ausgangsort, aber in ihrer geschichtlichen Art wohl keine Zukunft mehr. Heimat, historische Kultur und Identität finden heute bei der ostdeutschen Fischerbevölkerung hauptsächlich nur in der Erzählgemeinschaft statt. Sie pflegen eine »memory culture«, aber eine »Erinnerungskultur«, die lebendig bei ihnen ist, sei es Erinnerung oder Trauerarbeit.

Aber trotzdem suchen wir nach Zeichen, nach Spuren ihrer Existenz, die heute nicht nur in ihrer fernen Heimat erkennbar sind, sondern auch noch in der Gegenwart der Bundesrepublik Deutschland.

Hört man heute noch auf hoher See in den nächtlichen kleinen Funkverkehr der Fischer

Fischer aus Pillkoppen.

auf der Ostsee zwischen Fehmarnbelt, Bornholmbank und dänischen Inseln, so wird dieser immer noch zu einem großen Teil in unverkennbarem ostdeutschen Dialekt geführt. Auch in den Fischereihäfen vor allem an der Ostseeküste Schleswig-Holsteins von Travemünde bis Flensburg hören wir noch ostdeutsches Idiom, sehen wir Fischerei-Fahrzeuge, die Namen wie »Pommern«, »Hela«, »Pillau«, »Memel«, »Ostpreußen II« oder etwa »Lorbas« tragen. Diese starke ostdeutsche Präsenz im Erscheinungsbild der schleswig-holsteinischen Küsten wird verständlicher, wenn wir die geschichtlichen Ereignisse um 1945 und in der Nachkriegszeit uns in Erinnerung rufen.

Um ungefähre Größenordnungen der Fischerbetriebe im Nordosten des Deutschen Reiches anzugeben, sei daran erinnert, daß es allein in Ost- und Westpreußen an den langen Ostsee- und Haffküsten sowie an den vielen Binnengewässern über 6.000 Fischerei- und Fischverarbeitungsbetriebe mit ca. 20.000 Beschäftigten gab. Das waren seinerzeit im Deutschen Reich 22 Prozent der in der Fischwirtschaft tätigen Personen. Dazu kommen dann noch die Fischerfamilien aus dem Memelland und von der langen Küste Pommerns.

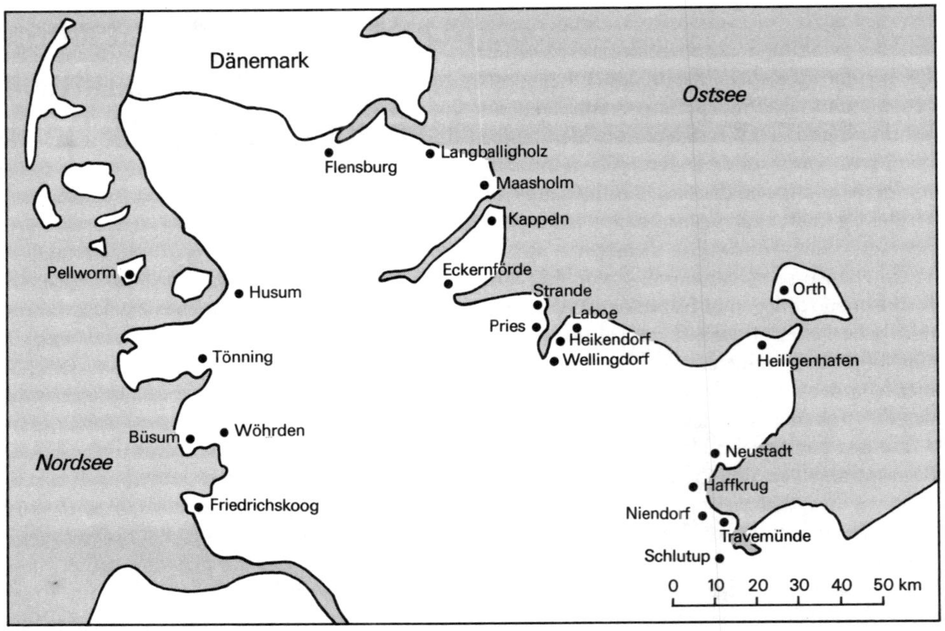

Nach: Archiv Tolksdorf

Neue Fischersiedlungen.

Fischernetze in Reusen an der Kurischen Nehrung.

Da die schleswig-holsteinische Seefischerei an der Ostseeküste vor 1945 nicht sehr viele Betriebe aufwies, konnten die ostdeutschen Berufsfischer ihre schleswig-holsteinischen Kollegen nach vorsichtigen Schätzungen in den ersten Nachkriegsjahren etwa mit 75 Prozent zu 25 Prozent majorisieren. Selbst wenn man noch die kleineren Betriebseinheiten der Nebenerwerbsfischer, bei denen die Einheimischen bei weitem überwogen, in die Statistik einbezieht, bleibt noch ein deutliches Übergewicht der ostdeutschen Fischer. So gab es nach den Unterlagen des Fischereiamtes Schleswig-Holstein und der Industrie- und Handelskammer Lübeck 1959 an der Ostseeküste 1.225 »Flüchtlingsfischer« und 902 Einheimischenfischer.

Viele Fischerfamilien waren nach ihrer Flucht über die Ostsee – z.T. mit einem Zwischenaufenthalt in Dänemark – an die Ostseeküste Schleswig-Holsteins gekommen. Die Lage der Fischer unterschied sich allein schon dadurch z.B. von der der aus Ostdeutschland kommenden Bauern, daß sie z.T. ihre Kutter und Fanggeräte mitbringen konnten, soweit sie nicht beschlagnahmt oder versenkt worden waren. Einige konnten also unmittelbar nach der »Stunde Null« wieder ihrem Beruf – wenn auch in stark eingeschränktem Maße – nachgehen. Ein zeitgenössischer Bericht aus der Nachkriegszeit schildert diese andere Situation der Fischer gegenüber der der ostdeutschen Bauern:

»Fischer sind, wenn sie ihr Leben fortsetzen und ihre Existenz sichern wollen, an die See gebunden, wie der Bauer an den Acker. Das ist schwierig und vereinfachend zugleich. Sie können nicht an jedem beliebigen Ort und in jeder Stadt Wohnung nehmen, aber die See gehört ihnen. Der Bauer kann nicht so leicht einen Acker finden.

Die ostpreußischen Fischer, und natürlich auch die anderen, die hier nicht besonders genannt sind, hatten nun zwar ihre Heimat verloren . . ., aber das eben besaßen sie: den Kutter – die Netze und die See! Und weil es in der See immer Fische gab, waren sie von keiner Konjunktur abhängig, um sich wieder auf eigene Füße zu stellen.«

Dies traf natürlich längst nicht auf alle Fischerfamilien zu. Von den ca. 15.000 Fischerfamilien, die nach 1945 aus Pommern, Ost- und Westpreußen und dem Memelland kamen, konnten sich nur ca. ein Zehntel wieder mit ihrem alten Beruf eine Existenz aufbauen. Dabei fischten sie bei der damaligen geringen Ausdehnung der Hoheitsgewässer häufig noch in ihren alten Fanggründen vor der pommerschen Küste, der Danziger Bucht und vor der Samlandküste. Hier kannten sie sich aus, brauchten sich nicht auf neue Fangtechniken umzustellen. Dies ist auch der Grund, daß wir die ostdeutschen Fischer-Neusiedlungen in Schleswig-Holstein vor allem an der Ostseeküste finden. Der andere Grund ist der, daß sich die Fischerei in der Ostsee stark von der in der Nordsee unterscheidet. Hauptsächlich zogen nur jene ostdeutschen Fischer an die Nordseeküste (z.B. nach Bremerhaven, Wilhelmshaven, Emden usw.), die ihre Boote und Geräte nicht gerettet hatten und sich dann in der »Großen Hochseefischerei« verdingten. Hier stammten in der ersten Nachkriegszeit über 30 Prozent der Beschäftigten (als Kapitäne, Steuerleute und Matrosen) aus Ostdeutschland.

Nach 1945 war ein Großteil der ostdeutschen Fischer in Notunterkünften und Barackenlagern unmittelbar an der Küste untergekommen, oder sie logierten noch in den Häfen auf ihren Fischkuttern, wenn diese noch nicht einsatzbereit waren. In den kleineren und größeren Häfen der Ostseeküste sah man in der unmittelbaren Nachkriegszeit die ostdeutsche Fischerflotte nicht ungern und dies nicht nur deshalb, weil die Versorgung mit Fisch zu dieser Zeit von immenser Bedeutung für die Volksernährung war. Ein anderer Grund war der, daß die Städte und kleineren Kommunen mit ehemaligen Kriegshäfen und Marinearsenal – so vor allem an der Kieler Förde, an der Lübecker Bucht, in Großenbrode usw. – hofften, durch die zahlreiche Stationierung von vertriebenen Fischern ihre Hafenanlagen vor einer drohenden Sprengung durch die Besatzungsmächte zu retten. Selbst die Alliierten suchten die Hilfe der Fischer, so vor allem für die Munitionsfischerei, da ein Großteil der küstennah gelagerten Munition kurz vor Kriegsende in den Küstengewässern versenkt worden war.

So wurden dann auch den Fischerfamilien

Vertriebenen-Fischersiedlung Heiligenhafen.

unmittelbar nach Kriegsende die den Häfen benachbarten Barackenlager zugewiesen, die zu Kriegszeiten von Marineeinheiten belegt gewesen waren. Dies wurden die ersten großen provisorischen Fischersiedlungen nach 1945. In Travemünde entstand so 1945/46 die größte dieser Siedlungen mit 66 »Fertighäusern« (Einfamilien-Baracken). Auch diese Barackensiedlungen wurden dann schnell zu ansehnlichen Wohnstätten. 1950 heißt es schon von der Fischersiedlung Travemünde:

»Im Laufe der Zeit haben sie [die ostdeutschen Fischer] es verstanden, ihrer Siedlung das Aussehen einer gepflegten Miniaturstadt zu geben. Auf Sandboden mühsam geschaffene Gärten umgeben die sauberen Häuschen, die mit drei kleinen Räumen, Küche und Schuppen den oft vielköpfigen Familien nur beschränkt Wohnraum gewähren. Die gemütlichen Stuben täuschen leicht über die Härte des Lebens darin: weither muß in Eimern das Wasser geholt werden, im Winter leisten die dünnen Wände der Kälte nur ungenügend Widerstand, und im Frühjahr wird das undrainierte Land regelmäßig so überschwemmt, daß einzelne Häuser nur in hohen Stiefeln zu erreichen sind.«

Schon in diesen ersten Fischersiedlungen entstand eine rege Betriebsamkeit, die sich wegen der beengten Verhältnisse auch dem flüchtigen Beobachter in aller Öffentlichkeit darstellte: auf der Straße wurden Netze ausgebreitet, getrocknet und geflickt, am Rande der Siedlungen entstanden behelfsmäßige Räucherkammern und kleine Verkaufsstände.

Nach diesen doch mehr oder weniger provisorischen Barackensiedlungen begann dann die eigentliche Gründung der neuen Fischersiedlungen mit staatlicher und kommunaler Hilfe um die Mitte der 50er Jahre. Insgesamt wurden im Zeitraum von 1949 bis 1967 26 Fischersiedlungen mit rund 750 Siedlerstellen für ca. 3.000 Personen mit Unterstützung durch öffentliche Mittel errichtet. Diese rege Siedlungstätigkeit in den beiden ersten Nachkriegsjahrzehnten stellt sicherlich eine gewaltige Aufbauleistung auf dem Gebiet des sozialen Wohnungsbaus dar, zeigt aber auch andererseits, welche Bedeutung die kommunalen und staatlichen Stellen in dieser Zeit der Fischwirtschaft zusprachen und welche wirtschaftliche Kraft inzwischen die ostdeutschen Fischer mit ihrer ansehnlichen Fangflotte an den Küsten Schleswig-Holsteins geworden waren.

Der Großteil dieser geschlossenen Fischersiedlungen wurde nahezu ausschließlich mit ostdeutschen Fischerfamilien besetzt. An der Lübecker Bucht entstanden so die Siedlungen Travemünde, Schlutup, Niendorf (Timmendorfer Strand), Haffkrug, Neustadt und Großenbrode (von Herwegh-Siedlung), auf der Insel Fehmarn die kleine Siedlung Orth und die über 50 Siedlerstellen umfassende große Fischersiedlung Burgstaaken. In Heiligenhafen entstanden gleich mehrere Fischersiedlungen, einige am Stadtrand, andere in etwas abseits gelegenen geschlossenen Einzelsiedlungen. Fünf größere Fischersiedlungen, fast ausschließlich mit Ostfischern besetzt, entstanden allein an der Kieler Förde (Heikendorf, Laboe, Kiel-Wellingdorf, Kiel-Pries und in Strande) und noch weitere Siedlungen in unterschiedlicher Größe nördlich davon bis zur dänischen Grenze (Eckernförde, Kappeln-Ellenberg, Maasholm, Langballigholz, Glücksburg und Flensburg). Im Gegensatz zu den Fischersiedlungen der Ostseeküste, die fast ausschließlich mit Ostfischern besetzt wurden, befanden sich diese in den sechs nach dem Krieg entstandenen Fischersiedlungen der Nordseeküste in der Minderheit, so in den Fischersiedlungen Büsum, Wöhrden, Friedrichskoog, Husum, Tönning und auf der Insel Pellworm.

Helaer Wappen mit Schlüssel.

Die reine Aufzählung der neuentstandenen Fischersiedlungen kann sicherlich nur eine ungefähre Vorstellung vermitteln, dahinter wird aber sichtbar, welchen Anteil die ostdeutschen Fischer im gesamten Erscheinungsbild der maritimen Kultur nach 1945 an der schleswig-holsteinischen Ostseeküste darstellten, zumal ja auch noch Hunderte von ostdeutschen Fischern außerhalb der geschlossenen Siedlungen in den einzelnen Küstenorten ansässig geworden sind.

Um eine ungefähre Vorstellung auch von der wirtschaftlichen Bedeutung der ostdeutschen Fischer zu bekommen, seien zu einigen Siedlungen Zahlen genannt. Greifen wir als Beispiel die »neue Fischersiedlung« in Travemünde heraus. Hier entstanden – relativ geschlossen – rund 120 Siedlerstellen mit ca. 500 Personen. Noch um 1960 waren davon 100 in ihrem Beruf tätig: 49 Eigner, 3 Miteigner, 2 Charterer, 44 Mitfischer, 2 Kleinfischer. Dahinter zeigt sich für diese Siedlung eine ansehnliche Fischfangflotte, so allein 26 große Kriegsfischereikutter, die von der östlichen Ostsee über die Nordsee bis in die Gewässer bei Trondheim in Norwegen eingesetzt wurden. Die von den ostdeutschen Fischern benutzten Kriegsfischkutter (KFK), die im Krieg auch für die Funktion von Vorpostenbooten gebaut worden waren, wurden 1945 von den Alliierten beschlagnahmt und dann durch englische und amerikanische Treuhandgesellschaften ausgeliehen. Später konnten sie auch erworben werden. Allein das Fischen mit diesen Booten bedeutete eine Innovation an der Ostseeküste und verhalf den ostdeutschen Fischern zu einem gewissen wirtschaftlichen Vorsprung vor den einheimischen Fischern, die hauptsächlich auch

Fischersiedlung Heikendorf, 1958.

weiterhin die küstennahe Fischerei in der Lübecker Bucht betrieben. Schon diese Angaben mögen verdeutlichen, welche wirtschaftliche Kraft von den Bewohnern dieser Siedlung zumindest in den ersten zwei Jahrzehnten nach dem Kriege ausging und welche gesellschaftliche Stellung damit in einer Stadt wie Travemünde verbunden war. Die Siedlung hatte damit auch nicht den sonst zu jener Zeit üblichen pejorativen Beiklang einer »Flüchtlings-Siedlung«. Dies stärkte auch das kulturelle Eigenbewußtsein.

Landsmannschaftliche Trennung durch die Art der Fischerei zeigt sich z.B. auch in den Fischersiedlungen in Heiligenhafen. Von den insgesamt 94 Siedlern waren noch 1958 83 aktive Fischer (64 Eigner, 2 Miteigner, 17 Mitfischer), die insgesamt neben anderen Booten über 30 MFK-Fahrzeuge verfügten. Mit diesen Fahrzeugen wurde so auch von den ostdeutschen Fischern die sogenannte »Kleine Hochseefischerei« mit Fanggründen in der mittleren und östlichen Ostsee ausgeübt, während ihre einheimischen Kollegen bei ihrer traditionellen Küstenfischerei blieben und ihre 8–12 Meter langen Kutter nur für den Tagesfang ausrüsteten. Da die Liege- und Anlandeplätze der Küsten- bzw. der »Kleinen Hochseefischerei« verschiedene Kaianlagen haben, sind die jeweiligen landsmannschaftlichen Fischer-Gruppen auch jeweils unter sich. Den allgemein starken Rückgang der Fischerei spiegeln neuere Zahlen vom Ende der 70er Jahre wider, wonach in Heiligenhafen neben 15 bis 20 einheimischen Fischern noch etwa 40 bis 45 Fischer ostdeutscher Herkunft ihren Beruf ausüben. Ende der 80er Jahre haben sich allerdings diese Zahlen noch einmal halbiert. Ähnliche Feststellungen lassen sich auch aus anderen Fischerorten der Ostseeküste treffen, wobei die ostdeutschen Fischer sich aber überall als die entscheidende Innovations-Gruppe hinsichtlich der modernen Fischfangtechnik erwiesen haben.

Aber auch an der Nordseeküste Schleswig-Holstein können wir solche Innovations-Leistungen ostdeutscher Fischer nachweisen, auch wenn hier die Bedingungen historisch schon etwas weiter in der Vergangenheit liegen. Als Beispiel sei hier die Fischwirtschaft in Büsum angeführt, wo ostdeutsche Fischer wesentlich an der Entwicklung der Berufsfischerei beteiligt waren. Rudolf Illing berichtet so 1923 in seinem Beitrag über »Die Entwicklung der Seefischerei an der Nordseeküste«:

»Bei der Frage nach der Entstehung einer Berufsfischerei größeren Stils im südlichen Fischereigebiet, die der Statistik zufolge etwa in die Zeit zwischen 1884 und 1894 zu verlegen ist, kann nicht an einer Erscheinung vorübergegangen werden, die auch für manche anderen Vorgänge erst die richtige Erklärung liefert: Die Einwanderung ostpreußischer und pommerscher Fischer nach Büsum. Die Bewegung geht zurück auf einen ostpreußischen Fischer, der es in Büsum 1884 nach langer Zeit als einer der ersten unternahm, vom Fahrzeug aus berufsmäßig Fischerei zu treiben, insbesondere Garnelen zu fangen. Gute Erfolge damit veranlaßten ihn, Familienangehörige und Freunde, die als Fischer an der ostpreußischen und pommerschen Küste unter dem Rückgang der dortigen Fischerei zu leiden hatten, gleichfalls nach Büsum kommen zu lassen, wo die Aussichten für die Fischerei ungleich günstiger lagen. Von den Eingesessenen mit Mißtrauen beobachtet, bildete sich so eine ›ostpreußische‹ Kolonie, die in den folgenden Jahren weiteren Zuzug erhielt und um 1914 etwa die Hälfte der Büsumer Fischer ausmachte. Auch eine bedeu-

Ill.1

Kurenwimpel auf einem Haus in Loye am Kurischen Haff.

tende Krabbenkonservenfabrik befand sich im Besitze eines Ostpreußen, der mit seinen Landsleuten in der Fischerei feste Lieferungsverträge abgeschlossen hatte. Die Zugewanderten, arbeitsame, nüchterne und sparsame Menschen, fanden Kredit und brachten es in der Regel bald zu eigenem Schiff und eigenem Heim. Zwischen ihnen und den ›Büsumern‹ bestand in Lebensgewohnheiten und Sprache mancher Gegensatz, der auch heute noch nicht verschwunden ist.«

Diese »ostpreußische Kolonie«, die auf einen Fischer aus Alt-Passarge, Kr. Heiligenbeil, am Frischen Haff zurückgeht, hat dann auch in den folgenden Jahrzehnten – vor allem nach 1945 – ständigen Zustrom erfahren, und so sind Fischer aus Alt-Passarge auch »heute in größerer Zahl an einer Stelle zu finden, nämlich in Büsum in Holstein. Schon vor dem Kriege waren viele Alt-Passarger, die bei der Marine gedient hatten, an der Küste der Nordsee hängengeblieben, da ihnen die Heimat nicht mehr genügend Erwerbsmöglichkeit zu bieten schien. Sie sammelten sich vor allem in Büsum, wo sie der Krabbenfischerei nachgingen. Die verwandtschaftlichen Beziehungen haben nun auch viele von denen, die in Alt-Passarge geblieben waren, dorthin gezogen, und so kommt es, daß man viele der ehemaligen Alt-Passarger heute dort antrifft.«

Hinsichtlich der starken Präsenz der ostdeutschen Fischerbevölkerung nimmt es so nicht Wunder, daß auch in der Fischereiaufsicht und Fischereiverwaltung Ostdeutsche nach 1945 wieder in führende Positionen kamen und den Aufbau der Fischereiwirtschaft entscheidend mitbestimmten. So sind z.B. alle ehemaligen Fischmeister vom Kurischen und Frischen Haff, von der Danziger Bucht und den Pommerschen Küsten wieder mit der Fischereiaufsicht in Nord- und Ostsee betraut worden. Ebenso haben sich hier wieder die größeren Schiffbaubetriebe (z.B. Schichau-Werft, früher Elbing, dann Bremerhaven oder Lindenau-Werft, früher Memel, heute Kiel-Friedrichsort) niedergelassen. Auch die alten Bootswerften entstanden nach 1945 wieder neu, so z.B. die Bootswerft Kurt Sakuth in Heiligenhafen (früher Pillkoppen und Pillau) und die Werft der bekannten Bootsbauerfamilie Modersitzki aus Tolkemit am Frischen Haff, die sich in dem Fischerort Maasholm niederließ und am 1. November 1989 40jähriges Jubiläum feiern kann, nachdem sie schon 1988 auf ein Gesamtbestehen von 125 Jahren zurückblicken konnte. Von dem Neubeginn der Gebrüder Modersitzki im Jahre 1949 heißt es in einem zeitgenössischen Bericht von 1951:

»Sie sahen, daß fast die gesamte ostpreußische, westpreußische und pommersche Kutterflotte, soweit sie noch vorhanden war, sich nach und nach in den Häfen der Schleswig-Holsteinischen Ostseeküste einfand, ihre Boote und Fanggeräte überholte und bald auch wieder zum Fang auslief. Nun, wo Fischer am Werk sind, hat auch der Schiffbauer Arbeit. Und die Brüder Modersitzki waren sich bald klar darüber, daß sie hier in Schleswig-Holstein wieder ans Werk gehen und aufs neue eine Werft betreiben müßten.«

Hafenschlepper eines ostpreußischen Fischers auf der Werft in Arnis/Schlei.

Daß das ostdeutsche Element in der maritimen Kultur der Ostseeküste – zumal um die größeren ostdeutschen Fischersiedlungen und in den Fischereihäfen – auch heute noch dominant ist, liegt sicherlich an den Faktoren der geschlossenen Ansiedlung, der wirtschaftlichen Bedeutung und der damit hervortretenden öffentlichen Repräsentanz. Dies scheint landsmannschaftliches Selbstbewußtsein und kulturelle Identität zu stärken. Schon in der ersten Nachkriegszeit sprach die umwohnende Bevölkerung weniger abwertend von den »Flüchtlingssiedlungen«, sondern eher positiv und respektvoll von den »Fischersiedlungen«. So hat sich hier ostdeutsche Lebensart und Kultur auch noch im alltäglichen Arbeitsleben z.T. noch in einem Maße erhalten, wie sie sonst nirgends mehr bei anderen ostdeutschen Gruppen anzutreffen ist. Zum einen ist dies wohl dem Umstand zuzuschreiben, daß wir es hier mit einem geschlossenen Berufsstand und einer homogenen Arbeitswelt zu tun haben, die üblicherweise nur in begrenztem Kontakt zu anderen gesellschaftlichen Gruppen steht. Zudem zeigt sich hier im Küstengebiet noch eine starke Solidargemeinschaft der früheren Fischerdörfer, in denen die Bevölkerung durch vielfältige verwandtschaftliche Beziehungen verflochten war. Eine weitere Ursache ist in den berufsspezifischen Arbeitsbedingungen zu sehen, denn die Bootsbesatzungen bestanden noch bis Ende der 70er Jahre zumeist aus Familienmitgliedern (z.B. Vater mit Söhnen; Vater, Sohn, Onkel usw.), die dann bei Fangreisen manchmal über Wochen auf sich allein gestellt waren. Diese traditionelle Arbeitsgemeinschaft, die manchmal sogar drei Generationen umschloß, hatte sich noch mindestens zwei Jahrzehnte nach Kriegsende bewahrt und begünstigte so eigenkulturelle Verhaltensweisen. So ist u.a. auch der weitgehende Erhalt der heimatlichen Mundart zu verstehen. Es ist z.B. verblüffend, festzustellen, daß manchmal sogar noch jüngere, nach 1945 geborene Personen aus Helaer Familien eine Helasche Mundart sprechen, die der Dialektologe Erich Nörrenberg schon um 1916 als »altersmundartlich« charakterisiert hat.

Wenn wir von einem noch erkennbaren großen ostdeutschen Anteil an dem allgemeinen maritimen Erscheinungsbild und der maritimen Kultur der westlichen Ostsee sprechen, so ist dieser am stärksten bedroht durch den allgemeinen Rückzug des Berufsstandes selbst. Die Krise der Fischerei führte schon in den 60er Jahren dazu, daß mehr als jeder zweite Fischer seinen Beruf aufgeben mußte. Nun sind es häufig nicht mehr die Fischereihäfen, Fischverarbeitungsbetriebe und geschlossenen Fischersiedlungen, die das kulturelle Bild der Fischerorte bestimmen, sondern zunehmend die maritime Tourismus- und allgemeine Freizeitindustrie. Die Fischer selbst und ihre Arbeitswelt werden zur bestaunten exotischen Tourismusattraktion. Diese allgemeine Entwicklung, die im übrigen ja schon in den Vertreibungsgebieten erkennbar war und die Existenzkrise des Berufes treffen einheimische und ostdeutsche Fischer gleichermaßen auch in ihrem kulturellen Selbstbewußtsein.

Dem Verlust der öffentlichen Repräsentanz im Arbeitsleben wird nun in den Neusiedlungen häufig dadurch entgegengewirkt, daß sich die Bewohner der Fischersiedlungen durch optische Signale, Symbole und andere Zeichen zum maritimen Bereich und ihrer früheren Heimat bekennen: schmiedeeiserne Anker, Kuttermodelle und andere Fischermotive an Häusern und Gartentoren, Positionslaternen, Mini-Leuchttürme, Schiffsmasten (an Feiertagen über die Toppen geflaggt), Windfahnen (z.B. als Nachbildungen der früheren Kurenkahnwimpel), verschiedene Bojen und Glaskugeln, Rettungsringe, charakteristische Fischermarken (vor allem von früheren Bewohnern der Halbinsel Hela) und sonstige Symbole und Erinnerungsstücke der alten maritimen Heimat. So sind also auch heute noch für das geübte Auge zahlreiche Symbole zu erkennen, die an die Präsenz und die große Aufbauleistung der ostdeutschen Fischer nach 1945 an den schleswig-holsteinischen Küsten erinnern, auch wenn diese Signale heute vielleicht eher den Untergang einer alten Kultur und deren nostalgische Bewahrung anzeigen. Diese Entwicklung hätte die ostdeutschen Fischer aber wohl auch in ihren Herkunftsgebieten betroffen.

LITERATURAUSWAHL

BENECKE, Berthold: Fische, Fischerei und Fischzucht in Ost- und Westpreußen, Königsberg/Pr. 1881

SELIGO, Artur: Die Seefischerei von Danzig, Stuttgart 1931

TOLKSDORF, Ulrich: Zur maritimen Alltagskultur Ost- und Westpreußens, in: Zwischen den Weltkriegen. Teil II: Kultur im Preußenland der Jahre 1918 bis 1939, Lüneburg 1987, S. 123–160

DERS: Die neuen Fischersiedlungen nach 1945 in Schleswig-Holstein, in: Jahrbuch für ostdeutsche Volkskunde Bd. 30, Marburg 1987, S. 56–93

WOEDE, Hans: Wimpel der Kurenkräne. Geschichte – Bedeutung – Brauchtum, Würzburg 1965

Die Bedeutung des ostpreußischen Pferdes Trakehner Abstammung für die Landespferdezuchten in der Bundesrepublik Deutschland

Hans Berthold von Buchka

Aufgabe der ostpreußischen Pferdezucht war es seit dem 18. Jahrhundert, Pferde zu liefern für die Berittmachung der preußischen Kavallerie. Diese umfaßte vor dem Ersten Weltkrieg 110 Regimenter. Zuchtziel war daher ein leistungsfähiges Reitpferd, ausdauernd und wenig anspruchsvoll. Zu Beginn unseres Jahrhunderts umfaßte die ostpreußische Zucht fast 50.000 eingetragene Zuchtstuten und fast 1.000 staatliche Hengste (Landbeschäler). Vor dem Zweiten Weltkrieg waren es noch 35.000 Stuten und 500 Hengste.

Während in Ostpreußen überwiegend Reitpferde gezogen wurden, waren die Zuchtziele im Westen und Süden des Deutschen Reiches auf die Produktion eines wesentlich kalibrigeren Pferdes für die Wirtschaft und Landwirtschaft ausgerichtet.

Die Eroberung Ostpreußens durch die Rote Armee und die Vertreibung der Bevölkerung bedeuteten das Aus für die deutsche Pferdezucht im Osten. Ostpreußische Züchter mit ihren Stuten gingen auf den »Treck«. Doch nur ein Teil von ihnen erreichte unter Bewältigung unendlicher Strapazen den rettenden Westen. Wieviele Zuchtstuten in dem Gebiet der damaligen Westzonen angekommen sind, wird niemals zu ermitteln sein. Herrschte in den Jahren 1945–1948 schon große Hungernot für die Menschen, so war dies noch weit schlimmer für die zusätzlich in die westlichen Besatzungszonen aufgenommenen Pferde. Viele Flüchtlinge, die dank ihrer treuen Pferde das eigene Leben retten konnten, mußten sich nun von ihnen trennen. Der Weg zum Schlachter war für einen großen Teil der Treck-Pferde ganz unvermeidlich.

Als 1947 in Hamburg der Trakehner Verband in den westlichen Besatzungszonen neu gegründet wurde, standen nur noch 797 Stuten und 64 Hengste zur Verfügung. In den Folgejahren gelang fern der ostpreußischen Heimat ein Wiederaufbau der Trakehner Zucht über das ganze Gebiet der Bundesrepublik Deutschland. Schwerpunkte der Zucht waren und sind in Schleswig-Holstein, Niedersachsen und im Rheinland. Im Jahre 1980 erreichte die wiedererstandene Trakehner Zucht den bisherigen Höchststand mit 4.400 Stuten und knapp 300 Hengsten. In den Jahren des Aufbaus hatten die Trakehner Züchter den großen Vorteil, daß sie ihr Zuchtziel nicht zu verändern brauchten:

Die Nachfrage nach Arbeitspferden für Wirtschaft und Landwirtschaft ging in Deutschland während der 50er Jahre immer mehr zurück. Sie erreichte ab 1960 praktisch den Nullpunkt. Gleichzeitig stieg mit Aufkommen des Breitensports und für steigende

Tempelhüter, geb. 1905 in Trakehnen. Dieser Hengst gehört zu den bedeutendsten Vererbern Trakehnens.

Das Hauptgestüt in Trakehnen.

Nach: Detlef Schön, Trakehner Almanach 1988. Wentorf 1988.

Trakehnerzucht – Deckstationen in der Bundesrepublik Deutschland 1989.

Ansprüche der »Freizeit-Gesellschaft« die Nachfrage nach solchen Reitpferden, wie sie schon immer dem Zuchtziel der ostpreußischen Züchter entsprochen hatten. So konnten die Trakehner das bleiben, was sie schon immer waren: Edle, leistungsfähige Reitpferde.

Alle anderen Pferdezuchten in Deutschland standen vor der Alternative: entweder aufgeben oder umzüchten! Viele Züchter sahen denn auch in der Zucht-Aufgabe und der Umstellung auf andere Betriebszweige die einzige Möglichkeit zum Überleben. Doch ein Teil der Züchter hielt überall dem Pferd die Treue, (»Das Pferd muß bleiben!«), war aber gezwungen, sich auf ein neues Zuchtziel – nur noch Reitpferde – umzustellen. Für die Umzüchtung der bodenständigen Pferderassen in Westdeutschland brauchte man folglich Zuchtpferde im Reitpferd-Typ, vor allem Hengste, um die einheimischen Zucht-Bestände des schweren Wirtschafts-Typs so schnell wie möglich in Richtung auf das neue Zucht-Ziel zu verändern. Damit schlug die Stunde der Blutzuführung durch ostpreußische Hengste in die westdeutschen Landes-Pferdezuchten.

Im größten Zuchtgebiet der Bundesrepublik Deutschland, beim Verband hannoverscher Warmblutzüchter (16.000 Stuten), hatte man den Zug der Zeit am ehesten verstanden. Im Niedersächsischen Landgestüt Celle standen in den frühen Nachkriegsjahren bis zu 31 Trakehner Hengste. Der bedeutendste unter ihnen war der Original-Trakehner Abglanz (geboren 1943 im damaligen Hauptgestüt), dem es gelang, für die hannoversche Zucht eine große »Hengstlinie« zu begründen. Etwa 1960, als der Niedergang der »schweren« Warmblutzuchten vollkommen war, war die Umzüchtung des hannoverschen Pferdes auf einen modernen Reitpferd-Typ bereits Wirklichkeit. Neben den Trakehner Hengsten hatten allerdings auch Hengste der Rasse »Englisches Vollblut« ihren Anteil an dieser Entwicklung. Das hannoversche Pferd ist heute ein reines Reitpferd geworden, schön, edel, vielseitig verwendbar und von hoher Reitqualität. Es gibt nur noch wenige hannoversche Pferde, die nicht in zweiter bis fünfter Generation wesentliche Trakehner Blutanteile führt. Und dies ist im äußeren Erscheinungsbild (»Exterieur«) des Hannoveraners von heute auch deutlich zu erkennen.

Der Württemberger Zuchtverband hat sich bei der Umzüchtung auf das neue Zuchtziel – allerdings erst etwa ab 1960 – ganz auf das Trakehner Pferd verlassen. Dabei spielte der Hengst Julmond (geboren 1938 in Ostpreußen) eine große Rolle. Er zeugte 25 Söhne und viele Zuchtstuten für die württembergische Warmblutzucht. Mit deren Zuchteinsatz und mit Hilfe einiger weiterer Trakehner Hengste ist die Umzüchtung des alten schweren Württemberger Warmblutpferdes auf den heute gefragten Reitpferd-Typ ein großer Erfolg geworden. Im Jahre 1974 standen insgesamt 48 Trakehner Hengste im Haupt- und Landgestüt Marbach. Dem Hengst Julmond wurde dort ein Gedenkstein gesetzt.

Weite Teile des Rheinlandes waren 1944/45 Kriegsgebiet und dadurch von Mensch und Haustier weitgehend entvölkert. Nach dem Zusammenbruch war es vorrangig, die Landwirtschaft wieder in Gang zu bringen. Dafür wurden Pferde dringend benötigt. So kamen viele Treck-Pferde an den Rhein, darunter auch wertvolle ostpreußische Stuten. – Früher war das Rheinland eine Domäne der Kaltblutzucht gewesen. Parallel zum Niedergang der Kaltblutzucht in den 50er und 60er Jahren vollzog sich aus dem Nichts heraus der Aufbau einer rheinischen Warmblutzucht mit zunächst ganz heterogener Stuten-Grundlage. – Zuvor schon hatte das ostpreußische Pferd Trakehner Abstammung im Rheinland festen Fuß gefaßt. Viele im Rheinland vorhandene Trakehner Hengste wurden daher auch für die neue rheinische Warmblutzucht eingesetzt. So entstand allmählich im Rheinland ein Warmblutpferd auf ostpreußischer und hannoverscher Grundlage. Beginnend etwa ab 1970 haben rheinische Pferde sich bei Ausstellungen und Leistungsprüfungen immer wieder hoch bewährt. Alle von der rheinischen Warmblutzucht herausgebrachten Spitzenpferde führen Trakehner Ahnen und haben teilweise Trakehner Blut-Anteile bis 75 Prozent. Der heutige rheinische Fohlen-Brand – die doppelte Rehkrone – wurde in den 20er Jahren vom »Ostpreußischen Warmblutverband« (Insterburg) benutzt.

In Ostfriesland und Oldenburg wurden früher Wirtschaftspferde des besonders schweren Warmbluttyps (»Karossiers«) gezogen. Das gilt auch für Hessen als Nachzuchtgebiet des oldenburger Pferdes. Die Umstellung auf ein neues Zuchtziel war hier also besonders schwierig und besonders dringend. Dafür kamen ab Mitte der 50er Jahre mehrere Trakehner Hengste zum Einsatz. Im wesentlichen wurde die Umzüchtung hier aber mit Hilfe hannoverscher Hengste erreicht. Diese jedoch brachten bereits wesentliche Trakehner Blutanteile mit. Somit haben Trakehner auf dem Umweg über Hannover auch Eingang in andere Zuchtverbände gefunden. Eine ähnliche Aussage läßt sich auch für das Zuchtgebiet Rheinland-Pfalz/Saarland und für Bayern machen.

Das westfälische Warmblutpferd hat früher schon immer in Typ und Zuchtziel dem hannoverschen Pferd entsprochen. Auch im westfälischen Landgestüt Warendorf wurden nach 1945 einzelne Trakehner Hengste eingesetzt, u.a. der Hengst Abschaum (geboren 1942 in Ostpreußen) von 1949 bis 1961. Die Entwicklung in der hannoverschen Zucht vom Wirtschaftspferd zum Reitpferd hat auch Westfalen – mit zeitlicher Verschiebung – mitgemacht. Dabei haben hannoversche Hengste mit Trakehner Blutanteilen eine wichtige Rolle gespielt.

Alle regionalen Zuchtverbände in der Bundesrepublik Deutschland beschlossen 1975 in Stuttgart gemeinsam das neue Zuchtziel des »Deutschen Reitpferdes«. Es lautet wie folgt:

»Gezüchtet wird ein edles, großliniges und korrektes Reitpferd mit schwungvollen, raumgreifenden elastischen Bewegungen, das aufgrund seines Temperamentes, seines Charakters und seiner Rittigkeit für Reitzwecke jeder Art geeignet ist.«

Conrad Homfeld auf dem Trakehner Springpferd Abdullah.

Pas de Trois: Drei Trakehner Dressurpferde.

Dieses Zuchtziel unterscheidet sich nur ganz geringfügig in Formulierungen von demjenigen, wie es für das ostpreußische Pferd Trakehner Abstammung schon immer bestanden hat. Das bedeutet, daß im Verlauf der letzten Jahrzehnte alle deutschen Warmblut-Zuchtverbände auf ein Ziel ausgerichtet wurden, das schon immer vom Trakehner Pferd verkörpert wurde.

LITERATURAUSWAHL

HELING, Martin: Trakehnen, BLV-Verlag, München 1959

SCHILKE, Fritz: Trakehner Pferde einst und jetzt, BLV-Verlag, München 1974

STENGLIN Frhr. v., Christian: Deutsche Pferdezucht, FN-Verlag, Warendorf 1983

Exponate

III.1

Kurenkahn (Modell)

1965

Samland-Museum, Pinneberg

Handgefertigte Nachbildung eines Kurenkahns.
Material: Holz/Stoff F.W.

III.2

Palmblüte, Plastik

Nachguß

Ostpreußisches Landesmuseum, Lüneburg

Bronze Vollguß, patiniert. Sockelumschrift: »Palmblüte *1924 von Bulgarenzar a.D. Palme von Packer Züchter Krebs Kleindarkehmen« F.W.

III.3

Deckliste für den Hengst Shannon

Rantzau, 28. Oktober 1988

Trakehner Verband, Neumünster

III.4

Gedenktellerchen

Königsberg, 13. Dezember 1936

Ostpreußisches Landesmuseum, Lüneburg

Silbertellerchen, getrieben, steiler Rand in zwölf Buckel gegliedert, eckig, oberer Rand nach außen gebogen. Gravur: »Pretorias erster Sieg/Königsberg 13. XII. 36«
Außen seitlich gestempelt: Halbmond, Krone, 835 WTB F.W.

III.5

Die Preußische Gestütsverwaltung

Hannover, 1927

Trakehner Verband, Neumünster

Die Preußische Gestütsverwaltung, hrg. im Auftrage des Ministeriums für Landwirtschaft, Domänen und Forsten von Oberlandstallmeister Großcurth, Hannover 1927 F.W.

III.6

Hauptbeschälerbuch Trakehnen 1732–1945

Braunschweig, 1985

Trakehner Verband, Neumünster

Hauptbeschälerbuch Trakehnen 1732–1945, bearb. und hrg. von Jürgen von Henninges, preußischer Landstallmeister a.D., Braunschweig 1985 F.W.

III.7

Fotoalbum mit Trakehner Motiven

Trakehnen, vor 1914

Ostpreußisches Landesmuseum, Lüneburg

Fotoalbum mit 89 Trakehner Motiven. Alle Aufnahmen stammen aus der Zeit vor 1914. Sie sind eine einmalige Dokumentation dieser Zeit mit Schwerpunkt sportlicher Veranstaltung des Jagdreitens bei guter Eignung für die Darstellung der Zuchtepoche F.W.

III.8

Abstammungsnachweis für den Trakehner Hengst Abendstern

Hamburg, 21. August 1979

Trakehner Verband, Neumünster

Abstammungsnachweis für den Hengst Abendstern, geb. am 19. März 1979, von Ferlino und Abendröte II, Züchter Gernot Rosenow F.W.

III.9

Doppelte Elchschaufel, Brandzeichen

1988

Dietrich von Lenski, Ritterhude

Brandzeichen der Ostpreußischen Stutbuchgesellschaft. In Ostpreußen erhielten dieses Brandzeichen etwa 20.000 Fohlen Trakehner Abstammung. Es ist heute das Brandzeichen des Trakehner Verbandes, der Nachfolgeorganisation der Ostpreußischen Stutbuchgesellschaft für Warmblut Trakehner Abstammung F.W.

III.10

Einfache Elchschaufel, Brandzeichen

1988

Dietrich von Lenski, Ritterhude

Dieses Brandzeichen erhielten zwischen 1787 und 1945 nur diejenigen Pferde, die im Hauptgestüt Trakehnen geboren wurden (jährlich etwa 300 bis 350 Original Trakehner) F.W.

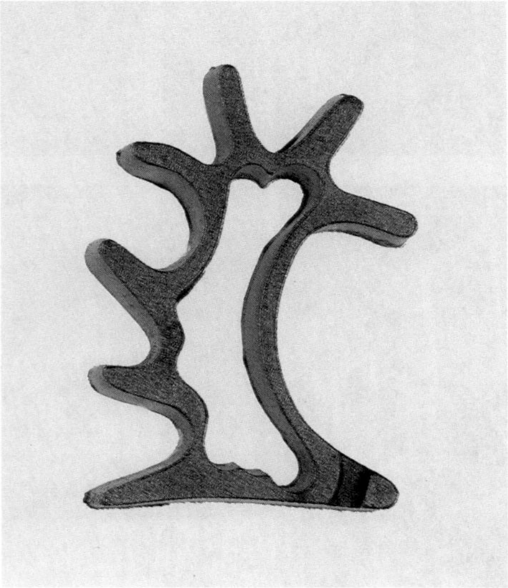

III.10

III.9

IV. Industrie und gewerbliche Wirtschaft

Die berufliche Eingliederung der Vertriebenen

Paul Rauch

Im Bombenhagel des Zweiten Weltkrieges lagen bereits viele große Städte des Deutschen Reiches in Schutt und Asche, als im Osten der Frontverlauf noch weit vor den Reichsgrenzen lag. Mit der vorwärtsdrängenden Sowjetarmee schoben sich die Kampflinien immer weiter an die ostdeutschen Siedlungsgebiete heran. Als die Wehrmacht noch weiter zurückgedrängt wurde, flohen Hunderttausende von Deutschen vor der Roten Armee. Im Wirrwarr der Rückzugsereignisse mischten sich die Flüchtlingstrecks oftmals mit den Absetzbewegungen der Heeresverbände. Im Zuge zahlreicher Evakuierungsmaßnahmen wurden ganze Landstriche geräumt und alsbald waren Millionen Deutsche auf der Flucht. Entlang der Ostseeküste führte z.B. die Marine zahlreiche Evakuierungstransporte für die Zivilbevölkerung über See durch.

Die Flüchtlinge waren ähnlich, wie später die Vertriebenen, in erheblichem Ausmaß auf dem Land oder in kleineren Städten bei einheimischen Familien »einquartiert« worden. Diese Flüchtlingsströme trafen an ihren neuen Aufenthaltsorten nicht nur auf die einheimischen Bewohner, sondern auch auf eine Bevölkerung, die durch kriegsbedingte Binnenwanderung hierher verschlagen worden war. Das eroberte Deutschland mußte acht Millionen Vertriebene aufnehmen. Im Vergleich zur Bevölkerung der Vorkriegszeit war die Einwohnerzahl von 43,0 Millionen im Jahre 1939 auf 49,6 Millionen im Jahre 1950 angestiegen.

Der Flüchtlings- und Vertriebenenbegriff und seine Bedeutung für das Ausmaß der Vertreibung

Nach dem allgemeinen Sprachgebrauch gilt als Flüchtling, wer vor dem Feind flieht und wer aus heimatlichen Gebieten zwangsausgewiesen wird, ist ein Vertriebener. Der Vertriebene befindet sich im Gegensatz zum Flüchtling im Passivverhalten; er wird gegen seinen Willen gezwungen, seinen Heimatort zu verlassen.

Diese Begriffe entsprechen jedoch nicht den Terminus des amtlichen Sprachgebrauchs. »Vertriebener« ist nach dem Gesetz über die Angelegenheiten der Vertriebenen und Flüchtlinge (Bundesvertriebenengesetz – BVFG – in der Fassung vom 3. September 1971), »wer als deutscher Staatsangehöriger oder deutscher Volkszugehöriger seinen Wohnsitz in den zur Zeit unter fremder Verwaltung stehenden deutschen Ostgebieten oder in den Gebieten außerhalb der Grenzen des Deutschen Reiches nach dem Gebietsstande vom 31. Dezember 1937 hatte und diesen im Zusammenhang mit den Ereignissen des zweiten Weltkrieges infolge Vertreibung, insbesondere durch Ausweisung oder Flucht, verloren hat. Bei mehrfachem Wohnsitz muß derjenige Wohnsitz verlorengegangen sein, der für die persönlichen Lebensverhältnisse des Betroffenen bestimmend war. Als bestimmender Wohnsitz im Sinne des Satzes 2 ist insbesondere der Wohnsitz anzusehen, an welchem die Familienangehörigen gewohnt haben.« Der Vertriebene wird nach § 2 als Heimatvertriebener bezeichnet, wenn er »am 31. Dezember 1937 oder bereits einmal vorher seinen Wohnsitz in dem Gebiet desjenigen Staates hatte, aus dem er vertrieben worden ist (Vertreibungsgebiet)«.

Von entscheidender Bedeutung für die Betrachtung der Bevölkerung in Vertriebene und Nichtvertriebene im Langzeitvergleich ist, daß auch ein vertriebener Ehegatte oder Abkömmling als Heimatvertriebener gilt, wenn der andere Ehegatte oder bei Abkömmlingen ein Elternteil am 31. Dezember 1937 oder bereits einmal vorher seinen Wohnsitz im Vertreibungsgebiet (§ 2 Abs. 1 BVFG) gehabt hat. § 2 Absatz 2 ist für die Anzahl der Heimatvertriebenen von außerordentlicher Bedeutung. Hier wird geregelt, daß auch Kinder, die erst nach der Vertreibungszeit geboren wurden, ebenfalls Vertriebene sind. Dies hat zur Folge, daß ein beträchtlicher Prozentsatz der vertriebenen Personen das Schicksal der Vertreibung nicht miterlebt hat.

Bei der Volkszählung 1950 wurden die Flüchtlinge und die Vertriebenen nach ihrem Wohnsitz am 1. September 1939 als sog. Wohnsitzvertriebene ermittelt. Bereits im Mikrozensus 1957 und bei den Volkszählungen 1961 und 1970 wurden die »Ausweisvertriebenen« erhoben. Danach gelten als Vertriebene die Inhaber des Bundesvertriebenenausweises A (Personen aus den Gebieten des Deutschen Reiches in den Grenzen vom 31. Dezember 1937, die bereits vor dem 31. Dezember 1937 dort wohnten) oder des Bundesvertriebenenausweises B (für Personen, die erst nach dem 31. Dezember 1937 in diese Gebiete zugezogen sind) und deren Kinder. Bei ehelichen Kindern erfolgt die Zuordnung nach der Vertriebeneneigenschaft des Vaters, bei unehelichen Kindern nach der der Mutter. Mit Ausnahme der Volkszählung 1950 wurde grundsätzlich die Ausweisdefinition zu Grunde gelegt. Die unterschiedliche Art der Erfassung blieb nicht ohne Einfluß auf die Anzahl der Vertriebenen.

Erste Schritte zur Eingliederung nach der »Stunde Null«

Die Ergebnisse der Volkszählung 1950 vermittelten ein bis dahin noch nie gekanntes Bild der Bewohner: 41,6 Millionen nichtvertriebene Deutsche standen 7,9 Millionen Vertriebenen gegenüber. Der Vertriebenenanteil an der deutschen Bevölkerung von insgesamt 49,6 Millionen betrug damals 16,2 Prozent. Regional gesehen lagen die Vertriebenenanteile in den nicht oder nur wenig zerstörten Gemeinden noch wesentlich höher. Diese Prozentanteilswerte sind in der Tat realistische Gradmesser für die Belastungen der Bevölkerung vor Ort durch die Aufnahme der Vertriebenen. Die Vertriebenen legten beim Wiederaufbau gemeinsam mit der heimischen Bevölkerung kräftig Hand an. Mit der Währungsreform und der Verabschiedung des Grundgesetzes der Bundesrepublik Deutschland vor 40 Jahren wurden die Grundlagen für den Wiederaufbau geschaffen, in dessen Folge sich das ereignete, was in aller Welt als deutsches Wirtschaftswunder bestaunt wurde. Der wirtschaftliche Aufschwung brachte eine große Binnenwanderung vom Land in die wiederaufgebauten Städte in Gang. Dort konnten die Vertriebenen ihr berufliches Können weit stärker zur Geltung bringen. Im späteren Verlauf zog es auch viele Einheimische zu entfernt gelegenen Arbeitsstätten, bis schließlich durch Gewerbe- und Industrieansiedlung außerhalb der großen Städte der Landflucht entgegengesteuert wurde. In diesen Entwicklungsphasen vollzog sich die Integration der Vertriebenen. Nach Abschluß der Vertreibung war jedoch der Zustrom in die Bundesrepublik Deutschland nicht beendet, wie der nachstehenden Übersicht entnommen werden kann.

Aus der DDR kommen bis heute Zuwanderer zu uns, die in den ersten Nachkriegsjahren als Sowjetzonenflüchtlinge registriert wurden. Daneben hat seit Kriegsende bis zum heutigen Tag der Zustrom von Deutschen aus Ost- und Südosteuropa als Nach-

Gebrannte Ware aus der Töpferei Vogt, 1946.

Bevölkerung, Vertriebene und Nichtvertriebene 1950, 1961 und 1970

Jahr	Wohnbevölkerung	Vertriebene		Nichtvertriebene	
	1000	1000	Prozent	1000	Prozent
1950	49.618,1	8.024,6	16,2	41.593,5	83,8
1961	55.498,6	8.156,2	14,7	46.542,4	83,9
1970	58.412,0	11.192,9	19,2	47.019,1	80,5
	Veränderung gegenüber Vorjahr absolut				
1961	5.880,5	131,6	−1,50	4.948,9	0,10
1970	2.913,4	3.036,7	4,50	476,7	−3,40
	Veränderung gegenüber Vorjahr in Prozent				
1961	11,9	1,6	−1,5P	11,9	
1970	5,3	37,3		4,5P	1,0

Anmerkung: P = Prozentpunkte

kriegsfolge nicht aufgehört. Diese Aussiedler wurden von der Bevölkerung der Bundesrepublik Deutschland als »Nachzügler der Vertreibung« betrachtet und werden oftmals als »Spätaussiedler« bezeichnet. Von 1950 bis zum Jahre 1970 hatten die Vertriebenen von 7,9 Millionen auf 11,2 Millionen oder um einen Anteil von 39,5 Prozent zugenommen; der Anstieg von 1961–1970 um 3 Millionen Vertriebene geht vorwiegend auf den Zuwachs Nachgeborener zurück. Die Aussiedler sind in den Vertriebenenzahlen mitenthalten.

Berufliche Umschichtung als Maßstab der Eingliederung

Bei der Eingliederung kommt den beruflichen Veränderungen der Vertriebenen seit ihrer Ankunft im Aufnahmegebiet bis zum Zeitpunkt der Integration eine Schlüsselstellung zu. Der allererste Status der Vertriebenen wird geprägt von den Grunderfordernissen zur Erhaltung des Lebens. Anstelle der Todesgefahr bei der Flucht und bei den Nöten während der Vertreibung traten die Sorgen um Nahrung, Kleidung und Wohnung. Diese Existenznöte charakterisiert die Situation der Vertriebenen in den ersten Jahren der Nachkriegszeit. Vielfach konnten die Vertriebenen die Grundausstattung zur Erfüllung wirtschaftlicher und sozialer Bedürfnisse am zugewiesenen Aufenthaltsort meist nicht erhalten. Als staatliche, kirchliche und vor allem nachbarschaftliche Hilfestellungen das Los der Flucht und Vertreibung zu lindern halfen, begann alsbald die Suche nach Arbeit. Nicht selten mußte der Wohnort mehrmals gewechselt werden, bis ein berufsbezogener oder adäquater Arbeitsplatz die Existenzsicherung auch der Familie gewährleistete. Der Arbeitsplatz wurde zur Basis für den Neubeginn.

Die Umschichtungsprozesse im beruflichen Werdegang der Vertriebenen sind zugleich Stationen der Integration von Arbeitsplatz zu Arbeitsplatz. Dies zeigt sich an den Zwischenstationen, die von verschiedenen Berufsgruppen bis zur Eingliederung durchwandert wurden. Bei den in die Untersuchung einbezogenen Vertriebenen handelt es sich um diejenigen Vertriebenen, die bis zum Abschluß der allgemeinen Vertreibung am Jahresende 1950 in das spätere Gebiet der Bundesrepublik Deutschland gekommen waren.

Ein Einblick in die tatsächlichen Berufstätigkeiten wird gewährt, wenn die vor der Zwangswanderung in den Herkunftsgebieten bestandenen Situationen mit denen nach der Vertreibung verglichen werden. Da hierfür statistische Daten zum Ausgangszeitpunkt der Flucht und der Vertreibung nicht vorhanden sind, mußte ersatzweise auf

Kunsttöpfermeister Wilhelm Werner, Hilgert 1985.

Töpferei Seiler, Leutershausen, 1985.

Erwerbstätigkeiten 1939 in den Gebietsteilen des Deutschen Reiches, die Vertreibungsgebiete oder später das Bundesgebiet geworden sind

Berufliche Stellung	Erwerbstätige				
	In den späteren Vertreibungsgebieten des Deutschen Reiches		Im Deutschen Reich auf der späteren Fläche des Bundesgebiets		
	1939		1939		1950
Selbständige	15,4	13,4	17,4	16,4	5,2
Mithelfende[1]	19,6	12,3	11,0	16,7	1,8
Beamte	4,5	7,2	6,9	40,0	3,7
Angestellte	10,3	19,4	13,0	16,3	14,3
Arbeiter	50,2	47,7	51,7	46,6	75,0
	100[2]	100[3]	100[2]	100[3]	100[4]

Anmerkung
Quelle: [1] Familienangehörige [2] Volkszählung 1939; [3] Mikrozensus 1974 [4] Statistik der Bundesrepublik Deutschland, Bd. 36, Teil 1, S. 26

Volkszählungsergebnisse vom 17. Mai 1939 zurückgegriffen werden.

Im Jahre 1939 hatte die Bevölkerung in den Herkunftsgebieten und in den Aufnahmegebieten unterschiedliche Erwerbsstrukturen. Im Aufnahmegebiet waren die Erwerbsquoten um 2,5 Prozentpunkte höher (51,7 Prozent). Bei mithelfenden Familienangehörigen schlägt sich die dominierende Agrarstruktur der Ostgebiete des Deutschen Reiches in der Erwerbsstruktur nieder. Bei den Angestellten, Beamten und bei den Nichtselbständigen überwiegen die Anteilswerte im Aufnahmegebiet um 2 bis 2,7 Prozentpunkte. Hier spiegelt sich der höhere Industralisierungsgrad wider, der schon damals die Gebietsteile des Deutschen Reiches, dem heutigen Bundesgebiet, charakterisiert hat. Die höheren Aufnahmequoten im Aufnahmegebiet widersprechen diesem Tatbestand nicht, weil viele Personen, die in einem industrialisierten Land als Arbeiter tätig sind, in stark agrarstrukturierten Landstrichen als mithelfende Familienangehörige tätig wären.

Eine weitere bemerkenswerte Tatsache ist der berufliche Sozialstatus der Flüchtlinge, der mit der Bevölkerung in den Ostgebieten des Deutschen Reiches nicht identisch ist. Die Vertriebenen sind unterrepräsentiert, wenn die Berufsgruppe keiner gehobenen Sozialstellung angehörte und überdurchschnittlich beteiligt, wenn sie eine gehobene berufliche Stellung einnahmen. So sind die Vertriebenenanteile bei Arbeitern geringer als im Herkunftsgebiet und bei Beamten und Angestellten war die Beteiligung an der Flucht und Vertreibung allumfassend. Bei den vertriebenen, mithelfenden Familienangehörigen betrug der Anteil 12,3 Prozent anstelle von 19,6 Prozent im Herkunftsgebiet. Auch die selbständigen Bauern dürften nicht ihrem Proporz entsprechend geflohen sein. Der im Westen ankommende Flüchtlingsstrom bestand daher in seiner Zusammensetzung nach der Berufsstruktur weniger aus Arbeitern und aus Personen mit arbeiterähnlicher Struktur als die Bevölkerung im Herkunftsgebiet.

Da erst ab 1950 wirklich brauchbare berufsspezifische Statistiken vorhanden sind, die die Situation belegen, aber zu diesem Zeitpunkt nicht mehr das niedrigste Sozialprestige repräsentieren, mußte vor 1950 über Unschärfen im Datenmaterial hinweggesehen werden. Die Daten vor 1950 spiegeln aber dennoch eine völlig veränderte Sozialstruktur im Vergleich zur Vorkriegszeit wider: Bei der starken Abnahme der Selbständigen, der weitgehenden Auflösung der Erwerbstätigkeit im Familienverbund mit dem fast vollständigen Rückgang der Erwerbstätigen und die Halbierung des Beamtenanteils, nimmt sich die beachtliche Abschwächung bei den Angestellten noch nahezu bescheiden

Ohne Mühe und Fleiss kein Preis!

G.-Pr.-Nr.

Lehrbrief.

Franz Hirsch

aus Neubistritz Bez. [illegible] geboren im Jahre 18[illegible]
hat bei Herrn Franz Brückner in Schönbach
das Zithermacher Gewerbe den bestehenden Vorschriften entsprechend durch 3 Jahre, nämlich vom 1. April 1895
bis 1. April 1898 erlernt, während der Lehrzeit sich die für einen Gehilfen erforderlichen Kenntnisse und Fertigkeiten genügend eigen gemacht, [illegible] betragen und die zur Freisprechung gesetzlich vorgeschriebenen Pflichten erfüllt.

Derselbe wurde frei und zum Gehilfen gesprochen und ihm gegenwärtiger Lehrbrief erteilt, damit er künftig den erworbenen Kenntnissen gemäß als Zithermacher arbeiten könne.

Schönbach, am 1. April 1898.

Lehrherr.

Genossenschafts-Vorsteher.

Lehrbrief eines Zithermachers aus Schönbach.

aus. Vor der Vertreibung gehörte rund die Hälfte aller Erwerbspersonen dem Arbeiterstand an (wie Übersicht 2 zeigt), während nach der Vertreibung zunächst drei Viertel der Erwerbspersonen Arbeiter waren.

Einen plastischen Eindruck von den mehr landwirtschaftlich orientierten Gebieten östlich von Oder und Neiße ist auch in der Berufszugehörigkeit der Beschäftigten erkennbar. Von den 4,47 Millionen Erwerbspersonen im Jahre 1939 gehörten allein 40,7 Prozent den land- und forstwirtschaftlichen Berufen an, 28,6 Prozent gingen handwerklichen und industriellen Berufen nach und 6,1 Prozent waren in Verwaltungs-, Rechtspflege- und Bildungsberufen sowie in Heilberufen tätig.

Berufswechsel der Vertriebenen im Zeitvergleich

Von 1939 bis 1950 hatte fast jeder zweite Vertriebene seine berufliche Stellung gewechselt, Selbständige zu 87 Prozent, mithelfende Familienangehörige in der Landwirtschaft zu 93 Prozent. Neun von zehn mithelfenden Familienangehörigen in der Landwirtschaft haben nicht mehr in diesem Wirtschaftszweig gearbeitet.

Das Ausmaß dieses Strukturumbruchs sucht seinesgleichen: Bei den abhängigen Erwerbstätigen wechselte jeder zweite Beamte oder Angestellte seine berufliche Stellung. Dagegen konnten die Arbeiter am ehesten wieder eine vergleichbare Beschäftigung erhalten, zumal bereits in einem frühen Stadium des Wiederaufbaus eine berufsadäquate Nachfrage bestand. Trotz dieser damals für Arbeiter verhältnismäßig günstigen Arbeitsmarktlage wechselte jeder dritte vertriebene Arbeiter seine berufliche Stellung. Bis zum Jahre 1950 waren vor allem die Selbständigen zu den Arbeitern übergewechselt und zwar die Landwirte zu 61 Prozent und die Selbständigen außerhalb der Landwirtschaft zu 41 Prozent. Die Selbständigen waren jedoch relativ selten nicht erwerbstätig geworden. Eine Sonderstellung nahmen bei der Wiederbeschäftigung im alten Beruf die Bergleute ein, wenn die gesundheitlichen Voraussetzungen gegeben waren.

Ganz anders verhielten sich die Angestellten; mit 56 Prozent, das war mehr als die Hälfte, wechselten sie in die Nichterwerbstätigkeit über. Verblüffend war auch, daß drei Viertel aller Arbeiter diesen Berufswechsel vollzogen. Die »Abwanderung« von 29 Prozent der Beamten zu den Angestellten und zu den Arbeitern ist für die damalige Zeit symptomatisch, denn nahezu 60 Prozent der Beamten wechselten den Beruf, 29 Prozent zur Berufsgruppe der Angestellten und 30 Prozent zu den Arbeitern. Bei dieser Umwandlung der Berufsstruktur gab es auch bei den abhängigen Erwerbstätigen Aufsteiger. Die Aufsteiger zur Berufsgruppe der selbständigen Erwerbstätigen waren zu 9,6 Prozent Angestellte.

Vor der Vertreibung gab es nach dieser vorgenannten Auswertung unter den erwerbstätigen Vertriebenen 18 Prozent Selbständige, die bis zum Jahresende 1955 auf ein Drittel absanken. Vom Strukturwandel sind die Selbständigen am stärksten erfaßt worden; selbst die mithelfenden Familienangehörigen sind in keinem auch nur annähernden Ausmaß einbezogen worden.

Die Reduzierung der Selbständigenquote unter den Vertriebenen geht fast ausschließlich auf die Begrenzung verfügbarer Finanzierungsmittel zurück. Bei der Neuordnung des Kreditmarktes nach der Währungsreform blieb dieser zunächst den zu gründenden Vertriebenen-Unternehmungen noch weitgehend verschlossen. Von den im Jahre 1954/55 zur Gruppe der Selbständigen zu rechnenden Vertriebenen waren nur 56 Prozent bereits vor der Vertreibung selbständig. Zweifelsohne hat hier eine »Leistungsauslese« erkennbar mitgewirkt, der mancher Vertriebene nicht gewachsen war. Nicht nur die andersartige Wirtschaftsstruktur spielt hierbei eine gewichtige Rolle mit, vor allem persönliche Fähigkeiten und Engagements waren gefordert. Für den Geschäftstüchtigen ergab sich durch die Gewerbefreiheit in der ehemaligen amerikanischen Besatzungszone eine besondere Hilfestellung zur Erlangung der »Selbständigkeit«. Andererseits hat in

Beide Abbildungen: Musikinstrumentenherstellung in Bubenreuth.

den Bundesländern die öffentliche Verwaltung durch Aufnahmebereitschaft zur Übernahme der Vertriebenen in den Verwaltungsdienst großzügige Hilfe geleistet.

Betrachtet man die Umschichtungen an sog. »Eingliederungsquoten«, die die Wiederverwendung der erwerbstätigen Vertriebenen in ihren früheren Berufen nachweist, so zeigt sich, daß 1954/55 die akademisch ausgebildeten Männer die höchste »Eingliederungsquote« erreichten. Besonders begünstigt waren Ärzte und Zahnärzte mit rund 94 Prozent. Katholische Geistliche hatten überhaupt keine Probleme, neue Aufgaben zu übernehmen. Auch bei den Lehrberufen war die Nachfrage günstig. Zu dieser vom Arbeitsmarkt bevorzugten Gruppe zählen auch Richter und Staatsanwälte sowie Architekten und Bauingenieure. Dagegen war für Gastwirte, Verkäufer und kaufmännisches Hilfspersonal der »Wiedereinstieg« in ihre früheren Berufe wesentlich schwieriger.

Entscheidend für die Eingliederung der Vertriebenen in ihre ehemaligen Berufe war die berufsspezifisch orientierte Nachfrage. Häufig entsprachen jedoch die Vertriebenen nicht den Anforderungen. Für selbständige Landwirte und deren mithelfende Familienangehörige führte die Vertreibung vielfach zum Verlust ihres beruflichen Status. Dies lag allerdings weniger an der Bereitschaft, als an der Tatsache, daß wenig Bauernhöfe zur Übernahme anstanden und die vertriebenen Bauern hatten nicht die Geldmittel hierfür. Eine größere Anzahl dieses Personenkreises wanderte daher in Arbeiterberufe ab und wurde deklassiert.

Eingliederungsstand der Vertriebenen in der zweiten Integrationsphase

Die zweite Eingliederungsphase ist durch starke Integrationsfortschritte gekennzeichnet. Im Jahre 1961 ist die weitaus größte Anzahl der Vertriebenen im Alter bis zu 15 Jahren in der Bundesrepublik Deutschland geboren worden. Eltern und Kinder haben sich hier bereits eingelebt. Ehemalige Zwangseinquartierte sind mit ihren früheren Wohnungsinhabern zu Vertrauten und nicht selten zu Freunden geworden. Und nicht wenige Vertriebene sind in die örtlichen Vereine aufgenommen worden und haben dort nicht selten auch Funktionen und Verantwortung übernommen. Manch alte Freundschaft stammt heute noch aus dieser Zeit. Die Vertriebenen beteiligten sich auch in erheblichem Ausmaß durch den Eintritt in die Parteien an der politischen Meinungsbildung und der Gestaltung ihrer neuen Heimat. Drei Kindergarten-Generationen haben in dieser Integrierungsphase das Vorschulalter hinter sich gelassen und sind bereits bis in die höheren Schulen aufgerückt. Da ihnen das Schicksal der Flucht oder der Vertreibung erspart blieb, lebten sie sich weitgehend unbelastet in die Gemeinschaft junger Menschen ein. Gerade die Jugend, Vertriebene und Nichtvertriebene, hat im außerordentlichen Maße zur Integration beigetragen und ist manch Einheimischen zum Vorbild für ein gedeihliches Zusammenleben geworden.

Für die Erwachsenen unter den Vertriebenen begannen sich in dieser Eingliederungsphase die zahlreichen Förderungsmaßnahmen sichtbar auszuwirken, die den beruflichen Start erleichtern und festigen halfen. Hervorzuheben sind hier insbesondere das Lastenausgleichsgesetz sowie die Förderungsmöglichkeiten, die sich aus dem Bundesvertriebenengesetz von 1953 ergaben. Die zweite Eingliederungsphase kann daher als Schwerpunkt der beruflichen, sozialen und kulturellen und nicht zuletzt der persönlichen Integration bezeichnet werden. Die Integrationsvorgänge der Vertriebenen in die nichtvertriebene Bevölkerung sind unverkennbar. Diese überaus positive Entwicklung kann aber nicht darüber hinwegtäuschen, daß zu diesem Zeitpunkt die Struktur der Erwerbstätigen unter den Vertriebenen sich noch deutlich von den Nichvertriebenen unterschied. Auch hinkt die kulturelle Integration dem allgemeinen Eingliederungsstand hinterher.

Umzug des Carl Zeiss Werkes von Jena nach Oberkochen, 1947.

Von 100 Vertriebenen bzw. Nichtvertriebenen waren 1961

Berufliche Stellung	Vertriebene	Nichtvertriebene
Selbständige	6,0	13,3
Mithelfende Familienangehörige	3,1	11,2
Beamte	5,7	4,5
Angestellte	24,6	24,4
Arbeiter	60,6	46,5
	100,0	100,0

Bezeichnend für den damaligen Entwicklungsstand der Integration ist, daß der Anteil der selbständigen Vertriebenen noch erheblich geringer als bei den Nichtvertriebenen war. Der Wunsch der Vertriebenen nach einem abgesicherten Lebensverlauf ist aus naheliegenden Gründen so stark hervorgetreten, daß deren Beamtenanteil den der Nichtvertriebenen übersteigt. Die wohl herausragendste Entwicklung in diesem Abschnitt der Nachkriegsphase wird durch den Anteil der vertriebenen Arbeiterschaft unter den vertriebenen Erwerbstätigen im Jahre 1961 mit nur noch 60,6 Prozent dokumentiert. Die berufsmäßige Eingliederung der Arbeiterschaft ist erst zu einem verhältnismäßig späten Zeitpunkt erfolgt.

Dritte Eingliederungsphase nach 1961

Die dritte Eingliederungsphase ist gekennzeichnet durch eine weitere Verringerung des Abstandes zwischen den Vertriebenen und den Nichtvertriebenen. Diese Entwicklung zeigt das Ergebnis der ersten echten Berufsverlaufsuntersuchung des Instituts für Arbeitsmarkt- und Berufsforschung für männliche Erwerbspersonen. Danach haben von 1955–1979 von den Vertriebenen 37 Prozent (Nichtvertriebene 31 Prozent) den Beruf gewechselt.

Auch die Ergebnisse des Mikrozensus 1970–1974 bestätigen das rasche Fortschreiten des Eingliederungsvorganges, der sich an der verbesserten Stellung im Beruf abgezeichnet hat. Die Vertriebenen gleichen sich immer mehr den Nichtvertriebenen an. Diese Entwicklung schreitet so zügig fort, daß sich selbst bei den Arbeitern die Erwerbstätigenanteile annähern. Bei den Angestellten – und das gilt insbesondere für die Beamtenschaft – haben bereits die Vertriebenen die Nichtvertriebenen überholt.

IV.9.1

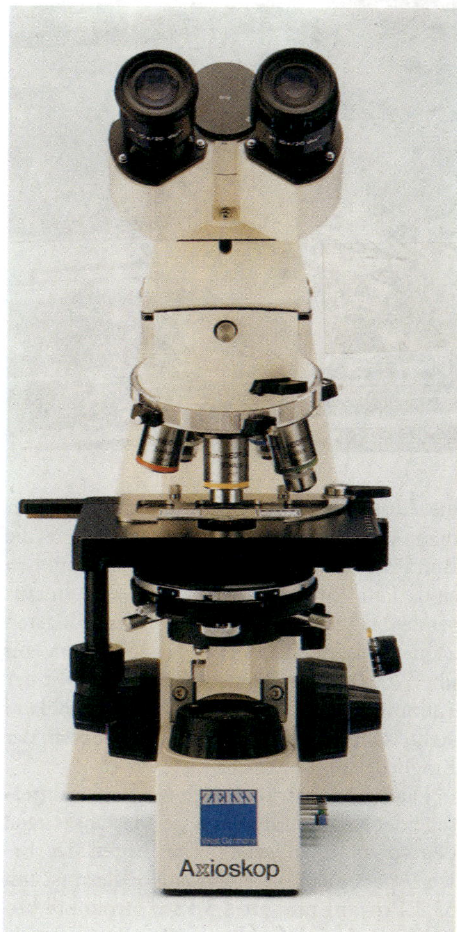

Demgegenüber geht in den 70er Jahren die Zahl der mithelfenden Familienangehörigen allgemein stark zurück. Obwohl die Anteilswerte deshalb sehr niedrig sind, ist der Anteil der Nichtvertriebenen in dieser Berufsgruppe mit 5,7 Prozent mehr als doppelt so hoch wie bei den Vertriebenen (2,1 Prozent). In der Landwirtschaft können weiterhin Vertriebene nur schwer Fuß fassen, da der landwirtschaftliche Besitz weiterhin in den Händen alteingesessener Bauern ist. Vertriebene Landwirte hatten es daher schwer, Bauernhöfe zu pachten oder zu erwerben. Später ergab sich vereinzelt die Möglichkeit, in »Bauernhöfe einzuheiraten«. Auch in anderen Bereichen, wie z.B. in der Schule, kam es bereits relativ frühzeitig zur Integration. Die vertriebene Jugend im Schul- und Ausbildungsbereich war zu einer Art »Vorreiter des sozialen Aufstiegs« geworden. Bereits nach den Volkszählungsergebnissen von 1961 waren die Vertriebenen hinsichtlich der Schüler- und Studentenzahlen und der Abschlüsse an den Hochschulen oder Fach- bzw. Berufsfachschulen kaum noch benachteiligt.

Bereits Anfang der siebziger Jahre kann davon ausgegangen werden, daß die Eingliederung der vertriebenen Jugend als abgeschlossen zu bezeichnen war. Nach H. Steiger wanderten »wie bei der Gesamtbevölkerung die Söhne und Töchter von selbständigen Landwirten meist in die Arbeiterberufe ab und nur ein geringer Teil gelangte auch in Angestelltenberufe. Beamtenkinder wechselten demgegenüber weit weniger, wie dies auch bei Angestellten zu beobachten ist«. Offenbar haben selbst so einschneidende Ereignisse wie die Vertreibung nicht dazu geführt, daß von einer Generation auf die andere eine soziale Umschichtung größten Ausmaßes stattfand. Die Vertreibung kann daher als Störphase angesehen werden, die keine grundlegende Sozialstrukturveränderung auf längere Sicht erzwungen hat. Vielmehr lassen sich heute bei den Vertriebenen und Nichtvertriebenen ähnlich verlaufende Entwicklungstendenzen beobachten, wie sie sich auch in der deutschen Gesamtbevölkerung ergeben haben.

Die berufliche Eingliederung ist das Hauptproblem jeglicher Vertriebenenhilfe. Die Wiederherstellung der beruflichen Integrität ist im höchsten Maße persönlichkeitsformend, und sie ist ein unerläßlicher Indikator für eine erfolgversprechende Neuorientierung im Aufnahmeland. Die berufliche Eingliederung der Vertriebenen wurde zum Fundament deren gesellschaftlicher Integration.

Carl Zeiss Werk Oberkochen. Bearbeitung des 3,6-Meter-Spiegels für das »New-Technology-Telescope« der Europäischen Südsternwarte (ESO).

Carl Zeiss Werk in Oberkochen, 1986.

Eingliederung von Aussiedlern nach Abschluß der allgemeinen Vertriebenenintegration

Die Untersuchung zur Eingliederung der Vertriebenen kann ohne einen Hinweis auf die Aussiedler nicht geführt werden, die seit dem Abschluß der Vertreibung 1950 in die Bundesrepublik Deutschland gekommen sind. Jahr für Jahr treffen seither Zehntausende bei uns ein. Und nach den jüngsten Zahlen ist im Jahre 1988 der Zustrom auf über 200.000 Aussiedler angestiegen. Mit der Ankunft in der Bundesrepublik Deutschland stellte sich für die Aussiedler das Problem der Eingliederung.

Die Erwerbsstruktur der Aussiedler unterscheidet sich deutlich von der der ansässigen deutschen Bevölkerung. Der Anteil der Erwerbspersonen unter den Aussiedlern ist mit 53,8 Prozent um gut 8,5 Prozentpunkte höher als bei den Deutschen in der Bundesrepublik, wie Anhangtabelle 4 zeigt. Abgesehen vom Jahre 1976 lag die Quote der Erwerbspersonen bei den Aussiedlern stets über 50 Prozent und erreichte mit 58,8 Prozent im Jahre 1961 ihren Höchststand (Erwerbspersonenanteil in der Bundesrepublik Deutschland 44,3 Prozent). Die Beteiligung am Erwerbsleben ist bei den Aussiedlern ähnlich wie bei den Vertriebenen. So sind die Aussiedler in den »unteren« Berufsgruppen weniger stark vertreten und in den »gehobeneren« Berufen überrepräsentiert. Die land- und forstwirtschaftlichen Aussiedler nehmen seit 1976 in nennenswertem Umfang ab. Sie fielen von 9,1 Prozent im Jahre 1976 auf 2,5 Prozent im Jahre 1987. Dagegen ist bei den Berufen des Geistes- und Kunstlebens ein Anstieg von 4 Prozent auf 6 bis über 8 Prozent zu beobachten, wie aus Anhangtabelle 5 ersichtlich ist. Nach Auskunft der Bundesanstalt für Arbeit waren im Februar 1989 87.000 Aussiedler arbeitslos. Für einige Berufe im handwerklichen Bereich, vor allem im Bau- und Ausbaugewerbe sowie im Hotel- und Gaststättengewerbe besteht gute Nachfrage.

Für viele Vertriebene wird eine umfassende Nachschulung im erlernten Beruf bzw. ein Wechsel in eine andere Berufsgruppe zur Sicherung des Lebensunterhalts erforderlich sein. Unerläßliche Voraussetzung ist jedoch für eine berufsspezifische Tätigkeit außerhalb von Hilfsarbeiten die Beherrschung der deutschen Sprache. Die Eingliederungsphase wird daher in entscheidendem Ausmaß von den persönlichen Fähigkeiten der Aussiedler abhängen. Damit die Grundbedingungen des Lebensunterhalts in der Eingliederungsphase gesichert sind, sorgen Bundes- und Landesregierungen, die Vertriebenen- und Wohlfahrtsverbände und nicht wenige Bundesbürger für umfangreiche Hilfen. Den Engpässen, die derzeit bei der Wohnungsbeschaffung bestehen, wird mit umfangreichen Baumaßnahmen entgegengewirkt. Wenngleich sich heute die Probleme der Eingliederung ganz anders als damals bei den Vertriebenen stellen, so stehen die Integrationsschwierigkeiten in keinem Verhältnis zur Eingliederung der Flüchtlinge und Vertriebenen.

Die anstehenden Probleme dürften sich angesichts des geringen Anteils der Aussiedler an der deutschen Bevölkerung des Bundesgebiets von 0,08 Prozent im Jahre 1976 bis 0,15 Prozent im Jahre 1987 gut meistern lassen. Während innerhalb von fünf Jahren bis 1950 7,9 Millionen Vertriebene und Flüchtlinge nach Westdeutschland einströmten, kamen im Verlauf von 13 Jahren bis 1988 »lediglich« 0,9 Millionen Aussiedler in das Bundesgebiet. Es kann daher erwartet werden, daß die Aussiedler sogar in nennenswert kürzerer Zeit als die Vertriebenen in die Gesellschaft der Bundesrepublik Deutschland integriert werden.

Berufliche Stellung der Vertriebenen und Nichtvertriebenen 1939, 1950 und 1960

Berufliche Stellung	1939 1950 1960	Wohnbevölkerung[1] nach der Stellung im Beruf: Insgesamt	Vertriebene		Nichtvertriebene		darunter sind ... Personen von 1939 bis 1950 / 1950 bis 1960 / 1960 bis 1971 in andere berufliche Stellungen übergewechselt: zusammen		Vertriebene		Nichtvertriebene	
			1000	%	1000	%	1000	%	1000	%	1000	%
Nichterwerbstätige	1939	6.489	1.229	18,9	5.260	81,1	1.580	24,3	365	29,7	1.215	23,1
	1950	9.754	2.032	20,8	7.722	79,2	2.233	22,9	535	26,3	1.698	22,0
	1960	13.632	2.664	19,5	10.998	80,7	2.185	16,0	430	16,1	1.755	16,0
Selbständige – in Landwirtschaft	1939	677	156	23,0	521	77,0	216	31,9	136	87,2	80	15,4
	1950	775	38	4,9	737	95,1	210	27,1	21	55,3	189	25,6
	1960	879	33	3,8	846	96,2	390	44,4	16	48,5	374	44,2
– außerhalb der Landwirtschaft	1939	854	164	19,2	690	80,8	223	26,1	103	62,8	120	17,4
	1950	1.248	142	11,4	1.106	88,6	298	23,9	46	32,4	252	22,8
	1960	1.614	195	12,1	1.419	87,9	568	35,2	74	37,9	494	34,8
Mithelfende – in der Landwirtschaft	1939	1.096	231	21,1	865	78,9	518	47,3	213	92,2	305	34,3
	1950	1.088	41	3,8	1.047	96,2	441	40,5	29	70,7	412	39,4
	1960	1.098	35	3,2	1.063	96,8	432	39,3	14	40,0	418	39,3
– außerhalb der Landwirtschaft	1939	306	61	19,9	245	80,1	159	52,0	52	85,2	107	43,7
	1950	350	30	8,6	320	91,4	150	42,9	13	43,3	137	42,8
	1960	424	42	9,9	382	90,1	216	50,9	23	54,8	193	50,5
Beamte	1939	754	172	22,8	582	77,2	267	35,4	85	49,4	182	31,3
	1950	842	146	17,3	696	82,7	164	19,5	28	19,2	136	19,5
	1960	1.356	278	20,5	1.078	79,5	492	36,3	100	36,0	392	36,4
Angestellte	1939	2.415	461	19,1	1.954	80,9	1.046	43,3	245	53,1	801	41,0
	1950	3.206	589	18,4	2.612	81,5	1.054	32,9	212	36,0	842	32,2
	1960	5.141	975	19,0	4.166	81,0	2.056	40,0	365	37,4	1.691	40,6
Arbeiter	1939	5.858	1.135	19,4	4.723	80,6	2.015	34,4	409	36,0	1.606	34,0
	1950	8.234	2.042	24,8	6.192	75,2	2.451	29,8	619	30,3	1.832	29,6
	1960	10.635	2.501	23,5	8.134	76,5	4.138	38,9	901	36,0	3.237	39,8
Auszubildende in Lehrberufen	1939	752	161	21,4	591	78,6	748	99,5	159	98,8	589	99,7
	1950	1.058	215	20,3	843	79,7	1.055	99,7	215	100,0	840	99,6
	1960	1.225	189	15,4	1.036	84,6	1.224	99,9	189	100,0	1.035	99,9
Ohne Angabe	1939	2.216	430	19,4	1.786	80,6	1.131	51,0	247	57,4	884	49,5
	1950	2.188	412	18,8	1.776	81,2	2.076	94,9	391	94,9	1.685	94,9
	1960	186	32	17,2	154	82,8	72	38,7	16	50,0	56	36,4
Insgesamt	1939	21.417	4.200	19,6	17.217	80,4	7.903	36,9	2.014	48,0	5.889	34,2
	1950	28.743	5.687	19,8	23.051	80,2	10.132	35,3	2.109	37,1	8.023	34,8
	1960	36.190	6.944	19,2	29.276	80,9	11.773	32,5	2.128	30,6	9.645	32,9

Anmerkung: [1] Ohne Ausländer und ohne Flüchtlinge aus der DDR;
1939: Vertriebene, die im April 1971 den Geburtsjahren 1926 und früher angehörten
1950: Vertriebene, die im April 1971 den Geburtsjahren 1936 und früher angehörten
1960: Vertriebene, die im April 1971 den Geburtsjahren 1946 und früher angehörten
Quelle: Statistisches Bundesamt, Mikrozensus 1971

Berufliche Stellung der Vertriebenen und Nichtvertriebenen 1939, 1950 und 1960

Berufliche Stellung		Wohnbevölkerung[1] nach der Stellung im Beruf			darunter sind ... Personen von 1939 bis 1950 / 1950 bis 1960 / 1960 bis 1971 in andere berufliche Stellungen übergewechselt		
1939 1950 1960		Insgesamt	Vertriebene	Nichtvertriebene	zusammen	Vertriebene	Nichtvertriebene
		Prozent[2]					
Nichterwerbstätige	1939	30,3	29,3	30,6	20,0	18,1	20,6
	1950	33,9	35,7	33,5	22,0	25,4	21,2
	1960	37,7	38,4	37,6	18,6	20,2	18,2
Selbständige – in der Landwirtschaft	1939	3,2	3,7	3,0	2,7	6,8	1,4
	1950	2,7	0,7	3,2	2,1	1,0	2,4
	1960	2,4	0,5	2,9	3,3	0,8	3,9
– außerhalb der Landwirtschaft	1939	4,0	3,9	4,0	2,8	5,1	2,0
	1950	4,3	2,5	4,8	2,9	2,2	3,1
	1960	4,5	2,8	4,8	4,8	3,5	5,1
Mithelfende – in der Landwirtschaft	1939	5,1	5,5	5,0	6,6	10,6	5,2
	1950	3,8	0,7	4,5	4,4	1,4	5,1
	1960	3,0	0,5	3,6	3,7	0,7	4,3
– außerhalb der Landwirtschaft	1939	1,4	1,5	1,4	2,0	2,6	1,8
	1950	1,2	0,5	1,4	1,5	0,6	1,7
	1960	1,2	0,6	1,3	1,8	1,1	2,0
Beamte	1939	3,5	4,1	3,4	3,4	4,2	3,1
	1950	2,9	2,6	3,0	1,6	1,3	1,7
	1960	3,7	4,0	3,7	4,2	4,7	4,1
Angestellte	1939	11,3	11,0	11,3	13,2	12,2	13,6
	1950	11,2	10,4	11,3	10,4	10,1	10,5
	1960	14,2	14,0	14,2	17,5	17,2	17,5
Arbeiter	1939	27,4	27,0	27,4	25,5	20,3	27,3
	1950	28,6	35,9	26,9	24,2	29,4	22,8
	1960	29,4	36,0	27,8	35,1	42,3	33,6
Auszubildende in Lehrberufen	1939	3,5	3,8	3,4	9,5	7,9	10,0
	1950	3,7	3,8	3,7	10,4	10,2	10,5
	1960	3,4	2,7	3,5	10,4	8,9	10,7
Ohne Angabe	1939	10,3	10,2	10,4	14,3	12,3	15,0
	1950	7,6	7,2	7,7	20,5	18,5	21,0
	1960	0,5	0,5	0,5	0,6	0,8	0,6
Insgesamt	1939	100	100	100	100	100	100
	1950	100	100	100	100	100	100
	1960	100	100	100	100	100	100
	1939	21.417	4200	17.217	7903	2014	5889
	1950	28.743	5687	23.051	10.132	2109	8023
	1960	36.190	6944	29.276	11.773	2128	9645

Anmerkung: [1] Ohne Ausländer und ohne Flüchtlinge aus der DDR;
1939: Vertriebene, die im April 1971 den Geburtsjahren 1926 und früher angehörten
1950: Vertriebene, die im April 1971 den Geburtsjahren 1936 und früher angehörten
1960: Vertriebene, die im April 1971 den Geburtsjahren 1946 und früher angehörten
[2] Geringfügige Änderungen durch Rundungen bedingt
Quelle: Statistisches Bundesamt, Mikrozensus 1971

Stellungswechsel der Vertriebenen nach beruflichem Status von 1939–1950

Berufliche Stellung		Vertriebene[1] mit Wechsel der beruflichen Stellung		davon sind ... Vertriebene, die von 1939 bis 1950, von 1950 bis 1960, von 1960 bis 1971 in eine andere berufliche Stellung übergewechselt sind als ...					
1939 1950 1960		1939/1950 1950/1960 1960/1971		Nicht-erwerbs-tätige	Selb-stän-dige[2]	Mit-helfende Ange-hörige[2]	Beamte	Ange-stellte	Arbei-ter
		1000	Prozent						
Nichterwerbs-tätige	1939	365	100	*	3,7	1,7	4,6	27,9	48,0
	1950	535	100	*	4,0	1,8	6,2	30,5	55,8
	1960	430	100	*	3,6	2,5	10,7	38,5	43,6
Selbständige – in der Land-wirtschaft	1939	136	100	30,3	*	–	*	*	60,7
	1950	21	100	36,5	*	–	*	*	54,0
	1960	16	100	48,8	*	–	–	*	32,7
– außerhalb der Land-wirtschaft	1939	103	100	36,7	*	*	*	14,8	41,0
	1950	46	100	41,1	*	*	*	26,1	25,9
	1960	74	100	57,4	*	*	*	21,7	16,1
Mithelfende – in der Land-wirtschaft	1939	213	100	51,2	*	*	*	2,7	40,2
	1950	29	100	53,6	*	*	*	*	31,9
	1960	14	100	50,0	*	–	–	*	*
– außerhalb der Land-wirtschaft	1939	52	100	55,1	*	*	*	10,3	24,7
	1950	13	100	59,1	*	*	–	*	*
	1960	23	100	59,7	*	*	–	*	*
Beamte	1939	85	100	28,0	6,6	*	*	28,7	29,6
	1950	28	100	72,1	*	*	*	*	*
	1960	100	100	60,2	*	*	*	17,9	18,0
Angestellte	1939	245	100	56,2	9,6	*	2,9	*	22,4
	1950	212	100	19,0	11,4	2,5	10,9	*	15,3
	1960	365	100	75,6	8,1	2,2	4,7	*	9,2
Arbeiter	1939	409	100	73,0	4,6	*	2,5	5,8	*
	1950	619	100	70,8	5,2	*	5,1	15,5	*
	1960	901	100	70,7	5,0	0,7	2,3	20,4	*
Auszubildende in Lehrberufen	1939	159	100	19,8	3,1	*	*	21,2	49,6
	1950	215	100	11,0	*	*	4,6	21,4	60,4
	1960	189	100	22,3	*	4,9	34,7	35,1	
Ohne Angabe	1939	247	100	43,3	*	*	2,1	13,8	45,3
	1950	391	100	57,3	2,6	*	2,7	7,8	27,9
	1960	16	100	45,9	*	*	*	*	*
Insgesamt	1939	2.014	100	39,4	3,7	0,8	2,3	12,3	33,2
	1950	2.109	100	41,8	4,5	1,1	5,3	16,8	28,8
	1960	2.128	100	51,4	4,8	1,4	4,4	21,5	15,7

Anmerkung: 1) Ohne Ausländer und ohne Flüchtlinge aus der DDR;
1939: Vertriebene, die im April 1971 den Geburtsjahren 1926 und früher angehörten
1950: Vertriebene, die im April 1971 den Geburtsjahren 1936 und früher angehörten
1960: Vertriebene, die im April 1971 den Geburtsjahren 1946 und früher angehörten
2) Außerhalb der Landwirtschaft
* Wert unterhalb der Darstellungseinheit; (–) keine Angaben angefallen; (/) gegenüber

Quelle: Statistisches Bundesamt, Mikrozensus 1971

Deutsche Bevölkerung und eingetroffene Aussiedler nach der Erwerbstätigkeit 1976–1987

Jahr	Deutsche					Aussiedler[1]					
	Wohnbevölkerung[2]	Erwerbspersonen		Nichterwerbspersonen		Zusammen	Anteil an Bevölkerung	Erwerbspersonen		Nichterwerbspersonen	
	Tausend		Prozent	Tausend	Prozent	Anzahl	Prozent	Anzahl	Prozent	Anzahl	Prozent
1976	57.671	24.529	42,5	33.142	57,5	44.402	0,08	21.272	47,9	23.130	52,1
1977	57.551	24.710	42,9	32.841	57,1	54.256	0,09	27.670	51,0	26.586	49,0
1978	57.394	24.821	43,2	32.573	56,8	58.130	0,10	30.723	52,9	27.407	47,1
1979	57.254	25.061	43,8	32.193	56,2	54.887	0,10	29.852	54,4	25.035	45,6
1980	57.186	25.357	44,3	31.829	55,7	52.071	0,09	28.884	55,5	23.187	44,5
1981	57.047	25.653	45,0	31.394	55,0	69.455	0,12	40.812	58,8	28.643	41,2
1982	56.955	25.940	45,5	31.015	54,5	47.993	0,08	24.896	51,9	23.097	48,1
1983	56.806	26.169	46,1	30.637	53,9	37.844	0,07	19.224	50,8	18.620	49,2
1984	56.691	26.402	46,6	30.289	53,4	36.387	0,06	20.914	57,5	15.473	42,5
1985	56.551	26.650	47,1	29.901	52,9	38.968	0,07	21.760	55,8	17.208	44,2
1986	56.489	26.865	47,6	29.624	52,4	42.788	0,08	23.606	55,2	19.182	44,8
1987	56.454	27.023	47,9	29.431	52,1	86.023[1]	0,15	45.617	53,0	40.406	47,0
	100[3]	309.180	45,2	374.869	54,8	623.204	0,09	335.230	53,8	287.974	46,2

Anmerkung: [1] 7500 Aussiedler konnten wegen des starken Zustroms damals nicht registriert werden. In den Jahresdaten sind diese Aussiedler von P. Rauch analog der Anteile der registrierten Aussiedler einbezogen worden. – Sämtliche Aussiedlerdaten beziehen sich auf den Zeitpunkt vor Ankunft im Bundesgebiet. – [2] Auf Basis der Volkszählung 1970 [3] = Prozent

Quelle: Statistisches Bundesamt, Erwerbstätigkeitsstatistik; – Bundesausgleichsamt, VT-Statistik (Aussiedler)

Aussiedler nach der Beteiligung am Erwerbsleben 1976–1987

Jahr	Aussiedler insgesamt	Erwerbspersonen									
		Zusammen	Berufsgruppen								
			Land- und Forstwirtschaft	Industrie und Handwerk	Technik	Dienstleistungsbereich[1]	davon: Handel und Verkehr	Hauswirtschaft, Gesundh., Körperpflege	Verwaltung, Organisation	Geistes- und Kunstleben	Andere Berufe und Tätigkeiten
						Anzahl					
1976	44.402	21.272	1.928	10.741	1.084	7.478	3.057	1.909	1.652	860	41
1977	54.256	27.670	2.288	14.130	1.600	9.640	3.538	2.242	2.475	1.385	12
1978	58.130	30.723	2.339	16.150	1.619	10.566	3.874	2.225	3.187	1.280	49
1979	54.887	29.852	2.456	15.217	1.938	10.229	3.714	2.158	3.165	1.192	12
1980	52.071	28.884	1.764	13.863	2.513	10.710	3.472	2.161	3.421	1.656	34
1981	69.455	40.812	1.137	18.244	5.111	16.293	5.048	3.273	5.498	2.474	27
1982	47.993	24.896	926	11.562	3.009	9.387	2.889	1.947	2.697	1.854	12
1983	37.844	19.224	878	8.944	1.769	7.628	2.088	1.457	2.480	1.603	5
1984	36.387	20.914	719	9.636	2.278	8.259	2.403	1.564	2.656	1.636	22
1985	38.968	21.760	710	9.436	2.301	9.281	2.485	1.704	3.446	1.646	32
1986	42.788	23.606	615	10.560	2.311	10.100	2.933	1.894	3.604	1.669	20
1987[2]	86.023	45.617	1.149	22.989	3.990	17.443	6.120	3.473	4.937	2.913	46
Insgesamt	623.204	335.230	16.909	161.472	29.523	127.014	41.621	26.007	39.218	20.168	312

Aussiedler nach der Beteiligung am Erwerbsleben 1976–1987

Jahr	Aussiedler insgesamt	Erwerbspersonen									
		Zusammen	Berufsgruppen								
			Land- und Forstwirtschaft	Industrie und Handwerk	Technik	Dienstleistungsbereich[1]	davon: Handel und Verkehr	Hauswirtschaft, Gesundh., Körperpflege	Verwaltung, Organisation	Geistes- und Kunstleben	Andere Berufe und Tätigkeiten
		Prozent									
1976		100	9,1	50,5	5,1	35,2	14,4	9,0	7,8	4,0	0,2
1977		100	8,3	51,1	5,8	34,8	12,8	8,1	8,9	5,0	0,0
1978		100	7,6	52,6	5,3	34,4	12,6	7,2	10,4	4,2	0,2
1979		100	8,2	51,0	6,5	34,3	12,4	7,2	10,6	4,0	0,0
1980		100	6,1	48,0	8,7	37,1	12,0	7,5	11,8	5,7	0,1
1981		100	2,8	44,7	12,5	39,9	12,4	8,0	13,5	6,1	0,1
1982		100	3,7	46,4	12,1	37,7	11,6	7,8	10,8	7,4	0,0
1983		100	4,6	46,5	9,2	39,7	10,9	7,6	12,9	8,3	0,0
1984		100	3,4	46,1	10,9	39,5	11,5	7,5	12,7	7,8	0,1
1985		100	3,3	43,4	10,6	42,5	11,4	7,8	15,8	7,6	0,1
1986		100	2,6	44,7	9,8	42,8	12,4	8,0	15,3	7,1	0,1
1987[2]		100	2,5	50,4	8,7	38,2	13,4	7,6	10,8	6,4	0,1
Insgesamt		100	5,0	48,2	8,8	37,9	12,4	7,8	11,7	6,0	0,1

Anmerkungen: [1] Einschl. Bergbauberufe; — [2] 7500 Aussiedler konnten wegen des starken Zustroms noch nicht registriert werden. In den Jahresdaten sind diese Aussiedler von P. Rauch analog der registrierten Aussiedleranteile einbezogen worden.

Quelle: Bundesausgleichsamt, VT-Statistik (Aussiedler)

LITERATURAUSWAHL

RAUCH, Paul: Vertriebene und Nichtvertriebene im Vergleich, in: Hans Joachim von Merkatz (Hrsg.), Aus Trümmern wurden Fundamente, Düsseldorf 1979, S. 263–278

Der Beitrag der Vertriebenen und Flüchtlinge zum Wiederaufbau der deutschen Wirtschaft

Liliana Djeković und Hermann Gross

Die kriegszerstörten und in ihrer Produktionskraft durch Demontagen weiter geschwächten westlichen Teile Deutschlands wurden vor und nach Kriegsende (1945) von rund zwölf Millionen Menschen überflutet. Die Auszählung der Bevölkerung der Volkszählung von 1950 nach dem Wohnort am 1. September 1939 ergab, daß von den 47,7 Millionen Einwohnern des Bundesgebiets 9,61 Millionen erst während oder nach Beendigung des Krieges in das Gebiet der Bundesrepublik Deutschland gekommen waren. Unter diesen befanden sich fast 8 Millionen Vertriebene, das sind 16,5 Prozent der Gesamtbevölkerung. Von diesen stammten rund 3 Millionen aus den ostmittel- und südosteuropäischen Staaten, rund 4 Millionen aus den deutschen Ostgebieten und 1 Million aus der DDR. Von 1950 bis zur Errichtung der Berliner Mauer im August 1961 sind weiter ca. 3 Millionen Flüchtlinge aus der DDR in die Bundesrepublik Deutschland gekommen.

Insgesamt kamen im ununterbrochenen Zustrom im Zeitraum 1951 bis 1985 aus der DDR und Berlin (Ost) über 3,2 Millionen Flüchtlinge und Übersiedler – mit Höhepunkten in den fünfziger Jahren und einem tiefen Einschnitt durch den Mauerbau 1961. Im gleichen Zeitraum kamen aus den Aussiedlungsgebieten Ost- und Südosteuropas (als Vertriebene im Sinne des Bundesvertriebenengesetzes) rund 1,3 Millionen Aussiedler in die Bundesrepublik Deutschland. Während die Zuwanderungszahlen für Deutsche aus der DDR in den Jahren 1985 mit 25.000 und 1986 mit 29.000 keine übermäßig hohen Zuwachsraten aufweisen, stieg die Zahl der in die Bundesrepublik Deutschland zugewanderten Aussiedler von rund 39.000 im Jahr 1985 auf 202.000 im Jahre 1988 sprunghaft an. Für die jüngste Zeit und in Zukunft dürfte mit einer Fortsetzung dieser Entwicklung zu rechnen sein. Seit Kriegsende bis heute hat die Bundesrepublik Deutschland damit ca. 12,6 Millionen Flüchtlinge und Vertriebene aufgenommen.

Die tiefgreifenden wirtschaftlich-gesellschaftlichen, aber auch geistigen Umwandlungen, die mit der Eingliederung der Vertriebenen und Flüchtlinge (zusammenfassend weiterhin als Vertriebene bezeichnet) in der Bundesrepublik Deutschland verbunden waren und die zu deren schneller wirtschaftlicher Entwicklung und Wiedereinschaltung in die Weltwirtschaft mit beigetragen haben, sind im In- und Ausland in zahlreichen Studien untersucht worden. Hier sei ausdrücklich auf die sehr eingehende zusammenfassende Darstellung und Analyse der Gesamtentwicklung hingewiesen, die in dem wissenschaftlichen Werk »Die Vertriebenen in Westdeutschland, ihre Eingliederung und ihr Einfluß auf Gesellschaft, Wirtschaft, Politik und Geistesleben« geboten wird. Von besonderem Interesse im Zusammenhang mit dem hier behandelten Thema ist der Inhalt des zweiten Bandes, der sich mit den wirtschaftlichen Fragen der Eingliederung und deren Auswirkungen auf die Volkswirtschaft der Bundesrepublik Deutschland und ihre Beziehungen zum Ausland befaßt. Dabei sei besonders der Beitrag von Friedrich Edding »Bevölkerung und Wirtschaft« genannt, auf den sich die folgenden zusammenfassenden Ausführungen zum großen Teil stützen.

Zunächst und zum Teil auch auf längere Zeit bedeuteten die Millionen besitzloser Vertriebener eine außerordentliche Belastung. Durch das verhältnismäßig frühe Ausscheiden vieler entwurzelter, besonders älterer Vertriebener aus dem Erwerbsleben wurde das Verhältnis von verdienender zur zu versorgenden Bevölkerung ungünstig beeinflußt und die Soziallast stark erhöht.

Da die Berufsstruktur der Vertriebenen – viele waren Landwirte samt mithelfenden Familienangehörigen – zum Teil nicht der Nachfrage in ihren Aufnahmegebieten entsprach, war zudem eine sehr schwierige und langdauernde Anpassung notwendig, wodurch die Entwicklung der durchschnittlichen Produktivität zunächst verzögert wurde. Um das erforderliche Sozial- und Produktionskapital wie Wohnungen, Schulen, Krankenhäuser, Produktions-, Verkehrs- und Handelsbetriebe schaffen zu können – rund 100 Milliarden DM – mußte relativ viel und billig gearbeitet werden und konnte nur relativ wenig konsumiert werden. Wesentlich erschwert wurde eine produktive Betätigung der Vertriebenen, außer durch die Kriegszerstörungen – an Grund- und Betriebsvermögen sind 1,5 Millionen Kriegsschäden (zerstörte Betriebe) entstanden –, durch die von den Siegermächten verfügten Demontagen und Produktionseinschränkungen der deutschen Industrie.

Erst mit der Einbeziehung der westlichen Teile Deutschlands in das europäische Wiederaufbauprogramm des Marshallplans im Jahre 1948 fielen alle diese Einschränkungen, und man erlaubte den Deutschen, wieder frei zu arbeiten. Nunmehr begann nach der Stabilisierung der deutschen Währung und der Errichtung einer einheitlichen Verwaltung der

Hegenscheidt Werkzeugmaschinenfabrik in Erkelenz, 1989.

Bundesrepublik Deutschland mit der Einführung einer wirklichkeitsnahen liberalen Wirtschaftspolitik ein überraschend schneller Wiederaufbau der deutschen Wirtschaft. Für diese bildete die in Form von Rohstoff- und Produktionsmittellieferungen und »technical assistance« erfolgte Marshallplanhilfe eine äußerst wertvolle Initialzündung.

Zu Beginn der Wiederaufbauphase der deutschen Wirtschaft stellte sich als dringlichstes Problem der Eingliederung die Versorgung der ihrer Existenzgrundlage beraubten Vertriebenen. Hier kam das Instrument des Lastenausgleichs zum Einsatz, das geschaffen worden war, um die offensichtlichen wirtschaftlichen Nachteile und Startschwierigkeiten der Vertriebenen wenigstens teilweise zu beheben. Im Jahre 1950 wurde durch die gewährte Unterhaltshilfe nahezu 1 Million Einzelpersonen oder Familien ermöglicht, ihren Lebensunterhalt zu bestreiten. Daneben waren außerdem 184.000 Vertriebene ausschließlich auf laufende Unterstützung aus der öffentlichen Fürsorge angewiesen. Diese Zahlen reduzierten sich jedoch rasch mit der Zuerkennung von Rentenversicherungsleistungen auf die Hälfte im Jahre 1961 und bis 1982 auf nur noch 172.000 Unterhaltshilfeempfänger und 40.000 Fürsorgebezieher, was besonders eindrucksvoll ist, wenn man sich die damals rapide steigende Gesamtzahl der Vertriebenen vergegenwärtigt.

Der Lastenausgleich hatte neben der Sicherung der Lebensgrundlage der Vertriebenen außerdem auch die Aufgabe, die durch den Krieg, die Kriegsfolgen und die auf dem Zweiten Weltkrieg beruhende Nachkriegsentwicklung entstandenen Vermögensschäden angemessen zu entschädigen. Bei dieser im August 1949 in der Bundesrepublik Deutschland geschaffenen gesetzlichen Regelung zur Bewältigung der Kriegsfolgen handelte es sich um eine Maßnahme, die in Art und Umfang keine geschichtliche Parallele kennt. Das Postulat der Solidarität mit den Vertriebenen bildete dabei die Grundlage dafür, die verbliebenen Lebenschancen nach dem Grundsatz sozialer Gerechtigkeit neu zu verteilen. Das Mittel hierfür stellte der Lastenausgleich dar.

Man schuf damit eine breite Palette unterschiedlicher Leistungen von gezielten Beihilfen über Darlehen bis zu Renten und entwikkelte ein System, das die exakte Berechnung des Vermögensschadens des einzelnen auf der Grundlage der steuerlichen Bewertung der Jahre 1939/40 ermöglichte. Bis 1985 erreichten die Entschädigungen für Vermögen und Hausrat 45 Milliarden DM, für Rentenzahlungen wurden 41 Milliarden DM aufgewendet, für Darlehen 18,6 Milliarden DM und 1,4 Milliarden DM entfielen auf sonstige Leistungen. Da gegenwärtig davon ausgegangen wird, daß weitere 31 Milliarden DM aufzubringen sein werden, kommt man auf eine Gesamtbilanz im Lastenausgleich von 144 Milliarden DM.

Hochseebergungsschlepper TITAN, gebaut von der Schichau Seebeckwerft 1974.

Die Finanzierung des Lastenausgleichs, d.h. die Schaffung der materiellen Basis für die Eingliederung der Vertriebenen, erfolgte durch Abgaben derjenigen, die ihr Vermögen ganz oder teilweise gerettet hatten sowie durch Steuern der gesamten Bevölkerung der Bundesrepublik Deutschland. Obwohl dies zwar zunächst ein Opfer bedeutete, verbesserte sich das Verhältnis der Vertriebenen zur besitzenden einheimischen Schicht nach Verabschiedung des Lastenausgleichs, da sich dieser als eine nicht schmerzhafte zusätzliche Vermögenssteuer herausstellte, die die eigene gerettete Substanz und deren Zuwachs nicht bedrohte.

Die Besonnenheit aller Beteiligten in der Behandlung der Vermögensinhaber bei der Konzeption des Lastenausgleichs war dann auch das auslösende Moment für positive gesamtwirtschaftliche Effekte. Zur Produktion der erforderlichen Güter war die Wirtschaft nur in der Lage, weil sie durch die Lastenausgleichsabgabe in ihrer Substanz nicht beeinträchtigt wurde und ihr zudem durch die Flüchtlinge ausreichend billige und tüchtige Arbeitskraft zur Verfügung stand. Eine starke Belastung der Unternehmen hätte nämlich nicht nur diese geschädigt, sondern auch eine Geldmenge in den Umlauf gebracht, der kein entsprechendes Güterangebot gegenübergestanden hätte. Inflation wäre die Folge gewesen, die gerade in den Aufbaujahren verheerende Wirkungen auf die deutsche Wirtschaft gehabt hätte. Die Konstruktion des Lastenausgleichs zeugte also von wirtschaftspolitischer Voraussicht und ermöglichte damit positive volkswirtschaftliche Entwicklungen.

Obwohl Bund und Länder im Rahmen des Lastenausgleichs erhebliche Zuschüsse aus Haushalts- bzw. Steuermitteln aufbringen mußten, flossen jedoch auf der Ausgabenseite den Vertriebenen Leistungen zu, deren Verwendungszweck im Gegenzug die öffentliche Hand finanziell entlastete und zur Förderung der Wirtschaft beitrug. Die als Kriegsschadenrenten ausgezahlten Beträge wurden bei der Sozialhilfe eingespart, die Entschädigung für Hausrat und Vermögen dienten dem produzierenden Gewerbe als Kaufkraft und den Banken zur Erweiterung ihrer Geschäftstätigkeit und waren somit insbesondere in den Jahren des Wiederaufbaus von großem Nutzen.

Die wirtschaftlichen Haupteffekte des Lastenausgleichs gingen jedoch von den Investitionskrediten zur Förderung landwirtschaftlicher und gewerblicher Betriebe im Besitz von Flüchtlingen (4 Milliarden DM für 250.000 Betriebe) mit den damit verbundenen Arbeitsmarktwirkungen und den Aufbaukrediten zur Finanzierung des Wohnungsbaus (8,8 Milliarden DM) für die Vertriebenenhaushalte aus. Der spezifische Beitrag der Vertriebenen zu dieser Aufbauleistung ist darin zu sehen, daß sie sich mit der Inanspruchnahme der individuellen Vermögensentschädigung solange geduldeten, bis aufgrund des Rückflusses der ausgegebenen Kredite und der Vorfinanzierung des Lastenausgleichsfonds hierfür die finanzielle Grundlage gegeben war.

Durch die Förderung des Wohnungsbaus wurde das primäre Eingliederungsziel, nämlich ein »Dach über dem Kopf« zur Verfügung zu stellen, innerhalb kurzer Zeit erreicht und damit auch die Bauwirtschaft in erheblichem Maße gefördert. Waren 1950 nur 22 Prozent der Haushaltungen der Vertriebenen im Besitz einer normal ausgestatteten Wohnung und noch 78 Prozent als Untermieter oder in Sammelunterkünften untergebracht, hatten 1968 96 Prozent eine Normalwohnung, darunter schon 28 Prozent eine Eigentumswohnung oder ein Eigenheim, womit die Wohnungsversorgung der Vertriebenen im wesentlichen abgeschlossen war. Von 1950 bis 1968 kam es in der Bauwirtschaft dadurch fast zu einer Verdoppelung der Anzahl der Beschäftigten, die Umsätze erreichten das Siebenfache und das Bauvolumen verzehnfachte sich nahezu.

Ausschlaggebend für die wirtschaftliche Entwicklung der Nachkriegszeit wirkte aber auch eine Reihe von sehr wertvollen Antriebsmomenten, die von den Vertriebenen und ihrem Eingliederungsprozeß ausgingen. Dies gilt vor allem für den starken Willen der Vertriebenen, eine ihrer früheren Lebensstellung, ihrem sozialen Status entsprechende Position wiederzuerlangen. Dieses Streben, auf der sozialen Leiter aufzusteigen, hat starke Impulse des sozialen Wettbewerbs auch unter den Einheimischen ausgelöst.

Insgesamt ergab sich eine außerordentliche Dynamik und Anpassungsbereitschaft im wirtschaftlichen Verhalten. Dadurch wurde die durchschnittliche Leistung weit über die in den Nachbarländern gehoben, die ihren Niederschlag in der höchsten Wachstumsrate der Arbeitsproduktivität und der höchsten Zuwachsrate des Bruttosozialprodukts in Europa fand.

Schon die Marshallplan-Hilfe hatte in

Westdeutschland einen größeren Effekt als in manchen westeuropäischen Ländern bewirkt. Von April 1948 bis Ende 1960 erreichte die Summe der Warenlieferungen 7,5 Milliarden DM. Ihr Verkaufserlös (»Gegenwert«) wurde dem European Recovery Program (ERP)-Sondervermögen zugeführt, aus dem Förderprogramme finanziert wurden. Ein großer Teil der Mittel war in Kredite für Arbeitsbeschaffungsmaßnahmen und Sonderprogramme für Notstandsgebiete geflossen und zwar nach von den Amerikanern festgelegten Vergaberichtlinien vorrangig im Interesse der Vertriebenen. Der solide Einsatz der Mittel und die Anstrengungen der Vertriebenen, die gewünschten Aufbauzwecke zu erreichen, hatten zur Folge, daß die Bundesrepublik Deutschland im Gegensatz zu einigen westeuropäischen Ländern, bei denen eine teilweise Umwandlung der amerikanischen Hilfsmittel auf Schenkungsbasis vorgenommen werden mußte, die aufgrund des Marshallplanes entstandene Schuld in Höhe von 7,5 Milliarden DM bis 1970 voll tilgen konnte.

Die rasche Zunahme der Verbraucherzahl durch die Millionen wieder in Arbeit gekommenen Vertriebenen bildete einen großen Anreiz, die Produktionsanlagen und den Verteilungsapparat auszubauen und zu rationalisieren. Durch den sich von Jahr zu Jahr erweiternden Binnenmarkt war es möglich, die Stückkosten der Produktion zu senken oder relativ niedrig zu halten und eine günstige Basis für eine Erweiterung des Exports zu schaffen.

Wenn auch die deutschen Vertriebenen – ähnlich wie nach dem Ersten Weltkrieg die aus der Türkei in ihr Mutterland zurückgeströmten griechischen Flüchtlinge – kaum materielles Kapital mitbrachten, so genügten doch ihr Talent, ihre Ausbildung, Erfahrung und ihr Aufbauwille, zahlreiche neue Betriebe in Industrie, Handwerk, Landwirtschaft, Handel und Verkehr zu gründen und erfolgreich zu leiten.

Ein Gut, das die Flüchtlinge unversehrt gerettet hatten, ist nämlich ihr Bildungsstand, der aufgrund des hochentwickelten Schulwesens, vor allem in den Sudetenländern und in den anderen deutschen Ostgebieten, von vornherein mit dem Bildungsstand der einheimischen deutschen Bevölkerung vergleichbar war. Die Flüchtlinge waren zudem stets um die Bewahrung und weitere Hebung ihres Bildungsstandes bemüht, da sie versuchten, in der Bundesrepublik Deutschland ihren sozialen Status zu erhalten. Bei einem Vergleich des Bildungsstandes der Bevölkerung der Bundesrepublik Deutschland für die Jahre 1961 und 1971 läßt sich z.B. feststellen, daß sich der erhebliche Anstieg der Anteile der Absolventen von Fach- und Hochschulen bei den Vertriebenen wie bei der deutschen Gesamtbevölkerung in denselben Größenordnungen bewegt.

In besonders hohem Maße gelang es den früher selbständigen Gewerbetreibenden oder Freiberuflichen unter den Vertriebenen, nach der Aufnahme in der Bundesrepublik Deutschland ihre frühere soziale Stellung zurückzugewinnen. Die Zahl der Vertriebenen in selbständiger Stellung im nichtlandwirtschaftlichen Bereich erhöhte sich von 161.000 1950 auf 232.000 im Jahre 1970. Während dies eine Zunahme der selbständigen Gewerbetreibenden und Freiberuflichen unter den Vertriebenen um 44 Prozent bedeutete, ging die Zahl der Selbständigen insgesamt im Bundesgebiet im betrachteten Zeitraum um 5 Prozent zurück. Die Zahl der Unternehmen im Eigentum von Vertriebenen stieg in diesem Zeitraum von 129.000 auf 220.000, d.h. um 71 Prozent an. Die Gesamtzahl der Unternehmen im Bundesgebiet ging dagegen gleichzeitig um 10 Prozent zurück.

Auch paßte sich die Unternehmensstruktur, die ursprünglich die heimatlichen Gegebenheiten der Vertriebenen widergespiegelt hatte, sehr schnell den gesamtwirtschaftlichen Erfordernissen in der Bundesrepublik Deutschland an. Die Anzahl der Unternehmen in der Bekleidungs-, Textil- und Lederindustrie ging zurück, während diejenige im Einzelhandel und Dienstleistungsgewerbe anstieg, was von einer hohen Anpassungsbereitschaft und -fähigkeit dieser Unternehmergruppe zeugt.

Die große Flexibilität und berufliche Mobilität der Vertriebenen, welche auch die Arbeitsvermittlung ungemein erleichterte, wird ebenfalls deutlich in der von 1950 bis 1970 zunehmenden Zahl der beschäftigten Arbeitnehmer und der sinkenden Zahl der Arbeitslosen unter den Vertriebenen sowie den Veränderungen in den Wirtschaftszweigen, in denen die Arbeitnehmer beschäftigt waren. 1950 waren 2,2 Millionen vertriebene Arbeitnehmer beschäftigt und 434.000 auf Arbeitssuche. Bis 1970 hat sich die Zahl der Arbeitnehmer auf 4,4 Millionen erhöht, die Arbeitslosenquote betrug nur noch 0,2 Prozent. Im gleichen Zeitraum war die Beschäftigtenzahl in der Landwirtschaft gesunken und hatte sich in der Industrie, im Handel und Handwerk sowie im Dienstleistungsgewerbe beträchtlich erhöht.

Ein Beispiel für die positive Beeinflussung der Wirtschaft der Bundesrepublik Deutschland stellt in diesem Zusammenhang auch die Umsiedlung einer Million Vertriebener in den Jahren 1949 bis 1962 aus Bayern, Niedersachsen und Schleswig-Holstein nach den übrigen Bundesländern dar, wobei Nordrhein-Westfalen mit 500.000 Personen das größte Kontingent aufnahm. Für Umzugs- und Reisekosten der Umsiedler sowie den Wohnungsbau an den Zielorten, an denen geeignete Arbeitsplätze angeboten waren, wurden zunächst 4 Milliarden DM aus öffentlichen Mitteln aufgewendet. Die Arbeitskräfte wurden den Unternehmen sozusagen frei Haus geliefert und die benötigten Wohnungen gleich mit bereitgestellt. Dadurch haben die Unternehmen ihrerseits Milliardenbeträge einsparen können, die sie für Investitionen zur Steigerung und Verbesserung der Produktion verwendeten. Somit trugen die Vertriebenen zunächst als Arbeitskräfte, aber auch als Konsumenten, die nach dem Verlust ihres Besitzes alles brauchten, was der Warenmarkt anbot, zur Prosperität der Wirtschaft der Bundesrepublik Deutschland nach dem Kriege bei.

Das durch die Vertriebenen stark vergrößerte und – durch die Flüchtlinge aus der Sowjetischen Besatzungszone bzw. der DDR – stetig wachsende Angebot an Arbeitskräften trug außerdem sehr dazu bei, die Lohnentwicklung in der Bundesrepublik Deutschland in vernünftigen Grenzen zu halten. Dadurch und durch eine sehr vorsichtige Finanz- und Währungspolitik konnte die innere finanzielle Stabilität besser gewahrt werden als in manchen anderen Ländern Westeuropas, und die Konkurrenzfähigkeit der deutschen Erzeugnisse auf dem Weltmarkt erfuhr eine wesentliche Stärkung.

Insgesamt hat die Eingliederung der Vertriebenen zu einer verstärkten Industrialisie-

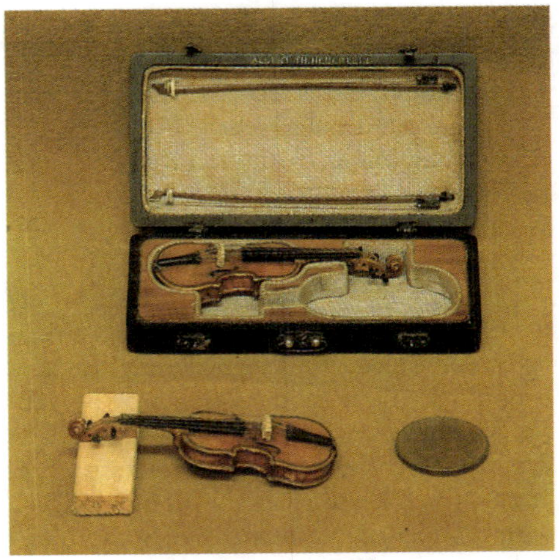

IV.2.4

IV.2.5

rung mit erhöhter Gesamtproduktivität sowie zu Einkommens- und Exportsteigerungen beigetragen, die zu einer außerordentlichen Intensivierung der Außenhandelsverflechtung der Bundesrepublik Deutschland mit der westlichen Welt geführt haben. Von 1950 bis 1965 hat sich das Volkseinkommen je Einwohner vervierfacht (von 1.674 DM auf 6.115 DM). Die Bruttoinvestitionen erhöhten sich um mehr als das Vierfache. Gleichzeitig erfolgte eine Steigerung der Gesamtproduktivität der Volkswirtschaft um das Dreifache. Das Bruttoeinkommen aus unselbständiger

IV.2.6

IV.2.7

Arbeit stieg fast um das Vierfache, von 45,7 Milliarden DM 1950 auf 234,1 Milliarden DM 1965. Die Zahl der Beschäftigten hat sich fast verdoppelt und mußte in den 60er Jahren durch fast 1 Million Gastarbeiter erweitert werden. Bereits im Jahre 1961 hatte man Vollbeschäftigung erreicht.

Von 1950 bis 1965 haben sich die Einfuhrwerte der Bundesrepublik Deutschland mehr als versechsfacht und die Ausfuhrwerte fast verzehnfacht. Seit 1959 steht die Bundesrepublik Deutschland im Welthandel nach den USA und vor Großbritannien an zweiter Stelle. Der überwiegende Teil der erweiterten Austauschbedürfnisse der Bundesrepublik kommt in erster Linie und in zunehmendem Maße den westlichen Ländern, insbesondere der EG sowie den USA zugute. Die früher in den Wirtschaftsbeziehungen zu den ost- und südosteuropäischen Ländern tätigen Deutschen wurden als Vertriebene Partner im Außenhandel der westlichen Welt. Für diese hat die Bundesrepublik sowohl als potenter Lieferant wie als Abnehmer von Gütern und Dienstleistungen gegenüber früher sehr an Bedeutung gewonnen.

Somit wirkten die Vertriebenen und Flüchtlinge stimulierend auf alle wirtschaftlichen Bereiche mit dem Ergebnis einer allgemeinen Leistungssteigerung in der Binnenwirtschaft wie in der Außenwirtschaft der Bundesrepublik Deutschland. Ihre wirtschaftliche und soziale Eingliederung — mit Ausnahme der Eingliederung der vertriebenen Landwirte (vgl. hierzu das Kapitel »Landwirtschaft« in diesem Band) — zeigte bis 1970 einen durchgängigen Aufwärtstrend. Nach 1970 geriet auch die Eingliederung in den allgemeinen ökonomischen Strukturwandel — als Stichworte seien hier Mechanisierung der Landwirtschaft, Rationalisierung in Industrie und Handwerk, Auftreten ausländischer Konkurrenz auf dem Arbeitsmarkt, Freistellung von Arbeitskräften, Begrenzung der Studienmöglichkeiten an den Universitäten genannt —, so daß seither davon gesprochen werden kann, daß die Vertriebenen nunmehr das Schicksal der einheimischen Bevölkerung teilen und mit den gleichen Problemen konfrontiert sind.

Der in jüngster Zeit ansteigende Zustrom von Aussiedlern aus dem kommunistischen Machtbereich hat jedoch den Fragen der wirtschaftlichen Eingliederung dieser Bevölkerungsgruppe erneut Aktualität verliehen. Probleme der Wohnungsversorgung und Arbeitsplatzbeschaffung sowie Überlegungen zu »Aussiedler-Programmen« rücken wieder in den Mittelpunkt. Doch werden auch wieder Hoffnungen laut auf einen positiven Beitrag der Aussiedler zur künftigen Entwicklung der Wirtschaft der Bundesrepublik Deutschland. Als Beispiel dafür möge das gegenwärtige Werben der Bauindustrie um Aussiedler als Arbeitskräfte dienen, welche es der momentan durch Überbeschäftigung sowie Mangel an Facharbeitern und Lehrlingen gekennzeichneten Branche ermöglichen sollen, künftige Wachstumschancen wahrzunehmen.

Zusammenfassend läßt sich also feststellen, daß der großen Leistung der wirtschaftlichen und sozialen Eingliederung der Vertriebenen in der Bundesrepublik Deutschland ein ebenso bedeutender Beitrag der Flüchtlinge und Vertriebenen zum Wiederaufbau der Wirtschaft Nachkriegsdeutschlands gegenüberstand.

In diesem Zusammenhang hat der Kieler Wirtschaftswissenschaftler Friedrich Edding bereits 1959 in dem von ihm gemeinsam mit Eugen Lemberg herausgegebenen Sammelwerk »Die Vertriebenen in Westdeutschland« hervorgehoben: »So hat die große Zuwanderung der Deutschen nicht nur in Westdeutschland, sondern auch in den übrigen Ländern Westeuropas stark zur Steigerung des Sozialprodukts beigetragen und diese Gebiete wirtschaftlich enger miteinander verbunden als es sonst der Fall gewesen wäre. Niemand hat im Zeitpunkt der Vertreibung diese Entwicklung geplant oder für möglich gehalten. Angesichts der günstigen wirtschaftlichen Tatsachen ist die Neigung verbreitet, sie als Resultat einer letzten Endes glücklichen Entwicklung zu betrachten.

Dies ist verständlich, aber vergessen wir darüber nicht den hohen Preis des Unglücks und des viele Jahre dauernden Elends, den die Vertriebenen zu zahlen hatten. Vergessen wir nicht die schwere Hypothek der Trennung Europas in zwei entfremdete Teile und die weit erfreulichere Wohlstandsentwicklung, die möglich gewesen wäre, wenn Ost- und Westeuropa sich nicht getrennt und wenn keine Zwangswanderungen stattgefunden hätten.«

LITERATURAUSWAHL

DRESDENER BANK —Statistische Reihen: Die Weltwirtschaft 1950 bis 1986. Die Wirtschaftsentwicklung der Bundesrepublik Deutschland 1950—1986, Frankfurt a.M. 1987

LEMBERG, E./Edding, F. (Hrsg.): Die Vertriebenen in Westdeutschland. Ihre Eingliederung und ihr Einfluß auf Gesellschaft, Wirtschaft, Politik und Geistesleben, 3 Bde, Kiel 1959

REICHLING, Gerhard: Der Beitrag der deutschen Vertriebenen zum staatlichen und wirtschaftlichen Aufbau Nachkriegsdeutschlands, in: AWR-Bulletin 26 (1988), S. 85—91

DERS.: Die soziale und wirtschaftliche Eingliederung der Vertriebenen in der Bundesrepublik Deutschland nach statistischen Ergebnissen, in: AWR-Bulletin 24 (1988), S. 43—47

SCHAEFER, Karl Heinz: Die Flüchtlinge und Übersiedler aus der DDR und Osteuropa sowie Ost-Mitteleuropa in der Bundesrepublik Deutschland, in: AWR-Bulletin 25 (1987), S. 86—96

STATISTISCHE Jahrbücher für die Bundesrepublik Deutschland 1952, 1965 und 1988

Exponate

IV.1 Bunzlauer Keramik

IV.1.1

Kaffeekanne mit Deckel

Marktheidenfeld, 1985

Staatliche Museen Preußischer Kulturbesitz, Museum für Deutsche Volkskunde, Berlin

Bauchige Form, zylindrischer Hals, angesetzte Schnauze, Bandhenkel, gewölbter Deckel mit Knauf, an der Wandung M 26 als Aufkleber, blau, weiß.
Außen Schwämmeldekor: Pfauenauge, blau, braun, Transparentglasur.
Weißer Scherben F.W.

IV.1.2

Gedeck, dreiteilig

Marktheidenfeld, 1985

Staatliche Museen Preußischer Kulturbesitz, Museum für Deutsche Volkskunde, Berlin

Feinsteinzeug, eingedreht, übergedreht.
Breite, flach gemuldete Teetasse mit Bandhenkel, flache Untertasse mit leicht ansteigendem Rand und abgesetztem Spiegel, flache Kuchenteller mit leicht ansteigendem Rand.
Außen bzw. auf der Oberseite Schwämmeldekor: Pfauenauge, blau, braun, Transparentglasur.
Weißer Scherben F.W.

IV.1.3

Teekanne mit Deckel

Marktheidenfeld, 1985

Staatliche Museen Preußischer Kulturbesitz, Museum für Deutsche Volkskunde, Berlin

Bauchige Form, breites, kurzes, leicht gebogenes Ausgußrohr, Bandhenkel, gewölbter Deckel mit Knauf.
Außen Schwämmeldekor: Pfauenauge, blau, braun, Transparentglasur.
Weißlich-grauer Scherben F.W.

IV.1.4

Zwei Henkelbecher

Marktheidenfeld, 1985

Staatliche Museen Preußischer Kulturbesitz, Museum für Deutsche Volkskunde, Berlin

Feinsteinzeug, gedreht.
Bauchige Form, zum Stand hin eingezogen, trichterförmiger Hals, Bandhenkel.
Außen Schwämmeldekor: Pfauenauge, blau, braun, Transparentglasur.
Weißlich-grauer Scherben F.W.

IV.1.5

Fünf Milchtöpfe (Satz)

Marktheidenfeld, 1985

Staatliche Museen Preußischer Kulturbesitz, Museum für Deutsche Volkskunde, Berlin

Feinsteinzeug, gedreht.
Konisch zulaufende, leicht bauchige Form, eingezogener Hals, innen gekehlter Rand, gezogene Schnauze, Bandhenkel.
Außen braune, matte Lehmglasur, weißer Malhorndekor: Streublümchen, innen Transparentglasur.
Weißlich-grauer Scherben F.W.

IV.1.6

Vier Henkelbecher

Marktheidenfeld, 1985

Staatliche Museen Preußischer Kulturbesitz, Museum für Deutsche Volkskunde, Berlin

Feinsteinzeug, gedreht.
Bauchige Form, zum Stand hin eingezogen, trichterförmiger Hals, Bandhenkel.
Außen braune Lehmglasur, matt bzw. glänzend, weißer Malhorndekor: Streublümchen, innen Transparentglasur.
Weißlich-grauer Scherben F.W.

IV.1.7

Katalog der Bunzlauer Handtöpferei Georg Greulich

Fredelsloh, 1985

Staatliche Museen Preußischer Kulturbesitz, Museum für Deutsche Volkskunde, Berlin

IV.1.8

Vier Schüsseln (Satz)

Fredelsloh, 1986

Staatliche Museen Preußischer Kulturbesitz, Museum für Deutsche Volkskunde, Berlin

Hochgebrannte Irdenware, gedreht.
Konische Form, abgeknickter, flacher Rand, am Boden M 28
Innen mit weißer, Rand mit blauer Engobe, blauer Schwämmeldekor: »Sternchenmuster«, Rand mit blauem Malhorndekor: Wellenlinien, Transparentglasur.
Roter Scherben F.W.

IV.1.9

Zwei Kaffeekannen mit Deckel

Fredelsloh, 1986

Staatliche Museen Preußischer Kulturbesitz, Museum für Deutsche Volkskunde, Berlin

Hochgebrannte Irdenware, gegossen.
Bauchige Form, kurzer, zylindrischer Hals, spitze Schnauze, Bandhenkel, gewölbter Deckel mit Knauf.
Außen weiße Engobe, Schwämmel- mit Malhorndekor: »altes Pfauenauge«, blau, braun, Transparentglasur.
Roter Scherben F.W.

IV.1.10

Henkeltasse (»Jumbo«)

Fredelsloh, 1986

Staatliche Museen Preußischer Kulturbesitz, Museum für Deutsche Volkskunde, Berlin

Hochgebrannte Irdenware, eingedreht.
Zylindrische Form, zum Stand hin gerundet, trichterförmiger Hals-, Bandhenkel.
Außen weiße Engobe, Schwämmel- mit Malhorndekor: »altes Pfauenauge«, blau, braun, Transparentglasur.
Roter Scherben F.W.

IV.1.11

Henkelbecher

Fredelsloh, 1986

Staatliche Museen Preußischer Kulturbesitz, Museum für Deutsche Volkskunde, Berlin

Hochgebrannte Irdenware, eingedreht.
Zylindrische Form, Bandhenkel.
Außen weiße Engobe, blauer Schwämmeldekor: »Sternchenmuster«, Transparentglasur.
Roter Scherben F.W.

IV.1.12

Henkelbecher (»Kindertasse«)

Fredelsloh, 1986

Staatliche Museen Preußischer Kulturbesitz, Museum für Deutsche Volkskunde, Berlin

Hochgebrannte Irdenware, eingedreht. Zylindrische Form, zum Stand leicht zulaufend, Bandhenkel.
Außen weiße Engobe, blauer Schwämmel- mit Malhorndekor: »Schwämmchen, 3-Punkt blau«, Transparentglasur.
Roter Scherben F.W.

IV.1.13

Drei Untertassen

Fredelsloh, 1986

Staatliche Museen Preußischer Kulturbesitz, Museum für Deutsche Volkskunde, Berlin

Hochgebrannte Irdenware, übergedreht. Flache Form, leicht ansteigende Fahne, abgesetzter Spiegel.
Oberseite mit weißer, blauer oder brauner Engobe, zwei Untertassen ohne Engobe, verschiedenfarbiger Schwämmel- und Malhorndekor, Transparentglasur.
Roter bzw. weißer Scherben F.W.

IV.1.14

Sieben Milchtöpfe (Satz)

Leutershausen, 1986

Staatliche Museen Preußischer Kulturbesitz, Museum für Deutsche Volkskunde, Berlin

Hochgebrannte Irdenware, gedreht. Bauchige Form, eingezogener, kurzer, trichterförmiger Hals, gezogene Schnauze, Bandhenkel, bei vier Töpfen am Boden M 74 geprägt. Außen Malhorndekor: verschiedene Muster mit stilisierten Ranken und Blüten, braun, schwarz, außen und innen honigbraun gefärbte Transparentglasur.
Weißer Scherben F.W.

IV.1.15

Backform

Leutershausen, 1986

Staatliche Museen Preußischer Kulturbesitz, Museum für Deutsche Volkskunde, Berlin
Hochgebrannte Irdenware, gedreht. Konische Form, eingedrückte, vertikal verlaufende Rippen, verstärkter Rand, konischer Mittelzapfen, Bandhenkel.
Außen und am Boden Malhorndekor: Ranken, Streublumen, schwarz, braun, außen und innen honigbraun gefärbte Transparentglasur, Rand unglasiert.
Weißer Scherben F.W.

IV.1.16

Wandteller

Leutershausen, 1986

Staatliche Museen Preußischer Kulturbesitz, Museum für Deutsche Volkskunde, Berlin

Hochgebrannte Irdenware, gedreht F.W.

IV.1.17

Katalog der Vogt Keramik GmbH

Pang bei Rosenheim, Kollektion 1984/85

Staatliche Museen Preußischer Kulturbesitz, Museum für Deutsche Volkskunde, Berlin

IV.1.18

Kanne und 1 Becher aus Saftservice

Pang bei Rosenheim, 1986

Staatliche Museen Preußischer Kulturbesitz, Museum für Deutsche Volkskunde, Berlin

Hochgebrannte Irdenware, gedreht, gestanzt.
Konische Kannenform, trichterförmiger Hals, bis zum Halsansatz verlaufende, gezogene Schnauze, abgeknickter Bandhenkel, am Boden M 89 in schwarz.
Außen und innen weiße Glasur, außen Schwämmeldekor: Pfauenauge, blau, schwarz.
Weißer Scherben F.W.

IV.1.19

Becher

Pang bei Rosenheim, 1986

Staatliche Museen Preußischer Kulturbesitz, Museum für Deutsche Volkskunde, Berlin

Hochgebrannte Irdenware, gestanzt. Konische Form, am Boden M 89 in schwarz. Außen und innen weiße Glasur, außen Schwämmeldekor: »Streublume«, blau, schwarz, Henkel und Rand blau.
Weißer Scherben F.W.

IV.1.20

Zwei Milchtöpfe

Pang bei Rosenheim, 1986

Staatliche Museen Preußischer Kulturbesitz, Museum für Deutsche Volkskunde, Berlin

Hochgebrannte Irdenware, gegossen. Gebauchte Form, spitze Schnauze, Bandhenkel, am Boden M 89 in braun. Außen und innen weiße Glasur, blauer Druckdekor: »Wiese«.
Weißer Scherben F.W.

IV.1.21

Topf für Tischabfälle

Pang bei Rosenheim, 1986

Staatliche Museen Preußischer Kulturbesitz, Museum für Deutsche Volkskunde, Berlin
Hochgebrannte Irdenware, gegossen. Gebauchte Form, breiter Stand, zwei kleine Bandhenkel, am Boden M 89 in braun.
Außen und innen weiße Glasur, farbiger Druckdekor: »Bauernrose«. Ränder und Henkel blau bemalt.
Weißer Scherben F.W.

IV.1.22

Brettchen
Pang bei Rosenheim, 1986

Staatliche Museen Preußischer Kulturbesitz, Museum für Deutsche Volkskunde, Berlin

Hochgebrannte Irdenware, ausgeformt. Langrechteckige Form, an einer Schmalseite gerundet, Griffloch. Oberseite mit weißer Glasur und farbigem Druckdekor: »Bauernrose«, Ränder blau bemalt, Unterseite unglasiert.
Weißer Scherben F.W.

IV.1.23

Pouletform

Hilgert, 1986

Staatliche Museen Preußischer Kulturbesitz, Museum für Deutsche Volkskunde, Berlin

Irdenware, gedreht.
Zweiteilige, ovale, gebauchte Form, Unterteil an den Schmalseiten und am Boden abgeplattet, seitlich zwei Griffe, wellenförmig ausgeschnittener Deckel mit zwei länglichen Griffen.
Roter Scherben F.W.

IV.1.24

Krug

Hilgert, 1986

Staatliche Museen Preußischer Kulturbesitz, Museum für Deutsche Volkskunde, Berlin

Kugelige Form, gerundete Schulter, enger zylindrischer Hals mit umlaufendem Wulst, Bandhenkel. Außen geriefte Wandung mit breitem, geritztem Ornamentstreifen: Dreiecke, Linien, erhabene Punkte, gespritzte braune Glasur.
Roter Scherben F.W.

IV.1.25

Windlicht

Hilgert, 1986

Staatliche Museen Preußischer Kulturbesitz, Museum für Deutsche Volkskunde, Berlin

Hochgebrannte Irdenware, gedreht. Kugelige Form, konischer Hals, Bandhenkel, durchbrochene Wandung: Blattformen, Löcher. Außen und innen braune Mattglasur.
Roter Scherben F.W.

IV.1.26

Katalog »Über das weltbekannte Originale Bunzlauer Geschirr/Feinsteinzeug« der

Bunzlauer Ton und Keramik Gebr. Buchwald & Preuß, Bayreuth-Plankenfels

Staatliche Museen Preußischer Kulturbesitz, Museum für Deutsche Volkskunde, Berlin

IV.1.27

Teekanne mit Deckel

Bayreuth, 1948/50

Staatliche Museen Preußischer Kulturbesitz, Museum für Deutsche Volkskunde, Berlin

Feinsteinzeug, gegossen.
Flache, gebauchte Form, Ausgußrohr, Wulsthenkel, gewölbter Deckel mit Knauf, am Boden M 7 in braun. Außen blauer Schwämmeldekor: Kreise, Transparentglasur.
Gelblicher Scherben F.W.

IV.1.28

Gedeck, 3teilig

Bayreuth, 1948/50

Staatliche Museen Preußischer Kulturbesitz, Museum für Deutsche Volkskunde, Berlin

Feinsteinzeug, eingedreht, übergedreht.
Weite, bauchige Tassenform mit Bandhenkel, flachgemuldete Untertasse mit eingetiefeltem Spiegel, Teller mit schräg ansteigender Fahne, Standring, am Boden aller Teile M 7 in braun. Außen blauer Schwämmeldekor: Kreise, Transparentglasur.
Gelblicher Scherben F.W.

IV.1.29

Butterdose mit Deckel

Bayreuth, 1948/50

Staatliche Museen Preußischer Kulturbesitz, Museum für Deutsche Volkskunde, Berlin

Feinsteinzeug, gegossen.
Rechteckige Form, mit abgerundeten Kanten, flacher Deckel mit Griff, am Boden M 7 in braun. Außen Schwämmeldekor: Pfauenauge, blau, braun, transparente Glasur.
Gelblicher Scherben F.W.

IV.1.30

Wandteller

Bayreuth, 1952

Staatliche Museen Preußischer Kulturbesitz, Museum für Deutsche Volkskunde, Berlin

Feinsteinzeug, übergedreht.
Flacher Teller mit leicht ansteigendem Rand, doppelter Standring, am Boden M 9 in grün. Oberseite mit roter Engobe, eingeritzter Dekor: in der Mitte Darstellung eines Töpfers an der Scheibe, am Rand konzentrische Kreise, Transparentglasur, Rückseite unglasiert.
Weißer Scherben F.W.

IV.1.31

Tasse

Ludwigsburg, um 1950

Staatliche Museen Preußischer Kulturbesitz, Museum für Deutsche Volkskunde, Berlin

Feinsteinzeug, eingedreht, übergedreht.
Weite, flache Tassenform, Bandhenkel, leicht gemuldete Untertasse mit abgesetztem Spiegel, am Boden der Untertasse M 101 in blau. Außen- bzw. Oberseite mit Schwämmeldekor: Pfauenauge, blau, braun, Transparentglasur.
Gelblicher Scherben F.W.

IV.1.32

Kaffeekanne mit Deckel

Ludwigsburg, um 1950

Staatliche Museen Preußischer Kulturbesitz, Museum für Deutsche Volkskunde, Berlin

Feinsteinzeug, gegossen.
Zylindrische Form, zum Stand hin eingezogen, Standring, gerundete Schulter, stehender Rand, kurzes Ausgußrohr, Bandhenkel, leicht gewölbter Deckel mit Knauf, am Boden M 100 in Blau.
Außen brauner, verlaufender Spritzdekor: senkrechte Streifen, Transparentglasur.
Weißlicher Scherben F.W.

IV.1.33

Teller aus Kaffeeservice

Ludwigsburg, um 1950

Staatliche Museen Preußischer Kulturbesitz, Museum für Deutsche Volkskunde, Berlin

Feinsteinzeug, übergedreht.
Flache Form, leicht ansteigender Rand, Standring, am Boden M 101 in Blau.
Oberseite mit braunem, verlaufendem Spritzdekor: Ecken und Kreissegmente, transparente Glasur.
Gelblich-weißer Scherben F.W.

IV.1.34

Zwei Prospekte der Siershahner Feinsteinzeugfabrik GmbH

Siershahn/Westerwald 1955, 1956

Staatliche Museen Preußischer Kulturbesitz, Museum für Deutsche Volkskunde, Berlin

IV.1.35

Kaffeekanne mit Deckel

Siershahn, 1950/60

Staatliche Museen Preußischer Kulturbesitz, Museum für Deutsche Volkskunde, Berlin

Feinsteinzeug, gegossen.
Bauchige Form, Ausgußrohr, Wulsthenkel, Deckel mit Kugelknauf, am Boden M 77 in Schwarz. Außen Schwämmeldekor: Pfauenauge, blau, rotbraun, Transparentglasur.
Weißlicher Scherben F.W.

IV.1.36

Gedeck, 3teilig

Siershahn, 1950/60

Staatliche Museen Preußischer Kulturbesitz, Museum für Deutsche Volkskunde, Berlin

Feinsteinzeug, eingedreht, übergedreht.
Flachgemuldete Tassenform, Bandhenkel, flache Untertasse mit abgesetztem Spiegel, flacher Teller zum Rand leicht ansteigend, am Boden der Untertasse M 74 und des Tellers M 76 in Schwarz. Außen- bzw. Oberseite mit Schwämmeldekor: Pfauenauge, blau, rotbraun, Transparentglasur F.W.

IV.1.37

Milchtopf

Siershahn, 1950/60

Staatliche Museen Preußischer Kulturbesitz, Museum für Deutsche Volkskunde, Berlin

Feinsteinzeug, gegossen.
Bauchige Form, trichterförmiger Hals, breite Schnauze, Bandhenkel, Kochboden.
Außen Schwämmeldekor: Pfauenauge, blau, rotbraun, Transparentglasur.
Weißlicher Scherben F.W.

IV.1.38

Kaffeekanne mit Deckel

Höhr-Grenzhausen, 1986

Staatliche Museen Preußischer Kulturbesitz, Museum für Deutsche Volkskunde, Berlin

Hochgebrannte Irdenware, gedreht.
Bauchige Form, leicht trichterförmiger Hals, gezogene Schnauze, Bandhenkel, gewölbter Deckel mit Knauf, am Boden M 58 geritzt.
Außen Schwämmel- und Malhorndekor: Pfauenauge, grün, blau, Transparentglasur.
Weißlicher Scherben F.W.

IV.1.39

Gedeck, 3teilig

Höhr-Grenzhausen, 1986

Staatliche Museen Preußischer Kulturbesitz, Museum für Deutsche Volkskunde, Berlin

Hochgebrannte Irdenware, gedreht.
Bauchige Tasse (»böhmische« Form), trichterförmiger Hals, Bandhenkel, flache, leicht gemuldete Untertasse, flacher, leicht gemuldeter Kuchenteller, am Boden jeweils M 58 geritzt. Außen bzw. auf der Oberseite Schwämmel- und Malhorndekor:
Pfauenauge, grün, blau, Transparentglasur.
Weißlicher Scherben F.W.

IV.1.40

Kanne

Höhr-Grenzhausen, 1986

Staatliche Museen Preußischer Kulturbesitz, Museum für Deutsche Volkskunde, Berlin

Hochgebrannte Irdenware, gedreht. Bauchige Form, abfallende Schulter, zylindrischer Hals, verstärkter Rand, gezogene Schnauze, Bandhenkel, am Boden M 58 geritzt. Außen Schwämmeldekor: Pfauenauge, grün, blau, Transparentglasur.
Weißlicher Scherben F.W.

IV.1.41

Kanne

Höhr-Grenzhausen, 1986

Staatliche Museen Preußischer Kulturbesitz, Museum für Deutsche Volkskunde, Berlin

Hochgebrannte Irdenware, gedreht. Bauchige Form, zum Stand hin eingezogen, zylindrischer Hals, verstärkter, gekehlter Rand, gezogene Schnauze, Bandhenkel, am Boden M 58 geritzt. Außen Schwämmel- und Malhorndekor: Pfauenauge, blau, grün, braun, Transparentglasur.
Weißlicher Scherben F.W.

IV.1.42

Käseglocke mit Teller

Höhr-Grenzhausen, 1986

Staatliche Museen Preußischer Kulturbesitz, Museum für Deutsche Volkskunde, Berlin

Hochgebrannte Irdenware, gedreht. Glocke in Frauengestalt, konisch zulaufend, kugeliger Kopf, zwei Bandhenkel, flacher Teller mit leicht ansteigendem Rand, in der Glocke innen M 58 geritzt. Außen Schwämmeldekor: verschiedene Pfauenaugen, grün, braun, blau, grüne Punkte, Malhorndekor: Gesicht, braun, blau, Teller mit grünem Schwämmeldekor: umlaufende Punkt-Reihe am Rand, Transparentglasur.
Weißlicher Scherben F.W.

IV.1.43

Wandteller

Höhr-Grenzhausen, 1986

Staatliche Museen Preußischer Kulturbesitz, Museum für Deutsche Volkskunde, Berlin

Hochgebrannte Irdenware, gedreht. Flache, leicht gemuldete Form, abgeknickte, leicht ansteigende Fahne, Standring zweimal gelocht, am Boden M 58 geritzt. Oberseite mit Schwämmeldekor: verschiedene Pfauenaugen, blau, grün, braun, gelb, Transparentglasur.
Weißlicher Scherben F.W.

IV.1.44

Katalog mit Preisliste und Prospekt zu den verschiedenen Dekoren der Firma Alois Böhm KG, Höhr-Grenzhausen, 1980/85

Staatliche Museen Preußischer Kulturbesitz, Museum für Deutsche Volkskunde, Berlin

IV.1.45

Kaffeeservice, 6teilig

Höhr-Grenzhausen, 1986

Staatliche Museen Preußischer Kulturbesitz, Museum für Deutsche Volkskunde, Berlin

Hochgebrannte Irdenware, gedreht, eingedreht, übergedreht.
Bestehend aus Kaffeekanne mit Deckel, Zuckerdose mit Deckel, Milchkännchen, Tasse mit Untertasse, Kuchenteller, am Boden M 1 geritzt. Außen und innen bzw. auf Ober- und Unterseite Transparentglasur, außen bzw. auf der Oberseite Schwämmeldekor: »Bunzlau braun blau«.
Weißer Scherben F.W.

IV.1.46

Drei Milchtöpfe

Höhr-Grenzhausen, 1986

Staatliche Museen Preußischer Kulturbesitz, Museum für Deutsche Volkskunde, Berlin

Hochgebrannte Irdenware, gedreht. Bauchige Form, abfallende Schulter, zylindrischer, kurzer Hals, gezogene Schnauze, Bandhenkel, am Boden M 1 geritzt. Außen und innen Transparentglasur, außen Schwämmeldekor: »Freiburg«, braun, blau.
Weißer Scherben F.W.

IV.1.47

Drei Gewürzdosen

Höhr-Grenzhausen, 1986

Staatliche Museen Preußischer Kulturbesitz, Museum für Deutsche Volkskunde, Berlin

Hochgebrannte Irdenware, eingedreht. Zylindrische Form, wulstförmig, verstärkter Rand, flacher Holzdeckel mit Knauf, am Boden M 1 geritzt. Außen und innen Transparentglasur, außen Schwämmeldekor: »Salzburg braun blau«, Aufschrift: »Mehl«, »Salz«, »Zucker«.
Weißer Scherben F.W.

IV.1.48

Kaffeekanne mit Deckel und Stövchen

Kaub am Rhein, 1986

Staatliche Museen Preußischer Kulturbesitz, Museum für Deutsche Volkskunde, Berlin

Hochgebrannte Irdenware, gedreht. Bauchige Form, breiter Stand, zylindrischer Hals, gezogene Schnauze, Bandhenkel, leicht gewölbter Deckel mit Knauf, gebauchtes Stövchen zum Stand eingezogen, breiter, flacher Rand, gelochte Wandung, am Boden jeweils M 85 geritzt. Außen und innen braune Lehmglasur, außen Malhorndekor: »Blume, blau + weiß«.
Weißlich-grauer Scherben F.W.

IV.1.49

Tasse mit Untertasse

Kaub am Rhein, 1986

Staatliche Museen Preußischer Kulturbesitz, Museum für Deutsche Volkskunde, Berlin

Hochgebrannte Irdenware, gedreht. Bauchige Tassenform, Bandhenkel, flache Untertasse, mit leicht ansteigendem Rand, am Tassen- und Untertassenboden M 85 geritzt. Außen bzw. auf Ober- und Unterseite braune Lehmglasur, außen bzw. auf der Oberseite Malhorndekor: »Blume, blau + weiß«, Untertassen- und Tellerrand unglasiert.
Weißlich-grauer Scherben F.W.

IV.1.50

Drei Milchtöpfe

Kaub am Rhein, 1986

Staatliche Museen Preußischer Kulturbesitz, Museum für Deutsche Volkskunde, Berlin

Hochgebrannte Irdenware, gedreht. Konische, leicht bauchige Form, eingezogener, innen gekehlter Rand, gezogene Schnauze, Bandhenkel, am Boden M 85 geritzt. Außen und innen braune Lehmglasur, Rand unglasiert.
Weißlich-grauer Scherben F.W.

IV.1.51

Drei Schüsseln

Kaub am Rhein, 1986

Staatliche Museen Preußischer Kulturbesitz, Museum für Deutsche Volkskunde, Berlin

Hochgebrannte Irdenware, gedreht. Konische Form, stehender, innen gekehlter Rand, am Boden M 85 geritzt. Außen und innen braune Lehmglasur, Rand unglasiert.
Weißlich-grauer Scherben

IV.2 Musikinstrumentenherstellung in Bubenreuth

IV.2.1

Steg-Kollektion von Josef Lenk

Schönbach, 1913

Geigenbau-Museum, Bubenreuth

IV.2.2

Fünf Teile verschiedener Mechaniken

Bubenreuth

Geigenbau-Museum, Bubenreuth

Mechaniken für Kontrabaß und Gitarren von Ewald Sommer, Bubenreuth

IV.2.3

Miniaturgeige mit Bogen und Etui

Bubenreuth

Geigenbau-Museum, Bubenreuth

Kleinste spielbare Geigen der Welt, hergestellt von Ernst Heinrich Roth, Bubenreuth, eingetragen in das Guinness-Buch der Rekorde

IV.2.4

Die beiden kleinsten Geigen der Welt mit Bogen und Etui

Markneukirchen, 1905

Geigenbau-Museum, Bubenreuth

Hergestellt von Albert Theo Heberlein. Gewicht einer Geige: 1,46 g, Gewicht eines Bogens: 0,11 g

IV.2.5

Auswahl kunstvoll geschnitzter Köpfe für Geigen

Markneukirchen, 1910

Geigenbau-Museum, Bubenreuth

Hergestellt von Paul Uhlemann

IV.2.6

Meistervioline

Schönbach, 1896

Geigenbau-Museum, Bubenreuth

Hergestellt von Ignaz Neudörfer

IV.2.7

500-1 Beatles Baß

Bubenreuth

Geigenbau-Museum, Bubenreuth

Hergestellt von Karl Höfner, Bubenreuth

IV.2.8

Mandoline

Bubenreuth, 1984

Geigenbau-Museum, Bubenreuth

6saitige Mandoline in italienischer Form, Fichtendecke, Muschelseite aus Ahorn, gebeizt F.W.

IV.2.9

Konzertgitarre

Bubenreuth, 1978

Geigenbau-Museum, Bubenreuth

10saitige Konzertgitarre, hergestellt von Gerold Karl Hannabach.
Kopf, geschnitzt von Paul Uhlemann, Fichtendecke, Boden und Zargen Palisander, Halsrücken furniert mit Ebenholz F.W.

IV.3 Gablonzer Schmuckindustrie

IV.3.1

Anstecknadel, Windmühle

Neugablonz, um 1947

Verein zur Förderung des Gablonzer Industriemuseums

Notschmuck, Anstecknadel, aus Holzabfällen gearbeitete Laubsägearbeit, sehr sorgfältig koloriert M.F.

IV.3.2

Anstecknadel, Bergdorf

Neugablonz, um 1947

Verein zur Förderung des Gablonzer Industriemuseums

Holz, Laubsägearbeit, bemalt M.F.

IV.3.1./IV.3.2
IV.3.11/IV.3.12

IV.3.3

Brosche mit Hirschkopf

Neugablonz, um 1947/48

Verein zur Förderung des Gablonzer Industriemuseums

Hirschhorn, Handarbeit M.F.

IV.3.4

Armband mit gefaßten Glassteinen

Neugablonz, um 1947

Verein zur Förderung des Gablonzer Industriemuseums

Aus Konservenblech kunstvoll gefertigtes Gliederarmband, vierzahnige Fassung, hellblaue Glassteine, mit Nägeln gravierter, aufwendig gearbeiteter Kunstverschluß M.F.

IV.3.4

IV.3.5

Brosche, Korb

Neugablonz, um 1947

Verein zur Förderung des Gablonzer Industriemuseums

Aus amerikanischen Konserven-Blechdosen hergestellt mit Hilfe einer Blechschere und Nägeln zum Gravieren M.F.

IV.3.6

Broschen, Blumen- und Blattmotiv

Neugablonz, um 1946

Verein zur Förderung des Gablonzer Industriemuseums

Aus amerikanischen Konserven-Blechdosen, hergestellt mit Hilfe einer Blechschere, Nägeln zum Einhämmern und Gravieren der naiven Blumenmotive, einfache Nadel zur Befestigung M.F.

IV.3.7

Papierhalter

Neugablonz, um 1948

IV.3.7

IV.3.5/VI.3.6/
IV.3.8/IV.3.9/
IV3.10

Verein zur Förderung des Gablonzer Industriemuseums

Handarbeit, Laubsägearbeit, bemalt M.F.

IV.3.8

Krawattennadel

Neugablonz, um 1946

Verein zur Förderung des Gablonzer Industriemuseums

Aus amerikanischem Konservenblech gearbeitete Krawattennadel, hergestellt mit Hilfe einer Blechschere, graviert M.F.

IV.3.9

Brosche, Schleife

Neugablonz, um 1946

Verein zur Förderung des Gablonzer Industriemuseums

In Handarbeit aus amerikanischem Konservenblech aufwendig gearbeitete Brosche in Form einer Schleife, hergestellt mit Hilfe einer Blechschere, Nägeln zum Gravieren einer feinen Borte, einfache Nadel zur Befestigung auf der Rückseite M.F.

IV.3.10

Armband

Neugablonz, um 1946/47

Verein zur Förderung des Gablonzer Industriemuseums

Aus amerikanischen Konserven-Blechdosen, hergestellt mit einer Blechschere und Nägeln als Gravierhilfe M.F.

IV.3.11

Gürtelschließe

Neugablonz, um 1947

Verein zur Förderung des Gablonzer Industriemuseums

Gürtelschließe aus Holz, geschnitzt, mit eingeschnitzten Blumenmustern verziert und der Materialknappheit der ersten Nachkriegsjahre wegen aus Holzabfällen gearbeitet M.F.

IV.3.12

Brosche in Herzform

Neugablonz, um 1946

Verein zur Förderung des Gablonzer Industriemuseums

Laubsägearbeiten aus Holzresten, Auflagen aus Holz und zu einer Schleife zusammengefügtem, gedrehten Draht, bemalt M.F.

IV.3.13

Brosche »Black and White«

Neugablonz, um 1947

Verein zur Förderung des Gablonzer Industriemuseums

Brot- oder Kartoffelteig mit Wasserklarzusatz, einfache Nadel

Schmuckstück aus der Gründerzeit von Neugablonz als Beispiel des Einfallsreichtums in einer Zeit der absoluten Materialknappheit M.F.

IV.3.14

Knöpfe

Neugablonz, um 1946

Verein zur Förderung des Gablonzer Industriemuseums

Die aus Altglas hergestellten unterschiedlich gefärbten Preßglasknöpfe stammen aus der Gründerzeit von Neugablonz.
Sie dienten in den Nachkriegsjahren auch als Zahlungsmittel M.F.

IV.3.15

Ohrringe, Paar

Neugablonz, 1955

Verein zur Förderung des Gablonzer Industriemuseums

Tombak gepreßt, bemalt, mit Ohrringschrauben angenietet. Nachgearbeitet dem Toledo-Schmuck, exportiert nach Südamerika und Mexiko M.F.

IV.3.16

Ein Paar Ohrringe

Neugablonz, 1970

Verein zur Förderung des Gablonzer Industriemuseums

Kunststoffperlen, fadengespritzt, aufgeklebt auf Metallscheiben, Ohrklipse, vorwiegend nach Südamerika verkauft, gern beim Karneval in Rio getragen M.F.

IV.3.17

Kette mit Anhänger

Neugablonz, 1965

Verein zur Förderung des Gablonzer Industriemuseums

Kette aus Metall, Anhänger emailliert, Maschinenkette. Klassisches Schmuckstück vorwiegend für Europa, USA M.F.

IV.3.18

Orientalische Gebetskette

Neugablonz, 1960

Verein zur Förderung des Gablonzer Industriemuseums

Glasperlen bedampft, orientalische Gebetsketten wurden in Neugablonz über viele Jahre hergestellt M.F.

IV.3.19

Halsband

Neugablonz, 1956

Fa. Hans Kraus, Neugablonz

Halsband oder »Kragen«, hergestellt aus Glassteinen und Glasperlen, gefädelt in Handarbeit.
Solche »Kragen« waren zwischen 1955 und 1960 begehrte Modeartikel. Sie können aus Kostengründen heute nicht mehr hergestellt werden M.F.

IV.3.20

Brosche und Gürtelschnalle

Neugablonz, 1958

IV.3.19

IV.3.20

Verein zur Förderung des Gablonzer Industriemuseums

Blätter aus Glas, gewickelt und mit einer Spezialzange in Form gebracht, reine Handarbeit, Metallteile zusammengelötet und mit Glassteinen (Straßsteinen/Similisteinen) besetzt.
Originalstück, als Gürtelschnalle hergestellt für Marlene Dietrich M.F.

IV.3.21

Halsband

Neugablonz, 1965

Verein zur Förderung des Gablonzer Industriemuseums

Halsband, hergestellt aus kleinen Einzelstücken aus Metall (»Kessel«), beweglich gelötet, besetzt mit Straßsteinen/Simili, die zum Teil bedampft sind.
Für Sophia Loren als Nachahmung ihres echten Schmuckes entworfen.
Zweitausführung M.F.

IV.3.21

IV.3.22

Brosche

Neugablonz, 1970

Verein zur Förderung des Gablonzer Industriemuseums

Metallpressung, vergoldet.
Zeitloser Schmuck, dem Jugendstil nachempfunden M.F.

IV.3.23

Vier Haarreifen

Neugablonz, 1978

Verein zur Förderung des Gablonzer Industriemuseums

Haarreifen, hergestellt aus Kunststoff, maschinell »gespritzt« in vorgefertigten Formen, der grüne mit Tombakdraht umwickelt.

Diese und ähnliche Haarreifen wurden und werden in sehr großen Mengen hergestellt, säckeweise verpackt, Vertrieb im EG-Bereich und in Übersee M.F.

IV.3.24

Halskette

Neugablonz, 1983

Verein zur Förderung des Gablonzer Industriemuseums

Halskette, hergestellt aus zwei Reihen maschinengefertigter Metallketten, in Silber und in »Blutstein-Farbe«.
Zeitloser Schmuck, besonders gern in Deutschland und angelsächsischen Ländern getragen M.F.

IV.3.25

Halskette

Neugablonz, 1983

Verein zur Förderung des Gablonzer Industriemuseums

Kunststoffteile, Metallzwischenteile, konservative Form. Grau: Modefarbe im Winter 1984/1985 M.F.

IV.3.26

Drei Armbänder

Neugablonz, 1984

Verein zur Förderung des Gablonzer Industriemuseums

Kunststoff, maschinell gespritzt.

Solche Kunststoffarmbänder werden in vielfältigen Formen und Farben hergestellt und vorwiegend in südliche Länder exportiert F.W.

IV.3.27

Halskette

Neugablonz, 1983

Verein zur Förderung des Gablonzer Industriemuseums

Plastikteile, aufgefädelt auf Kordel, »Folklore-Look«, Sommermode 1984, Teil einer umfangreichen Folklore-Serie F.W.

IV.3.28

Halskette mit Ohrringen

Neugablonz, 1985

Firma Mikolasch, Neugablonz

Tombak, besetzt mit Straßsteinen (Simili-Steine).

In Handarbeit gefertigte Halskette aus vorgefertigten Kettenteilen und gegossenen Zwischenstücken, hartvergoldet. Konservativer Schmuck nach »Chanel-Art«. Nach Informationen aus Paris und Mailand dürften Chanel-Ketten zum Modeartikel 1990 werden F.W.

IV.3.29

Brosche

Neugablonz

Firma Mikolasch, Neugablonz

Kesselketten-Teile, hartvergoldet, besetzt mit Straßsteinen (Simili-Steine) F.W.

IV.3.30

Ohrgehänge

Neugablonz, 1984

Verein zur Förderung des Gablonzer Industriemuseums

Kunststoffteile, auf Draht aufgereiht F.W.

IV.3.31

Ohrgehänge

Neugablonz, 1982

Verein zur Förderung des Gablonzer Industriemuseums

Kreolen-Form, Metall-Prägungen, Mittelstücke und Seitenperlen aus Kunststoff.

Kreolen wurden früher speziell für das südliche Ausland hergestellt. Seit 1987 sind Ohrgehänge in Kreolenform auch in Deutschland ein Modeartikel, speziell unter jungen Mädchen F.W.

IV.3.32

Gürtel

Neugablonz, 1987

Firma Hantschel, Neugablonz

Metallgußstücke, gelötet, besetzt mit hochwertigen Glassteinen (Jet-Glas und Straß).
Von 1986 bis 1988 waren diese aufwendigen

Gürtel in Mode und daher international sehr gefragt F.W.

IV.3.33

Gürtel

Neugablonz

Firma Hantschel, Neugablonz

Samtband, Gürtelschnalle, gelötet, besetzt mit hochwertigen Glassteinen (Straß) F.W.

IV.3.34

Halsband mit Ohrringen

Neugablonz, 1987

Verein zur Förderung des Gablonzer Industriemuseums

Metallpressung, gelötet, besetzt mit Kunststoff- und Straßsteinen.
Italienisches Design, Modeschlager im Winter 1987/88 F.W.

IV.3.35

Brosche

Neugablonz, 1989

Firma Kiesewetter, Neugablonz

Gegossenes Metall, besetzt mit Glassteinen. Anspruchsvoller Schmuck im Jugendstil

IV.3.36

Gürtelschnalle

Neugablonz, 1988

Firma Kiesewetter, Neugablonz

Metall, besetzt mit Straßsteinen F.W.

IV.3.37

Haarspange

Neugablonz, 1989

Firma Ursula Feix, Neugablonz

Kunststoff, Schmuckteile: Metall, Straßsteine, Kunststoffteile F.W.

IV.3.38

Glassteine

Neugablonz

Verein zur Förderung des Gablonzer Industriemuseums

Diese mit unterschiedlichen Techniken hergestellten Glassteine geben einen Hinweis auf die außergewöhnliche Vielfalt der Gablonzer Glasschmuckproduktion. Es gibt über mehrere Tausend verschiedene Farben und Formen von Gablonzer Glassteinen F.W.

IV.4. Sudetendeutsches Glas

IV.4.1

Ranftbecher

Nordböhmen, 19. Jahrhundert

Glasmuseum Rheinbach

Rubiniertes Glas, Metallmalerei, vier Medallionfelder, geschnittene Veduten: Salzbrunn, Altwasser, Wilhelmshöhe und Beschriftungsfeld: Hugo Brichta F.W.

IV.4.2

IV.4.2

Pokal

Nordböhmen, 19. Jahrhundert

Glasmuseum Rheinbach

Klarglas, Rotbeize, vier hochgeschliffene Medallionfelder, geschnittene Veduten: Domstraße, Juliusspital, Marienkapelle F.W.

IV.4.3

Deckelpokal

Nordböhmen, 19. Jahrhundert

Glasmuseum Rheinbach

Klarglas, Rotbeize, Emaille- und Goldmalerei, geschnittene Veduten: Brandenburger Tor, Opernhaus in Berlin, ein Leerfeld F.W.

IV.4.4

Deckelpokal

Rheinbach

Staatliche Glasfachschule, Rheinbach

Gitterornament, Mattfond mit Reliefvergoldung.

IV.4.3

Entwurf und Ausführung: A. Neumann F.W.

IV.4.5

Vase

Rheinbach

Staatliche Glasfachschule, Rheinbach

Vase, gefertigt aus rauchopasfarbenem Glas nach historischen Vorbildern. Rokoko-Ornament, Glanzgold in Stupftechnik, mit Mattgold überzogen, Goldrelief-Rocaillen und Hochemaille-Fliedertrauben.
Ausführung: H. Markowski F.W.

IV.4.6

Teller

IV.4.5

Rheinbach

Staatliche Glasfachschule, Rheinbach

Teller, gefertigt aus grünem Glas nach historischen Vorbildern. Glanzgoldornament mit teilweise mattierter Reliefumrandung, mit Pinsel modellierte Hochemailleblüten.
Ausführung: H. Markowski

IV.4.6

IV.4.7

Deckeldose

Rheinbach, 1988

Staatliche Glasfachschule, Rheinbach

Scharfschnitt, teilweise mattiert, Hochschnittechnik.
Entwurf und Ausführung: Chr. Bock F.W.

IV.4.8

Vase

Rheinbach, 1989

Staatliche Glasfachschule, Rheinbach

Ausbrucharbeit, Hochschnitt mit Walzenschliff.
Entwurf und Ausführung: Chr. Bock F.W.

IV.4.9

Vase

Rheinbach, 1979

Staatliche Glasfachschule, Rheinbach

Tiefschnitt mit Siliziumkarbid vorgerissen, leicht aufpoliert, mit Kupfer umschnitten.
Entwurf: O. Lippert
Ausführung: K. Bischof F.W.

IV.4.10

Vase

Rheinbach, um 1980

Staatliche Glasfachschule, Rheinbach

Tiefschnitt mit Diamantgravur, leicht aufpoliert, stilisierte florale Elemente F.W.

IV.5 Hiddensee-Schmuck

IV.5.1

Zwei Ringe mit Fibula

Kiel, 1989

Goldschmiede Wilhelm Reindl, Kiel

Silber, galvanisch vergoldet F.W.

IV.5.2

Ring mit Doppelkreuz

Kiel, 1989

Goldschmiede Wilhelm Reindl, Kiel

Silber, galvanisch vergoldet F.W.

IV.5.3

Ring mit Doppelkreuz (zwei Eulenköpfe)

Kiel, 1989

Goldschmiede Wilhelm Reindl, Kiel

Silber, galvanisch vergoldet F.W.

IV.5.4

Zwei Ringe mit Kreuz in runder Schale

Kiel, 1989

Goldschmiede Wilhelm Reindl, Kiel

Silber, galvanisch vergoldet F.W.

IV.5.5

Zwei Colliers

Kiel, 1989

Goldschmiede Wilhelm Reindl, Kiel

Colliers, Silber, galvanisch vergoldet, mit Mittelkreuz, zwei Fibula und zwei Kreuzen F.W.

IV.5.6

Brosche

Kiel, 1989

Goldschmiede Wilhelm Reindl, Kiel

Brosche mit Fibula, zwei Seitenteile, Silber, galvanisch vergoldet F.W.

IV.5.7

Zwei Broschen

Kiel, 1989

Goldschmiede Wilhelm Reindl, Kiel

Zwei Broschen mit Fibula und zwei Kreuzen, Silber, galvanisch vergoldet F.W.

IV.5.8

Brosche

Kiel, 1989

Goldschmiede Wilhelm Reindl, Kiel

Brosche mit Kreuz und zwei Fibula, Silber, galvanisch vergoldet F.W.

IV.5.9

Brosche

Kiel, 1989

Goldschmiede Wilhelm Reindl, Kiel

Brosche mit Stabnadel und Fibula, Silber, galvanisch vergoldet F.W.

IV.5.10

Brosche

Kiel, 1989

Goldschmiede Wilhelm Reindl, Kiel

Brosche mit Stabnadel und Kreuz mit Kordel, Silber, galvanisch vergoldet F.W.

IV.5.11

Brosche

Kiel, 1989

Goldschmiede Wilhelm Reindl, Kiel

Brosche mit Nadel und Kreuz an Seitenteilen, Silber, galvanisch vergoldet F.W.

IV.5.12

Brosche

Kiel, 1989

Goldschmiede Wilhelm Reindl, Kiel

Brosche, Nadel mit Kreuz, Silber, galvanisch vergoldet F.W.

IV.5.13

Manschettenknöpfe

Kiel, 1989

Goldschmiede Wilhelm Reindl, Kiel

Manschettenknöpfe mit Fibula, Silber, galvanisch vergoldet F.W.

IV.5.14

Manschettenknöpfe

Kiel, 1989

Goldschmiede Wilhelm Reindl, Kiel

Manschettenknöpfe mit Kreuz, Silber, galvanisch vergoldet F.W.

IV.5.15

Manschettenknöpfe

Kiel, 1989

Goldschmiede Wilhelm Reindl, Kiel

Manschettenknöpfe mit Eulenkopf, Silber, galvanisch vergoldet F.W.

IV.5.16

Krawattennadel

Kiel, 1989

Goldschmiede Wilhelm Reindl, Kiel

Krawattennadel mit Kreuz, Silber, galvanisch vergoldet F.W.

IV.5.17

Armband

Kiel, 1989

Goldschmiede Wilhelm Reindl, Kiel

Armband mit zehn Fibula F.W.

IV.5.18

Armband

Kiel, 1989

Goldschmiede Wilhelm Reindl, Kiel

Armband mit neun Kreuzen F.W.

IV.5.19

Armband

Kiel, 1989

Goldschmiede Wilhelm Reindl, Kiel

Armband mit fünf Fibula, vier Kreuzen F.W.

IV.5.20

Zwei Anhänger

Kiel, 1989

Goldschmiede Wilhelm Reindl, Kiel

Anhänger mit Kreuz F.W.

IV.5.21

Zwei Anhänger

Kiel, 1989

Goldschmiede Wilhelm Reindl, Kiel

Anhänger mit Fibula F.W.

IV.6 Bernsteinschmuck

IV.6.1

Silberdose

Baldham, um 1978

Walter Bistrick, Baldham

Handgeschmiedete Silberdose, Deckel aus Edelholz mit in Silber gefaßtem Naturbernstein mit einer »Sonnenflinte«. Angefertigt von J. Kienast F.W.

IV.6.2

Drei Halsketten aus Naturbernstein

Baldham, 1989

Walter Bistrick, Baldham

IV.6.3

Zwei Broschen mit Naturbernstein

Baldham, 1989

Walter Bistrick, Baldham

IV.6.1

IV.6.2

IV.6.4

Zwei Anhänger mit Naturbernstein

Baldham, 1989

Walter Bistrick, Baldham

IV.6.5

Brosche

Baldham, 1989

Walter Bistrick, Baldham

Brosche mit Naturbernstein mit Insekteneinschluß 750/000 Gold, Handarbeit F.W.

IV.6.6

Fotorahmen

Baldham, 1989

Walter Bistrick, Baldham

Fotorahmen mit Naturbernstein belegt

IV.6.7

Vier Bernstein-Würfel

Baldham, 1989

Walter Bistrick, Baldham

IV.6.8

Rohbernsteinstück

Ostpreußen

Kulturzentrum Ostpreußen, Schloß Ellingen

Unbearbeiteter Rohbernstein aus Ostpreußen

IV.7 Trikotagenindustrie

IV.7.1

Dekobeine

Elbeo-Werke GmbH, Augsburg

IV.8 Oberschlesischer Eisenkunstguß

IV.8.1

Vase

Gleiwitz, 1847

Buderus Kundenguß GmbH, Hirzenhain

IV.8.2

Fruchtteller, »Schinkelteller«

Gleiwitz, 1945

Buderus Kundenguß GmbH, Hirzenhain

Nachguß bei Buderus seit 1950

IV.8.3

Schmucktruhe

IV.8.1

IV.8.2

Hirzenhain, 1988

Buderus Kundenguß GmbH, Hirzenhain

Schmucktruhe, klassizistisch, mit zweiteiligem Einsatz, ursprünglich als Tabakdose verwendet. Modell: 1820–1825 F.W.

IV.8.4

Jahresplakette »Gerhart Hauptmann«

Hirzenhain, 1988

Buderus Kundenguß GmbH, Hirzenhain

Modell: Ludwig Gies (1887–1966) F.W.

IV.8.5

Portraitplakette »Freiherr v. Eichendorff«

Hirzenhain, 1988

Buderus Kundenguß GmbH, Hirzenhain

Modell: Peter Lipp (1902–1975) F.W.

IV.8.6

Schmuckbrosche

Hirzenhain, 1988

Buderus Kundenguß GmbH, Hirzenhain

Das Original der Schmuckbrosche stammt aus dem 1. Drittel des 19. Jahrhunderts. Nachguß der Buderus-Kunstgießerei F.W.

IV.8.6

IV.8.7

Brosche, Schmetterling

Hirzenhain, 1988

Buderus Kundenguß GmbH, Hirzenhain

Das Original der Brosche stammt aus der Zeit um 1821. Modell: Simeón Pierre Devaranne (1789–1859) F.W.

IV.8.8

Flußgötterteller

Hirzenhain, 1988

Buderus-Kundenguß GmbH, Hirzenhain

IV.8.7

Der Entwurf für den Flußgötterteller stammt vermutlich von Karl Friedrich Schinkel (1781–1841) F.W.

IV.8.9

Kette mit Kreuzanhänger

Gleiwitz oder Berlin, 2. Viertel 19. Jahrhundert

Oberschlesisches Landesmuseum, Ratingen, Leihgabe der Bundesrepublik Deutschland

IV.8.10

Brosche

Gleiwitz oder Berlin, um 1820–1830

Oberschlesisches Landesmuseum, Ratingen, Leihgabe der Bundesrepublik Deutschland

IV.8.11

Königliche Eisengießerei bei Gleiwitz Lithographie

Gleiwitz

Oberschlesisches Landesmuseum, Ratingen, Leihgabe der Bundesrepublik Deutschland

Handcolorierte Lithografie von Ernst Wilhelm Knippel F.W.

IV.9 Optische Industrie

IV.9.1

Axioskop, Lichtmikroskop

1988

Carl Zeiss, Oberkochen

IV.9.2

Stativ VII, Lichtmikroskop

1980

Carl Zeiss, Oberkochen

Nachbau des Originalmikroskops »Stativ VII«, das um 1880 nach den Berechnungen von Ernst Abbe bei Carl Zeiss, Jena, hergestellt wurde. Es gehörte zu den leistungsfähigsten Mikroskopen seiner Zeit F.W.

IV.9.3

Opernglas mit Futteral

um 1940

Gertraud Weisker, Heidelberg

IV.9.4

Original-Anstellungsvertrag

Jena, 27. März 1919

Gertraud Weisker, Heidelberg

Arbeitsvertrag zwischen der Firma Carl Zeiss, Jena, und dem Dipl.-Ing. Andreas Winkler F.W.

IV.10 Maschinenbau

IV.10.1

Unterflurdrehmaschine Typ 106 (Modell)

Erkelenz, 1980

Hegenscheidt, Erkelenz

Maschine zur Profilinstandhaltung von Elektro-Lokomotiven, Diesel-Lokomotiven, Triebzügen, Reisezugwagen, Güterwagen F.W.

IV.10.2

Portalradsatzdrehmaschine Typ 165 (Modell)

Erkelenz, 1980

Hegenscheidt, Erkelenz

Maschine zur Profilbearbeitung von Radsätzen F.W.

IV.11 Schiffsbau

IV.11.1

Hochseebergungsschlepper TITAN (Modell)

um 1980

Schichau-Seebeck-Werft AG, Bremerhaven

Modell des 1974 für die Bugsier-Reederei und Bergungs AG, Hamburg, gebauten Hochseebergungsschleppers TITAN, Bau-Nr. 2253 von der Schichau-Unterweser AG (SUAG). 1599 BRT, Länge: 68,70 m, Breite: 13,20 m, Seitenhöhe: 6,60 m F.W.

IV.12 Verlage

IV.12.1

Reclams Universalbibliothek

Philipp Reclam jun. Verlag, Ditzingen

Nr. 3026

Ibsen, Henrik:
Baumeister Solneß. Ein Schauspiel in drei Aufzügen

Nr. 62

Shakespeare, William:
König Richard der Dritte. Geschichtliches Schauspiel

Nr. 338

Molière:
Der Geizige. Lustspiel

Nr. 6181

Keller, Gottfried:
Hadlaub. Novelle

Nr. 7001

Mann, Heinrich:
Der Tyrann. Die Branzille. Novellen

Nr. 8503

Siebenhaar, Klaus (Hrsg.):
Einakter und kleine Dramen der Zwanziger Jahre

Nr. 8167

Marks, Hanna H. (Hrsg.):
Erläuterungen und Dokumente. Joseph von Eichendorff: Das Marmorbild

Nr. 9235

Mieder, Wolfgang (Hrsg.):
Fremdsprachentexte. English Proverbs

Nr. 8482

Poppenberg, Gerhard (Hrsg.):
Calderón de la Barca: El gran teatro del mundo/Das große Welttheater, spanisch/deutsch

Nr. 15012

Dierkes, Hans (Hrsg.):
Arbeitstexte für den Unterricht, Philosophische Anthropologie

IV.12.2

Haarhaus, Julius:
Goethes sämtliche Werke in fünfundvierzig Bänden, Band 8, Philipp Reclam Verlag, Leipzig o.J.

Philipp Reclam jun. Verlag, Ditzingen

IV.12.3

Bartel, G. Emil:
Nicolaus Lenau's sämmtliche Werke in einem Bande Philipp Reclam Verlag, Leipzig o.J.

Philipp Reclam jun. Verlag, Ditzingen

IV.12.4

Grisebach, Eduard (Hrsg.):
Arthur Schopenhauers sämtliche Werke in sechs Bänden, Philipp Reclam Verlag, Leipzig o.J.

Philipp Reclam jun. Verlag, Ditzingen

IV.12.5

Markwardt, Bruno (Hrsg.):
Kleists Werke in drei Bänden, Bd. I, Kleists Leben und Schaffen, Philipp Reclam Verlag, Leipzig o.J.

Philipp Reclam jun. Verlag, Ditzingen

IV.12.6

Zentner, Wilhelm/Würz, Anton (Hrsg.):
Reclams Opern- und Operettenführer, 31. Aufl., Philipp Reclam jun. Verlag, Stuttgart 1985

Philipp Reclam jun. Verlag, Ditzingen

IV.12.7

Brunner, Herbert/Reitzenstein, Alexander von (Hrsg.):
Baden-Württemberg. Kunstdenkmäler und Museen, 8. Aufl., Philipp Reclam jun. Verlag, Stuttgart 1985

Philipp Reclam jun. Verlag, Ditzingen

IV.12.8

Koch, Klaus u.a. (Hrsg.):
Reclams Bibellexikon, 4. Aufl., Philipp Reclam jun. Verlag, Stuttgart 1987

Philipp Reclam jun. Verlag, Ditzingen

IV.12.9

Krusche, Dieter:
Reclams Filmführer, 7. Aufl., Philipp Reclam jun. Verlag, Stuttgart 1987

Philipp Reclam jun. Verlag, Ditzingen

IV.12.10

Grimm, Gunter E. (Hrsg.):
Italien-Dichtung, Philipp Reclam jun. Verlag, Stuttgart 1988

Philipp Reclam jun. Verlag, Ditzingen

IV.12.11

Brüder Grimm:
Kinder- und Hausmärchen. Jubiläumsausgabe mit den Originalanmerkungen der Brüder Grimm, Philipp Reclam jun. Verlag, Stuttgart 1984

Philipp Reclam jun. Verlag, Ditzingen

IV.12.12

Duden, Konrad:
Vollständiges Orthographisches Wörterbuch der deutschen Sprache, Duden-Verlag, Leipzig 1880, Faksimile-Ausgabe, Bibliographisches Institut & F.A. Brockhaus AG, Mannheim 1980

Bibliographisches Institut & F.A. Brockhaus AG, Mannheim

IV.12.13

Vorauslexikon zur Brockhaus Enzyklopädie in fünf Bänden, 19. Aufl., Bibliographisches Institut & F.A. Brockhaus AG, Mannheim 1986

Bibliographisches Institut & F.A. Brockhaus AG, Mannheim

IV.12.14

Meyers Enzyklopädisches Lexikon in 29 Bänden, 9. Aufl., Bibliographisches Institut & F.A. Brockhaus AG, Mannheim 1981

Bibliographisches Institut & F.A. Brockhaus AG, Mannheim

IV.12.15

Drosdowski, Günther u.a. (Hrsg.):
Der Duden in zehn Bänden. Das Standardwerk zur deutschen Sprache, 19. Aufl., Bibliographisches Institut & F.A. Brockhaus AG, Mannheim 1986

Bibliographisches Institut & F.A. Brockhaus AG, Mannheim

IV.13 Ostdeutsche Spezialitäten

IV.13.1

Ostdeutsche Spezialitäten

Stiftung Deutschlandhaus, Berlin

– Machandel/Westpreußen
– Karlsbader Becherovka/Sudetenland
– Stonsdorfer/Schlesien
– Wünschelburger/Schlesien
– Danziger Lachs/Danzig
– Bärenfang/Ostpreußen
– Bärenfang/Ostpreußen
– Dampfeisbrecher Stettin/Pommern
– Breslauer Happen/Schlesien
– Liegnitzer Stickse/Schlesien
– Königsberger Klopse/Ostpreußen
– Danziger Goldwasser/Danzig
– Karlsbader Oblaten/Sudetenland
– Königsberger Marzipan/Ostpreußen
– Liegnitzer Bombe/Schlesien
– Stolper Jungchen/Pommern
– Micksch Pfefferminzplättchen/Schlesien
– Neisser Lebkuchenschnitten/Schlesien

V. Politik und gesellschaftlicher Bereich

Was uns bewegt hat, was wir gestaltet haben – Erfahrungen eines Mannes der ersten Stunde

Wilhelm Hoffmann

Die in vier Jahrzehnten von 1949 bis 1989 erfolgte Entwicklung und Gestaltung der Bundesrepublik Deutschland verdient eine besondere Betrachtung und Würdigung.

Der wirtschaftspolitische Aufbau, die gesellschaftspolitische Entfaltung, die demokratische Lebensordnung und die politische Willensbildung, wie auch im Grundgesetz der Bundesrepublik Deutschland enthalten, machen es notwendig, das Vertreibungsschicksal von rund 18 Millionen Deutschen als Nachlaß des Zweiten Weltkrieges in die bundespolitischen Entscheidungen miteinzubeziehen.

Die rund 13 Millionen Vertriebenen mit rund 3 Millionen Flüchtlinge aus Mitteldeutschland haben sich – wie in der Weimarer Verfassung geboten – nach der Losung *»DAS DEUTSCHE VOLK EINIG IN SEINEN STÄMMEN«* ausgerichtet und friedliebend nach ihren stammesmäßigen Bindungen, entsprechend ihrer heimatregionalen Herkunft, gegliedert und in die 1949 gegründete Bundesrepublik Deutschland eingeordnet.

Die deutsche Bevölkerung in den Bundesländern mit den Flüchtlingen aus Mitteldeutschland und den Heimatvertriebenen aus den deutschen Ostgebieten und den Siedlungsgebieten Ost- und Südosteuropas spiegeln die landsmannschaftliche Vielfalt des deutschen Volkes wider. In der Bundesrepublik sind es die westdeutschen Länder, bei den deutschen Vertriebenen und Flüchtlingen sind es deren Landsmannschaften – Mannschaften ihrer Heimatlandschaften – die zu einem gemeinsamen Aufbau der Bundesrepublik Deutschland aufgerufen und verpflichtet sind.

Mit diesem Verantwortungsbewußtsein begann nach den Zerstörungen infolge des Zweiten Weltkrieges das Wunder eines gemeinsamen Aufbaus in Westdeutschland, verbunden mit der politischen und gesellschaftlichen Entwicklung eines demokratischen Staatsgefüges in Freiheit.

Mit der Entfaltung der wirtschaftlichen Kräfte in den westdeutschen Ländern nach Gesetz und Ordnung stand auch die Regelung vieler Probleme im sozialen Bereich und im beruflichen Dasein an, sowie die Frage einer rechtlichen Gleichstellung für die Vertriebenen und Flüchtlinge zur Eingliederung.

Nach Aufhebung des Koalitionsverbotes durch die westlichen Besatzungsmächte im Juni 1948 wurde zur Wahrnehmung und Vertretung der Interessen der Vertriebenen und später auch der Flüchtlinge die Gründung von Vertriebenen-Organisationen mit demokratischer Legitimation möglich und nötig.

Festakt bei der Eröffnung des Parlamentarischen Rates im Alexander-König-Museum in Bonn, 1.9.1948.

Die drei Militärgouverneure Lucius D. Clay, Sir Brian Robertson und General Pierre Koenig.

Im Jahre 1989 sind nach wie vor im *Bund der Vertriebenen (BdV)* als zentraler Bundes-Dachorganisation
21 Bundeslandsmannschaften,
11 Landesverbände der Vertriebenen (in den zehn Bundesländern und Berlin),
Frauenverbände, Jugend- und Studentenorganisationen
sowie Fachverbände
zusammengeschlossen.

In einer entsprechend gegliederten Organisation des *Bundes der Mitteldeutschen (BMD)* werden die Interessen der Flüchtlinge und Übersiedler wahrgenommen.
Die heimatpolitischen Forderungen, die vielseitigen kulturellen Anliegen, die wirtschaftliche und soziale Eingliederung und die rechtliche Gleichstellung der Heimatvertriebenen mit den Heimatverbliebenen wurden und werden durch Arbeitsgruppen, durch Sachverständige der Fach- und Berufsverbände, durch Kultur-Institutionen, durch die Historischen Kommissionen sowie durch weitere wissenschaftliche Quellenbereiche mit qualifizierten Gutachten, Eingaben und Veröffentlichungen bearbeitet.

Durch diese Maßnahmen ergab sich staatspolitisch gesehen im vorparlamentarischen Raum eine sinnvolle Zusammenarbeit mit den im Bundestag vertretenen Parteien, den Parlamenten und den zuständigen Ausschüssen.

Die Schaffenskraft und das staatsbürgerliche Pflichtbewußtsein der Vertriebenen regten das Bildungsgefüge und die Wertbegriffe einer preußischen Erziehung, verbunden mit einem religiösen Bewußtsein, an.

Unter Berücksichtigung der vielseitigen Erfahrungen aus der eigenen politischen Vergangenheit und der Vertreibung waren sich die Vertriebenen in der Bundesrepublik Deutschland in ihren organisatorischen Gliederungen bereits 1950 darin einig, mit der *Charta der deutschen Heimatvertriebenen* ihre Bekenntnisse für die Zukunft festzuschreiben und der Öffentlichkeit kundzutun. Die Leitgedanken dieser Charta wurden wegweisend für die Vertriebenen von Alt und Jung bis auf den heutigen Tag.

Mit dem Wunsch und der Fähigkeit, Freunde zu suchen und zu gewinnen, ergab sich aus gesamtdeutscher Sicht der Patenschaftsgedanke, aus dem mit Förderungen des damaligen Bundesministeriums für Gesamtdeutsche Fragen und der Bundesarbeitsgemeinschaft der kommunalen Spitzenverbände die Übernahme von Patenschaftsverhältnissen für ost- und mitteldeutsche Gebiete, Kreise und freie Städte durch die meisten Bundesländer und über 400 Kommunen in der Bundesrepublik Deutschland entstanden.

Diese vielfach in über zwanzig Jahren gewachsenen Patenschaften halfen mit ihrer historischen Sinngebung durch die jeweils kulturgeschichtlichen Bezüge, das gesamtdeutsche Bewußtsein zu stärken und damit die deutschen Identitätsschwierigkeiten nach dem Zweiten Weltkrieg zu mindern, die unsere Nachbarn und Partnerländer irritieren.

Das Bundesvertriebenengesetz (BVFG) – Maßnahmen, Verordnungen und Amtshilfen zur wirtschaftlichen, beruflichen und sozialen Eingliederung

Der Deutsche Bundestag und der Bundesrat verabschiedeten Gesetze zur rechtlichen und beruflichen Eingliederung der Vertriebenen und Flüchtlinge sowie das Gesetz für einen Lastenausgleich, um die durch Flucht und Vertreibung betroffenen Deutschen für entstandene Vermögensverluste wenigstens teilweise zu entschädigen.

Zur Inanspruchnahme der durch Gesetz gesicherten Nutzung war eine Beweisführung für die vor der Vertreibung vorhandenen sozialen und materiellen Besitzstandsverhältnisse erforderlich.

Als erste Maßnahme erfolgte durch den kirchlichen Suchdienst unter der Trägerschaft des Caritasverbandes und des Diakonischen Werkes mit den nach Herkunftsgebieten gegliederten Heimatortskarteien in Zusammenarbeit mit den Landsmannschaften und dem Suchdienst des Deutschen Roten Kreuzes eine fast hundertprozentige Personenstands-Rekonstruktion. Durch diese Suchdiensteinrichtungen konnte die Herkunft der Vertriebenen nachgewiesen oder bezeugt werden. Bei den Heimatortskarteien und Landsmannschaften als »Sieb der Vergangenheit« ließen sich auch weitgehend die Vertreibungsschicksale nach Lebenden, Toten und ungeklärten Fällen nachweisen. Die Zusammenarbeit der Suchdienste mit ihren vielseitigen Nachforschungen war auch für die Familienzusammenführung von großer Bedeutung.

Die Bundesregierung veranlaßte zur zügigen Abwicklung aller Gesetzesmaßnahmen die Einrichtung einer Vertriebenen- und Flüchtlingsverwaltung von der Landes- bis zur Kommunalebene, in der Fachleute tätig wurden.

Die Erfassung der Vertriebenen und Flüchtlinge in den jetzigen Städten und Wohngemeinden wurde möglich. Die Ausgabe von Vertriebenen- und Flüchtlingsausweisen war die Folge. Auf der Landes- und Bundesebene konnten die statistischen Auswertungen und Übersichten mit Angaben der Betroffenen nach Herkunft, Beruf, Familienstand und weiteren Personalhinweisen erstellt werden. Örtlich standen den Betroffenen sachkundige Vertriebenen- und Flüchtlingsbetreuer der Landesverbände zur Unterstützung bei Antragstellungen wie auch als Amtshilfe bei der Beschaffung von Beweisunterlagen und zur Zeugenfindung zur Verfügung.

Die Durchführung der Lastenausgleichsgesetzgebung (LAG) machte die Einrichtung des Bundesausgleichsamtes (BAA) mit Ausgleichsämtern in den Ländern, Kreisen und Städten notwendig, um die Antragstellungen auf Entschädigungen bzw. Renten der in der Bundesrepublik Deutschland lebenden Vertriebenen und Flüchtlinge rechtlich, fachlich und beweiskräftig prüfen sowie entscheidungsreif bearbeiten zu können.

Die vom BAA eingerichteten Heimatauskunftsstellen, nach Regierungsbezirken in den früheren Herkunftsregionen geordnet, wurden zu einer Quelle für Besitzstands- und Bewertungsnachweise. Sie wurden auch zum Regulativ für die Feststellung möglicherweise unberechtigter Antragstellung. Die Vertrauensleute der Heimatgemeinden und Wissensträger stellten die Gemeindebetriebslisten mit den Ersatzeinheitswerten für alle in den Heimatgemeinden vorhandenen Betriebe auf, die vielseitig bei der Bewertung der Schadensfeststellung genutzt wurden.

In seiner bundeszentralen Steuerungsfunktion ist das BAA fachlich und rechtlich fähig und in der Lage, die Durchführung der bisherigen 31 Novellen zum Lastenausgleich mit Änderungen und Fortschreibungen der Gesetzgebung und der dazugehörigen Verordnungen durch alle untergeordneten LAG-Dienststellen zu veranlassen.

Für die Abstimmung und Zustimmung aller zentralen Maßnahmen und Haushaltsprobleme stehen dem BAA ein Ständiger Beirat und der Kontroll-Ausschuß beratend und zur Beschlußfassung zur Verfügung.

Für die Abwicklung der Finanzgeschäfte, soweit sie sich aus Entschädigungsleistungen, Kreditverfahren und auch EDV-programmierten Rentenleistungen ergeben, ist die Lastenausgleichsbank – jetzt Deutsche Ausgleichsbank (DAB) – erfolgreich tätig. Die Förderung der wirtschaftlichen Eingliederung von Vertriebenen, Flüchtlingen, Aus- und Übersiedlern ist diesem öffentlich-rechtlich anerkannten Bankinstitut zu verdanken.

Der Beirat für Vertriebene und Flüchtlinge beim Bundesinnenministerium, in dem alle Vertriebenen- und Flüchtlingsorganisationen, karitativen Vereinigungen, Fach- und kommunalen Verbände vertreten sind, wird durch das Bundesinnenministerium, das für die Durchführung des Bundesvertriebenen- und Flüchtlingsgesetzes (BVFG) zuständig ist, über alle anstehenden Maßnahmen und auch Änderungen unterrichtet und zu Rate gezogen.

Besondere Aufmerksamkeit gilt den aktuellen Vorgängen wie zum Beispiel der Bewältigung von unerwartet hohen Aussiedlerströmen in die Bundesrepublik Deutschland mit über 200.000 Personen im Jahre 1988. Auch in den kommenden Jahren muß mit einer weiteren Zuwanderung und auch Ausweisung aus der DDR, Sowjetunion, Polen, Rumänien und anderen Regionen gerechnet werden.

Die Organisationen der Vertriebenen und Flüchtlinge sowie die Flüchtlingsverwaltun-

Dr. Konrad Adenauer bei der Unterzeichnung des Grundgesetzes, 23.5.1949.

gen werden auch weiterhin zur zügigen Abwicklung aller noch anstehenden Aufgaben und Maßnahmen notwendig bleiben.

Die bisher dargestellten Entwicklungsphasen zur Bewältigung der Vertriebenen- und Flüchtlingsproblematik beweisen, wie sich in vierzig Jahren ein erfolgreiches Zusammenwirken der politischen Kräfte in der Bundesrepublik Deutschland mit Regierungs- und Verwaltungsvertretern, mit Führungskräften der Vertriebenen- und Flüchtlingsverbände sowie mit verfügbaren Fachkräften bewährt hat.

Die Führungen der legitimierten Verbände und die verantwortlichen Leitungen aller zuständigen Verwaltungsorgane waren gemeinsam auf die Förderung einer erfolgreichen Zusammenarbeit eingestellt, um den Anliegen und den Antragstellungen zum Erfolg zu verhelfen.

Für Beschwerdefälle wurden mit Verwaltungsjuristen besetzte amtliche Instanzen zuständig.

Zur Durchsetzung der Forderungen in sozialen und materiellen Bereichen wurde von den verantwortlichen Verhandlungspartnern der Vertriebenen und Flüchtlinge der Verhandlungsweg mit einleuchtenden Begründungen weitgehend erfolgreich genutzt. Gegensätze zwischen Einheimischen und Vertriebenen sowie Flüchtlingen wurden überwunden und kamen nicht zur Entfaltung.

Die Vertriebenen und Flüchtlinge, ihre Kultur als Anteil der gesamtdeutschen Kultur und ihre anteilige Mitwirkung im deutschen und europäischen kulturellen und politischen Geschehen – Staatliche Förderung und Hilfen gemäß § 96 BVFG –

Mit der erfolgreichen Eingliederung von Vertriebenen und Flüchtlingen und ihrer Einbettung in die Umweltverhältnisse der Einheimischen ergaben sich weitergehende Berührungspunkte im gesellschaftlichen Umfeld.

Dies sind unter anderen die kulturpolitischen Bereiche, die karitativen Tätigkeiten der helfenden Frauen, die gemeinschaftsbildende und volkskundliche Gruppenarbeit der jungen Generation in der DJO — Deutsche Jugend des Ostens (seit 1974: Deutsche Jugend in Europa) und den ihr angehörenden Jugendverbänden.

Die Landsmannschaften und Landesverbände des Bundes der Vertriebenen, gegliedert hinunter bis zur Ortsebene, umspannen die Erfahrungen und Initiativen für eine Mitwirkung in allen sich anbietenden gesellschaftspolitischen und kirchlichen Bereichen.

Die Vertriebenen in individuellen Familienkreisen, in den Heimatkreisgemeinschaften und in den gemeinsamen Gruppen innerhalb ihrer jetzigen Wohnorte erweiterten ihr kulturelles Bewußtsein mit dem Blick in die Vergangenheit und gegenwärtig mit dem Blick in die Zukunft.

Erinnerungen und Informationen, nun nicht mehr im Elternhaus in der Heimat erfahren, sondern durch Kontakte mit Familiengliedern, Verwandten und Freunden — zerstreut wohnend bis in die weite westliche Welt —, belebten rückfragend die Beziehungen zueinander. Geist und Seele motivierten Fragen wie »Weißt du noch?«

Vergangenes wurde bewußt. Schöpferische Fähigkeiten zeugten von Zusammenhängen des Daseins in Not- und Glückszeiten. Die zeitgeschichtlichen Bezüge fanden in der Suche nach Wahrheit ihren tieferen Sinn. Erinnerungen an die Heimat und an das Elternhaus wurden dankbar zum freudigen Bekenntnis. Diese Quellen des Lebens schenkten Klarheit für eine geistige und seelische Wegweisung zum Glauben, zum Vertrauen, zur Liebe, zur Treue, zur Gemeinschaft und zur Achtung der Mitmenschen. Mit diesen Kraftquellen wurde die Gedankenwelt angereichert. Und somit erwuchs auch der Wille zu kulturellem Wirken. Künstlerisches Schaffen und wissenschaftliches Forschen verhalfen, vergangene und gegenwärtige Geschehnisse zu verarbeiten. Die Vertriebenen begannen, ihr kulturelles Erbe — ein gut Teil des gesamtdeutschen — zu durchleuchten, Bewahrenswertes lebendig zu erhalten und damit das kulturelle Leben in der Bundesrepublik Deutschland zu bereichern.

Schaffenskraft und Fröhlichkeit wurden Kennzeichen der durch Vertreibung oder Flucht geprüften deutschen Mitmenschen.

Im § 96 des Bundesvertriebenen- und Flüchtlingsgesetzes (BVFG) ist die Erfassung, Erhaltung und Pflege und Weiterentwicklung des ostdeutschen Kulturgutes vorgesehen. Die Durchführung aller Maßnahmen beim Bund und in den Ländern wurde unter Zustimmung des Bundestages und Bundesrates und der zuständigen Ausschüsse neu geordnet und gefördert.

Ostdeutsche Landesmuseen sind fertiggestellt oder im Aufbau. Die westdeutschen Kreise und Städte, vorwiegend als Patenschaftsträger, richten Heimatstuben im musealen Sinne für die vielfältig gestalteten Heimatkreise mit dinglichem Kultur- und volkskundlichem Sammelgut ein.

Der Ostdeutsche und auch der Mitteldeutsche Kulturrat als repräsentative Kultureinrichtungen, die vier ostdeutschen Kulturwerke als kulturpolitische Bildungsstätten für Kulturschaffende der nordostdeutschen, der schlesischen, der sudetendeutschen und der südostdeutschen Regionen sowie die Esslinger Künstlergilde zur Betreuung und Förderung von Künstlern, Kulturschaffenden und Nachwuchskräften in kulturellen Fachbereichen sind Institutionen, die gerettetes ostdeutsches Kulturgut für die Zukunft erhalten und die Schaffenskraft vorwiegend junger Künstler motivieren.

Die Ostdeutsche Galerie in Regensburg und die Stiftung Pommern in Kiel mit ihrer Gemäldegalerie stellen Kunstwerke von hohem Rang aus, vorwiegend von ostdeutschen Künstlern oder mit ostdeutschen Motiven.

Die Stiftungen der Landsmannschaften als zentrale Kultureinrichtungen für die einzelnen Herkunftsgebiete sammeln Nachlässe zugehöriger Landsleute und Freunde. Sie nehmen angebotene Privat-Bibliotheken und Archive sowie Trachten und Schmuck, kunstgewerbliche Gegenstände, Geschirr und Geräte auf. Alles kunstvoll Gestaltete wird angenommen und ausgestellt.

Die Kulturstiftung der deutschen Vertriebenen zeichnet sich besonders durch verfügbare Schriftenreihen mit historischen, literarischen und aktuellen Bezugsthemen aus, die auch als Lehrmaterial geeignet sind. Seminare mit Vorträgen über völker- und staatsrechtliche Themen mit Abhandlungen über die Menschenrechte und das Selbstbestimmungsrecht sowie mit politischen Zukunftsperspektiven zur Einigungspolitik für Deutschland und Europa werden von hochrangigen Wissenschaftlern, Fachleuten, in- und ausländischen Politikern gehalten und zur Aussprache gestellt.

Das Ansehen der altvertrauten Heimat in ihrer Vielfältigkeit bietet den Besuchern dieser Kultureinrichtungen einen eindrucksvollen Anschauungsunterricht.

In Akademien als Bildungsstätten werden Seminare mit jungen und interessierten Menschen durchgeführt, um Ost- und Heimatkunde zu begreifen, die Zusammenhänge der deutschen und europäischen Geschichte zu erfahren und um politische Zukunftsvorstellungen zu entwickeln.

All diese notwendigen Bildungsvorgänge und Kenntnisse sind erforderlich, um in dieser Welt wieder mit menschlichem Respekt miteinander für eine friedliche und sinnvolle Nachbarschaft zu wirken. Durch Kenntnis der Nachbarvölker untereinander sollte das Verständnis füreinander gefördert werden. Mit dem Leitwort »Aussöhnung durch Wahrheit« begann eine Welle der Kontaktaufnahmen zum östlichen Nachbarn Polen mit dem Wunsch, gemeinsam Geschichte aufzuarbeiten und der historischen Wahrheit zu dienen.

Vor 1965 und verstärkt ab 1972 finden Besuchsreisen der Vertriebenen in ihre ostdeutschen Heimatgeburtsorte statt, oft mit Kindern und Enkeln, um ihnen ihre Heimat zu zeigen und Eindrücke zu sammeln für geographische und historische Zusammenhänge. Die menschlichen Begegnungen mit den dort nunmehr lebenden Menschen verdienen besondere Beachtung und Würdigung. Diese zeigen eine freundschaftliche Verständigungsbereitschaft und Gastlichkeit. Die menschliche Achtung zueinander führt zu Gesprächen, auch im Hinblick auf eine zukünftige politische Gemeinsamkeit. Ein Wiedersehen wird gewünscht und verabredet. Ein solcherart geschehenes Wiedererleben der Heimat zählt auch zu den Segnungen der den Vertriebenen zugewachsenen Offenherzigkeit.

Mit diesen vielseitigen Initiativen, Angeboten und Handreichungen sollen von ost- und mitteldeutschen Landsleuten, die jetzt als Bürger in der Bundesrepublik Deutschland leben, ihre Anteile und Beiträge für ein gesamtdeutsches Kulturbewußtsein und für eine politische Zukunft eingebracht werden.

Eine Brücke von Volk zu Volk in Europa ohne Berücksichtigung der kulturhistorischen Bauelemente ist schwer begehbar und auf die Dauer nicht haltbar.

Die Deutschen sollten also gemeinsam die Zeit nutzen, um mit Schaffenskraft die Zukunft »gutzumachen«. Diese Vorstellungen weiter zu pflegen, setzt voraus: die großen Gemeinschaften und Verbände der Vertriebenen und Flüchtlinge in diesem aufgezeigten Sinne mit Bild, Wort und Musik zu beflügeln und zu beseelen.

Nach der durch die Vertreibung erlittenen Heimatlosigkeit sind die Betroffenen jetzt wieder heimatbewußte Deutsche geworden.

V.1

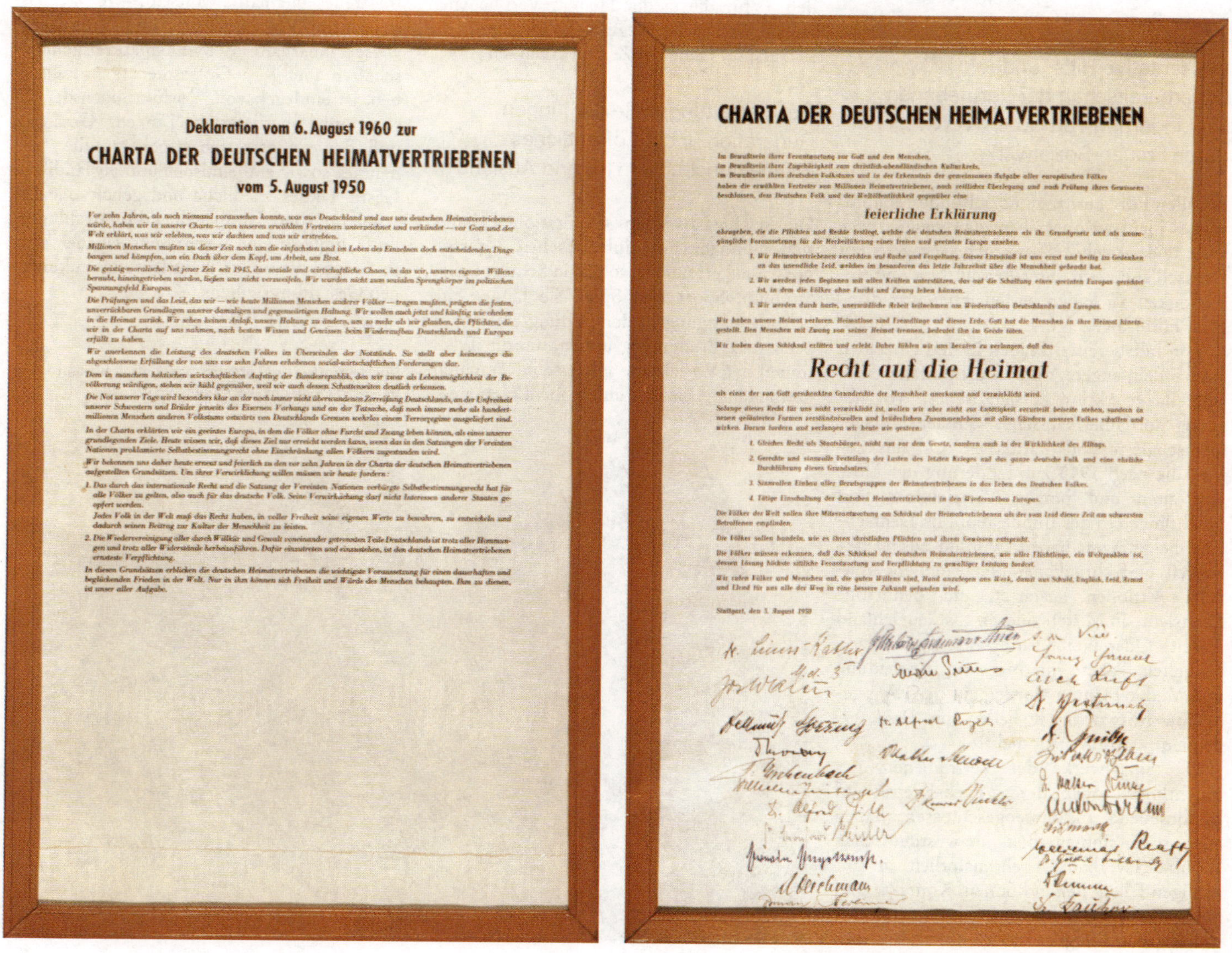

Deklaration vom 6. August 1960 zur

CHARTA DER DEUTSCHEN HEIMATVERTRIEBENEN

vom 5. August 1950

Vor zehn Jahren, als noch niemand voraussehen konnte, was aus Deutschland und aus uns deutschen Heimatvertriebenen würde, haben wir in unserer Charta — von unseren erwählten Vertretern unterzeichnet und verkündet — vor Gott und der Welt erklärt, was wir erlebten, was wir dachten und was wir erstrebten.

Millionen Menschen mußten zu dieser Zeit noch um die einfachsten und im Leben des Einzelnen doch entscheidenden Dinge bangen und kämpfen, um ein Dach über dem Kopf, um Arbeit, um Brot.

Die geistig-moralische Not jener Zeit seit 1945, das soziale und wirtschaftliche Chaos, in das wir, unseres eigenen Willens beraubt, hineingetrieben wurden, ließen uns nicht verzweifeln. Wir wurden nicht zum sozialen Sprengkörper im politischen Spannungsfeld Europas.

Die Prüfungen und das Leid, das wir — wie heute Millionen Menschen anderer Völker — tragen mußten, prägten die festen, unverrückbaren Grundlagen unserer damaligen und gegenwärtigen Haltung. Wir wollen auch jetzt und künftig wie ehedem in die Heimat zurück. Wir sehen keinen Anlaß, unsere Haltung zu ändern, um so mehr als wir glauben, die Pflichten, die wir in der Charta auf uns nahmen, nach bestem Wissen und Gewissen beim Wiederaufbau Deutschlands und Europas erfüllt zu haben.

Wir anerkennen die Leistung des deutschen Volkes im Überwinden der Notstände. Sie stellt aber keineswegs die abgeschlossene Erfüllung der von uns vor zehn Jahren erhobenen sozial-wirtschaftlichen Forderungen dar.

Dem in manchem hektischen wirtschaftlichen Aufstieg der Bundesrepublik, den wir zwar als Lebensmöglichkeit der Bevölkerung würdigen, stehen wir kühl gegenüber, weil wir auch dessen Schattenseiten deutlich erkennen.

Die Not unserer Tage wird besonders klar an der noch immer nicht überwundenen Zerreißung Deutschlands, an der Unfreiheit unserer Schwestern und Brüder jenseits des Eisernen Vorhangs und an der Tatsache, daß noch immer mehr als hundertmillionen Menschen anderen Volkstums ostwärts von Deutschlands Grenzen wehrlos einem Terrorregime ausgeliefert sind.

In der Charta erklärten wir ein geeintes Europa, in dem die Völker ohne Furcht und Zwang leben können, als eines unserer grundlegenden Ziele. Heute wissen wir, daß dieses Ziel nur erreicht werden kann, wenn das in den Satzungen der Vereinten Nationen proklamierte Selbstbestimmungsrecht ohne Einschränkung allen Völkern zugestanden wird.

Wir bekennen uns daher heute erneut und feierlich zu den vor zehn Jahren in der Charta der deutschen Heimatvertriebenen aufgestellten Grundsätzen. Um ihrer Verwirklichung willen müssen wir heute fordern:

1. Das durch das internationale Recht und die Satzung der Vereinten Nationen verbürgte Selbstbestimmungsrecht hat für alle Völker zu gelten, also auch für das deutsche Volk. Seine Verwirklichung darf nicht Interessen anderer Staaten geopfert werden.
Jedes Volk in der Welt muß das Recht haben, in voller Freiheit seine eigenen Werte zu bewahren, zu entwickeln und dadurch seinen Beitrag zur Kultur der Menschheit zu leisten.

2. Die Wiedervereinigung aller durch Willkür und Gewalt voneinander getrennten Teile Deutschlands ist trotz aller Hemmungen und trotz aller Widerstände herbeizuführen. Dafür einzutreten und einzustehen, ist den deutschen Heimatvertriebenen ernsteste Verpflichtung.

In diesen Grundsätzen erblicken die deutschen Heimatvertriebenen die wichtigste Voraussetzung für einen dauerhaften und beglückenden Frieden in der Welt. Nur in ihm können sich Freiheit und Würde des Menschen behaupten. Ihm zu dienen, ist unser aller Aufgabe.

CHARTA DER DEUTSCHEN HEIMATVERTRIEBENEN

Im Bewußtsein ihrer Verantwortung vor Gott und den Menschen,
im Bewußtsein ihrer Zugehörigkeit zum christlich-abendländischen Kulturkreis,
im Bewußtsein ihres deutschen Volkstums und in der Erkenntnis der gemeinsamen Aufgabe aller europäischen Völker
haben die erwählten Vertreter von Millionen Heimatvertriebenen, nach reiflicher Überlegung und nach Prüfung ihres Gewissens beschlossen, dem Deutschen Volk und der Weltöffentlichkeit gegenüber eine

feierliche Erklärung

abzugeben, die die Pflichten und Rechte festlegt, welche die deutschen Heimatvertriebenen als ihr Grundgesetz und als unumgängliche Voraussetzung für die Herbeiführung eines freien und geeinten Europa ansehen.

1. Wir Heimatvertriebenen verzichten auf Rache und Vergeltung. Dieser Entschluß ist uns ernst und heilig im Gedenken an das unendliche Leid, welches im besonderen das letzte Jahrzehnt über die Menschheit gebracht hat.

2. Wir werden jedes Beginnen mit allen Kräften unterstützen, das auf die Schaffung eines geeinten Europas gerichtet ist, in dem die Völker ohne Furcht und Zwang leben können.

3. Wir werden durch harte, unermüdliche Arbeit teilnehmen am Wiederaufbau Deutschlands und Europas.

Wir haben unsere Heimat verloren. Heimatlose sind Fremdlinge auf dieser Erde. Gott hat die Menschen in ihre Heimat hineingestellt. Den Menschen mit Zwang von seiner Heimat trennen, bedeutet ihn im Geiste töten.

Wir haben dieses Schicksal erlitten und erlebt. Daher fühlen wir uns berufen zu verlangen, daß das

Recht auf die Heimat

als eines der von Gott geschenkten Grundrechte der Menschheit anerkannt und verwirklicht wird.

Solange dieses Recht für uns nicht verwirklicht ist, wollen wir aber nicht zur Untätigkeit verurteilt beiseite stehen, sondern in neuen, geläuterten Formen verständnisvollen und brüderlichen Zusammenlebens mit allen Gliedern unseres Volkes schaffen und wirken. Darum fordern und verlangen wir heute wie gestern:

1. Gleiches Recht als Staatsbürger, nicht nur vor dem Gesetz, sondern auch in der Wirklichkeit des Alltags.

2. Gerechte und sinnvolle Verteilung der Lasten des letzten Krieges auf das ganze deutsche Volk und eine ehrliche Durchführung dieses Grundsatzes.

3. Sinnvollen Einbau aller Berufsgruppen der Heimatvertriebenen in das Leben des Deutschen Volkes.

4. Tätige Einschaltung der deutschen Heimatvertriebenen in den Wiederaufbau Europas.

Die Völker der Welt sollen ihre Mitverantwortung am Schicksal der Heimatvertriebenen als der vom Leid dieser Zeit am schwersten Betroffenen empfinden.

Die Völker sollen handeln, wie es ihren christlichen Pflichten und ihrem Gewissen entspricht.

Die Völker müssen erkennen, daß das Schicksal der deutschen Heimatvertriebenen, wie aller Flüchtlinge, ein Weltproblem ist, dessen Lösung höchste sittliche Verantwortung und Verpflichtung zu gewaltiger Leistung fordert.

Wir rufen Völker und Menschen auf, die guten Willens sind, Hand anzulegen ans Werk, damit aus Schuld, Unglück, Leid, Armut und Elend für uns alle der Weg in eine bessere Zukunft gefunden wird.

Stuttgart, den 5. August 1950

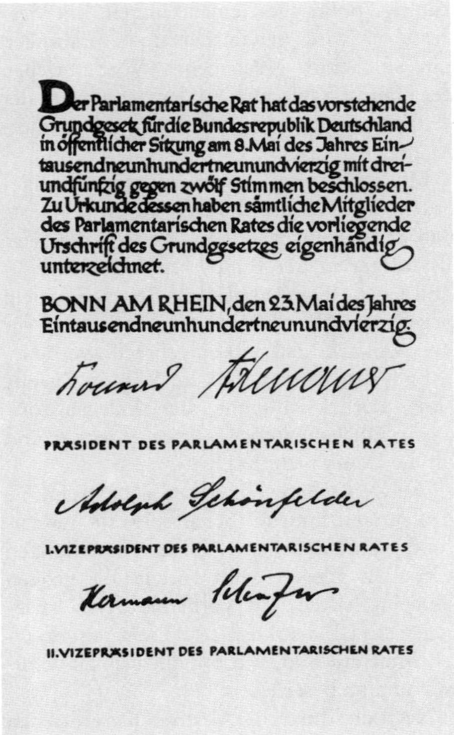

Der Parlamentarische Rat hat das vorstehende Grundgesetz für die Bundesrepublik Deutschland in öffentlicher Sitzung am 8. Mai des Jahres Eintausendneunhundertneunundvierzig mit dreiundfünfzig gegen zwölf Stimmen beschlossen. Zu Urkunde dessen haben sämtliche Mitglieder des Parlamentarischen Rates die vorliegende Urschrift des Grundgesetzes eigenhändig unterzeichnet.

BONN AM RHEIN, den 23. Mai des Jahres Eintausendneunhundertneunundvierzig.

Konrad Adenauer

PRÄSIDENT DES PARLAMENTARISCHEN RATES

Adolph Schönfelder

I. VIZEPRÄSIDENT DES PARLAMENTARISCHEN RATES

Hermann Schäfer

II. VIZEPRÄSIDENT DES PARLAMENTARISCHEN RATES

Das Grundgesetz.

Die karitative Hilfs- und Opferbereitschaft der Vertriebenen zur Linderung von Nöten, vorwiegend durch Frauen-Sozialwerke

Bei allen Fortschritten in der Bundesrepublik war es nicht zu übersehen, daß viele Landsleute und Angehörige im mehrfach geteilten Deutschland noch unter Armut, Not und Bedürftigkeit zu leiden hatten. Hier war dringend Hilfe angezeigt.

Von hilfsbereiten Frauen in den einzelnen Verbänden, angeregt durch die umfangreiche Care-Paket-Aktion ausländischer, vorwiegend nordamerikanischer Frauen-Hilfsgemeinschaften und karitativer Organisationen, die nach 1945 zur Linderung der Nöte von alten und jungen Vertriebenen und Flüchtlingen in der Bundesrepublik Deutschland beigetragen haben, wurden aus Dankbarkeit und christlicher Nächstenliebe ähnliche Aktionen gestartet, um bedürftige Landsleute in Mittel- oder in Ostdeutschland jenseits Oder-Neiße zu erreichen und dann zu helfen. Pakete mit Nahrung, Bekleidung und Medikamenten wurden auf den Weg gebracht. Antwortbriefe ließen mit Dank erkennen: »Vergiß mein nicht!«

Die Sozialwerke der Vertriebenen und Flüchtlinge sowie deren Pack-Kreise, auf Bundesebene zusammengeschlossen, haben auch in Zusammenarbeit mit westdeutschen Wohlfahrtsverbänden ehrenamtlich in unzähligen Fällen helfen können. Kontakte und menschliche Beziehungen führten zur Betreuung von Pflegebedürftigen, zur Beschaffung von Lehr- und Fachbüchern und zum Versand von ärztlich erbetenen Medikamenten sowie zur Erfüllung vieler besonderer, individueller Wünsche.

Ein reger, stets persönlich gehaltener Briefkontakt entwickelte sich mit herzlichen Dankesworten. Besuchsreisen zu den Bedürftigen taten ein übriges. Diese Begegnungen und Hilfen in vorhandener Not erzielten wunderbare Wirkungen. Trost, Menschlichkeit und fröhliche Herzen erleichterten das Dasein. Kirchliche Gemeinschaften entstanden wieder. Das Leben erhielt wieder einen Sinn: Gottvertrauen schenkte Zuversicht. Glaubensbrüder und -schwestern kamen aus dem Westen und brachten oft gewünschte Geschenke und Gaben für jedermann mit. Gemeindegottesdienste mit kirchlicher Ordnung, gemeinsam mit Besuchern aus dem Westen, »ließen Trübsal vergessen sein«.

Nachdenkenswert ist die stille Freude zur Andacht und die Dankbarkeit unserer christlichen Nächsten in den Restgemeinden der Heimat deutscher Vorfahren.

Das großartige Werk der ehrenamtlichen Hilfsbereitschaft ostdeutscher Frauen in der Bundesrepublik Deutschland – unterstützt von ihren Familien und einheimischen Freunden – für die in der Heimat Verbliebenen wurde von vielen Segnungen begleitet, die sich erst im Laufe der Zeit zu erkennen geben.

Der Gestaltungswille der jungen Generation und ihr öffentliches Erscheinungsbild im In- und Ausland

Die nachwachsenden Generationen haben sich nunmehr mit einheimischen Altersgenossen angefreundet, so u.a. in Schule, Lehre, Studium, Sport und Spiel. Sie fanden ihre Selbstbestätigung in der Bildung eigener Jugend- und Studentengruppen, um die Traditionen der Vorfahren, teilweise im Trachtengewande, mit Gesang und frohem Herzen erneut zu beleben. Diesen Gemeinschaftsgeist in der Freien Welt bei öffentlichen Veranstaltungen zu zeigen, beweist, daß die Vertriebenen nicht untergegangen, sondern in den folgenden Generationen bereit sind, dem Frieden in Freiheit und der Völkerverständigung zu dienen.

Die »DJO – Deutsche Jugend in Europa« als Bundesverband mit Untergliederungen in allen westdeutschen Bundesländern, weitgehend nach Herkunft der Vertriebenen heimatbewußt ausgerichtet, erstrebt eine gesamtdeutsche und europäische Bildungspolitik für eine friedvolle Zukunft.

Im Sinne der *Charta der deutschen Heimatvertriebenen* erwartet dieser Jugendverband die Anerkennung des Rechtes auf die Heimat, das Selbstbestimmungsrecht auch für alle Deutschen und die Einigung Europas.

Sie wollen, daß alle Völker in Frieden und Freiheit leben können.

Die jährlichen Bundestreffen der Landsmannschaften und Großveranstaltungen der Vertriebenen wie auch der Flüchtlinge, insgesamt mit mehreren hunderttausend Teilnehmern in den Großstädten der Bundesrepublik Deutschland und Berlin (West), legen in jeder Hinsicht ein vorbildliches Zeugnis ab. Ihr treues Heimatbewußtsein, ihre nachbarschaftliche Verbundenheit und Verhaltensweise innerhalb der Heimatkreisgemeinschaften und ihre Gottesdienste mitzuerleben, ist eindrucksvoll. Vorführungen der Jugend mit überlieferten Tänzen, Gesängen und Bewegungsspielen begeistern die Teilnehmer sowie einheimische und ausländische Gäste. Dieses friedliche und gehaltvolle Erscheinungsbild ist in seiner Ausstrahlungskraft zugleich eine Bestätigung eigener Vorstellungen wie auch Sinndeutung zukünftigen Gestaltungswillens.

Bundestreffen der Landsmannschaft Schlesien – Nieder- und Oberschlesien, Köln 1961.

Tag der Heimat, Berlin 1958.

Bundestreffen der Landsmannschaft Schlesien – Nieder- und Oberschlesien, Hannover 1961.

Verantwortliche Spitzenpolitiker der Bundesrepublik Deutschland verkünden die Übereinstimmung ihrer Zielvorstellung mit den Vertriebenen, um damit gemeinsam in der politischen Umsetzung der Verwirklichung von Menschenrechten, der deutschen Einheit und der Einigung Europas zu dienen.

Nach Abrede mit den westdeutschen Heimatbünden veranstaltet die Vertriebenen-Organisation örtlich, angefangen 1949, jährlich im September für jung und alt gemeinsam den *Tag der Heimat*. Durch dieses bewußte Heimatgedenken wird die Herkunft und Zukunft für alle Bürger in sinnvoll-verpflichtender Bedeutung angesprochen.

Schlußbetrachtungen

Wenn man nach vierzigjährigem Bestehen der Bundesrepublik Deutschland den möglichen Gleichklang zwischen Einheimischen, Vertriebenen und Flüchtlingen sucht und finden will, so ist die gewachsene Gemeinsamkeit der Deutschen bei der Bemühung um die Bewältigung der Folgeschäden nach dem Zweiten Weltkrieg von ausschlaggebender Bedeutung.

Hauptkundgebung auf dem Sudetendeutschen Tag, Nürnberg 1956.

Das Handanlegen zum gemeinsamen Aufbau der zerstörten Städte, der Verkehrswege, der Fabriken, Werk- und Arbeitsstätten schaffte Arbeit und Brot.

Nach Überwindung der Kriegssorgen und Nöte folgten erneut Hoffnung und dankbare Zufriedenheit in persönlichen Bereichen.

Die Gestaltung des politischen und gesellschaftlichen Lebens in demokratischer Gesinnung hat zur Meinungsbildung in Freiheit aufgerufen.

Das Ziel ist auch weiterhin, eine in der Welt anerkannte soziale und liberale Wirtschaftspolitik, eine Innenpolitik mit sozialer Gerechtigkeit und die Fortsetzung einer gesamtdeutschen Friedenspolitik sowie die Förderung der Einigung Europas.

Zum Erfolg dieser Politik gehört auch für die Zukunft – wie in den vergangenen vier Jahrzehnten bewiesen – die verantwortliche Mitwirkung der deutschen Vertriebenen- und Flüchtlingsorganisationen mit ihren gewählten Führungskräften.

Die in vierzig Jahren vollzogene Lösung der nach 1945 vorhandenen »Vertreibungsproblematik« beinhaltet einen Einblick in menschliche Schicksale und bietet einen zeitgeschichtlichen Überblick mit Folgerungen, die für die Betroffenen und darüber hinaus für die deutsche Bevölkerung wie auch für die Nachwelt von Bedeutung bleiben.

Aus dieser Sicht heraus haben der Bundestag und der Bundesrat das von der Bundesregierung dankenswerterweise im Rahmen ihrer Obhutspflicht beantragte Gesetz für die Errichtung eines »Zentralarchivs der Vertreibung« im Jahre 1988 verabschiedet.

Das Bundesministerium des Innern hat das Bundesarchiv als zuständigen Träger mit der Einrichtung dieses zentralen Archivs der Vertreibung beauftragt.

Zu den Aufgaben gehören:
die Erhaltung aller Unterlagen der Heimatortskarteien für die umfassende Personenstands-Rekonstruktion der deutschen Vertriebenen und Flüchtlinge, die Erfassung und Übernahme aller Unterlagen und Nachweise über die Vermögensstands-Verhältnisse, die für eine Entschädigung der antragsberechtigten Vertriebenen und Flüchtlinge durch das Lastenausgleichsgesetz erforderlich waren, die Sammlung und Archivierung aller geretteten Unterlagen über die Vertreibung wie Berichte, Urkunden, Bildmaterial, Gemeindeseelen-Listen, Korrespondenzen und vieles andere als zeitgeschichtliche Dokumentation.

Mit diesem Zentralarchiv soll der Nachwelt auch überliefert werden, wie das Vertreibungs- und Fluchtgeschehen nach 1945 aufgefangen, gelindert und schließlich bewältigt werden konnte, ein in der Geschichte in dieser Größenordnung beispielloser Vorgang.

Forschung und Lehre sollen dazu beitragen, daß in der Politik erkannt wird: Die Anerkennung des Rechtes der Menschen auf ihre Heimat muß hohen Rang erhalten und bleibendes Gebot in der Politik sein.

Mit den vorgebrachten Gedankengängen und Ausführungen soll zum Ausdruck gebracht werden, daß die Durchführung aller staatlich gelenkten Maßnahmen zur Bewältigung dieses großen europäischen Problems der Jahrhundertmitte nur unter Mitwirkung der Betroffenen und der Vertriebenen-Organisationen sinnvoll war und möglich wurde.

Seit Entstehung der Bundesrepublik Deutschland haben sich die Vertriebenen und Flüchtlinge, die mit ihren Nachkommen mehr als ein Viertel der Bevölkerung der Bundesrepublik stellen, für staatstragende Leitgedanken eingesetzt. Einigkeit und Recht und Freiheit für das deutsche Volk wünschen sich die deutschen Vertriebenen und Flüchtlinge auch für die Zukunft.

LITERATURAUSWAHL

DOKUMENTE DER MENSCHLICHKEIT, Holzner Verlag, Würzburg 1950

GÖTTINGER ARBEITSKREIS: Keiner kennt die Grenzen, Würzburg 1956

LANDSBERG, Ludwig: Verbände der Vertriebenen und Geschädigten, Bonn 1970

LEONHART, Leonore: Das unsichtbare Fluchtgepäck, Köln und Berlin 1970

MÜHLEN von zur, Heinz: Bausteine oder Dynamit? Bd. 13 der OKR-Schriftenreihe, Bielefeld 1974

NAHM, Peter Paul: Doch das Leben ging weiter, Köln und Berlin 1971

DERS.: Kultur und Politik im Spannungsfeld der Geschichte, Bielefeld 1975

SCHULZ, Eberhard: Leistung und Schicksal, Köln und Graz 1967

Anteil der Vertriebenen in den Parlamenten und Regierungen

Helmut Neubach

Im Oktober 1988 bedauerte die Wochenzeitung »Das Parlament« (Nr. 44) in ihrem Beitrag »Der Parlamentarische Rat, erstes westdeutsches Nachkriegsparlament« aus Anlaß des 40. Jahrestages seiner Gründung, daß »aus dem Kreise der über sieben Millionen Flüchtlinge und Vertriebenen, die bis Mitte 1948 in die drei Westzonen eingeströmt waren, lediglich ein Abgeordneter gewählt worden (war), nämlich der aus Schlesien stammende Sozialdemokrat Willibald Mücke«. Es ist bemerkenswert, daß nicht auch Paul Löbe (ebenfalls SPD) und Hans-Christoph Seebohm (Deutsche Partei) zu den vertriebenen Politikern gezählt wurden. Der ehemalige Reichstagspräsident war nämlich als gebürtiger Liegnitzer ein Schlesier, hatte seit Beginn der Weimarer Republik in Berlin gelebt und war erst 1943, nachdem er dort ausgebombt worden war, nach Schlesien zurückgekehrt, von wo er im Sommer 1945 von den Polen ausgewiesen wurde. Dr.-Ing. Seebohm, der spätere Sprecher der Sudetendeutschen Landsmannschaft, war im oberschlesischen Industriegebiet geboren, lebte jedoch seit etwa 1939 im Raum Braunschweig-Salzgitter. Weitere zwei Mitglieder des Parlamentarischen Rates waren gebürtige Ostdeutsche. Der KPD-Vorsitzende Max Reimann aus Elbing und der SPD-Parteisekretär Hermann Runge aus dem niederschlesischen Kreis Waldenburg hatten jedoch bereits in jungen Jahren aus beruflichen Gründen ihre Heimat verlassen und waren nach Westdeutschland übergesiedelt.

Es ergibt sich also die Frage, wer als ein vertriebener Politiker anzusehen ist. Aus den eben genannten zwei Beispielen geht hervor, daß – auch wenn dies in Statistiken so praktiziert wird – der Geburtsort nicht als das allein entscheidende Kriterium angenommen werden kann. Selbst führende Köpfe der Heimatvertriebenen sind nicht in den Vertreibungsgebieten geboren: Herbert Hupka rein zufällig auf der Insel Ceylon, Georg Baron Manteuffel-Szoege in Montreux/Schweiz und Theodor Oberländer in Meiningen/Thüringen. Andererseits fühlt sich der in Breslau geborene ehemalige Bundeswirtschaftsminister Karl Schiller – wie er in einem Brief an den Verfasser bekennt – nicht als Schlesier,

Alter Plenarsaal des Deutschen Bundestages.

sondern als Hamburger. Auch dürften manche Abgeordnete, die in den letzten Kriegsjahren in den Vertreibungsgebieten geboren wurden, deshalb nicht zu den vertriebenen Politikern zu zählen sein, weil ihre westdeutschen oder Berliner Eltern – meist die Mütter – zum Schutz vor alliierten Bombenangriffen dorthin evakuiert worden waren.

Nach Berücksichtigung dieser Gesichtspunkte möge hier eine Einteilung der vertriebenen Politiker in zwei recht ungleich starke Gruppen vorgenommen werden. Die erste, die weitaus größte, umfaßt Politiker, die in den Vertreibungsgebieten geboren worden sind und dort zumindest bis zum Beginn des Zweiten Weltkriegs gelebt haben. Zur zweiten Gruppe sind solche zu zählen, die dort zwar nicht geboren worden sind, aber vor der Flucht und/oder der Vertreibung mehrere Jahre dort gelebt und gleichsam eine zweite Heimat gefunden haben. Gerade Politiker der zweiten Gruppe lassen sich nicht leicht ermitteln, da die biographischen Angaben in den parlamentarischen Handbüchern meist sehr dürftig sind. Nicht selten werden darin als Geburts- oder Wohnorte kaum bekannte Dörfer genannt. Am schwierigsten gestaltet sich die Ermittlung jener Orte, deren Namen mehrmals vorkommen und bei denen die nächstgrößere Verwaltungseinheit (Landkreis, Regierungsbezirk oder Provinz) entweder nur abgekürzt angegeben ist oder ganz fehlt. (So führte z.B. bei der in Königsberg geborenen rheinland-pfälzischen Landtagsabgeordneten Ruth Führer die unvollständige biographische Ortsangabe »Neustadt/W.« zur Verwechslung von »Neustadt/Westpreußen« mit »Neustadt/Weinstraße«.) Um herauszufinden, ob nun ein bestimmter Politiker zu den Vertriebenen zu zählen ist oder nicht, sind zeitaufwendige Nachforschungen notwendig, zumal über das gestellte Thema bisher nur sehr wenige Veröffentlichungen vorliegen. Daher können über die Anzahl der vertriebenen Abgeordneten in den Parlamenten – mit Ausnahme des Landtags von Rheinland-Pfalz – leider lediglich annähernde, keinesfalls aber endgültige Angaben gemacht werden.

Es erscheint nur allzu verständlich, wenn die über sieben Millionen Heimatvertriebenen angesichts ihrer großen Not mancherorts recht bald bemüht waren, sich ein eigenes politisches Sprachrohr zur Durchsetzung ihrer anfangs überwiegend wirtschaftlichen Ziele zu verschaffen. Während die Militärregierungen der vier Besatzungsmächte schon 1945 die Gründung von Parteien zuließen – bei SPD und KPD waren es Wiedergründungen –, erlaubten sie den Vertriebenen und Flüchtlingen keinerlei eigene Organisationen. Zwei Gründe dürften für sie dabei ausschlaggebend gewesen sein: Erstens fürchteten sie politische Spannungen, und zweitens wollten sie die Eingliederung der Vertriebenen in ihrer neuen Heimat vorantreiben. Als 1950 der »Block der Heimatvertriebenen und Entrechteten« (BHE) gegründet wurde, waren vier kostbare, unwiederbringliche Jahre verloren. Verständlicherweise hatten inzwischen das Zusammengehörigkeitsgefühl der aus so unterschiedlichen Regionen stammenden Vertriebenen wie auch die Begeisterungsfähigkeit für eine eigene Interessenvertretung gegenüber 1945/46 erheblich nachgelassen. Sicherlich wäre die gesamte Vertriebenenbewegung und -politik anders verlaufen, wenn die Alliierten schon damals auch den Vertriebenen das Grundrecht auf Koalitionsfreiheit zugestanden hätten. Aber selbst wenn es ihnen schon 1945/46 gegeben worden wäre, hätte auch damals wohl nie mehr als die Hälfte der Vertriebenen eine eigens für sie gegründete Partei gewählt.

Der erste Grund dafür dürfte das Fehlen einer politischen Integrationsfigur, die nicht wie Paul Löbe einer bestimmten Partei verbunden war, gewesen sein. (Es fehlten den Vertriebenen solche Autoritäten, Führungspersönlichkeiten oder »Sprecher« auch auf anderen Gebieten, z.B. auf dem literarischen oder kirchlichen; Kardinal Bertram war im Juli 1945, Gerhart Hauptmann im Juni 1946 gestorben.)

Der zweite Grund muß als der weitaus wichtigere angesehen werden. Tausende von vertriebenen Sozialdemokraten, darunter Hunderte, die im Dritten Reich verfolgt worden waren, schlossen sich 1945 nach dem Zusammenbruch sogleich ihrer wiedergegründeten Partei an, z.B. die ehemaligen Reichstagsabgeordneten Paul Löbe, Arthur Mertins, Maria Ansorge und Kurt Pohle, die vor 1933 ostdeutsche Wahlkreise vertreten hatten. Ebenso kam für die sudetendeutschen Sozialdemokraten, etwa für Wenzel Jaksch, Paul Ernst und Richard Reitzner, keine andere Partei als die SPD in Frage. Zumindest Paul Löbe und Wenzel Jaksch können als politische Leitfiguren oder gar »Zugpferde« angesehen werden, die bei den Wahlen gewiß Hunderttausende von Schicksalsgefährten ihrer Partei neu zugeführt haben.

Erich Ollenhauer (*1901 Magdeburg) MdB 1949–1964 (SPD).

Dr. Linus Kather (*1893 Prossitten/Ostpreußen) MdB 1949–1957 (CDU, 1954 GB/BHE).

Dr. Erich Mende (*1916 Groß-Strehlitz/Oberschlesien) MdB 1949–1980 (FDP, 1970 CDU).

Was für die SPD zutraf, galt zumindest in ähnlicher Weise für die CDU und CSU, auch wenn sie vor 1933 noch nicht existiert hatten. Beide neuen christlichen Parteien konnten mit Hunderttausenden von Anhängern rechnen, die früher ihre »Vorgänger« gewählt hatten, und zwar das Zentrum (in den preußischen Ostprovinzen) und die »Deutsche Christlich-Soziale Volkspartei« (in der ČSR). Mitglieder des Zentrums waren z.B. gewesen: Hans Lukaschek (früher Oberpräsident

Dr. Hans Joachim von Merkatz (*1905 Stargard/Pommern) MdB 1949–1969 (Deutsche Partei, 1960 CDU).

Dr. Kurt Schumacher (*1895 Kulm/Westpreußen) MdB 1949–1952 (SPD).

der Provinz Oberschlesien), Linus Kather (Stadtrat in Königsberg) und der gebürtige Westdeutsche Hermann Ehren (christlicher Gewerkschaftssekretär in Oberschlesien). Aus der Deutschen Christlich-Sozialen Volkspartei kamen Ernst Kuntscher und Hans Schütz. Nicht vergessen sei eine dritte christliche Partei, die im Vergleich zu den beiden bereits genannten allerdings ziemlich klein war und in der als junger Mann Herbert Czaja mitarbeitete, nämlich die »Deutsche Christliche Volkspartei« in Ost-Oberschlesien. Daß der CDU und CSU nicht nur aus früheren christlichen Parteien heimatvertriebene Anhänger zuflossen, beweist der Berliner Bürgermeister Ferdinand Friedensburg, ein gebürtiger Schlesier, der vor 1933 der Deutschen Demokratischen Partei angehörte. Dagegen ist ein namhafter vertriebener Politiker aus dieser Partei oder aus der zweiten liberalen, der Deutschen Volkspartei, in den Reihen der FDP nicht zu finden.

Es kann demnach angenommen werden, daß zwischen 1946 und 1950 – also bis zur Gründung des BHE – der weitaus größere Teil der älteren Vertriebenen denjenigen Parteien ihr Vertrauen zuwandte, die diese auch schon vor 1933 gewählt hatten, also der SPD und den christlichen Parteien. Anders dürfte es bei den Jahrgängen etwa ab 1912 gewesen sein, die infolge der NS-Diktatur einen Parlamentarismus kaum oder gar nicht kennengelernt hatten. Aus den Reihen dieser jüngeren Vertriebenen, die fast alle den Krieg an der Front mitgemacht hatten, gab es schon 1946/47 vereinzelte Vorstöße zur Gründung von politischen Flüchtlings- bzw. Vertriebenenorganisationen – freilich unter geschick-

Dr. Hans-Christoph Seebohm (*1903 Emanuelssegen/Oberschlesien) MdB 1949–1967 (Deutsche Partei, 1960 CDU).

Herbert Wehner (*1906 Dresden/Sachsen) MdB 1949–1983 (SPD).

Waldemar Kraft (*1898 Brustow/Posen) MdB 1953–1961 (GB/BHE, 1955/56 CDU).

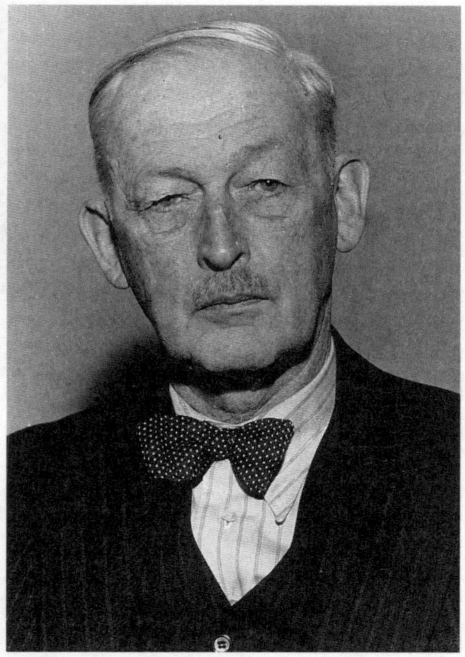

Dr. Georg Baron von Manteuffel-Szoege (*1889 Montreux; Deutsch-Balte) MdB 1953–1962 (CSU).

Reinhold Rehs (*1901 Klinthenen/Ostpreußen) MdB 1953–1969 (SPD, 1969 CDU).

Wenzel Jaksch (*1896 Langstrobnitz/Sudeten) MdB 1953–1966 (SPD).

ter Umgehung des von den Alliierten verhängten Koalitionsverbots. Am bekanntesten dürfte der aus Schlesien stammende Journalist Günter Goetzendorff, Jahrgang 1917, geworden sein, der bereits 1946 in Niederbayern den »Neubürgerbund«, die erste Flüchtlingsorganisation in Bayern gründete. Er blieb von Anfang an dessen Landesvorsitzender, leitete die Stadtratsfraktion in Passau und wurde 1948 zum Präsidenten der Landesvertretung der Ausgewiesenen in Bayern, des sogenannten Notparlaments, gewählt. Im Frühsommer 1949 beantragte Goetzendorff bei der amerikanischen Militärregierung die Zulassung des ebenfalls von ihm geführten »Blockes der Heimatvertriebenen« für die bevorstehende Wahl zum ersten Deutschen Bundestag. Da ihm diese nicht gewährt wurde, ging er mit der von dem Münchener Rechtsanwalt Alfred Loritz gegründeten und geleiteten »Wirtschaftlichen Aufbau-Vereinigung« (WAV) ein Wahlbündnis ein.

Hans Krüger (*1902 Neustettin/Pommern) MdB 1957–1965 (CDU).

Unter den 402 Abgeordneten, die am 14. August 1949 in den *1. Bundestag* gewählt wurden, befanden sich rund 60 Vertriebene, also fast 15%. Ferner gab es unter den 8 nicht stimmberechtigten Berlinern einen aus Ostdeutschland, und zwar den schon erwähnten Paul Löbe, der als Alterspräsident die 1. Sitzung eröffnete und somit die Kontinuität zwischen Weimar und Bonn am stärksten verkörperte. Erwartungsgemäß war der Anteil der Vertriebenen bei der WAV am größten: Von ihren zwölf Parlamentariern kamen sechs aus dem Osten. Gleich zwei von ihnen etablierten sich 1950, als der BHE gegründet wurde, zu dessen Vertretung im Bundestag. Besonders aktiv setzten sich folgende Vertriebene für ihre Landsleute ein: Linus Kather aus Ostpreußen (CDU), Hans Joachim von Merkatz aus Pommern (Deutsche Partei), Ernst Paul (SPD) und Hans Schütz (CSU), beide aus dem Sudetenland. Mit Erich Mende (FDP) zog ein Schlesier in den Bundestag ein, der diesem Parlament über drei Jahrzehnte angehören sollte. Von den vertriebenen Abgeordneten der zweiten Gruppe – also den nicht im Osten geborenen, aber zuletzt dort ansässig gewesenen – unterstützten insbesondere Hermann Ehren und Oskar Wackerzapp (früher Landrat und Polizeipräsident in Oberschlesien), beide CDU, die Anliegen ihrer heimatlosen Landsleute. Während auf der extremen Linken, also bei der KPD, keine Heimatvertriebenen saßen – der schon erwähnte gebürtige Westpreuße Max Reimann war ebenso wie der gebürtige Schlesier Oskar Müller bereits in jungen Jahren nach dem Westen Deutschlands übergesiedelt –, gehörten der fünf Mitglieder zählenden »Nationalen Rechten« (Deutsche Rechtspartei, seit 1950 Deutsche Reichspartei) gleich vier Vertriebene an, unter denen Adolf v. Thadden aus Pommern der bekannteste gewesen sein dürfte.

Im 1. Kabinett Adenauer waren die Ostdeutschen immerhin mit zwei (von 13) Ministern vertreten: Hans Lukaschek (CDU) für Vertriebene und Hans-Christoph Seebohm (Deutsche Partei) für Verkehr. Ihr Einfluß reichte jedoch nicht weit; gerade der erstgenannte besaß insbesondere gegenüber Finanzminister Fritz Schäffer nicht die Durchsetzungskraft, die die Vertriebenen – allen voran Linus Kather – von ihm erwarteten.

Mit großer Spannung sahen die Vertriebenen – und nicht nur sie – der *2. Bundestagswahl* am 6. September 1953 entgegen, bei der erstmals der BHE – unter dem neuen Namen (seit 1952) Gesamtdeutscher Block/BHE – kandidierte. Er erhielt 5,9 Prozent der Stimmen und 27 der 487 Mandate. Aus dem Bevölkerungsanteil von 17,1 Prozent ist zu ersehen, daß sich inzwischen etwa zwei Drittel der Vertriebenen für die »Lizenzparteien« von 1945/46 entschieden hatten. Es gab nur relativ wenige vertriebene Politiker, die nun zum GB/BHE übertraten. Linus Kather vollzog diesen Schritt erst im Juni 1954, doch sicher nicht nur aus sachlichen Gründen, sondern auch aus persönlicher Enttäuschung: Er wäre gern Bundesvertriebenenminister geworden. Dieses Amt erhielt nun ein Abgeordneter des BHE, Theodor Oberländer, der seit 1950 Staatssekretär für das Flüchtlingswesen in Bayern war. Konrad Adenauer, der den BHE als Koalitionspartner brauchte, verschaffte dieser Vertriebenenpartei noch ein zweites Ministerium, freilich kein bestimmtes Ressort: Der Parteigründer und -vorsitzende Waldemar Kraft aus Posen wurde zum Bundesminister »für besondere Aufgaben« ernannt. Da Hans-Christoph Seebohm Verkehrsminister blieb, gehörten dem 2. Kabinett Adenauer drei Vertriebene an. Im Mai 1955 kam sogar ein vierter hinzu: Hans Joachim v. Merkatz (Deutsche Partei) aus Pommern wurde als Nachfolger Heinrich Hellweges, der als Ministerpräsident an die Spitze der neuen niedersächsischen Landesregierung trat, zum Bundesminister »für Angelegenheiten des Bundesrates« ernannt.

Nicht nur in der Bundesregierung war der Einfluß der Vertriebenen gewachsen, auch die Zahl ihrer Abgeordneten im Bundestag hatte sich gegenüber 1949 um fünf auf etwa 65 erhöht. Von den BHE-Parlamentariern sollen noch drei weitere genannt werden: Al-

Josef Stingl (*1919 Maria-Kulm/Sudeten) MdB 1953–1968 (CDU).

fred Gille aus Ostpreußen, der spätere Sprecher der Landsmannschaft Ostpreußen, sowie die Landespolitiker Karl Mocker (Baden-Württemberg) und Frank Seiboth (Hessen), beide aus dem Sudetenland. Auch die großen Volksparteien hatten einflußreiche vertriebene Politiker – hier besser: Vertriebenenpolitiker – aufzuweisen. Es war ein Zufall, daß 1953 gleich drei spätere Präsidenten des Bundes der Vertriebenen in das Bundesparlament einzogen: der sudetendeutsche Sozialdemokrat Wenzel Jaksch (im Amt 1964–1966), der ostpreußische Sozialdemokrat Reinhold Rehs (1967–1970) und der oberschlesische Christdemokrat Herbert Czaja (seit 1970). Letzterer gehört dem Bundestag ununterbrochen nunmehr seit 36 Jahren an. Auch Walter Rinke (CSU), der Gründer und erste Bundesvorsitzende der Landsmannschaft Schlesien, verstärkte die Gruppe der Vertriebenenpolitiker. Nicht vergessen seien vier weitere Parlamentsneulinge (alle CDU/CSU): der ostpreußische Schriftleiter Ernst Müller-Hermann, der deutschbaltische Nationalökonom Georg Baron Manteuffel-Szoege, der schon eingangs erwähnte schlesische Professor und Bürgermeister Ferdinand Friedensburg sowie der sudetendeutsche Angestellte Josef Stingl, der spätere Präsident der Nürnberger Bundesanstalt für Arbeit.

In den *3. Bundestag* (1957–1961) konnten nur noch vier Parteien einziehen – die Deutsche Partei trotz eines Stimmenanteils von 3,4 Prozent lediglich dank geschickter Listenverbindungen mit der CDU. Während die CDU/CSU mit 50,2 Prozent die absolute Mehrheit erreichte, blieb der GB/BHE mit 4,6 Prozent knapp unter der Fünfprozentklausel. Die beiden ehemaligen BHE-Minister Waldemar Kraft und Theodor Oberländer, die ihre Partei schon im Juli 1955 verlassen hatten, kehrten als CDU-Abgeordnete ins Bundesparlament zurück. Letzterer behielt sein Ministeramt bis zum Mai 1960. Der Anteil der Vertriebenen sank recht überraschend auf etwa 55 Mandate. Unter den Neulingen befanden sich neben dem schlesischen Bäckermeister Clemens Riedel (CDU), dem späteren Sprecher der katholischen Vertriebenenorganisationen, zwei Abgeordnete, die später Minister werden sollten: der ostpreußische Jurist Rainer Barzel und der schlesische Kaufmann Heinrich Windelen (beide CDU). Im September 1960 traten auch die Minister v. Merkatz und Seebohm, die beide die Deutsche Partei verlassen hatten, zur CDU über. Somit waren alle drei ostdeutschen Bundesminister jetzt Mitglieder der CDU, was sicherlich auch eine verstärkte Hinwendung der Vertriebenen zu dieser Partei zur Folge gehabt haben dürfte. Dasselbe Jahr 1960 brachte auch einen Wechsel im Bundesvertriebenenministerium: An die Stelle Theodor Oberländers, der sein Amt wegen des – später einwandfrei widerlegten – Vorwurfs, er habe während des Krieges an der Erschießung von Juden und Polen teilgenommen, niederlegen mußte, trat Hans Joachim v. Merkatz.

Niemals vorher und niemals nachher erzielte die seit Januar 1960 von dem oberschlesischen Juristen Erich Mende geführte FDP einen so hohen Stimmenanteil wie bei der Wahl zum 4. Bundestag am 17. September 1961, nämlich 12,8 Prozent. Noch viel günstiger fiel das Wahlergebnis für diese Partei in jenen Wahlkreisen Niedersachsens aus, in denen besonders viele Schlesier angesiedelt worden waren. Ganz ohne Zweifel wählten diesmal relativ viele Vertriebene, insbesondere Schlesier, die FDP aus Sympathie für ihren aus dem Osten stammenden Parteivorsitzenden. (Übrigens war Mende seit 1957 Fraktionsvorsitzender gewesen, nach v. Merkatz also der zweite Vertriebene in einem solchen Amt.) Da die CDU/CSU nur noch 45,3 Prozent der Stimme erhielt, war Adenauer bei der Regierungsbildung unbedingt auf die FDP angewiesen. Seinem 4. Kabinett gehörten drei Vertriebene an: Seebohm blieb Verkehrsminister, während v. Merkatz abermals das Ministerium für Angelegenheiten des Bundesrates übernahm; neu in der Regierung war der bisher kaum hervorgetretene schlesische Jurist Heinz Starke, der zum Finanzminister berufen wurde. Er blieb allerdings nur bis zum November 1962 im Amt, als alle fünf FDP-Minister wegen der »Spiegel-Affäre« zurücktraten. Da in Adenauers 5. Kabinett der Ostpreuße Rainer Barzel (CDU) das Ministerium für gesamtdeutsche Fragen übernahm, änderte sich die Zahl der aus dem Osten stammenden Bundesminister nicht.

Übrigens blieb im *4. Bundestag* auch die Zahl der vertriebenen Parlamentarier mit etwa 55 konstant. Unter den Neulingen verdient der aus Pommern stammende Jurist Hans Krüger deswegen erwähnt zu werden, da er im 1. Kabinett, das nach Adenauers Rücktritt der bisherige Wirtschaftsminister Ludwig Erhard im Oktober 1963 bildete, zum Vertriebenenminister berufen wurde. Erstmals stellten die Vertriebenen mit Erich Mende den Vizekanzler, der in Personalunion auch das Ministerium für gesamtdeutsche Fragen übernahm. Da Hans-Christoph Seebohm nach wie vor das Verkehrsministerium behielt – seit 1959 war er auch Sprecher der Sudetendeutschen Landsmannschaft – gehörten abermals drei aus Ostdeutschland stammende Minister der Bundesregierung an; allerdings verringerte sich ihre Zahl schon nach einem Vierteljahr auf zwei. Vertriebenenminister Hans Krüger mußte nämlich bereits Anfang Februar 1964 zurücktreten, nachdem auch gegen ihn – ähnlich wie gegen Theodor Oberländer – Vorwürfe wegen seiner Tätigkeit im Dritten Reich aufgetaucht waren. Ohne ihre Verdienste schmälern zu

Dr. Rainer Barzel (*1924 Braunsberg/Ostpreußen) MdB 1957–1987 (CDU).

wollen, darf doch behauptet werden, daß die glücklosen Minister Oberländer und Krüger – letzterer war seit 1958 auch Präsident des Bundes der Vertriebenen – insbesondere deswegen, weil die Massenmedien ihre angeblichen oder tatsächlichen Vergehen über Gebühr hochspielten, ganz allgemein das Ansehen der Vertriebenen in der Bundesrepublik keineswegs gefördert haben.

Bei der Wahl zum *5. Bundestag* am 19. September 1965 fiel die von Erich Mende geführte FDP gegenüber 1961 um 3,3 Prozent auf 9,5 zurück. Der Anteil der Vertriebenen in dem wieder aus CDU/CSU und FDP bestehenden 2. Kabinett Erhard blieb unverändert: Mende behielt als Vizekanzler auch das Ministerium für gesamtdeutsche Fragen und

Heinrich Windelen (*1921 Bolkenhain/Schlesien) MdB seit 1957 (CDU).

Seebohm – nunmehr im 17. Jahr – das Verkehrsministerium. Als Ende Oktober 1966 die FDP wegen einer nicht zu erreichenden Einigung über den Haushalt 1967 diese Regierungskoalition verließ, bildete Erhard aus CDU/CSU eine Minderheitsregierung, die nach wenigen Wochen von der ersten großen Koalition aus CDU/CSU und SPD abgelöst wurde. Hatte auch Erhards 3. Kabinett nur Hans-Christoph Seebohm als einziger Vertriebener angehört, so war die Regierung Kiesinger-Brandt die erste, in der gar kein Minister aus den deutschen Ostgebieten saß. (Der in Ostpreußen geborene Sozialdemokrat Hans-Jürgen Wischnewski kann, da er bereits als Fünfjähriger nach Berlin übersiedelte, wohl nicht zu den Vertriebenen gezählt werden.) Dafür gab es aus deren Reihen nun zwei schlesische Staatssekretäre: Rudolf Vogel (CDU) im Schatzministerium und Udo Hein (SPD) im Ministerium für wirtschaftliche Zusammenarbeit. Erst gegen Ende der 5. Legislaturperiode, im Februar 1969, wurde wieder ein Ostdeutscher zu einem Bundesminister berufen: Der Schlesier Heinrich Windelen (CDU) übernahm das Ressort für Vertriebene. Da dieses schon im Oktober desselben Jahres in eine Abteilung des Innenministeriums überführt, d.h. aufgelöst wurde, verwaltete er es als der letzte Bundesvertriebenenminister gerade rund acht Monate. Von den Parlamentsneulingen seien drei Sudetendeutsche erwähnt: Walter Becher (früher BHE, jetzt CSU), der spätere Sprecher der Sudetendeutschen Landsmannschaft, Egon Klepsch (CDU), der sechs Jahre lang (1963–1969) die Junge Union geführt hatte, und Heinz Kreutzmann (SPD), ein gebürtiger Hesse, der kurze Zeit im Sudetenland gelebt hatte, von dort ausgewiesen worden war und sich nun sehr eifrig für die Vertriebenen einsetzte.

In den *6. Bundestag* wurde am 28. September 1969 ein weiterer bekannter Vertriebenenpolitiker gewählt: Herbert Hupka (SPD), der Bundesvorsitzende der Landsmannschaft Schlesien. Zu nennen sind als Parlamentsneulinge ferner die späteren Ministerinnen Antje Huber und Marie Schlei aus Pommern sowie der künftige Minister Jürgen Schmude aus Ostpreußen (alle SPD). Der neue Bundeskanzler Willy Brandt holte sich nur einen ostdeutschen Minister in sein sozial-liberales Kabinett, und zwar den in Danzig geborenen Juraprofessor Horst Ehmke, der als Chef des Bundeskanzleramtes zu einem seiner engsten Mitarbeiter aufstieg.

Im Vergleich zum 5. Bundestag blieb die Zahl der vertriebenen Abgeordneten mit etwa 60 beständig. Allerdings veränderten sich durch Parteiübertritte die Fraktionsstärken. Nachdem bereits Mitte und Ende der fünfziger Jahre zahlreiche BHE-Politiker zur CDU/CSU übergewechselt waren, traten im Oktober 1970 die FDP-Abgeordneten Erich Mende – der ehemalige Bundesvorsitzende! – und Heinz Starke, beide Schlesier, sowie der Sudetendeutsche Siegfried Zoglmann wegen der Ostpolitik der Bundesregierung aus ihrer Partei aus und schlossen sich ebenfalls der CDU/CSU-Fraktion an, zu der Anfang März 1972 auch der SPD-Abgeordnete Herbert Hupka überwechselte. Da durch den Übertritt dieser und weiterer SPD- sowie FDP-Parlamentarier beinahe ein Patt entstanden war, entschloß sich die seit Dezember 1964 von dem Ostpreußen Rainer Barzel geführte CDU/CSU-Fraktion zu dem ersten konstruktiven Mißtrauensvotum in der Geschichte der Bundesrepublik, das jedoch scheiterte. Dem Fraktionsführer und bisher einzigen ostdeutschen Kanzlerkandidaten, der seit dem Jahr zuvor auch das Amt des CDU-Bundesvorsitzenden bekleidete, fehlten lediglich zwei Stimmen.

Zum zweiten Male kandidierte Rainer Barzel gegen Willy Brandt bei der vorgezogenen Wahl zum *7. Bundestag* am 19. November 1972, jedoch abermals vergeblich. Die SPD wurde erstmals stärkste Fraktion und stellte nun auch die meisten Vertriebenen (38 von 70). Erwähnenswerte Parlamentsneulinge aus ihren Reihen waren: der spätere »Abweichler« Manfred Coppik aus dem Wartheland, das zukünftige Parteivorstandsmitglied Herta Däubler-Gmelin aus Preßburg, der spätere Arbeitsminister Herbert Ehrenberg aus Ostpreußen und der künftige Bundesgeschäftsführer Peter Glotz aus dem Sudetenland. Auch der frühere Bundesgeschäftsführer und damalige Generalsekretär der FDP, der Journalist Karl-Hermann Flach, erhielt nun ein Bundestagsmandat; dieser gebürtige Ostpreuße, der 1961 den erfolgreichen Wahlkampf seiner Partei geleitet hatte, starb jedoch bereits im August 1973. Von den ostdeutschen Parlamentariern, die in der vorherigen Legislaturperiode die SPD oder die FDP verlassen hatten, zogen Herbert Hupka,

Dr. Philipp von Bismarck (*1913 Jarchlin/Pommern) MdB 1969–1980 (CDU).

Erich Mende, Heinz Starke und Siegfried Zoglmann nun als Abgeordnete der CDU/CSU in das Bundesparlament ein. Mit dem erst 26jährigen Schlesier Helmut Sauer (CDU) stellten die Vertriebenen den zweitjüngsten Parlamentarier; er war im Dezember 1945, also bereits nach dem Zusammenbruch, in Ostdeutschland geboren. Einziger vertriebener Minister im neuen Kabinett war wieder nur Horst Ehmke, diesmal als Bundesminister für das Post- und Fernmeldewesen, allerdings nicht die volle 7. Legislaturperiode hindurch, sondern nur bis zum Rücktritt Willy Brandts im Mai 1974. Der nun von seinem Nachfolger Helmut Schmidt gebildeten SPD/FDP-Koalition gehörte zwar kein ostdeutscher Minister an, jedoch wurden zwei Vertriebene zu Parlamentarischen Staatssekretären berufen: der Sudetendeutsche Peter Glotz in das Ministerium für Bildung und Wissenschaft sowie der Ostpreuße Jürgen Schmude in das Innenministerium.

In den *8. Bundestag* wurden am 3. Oktober 1976 etwa 65 vertriebene Abgeordnete gewählt. Gleich drei von ihnen gehörten dem (wieder) aus SPD und FDP gebildeten 2. Kabinett Schmidt als Minister an: Herbert Ehrenberg aus Ostpreußen für Arbeit und Sozialordnung, Antje Huber aus Pommern für Jugend, Familie und Gesundheit sowie Marie Schlei, ebenfalls aus Pommern, für wirtschaftliche Zusammenarbeit (alle SPD). Frau Huber amtierte bis zur Kabinettsumbildung im April 1982, Jürgen Schmude übernahm im Februar 1978 das Ministerium für Bildung und Wissenschaft und wechselte im Februar 1981 in das Justizministerium über. Im Laufe der 8. Legislaturperiode wurden wieder zwei Vertriebene zu Parlamentarischen Staatssekretären ernannt: der Schlesier Dietrich Sperling im Februar 1978 im Ministerium für Raumordnung, Bauwesen und Städtebau sowie Heinz Kreutzmann im Februar 1979 im Ministerium für innerdeutsche Beziehungen. An Parlamentsneulingen sind u.a. zu erwähnen: der spätere Parlamentarische Staatssekretär Ottfried Hennig (CDU) aus Ostpreußen und der künftige Minister Hans Klein (CSU) aus dem Sudetenland. Gerhard Kunz, ebenfalls ein Sudetendeutscher, wurde 1977 zum Parlamentarischen Geschäftsführer der CDU/CSU-Fraktion gewählt.

In den *9. Bundestag*, der am 5. Oktober 1980 gewählt wurde, zogen rund 70 vertriebene Abgeordnete ein, also fünf mehr als 1976. Unter ihnen befand sich als Neuling der Rechtsanwalt Jürgen Echternach (CDU) aus Pommern, der als Nachfolger des sudetendeutschen Parlamentariers Egon Klepsch 1969–1973 Bundesvorsitzender der Jungen Union gewesen war. Da die Landsmannschaft Ostpreußen Ottfried Hennig 1979 zu ihrem Sprecher gewählt hatte, gehörten nun drei führende Vertriebenenpolitiker dem Bundestag an, und zwar alle als Abgeordnete der CDU/CSU-Fraktion. Die Landsmannschaft Schlesien repräsentierte schon seit 1969 Herbert Hupka. Gleich zwei Ämter bekleidete Herbert Czaja in Personalunion: Sprecher der Landsmannschaft der Oberschlesier und Präsident des Bundes der Vertriebenen. Von den drei ostdeutschen Ministern der neuen Regierung Schmidt-Genscher konnte man – ebenso wie wohl von den meisten früheren SPD-Ministern – freilich weniger behaupten, daß sie sich offen zu ihrer Heimat bekannten. Herbert Ehrenberg übernahm abermals das Ministerium für Arbeit und Sozialordnung, Antje Huber wieder das Ministerium für Jugend, Familie und Gesundheit sowie Jürgen Schmude das Ministerium der Justiz. Auch die beiden Parlamentarischen Staatssekretäre Heinz Kreutzmann und Dietrich Sperling blieben in ihren schon oben genannten Ministerium.

Dr. Herbert Hupka (*1915 Diyatalawa/Ceylon; Schlesier) MdB 1969–1987 (SPD, 1972 CDU).

Da die Spitzenfunktionäre der Vertriebenen überwiegend der CDU/CSU angehörten, hätte man annehmen können, daß deren Einfluß nach der »Wende« von der Regierung Schmidt-Genscher zur Regierung Kohl-Genscher im Oktober 1982 steigen würde. In der Tat aber verringerte sich die Zahl der ostdeutschen Minister von drei auf einen. Nur das Bundesministerium für innerdeutsche Beziehungen gelangte »in die Hände« von Vertriebenen: Es übernahm der Ostpreuße Rainer Barzel, und sein Landsmann Ottfried Hennig wurde Parlamentarischer Staatssekretär.

An der Wahl zum *10. Bundestag* am 6. März 1983 nahmen erstmals die Grünen teil. Da sie – 38 Jahre nach Beginn der Vertreibung – überwiegend den jüngeren Jahrgängen angehören, war vorauszusehen, daß sich unter ihnen nicht gerade viele Vertriebene befinden würden. Es zogen auch nur zwei ins Bundesparlament ein, die aber in ihrer Fraktion keine nennenswerten Funktionen ausübten. Die Zahl der vertriebenen Abgeordneten insgesamt ging von etwa 70 auf 65 zurück. Nachdem schon 1981–1983 einer von ihnen, und zwar Heinrich Windelen, Vizepräsident des Hohen Hauses gewesen war, wurde zu Beginn der 10. Legislaturperiode der Ostpreuße Rainer Barzel zum Bundestagspräsidenten gewählt. Unter den Parlamentsneulingen befanden sich zwei ehemalige Bürgermeister von Stadtstaaten: der Schlesier Hans-Ulrich Klose, 1974–1981 Bürgermeister in Hamburg, und der Ostpreuße Dietrich Stobbe, 1977–1981 Regierender Bürgermeister in Berlin. Klose übernahm 1987 das Amt des SPD-Schatzmeisters. Der Anteil der Vertriebenen an der 2. Regierung Kohl erhöhte sich um einige Staatssekretäre, die auch in der 11. Legislaturperiode im Amt blieben und daher weiter unten aufgezählt werden. Das Ministerium für innerdeutsche Beziehungen blieb »in ostdeutscher Hand«; an die Stelle Rainer Barzels trat Heinrich Windelen, während der Parlamentarische Staatssekretär (Hennig) nicht ausgewechselt wurde.

Es dürfte nur zu verständlich sein, daß im *11. Bundestag*, der am 25. Januar 1987, also 42 Jahre nach Beginn der Vertreibung, gewählt wurde, die Zahl der Vertriebenen mit etwa 50 – darunter nur ein Mitglied der Grünen – so gering wie nie zuvor ist. Diejenigen, die erstmals einzogen, hatten bisher erklärlicherweise wenig Gelegenheit, sich zu profilieren. Helmut Kohls 3. Kabinett, das abermals aus CDU/CSU und FDP gebildet wurde, gehören immerhin zwei Vertriebene an: der Sudetendeutsche Hans Klein (CSU) als Minister für wirtschaftliche Zusammenarbeit (seit April 1989 als Sprecher der Bundesregierung im Rang eines Bundesministers) und der Schlesier Klaus Töpfer (CDU) als Umweltminister. (Heinrich Windelen hatte im Ministerium für innerdeutsche Beziehungen wohl nur der Quotenregelung, d.h. einer Frau, weichen müssen.)

Überproportional stark ist diesmal der Anteil der Vertriebenen an den beamteten und Parlamentarischen Staatssekretären, deren Zahl 55 beträgt. Unter ihnen befinden sich zehn Ostdeutsche, das sind 18 Prozent. Sie seien hier in alphabetischer Reihenfolge angeführt: Werner Chory aus Schlesien im Familienministerium, Jürgen Echternach aus Pommern im Ministerium für Raumordnung, Bauwesen und Städtebau, Winfried Florian aus Ost-Brandenburg im Postministerium, Ottfried Hennig aus Ostpreußen im innerdeutschen Ministerium, Bernhard Jagoda aus Schlesien im Arbeitsministerium, Walter Kittel aus dem Sudetenland im Ernährungsministerium, Wilhelm Knittel aus Schlesien im Verkehrsministerium, Günter Obert aus Ostpreußen im Finanzministerium, Walter Priesnitz aus Schlesien im innerdeutschen Ministerium und Erich Riedl aus dem Sudetenland im Wirtschaftsministerium.

Im Rückblick auf die zehneinhalb Legislaturperioden des Deutschen Bundestages läßt sich – freilich stets unter dem eingangs betonten Vorbehalt – feststellen, daß die Zahl der Vertriebenen in diesem Parlament sich mit Ausnahme der letzten Periode stets zwischen 55 und 70 Abgeordneten bewegt hat, das wären 10,6 bis 13,5 Prozent der in der Regel 518 Parlamentarier (Nur 1949–1953 waren es etwa 15 Prozent). Diese Zahl entsprach also nicht dem Anteil der Vertriebenen an der Bevölkerung, der sich 1953 auf 17,1 Prozent belief. Günstiger fällt das Ergebnis bei den Bundesministern und Staats-

Paul Löbe (*1875 Liegnitz/Schlesien) MdB 1949–1953 (SPD).

Dr. Fritz Wittmann (*1933 Plan/Sudeten) MdB seit 1969 (CSU).

sekretären aus, wie in der Bilanz am Schluß dieses Beitrags zu zeigen sein wird.

Untersucht man den Anteil der Vertriebenen in den *Landesparlamenten*, so ist festzustellen, daß er lediglich zweimal dem Prozentsatz der vertriebenen Bevölkerung entsprach, und zwar 1950, also im Jahre der Gründung des BHE, sowohl in Hessen wie in *Schleswig-Holstein*. Im letztgenannten Bundesland war der Anteil der Vertriebenen mit (1950) 33 Prozent so hoch wie in keinem anderen. Von den 69 Abgeordneten des 2. Landtags (1950–1954) stammten 23, also 33,3 Prozent, aus den Vertreibungsgebieten. Im 1. Landtag (1947–1950) hatte ihr Anteil lediglich 14,2 Prozent betragen, im 3. (1954–1958) betrug er 21,7 und im 4. (1958–1962) 20,2 Prozent. In Schleswig-Holstein konnten die Heimatvertriebenen bei der Landesregierung mit größerem Verständnis als vielleicht in anderen Bundesländern rechnen, da der Ministerpräsident (1947–1949), der in Kiel geborene Sozialdemokrat Hermann Lüdemann, 1928–1932 Oberpräsident der Provinz Niederschlesien gewesen war. Sein Parteifreund und Kabinettsmitglied Kurt Pohle aus Forst/Lausitz, Minister für Wohlfahrt, Arbeit und Gesundheitswesen, war 1930 für den Wahlkreis Breslau in den Reichstag gewählt worden.

Das stärkste Kontingent unter den vertriebenen Abgeordneten stellten in Kiel ohne Zweifel die Ostpreußen, von denen Alfred Gille und Reinhold Rehs später zu den führenden Köpfen ihrer Landsmannschaft aufsteigen sollten. Der Gründer des BHE, der Posener Landwirt Waldemar Kraft – in der 2. Landesregierung mit kurzer Unterbrechung stellvertretender Ministerpräsident – wurde schon 1953 von Adenauer nach Bonn gerufen, wo er ebenfalls ein Ministeramt übernahm. Übrigens errang der BHE, der 1957 nicht mehr in den (3.) Bundestag einziehen konnte, 1958 bei der Wahl zum 4. schleswig-holsteinischen Landtag noch 6,9 Prozent der Stimmen. Außer Kraft, Rehs und Gille vermochte aber kein vertriebener Abgeordneter mehr über die Landesgrenzen hinaus Bedeutung zu erlangen. Der Einfluß ostdeutscher Politiker ließ in Schleswig-Holstein, dem Ursprungsland des BHE, im Vergleich zu anderen Bundesländern bereits Mitte der fünfziger Jahre unerwartet rasch nach.

Länger hielt er in *Niedersachsen* an, in dem Bundesland, das den zweitstärksten Anteil (1950: 27,2 Prozent) an Vertriebenen aufzuweisen hatte. Dort zog bereits im Dezember 1946 ein Ostdeutscher in das 2. Kabinett (1946–1947) des SPD-Ministerpräsidenten Hinrich Wilhelm Kopf ein, und zwar Hans-Christoph Seebohm von der Niedersächsischen Landespartei, die sich seit Juni 1947 Deutsche Partei nannte, als Minister für Aufbau und Arbeit. Im 3. Kabinett Kopf (1947–1948) finden wir ihn mit erweitertem Geschäftsbereich wieder, und zwar als Minister für Arbeit, Aufbau und Gesundheit. Im 4. Kabinett (1948–1950) gab es erstmals einen Minister »für Flüchtlingsangelegenheiten«, zu dem der schlesische Pfarrer Heinrich Albertz (SPD) berufen wurde. Im 5. Kabinett (1950–1951) hieß dessen vergrößertes Ressort »Ministerium für Vertriebene, Sozial- und Gesundheitsangelegenheiten«.

Den stärksten Einfluß erhielten die Vertriebenen in Niedersachsen gewiß nach der Wahl zum 2. Landtag im Frühjahr 1951, aus der der erstmals kandidierende BHE mit einem Stimmenanteil von 14,9 Prozent und 21 von 155 Mandaten vor der FDP (8,4 Prozent) als drittstärkste Kraft hervorging. In sein 6. Kabinett (1951–1955) berief Hinrich Wilhelm Kopf neben fünf Westdeutschen drei Ostdeutsche, und zwar drei Schlesier, zu Ministern: Heinrich Albertz (Soziales), Friedrich v. Kessel (Ernährung) und Erich Schellhaus (Vertriebene). Da der BHE, dem v. Kessel und Schellhaus angehörten der zweitstärkste Koalitionspartner der SPD war, stand ihm das Amt des stellvertretenden Ministerpräsidenten zu, das Friedrich v. Kessel übertragen wurde.

Nach der Wahl zum 3. Landtag im Frühjahr 1955, bei der der Anteil des GB/BHE auf 11 Prozent der Stimmen und 17 Mandate zurückging, verlor die SPD, obwohl sie abermals die stärkste Partei wurde, die Regierungsverantwortung. Heinrich Hellwege (Deutsche Partei) bildete eine Regierung aus seiner Partei, der CDU, dem GB/BHE und der FDP. Auch er holte sich drei Schlesier in sein Kabinett: neben den schon erwähnten Friedrich v. Kessel (Ernährung) und Erich Schellhaus (Vertriebene) den FDP-Wirtschaftsexperten Konrad Mälzig (Aufbau). Übrigens wurde Schellhaus im gleichen Jahr zum Bundesvorsitzenden der Landsmannschaft Schlesien gewählt. (Ob früher bei Hinrich Wilhelm Kopf und nun bei Heinrich Hellwege die Tatsache, daß Niedersachsen im Oktober 1950 die Patenschaft über alle Schlesier übernommen hatte, bei der Auswahl der Ministerkollegen eine Rolle spielte, mag bezweifelt werden.)

Die Zahl der ostdeutschen Minister stieg sogar auf vier an, als im Oktober 1956 der Deutschbalte Arvid v. Nottbeck (FDP) zum Justizminister ernannt wurde. Vier Vertriebene unter (nun) neun Ministern – das war ein Anteil von 44,4 Prozent, wie er noch nie zuvor und nie danach in einer Landesregierung erreicht wurde! Auch eine solche »Konzentration« von ostdeutschen Ministern aus einem Herkunftsland – hier aus Schlesien –

Dr. Ottfried Hennig (*1937 Königsberg/Ostpreußen) MdB seit 1976 (CDU).

wie 1951 und 1955 in Hannover hat es vorher und nachher nicht mehr gegeben.

Als im Frühjahr 1959 nach der 4. Landtagswahl, bei der der GB/BHE einen Stimmenanteil von 8,3 Prozent errang und mit 13 Mandaten letztmals in das niedersächsische Parlament einzog, Hinrich Wilhelm Kopf mit dieser Partei und mit der FDP wieder eine SPD-geführte Koalitionsregierung bildete – es war sein 7. Kabinett (1959–1961) –, blieben nur Arvid v. Nottbeck und Erich Schellhaus im Amt. Nach Kopfs Tode (1961) behielt der Sozialdemokratische Ministerpräsident Georg Diederichs beide ostdeutschen Minister in seinem 1. Kabinett (1961–1963), v. Nottbeck auch noch in seinem 2. (1963–1965).

Nicht nur in der Regierung, sondern auch im Landtagspräsidium beanspruchte der GB/BHE Führungsposten. Folgende dieser Partei angehörende Ostdeutsche bekleideten zwischen 1951 und 1963 das Amt des Landtagsvizepräsidenten: der Ostpreuße Richard Meyer – früher Vizepräsident des Memelländischen Landtags — von 1951 bis 1955, der Westpreuße Willi Homeier von 1959 bis 1961 und der Schlesier Rudibert Schneider von 1961 bis 1963. Gleich drei Ostdeutsche finden wir im SPD-Fraktionsvorstand: An der Spitze stand 1967—1974 der Schlesier Helmut Kasimir, als Stellvertreter fungierten jahrelang der Sudetendeutsche Werner Kirschner und der Schlesier Horst Milde, der übrigens 1986 zum Oberbürgermeister von Oldenburg gewählt wurde. Helmut Kasimir bekleidete ferner von Juli 1974 bis Februar 1976 das Amt des Finanzministers. Er wurde über die Landesgrenze hinaus bekannt, als er — von seiner Fraktion zum Nachfolger des ausscheidenden SPD-Ministerpräsidenten Alfred Kubel nominiert — bei der Wahl am 15. Januar 1976 dem CDU-Kandidaten Ernst Albrecht wider aller Erwarten unterlag. Gewiß war der Anteil der Ostdeutschen unter den niedersächsischen Ministern in den siebziger und achtziger Jahren nicht so stark wie in den fünfziger. Immerhin aber gibt es seit 1980 einen in Pommern geborenen CDU-Minister (bis 1986 für Finanzen, seitdem für Ernährung), und zwar Burkhard Ritz, der vorher (seit 1972) stellvertretender Fraktionsvorsitzender im Bundestag gewesen ist.

Nach Schleswig-Holstein und Niedersachsen war *Bayern* das Bundesland mit dem drittstärksten Anteil an Vertriebenen (1950: 21,1 Prozent). Ebenso wie in Niedersachsen war es auch hier ein Schlesier, der sich als Erster um deren Eingliederung sorgen sollte. Noch im Jahre 1945 setzte die amerikanische Militärregierung den in Breslau geborenen und damals in Lenggries bei Bad Tölz wohnenden Juristen Wolfgang Jaenicke als Staatskommissar für das Flüchtlingswesen ein. Ministerpräsident Hans Ehard (CSU) berief den schon Fünfundsechzigjährigen im Januar 1947 mit demselben Ressort in sein 1. Kabinett. Ähnlich wie Paul Löbe, Hermann Lüdemann, Ferdinand Friedensburg und Hans Lukaschek verkörperte Wolfgang Jaenicke ein Stück Kontinuität zwischen Weimar und Bonn, und zwar dadurch, daß er 1919—1928 Regierungspräsident in Breslau gewesen war. Nach der Wahl zum 2. Landtag im November 1950 beanspruchte der BHE seinen Posten, so daß er, der Parteilose, der übrigens 1930—1932 als Abgeordneter der Deutschen Staatspartei dem Reichstag angehört hatte, aus der bayerischen Regierung ausscheiden mußte. Jaenicke war später (1954—1957) der erste deutsche Nachkriegsbotschafter im Vatikan.

Mit 12,3 Prozent der Stimmen und 26 Mandaten war der BHE im 2. bayerischen Landtag (1950—1954) vor der FDP (7,1 Prozent) die viertstärkste Partei. Im 3. Kabinett Ehard, das eine große Koalition aus CSU, SPD und BHE darstellte, erhielt sie zwei Staatssekretärsposten. Zum Nachfolger Jaenickes wurde der Ostpreuße Theodor Oberländer ernannt, den Konrad Adenauer jedoch im November 1953 als zweiten Bundesvertriebenenminister nach Bonn berief. Neuer Staatssekretär »für das Flüchtlingswesen« im Innenministerium wurde der Sudetendeutsche Walter Stain. Sein Kollege Willi Guthsmuths im Wirtschaftsministerium war zwar ein gebürtiger Berliner, hatte jedoch in den Jahren vor der Vertreibung in der Direktion der Sudetenländischen Bergbau AG in Brüx gearbeitet.

Wie in Niedersachsen koalierte der GB/BHE auch in Bayern sowohl mit der Union als auch mit der SPD. Zwar ging bei der 3.

Annemarie Renger (*1919 Leipzig/Sachsen) MdB seit 1953 (SPD).

Landtagswahl im November 1954 sein Stimmenanteil auf 10,2 Prozent zurück, doch gewährte der sozialdemokratische Ministerpräsident Wilhelm Hoegner der Vertriebenenpartei mit ihren nunmehr nur noch 19 Mandaten einen größeren Einfluß, als sie in den beiden vorausgegangenen CSU-Regierungen besessen hatte. Walter Stain stieg zum Arbeitsminister auf; und während Willi Guthsmuths Staatssekretär im Wirtschaftsministerium blieb, wurde der Schlesier Erich Simmel zum Staatssekretär im Landwirtschaftsministerium berufen. Nach der Sprengung dieser Koalition durch die Bayernpartei im Oktober 1957 bot die CSU, um die Regierungsverantwortung zurückzugewinnen, dem GB/BHE den Posten des stellvertretenden Ministerpräsidenten an, den Arbeitsminister Walter Stain übernahm. Da er ebenso wie die beiden Staatssekretäre ihre zu Beginn der 3. Legislaturperiode erhaltenen Ämter behielt, gewannen ostdeutsche Politiker 1957—1958 in der bayerischen Regierung einen so großen Einfluß wie nie zuvor und nie mehr danach.

Denn schon nach der Wahl zum 4. Landtag im November 1958, bei der der GB/BHE auf 8,6 Prozent der Stimmen zurückfiel und zwei Mandate weniger, also 17, bekam, beanspruchte die CSU das Amt des stellvertretenden Ministerpräsidenten selber. Auch wenn sie der absoluten Mehrheit sehr nahe war, so benötigte sie dennoch die Vertriebenenpartei und auch die FDP abermals als Koalitionspartner. Sowohl Ministerpräsident Hanns Seidel als auch sein Nachfolger Hans Ehard beließen die drei BHE-Politiker Willi Guthsmuths, Erich Simmel und Walter Stain bis zum Ende der 4. Legislaturperiode (1958—1962) auf ihren Posten. Von ihnen amtierte Willi Guthsmuths am längsten: Ganze zwölf Jahre war er Staatssekretär im Wirtschaftsministerium. Erstmals saß nun auch ein Nicht-Bayer im Präsidium des bayerischen Parlaments: Der Schlesier Ernst Riediger (GB/BHE) amtierte vier Jahre als Landtagsvizepräsident.

Auch in Bayern ließ der Einfluß der Vertriebenen nach dem Ausscheiden des GB/BHE aus dem Landesparlament (1962) ruckartig nach. Zwar gehörte dem 1. Kabinett Goppel (1962—1966) noch ein Vertriebener an, nämlich der Sudetendeutsche Hans Schütz (CSU) zunächst als Staatssekretär und seit Juni 1964 als Arbeitsminister, doch ist zwischen 1966 und 1977 in der bayerischen Regierung kein Ostdeutscher mehr zu finden. Erst im Mai 1977 berief Ministerpräsident Alfons Goppel den Sudetendeutschen Franz Neubauer als Staatssekretär ins Justizministerium. Unter Franz Josef Strauß erhielt ein Vertriebener wieder ein Ministeramt, und zwar Gerold Tandler aus dem Sudetenland. Da Neubauer zu seinem Staatssekretär ernannt wurde, war während der 1. Regierung Strauß (1978—1982) das bayerische Innenministerium »in sudetendeutschen Händen«. Franz Neubauer — seit 1982 Sprecher der Sudetendeutschen Landsmannschaft — blieb zunächst auch in der 2. Regierung Strauß (1982—1986) auf dem genannten Posten, bis er 1984 zum Arbeitsminister ernannt wurde, also ein Amt erhielt, das vorher schon zwei Sudetendeutsche bekleidet hatten. Im Juni 1988 berief Strauß Gerold Tandler, der inzwischen einer seiner engsten Mitarbeiter geworden war, zum Wirtschaftsminister. Im 1. Kabinett Streibl (seit Oktober 1988) wechselte dieser Sudetendeutsche ins Finanzministerium über.

Von den fast genau 900 Abgeordneten, die von 1946 bis 1986 dem Bayerischen Landtag angehörten, waren nachweislich mindestens 111 Vertriebene, das sind 12,3 Prozent. Von ihnen kamen bzw. kommen 63 aus dem Sudetenland, also 56 Prozent. Auch diese Zahl belegt, daß die Sudetendeutschen in der Tat nach den Bayern, den Franken und den Schwaben den »vierten Stamm« in diesem Bundesland bildeten bzw. bilden. Sie stellten mit Volkmar Gabert auch einen langjährigen SPD-Landesvorsitzenden, der dieses Amt 1972 an Hans-Jochen Vogel abgab. 14 Jahre lang (seit 1962) hatte er darüber hinaus auch die Landtagsfraktion geleitet. 1976 wurde er zum Vizepräsidenten des Bayerischen Landtags gewählt. Der Schlesier Karl-Heinz Hiersemann ist bereits der zweite Ostdeutsche, der die SPD-Fraktion führt (seit 1986). So stark wie wohl in keinem anderen Bundesland wird die SPD in Bayern von Vertriebenen bestimmt. Der Spitzenkandidat dieser Partei im Landtagswahlkampf 1990 wird ebenfalls ein Vertriebener sein: Die Entscheidung fiel zwischen dem Schlesier Karl-Heinz Hiersemann und dem Sudetendeutschen Peter Glotz zugunsten des ersteren aus. Hiersemann und Glotz bei den Sozialdemokraten, Gerold Tandler bei der CSU – vertriebene Politiker besitzen in Bayern auch heute noch Einfluß.

Mit einem Vertriebenenanteil von 16,7 Prozent im Jahre 1950 lag *Hessen* unter den Bundesländern an 4. Stelle. Ebenso wie in Bayern stellten auch in diesem Land die Sudetendeutschen das stärkste Kontingent unter den vertriebenen Landtagsabgeordneten – mit etwa 33 Prozent freilich längst nicht so stark wie dort. Unter den 568 Abgeordneten, die zwischen 1946 und 1986 dem Hessischen Landtag angehörten bzw. angehören, befinden sich mindestens 61 Vertriebene, das sind 10,5 Prozent. Am größten war ihr Anteil im 2. Landtag (1950–1954) mit 17,2 Prozent, also sogar etwas höher als ihr Anteil an der Bevölkerung. (Einen Parallelfall hatte es 1950 nur in Schleswig-Holstein gegeben.)

Im Gegensatz zu jenem Bundesland wie auch im Gegensatz zu Niedersachsen und Bayern beteiligte sich der BHE in Hessen stets nur an SPD-geführten Landesregierungen. Während die Sozialdemokraten bei der 2. Landtagswahl im November 1950 die absolute Mehrheit erreichen konnten, brauchten sie im Dezember 1954 einen Koalitionspartner. Ministerpräsident Georg August Zinn umwarb den nur sieben von 96 Mandaten stellenden GB/BHE, der somit – wie schon in Schleswig-Holstein, Niedersachsen und Bayern – als »Zünglein an der Waage« auch hier Forderungen zu stellen wußte und daraufhin drei wichtige Posten erhielt: Gustav Hacker wurde Minister für Landwirtschaft und Forsten, Gotthard Franke für Arbeit, Wirtschaft und Verkehr, Walter Preißler Staatssekretär im Innenministerium. Alle drei vertriebenen Politiker stammten übrigens aus dem Sudetenland. Darüber hinaus überließ die SPD dem GB/BHE auch noch das Amt des stellvertretenden Ministerpräsidenten, das Gotthard Franke in Personalunion bis zum Januar 1963 bekleidete. Nachdem er im Mai 1964 zur FDP übergewechselt war, machte er auch in dieser Partei Karriere: 1968–1969 war er ein Jahr lang stellvertretender Fraktionsvorsitzender. Seinen Landsmann Gustav Hacker beließ Ministerpräsident Zinn sogar bis zum Januar 1967 im Amt, obwohl der GB/BHE bei der Wahl zum 5. Landtag im November 1962 nur noch sechs Mandate erhalten hatte. Ein vierter Politiker dieser Partei möge deren bedeutende Rolle und zugleich diejenige der Sudetendeutschen in Hessen unterstreichen: Der bereits als Bundestagsabgeordneter (1953) erwähnte Frank Seiboth aus der Gablonzer Gegend war Fraktionsvorsitzender im Landtag, letzter Bundesvorsitzender (1958–1961) und nach der Fusion des GB/BHE mit der Deutschen Partei zur Gesamtdeutschen Partei ebenfalls deren Bundesvorsitzender (1961–1962). Im Jahre 1967 trat Frank Seiboth dann zu der in Hessen dominierenden SPD über und bekleidete von da an sieben Jahre lang das Amt des Staatssekretärs im Innenministerium.

Keine Minister aus den Reihen der Vertriebenen gab es in Hessen in den siebziger, dafür gleich vier in den achtziger Jahren. Den Anfang machte der Ostpreuße Klaus-Jürgen Hoffie (FDP), der von Juni 1981 bis September 1982 als Minister für Wirtschaft und Verkehr amtierte. In der nach über vierzigjähriger SPD-Vorherrschaft im Frühjahr 1987 von Walter Wallmann gebildeten ersten CDU-geführten Landesregierung stieg der Einfluß vertriebener Politiker so stark an wie nie zuvor. Drei erhielten Ministerposten. Die Schlesier Gottfried Milde (Inneres) und Manfred Kanther (Finanzen) hatten schon seit

Prof. Dr. Roswitha Wisniewski (*1926 Stolp/Pommern) MdB seit 1976 (CDU).

über zwölf Jahren die CDU-Landtagsfraktion geführt: Milde als Fraktionsvorsitzender und Kanther als parlamentarischer Geschäftsführer. Aus Ostpreußen stammt Christean Wagner, der Kultusminister. Da Gottfried Milde auch einen schlesischen Staatssekretär erhielt, und zwar Reinhold Stanitzek – seit 1988 Vorsitzender der Landsmannschaft der Oberschlesier –, befindet sich ein Landesinnenministerium – wie schon 1978–1982 in Bayern – abermals in den Händen von Vertriebenen. Erwähnt sei ferner – auch wenn er nicht direkt zu den Heimatvertriebenen zu zählen ist – der hessische Landtagspräsident Franz Fuchs (SPD), der 1962–1966 amtierte. Er wurde zwar im Sudetenland geboren, kam aber bereits in den zwanziger Jahren nach Wiesbaden. Während einiger Wahlperioden bekleidete er dort auch das Amt des Stadtverordnetenvorstehers.

Die auffallende »Vorherrschaft« der Sudetendeutschen, wie sie schon in Bayern und Hessen festzustellen war, dürfte in *Baden-Württemberg*, das 1950 mit einem Vertriebenenanteil von 13,4 Prozent unter den Bundesländern an 5. Stelle stand, am stärksten gewesen sein. Nicht nur die drei GB/BHE-Politiker, die in die Landesregierung berufen wurden, sondern auch die Fraktionsvorsitzenden und ihre Stellvertreter stammten alle aus dem Sudetenland. In dem 121 Abgeordnete zählenden 2. Landtag kamen von den neun Vertriebenen – das waren 7,5 Prozent – allein acht aus diesem Vertreibungsgebiet.

Da sich der Anteil der Vertriebenen in Baden-Württemberg durch eine verstärkte Zuwanderung bis zum Jahre 1955 auf 16,9 Prozent erhöhte, vermochte sich der GB/BHE hier im Gegensatz zu anderen Bundesländern noch bis 1962 konstant zu behaupten: in der 1. Wahlperiode (1952–1956) mit sechs Mandaten, in der 2. (1956–1960) sogar mit sieben und in der 3. (1960–1964) ebenfalls mit sieben Mandaten – allerdings, wie gesagt, nur bis zum Jahre 1962, als die Übertritte zu anderen Parteien einsetzten. Ebenso wie in Schleswig-Holstein, Niedersachsen und Bayern koalierte der GB/BHE auch in Baden-Württemberg mit allen Parteien. Im Gegensatz zu jenen Bundesländern wurde ihm hier jedoch lediglich das Vertriebenenministerium übertragen. Eduard Fiedler leitete es acht Jahre (1952–1960). Als es nach der 3. Landtagswahl aufgelöst und in eine Abteilung des Innenministeriums umgewandelt wurde, erhielt der »Staatssekretär für Vertriebene, Flüchtlinge und Kriegsgeschädigte« – Josef Schwarz (1960–1972) und nach ihm Karl Mocker (1972–1976) – in der Landesregierung Stimmrecht. Während Fiedler später zur FDP übertrat, schlossen sich Schwarz und Mocker der CDU an.

Nach dem Ausscheiden des GB/BHE bzw. der Gesamtdeutschen Partei aus dem baden-württembergischen Landtag verringerte sich die Zahl der vertriebenen Abgeordneten auf etwa sechs, das war ein Anteil von nicht einmal 5 Prozent. Bemerkenswert ist, daß sich unter den zwölf NPD-Abgeordneten, die 1968 in den 5. Landtag einziehen konnten, nur drei Vertriebene befanden. Diese Tatsache widerlegt die damals nicht selten zu vernehmende Behauptung, in dieser rechtsradikalen Partei hätten die Vertriebenen das Hauptkontingent gestellt.

Noch stärker als in Baden-Württemberg nahm der Anteil der Vertriebenen in *Nordrhein-Westfalen* zwischen 1950 und 1955 zu, und zwar von 10,1 auf 14,0 Prozent. Hier gelang es dem GB/BHE nie, in das Landesparlament einzuziehen. War er bei der 2. Landtagswahl im Juni 1950 in diesem Bundesland noch nicht gegründet, so erreichte er bei der

3. Landtagswahl im Juni 1954 lediglich 4,6 Prozent. Nach den vorläufigen Forschungsergebnissen läßt sich sagen, daß die Vertriebenen in Nordrhein-Westfalen zumindest in der Landesregierung unterrepräsentiert waren. Wahrscheinlich stellten die Schlesier die meisten Abgeordneten. Zwischen 1946 und 1986 konnten allein zehn Oberschlesier ermittelt werden, darunter zwei CDU-Mitglieder, Adolf Kaschny und Herbert Scholtissek, die bereits in der Heimat Ämter in der Zentrumspartei innegehabt hatten. Es ist erwähnenswert, daß beide schon 1947 bzw. 1950 Direktmandate erobern konnten — Kaschny im westfälischen Wahlkreis Wiedenbrück. Ein Zufall war es wohl, daß dieser Wahlkreis später (1958—1980) wieder und sogar 22 Jahre lang von einem gebürtigen Oberschlesier noch dazu aus derselben Gegend (Ratibor) vertreten wurde.

Im Jahre 1975 rückten zwei Ostdeutsche, die bei der Vertreibung noch Kinder gewesen waren, in hohe Ämter auf: Der Ostpreuße Horst Ludwig Riemer (FDP) bekleidete im Kabinett Kühn (SPD) bis zu seinem Rücktritt 1979 in Personalunion die Ämter des Wirtschaftsministers und des stellvertretenden Ministerpräsidenten. Im selben Jahr wurde der Oberschlesier Christoph Zöpel (SPD) zum stellvertretenden Fraktionsvorsitzenden gewählt. Im Februar 1978 übernahm er das Ministerium für Bundesangelegenheiten, und seit 1980 ist er Minister für Landes- und Stadtentwicklung bzw. für Stadtentwicklung, Wohnen und Verkehr. Seit Dezember 1984 stellen die Schlesier abermals einen Minister für Bundesangelegenheiten: Günther Einert, der vorher Oberbürgermeister in Iserlohn gewesen ist. Als Staatssekretär im Wirtschaftsministerium amtierte 1973—1978 Adolf Graf, als FDP-Fraktionsvorsitzender 1969—1970 Heinz Lange, beide Sudetendeutsche.

Bisher am besten erforscht ist der Anteil der Vertriebenen im Landesparlament und in der Landesregierung von *Rheinland-Pfalz*, das als Teil der französischen Besatzungszone bis 1949 fast gar keine Heimatvertriebenen aufnahm, so daß deren Anteil 1950 lediglich 5,1 und 1955 7,9 Prozent ausmachte. Vom 2. Landtag (1951—1955) an saßen mindestens vier Vertriebene in dem kontinuierlich 100 Mitglieder zählenden Landesparlament, im 6. (1967—1971) waren es sogar acht. Mag ihr Anteil auf den ersten Blick — zwischen 1947 und 1986 im ganzen 20 Abgeordnete — quantitativ gering erscheinen, so war er es qualitativ keineswegs. Nimmt man einen Minister und eine Staatssekretärin hinzu, die kein Landtagsmandat innehatten, so stellten diese 22 heimatvertriebenen Politiker in Rheinland-Pfalz folgende Posten: mit dem Sudetendeutschen Johann Baptist Rösler einen Landtagspräsidenten (1971—1974), mit dem Pommer Gerhard Völker und der Westpreußin Ursula Starlinger zwei Landtagsvizepräsidenten, mit dem Schlesier Klaus

Bernd Wilz (*1942 Meerane/Sachsen) MdB seit 1983 (CDU).

Töpfer und der Westpreußin Hanna-Renate Laurien zwei Minister (Umwelt und Kultus) sowie mit der letztgenannten, dem Ostpreußen Wolfgang Brix und der Schlesierin Renate Hellwig drei Staatssekretäre. Nach seinem Ausscheiden als Parlamentspräsident wurde Rösler zum ersten Landesbürgerbeauftragten (Ombudsmann) in der Bundesrepublik berufen; Töpfer war der erste Umweltminister dieses Bundeslandes.

In bezug auf die Herkunftsgebiete ergibt sich — einschließlich der beiden oben genannten Nicht-Mandatare — folgende Aufteilung: neun Schlesier, sechs West- und Ostpreußen, vier Sudetendeutsche sowie drei Pommern. Untersucht man die Parteizugehörigkeit, so zeigt sich ein deutliches Übergewicht der Christlich Demokratischen Union: zwölf CDU-, sieben SPD-, ein FDP- sowie zwei rechtsradikale Abgeordnete (DRP und NPD). Auch in diesem Bundesland hatte der GB/BHE nie eine Aussicht, in den Landtag einzuziehen: 1951 kam er nur auf 1,9 und 1955 auf 1,8 Prozent der Stimmen. Als ein weiteres Beispiel dafür, daß vertriebene Politiker an ihrer früheren Partei bzw. ihrer früheren politischen Richtung festhielten, sei der gebürtige Ostpreuße Hubert Teschner angeführt. Er hatte 1933 als Zentrumsabgeordneter — wenn auch nur für wenige Monate — dem Deutschen Reichstag angehört und kannte den rheinland-pfälzischen Innen- und Sozialminister Aloys Zimmer, der 1928—1933 Landrat des ostpreußischen Kreises Stuhm gewesen war. Beide Parteifreunde — früher Zentrum, nun CDU — nahmen 1950 die alte Verbindung wieder auf. Zimmer holte Teschner nach dessen Flucht aus der Sowjetzone nach Rheinland-Pfalz, verschaffte ihm schon ein Jahr später eine aussichtsreiche Landtagskandidatur und betraute ihn maßgeblich mit der Eingliederung der Vertriebenen und Flüchtlinge in Rheinland-Pfalz.

Noch weit geringer als in Rheinland-Pfalz war der Anteil der Vertriebenen im *Saarland*, das erst 1957 der Bundesrepublik eingegliedert wurde. Erklärlicherweise sind hier im westlichsten Bundesland nur wenige ostdeutsche Landtagsabgeordnete zu finden. Immerhin holte sich der saarländische Ministerpräsident Franz-Josef Röder 1977 eine gebürtige Schlesierin ins Kabinett: Rosemarie Scheurlen (FDP) aus Glatz als Ministerin für Arbeit, Gesundheit und Sozialordnung. Sie blieb bis zum Regierungswechsel 1985 im Amt.

Größer war die Zahl vertriebener Politiker in den beiden norddeutschen Stadtstaaten. In *Hamburg*, wo der Anteil der Vertriebenen im Jahre 1950 7,2 Prozent betrug, sind in den beiden letzten Jahrzehnten sechs ostdeutsche Senatoren (alle SPD) zu finden, darunter gleich folgende drei für Inneres: der schon als Bundestagsabgeordneter erwähnte Schlesier Hans-Ulrich Klose, der Westpreuße Heinz Ruhnau und der Pommer Alfons Pawelczyk. Letzterer und die Sudetendeutsche Christine Maring — seit 1984 Senatorin für Gesundheit — traten bei der Regierungsumbildung im Juni 1988 zurück. Seitdem gehören abermals zwei Vertriebene, beide in Elbing/Westpreußen geboren, dem Hamburger Senat an: Hans-Jürgen Krupp für Finanzen sowie Ortwin Runde für Arbeit, Jugend und Soziales. Oppositionsführer ist seit 1981 der wie Ruhnau in Danzig geborene Westpreuße Hartmut Perschau (CDU), der schon zweimal für das Amt des Ersten Bürgermeisters kandidierte. Bereits zwei Schlesier standen nach dem Kriege an der Spitze der Freien und Hansestadt: Herbert Weichmann aus Landsberg/OS 1965—1971 und Hans-Ulrich Klose aus Breslau 1974—1981.

In *Bremen*, dem kleinsten Bundesland, machten die Vertriebenen 1950 8,6 Prozent der Bevölkerung aus. Während der BHE in Hamburg nicht ins Landesparlament einziehen konnte, erzielte er hier bei der Bürgerschaftswahl im Oktober 1951 5,6 Prozent der Stimmen und zwei Mandate. Stellvertretende Fraktionsvorsitzende der beiden großen Volksparteien sind zwei Ostdeutsche: der Ostpreuße Reinhard Barsuhn (SPD) und der Oberschlesier Peter Kudella (CDU). Ebenfalls ein gebürtiger Oberschlesier ist der seit 1971 amtierende Präsident der Bremischen Bürgerschaft, Dieter Klink (SPD).

Anders als in Bremen konnte der BHE in das Parlament des Landes *Berlin* nicht einziehen, da er im Dezember 1950 lediglich 2,2 Prozent der Stimmen erhielt. Der Anteil der Ostdeutschen im Abgeordnetenhaus dürfte im Durchschnitt bei etwa 7 Prozent liegen. In den ersten Nachkriegsjahren bestimmten die beiden Schlesier Paul Löbe und Ferdinand Friedensburg — letzterer als Bürgermeister — die Geschicke Berlins wesentlich mit. Waren in Bremen die meisten Ostdeutschen unter den Innensenatoren zu finden, so war ihre Domäne in Berlin das Ressort Kultur. Die vier ostdeutschen Senatoren dieses Geschäftsbereichs stammen alle aus verschiedenen Vertreibungsgebieten: Joachim Tiburtius (CDU, 1951–1963) aus Schlesien, Adolf Arndt (SPD, 1963–1964) aus Ostpreußen, Peter Glotz (SPD, 1977–1981) aus dem Sudetenland und Hanna-Renate Laurien (CDU, 1981–1989) aus Westpreußen. Der Ostpreuße Harry Ristock war, bevor er 1975 zum Bausenator berufen wurde, vorher vier Jahre lang Senatsdirektor (Staatssekretär) im Ressort Schulwesen – also ebenfalls im Kulturbereich – gewesen. Ebenso wie in Hamburg stellten die Ostdeutschen auch in Berlin zwei (Regierende) Bürgermeister: den Schlesier Heinrich Albertz (1966–1967) und den Ostpreußen Dietrich Stobbe (1977–1981). Beide hatten zuvor das Amt eines Senators bekleidet: Albertz für Inneres und Stobbe für Bundesangelegenheiten. Außer Frau Laurien, die 1986–1989 zugleich die Stellvertreterin des Regierenden Bürgermeisters Eberhard Diepgen war, gehörte 1981–1985 der Sudetendeutsche Gerhard Kunz für das Ressort Finanzen dem Berliner Senat an.

Wie bereits eingangs betont worden ist, läßt sich auf Grund des unzureichenden Forschungsstandes eine endgültige *Bilanz* nicht ziehen. Diese muß späteren Historikern vorbehalten bleiben, die sich dann auf mehr Quellen als nur auf Parlamentshandbücher, einige Monographien und Memoiren sowie mündliche und schriftliche Befragungen werden stützen können. Wie bei jeder ähnlichen Zusammenstellung nach lokalen und regionalen Gesichtspunkten bleiben auch hier die Fragen offen, ob ein mehr oder weniger zufällig in den deutschen Ostgebieten geborener und 1945 von dort ausgewiesener Politiker als Vertriebener zu bezeichnen ist und ob derjenige als solcher überhaupt bezeichnet zu werden wünscht. Hat es doch zu allen Zeiten Angehörige von Minderheiten gegeben, die sich aus rein opportunistischen Gründen nicht zu dieser bekannt, ja, sogar gegen sie Partei ergriffen haben. Trotz dieser wohl kaum zu klärenden Fragen möge am Ende dieser knappen und lückenhaften Zusammenstellung folgende vorläufige Bilanz versucht werden:

1. Legt man den Anteil der Vertriebenen im Bundesgebiet mit 17,1 Prozent im Jahre 1953 zugrunde, so waren sie seitdem im Bundestag unterrepräsentiert, da sich dort ihr Anteil zwischen 10,6 und 13,5 Prozent bewegte. Den höchsten Stand hatte er in der 1. Wahlperiode mit 15 Prozent erreicht.

2. Dieselbe Unterrepräsentation gilt für die Landesparlamente, abgesehen von zwei Ausnahmen: 1950–1954 in Schleswig-Holstein und in Hessen, als der Prozentsatz der Landtagsabgeordneten mit demjenigen des Vertriebenenanteils übereinstimmte bzw. geringfügig höher lag.

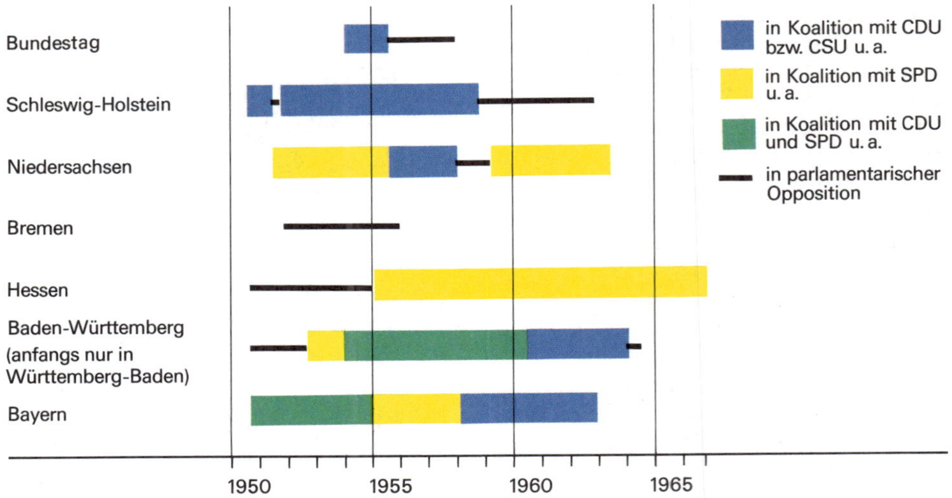

Nach: BdV

Der Block der Heimatvertriebenen und Entrechteten (BHE), ab September 1952 Gesamtdeutscher Block/BHE im Deutschen Bundestag und in Länderparlamenten.

3. In politischen Führungsämtern dagegen waren bzw. sind die Vertriebenen stärker vertreten: unter den Bundesministern mit 13,7 Prozent (17 von 124) und unter den Staatssekretären der jetzigen Bundesregierung sogar mit 18 Prozent (10 von 55).

4. Während in den fünfziger und sechziger Jahren vertriebene Politiker insbesondere das Vertriebenenministerium erhielten, sind sie in späteren Jahren stärker in den Ressorts Inneres (Bayern, Berlin, Hamburg, Hessen) sowie Kultur (Berlin, Rheinland-Pfalz, Hessen) zu finden.

5. Als einziger Ostdeutscher stieg in der Bundesregierung Erich Mende bis zum Vizekanzler auf. Kanzlerkandidaten waren Kurt Schumacher und Rainer Barzel.

6. Gebürtige ostdeutsche Regierungschefs gab es nur in Berlin (Albertz und Stobbe) sowie in Hamburg (Klose und vor ihm Weichmann, der im strengen Sinne jedoch nicht zu den Vertriebenen gezählt werden kann). Als Kandidaten für dieses Amt kamen Kasimir (Niedersachsen), Perschau (Hamburg) sowie Ristock und Laurien (beide Berlin) nicht zum Zuge. Stellvertretende Regierungschefs waren Kraft (Schleswig-Holstein), v. Kessel (Niedersachsen), Franke (Hessen), Stain (Bayern), Laurien (Berlin) sowie Riemer (Nordrhein-Westfalen).

7. Sicherlich überproportional sind Vertriebene als Fraktionsvorsitzende (und als deren Vertreter) zu finden. Im Bundestag waren ersteres: v. Merkatz (Deutsche Partei), Mende (FDP) und Barzel (CDU). Die beiden letzteren sind zugleich als Parteivorsitzende zu nennen, Mende auch als der einzige Bundesvorsitzende, der die Partei wechselte. (Bei allen drei Punkten sei der GB/BHE ausgenommen, da in dieser Partei fast immer Vertriebene die Führungspositionen bekleideten.)

8. Die Vertriebenen stellten auch mehrere Parlamentspräsidenten und -vizepräsidenten. Erster Alterspräsident des Bundestages war der frühere Reichtagspräsident Paul Löbe. Rainer Barzel amtierte als Bundestagspräsident, Heinrich Windelen als -vizepräsident. In den Bundesländern sind Rösler (Rheinland-Pfalz) und Klink (Bremen) zu nennen.

9. Nicht vergessen seien Führungspositionen, die Bundestagsabgeordnete außerhalb der Regierungen und Parlamente bekleideten. Die Vertriebenen stellten zwei Bundesvorsitzende der Jungen Union (Klepsch und Echternach), einen SPD-Bundesgeschäftsführer (Glotz), einen SPD-Bundesschatzmeister (Klose) sowie einen FDP-Bundesgeschäftsführer (Flach), der später auch der erste Generalsekretär seiner Partei war.

10. Auffallend ist der relativ hohe Bildungsgrad der vertriebenen Politiker, insbesondere im Bundestag. Unter den Schlesiern, deren Anteil erforscht ist, befinden sich 54,5 Prozent Akademiker, darunter 38,9 Prozent mit Promotion.

11. Ferner fällt auf, daß unter den derzeitigen Führungskräften die Jahrgänge 1931–1944 besonders stark vertreten sind, also jene Politiker, die zur Zeit der Vertreibung noch Kinder waren. Das ist um so bemerkenswerter, da jene »Flüchtlingskinder« 1945/46 wesentlich schlechtere Startbedingungen vorfanden als die gleichaltrigen einheimischen. Belege für die genannte Tatsache finden sich in der Bundesregierung (die Minister Hans Klein und Klaus Töpfer sowie zehn Staatssekretäre) und in den Bundesländern Hamburg, Bremen, Nordrhein-Westfalen, Hessen und Bayern sowohl in der Regierung als auch in der Opposition und im Parlamentspräsidium.

12. Was die Parteizugehörigkeit betrifft, so dürfte der weitaus größere Teil der vertriebenen Politiker derzeit in den Reihen der CDU und CSU zu finden sein. Die Amtsträger des Bundes der Vertriebenen und der Landsmannschaften gehören fast alle diesen beiden christlichen Parteien an (u.a. Czaja, Hupka, Hennig, Neubauer, Stanitzek). Lediglich im 7. Bundestag (1972–1976) war die Zahl der SPD-Abgeordneten aus den Vertreibungsge-

bieten größer als die der CDU und CSU.

13. Was die regionale Herkunft angeht, so fällt das Übergewicht der Sudetendeutschen nicht nur im Süden, sondern auch in der Mitte (Hessen) auf. (Ohne die Unterstützung der sudetendeutschen BHE-Politiker hätte in dem letztgenannten Bundesland die SPD nicht vier Jahrzehnte ununterbrochen an der Macht bleiben können.) Im niedersächsischen Landtag waren die Schlesier in der Überzahl, im schleswig-holsteinischen die Ostpreußen. Im Parlament wie in der Regierung des jeweiligen Bundeslandes dominierte also diejenige Vertriebenengruppe, die dort am stärksten »angesiedelt« worden war.

14. Erst aus späteren intensiveren Forschungen wird die Leistung der vertriebenen Politiker ersichtlich und meßbar sein, insbesondere diejenige für ihre Schicksalsgefährten und Landsleute. Sicherlich wurde von ihnen in materieller Hinsicht vieles getan. Für die Pflege des kulturellen Erbes hätte dagegen von Anfang an – als die Parteien noch auf die Stimmen der Vertriebenen und Flüchtlinge angewiesen waren – weit mehr getan werden können. Wenn auch einer eigenen Vertriebenenpartei wenig Aussicht auf Beständigkeit und Erfolg gegeben war, so hätten die ostdeutschen Politiker über die Parteigrenzen hinweg zusammenarbeiten sollen. Sicherlich hätte sich dann auf allen Gebieten für die Millionen von Schicksalsgefährten mehr erreichen lassen. Wie aus den Memoiren des Ostpreußen Linus Kather hervorgeht, ist es leider nicht einmal im 1. Bundestag zu einer interfraktionellen Zusammenarbeit vertriebener Politiker gekommen.

LITERATURAUSWAHL

HANDBÜCHER des Deutschen Bundestages und der Landesparlamente (1947–1989)

DATENHANDBUCH zur Geschichte des Deutschen Bundestages, Bd. 1: 1949–1982, Bonn 1983; Bd. 2: 1980–1984, Baden-Baden 1986; Bd. 3: 1980–1987, Baden-Baden 1988

ASCHENBRENNER, Viktor: Sudetendeutsche in der hessischen Landespolitik, in: Einigkeit und Recht und Freiheit. Deutschland, Hessen und die Sudetendeutschen, hrsg. v. Heinrich Kuhn, München 1981, S. 109–111

FREUND, Michael: Heimatvertriebene und Flüchtlinge in Schleswig-Holstein. Ein Beitrag zu ihrer gesellschaftspolitischen Bedeutung als Bundes- und Landtagsabgeordnete, Phil. Diss., Kiel 1975

KATHER, Linus: Die Entmachtung der Vertriebenen, 2 Bde., München 1964/1965

KOCK, Peter Jakob: Der Bayerische Landtag 1946–1986, Bd. 1: Chronik, Bamberg 1986

LEMBERG, Eugen: Der Wandel des politischen Denkens, in: Die Vertriebenen in Westdeutschland, hrsg. von Eugen Lemberg u. Friedrich Edding, Bd. 3, Kiel 1959, S. 435–474

MENDE, Erich: Die neue Freiheit 1945–1961, München 1984

DERS.: Warum wir die Partei wechselten, in: Für unser Schlesien. Festschrift für Herbert Hupka, hrsg. v. Helmut Neubach u. Hans Ludwig Abmeier, München 1985, S. 59–65

DERS.: Von Wende zu Wende 1962–1982, München 1986

MÜLLER, Karl Valentin: Heimatvertriebene Jugend. Eine soziologische Studie zum Problem der Sozialtüchtigkeit des Nachwuchses der heimatvertriebenen Bevölkerung (= Beihefte zum Jahrbuch der Albertus-Universität zu Königsberg/Pr., Heft 22), Kitzingen 1953

NEUBACH, Helmut: Von Paul Löbe bis Heinrich Windelen. Die Schlesier im Deutschen Bundestag 1949–1984, in: Für unser Schlesien (wie Mende 1985), S. 66–90. (Auch als Separatdruck erschienen: München 1985)

DERS.: Ostdeutsche Abgeordnete im Landtag von Rheinland-Pfalz 1947–1986, in: Jahrbuch für westdeutsche Landesgeschichte 12 (1986), S. 261–282

DERS.: Paul Löbe, in: Schlesische Lebensbilder, Bd. 6, Sigmaringen 1989 (im Druck)

NEUMANN, Franz: Der Block der Heimatvertriebenen und Entrechteten 1950–1960. Ein Beitrag zur Geschichte und Struktur einer politischen Interessenpartei, Meisenheim/Glan 1968

WEIK, Josef: MdL und Landesgeschichte von Baden-Württemberg 1945–1984, 3. Aufl., Stuttgart 1984

WINDELEN, Heinrich: Der letzte Bundesvertriebenenminister (1969), in: Für unser Schlesien (wie Mende 1985), S. 91–110

Das Organisationswesen der deutschen Heimatvertriebenen

Günter Reichert

Die ersten Ansätze einer Selbst-Organisation der Heimatvertriebenen entstanden in der unmittelbaren Nachkriegszeit vor allem aus der Arbeit der mit der Familienzusammenführung befaßten Heimatgruppen. Die so auf dem Wege der Selbsthilfe entstandenen Suchdienste waren Kristallisationspunkte der späteren landsmannschaftlichen Organisationen, die sich über die westdeutschen Aufnahmegebiete erstreckten. Gleichzeitig begannen sich die Vertriebenen verschiedener landsmannschaftlicher Herkunft »vor Ort« zusammenzuschließen, um ihre Interessen gegenüber den deutschen Verwaltungsstellen und den alliierten Militärregierungen gemeinsam wahrnehmen und besser koordinieren zu können. Bereits Juli/August 1945 wurden auf Länderebene – zuerst in Bayern und Württemberg – Hilfsstellen der Sudetendeutschen, Schlesier und der Deutschen aus den südosteuropäischen Vertreibungsgebieten gebildet. Die Interessengruppen, die eine Sicherung der unmittelbaren Lebensgrundbedürfnisse der Vertriebenen auf dem Weg der Soforthilfe einforderten, ermöglichten, die Objektrolle der Vertreibungsopfer zugunsten eigenverantwortlicher Selbsthilfe zu verlassen. Obwohl die Gruppenbildung der Vertriebenen bereits 1945/1946 viel zur ersten Existenzfestigung beigetragen hatte und die Organisationen als kompetente und legitimierte Ansprechpartner der Verwaltungen in den Aufnahmegebieten Anerkennung fanden, traf sie im April/Mai 1946 das Verbot der britischen und amerikanischen Militärregierungen, sich in Vereinigungen zusammenzuschließen (sog. »Koalitionsverbot«). Nicht zuletzt auf Initiative der ost- und südosteuropäischen Vertreiberstaaten folgten die Westalliierten so vorübergehend dem Vorbild der UdSSR, die in ihrer mitteldeutschen Besatzungszone jede Gruppenbildung der Vertriebenen strikt unterband.

Von diesem Schlag waren u.a. die genannten Hilfsstellen in Süddeutschland, die »Arbeitsgemeinschaft der Ostflüchtlinge« in Hamburg unter Linus Kather, die »Arbeitsgemeinschaft der Ostvertriebenen« in Hessen und der »Hauptausschuß der Ostvertriebenen« des Geistlichen Rats Goebel (Lippstadt) betroffen. Die Wirkung des Koalitionsverbotes, das 1947/1948 zögernd gelockert und schließlich aufgehoben wurde, beschrieb Linus Kather rückblickend (1964): »Die Vertriebenenbewegung und die Vertriebenenpolitik wäre in ganz anderen Bahnen verlaufen, wenn sie nicht gewaltsam gestoppt worden wäre. Es wäre im Jahre 1946 fraglos gelungen, was später nicht mehr möglich war. Diese Jahre von 1946 bis 1948 ließen sich nicht mehr nachholen.«

Gleichwohl setzte sich die Gruppenbildung auch in der Verbotszeit teils halb-legal, teils im Rahmen der von den Militärregierungen einberufenen »Beiräte« und vor allem im kirchlichen Bereich fort; während die Bildung politischer Vertriebenenorganisationen verboten und die kultureller und Wohlfahrtsorganisationen erheblichen Beschränkungen unterworfen war, wirkten die »Hilfswerke« der katholischen und evangelischen Kirchen oder Laienorganisationen als Bezugspunkte der Selbstvergewisserung und auch künftiger (Re-) Organisation.

Der endgültigen Aufhebung des Koalitionsverbotes, die vor dem Hintergrund des eskalierenden »Kalten Krieges« und unter dem Eindruck der ersten eindrucksvollen Aufbauleistungen der Heimatvertriebenen vorgenommen wurde, folgte eine stürmische »Gründerzeit«. Auf Länder-, Zonen- und schließlich auf Bundesebene schlossen sich zum einen die vorrangig heimatpolitisch engagierten Landsmannschaften, zum anderen die überlandsmannschaftlich organisierten Interessenverbände und berufsständischen Vereinigungen (gewerbliche Wirtschaft, Bauern, Ärzte etc.) zusammen.

Der sich bereits 1948 abzeichnende Dualismus der Verbände zwischen Landsmannschaften und Interessenverbänden stellte für zehn Jahre eine erhebliche Belastung für die politische, wirtschaftliche und soziale Interessenwahrnehmung der Heimatvertriebenen dar. Die teilweise in verbandsegoistischem Konkurrenzdenken wurzelnde, teils bewußt von außen geschürte Rivalität erschwerte zu oft die politische Durchsetzung berechtigter Anliegen der Heimatvertriebenen. Als erster Gesamtverband entstand am 9. April 1949 der »Zentralverband der vertriebenen Deutschen« (ZvD) als Zusammenschluß der auf Länderebene organisierten Interessenverbände. Erster Vorsitzender wurde der ehemalige oberschlesische Oberpräsident Hans Lukaschek, nach dessen Berufung zum Vertriebenenminister im Ersten Kabinett Adenauer (September 1949) der Ostpreuße Linus Kather, der sich in den 50er Jahren als kämpferischer Vertreter der wirtschaftlichen und sozialen Anliegen der Vertriebenen profilierte und 1954 aus Unmut über die als unzureichend empfundene Lastenausgleichsgesetzgebung die CDU/CSU-Bundestagsfrak-

Landtagswahlplakat 1947 Nordrhein-Westfalen.

tion verließ und sich dem Gesamtdeutschen Block/BHE anschloß. Dem ZvD, der sich ab 1951/1954 »Bund der vertriebenen Deutschen« (BvD) nannte, schlossen sich auch die berufsständischen Vertriebenenverbände an.

Auf der anderen Seite schlossen sich am 24. August 1949 neun der bis dahin auf Bundesebene konstituierten oder in Gründung begriffenen heimatpolitischen Verbände zu den föderalen »Vereinigten Ostdeutschen Landsmannschaften« (VOL) zusammen. Dies waren die

- Deutsch-Baltische Landsmannschaft (gegr. 4. November 1950, Sprecher Axel de Vries)
- Landsmannschaft Berlin – Mark Brandenburg (gegr. 9. Oktober 1949, Sprecher Walter von Keudell)
- Landsmannschaft der Deutschen aus Jugoslawien (gegr. 3. September 1949, Sprecher Franz Hamm)
- Landsmannschaft Ostpreußen (gegr. 3. Oktober 1948, Sprecher Ottomar Schreiber)
- Pommersche Landsmannschaft (gegr. 11. September 1948, Sprecher Herbert von Bismarck)
- Landsmannschaft Schlesien – Nieder- und Oberschlesien (gegr. 28. März 1950)
- Sudetendeutsche Landsmannschaft (gegr. 12. März 1949, Sprecher Rudolf Lodgman von Auen)
- Landsmannschaft Weichsel-Warthe (gegr. 6. Mai 1949, Sprecher Waldemar Kraft)
- Landsmannschaft Westpreußen (gegr. 6. April 1949, Sprecher Erik von Witzleben)

Nachdem der erste VOL-Präsident Hans Lukaschek Minister und Ottomar Schreiber sein Staatssekretär geworden war, übernahm Axel de Vries das VOL-Präsidium und war maßgebend an den Verhandlungen mit Kathers ZvD beteiligt, die am 20. November 1949 zum »Göttinger Abkommen« führten, in dem die beiden Dachverbände ihre Tätigkeitsfelder im Sinne einer Arbeitsteilung abzugrenzen versuchten. Die wichtigsten bleibenden Ergebnisse dieser Übereinkunft waren die Planung des ersten »Tages der Heimat« für 1950 und einer gemeinsamen politischen Willenserklärung, die gleichfalls Axel de Vries unter Mitwirkung Schreibers entwarf und die als »Charta der deutschen Heimatvertriebenen« von den Sprechern der Landsmannschaften und den Vorsitzenden der Interessenverbände als »Grundgesetz der Heimatvertriebenen« bezeichnet und am 5. August 1950 in Stuttgart unterzeichnet wurde.

Die zweigleisige Organisationsform der Vertriebenen fand in den 50er Jahren neue Ausformungen, zugleich setzten jedoch erste Einigungsbemühungen ein. Am 18. November 1951 wurde der »Bund der vertriebenen Deutschen« (BvD) konstituiert, der gleichfalls von Linus Kather geführt wurde und dem sich auch die Sudetendeutsche Landsmannschaft, die Landsmannschaft Schlesien, die Karpatendeutsche Landsmannschaft Slowakei und die Landsmannschaft Berlin-Brandenburg anschlossen, ohne die VOL zu verlassen, da der BvD als Gesamtverband geplant war. Dieses Vorhaben zerschlug sich jedoch u.a. wegen des Führungsanspruches der überlandsmannschaftlichen Interessenverbände. Am 18. August 1952 erfolgte nach dem Beitritt weiterer Landsmannschaften zu den VOL deren Überführung in den »Verband der Landsmannschaften« (VdL), der nun seinerseits eigene Landesverbände konstituierte, in denen die landsmannschaftlichen Landesgruppen zusammengefaßt waren.

Die wichtigsten Repräsentanten der Bundeslandsmannschaften stellten den VdL-Sprecherkreis, Präsidenten waren Herbert von Bismarck (Pommersche Landsmannschaft), Rudolf Lodgman von Auen (Sudetendeutsche Landsmannschaft) und der Deutsch-Balte Georg von Manteuffel-Szoege.

Die Einigungsbestrebungen, die maßgebend von der Basis des BvD und auch der Landsmannschaften gefordert und teilweise auf örtlicher und Kreisebene vorexerziert wurden, gewannen in der zweiten Hälfte der 50er Jahre Konturen. Dies war auch eine Folge der zunehmenden wirtschaftlichen und sozialen Eingliederung der Vertriebenen. Nach mehreren Anläufen (1955/1956) gelang am 27. Oktober 1957 die Gründung des »Bundes der Vertriebenen – Vereinigte Landsmannschaften und Landesverbände«, dessen gleichberechtigte Vorsitzende für eine Übergangszeit Kather und Manteuffel-Szoege waren. Neben den – damals 20 – Bundeslandsmannschaften und den elf Landesverbänden schlossen sich dem BdV später als außerordentliche Mitglieder an:

- Verband der heimatvertriebenen Wirtschaft (VhW)
- Bauernverband der Vertriebenen
- DJO – Deutsche Jugend des Ostens (seit 1974: DJO – Deutsche Jugend in Europa)
- Verband Heimatvertriebener Deutscher Studenten (VHDS), später Verband Heimatvertriebener und Geflüchteter Deutscher Studenten (VHDS), ab 1964 Ostpolitischer Deutscher Studentenverband (ODS), ab 1984 Gesamtdeutscher Studentenverband (GDS)
- Frauenarbeit im BdV, ab 1969: Frauen-

Bundestagswahlplakat 1949.

Bundestagswahlplakat 1949.

Bundestagswahlplakat 1953.

H. Krüger, BdV-Präsident 1958-1964.

R. Rehs, BdV-Präsident 1967-1970.

W. Jaksch, BdV-Präsident 1964-1966.

H. Czaja, BdV-Präsident seit 1970.

bund für Heimat und Recht
- Traditionsgemeinschaft der Leichtathleten aus den deutschen Ostgebieten
- Verband der gehörlosen Vertriebenen (bis 1987)

Die endgültige Konstituierung des BdV erfolgte am 14. Dezember 1958 im Schöneberger Rathaus (Berlin), erster Präsident des Gesamtverbandes wurde der bisherige BvD-Schatzmeister, der Pommer Hans Krüger. Als Vizepräsidenten standen ihm zur Seite der SPD-Bundestagsabgeordnete Wenzel Jaksch, der vor dem Krieg die sudetendeutschen Sozialdemokraten geführt hatte, der Bundesvorsitzende der Landsmannschaft Schlesien Erich Schellhaus (als Vertreter des Gesamtdeutschen Blocks/BHE von 1951–1957 und 1959–1963 Vertriebenenminister in Niedersachsen), der niedersächsische BHE-Landtagsabgeordnete, BvD-Landesvorsitzende und zeitweilige Staatssekretär Hellmut Gossing und dessen Parteifreund Karl Mocker, der BvD-Landesvorsitzender und später (1972–1976) Staatssekretär für Vertriebenenfragen in Baden-Württemberg war.

Im Juli 1959 erfolgte die Auflösung von BvD und VdL, die Fusion wurde in der Folgezeit auf allen Ebenen vollzogen. Seitdem spiegelt der Bund der Vertriebenen in seiner organisatorischen Gliederung das Schicksal der ost-, sudeten- und südostdeutschen Heimatvertriebenen wider, die durch die Verschränkung horizontaler/herkunftsbezogener und vertikaler/aufenthaltsbezogener Formen geprägt ist:

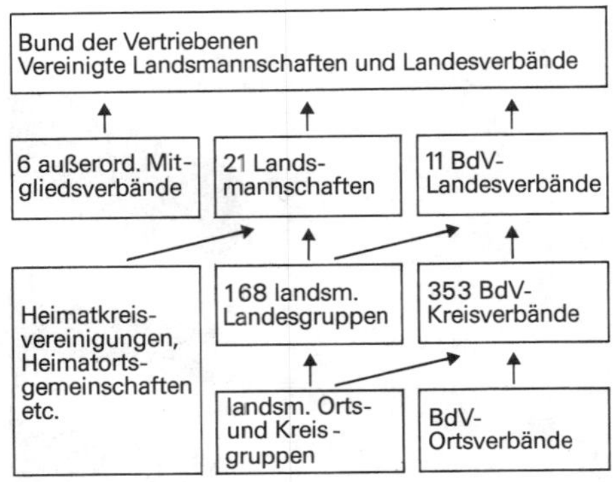

Nach: BdV, Bonn

Der Aufbau des Verbandes.

Nach der Berufung Krügers zum Bundesvertriebenenminister im Oktober 1963 wurde der sudetendeutsche Bundestagsabgeordnete Wenzel Jaksch (SPD; März 1964 bis November 1966) zum Präsidenten des BdV gewählt. Ihm folgte der Ostpreuße Reinhold Rehs (MdB der SPD, ab Mai 1969 CDU; März 1967 bis März 1970). Seit 1970 steht der Oberschlesier Herbert Czaja

Arbeitsgespräch zwischen den Mitgliedern des Präsidiums des Bundes der Vertriebenen und Vertretern des Bundesministeriums des Innern.

(CDU) an der Spitze des Gesamtverbandes, der insgesamt über zwei Millionen in den landsmannschaftlichen Gruppen und den BdV-Landesverbänden zusammengeschlossene Vertriebene umfaßt. Die BdV-Bundesgeschäftsstelle, die die Arbeit des BdV auf Bundesebene kontinuierlich umsetzt, wurde geleitet von den Generalsekretären Herbert Schwarzer (1958/1964—1972), Hans Neuhoff (1972—1978), Klaus Graebert (1979—1984), Hans Erich Seuberlich (1984), Hugo Rasmus (1985), Klas Lackschewitz (1986/1987) und Hartmut Koschyk (seit 1987).

Heute sind im Bund der Vertriebenen und in den in ihm zusammengeschlossenen Landsmannschaften und Landesverbänden Heimatvertriebene und ihre Nachkommen sowie Westdeutsche, die sich ohne familiäre Bindungen zu den ostdeutschen Provinzen oder Siedlungsgebieten BdV-Gliederungen anschlossen, engagiert. Gemeinsam werden sie auch weiterhin für die in der Satzung niedergelegten Ziele eintreten:

»Für die Verwirklichung der Menschenrechte, des Selbstbestimmungsrechtes, des Rechtes auf die Heimat, für die Durchsetzung eines internationalen Vertreibungsverbotes sowie für die Entwicklung wirksamer Volksgruppenrechte,
für die Wahrung der nationalen und staatlichen Einheit Deutschlands,
für die Wiedervereinigung aller Teile Deutschlands in Freiheit und Frieden,
für eine friedliche Ordnung der Staaten und Völker in einem freien und geeinten Europa,
für die Erhaltung des Volkstums der Deutschen unter fremder Herrschaft;
für die Erhaltung, Pflege und Entfaltung des heimatlichen Kulturgutes,
für die verstärkte Vermittlung von Kenntnissen über Ostdeutschland und die deutschen Siedlungsgebiete in Ost- und Südosteuropa und deren Geschichte;
für die Förderung von Wissenschaft und Forschung bei der Erfüllung der Aufgaben, die sich aus der Vertreibung und der Eingliederung ergeben;
für die Wahrung der Rechte am Eigentum, das der Verfügung der Vertriebenen entzogen ist;
für die gesellschaftliche und wirtschaftliche Eingliederung der heimatvertriebenen Deutschen, insbesondere der Aussiedler.«

Der Lastenausgleich

Karl Heinz Schaefer

Die Ausgangslage

Der Lastenausgleich ist um ein geringes älter als die Bundesrepublik Deutschland. Er ist in den fünfziger Jahren ihre wichtigste innenpolitische Antwort auf das Chaos, das aus dem deutschen Zusammenbruch am Ende des Zweiten Weltkrieges 1945 entstand. Die Folgen des Zweiten Weltkrieges lassen sich vergleichen mit denen des Dreißigjährigen Krieges, in dem Deutschland verwüstet und seine Bevölkerung bis 1648 durch Krieg, Gewalt, Hunger und Seuchen um etwa drei Fünftel bis zwei Drittel dezimiert wurde. Es dauerte rund hundert Jahre, bis sich damals das entvölkerte Land einigermaßen erholt hatte. Gerade dies unterscheidet die Folgen beider Kriege, statt Entvölkerung damals Bevölkerungsverdichtung ab 1945 und Überwindung der Folgen statt in einem Jahrhundert in zwei bis drei Jahrzehnten, nimmt man die Bundesrepublik Deutschland zum Vergleich. In die 1945 weitgehend zerstörten Westzonen mit zusammengebrochener Wirtschaft und Infrastruktur, mit der zum Schwarzmarkt führenden zweiten Inflation, mit krasser Wohnungsnot als Folge weitgehender Wohnraumvernichtung, aber in ein trotz der hohen Menschenverluste dicht bevölkertes Gebiet strömten zusätzlich Millionen Entwurzelter, die um Heimat und Existenz gebracht waren. In den allerersten Jahren waren es zwölf bis dreizehn Millionen, vor allem Vertriebene, Flüchtlinge und kriegssachgeschädigte Evakuierte. Wenig später waren es schon 15 Millionen, ein Viertel der Bevölkerung im Bundesgebiet. Gebietsweise Übervölkerung, Millionen in Not und echter Armut, ohne Existenz, Altersversorgung, Wohnung und ausreichenden Hausrat — ein Potential für härteste soziale Spannungen, für drohende Radikalisierung und inneren Unfrieden hatte sich in kurzer Zeit aufgetürmt.

Möglichkeiten politischer Entscheidung

Zwischen welchen Zielen konnte man in dieser schlimmen Lage wählen? Eine im nachhinein geradezu unglaubwürdige Frage, blasse Theorie, so scheint es.

— Man hätte, aus welchen politischen Motiven auch immer, für Nichtintegrierung (und deren Kanalisierung) plädieren können. Dafür gibt es schließlich ein zeitgleiches, hochaktuelles Beispiel in den Palästinenserlagern, in der offenen Palästinenserfrage.
— Man konnte daran denken, Aufnahme und wirtschaftliche Absicherung auf das Nötigste zu beschränken, auf ein niedriges soziales Niveau und ohne volle Integration. Gettomentalität wäre entstanden, schwere soziale Konflikte hätte man vorprogrammiert. Die Probleme um die ausländischen Armuts- und Wirtschaftsflüchtlinge bieten Anschauungsmaterial.
— Oder man ging den Weg der vollen wirtschaftlichen, sozialen und gesellschaftlichen Eingliederung aller Vertriebenen und Flüchtlinge, einen schwierigen und langwierigen Weg. Um ihn, den wir als den einzig realen ansehen, gehen zu können, wurde der Lastenausgleich geschaffen.

Mit der Frage, wie die kulturellen Traditionen und landsmannschaftlichen Bindungen dabei gewahrt werden können, befaßt sich der Lastenausgleich nicht. Dies ist im § 96 des Bundesvertriebenengesetzes angelegt, der nicht nur auf die Erhaltung, sondern auch auf die Entfaltung der kulturellen Eigenart und der wissenschaftlichen Leistungen der Vertriebenen und Flüchtlinge abzielt. Wohl aber sind vom Bundesausgleichsamt für die Kulturarbeit wesentliche Beiträge aus dem Aufkommen der Westvermögensabwicklung geleistet worden. Zudem werden über drei Millionen Feststellungsakten zentral archiviert und damit der Wissenschaft zugänglich gemacht.

Zielsetzungen für den Lastenausgleich

Um die Gestaltung des Lastenausgleichs (LA) wurde im Grundsätzlichen und in zahlreichen Einzelfragen lange und heftig gerungen. Ein Modell rein sozialer und wirtschaftlicher Hilfen zur Milderung von Not und Härtelagen, sozusagen ein erheblich verstärktes Soforthilfegesetz mit Dauerleistungen, stand zur Debatte; Schadensfeststellung und Entschädigung wären dabei entfallen. Zu Recht

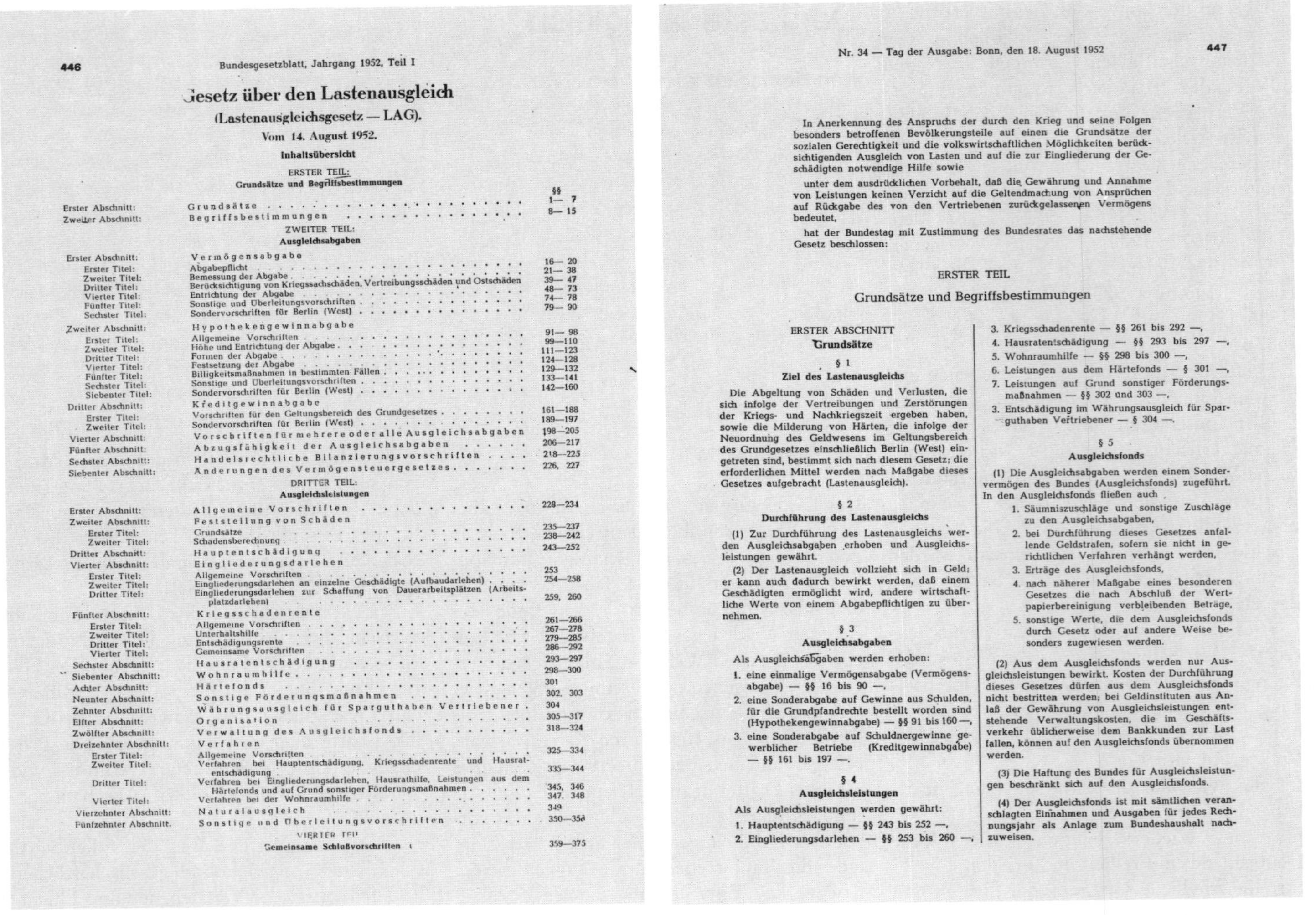

446 Bundesgesetzblatt, Jahrgang 1952, Teil I

Gesetz über den Lastenausgleich
(Lastenausgleichsgesetz — LAG).
Vom 14. August 1952.

Inhaltsübersicht

Nr. 34 — Tag der Ausgabe: Bonn, den 18. August 1952 447

In Anerkennung des Anspruchs der durch den Krieg und seine Folgen besonders betroffenen Bevölkerungsteile auf einen die Grundsätze der sozialen Gerechtigkeit und die volkswirtschaftlichen Möglichkeiten berücksichtigenden Ausgleich von Lasten und auf die zur Eingliederung der Geschädigten notwendige Hilfe sowie

unter dem ausdrücklichen Vorbehalt, daß die Gewährung und Annahme von Leistungen keinen Verzicht auf die Geltendmachung von Ansprüchen auf Rückgabe des von den Vertriebenen zurückgelassenen Vermögens bedeutet,

hat der Bundestag mit Zustimmung des Bundesrates das nachstehende Gesetz beschlossen:

ERSTER TEIL
Grundsätze und Begriffsbestimmungen

ERSTER ABSCHNITT
Grundsätze

§ 1
Ziel des Lastenausgleichs

Die Abgeltung von Schäden und Verlusten, die sich infolge der Vertreibungen und Zerstörungen der Kriegs- und Nachkriegszeit ergeben haben, sowie die Milderung von Härten, die infolge der Neuordnung des Geldwesens im Geltungsbereich des Grundgesetzes einschließlich Berlin (West) eingetreten sind, bestimmt sich nach diesem Gesetz; die erforderlichen Mittel werden nach Maßgabe dieses Gesetzes aufgebracht (Lastenausgleich).

§ 2
Durchführung des Lastenausgleichs

(1) Zur Durchführung des Lastenausgleichs werden Ausgleichsabgaben erhoben und Ausgleichsleistungen gewährt.

(2) Der Lastenausgleich vollzieht sich in Geld; er kann auch dadurch bewirkt werden, daß einem Geschädigten ermöglicht wird, andere wirtschaftliche Werte von einem Abgabepflichtigen zu übernehmen.

§ 3
Ausgleichsabgaben

Als Ausgleichsabgaben werden erhoben:
1. eine einmalige Vermögensabgabe (Vermögensabgabe) — §§ 16 bis 90 —,
2. eine Sonderabgabe auf Gewinne aus Schulden, für die Grundpfandrechte bestellt worden sind (Hypothekengewinnabgabe) — §§ 91 bis 160 —,
3. eine Sonderabgabe auf Schuldnergewinne gewerblicher Betriebe (Kreditgewinnabgabe) — §§ 161 bis 197 —.

§ 4
Ausgleichsleistungen

Als Ausgleichsleistungen werden gewährt:
1. Hauptentschädigung — §§ 243 bis 252 —,
2. Eingliederungsdarlehen — §§ 253 bis 260 —,
3. Kriegsschadenrente — §§ 261 bis 292 —,
4. Hausratentschädigung — §§ 293 bis 297 —,
5. Wohnraumhilfe — §§ 298 bis 300 —,
6. Leistungen aus dem Härtefonds — § 301 —,
7. Leistungen auf Grund sonstiger Förderungsmaßnahmen — §§ 302 und 303 —,
3. Entschädigung im Währungsausgleich für Sparguthaben Vertriebener — § 304 —.

§ 5
Ausgleichsfonds

(1) Die Ausgleichsabgaben werden einem Sondervermögen des Bundes (Ausgleichsfonds) zugeführt. In den Ausgleichsfonds fließen auch
1. Säumniszuschläge und sonstige Zuschläge zu den Ausgleichsabgaben,
2. bei Durchführung dieses Gesetzes anfallende Geldstrafen, sofern sie nicht in gerichtlichen Verfahren verhängt werden,
3. Erträge des Ausgleichsfonds,
4. nach näherer Maßgabe eines besonderen Gesetzes die nach Abschluß der Wertpapierbereinigung verbleibenden Beträge,
5. sonstige Werte, die dem Ausgleichsfonds durch Gesetz oder auf andere Weise besonders zugewiesen werden.

(2) Aus dem Ausgleichsfonds werden nur Ausgleichsleistungen bewirkt. Kosten der Durchführung dieses Gesetzes dürfen aus dem Ausgleichsfonds nicht bestritten werden; bei Geldinstituten aus Anlaß der Gewährung von Ausgleichsleistungen entstehende Verwaltungskosten, die im Geschäftsverkehr üblicherweise dem Bankkunden zur Last fallen, können auf den Ausgleichsfonds übernommen werden.

(3) Die Haftung des Bundes für Ausgleichsleistungen beschränkt sich auf den Ausgleichsfonds.

(4) Der Ausgleichsfonds ist mit sämtlichen veranschlagten Einnahmen und Ausgaben für jedes Rechnungsjahr als Anlage zum Bundeshaushalt nachzuweisen.

Gesetz über den Lastenausgleich vom 14. August 1952.

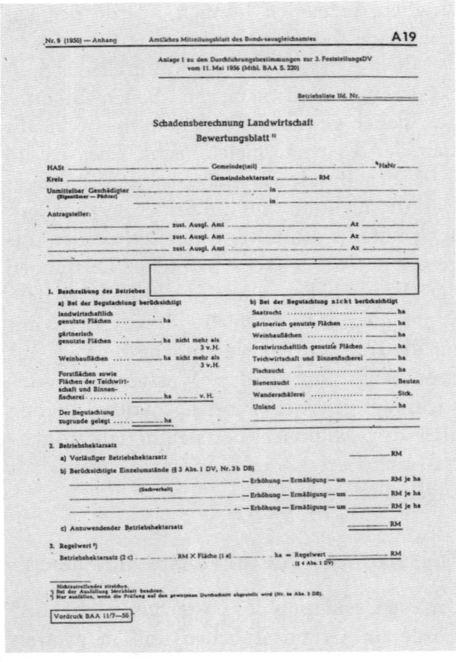

Nr. 9 (1956) — Anhang Amtliches Mitteilungsblatt des Bundesausgleichsamtes A19

Anlage 1 zu den Durchführungsbestimmungen zur 3. FeststellungsDV vom 11. Mai 1956 (Mtbl. BAA S. 220)

Betriebsliste lfd. Nr. ______

Schadensberechnung Landwirtschaft
Bewertungsblatt [1]

HASt ______ Gemeinde(teil) ______ HsNr ______
Kreis ______ Gemeindehektarsatz ______ RM
Unmittelbar Geschädigter (Eigentümer — Pächter) ______ in ______
______ in ______

Antragsteller:
______ zust. Ausgl. Amt ______ Az ______
______ zust. Ausgl. Amt ______ Az ______
______ zust. Ausgl. Amt ______ Az ______

1. Beschreibung des Betriebes

a) Bei der Begutachtung berücksichtigt
landwirtschaftlich genutzte Flächen ______ ha
gärtnerisch genutzte Flächen ______ ha nicht mehr als 3 v.H.
Weinbauflächen ______ ha nicht mehr als 3 v.H.
Forstflächen sowie Flächen der Teichwirtschaft und Binnenfischerei ______ ha ______ v.H.
Der Begutachtung zugrunde gelegt ______ ha

b) Bei der Begutachtung nicht berücksichtigt
Saatzucht ______ ha
gärtnerisch genutzte Flächen ______ ha
Weinbauflächen ______ ha
forstwirtschaftlich genutzte Flächen ______ ha
Teichwirtschaft und Binnenfischerei ______ ha
Fischzucht ______ ha
Bienenzucht ______ Beuten
Wanderschäferei ______ Stck.
Unland ______ ha

2. Betriebshektarsatz
a) Vorläufiger Betriebshektarsatz ______ RM
b) Berücksichtigte Einzelumstände (§ 3 Abs. 1 DV, Nr. 3b DB)
______ (Sachverhalt) — Erhöhung — Ermäßigung — um ______ RM je ha
______ — Erhöhung — Ermäßigung — um ______ RM je ha
______ — Erhöhung — Ermäßigung — um ______ RM je ha
c) Anzuwendender Betriebshektarsatz ______ RM

3. Regelwert [2])
Betriebshektarsatz (2 c) ______ RM × Fläche (1 a) ______ ha = Regelwert (§ 4 Abs. 1 DV) ______ RM

Nichtzutreffendes streichen.
[1]) Bei der Ausfüllung Merkblatt beachten.
[2]) Nur ausfüllen, wenn die Prüfung auf den gewogenen Durchschnitt abgestellt wird (Nr. 4a Abs. 2 DB).

Vordruck BAA 11/7—56

Formular zur Schadensfeststellung in der Landwirtschaft.

wurde es verworfen. Schadensfeststellung und Entschädigung gehören materiell (und immateriell) zur Integration, zur Abgeltung von Enteignungsunrecht sowie zur Stützung des so stark lädierten, rechtsstaatlich wichtigen Eigentumsgedankens als Pendant zur Freiheit. Aus dieser Zielsetzung heraus konnte auch reine Geldentschädigung wie die nach dem Ersten Weltkrieg nicht ausreichen.

Deshalb wurden dem *Lastenausgleich zwei Aufgaben* gestellt:
– *Eingliederung* auf breiter Basis über gezielte Eingliederungsleistungen, für die ein breiter Fächer spezifischer Maßnahmen für unterschiedliche Zwecke angelegt wurde,
– *angemessene Entschädigungen*, insbesondere Hauptentschädigung auf der Grundlage *individueller Feststellung und Dokumentation* der entstandenen *Vermögensschäden*, und zwar unter voller Wahrung der Vermögens- und Eigentumsrechte der Vertriebenen und Flüchtlinge.

Grundsätzlich gilt der Lastenausgleich nur für *deutsche Staatsangehörige und Volkszugehörige*. (Nur bei Schäden an im heutigen Bundesgebiet belegenen Wirtschaftsgütern werden auch Ausländer berücksichtigt.) Der LA ist also nicht bestimmt für ausländische Flüchtlinge, Displaced Persons (DP's), Asylbewerber und heimatlose Ausländer.

Der *Gesetzgeber* orientierte sich an der *Leistungsfähigkeit* der Bundesrepublik Deutschland und *besserte* mit steigender Wirtschaftskraft kräftig *nach*. Aber zwei Wünsche konnte er nicht erfüllen. Es konnte *keine Vollentschädigung* geben, keine Verkehrswertentschädigung oder Enteignungs-

Der Einfluß auf die Sozialgesetzgebung

Die politische Mitwirkung der Vertriebenen- und Flüchtlingsverbände erfolgt bezogen auf die soziale Eingliederung in allen, die Angelegenheiten der Vertriebenen, Flüchtlinge, Aus- und Übersiedler betreffenden Fragen in der Kriegsfolgengesetzgebung (Soforthilfegesetz, Bundesvertriebenengesetz, Flüchtlingssiedlungsgesetz, Lastenausgleichsgesetz, Fremdrentengesetz, Häftlingshilfegesetz etc.) und in der allgemeinen Gesetzgebung, soweit Vertriebene und Flüchtlinge betroffen sind. Dergestalt nehmen sie Einfluß, beraten und wirken mit bei der Gesetzgebung.

Die dem Bund der Vertriebenen nahestehenden Abgeordneten der großen politischen Parteien sowie dessen Präsidenten, – der pommersche Christdemokrat Hans Krüger, der sudetendeutsche Sozialdemokrat Reinhold Rehs und der oberschlesische Christdemokrat Herbert Czaja – haben in ihrer parlamentarischen Arbeit wesentlichen Einfluß auf die Gesetzgebung genommen. M. F.

entschädigung im Sinne des Art. 14 Grundgesetz (GG). Und es konnte zwar Leistungen, aber keine Entschädigung für Nutzungsschäden geben. Warum nicht?

— Die Wirtschaftskraft der Bundesrepublik ließ Vollentschädigung nicht zu, ohne deren wirtschaftliche Grundlagen sogleich wieder zu zerstören. Das Bundesverfassungsgericht sprach, im Falle des angegriffenen Reparationsschädengesetz (RepG) von der »Konkurssituation des Deutschen Reiches«. Dies trifft genau den Kern für unvermeidbare Begrenzungen des Gesetzgebers.

— Meßlatte für den Gesetzgeber waren weniger die begreiflichen Wünsche der Geschädigten nach möglichst hoher Entschädigung als wiederholte Prüfungen, ob seine politischen Ziele mit der gewählten Konzeption erreichbar seien.

— In späterer Zeit, als für sich allein gesehen sicherlich höhere Leistungen als die auf dem heutigen Niveau erreichten im Bereich des Möglichen gelegen hätten, orientierte sich der Gesetzgeber daran, welche vielfältigen Staatsaufgaben insgesamt zu finanzieren waren und welche neuen Schwerpunkte er setzen mußte oder wollte. Deshalb macht es keinen Sinn, auch heute noch die Umstellung auf Verkehrswerte zu fordern. Ganz abgesehen von der Unmöglichkeit individueller Verkehrswertberechnung für verlorene Vermögenswerte fehlen für spätere Zeitpunkte auch die pauschalen Maßstäbe. Für 1988 z.B. sind die Verkehrswerte aus den Aussiedlungsgebieten schwerlich gewünscht. Oder will man heutige Verkehrswerte aus der Bundesrepublik fiktiv in die Aussiedlungsgebiete übertragen oder gar, gegen alle Realität, mit fiktiven Werten in einem Deutschen Reich ohne Vertreibung arbeiten? Der technisch einzig gangbare Weg wäre zu einem früheren Zeitpunkt allein die weitere Erhöhung der Hauptentschädigung gewesen, hätte man sie gewollt oder für verkraftbar erachtet.

— Schließlich, wie sollte man wohl nach nahezu abgeschlossener Schadensfeststellung und Entschädigung Millionen Akten noch einmal öffnen und erneut bearbeiten? Das ist vorbei. Abgesehen von den Aussiedlerfällen der letzten Jahre befinden wir uns, zugleich Symbol für den derzeitigen Stand des LA, im Zeitraum der Archivierung.

— Und um auch das schon an dieser Stelle anzusprechen: Es gibt keine Verträge und Handlungen der Bundesrepublik, die sie — etwa wegen angeblichen Verzichtes auf Privatvermögen — zur Vollentschädigung zwingen würden.

Nicht zum LA gehört die Frage, was zu geschehen hätte oder geschehen könnte, wenn es zur Wiedervereinigung, zu friedensvertragsähnlichen Verträgen oder zu Vermögensverhandlungen mit Aussiedlerstaaten käme.

Der Gesetzgeber war und ist frei

Der Gesetzgeber stand in Zugzwang. Er mußte politisch handeln; aber rechtlich war er frei. Das gilt in erster Linie für die Schaffung des LA und seine Ausgestaltung. Es gilt aber auch — mit den Einschränkungen, die sich insbesondere aus Art. 3 GG ergeben können — für seine Weiterentwicklung, ferner für die Schäden künftig eintreffender Aussiedler und DDR-Zuwanderer sowie schlechthin für künftig eintretende Schäden. Maßgebend für diese *Bindungsfreiheit* ist, daß es *keine Vorausbindung* aus Naturrecht, allgemeinem Völkerrecht oder internationalen Verträgen gibt, auch nicht aus der Rechtsstellung des Bundes im Verhältnis zum Deutschen Reich (ganz gleich, ob dafür Teilidentität oder Rechtsnachfolge angenommen wird) und auch nicht aus dem Grundgesetz heraus.

Derartige Bindungen, die über die rechtsstaatliche Wirkung einfacher Gesetze hinausgingen (Stichwort: Selbstbindung), sind auch nicht nachträglich entstanden. So haben die Verträge mit den drei Westmächten, mit der DDR, Polen und der Sowjetunion die Rechtsgrundlagen für den LA nicht verändert. Sie enthalten keine völkerrechtlich ohnehin bedenklichen Verzichte auf Privateigentum, auch keine gleichstehenden Verpflichtungen unmittelbarer oder mittelbarer Art, z.B. aus der Respektierung von Grenzen. Am Beispiel des RepG bestätigte sich vor dem Bundesverfassungsgericht, daß es selbst im Westen keine realen Restpositionen gab, die durch Verträge oder durch den LA hätten beeinträchtigt oder vernichtet werden können. Der LA als Rechtsinstrument und die Annahme seiner Leistungen lassen — so die Präambel zum LAG und § 1 RepG — die Eigentums- und Anspruchsrechte der geschädigten Eigentümer und Rechtsinhaber unberührt, somit auch Ansprüche gegen Schädigerstaaten, die Eigentum weggenommen oder Ansprüche vernichtet haben. Bei einigen Vermögensverträgen mit westlichen Staaten hatte dies immerhin reale Auswirkungen.

Die Bindungsfreiheit bezieht sich auf den LA; Pflichten eines Staates, die die Ausübung der Schutzmachtfunktion für die eigenen Staatsangehörigen werden hiervon nicht berührt, auch nicht das Recht eines Staates, sich im Rahmen des Völkerrechts für die Wahrung der Menschenrechte, der Minderheiten- und Volksgruppenrechte eigener Volkszugehöriger im Bereich anderer Staaten einzusetzen.

Der *LA* ist also *rein innerstaatliches Recht.* Die Befugnis des Gesetzgebers schließt, begrenzt auf künftige Aussiedler und DDR-Zuwanderer sowie auf künftige Schäden bereits Berechtigter, auch das Recht auf Umstrukturierung, ja sogar auf Beendigung des LA ein. Es mag für manche keine bequeme Wahrheit sein, aber auch der Friedensvertragsvorbehalt aus dem völkerrechtlichen Weiterbestehen des handlungsunfähigen Deutschen Reiches zwingt nicht dazu, den LA bis zu einem Friedensvertrag oder gleichartigen Verträgen fortzusetzen, sollten solche Verträge je zustandekommen. Somit sind Entscheidungen, *wie lange* der *LA* fortbestehen oder *ob* man ihn *umstrukturieren* sollte, *politische, nicht rechtliche Antworten.* So enthielt das 31. Änderungsgesetz zum Lastenausgleichsgesetz für die nächsten Jahre die politische Aussage, den LA auch für die Schäden der Spätaussiedler, ein plastischer und gängiger Arbeitsbegriff, weiterzuführen. Daran dürfte auch das geplante 32. Änderungsgesetz im Kern wenig ändern.

Was ist Lastenausgleich im Rechtssinne?

1948 wurde der LA, bis dahin eine politische Forderung zwischen Besitzenden und zu Habenichtsen gewordenen, erstmals zum Rechtsbegriff. Doch gibt es im GG und im LAG *keine Legaldefinition des Begriffs* LA. Art. 120 a GG setzt ihn mit den Worten »Die Gesetze, die der Durchführung des Lastenausgleichs dienen« voraus. Das LAG beschreibt Ziele und Aufgaben, aber definiert ihn wiederum nicht. Meine eigene Umschreibung lautet:

»Der Lastenausgleich umfaßt Regelungen für materielle deutsche Kriegs-, Kriegsfolge- und Nachkriegsschäden bis in die Gegenwart und Zukunft hinein, soweit sie nicht wegen Überwiegens anderer Zuordnungsmerkmale zu anderen Rechtsbereichen gehören (z.B. G 131 zum Beamtenrecht; Besatzungsschäden zu den Verteidigungslasten). Außerhalb des heutigen Bundesgebietes eingetretene Verfolgungsschäden Deutscher wurden ab Verfolgungsbeginn (frühestens also ab 1933) insbesondere als fiktive Vertreibungs- und Reparationsschäden einbezogen. Bei Belegenheitsschäden im Bundesgebiet einschließlich Berlin (West) werden auch Ausländer berücksichtigt, sonst nur deutsche Staatsangehörige und deutsche Volkszugehörige (Art. 116 GG, §§ 1, 6 BVFG, § 11 LAG). Ziel des Lastenausgleichs (nunmehr im Rechtssinne formuliert) ist — durch Gewährung von Leistungen verschiedener Art — die Abgeltung oder Abmilderung von Schäden und Verlusten, die während des Zweiten Weltkrieges oder als dessen Folge, im Zuge der Neuordnung des Geldwesens sowie im Zuge der mitteldeutschen Nachkriegsentwicklung eingetreten sind. Über die ohnehin notwendige Feststellung der Schäden dient der Lastenausgleich zugleich der Schadensdokumentation. Zur Vermögensumverteilung wurde als Finanzierungsbeitrag von den ›Besitzenden‹ ein langfristiges Sonderopfer durch Erhebung von laufenden Lastenausgleichsabgaben und höherer Vermögenssteuer — ohne Naturalausgleich und wegen seiner maßvollen Dosierung ohne Existenz- und Substanzvernichtung — verlangt. Gemeinsames Band ist die Durchführung durch die Ausgleichsverwaltung in gemischter Bundes- und Bundesauftragsverwaltung.« (aus: Deutsche Verwaltungsgeschichte, Bd. V, S. 610).

Typisch für den LA ist die Finanzierung über den Ausgleichsfonds. Er ist ein Sondervermögen des Bundes, in das die von der Finanzverwaltung erhobenen Ausgleichsabgaben flossen, zudem der Anteil des Fonds an der Vermögenssteuer. Dazu kamen Zuschüsse der öffentlichen Haushalte. Es gibt aber auch Gesetze, die direkt aus Haushaltsmitteln finanziert werden (wie das FlüHG und das RepG); doch ist deren Finanzierungsanteil, gemessen am Fonds, sehr gering.

Zur Entstehungsgeschichte der Lastenausgleichsgesetze

Auftaktgesetze, in denen der Rechtsbegriff LA erstmals verwendet wurde, waren die Gesetze zur Neuordnung des Geldwesens (WährungsG und UmstellungsG) vom 20. Juni 1948, ferner das Gesetz zur Sicherung von Forderungen für den Lastenausgleich vom 2. September 1948. *1949* wurde – nach schwieriger Entstehungsgeschichte – das *Soforthilfegesetz* vom 8. August 1949 verkündet, das der Leistungsgewährung für eine erste soziale und wirtschaftliche Absicherung insbesondere mit Unterhaltshilfe, Hausratshilfe, Ausbildungshilfe und Darlehen diente. Zwei Tage später folgte – eng verflochten mit dem LA – das Flüchtlingssiedlungsgesetz vom 10. August 1949.

Nach jahrelanger Beratung wurden 1952 drei der vier Kerngesetze des LA erlassen. Zugleich wurde als Grundlage für die Durchführung der Leistungsseite der Art. 120 a in das GG eingefügt. Unter dem 14. August 1952 wurden verkündet das namensgebende Hauptgesetz, das LAG, das Gesetz über einen Währungsausgleich für Sparguthaben Vertriebener (*WAG*) und als Grundlage für die Entschädigung das Gesetz über die Feststellung von Vertreibungsschäden und Kriegssachschäden (Feststellungsgesetz – *FG*). (Das WAG hatte einen Vorläufer vom 23. März und das FG einen vom 21. April 1952). Als letztes der Kerngesetze kam unter dem 14. Juli 1953 das Gesetz zur Milderung von Härten der Währungsreform hinzu, das Altsparergesetz (*ASpG*).

Damit war der gesetzgeberische Rahmen nach Zielsetzung und Grundzügen geschaffen und wurde vier Jahrzehnte bis heute durchgehalten. Es kann übrigens keine Rede davon sein, der Lastenausgleich sei anfangs auf dreißig Jahre terminiert worden. Das *LAG* enthielt *nie* einen *Endtermin*. Die schon am Anfang geschaffene Geltung auch für künftige Aussiedler und Flüchtlinge beweist die Langzeitanlage mit offenem Ende. Das Jahr 1979 hatte aber eine symbolträchtige Wirkung durch einen folgenreichen Finanzierungseinschnitt, weil 1979 die Ausgleichsabgaben und der 25 v.H.-Anteil des Ausgleichsfonds an der Vermögenssteuer ausliefen und die Defizithaftung des Bundes einsetzte. Durch weitere Gesetze und bisher 31 Novellen (kleinere sonstige Änderungen nicht gezählt) hat sich das ursprünglich geschätzte Leistungs- und Finanzvolumen verdrei- bis vervierfacht. (An dieser positiven Entwicklung hat auch der BdV-Lastenausgleichsausschuß, in dem u.a. alle großen Geschädigtenverbände vertreten waren, mit zahlreichen Initiativen seinen Anteil.) Die letzte offizielle Schätzung des Bundesausgleichsamtes von 1980 ging von einem Gesamtzahlungsvolumen von 147 Milliarden DM aus, mit letzten Rentenzahlungen etwa im Jahre 2030 (jetzt eher 2040). In der Zwischenzeit haben sich nach der jetzt geltenden Gesetzeslage angesichts der Langfristigkeit der Schätzung Korrekturansatzpunkte nach oben und unten ergeben. Die Rentenannahmen sind sicherlich zu reduzieren, die anderen Ausgaben angesichts der notwendigen Zuschätzung weiterer Geschädigtenjahrgänge zu erhöhen. Weitere, nicht kalkulierbare Verschiebungen werden sich aus der künftigen Gesetzgebung ergeben. Berücksichtigt man, daß im Herbst 1988 Gesamtzahlungen von 134,5 Milliarden DM (darin 117,6 Milliarden DM Leistungen) erreicht waren, wird man das Gesamtvolumen trotz bis 1988 insgesamt weiter rückläufiger Jahresausgaben auf eher 150 Milliarden DM zu taxieren haben.

Die Gesamtgrößenordnung des LA besagt wenig über die Wertigkeit der einzelnen Leistungen und Ausgaben und deren Wirkung. Gemessen an den Größenordnungen der Länderhaushalte waren die durchschnittlich 4 Milliarden Jahresausgaben der ersten Jahrzehnte ursprünglich sehr viel (ganz am Anfang war nur der Haushalt von Nordrhein-Westfalen höher als der des Ausgleichsfonds). Im Laufe der Zeit haben die 4 Milliarden Fondsausgaben, verglichen mit den dynamisch ansteigenden Länderhaushalten an Bedeutung abgenommen. Über die Jahrzehnte hinweg erheblich abgesunken ist mit der Kaufkraft der DM die wirtschaftliche Bedeutung z.B. einer Vermögensentschädigung von 10.000 DM, eines Darlehens von 40.000 DM oder gar einer Hausratentschädigung für ein Ehepaar von 2.000 DM.

1949/52 wurden bewußt *noch nicht alle Personengruppen* berücksichtigt, denen Schäden im Zusammenhang mit dem Zweiten Weltkrieg und seinen Folgen entstanden sind. Zunächst waren einbezogen *Vertriebene* (die stärkste Geschädigtengruppe), *Kriegssachgeschädigte*, eine kleine Gruppe mit *Ostschäden* sowie (mit begrenztem Leistungskatalog) *Sparer- und Währungsgeschädigte*. Auch *Sowjetzonenflüchtlinge* wurden *von Anfang an* berücksichtigt, zunächst jedoch nur mit Eingliederungsleistungen, da die innerdeutsche Entwicklung noch nicht überschaubar war. Als die Trennung sich verfestigte, wurde 1965 die Leistungsgewährung auf weitere *Zuwanderergruppen* über das Flüchtlingshilfegesetz (FlüHG) erstreckt. (Gesetzestechnisch hätte man das einfacher durch Erweiterung der Härtefondsregelung in §§ 301, 301a LAG erreichen können.) Zugleich wurde 1965 mit dem Gesetz über die Beweissicherung und Feststellung von Vermögensschäden in der Sowjetischen Besatzungszone Deutschlands und im Sowjetsektor von Berlin (Beweissicherungs- und Feststellungsgesetz – *BFG*) die technische Grundlage für die spätere Vermögensentschädigung der *Schäden in der heutigen DDR* gelegt. Das wirkte sich auch zugunsten solcher Vertriebener aus, die nach der Vertreibung zunächst in der DDR gelebt haben und später ins Bundesgebiet kamen. In den Jahren 1969 bis 1975 wurde endlich, leider zögernd, stufenweise und mit notwendiger stärkerer Anpassung des BFG an das FG auch die *Hauptentschädigung für diese Schäden* eingeführt und zwar für Flüchtlinge, Heimkehrer, Familienzusammengeführte und Frühgekommene. Andere Übersiedler sind bis heute unberücksichtigt geblieben.

Politisch Verfolgte deutscher Staats- oder Volkszugehörigkeit und deren Erben nehmen mit ihren Verfolgungsschäden in den späteren Vertreibungsgebieten (über eine Fiktion von Vertreibung und Vertreibungsschäden) am Lastenausgleich teil. Dies geschieht über § 359 LAG und die zugehörige 11. LeistungsDV-LA. RepG und BFG zeichnen dies nach. Bei einer Leistungsbilanz für materielle Schäden deutscher Verfolgter tritt somit neben Wiedergutmachung und Rückerstattung der Lastenausgleich.

Einen wegen überzogener Forderungen sehr langen Beratungsweg hatte das Gesetz zur Abgeltung von Reparations-, Restitutions-, Zerstörungs- und Rückerstattungsschäden (Reparationsschädengesetz – *RepG*) vom 12. Februar 1969. In hochinteressanten Entscheidungen hat das BVerfG Versuche zurückgewiesen, für reine Reparationsgeschädigte eine bessere Entschädigung als für Vertriebene, die letztlich auch Reparationsschäden haben, zu erstreiten. Die politische Bedeutung des RepG ist groß, seine finanzielle – wegen Nichtberücksichtigung juristischer Personen wie auch sonst im LA – mit 586 Millionen DM Entschädigung gering.

Die Jahre 1984 bis 1987 waren geprägt durch eine bedeutungsvolle *Auseinandersetzung* zwischen Rechtsprechung und Exekutive um die *Spätschäden der Aussiedler*. Das BVerwG wollte den Kausalzusammenhang für Aussiedlerspätschäden rückwirkend ab 1969 verneinen. Das Bundesausgleichsamt hielt die Abkappung der Spätschäden im Wege der Interpretation für unzutreffend; nur der Gesetzgeber könne dies regeln. Nach längerem Zuwarten hat dieser 1987 im *31. ÄndG LAG* die Feststellungs- und Entschädigungsfähigkeit der Spätaussiedlerschäden geregelt, zunächst bis 1992. Wäre dies nicht geschehen, hätte man zwei sehr merkwürdige Ergebnisse erzielt. Zum einen wären mit Leistungsgewährung fast nur noch an Erben und Erbeserben die Frühschäden und frühen

Aussiedlerschäden feststellungsfähig geblieben, aber die Schäden von unmittelbar geschädigten Spätaussiedlern wären entfallen. Außerdem wären, m.E. rechtspolitisch verfehlt, nur die Spätschäden der Aussiedler abgekappt worden, aber diejenigen gleichen Eintreffjahrgängen zugehörigen Flüchtlinge und Übersiedler mit späten DDR-Schäden wären entschädigungsfähig geblieben. Aus der inzwischen erreichten Gleichstellung der DDR-Schäden mit Vertreibungs- und Aussiedlerschäden hätte sich, die Situation auf den Kopf stellend, sogar eine Besserstellung entwickelt. Erneut anzumerken, daß es dafür keine rechtspolitische Rechtfertigung gibt, ist das näherkommende Jahr 1992 Anlaß genug; es eignet sich nur als Denkpause für die zwischenzeitliche Gestaltung einer Novelle für alle Spätberechtigten, nicht als Endtermin allein für Spätaussiedler.

Die Schadensfeststellung

LA-Leistungen kann nur erhalten, wer *unmittelbare Schäden* geltend machen kann, seien es Schäden an Wirtschaftsgütern oder (wie für die Kriegsschadenrente) Schäden durch Existenzverlust. Auch der Verlust von Wohnraum ist ein Schaden.

Für die *feststellungsfähigen Verluste* gibt es in *§ 12 FG* einen *Wirtschaftsgüterkatalog.* Er enthält alle Arten von Einheitswertvermögen (also land- und forstwirtschaftliches, Grund- und Betriebsvermögen), ferner erforderliche Gegenstände der Berufsausübung oder für die wissenschaftliche Forschung, Hausrat, Reichsmarkspareinlagen, bewertungsfähige andere privatrechtliche geldwerte Ansprüche, Anteile an Kapitalgesellschaften und Geschäftsguthaben bei Erwerbs- und Wirtschaftsgenossenschaften, bewertungsfähige Gewerbeberechtigungen, literarische und künstlerische Urheberrechte, gewerbliche Schutzrechte, Rechte an ungeschützten Erfindungen sowie Lizenzen an solchen.

Als Gegenstück enthält *§ 7 FG* zur Klarstellung einen *Negativkatalog.* Insbesondere werden als nicht feststellbar aufgeführt Verluste an barem Geld, Edelmetallen, Schmuck- und sonstigen Luxusgegenständen, Edelsteinen und Perlen, an Kunstgegenständen und Sammlungen (mit Positivausnahmen insbesondere bei Betriebsvermögen). Aufgezählt sind Wirtschaftsgüter, für die Nachweise nicht oder nur ungewöhnlich schwer zu führen sind. Verlorene Kunstgegenstände z.B. entziehen sich zudem, bis auf seltene Ausnahmen, den Möglichkeiten einer Bewertung. Nutzungsschäden und mittelbare Schäden werden nicht als Vermögensschäden festgestellt, finden aber – gemessen in früheren Einkünften – ihre Berücksichtigung für Eingliederungsleistungen.

Schadensfeststellung bedeutet *individuelle Rekonstruktion der verlorenen Vermögenswerte.* Damit war eine Massenaufgabe gestellt, wurde doch bisher *in 6,3 Millionen Fällen* aus 8,3 Millionen Anträgen (nach FG, BFG und RepG) diese *Bewertung* vorgenommen. (Der Rest entfällt bis auf 72.643 zu bearbeitende Anträge auf Ablehnungs- und sonstige erledigte Fälle.) Für diese geradezu ungeheure Arbeit waren, was der Gesetzgeber aus Gerechtigkeitsgründen in Kauf nahm, Jahrzehnte erforderlich. Gearbeitet wurde mit Hilfe eines umfassenden Verordnungswerks mit Bewertungszahlen für Schäden aller Art in aller Welt.

Die Schäden werden nicht auf der Grundlage von Verkehrswerten, sondern von *steuerlichen Werten,* insbesondere von Einheitswerten 1935/40 festgestellt. Warum? Weil dafür die einzig brauchbaren Wertunterlagen vorhanden und weiterentwickelbar waren. Für höhere Verkehrswerte gab es außer pauschalen Umrechnungsmaßstäben keine Unterlagen, die für individuelle Bewertung verlorener Wirtschaftsgüter ausgereicht hätten. Zudem wäre dies nicht entscheidend für höhere Entschädigung gewesen. Bei gleich verfügbarer Finanzmasse macht es im Schnitt keinen Unterschied, ob man aus niedrigeren steuerlichen Werten höhere Entschädigungen oder aus höheren Verkehrswerten niedrigere Entschädigungen ableitet.

Festgestellt auf der erwähnten steuerlichen Wertbasis, für die bei meist fehlenden Einheitswerten »Ersatzeinheitswerte« ermittelt wurden, konnten bisher insgesamt *Schäden* in Höhe von *62,5 Milliarden Reichsmark (RM),* davon Vertreibungsschäden (Vt) 36,7, KS-Schäden 12,7 und BFG-Schäden 11,2 Milliarden RM). Die Schätzzahl 70 Milliarden RM dürfte nicht ganz erreicht werden. Das sind aber bei weitem *nicht alle Schäden;* denn hinzurechnen müßte man insbesondere die Schäden der Vertriebenen mit Aufenthalt in Österreich, in der DDR oder sonst in der Welt. In eine Schadensbilanz gehören auch die deutschen Schäden der Nichtvertriebenen in der westlichen Welt (ohne Stichtagserfüllung nach § 230 LAG usw.). Bei wissenschaftlicher Auswertung dürfte man auch die Schäden und Wirtschaftsgüter der in den Aussiedlungsgebieten lebenden Deutschen nicht außer acht lassen; dies ist zudem das Reservoir für Schäden, die künftige Aussiedler geltend machen können.

Daß es für die *Spätzeit* und auch für künftige Fälle bis heute bei der ab 1952 geltenden *Bewertungsmethode* und Werthöhe geblieben ist, führt zunehmend zu *Problemen.* Die Wertverhältnisse haben sich verschoben, der Kaufkraftverlust schlägt durch, Vermögenswerte und Verbindlichkeiten passen nicht mehr recht zueinander, die Umrechnungssätze von heute verzerren das Bild. Zudem gibt es Fragen, wann heutzutage ein Schaden vorliegt. Doch zeigen Patentrezepte, wie man die Feststellung etwa ändern oder vereinfachen könnte, schnell ihre Tücken. Das riesige Tabellenwerk läßt sich nicht umstellen. Auf welcher Grundlage auch wollte man in Planwirtschaftssystemen geeignete Marktwerte finden? Und was ist, wenn dies, etwa bei Mietwohngrundstücken, heute zu niedrigeren Werten führen würde? Und sollten etwa die Spätschäden jüngerer Generationen höher entschädigt werden als die Frühschäden der Erlebnisgeneration? Manche schlagen Vereinfachungen vor. Nun kenne ich eine Menge Vereinfachungsmöglichkeiten, aber ausgerechnet in diesem Kernbereich der Arbeit ohne Übergang auf Pauschalen so gut wie keine. Innerhalb des Systems individueller Feststellung würden sie meist zur Arbeitsvermehrung führen oder bei einer mit Vergröberung verbundenen Abrundung nach oben mit dem Gleichheitsgrundsatz unvereinbar werden. Findet man sich deshalb bei Abwägung der Vor- und Nachteile mit den Brüchen und Verzerrungen ab, und bleibt es beim bisherigen Schadensbegriff, kann man Schäden noch für begrenzte Zeiträume wie bisher feststellen; beliebig lang wird sich das allerdings nicht durchhalten lassen.

Das System der Ausgleichsleistungen

Der Zielsetzung entsprechend werden im Rechtssystem die Leistungen in solche zur Entschädigung und solche zur Eingliederung eingeteilt. In Wirklichkeit dienen auch die Entschädigungen der Eingliederung und tragen umgekehrt auch die Eingliederungsleistungen Entschädigungselemente und -wirkungen unterschiedlicher Art. Das gilt sogar für die Aufbaudarlehen. Denn da Wohnungsbau- und Landwirtschaftsdarlehen auf 25 Jahre zinsfrei gewährt werden, so bedeutet das bei 8 Prozent marktgerechter Kreditzinsen für den Darlehensgeber einen Zinsverlust in Höhe des Darlehensbetrages; für ihn ist dies zusätzlicher Finanzierungsbedarf. Dem Darlehensnehmer verbleibt als Folge des Zinsgewinnes die Hälfte des Darlehnsaufwandes wirtschaftlich wie eine Entschädigung.

Die Eingliederung war, in bekannten Schlagworten, »Starthilfe« und »Hilfe zur Selbsthilfe«. Für die Altersversorgung wurde, wiederum ein Schlagwort, »ein soziales Netz gespannt«. Andere Darstellungen werden aufzeigen, wie sehr die Geschädigten ihrerseits durch eigene Leistung zum Aufbau der Bundesrepublik beigetragen haben.

A. Leistungen mit Schwerpunkt Entschädigung

Entschädigung wird gewährt als *Hauptentschädigung* nach dem LAG (für Vermögensschäden), als gleichartige Entschädigung nach dem RepG, als *Hausratentschädigung* und als *Sparerentschädigung* nach dem Währungsausgleichsgesetz (WAG), Altsparergesetz (ASpG). (Für südtiroler Umsiedler und Optanten gibt es wegen der Folgen des unseligen Umsiedlungsabkommens von 1939 auch Entschädigung nach den Bundesgesetzen zum deutsch-italienischen Abkommen von 1967). Für Entschädigungen wurden drei Modelle entwickelt:

Die *Hauptentschädigung* ist eine individuell nach der Höhe der festgestellten Schäden bemessene Leistung mit degressiv gestalteten Schadensgruppen. Die Grundbeträge reichen von 100 v.H. des Schadensbetrages (bis 4.800 RM/DM) bis herunter zu 8 v.H. (bei RM-Millionenbeträgen). Als Teil des Entschädigungsanspruchs wird ein jährlicher Zinszuschlag von 4 v.H. ab 1953 (oder späterem Schadenszeitpunkt) bis zur Zahlung gewährt. Das war wichtig, da ja die Entschädigung nicht gleich einsetzte und sich zudem über Jahrzehnte verteilen mußte (sowohl wegen Finanzierung als auch als Folge der langwierigen individuellen Schadensfeststellung). In zehn Jahren kommen bereits 40 v.H. Zinszuschlag hinzu, in 25 Jahren bis Ende 1977 100 v.H. Nachdrücklich anzumerken ist, daß auch die *Hauptentschädigung* und die ihr vergleichbaren Leistungen *echte Entschädigungen* sind, die der Abgeltung von Vermögensschäden dienen, und nicht etwa nur eine Art gehobener Sozialleistungen.

Ganz anders die *Hausratentschädigung.* Sie ist *reine Pauschalentschädigung* und wird in drei Stufen mit festen Zuschlägen für Ehegatten und Kinder variiert. Für ein Ehepaar in der höchsten Stufe gibt es 2000,- DM. Das war schon in den fünfziger Jahren nicht viel, doch reichte es für den Kauf des notwendigsten Hausrates. Heute ist dieser Betrag, gemessen an seiner Zweckbestimmung, unzulänglich; daran wird auch die geplante Vereinheitlichung auf 1.400 DM in dem von der Bundesregierung verabschiedeten Entwurf eines Artikelgesetzes vom Juni 1989 nichts ändern. Deshalb wurden die zinsverbilligten und wesentlich höheren Einrichtungsdarlehen geschaffen; sie werden über die Deutsche Ausgleichsbank vergeben und erfreuen sich reger Inanspruchnahme.

Den dritten Entschädigungstyp verkörpern als *rein quotale Entschädigungen* die *Leistungen* nach dem *WAG* und *ASpG.*

B. Leistungen mit Schwerpunkt Eingliederung

Das System der Eingliederungsleistungen ist in der Typenauswahl einleuchtend. Die Vielgestaltigkeit paralleler Leistungen kann verwirren, zumal die Variationen gleichartiger Leistungen nur teilweise überzeugende Gründe haben.

Einige Leistungen haben ihre Funktion erfüllt und sind ausgelaufen. Andere wurden bis heute durchgehalten und mehrfach verbessert. Laufende Leistungen werden jährlich der Rentenentwicklung angepaßt. Die Eingliederungsleistungen stehen nicht für sich allein. Die Darlehensprogramme der Lastenausgleichsbank (heute Deutsche Ausgleichsbank) und der DSL-Bank dienen der gleichen Aufgabe, ebenso die speziellen Wohnungsbaumittel von Bund und Ländern sowie (mit dem BVFG als Rahmen) alle sonstigen spezifischen Maßnahmen.

Die *Hausrathilfen und -beihilfen* entsprechen in etwa der Hausratentschädigung und unterstreichen deren Doppelcharakter als zugleich soziale Leistungen. Diese Hilfen werden aus dem »Härtefonds« nach §§ 301, 301a gewährt, nach dem FlüHG und nach § 43 RepG. Neu hinzu gekommen sind Hausratbeihilfen nach § 301b LAG, der verschiedenartige individuelle Härteleistungen erlaubt; damit hilft er Gesetzeslücken zu mildern und eine Härteleistung zu ermöglichen, wenn die regulären nicht gewährt werden dürfen, das Nein aber nicht befriedigt.

Im Mittelpunkt der LA-Darlehen stehen bis heute die *drei Aufbaudarlehensarten* Gewerbe und freie Berufe, Wohnungsbau und Landwirtschaft. Die Landwirtschaftsdarlehen dienen inzwischen nur noch der Nebenerwerbsstellenförderung und sind angesichts der Unmöglichkeit, bei uns noch Neubauernstellen zu schaffen, zu Darlehen zum Wohnungsbau zugunsten von Geschädigten aus der ehemals landwirtschaftlichen Bevölkerung geschrumpft. Das Bundesausgleichsamt hat im Herbst 1988 vorab die Darlehenssätze Wohnungsbau um 50 v.H. erhöht. Eine Ausdehnung auf Haus- und Wohnungskauf sowie eine Erhöhung der gesetzlichen Höchstsätze – beides wünschenswert – erfordert Gesetzesänderungen. Aufbaudarlehen gibt es auch nach §§ 301, 301a, 301b LAG, nach dem FlüHG und dem RepG; ausgelaufen sind sie (nur bei Hausrat) nach § 10 des 14. ÄndG LAG und dem aufgehobenen IV. Teil AKG.

Am Anfang wichtig war die Wohnungsbaufinanzierung zugunsten Geschädigter über die *Wohnraumhilfe* im nachstelligen Raum. In der Aufbauphase mit zunächst erheblicher Arbeitslosigkeit hatten auch die *Arbeitsplatzdarlehen* eine wichtige Funktion. Das galt auch wegen anfangs fehlender Heimplätze in Heimen aller Art (vom Alters- bis zum Lehrlingsheim) für die *Heimförderungsdarlehen.* Teils zur Ergänzung der Aufbaudarlehen, teils als selbständige Darlehen in größerer Höhe (bis 100.000 DM) wurden aus Mitteln des Ausgleichsfonds durch die Lastenausgleichsbank/Deutsche Ausgleichsbank *Liquiditätskredite* gewährt. Durch Terminierung im Auslaufen begriffen, wurden sie in den letzten Jahren nur noch nach Südtirol gewährt; angesichts der derzeitigen Aussiedlerwelle könnte sich ihre Reaktivierung empfehlen.

Die sozial wichtigste Leistungsgruppe für anfangs fast eine Million gleichzeitiger Bezieher ist die der Altersversorgung und der Versorgung Erwerbsunfähiger dienende *Kriegsschadenrente.* Sie gibt es als oberhalb der Fürsorge und Sozialhilfe angelegte Grundversorgung in Gestalt der *Unterhaltshilfe* (UH) und als aufgestockte oder selbständige *Entschädigungsrente* (ER) mit weit höheren Einkommensgrenzen. Sie dient zugleich der Abgeltung von Vermögens- und Einkommensverlusten. Strukturell verbessert wurde die Kriegsschadenrente schon früh durch die Anhebung der Grundbeträge, die Einführung des Selbstständigenzuschlags und die des Sozialzuschlags.

Ich halte den Einwand, durch die UH seien im Grunde nur Fürsorge/Sozialhilfeleistungen erspart worden und man hätte die dafür vom Ausgleichsfonds aufgewendeten Beträge besser für die Hauptentschädigung genutzt, für überwiegend unberechtigt. Immerhin leisten Bund und Länder nach § 6 LAG dem Ausgleichsfonds einen jährlichen Zuschuß in Höhe von 50 v.H. der UH-Aufwendungen. Das waren, mag auch ein höherer Zuschußanteil wünschenswert gewesen sein, auch der absoluten Höhe nach jährlich beachtliche Summen. Sodann – auf die UH gab es von Anfang an als Ausgleich für die eigenen Schäden einen echten Rechtsanspruch. Dies und die im Schnitt erheblich über den Sozialhilfesätzen liegenden UH-Sätze haben das Selbstwertgefühl der Empfänger gehoben. Sie wurden eben nicht auf die allgemeine Fürsorge für alle Armen verwiesen. Die Unterhaltshilfe wird zwar auch subsidiär gewährt, weil andere eigene Einkünfte teilweise angerechnet werden, aber es sind eben nur eigene und nicht die in die UH einbezogenen Familienangehörigen. Diesem Rechtsanspruch messe ich Entschädigungselemente zu, die durch den Entschädigungscharakter des Selbständigenzuschlags und der Entschädigungsrente wesentlich gestärkt werden.

Will man den Mietzuschuß der Sozialhilfe mitvergleichen, muß man den Anspruch auf Wohngeld für Kriegsschadenrentner gegenüberstellen. Über einen das Wohngeld übersteigenden Mietzuschuß, aber auch nur deswegen, kann bei niedrigen oder fehlenden anderen Einkünften gelegentlich Ergänzung durch laufende Sozialhilfe vorkommen. Besser wäre es, diesen Ergänzungsbetrag über das Ausgleichsamt als Teil der UH zu zahlen.

Die UH begann 1949 mit 70 DM für den Alleinstehenden und 100 DM für ein Ehepaar. Heute liegt die UH bei 651 DM, für Ehepaare bei 1.086 DM. Mit dem häufigen Selbständigenzuschlag der höchsten Gruppe erhöht sie sich um 302 DM + 153 DM auf 1.541 DM. Der Einkommenshöchstbetrag der ER stieg von anfangs 200 DM + 50 DM auf nunmehr 1.026 DM + 622 DM, bei zugrundeliegendem HE-Grundbetrag auf 1.256 DM + 677 DM. Da ist viel Raum für die ungekürzte Zahlung der individuell nach Grundbeträgen berechneten ER auch bei höheren anderen Einkünften. Der ER-Durchschnitt liegt derzeit bei 72,50 DM, angesichts vieler sehr kleiner ER-Beträge ein Zeichen, daß es auch bei ihr für hohe Grundbeträge zu beträchtlicher ER kommen kann. Auch UH und ER haben Parallelleistungen als Beihilfen zum Lebensunterhalt/Unterhaltsbeihilfen und besonderen laufenden Beihilfen (nach §§ 301, 301a und dem hier sehr wichtigen § 301b LAG, nach dem FlüHG, früher auch nach § 10 des 14. ÄndG LAG und dem IV. Teil AKG). Nach dem RepG gibt es Kriegsschadenrente.

Mit der *Ausbildungshilfe* für Schule, Studium und vielfältige sonstige Ausbildungsgänge wurde in einer Zeit ohne oder ohne ausgebautes BaföG eine wichtige Lücke geschlossen. Mit ihr konnte einem sozialen Absinken entgegengewirkt werden.

Die Ausgleichsverwaltung

Für die Abgabenseite waren die Finanzämter zuständig. Für die Leistungsseite wurde ein *besonderer Verwaltungszweig* geschaffen, die Ausgleichsverwaltung. (Ihr Vorläufer von 1949 bis 1952 war die Soforthilfeverwaltung.) Die Ausgleichsverwaltung ist ein in sich geschlossener, organisatorisch durch Bundesrecht festgelegter dreistufiger Verwaltungszweig auf Zeit. Der Lastenausgleich wird in gemischter Bundes- und Bundesauftragsverwaltung (Kombination von Art. 120a mit Art. 85 und 86 GG) durchgeführt. Die Mischung ist für die Durchführung des Lastenausgleichs auf dem Gebiet der Ausgleichsleistungen in Art. 120a GG angelegt und gleichzeitig in einem Guß in den Lastenausgleichsgesetzen geregelt. Zugleich enthält Art. 120a GG die im LAG voll ausgeschöpfte Ermächtigung, dem Präsidenten des Bundesausgleichsamtes die der Bundesregierung und den zuständigen obersten Bundesbehörden aufgrund des Art. 85 GG zustehende Befugnisse zu übertragen, wobei das Bundesausgleichsamt bei der Ausübung der Befugnisse der Zustimmung des BR nicht bedarf. Weitere Grundlage für die Errichtung des Bundesausgleichsamtes in §§ 312, 320 LAG ist Art. 87 III 1 GG. Es wurde als selbständige, keiner Fachaufsicht, wohl aber der Dienstaufsicht unterstehende Bundesoberbehörde errichtet und ist die einzige Sonderbehörde im gesamten Bereich der Ausgleichsverwaltung. Landesausgleichsämter und Ausgleichsämter sind gesetzlich festgelegte Dienststelleneinheiten in Landesministerien und in den Stadt- und Landkreisverwaltungen. Diese Konstruktion sollte ohne Bildung einer Sonderverwaltung das straffe Steuern der einheitlichen und gleichmäßigen Durchführung dieser vielgestaltigen, komplizierten und innenpolitisch erstrangigen Massenaufgabe ungewöhnliches Ausmaßes durch das Bundesausgleichsamt sichern.

An der Spitze steht, eigenverantwortlich für die Durchführung und ausgestattet mit allen Rechten des Bundes, der *Präsident des Bundesausgleichsamtes.* Fachlich nachgeordnet sind auf Landesebene die *Landesausgleichsämter* als Teil eines Landesministeriums, in den größeren Flächenstaaten unechte *Außenstellen* als Teile der Regierungspräsidien und auf Kreisebene die *Ausgleichsämter* als Dienststelleneinheiten der Stadt- und Landkreise. Die zentrale Steuerung erstreckt sich auf den Verfahrensablauf, auf die Finanzierung über das Sondervermögen Ausgleichsfonds sowie auf die einheitliche und gleichmäßige Rechtsanwendung. Teil der Ausgleichsverwaltung sind auch, für Vertriebene und Flüchtlinge sehr wichtig, 34 regional nach Vertreibungsgebieten organisierte *»Heimatauskunftstellen«* und sieben regionale *»Auskunftstellen«* für den mitteldeutschen Raum. Sie sind zwar Länderdienststellen »bei den Landesausgleichsämtern«, unterstehen aber fachlich allein dem Bundesausgleichsamt. Die Heimatauskunftstellen arbeiten den Ausgleichsämtern zu. Sie sammeln Material für ihr Heimatgebiet. Durch Benennen oder Anhören von Zeugen und Sachverständigen, durch Mithilfe bei der Beweiserhebung sowie über die Begutachtung und Bewertung insbesondere des Grundbesitzes wirken sie intensiv an der Schadensfeststellung der Ausgleichsämter mit. In besonders rationeller Weise greifen dabei die Zuständigkeiten nach dem heutigen Wohnsitz und die Zuständigkeiten nach der Belegenheit der Schäden ineinander.

Überregional tätig sind *Vororte* für die Begutachtung von *Betriebsvermögen* sowie einige *sonderzuständige Ämter* mit bestimmten Entscheidungskompetenzen in Sachbereichen, die für die Entscheidung für die allgemein zuständigen Ämter ungeeignet erschienen.

Als verlängerter Arm des Bundesausgleichsamtes und wichtige Klammer für die einheitliche Rechtsanwendung in einer Massenverwaltung wurden die *» Vertreter der Interessen des Ausgleichsfonds«* bzw. des Bundesinteresses geschaffen. Die Bezeichnung ist nicht sehr glüchlich: die VIA sind in Wirklichkeit objektiv tätig, wo nötig durch Intervention oder Rechtsmittel auch im Interesse der Geschädigten. Tätig sind sie bei den Ausgleichsämtern, den Beschwerdeausschüssen und den Verwaltungsgerichten. Fachlich direkt dem BAA unterstehend, sind sie zur Sicherung der gleichmäßigen Rechtsanwendung Träger einer besonderen Rechtsbehelfs- und Rechtsmittelfunktion.

Die höchste Zahl der *Ausgleichsämter* betrug *598.* Als Folge der Gebietsreformen und planmäßiger Zusammenlegung gab es Ende 1988 nur noch 133 Ämter. Die *Personalstärke* des Verwaltungszweiges betrug in den fünfziger Jahren *25.000*; Ende 1987 schrumpfte die Zahl der Beschäftigten auf *3.314.*

Über die Jahrzehnte hinweg verlief die Arbeit keineswegs gleichförmig. Die Anlaufjahre nach dem Soforthilfegesetz standen im Zeichen der Bekämpfung aktueller Notlagen und der Existenzsicherung. Die fünfziger Jahre waren geprägt durch die Bemühung um umfassende dauerhafte Eingliederung. In zunächst begrenztem Umfang gab es auch einen Schwerpunkt bei der Hausratentschädigung. Ab 1957 lief nach ersten Feststellungsjahren die Hauptentschädigung an. In den sechziger und siebziger Jahren rückten Schadensfeststellung und Entschädigung in den Mittelpunkt der Arbeit, während die Bedeutung der Eingliederungsleistungen allmählich absank. Mit den achtziger Jahren begann die Spätphase des Lastenausgleichs, in der deutlich wird, daß er seine Kernfunktion für die Eingliederung inzwischen verloren hat. Andere Institutionen und Verwaltungszweige wurden mit Berufsumschulung, Berufsausbildung, Wohnungsversorgung, Sprachförderung und Arbeitsvermittlung zunehmend wichtiger. Doch ist der LA immer noch ein wichtiges Instrument, das das seine zur Eingliederung beiträgt. Die Anträge der Spätaussiedler und späten DDR-Zuwanderer prägen die derzeitige Arbeit. Aber die Zahl der Neuanträge ist allmählich sehr viel kleiner geworden, die Finanzaufwendungen sinken. Die Aussiedlerwelle von 1988 und wohl auch der nächsten Jahre erfordert auch von der Ausgleichsverwaltung erhöhte Anstrengungen zur Bewältigung wieder ansteigender Arbeitslast.

Millionen und Milliarden

Ich sprach schon von »Massenverwaltung«. In der Zeit von 1949 bis 1988 wurden rund *58 Millionen Anträge* gestellt. Davon entfielen rund 8,3 Millionen auf Feststellungsanträge für Vermögensschäden und 9,2 Millionen auf Hausratschäden. Da in vielen Bereichen mehrstufige Bescheide notwendig sind und vielfach Teil-, Gesamt- und Änderungsbescheide ergehen, in einheitlichen Verfahren mehrere Personen beteiligt sind, da ferner bei laufenden Leistungen jährlich allein wegen Leistungserhöhung ein Bescheid ergeht, oft aber mehrere wegen anderer Änderungen notwendig werden, gehören zu den statistisch erfaßten 58 Millionen Anträgen von mir *geschätzte 275 Millionen Bescheide.*

Die *Gesamtausgaben* im LA belaufen sich bis Herbst 1988 auf *134,5 Milliarden DM* (darin nur 1,9 Milliarden außerhalb des Ausgleichsfonds). Für die Leistungsbilanz muß man 16,9 Milliarden Zahlungen abziehen, die auf Schuldendienst sowie Kosten der Vorfinanzierung und Darlehensverwaltung entfallen. Die Vorfinanzierung (bis 1979) hat die Zahlungen erheblich beschleunigt und damit den Wert der Leistungen erhöht. Sie gehört somit unbedingt in die Gesamtbilanz. Dagegen stehen die Kosten der Ausgleichsverwaltung außerhalb dieser Bilanz, entfallen auf viele Haushalte und sind sehr schwer zu schätzen. In den 134,5 Milliarden Gesamtausgaben entfallen nach Abzug der 16,9 Milliarden auf die *eigentlichen Leistungen 117,6 Milliarden DM.*

Auf die *Hauptentschädigung* (mit 0,6 RepG) entfallen davon *28,3 Milliarden* (Vt-Anteil 61,3 Prozent); bezieht man *auch die unbaren* Erfüllungsmaßnahmen ein, sind es mit Anrechnung und Umwandlung *sogar 35,1 Milliarden DM.* Auf die *Renten,* insbesondere also die Kriegsschadenrente entfallen *52,9 Milliarden* (davon Vt 81 Prozent), auf *Darlehen 18,9 Milliarden* (davon Vt-Anteil bei Gew 57,4 Prozent, bei Lawi 86,9 Prozent und Wobau 67,1 Prozent), auf *Hausratentschädigungs- und Beihilfen 9,9 Milliarden* (davon Vt 55,8 Prozent), auf *Altsparerent-*

schädigung 5,1 Milliarden (Vt 5 Prozent), auf *Währungsausgleich Vertriebener 1,1 Milliarden* (Vt 95 Prozent), auf *sonstige Leistungen 1,4 Milliarden DM* (davon Vt 73,2 Prozent).

An den 117,6 Milliarden DM Gesamtleistungen sind die *Vertriebenen* mit etwa *69 Prozent* beteiligt (nur 1,88 Milliarden sind dabei nicht aufgeschlüsselt). In der Spätphase dominieren die Anträge der Aussiedler und damit deren Leistungsanteil. 1986 entfielen von 21.590 gestellten Feststellungsanträgen 17.855 auf Aussiedler, 1987 von 19.727 beachtliche 16.286 und in 1988 (bis 30. September) von 19.057 sogar 17.283, schon mehr als im ganzen Jahr 1987. Der Rückgang der Feststellungsanträge kehrte sich 1988 um, ihr Aussiedleranteil stieg bereits auf über 90 v.H.

Kritische Würdigung

Messen muß man den Erfolg des Lastenausgleichs an seinem Hauptziel, der gesellschaftlichen, wirtschaftlichen und sozialen Eingliederung der Entwurzelten, und d.h. in erster Linie der Vertriebenen und Flüchtlinge. *Das Ziel ist erreicht, die Entwurzelten sind integriert.* Einem gewissen Anteil sozialer Abstiege stehen inzwischen höhere Anteile sozialer Aufstiege gegenüber. Für dieses Urteil nehme ich die ersten drei Jahrzehnte zum Maßstab, in denen der LA ein Kernstück und Symbol der Eingliederungsbemühungen war.

Auch bei der Eingliederung der Aussiedler in den *neunziger Jahren* hat der *LA seinen Beitrag* zu leisten, mit dem gesamten Fächer der noch aktuellen Leistungen. Seit etwa 1975 mußte ich mich gegen eine vorzeitige Beendigung des bestehenden Lastenausgleichs wenden. Für seine sachgerechte Anpassung an die Spätverhältnisse habe ich plädiert, für das Fortbestehen der Ausgleichsverwaltung unter sinnvoller Verkleinerung, für die Beibehaltung des Ausgleichsfonds. Gegen eine verfrühte Auflösung des Bundesausgleichsamtes und gegen eine Beendigung der gemischten Bundes- und Bundesauftragsverwaltung habe ich mich nachhaltig ausgesprochen. Ich war der Meinung, ohne die Aussiedlerwelle von 1988 vorauszuahnen, daß der LA auch bei nachhaltig gewandelten Eingliederungsbedürfnissen seinen Beitrag zur Integration zu leisten hätte und dies für geraume Zeit auch noch könnte. Die tatsächliche Entwicklung dürfte für meine damalige Argumentation sprechen. Ob das 32. ÄndG die wünschenswerte Anpassung an die Spätzeit bringen wird, werden wir sehen.

Die Leistungen des LA sind in dem vom Gesetzgeber vorgegebenen, aber in 31 Novellen und zusätzlichen Gesetzen erweiterten materiellen und finanziellen Rahmen erbracht. Es erwies sich als richtig, auf utopische Ideen eines »Naturalausgleichs« zu verzichten, der undurchführbar und eine Quelle sozialen Sprengstoffs geworden wäre. Die gewollte Umverteilung durch Vermögensverschiebung wurde gesellschaftspolitisch bescheidener, aber allein wirksam durch finanziellen Ausgleich erreicht. Auf diese Weise flossen *52,6 Milliarden DM Ausgleichsabgaben* und *14,2 Milliarden DM* als *Anteil* aus deswegen erhöhter *Vermögenssteuer* über Jahrzehnte hinweg in den Ausgleichsfonds zur Mitfinanzierung der Ausgleichsleistungen. Die *Haushaltszuschüsse* zur weiteren Finanzierung werden aus *allgemeinen Steuermitteln* erbracht.

Es konnte nicht ausbleiben, daß der LA auch *grundsätzliche Kritik* erfahren hat. So gibt es Gesellschaftskritiker, die dem LA *restaurative Züge* zumessen. Er soll die Neuformierung der Gesellschaft der Zukunft veroder jedenfalls behindert haben. Das halte ich für verzerrt und falsch zugleich. Die Benachteiligung der Entwurzelten durch die gewährten LA-Leistungen abzumildern oder durch Gewährung von Startchancen auszugleichen, hat ein neues radikales Proletariat verhindert. Das *führt in die Zukunft* einer sich eher lautlos verändernden Gesellschaft, nicht in die Vergangenheit.

Betrachtet man den zweiten kritischen Einwand, nämlich *unzureichende Entschädigung*, zu geringe Belastung der erhaltenen Vermögen, zu knappe Bemessung der Eingliederungsfinanzierung, so steckt in dem ein Stück relativer Wahrheit, trotz der zwischenzeitlichen Vervierfachung des LA-Volumens. Doch auch im Rückblick muß man die Ausgangslage, die schon zitierte »Konkurssituation« des Deutschen Reiches, im Auge behalten. Eine Würdigung kann die sich laufend wandelnden Gesamtaufgaben und -ausgaben nicht außer acht lassen. Isoliert betrachtet wären sicherlich höhere Leistungen im Laufe der Zeit möglich gewesen. Der jahrzehntelange schleichende Kaufkraftverlust hat den Wert gleichbleibender Entschädigungen sehr vermindert. Für sie gab es, anders als bei Lohn und Rente, keine Anpassung. Wer die Entschädigung für seinen verlorenen Grundbesitz mit dem Preis für ein neues Einfamilienhaus vergleicht, neigt zu der Frage, ob er genug Gerechtigkeit erfahren habe. Daß aber das große Ziel der Integrierung der Entwurzelten erreicht ist, dies bleibt letztlich entscheidend für die positive Würdigung des LA. Dabei ist der große politische und gesellschaftliche Erfolg, mißt man in Finanzzahlen von 1988, mit relativ bescheidenen Mitteln erreicht worden.

Gelegentlich wird geltend gemacht, andere Staaten hätten besser und schneller entschädigt. Doch hält dies bei Würdigung aller Umstände m.E. kritischer Analyse nicht stand.

Die kleine Minderheit, die da meint, durch Verhandlungen mit den Staaten des Ostblocks hätten Eigentumsrechte gesichert oder Entschädigungszahlungen der Vertreibungsmächte vereinbart werden müssen und können, verkennt die Realitäten in Vergangenheit und Gegenwart. Selbst im Westen hatte die Bundesrepublik mit solchen Verhandlungen insgesamt nur relativ bescheidene Erfolge. Ob die Zukunft dafür Chancen bietet, ist nicht überschaubar.

Die *Kritik* an der *Durchführung* in der *Verwaltung* konzentrierte sich auf Feststellung und Hauptentschädigung. Der Spielraum für finanzielle Beschleunigung war mit 11 Milliarden DM Vorfinanzierung und 4 Milliarden DM unbarer Erfüllung (über Spareinlagen und Erfüllungsschuldverschreibungen) ausgeschöpft. Art und Dauer der Feststellung, und damit auch der Zuerkennung, wurden bestimmt durch das gesetzgeberische Bemühen um individuelle Gerechtigkeit durch die millionenfache Rekonstruktion der verlorenen Vermögen. Das war ein Werk für Jahrzehnte. Die damit verbundene gesetzgeberische Perfektion und gelegentliche Kasuistik der Gesetze waren eine zwangsläufige Folge, die sich naturgemäß in der Arbeit der Verwaltung widerspiegelt. Millionen Bescheide mußten zudem Bestand haben vor dem rechtsstaatlichen Wirken der Verwaltungsgerichtsbarkeit.

Der Lastenausgleich steht im Zeichen tatsächlich geübter Solidarität. Zum inneren und äußeren Frieden hat er Wesentliches beigetragen. Nach Größenordnungen, Zielsetzung und gewählten Wegen, mit seinem politischen Erfolg ist der Lastenausgleich im internationalen Vergleich und aus historischer Sicht, die anzulegen bereits erlaubt ist, ein herausragendes, einmaliges und unverwechselbares Werk.

LITERATURAUSWAHL

SCHAEFER, Karl Heinz: Funktion und besondere Struktur der Lastenausgleichsverwaltung — 20 Jahre Lastenausgleich, in: Die Verwaltung, Zeitschrift für Verwaltungswissenschaft, Heft 1/1970, S. 43

DERS.: 30 Jahre Lastenausgleich, in: Bulletin des Presse- und Informationsamtes der Bundesregierung, Nr. 143 vom 23. November 1979

DERS.: Buchbeitrag Art. 119, 120, 120a GG in Grundgesetzkommentar, hrsg. von Ingo von Münch, Band 3, 2. Aufl., 1983

DERS.: Internationale Aspekte des Deutschen Lastenausgleichs, in: Archiv des Völkerrechts, 23. Bd., Heft 1 u. 2, 1985

DERS.: Aufgaben und Organisation der öffentlichen Verwaltung zur Eingliederung von Spätaussiedlern und späten DDR-Zuwanderern, in: Die Verwaltung, Zeitschrift für Verwaltungswissenschaft, Heft 1/1986

DERS.: Der Lastenausgleich — Probleme und Perspektiven im Rahmen der Kriegsfolgengesetzgebung. Nachträgliche Ausarbeitung eines Referates auf der 5. Fachtagung des Diakonischen Werkes »Zehn Jahre Eingliederungsarbeit mit Aussiedlern und DDR-Zuwanderern« vom 2. bis 4. Juni 1986 in der Evangelischen Akademie Loccum, Protokoll als Dokumentation herausgegeben von Wolfgang Lanquillon im Auftrag des Diakonischen Werkes der EKD, Stuttgart 1987

Gesellschaftliche Eingliederung der Vertriebenen*

Wilfried Schlau

Die fast völlige Abschließung und Isolierung der Deutschen von der übrigen Welt in den Jahren nach der Katastrophe von 1945 hatte eine ambivalente Wirkung: Einerseits wurde z.B. das deutsche Vertriebenenproblem, weil es nur die Deutschen betraf, international kaum zur Kenntnis genommen: Sollten die »outcast's der Welt« doch sehen, wie sie mit den Dingen fertig wurden, die sie sich eingebrockt hatten.

Andererseits aber konnten die Deutschen selbst — eingepfercht in ihren »Restkral«, streng bewacht von den Siegern und völlig fixiert auf die Bewältigung der primitivsten Subsistenzprobleme — nur lückenhaft wahrnehmen, daß sich die politische Großwetterlage in der Welt veränderte und sich damit auch für sie selbst wieder eine Chance bot. Zu den Folgen dieses weltpolitischen Umschlages — ausgelöst durch die Standhaftigkeit der USA und ihrer Verbündeten in Berlin und in Korea und gekennzeichnet durch den »kalten Krieg«, der im Sommer 1951 den »heißen Krieg« in Korea ablöste — gehörte u.a. eine neue Deutschlandpolitik der Westalliierten, die den Aufstieg der Bundesrepublik ermöglichte.

Auch für die Vertriebenen, ihre Eingliederung und menschliche Anerkennung, ergaben sich daraus neue Möglichkeiten, die die im allgemeinen positive Entwicklung der fünfziger Jahre zur Folge hatten. Daß es sich dabei in der Europa- und Deutschlandpolitik der USA und ihrer Verbündeten freilich nicht so sehr um eine grundlegende Änderung ihres Konzeptes, als um eine geschickte Anpassung an die gewandelte weltpolitische Konstellation handelte, das dürfte den politisch Handelnden in der Bundesrepublik immer bewußt gewesen sein, nicht dagegen der Masse der Betroffenen. Sie mußte daher der erneute weltpolitische Umschlag, der sich bereits Ende der fünfziger Jahre ankündigte, schwer, ja zum Teil wie ein Blitz aus heiterem Himmel treffen.

Rückschauend ist festzustellen, daß in diesen 10 Jahren von 1951 bis 1961 große Fortschritte nicht nur in der wirtschaftlichen und sozialen, sondern auch in der gesellschaftlichen Eingliederung der Vertriebenen erzielt wurden. Der allgemeine wirtschaftliche Aufstieg, der *allen* neue sozialökonomische Möglichkeiten bot, löste weitgehend die soziale Spannung zwischen Vertriebenen und Einheimischen, die weder durch die Leistungen zum Lastenausgleich noch durch die Konkurrenz der Vertriebenen auf dem Arbeitsmarkt unzumutbar belästigt wurden.

Außerdem war die Solidarität aus den gemeinsam und gleichberechtigt durchstandenen schweren Jahren des Krieges und des Zusammenbruches noch so groß, daß — getragen von der älteren und der Kriegsgeneration — auch die menschliche Verständigung auf der Grundlage eines noch gemeinsamen Werte- und Normensystems immer besser wurde. Ohne diesen Konsens wären nicht nur die sozialen Leistungen der fünfziger Jahre undenkbar gewesen; auch die bis heute meist gut funktionierenden Patenschaften für die Landsmannschaften und die Städte, Landkreise und Gemeinden der Vertriebenen, die fast ausschließlich in den fünfziger Jahren übernommen wurden, wären in einem anderen Klima nie Realität geworden. Dazu gehörten ebenso selbstverständlich die Vertriebenen-Kreuze und -Gedenkstätten wie die Benennung von Siedlungen, Straßen und Autobahn-Rastplätzen nach Landschaften, Städten oder Repräsentanten der Vertreibungsgebiete.

Dieses Klima der Verständigung erstreckte sich auf alle Bereiche und Institutionen der bundesdeutschen Gesellschaft, die Schulen und die Betriebe ebenso wie auf die Kommunen und die großen politischen Parteien, die Berufsverbände und die Vereine, und noch vorhandene Kooperationsschwierigkeiten reduzierten sich immer mehr auf die aus beruflichen oder Altersgründen noch nicht oder nicht mehr integrierten Vertriebenen, deren Außenseiter-Rolle temporär hingenommen werden mußte. Sicher gab es auch in dieser Zeit noch Spannungen und Interessengegensätze, aber auch im außenpolitischen Bereich herrschte eine weitgehende grundsätzliche Übereinstimmung, die ebenso ein gewaltsames Aufbegehren der Vertriebenen gegen die Vertreibung ausschloß, wie eine Anerkennung derselben durch die Einheimischen.

Die kritischen Stimmen kamen damals von ganz anderer Seite: So schrieb z.B. *S. C. Ehrler* 1966 in den der DFU nahestehenden »Blättern für deutsche und internationale Politik«, es sei den in der Bundesrepublik maßgebenden Gruppen im Einvernehmen mit den Amerikanern gelungen, »die gesellschaftlichen Konsequenzen, die aus dem Debakel des Dritten Reiches hätten gezogen werden müssen«, zu umgehen, und noch 1973 stellen Kitzmüller, Kuby und Niethammer in einer sehr lesenswerten, von der Bundeszentrale für politische Bildung publizierten Streitschrift zum »Wandel der nationalen Frage in der Bundesrepublik Deutschland« u.a. fest:

»In der Ära Adenauer wurde der soziale Sprengstoff der Vertriebenen durch ihre Integration in eine folkloristische Subkultur und durch das Versprechen eines ›Rechts auf Heimat‹ entschärft. Dies war die einfachste Lösung, denn wie hätte die Union die einheimischen Besitzschichten, auf die sie sich politisch stützte, zu einem wirklichen Lastenausgleich bewegen sollen?«

Dieser Exkurs und eine ebenfalls von der Bundeszentrale für politische Bildung 1972 herausgegebene Broschüre »Junge Vertriebene: Abschied vom politischen Erbe« sind übrigens die einzigen offiziösen Veröffentlichungen zum Thema »Integration der Vertriebenen«, die für die Jahre 1961—1978 festgestellt werden konnten.

Aber auch hier heißt es:

»Es zeigt sich, daß der Unterschied zwischen Vertriebenen und Einheimischen im politischen Bereich bereits in den fünfziger und frühen sechziger Jahren geringer als vermutet war. Dies ist wahrscheinlich eine Auswirkung der erfolgten ökonomischen Integration.«

Die weltpolitische Entwicklung hat auf diese Tatsachen keine Rücksicht genommen, und die Vertriebenen haben das spät — zu spät — gemerkt.

Inzwischen hatten sich nämlich die Gewichte drastisch zuungunsten der Westmächte verschoben, und die schon während der Eisenhower-Administration etwa bei der Suezkrise oder beim Ungarn-Aufstand 1956 sichtbar werdende Schwäche der USA, vor allem aber ihrer Verbündeten wurde mit dem

* Gekürzte Fassung eines bereits 1979, 1981 bzw. 1987 veröffentlichten Beitrages:
»Die Eingliederung aus gesellschaftlicher Sicht«, in: *H.J. v. Merkatz* (Hrsg.), Aus Trümmern wurden Fundamente, Düsseldorf 1979, S. 151—162, »Die gesellschaftliche Eingliederung der Vertriebenen in der Bundesrepublik Deutschland«, in: AWR (Forschungsgesellschaft für das Weltflüchtlingsproblem) (Hrsg.), AWR-Bulletin (Vierteljahresschrift für Flüchtlingsfragen), Wien No. 4/1981, S. 195—208 und »Integration von Flüchtlingen und Vertriebenen«, in: *D. Blumenwitz* (Hrsg.), Flucht und Vertreibung, Köln 1987, S. 297—316

Regierungsantritt J.F. Kennedys vollends evident: Das Scheitern der Wiener Verhandlungen mit Chruschtschow und der Bau der Berliner Mauer 1961, die nur mühsam bewältigte Kuba-Krise 1962 und das Hineinschlittern in die vietnamesische Katastrophe bei zunehmenden innenpolitischen Schwierigkeiten kennzeichnen die Jahre von 1961 bis 1967. Gleichzeitig komplizierte sich freilich auch die außenpolitische Lage der Sowjetunion. Die Entfremdung zwischen Moskau und seinem bisherigen Juniorpartner in Peking nahm unerwartete Ausmaße und Formen an, auch wenn beide weiterhin Nordvietnam in seinem Abnutzungskrieg gegen die USA tatkräftig unterstützten. Nach zahlreichen kleineren Zwischenfällen an der sowjetisch-chinesischen Grenze kam es schließlich Anfang 1969 zu den mehrtägigen blutigen Auseinandersetzungen am Ussuri, die geradezu einen Schock in Moskau auslösten und den seit langem angelaufenen Kurswechsel der sowjetischen Außenpolitik außerordentlich forcierten. Es war doch zumindest ungewöhnlich, daß der sowjetische Botschafter auf eigenen Wunsch den Bundeskanzler Kiesinger aufsuchte, um ihn persönlich im Auftrage seiner Regierung über die Ereignisse am Ussuri zu unterrichten.

Inzwischen aber war die Niederlage der Amerikaner in Vietnam schon lange nicht mehr zu verheimlichen; 1968 hatte Nixon die Präsidentenwahl ja nur mit dem Versprechen gewonnen, den Vietnamkrieg – so oder so – zu beenden. Das war nur über eine Verständigung mit der Sowjetunion *und* China denkbar – durch eine »Entspannung«, die es den USA ermöglichte, nicht aus dem »kalten« sondern aus dem schon seit Jahren wieder »heißen« Krieg herauszukommen, in dem sie nun – ganz anders als 18 Jahre vorher in Korea – allein ohne ihre Verbündeten und auch ohne Rückhalt bei der Masse ihrer eigenen Bevölkerung standen.

Die Sowjetunion hat die Chance, die ihr diese einmalige weltpolitische Konstellation bot, erfolgreich genutzt. Jetzt ergab sich endlich die Gelegenheit, die Eroberungen des Zweiten Weltkrieges in Europa vertraglich abzusichern und damit gleichzeitig den Rükken in Europa frei zu bekommen für die immer schärfer werdende Auseinandersetzung mit China in Asien.

Moskau brauchte nur seinen Friedensvertragsentwurf vom 10. Januar 1959 wieder hervorzuholen und zu testen, wie weit sich die darin vorgesehene »Pax Sovietica« nun in Europa verwirklichen ließ. Das Ergebnis zeigt die Schwäche der USA in den Jahren seit 1967 in grellem Licht – von ihren Verbündeten ganz zu schweigen, und für eine solche Politik der Anerkennung mußten die Vertriebenen mit ihrem Anspruch auf Heimat- und Selbstbestimmungsrecht natürlich ein lästiges Hindernis, ein Stein im Wege, sein.

Nixon brauchte *Entspannung um jeden Preis* zunächst wegen Vietnam und dann auch wegen Watergate, und so wie 1951 die erfolgreiche Standhaftigkeit Trumans in Korea indirekt den Aufstieg der Bundesrepublik und damit auch die Integration der Vertriebenen ermöglicht hatte, so mußte nun die militärisch-außenpolitische und schließlich auch innenpolitische Kapitulation Nixons zu einem schweren Rückschlag für die deutschen Interessen und besonders für die deutschen Vertriebenen führen. So wie 1948/51 die positiven Entscheidungen für sie in Berlin und Korea gefallen waren, entschied sich ihr Schicksal gegen sie nun in Vietnam und in Washington – und auch am Ussuri.

Damit aber bekamen alle jene Kräfte innerhalb und außerhalb der Bundesrepublik, im Westen wie im Osten, wieder Oberwasser, die schon seit Jahren auf diese endgültige – auch politische – Kapitulation der Deutschen hinarbeiteten. So wie es 1959 gelungen war, mit der berüchtigten, weltweit organisierten Hakenkreuz-Schmieraktion die antideutsche Propaganda und damit auch die sogenannten »Kriegsverbrecher«-Prozesse wieder in Gang zu bringen, konnte nun die gezielte Agitation auf allen Ebenen in voller Stärke anlaufen, ohne wesentlichen Widerstand befürchten zu müssen.

Das sind die Hintergründe einer Entwicklung, die der Leitartikler der »Salzburger Nachrichten« am 16. Juli 1966 anprangerte und zwar bezeichnenderweise unter der Überschrift: »Die Prügelknaben des Prügelknaben. Kesseltreiben gegen Vertriebene bedeutet nicht nur für die Bundesrepublik eine Gefahr«. Er schreibt dort u.a.:

»Es ist eine wahre Schande – sagen nicht wenige einsichtige Deutsche – wie unter dem jetzigen System in Deutschland die Vertriebenen, die stellvertretend für das ganze deutsche Volk die Sünden und die Verbrechen des NS-Regimes gebüßt haben, noch weiter büßen und übel wie keine anderen Mitglieder des deutschen Volkes behandelt werden. Das deutsche Wirtschaftswunder wäre ohne sie, ihre Arbeit und ihren guten Willen niemals in dem Umfang, den es hatte, möglich gewesen.

Ihnen muß das ganze deutsche Volk und muß die ganze freie Welt dafür danken, daß sie sich 1945 nicht der Anarchie hingaben, was für den Kommunismus eine schwere Enttäuschung bedeutete. Aber in Bonn dankt man ihnen dies, wie es den Anschein hat, schlecht ...« und:

»In diesem Blatt, das oft und oft für Deutschland eintrat und dagegen war, daß die Bundesrepublik in Ost und West und in der ganzen Welt als Prügelknabe herhalten müsse, muß nun auch einmal gesagt werden, daß die Vertriebenen innerhalb des deutschen Volkes die Prügelknaben für die anderen Deutschen sind. Fernsehen, Rundfunk, große Presse und nicht zuletzt die Gleichgültigkeit Bonns haben es erreicht, daß die Vertriebenen von den anderen Deutschen als lästige Querulanten empfunden und nahezu wie Verfemte und Vogelfreie gewertet werden. Das ist bedrückend traurig und zeigt, daß das deutsche Volk in seiner Gesamtheit als Folge des Zusammenbruchs noch krank ist.«

Nur wenn man diese Tatsachen in seine Überlegungen voll einbezieht, wird die unerfreuliche Entwicklung der letzten 22 Jahre – das immer weitere Auseinanderklaffen von sozialökonomischer Eingliederung der Vertrieben einerseits und ihrer gleichzeitig zunehmenden gesellschaftlichen Desintegration andererseits – verständlich.

Dabei wäre das alles in dieser Form gar nicht nötig gewesen: Auch die Chinesen haben im 19. Jahrhundert unter dem massiven Druck des russischen Imperialismus die »ungleichen Verträge« hinnehmen müssen, haben sie jedoch äußerlich und vor allem innerlich bis heute ebensowenig akzeptiert wie die Polen seinerzeit ihre Teilungen. Auch in Versailles mußte 1919 schließlich unterschrieben werden, aber der Sozialdemokrat Philipp Scheidemann, der die Republik ausgerufen hatte, erklärte vorher, die Hand solle verdorren ..., und trat zurück. Nicht viel anders verhielt sich 1919 die Regierung Deutsch-Österreichs unter dem sozialdemokratischen Staatskanzler Renner, als sie unter Protest den Friedensvertrag von St. Germain unterzeichnete.

Eine »Kapitulation unter Protest« hätte auch die große Mehrzahl der Vertriebenen als unabwendbar und als Konsequenz der veränderten weltpolitischen Machtkonstellation hingenommen – vorausgesetzt, man hätte, wie seinerzeit vor St. Germain und Versailles, von seiten der Regierung die Ausweglosigkeit der Lage offen dargestellt und die Notwendigkeit eines solchen Schrittes entsprechend begründet. Das lag freilich nicht im Interesse der Sowjetunion, die schon allein aus den Erfahrungen russischer Politik mit Polen und Chinesen die Relativierung eines unter Protest unterzeichneten Vertrages richtig einzuschätzen wußte und daher mit einer planmäßigen Agitation im Weltmaßstab begann und sich durchsetzte.

Es ist hier nicht der Ort zu überprüfen, wie diese Entwicklungen im einzelnen verliefen – beginnend mit der Denkschrift der EKD bis zur Vermittlerrolle der KPI. Lenins Wort von den »nützlichen Idioten« fand jedenfalls hundertfache Bestätigung, und die Vertriebenen, die noch nicht resigniert hatten, mußten mit Entsetzen feststellen, daß sich die Mehrheit der Bundesbürger mit ihren Vertreibern gegen sie solidarisierte und nur eine kleine Minderheit – und auch diese nur mit Einschränkungen – bereit war, für ihr Heimatrecht und Selbstbestimmungsrecht einzutreten.

Die Erscheinungsformen und Begleiterscheinungen dieses Prozesses der letzten 22 Jahre sind vielfältiger Natur – von der planmäßigen Ausmerzung der Begriffe »Ostdeutschland« und »Mitteldeutschland« aus dem allgemeinen Sprachgebrauch über die Löschung der Namen ostdeutscher Städte und der Grenzen Ostdeutschlands auf den Wetter- und Nachrichten-Karten des Fernsehens oder den Streckenkarten der Bundesbahn bis zu der Absicht, in Schulbuch-Richtlinien den Vertriebenen schließlich auch noch ihr Schicksal selbst in seiner Grausamkeit und Völkerrechtswidrigkeit einfach durch die Unterdrückung des Begriffes der »Vertreibung« zu nehmen.

Dazu kommen die gelungenen oder vorerst noch mißlungenen Versuche, bei Straßen-Umbenennungen im Zuge von Gebietsreformen oder in anderen Zusammenhängen Namen ostdeutscher Städte und Landschaften – oft aus vordergründiger Rücksichtnahme auf erwünschte Partner oder Kunden aus kommunistischen Ländern – zu beseitigen oder auch nur noch von »ehemaligen« Pommern, Schlesiern oder Sudetendeutschen zu sprechen. Die »richtigen« Pommern und Schlesier sind demnach die heute dort wohnenden Polen und Tschechen; nur die Bezeichnung Sudetendeutsche wird von den etwa im Egerland angesiedelten Tschechen, Slowaken und Landfahrern ebenso wenig in Anspruch genommen wie der Name »Preußen« vorerst noch von Polen, Ukrainern, Russen und Angehörigen asiatischer Völkerschaften in West- und Ostpreußen.

Auch die inzwischen wieder rückläufige Vermeidung der deutschen Ortsnamen in der Öffentlichkeit, z.B. in den Massenmedien, gehört in den gleichen Kontext – und das bei gleichzeitiger peinlich-genauer Kenntlichmachung der von Israel besetzten arabischen Gebiete und ihrer Abgrenzung vom israelischen Staatsgebiet in den gleichen Fernsehprogrammen.

Da muß sich den Vertriebenen zwangsläufig die Frage aufdrängen, ob ihr Verhalten nicht falsch und das der Araber richtig war, die eine Integration der palästinensischen Flüchtlinge planmäßig verhinderten, um diese als Guerilla-Armee stets parat zu haben, die mit Terror und Gewalt ihre Vertreibung rückgängig zu machen sucht – und wie sich zeigt, nicht ohne Erfolg: Niemals wurde jedenfalls einem Vertreter der deutschen Vertriebenen ein Auftritt vor der UN-Vollversammlung gestattet!

Ihren Höhepunkt erreichte diese Agitation und Kampagne gegen die Vertriebenen schließlich in dem Gütt-Kommentar der ARD zu den Vertriebenen-Pfingsttreffen 1969, bei dessen Diskussion erstmals das böse Wort von den Vertriebenen als dem »Spucknapf der Nation« fiel, und in der unappetitlichen Sendung »Heterologe Insemination oder: die Endlösung des Vertriebenenproblems«, die vom Süddeutschen Rundfunk in Stuttgart am 9. Juni 1970 und dann nochmals ausgestrahlt wurde. Damit aber war – ganz abgesehen von der Verwendung der makabren Vokabel »Endlösung« – der Bogen wohl überspannt worden, denn in einem kritischen Kommentar zu dieser Sendung hieß es u.a.:

»Immer nach dem Motto: Der Jude ist schlecht, also muß er auch schlecht gemacht werden. Die Mittel werden durch den Zweck geheiligt. Die Vertriebenen sind die Wanzen unserer Gesellschaft, darum müssen sie zwischen den Fingern zerdrückt werden...« Und:

»Schon der ›Stürmer‹ unseligen Andenkens griff tief in die Kloake, um seine Opfer, die Juden, zu treffen. Soll sich etwa Ähnliches mit anderen Vorzeichen und modern angereichert wiederholen?«

Nachdem mit der termingerechten Unterzeichnung der Verträge in Moskau, Warschau und Prag sich nach Meinung der sowjetischen Regierung ihre Westpolitik voll durchgesetzt hätte und nun der Festschreibung der sowjetischen Eroberungen des Zweiten Weltkrieges auf der KSZE in Helsinki nichts mehr im Wege stände, hat diese Agitation auch in den Massenmedien wohl nachgelassen, aber durchaus noch nicht aufgehört. Nur die Methoden haben sich geändert, und an die Stelle der Beschimpfung ist die Verhöhnung getreten, – oft in recht subtiler Form, wie etwa in der Sendung über die »Schlesier im Sauerland« von Radio Bremen in der Reihe »Reservate« im Februar 1977 oder in dem Beitrag »Schlesien bleibt unser: Vertriebenenpolitiker und das Rad der Geschichte« von Dietrich Strothmann von der »Zeit« in dem 1985 erschienenen Fischer-Taschenbuch »Die Vertreibung der Deutschen aus dem Osten«. Der Mainzer Historiker Gotthold Rhode hat in der FAZ entsprechend darauf reagiert.

Die Vertriebenen selbst sind in ihrer Masse von dieser Entwicklung vollkommen überrascht worden. Seit Mitte der fünfziger Jahre und dem Anlaufen des sogenannten »Wirtschaftswunders« durch die eigene sozialökonomische Eingliederung völlig in Anspruch genommenen und dementsprechend im politischen Bereich weniger als in der ersten Zeit engagiert, mußte sie die gegen sie gerichtete Aktion mit voller Wucht treffen, zumal sie auch noch in entscheidender Stunde durch den Tod des Sozialdemokraten Wenzel Jaksch ihren überragenden Repräsentanten verloren hatten.

So war die Reaktion der Vertriebenen, ihrer Herkunft und Tradition, ihrer sozialökonomischen Lage und persönlichen Veranlagung entsprechend, unterschiedlich, und es gab und gibt viele Spielarten von der furchtsamen Resignation der Masse bis zum trotzigen Widerstand der Wenigen. Auf jeden Fall war der Prozeß einer gesellschaftlich gleichberechtigten Integration der Vertriebenen jäh unterbrochen worden, und er ist seitdem auch nicht wieder in einer den fünfziger Jahren vergleichbaren Form in Gang gekommen.

Dagegen lief auch in den letzten 22 Jahren die sozialökonomische Eingliederung der Vertriebenen als Arbeitskräfte und Konsumenten in den bundesdeutschen Wirtschaftskörper dank ihrer eigenen Aktivität, Arbeitsleistung und Sparsamkeit mit unveränderter Dynamik weiter, und auch die »physische Integration« durch das Konnubium zwischen Vertriebenen und Einheimischen machte weitere Fortschritte:

Schon von 1946 bis 1950 waren von den Eheschließungen Vertriebener nur noch 46,1 v.H. solche mit einem ebenfalls vertriebenen Partner gewesen, in dem Jahrzehnt von 1961 bis 1970 aber waren es nur noch 32,0 v.H. Das heißt, daß 2/3 aller Vertriebenen Nicht-Vertriebene heiraten, und dieser Prozeß zeigt eine zunehmende Tendenz.

Er hat zur Folge, daß die Zahl der »Vertriebenen« in der Bundesrepublik statistisch absolut und relativ ständig zunimmt, nachdem das Bundesverwaltungsgericht 1973 auf Grund der Gleichberechtigung von Mann und Frau entschieden hat, daß die Vertriebeneneigenschaft nicht nur durch den Vater vererbt wird (auch wenn das im In- und Auslande manchem nicht gefallen mag). Eigene Untersuchungen an zwei Vertriebenengruppen aus Pommern und dem Sudetenlande ergaben übereinstimmend einen Zuwachs vor allem durch das Konnubium mit Einheimischen um 60–70 v.H. Das heißt, daß schon 1970 nicht nur 19,3 v.H. der deutschen Wohnbevölkerung der Bundesrepublik selbst Vertriebene oder Kinder vertriebener Väter bzw. ihrer Söhne waren, sondern bei Einbeziehung auch der Kinder vertriebener Mütter bzw. ihrer Töchter bereits rund 30 v.H., und bis zum Jahre 2000 dürfte der Anteil der Personen auch ostdeutscher, sudetendeutscher oder südostdeutscher Herkunft an der deutschen Wohnbevölkerung der Bundesrepublik die 50 Prozent-Marke überschritten haben.

Damit ist tatsächlich eingetreten, was Eugen Lemberg und Lothar Krecker schon 1950 mit ihrem Buch »Die Entstehung eines neuen Volkes aus Binnendeutschen und Ostvertriebenen« ankündigten; offen ist nur die Frage, wer das kulturelle und politische Bewußtsein dieser »neuen« Population bestimmt und in Zukunft bestimmen wird.

Die Normalisierung des Verhältnisses zwischen Einheimischen und Vertriebenen in den fünfziger Jahren, der Aufstieg der »Flüchtlinge« der »Stunde Null« über den Status der »Neubürger« zu gleichberechtigten »Mitbürgern«, der sicher oft harte, aber erfolgreiche Weg des ursprünglichen Subproletariats der bundesdeutschen Gesellschaft aus der Phase der »Mitexistenz« der Jahre 1945 bis 1950 über die Phase der »Mitarbeit« der Jahre 1950 bis 1960 zur Phase des langsam beginnenden »Miteigentums« um 1960 ließ erwarten, daß den deutschen Vertriebenen wie den Kareliern in Finnland die uneingeschränkte Einbringung auch ihres kulturellen Besitzstandes und ihrer politischen Traditionen in die neue Gesellschaft möglich sein würde.

Vor allem aber war auf Grund dieser positiven Entwicklung damit zu rechnen, daß auch den Vertriebenen — als Gruppe wie als Einzelnen — mit der Zeit die nötige menschliche Anerkennung zuteil werden würde — als Voraussetzung für jede wirkliche gesellschaftliche Integration. Lemberg bemerkte dazu 1950 sehr treffend:

»Denn der Mensch findet sich mit dem gegenwärtigen niederen Lebensstandard ab, wenn er nur das Bewußtsein retten kann, daß er in seinem Wert geschätzt wird und daß sein Leben einen Sinn hat.«

Zu den »geretteten Werten« gehörten nach dem Verlust des gesamten materiellen Eigentums, der sozialen Stellung und des Netzes sozialer Sicherungen vor allem das Selbstverständnis der regionalen Herkunft und der damit verbundenen kulturellen Leitbilder und Normen gesellschaftlicher und politischer Kooperation sowie das Bedürfnis, wenigstens diese ungeschmälert in die neue Gesellschaft einzubringen. Schon die ostdeutschen Straßen- und Siedlungsnamen der fünfziger Jahre dokumentierten dieses Bestreben und dürften so gesehen durchaus eine »Ventil-Funktion« erfüllt haben. Jedenfalls mußte Ende der fünfziger Jahre kaum ein Vertriebener mehr damit rechnen, auf Grund eines offenen Bekenntnisses zu seiner Heimat und Herkunft in irgendeiner Weise benachteiligt oder gar diskriminiert zu werden.

Die Agitation der sechziger und siebziger Jahre hat diese Situation grundlegend verändert und die Identität der Vertriebenen — ihrer landsmannschaftlichen Gruppen wie ihrer einzelnen Angehörigen — in einem Maße in Frage gestellt, wie es um 1960 nicht mehr vorstellbar gewesen wäre. Der Umschlag vom »Patenkind« zur »Unperson« war verständlicherweise vor allem für die Älteren, die sich in ihrer persönlichen Identität tief getroffen fühlen mußten, kaum zu verkraften, und der Rückzug vieler in die Resignation, ins Vertriebenen-Ghetto oder in die völlige Isolierung wird von daher durchaus verständlich. Nicht zuletzt hier liegen Ansatzpunkte auch für eine »Subkultur«, wie sie Kitzmüller, Kuby und Niethammer in die »Adenauer-Ära« reprojizierten und Radio Bremen in der Fernsehsendung über die »Schlesier im Sauerland« persiflierte.

Eine solche Abdrängung in marginale Positionen der bundesdeutschen Gesellschaft konnten noch voll im Leben und Beruf stehende Jahrgänge natürlich nicht hinnehmen, am wenigsten die nachwachsende junge Generation. Daraus ergaben sich mannigfache und vielgestaltige Formen der Reaktion auf den zunehmenden gesellschaftlichen und politischen Druck — vom trotzigen Verharren in der jede Konzession ablehnenden Randseiter-Position des »marginal man« bis zum Renegaten mit seinem nicht seltenen Selbsthaß und entsprechender Aggressivität gegenüber seinen früheren Gruppengenossen.

Die Soziologie kennt eine ganze Skala von Abstufungen in einem solchen Prozeß des Überganges von einer gesellschaftlichen Gruppe mit ihren Werten und Normen in eine andere — von der nur äußerlichen Anpassung über die Akkulturation bis zur Assimilation, man mag ihre Repräsentanten nun als Realisten oder als Opportunisten oder auch als Konvertiten bezeichnen. Auf jeden Fall steigt mit der Zunahme der gesellschaftlichen Pression, wie die Sozialgeschichte lehrt, die Fragwürdigkeit solcher »Integrations«-Prozesse, die schließlich durch massive Verdrängung der überkommenen Werte und Normen bei hohem Frustrationsgrad erzwungen werden. Von einer wirklichen Integration, die von einer Unterdrükkung der zu Integrierenden absieht, vielmehr ihre bewußte oder unbewußte Zustimmung voraussetzt und auch *ihre* eingebrachten Werte, Normen und Traditionen in die neue Gesellschaft einzuordnen bestrebt ist, kann hier nicht mehr die Rede sein.

Für eine solche Eingliederung der Vertriebenen waren, das ist rückschauend festzustellen, durch die Normalisierung der fünfziger Jahre alle Voraussetzungen gegeben — für die Entstehung eines »neuen Volkes«, d.h. einer neuen Gesellschaft, die manche Werte und Normen und auch äußere Kennzeichen der »newcomer« übernommen und integriert hätte. Daß diese Entwicklung jäh unterbrochen oder zumindest zu Kümmerformen denaturiert wurde, das ist vielleicht bedauerlich, aber eine Realität.

Kennzeichnend für sie ist z.B. das gelegentliche Bestreben von Angehörigen der mittleren Vertriebenen-Generation, bei Bewerbungen Geburtsorte in den Vertreibungsgebieten fortzulassen, um eine eventuell daraus resultierende Benachteiligung zu vermeiden, eine solche Herkunft nicht zu erwähnen oder, wenn das nicht möglich ist, sie doch als quantité négligeable abzuwerten. Daß solche Geburtsorte in deutschen Veröffentlichungen bewußt in polnischer oder tschechischer Sprache angegeben werden, das ist bisher immerhin noch eine Ausnahme und scheint sich auf bestimmte Kreise der evangelischen Kirche zu beschränken.

Noch viel deutlicher werden die Ergebnisse dieses Prozesses bei der jüngeren Generation und zwar in ihrer Gesamtheit. Persönliche Erfahrungen bei den Staatsexamina von rund 1.000 angehenden Pädagogen im Wahlpflichtfach Soziologie in den Jahren 1971 bis 1976 zeigen, daß die Tatsache der Enteignung, Vertreibung oder Deportation von rund 18 Millionen Deutschen in oder nach dem Zweiten Weltkrieg als einmaliges Beispiel erzwungener massenhafter horizontaler und vertikaler Mobilität in Europa aus dem Wissen und Bewußtsein des durchschnittlichen bundesdeutschen Abiturienten der Jahre 1967 bis 1972 bereits fast vollständig verdrängt war, jedenfalls dort so gut wie nicht existierte.

Symptomatisch für diesen Sachverhalt ist auch die fast rührend-naive Feststellung eines Studenten: »In unserer Gemeinde sollen nach dem Kriege auch Flüchtlinge gewesen sein... Sagen Sie, ist ›Flüchtling‹ nicht eigentlich ein Schimpfwort?« — womit er nicht so ganz Unrecht hatte, auch wenn man nicht gleich an die saftige Formulierung der »Hureflichtlinge« des schwäbischen Volksmundes denken muß. So gesehen erübrigen sich eigentlich die Bemühungen einschlägiger Kreise, die Empfehlung der Kultusministerkonferenz zur Ostkunde im Unterricht durch Empfehlungen oder sogar Richtlinien der bundesdeutsch-polnischen oder anderer Schulbuchkommissionen zu ersetzen.

Aber auch der im allgemeinen weiterhin erfolgreiche Prozeß der sozialökonomischen Integration der Vertriebenen und Flüchtlinge in die bundesdeutsche Gesellschaft zeigte zu Beginn der 70er Jahre erste »Verwerfungserscheinungen«, wie die Ergebnisse der Zusatzbefragung zum Mikrozensus 1971 andeuteten.

Diese — in Anbetracht ihres hohen finanziellen Aufwandes nicht zuletzt mit der Notwendigkeit einer Überprüfung des Eingliederungsstandes der Vertriebenen und Flüchtlinge begründet, bisher jedoch kaum ausgewertet — ergab nämlich auch für die 1920 und später Geborenen durchaus unterschiedliche Abläufe bei den Vertriebenen und den Flüchtlingen, d.h. den Zugewanderten aus der Sowjetischen Besatzungszone, der späteren DDR:

Lagen bei den Geburtsjahrgängen von 1920 bis 1936 die Zugewanderten und Vertriebenen in ihrem durchschnittlichen beruflichen Intergenerationen-Aufstieg noch deutlich vor den Einheimischen, so fielen schon bei den von 1937 bis 1946 Geborenen die Vertriebenen weit hinter die Einheimischen und vor allem die Zugewanderten zurück. Die Zugewanderten dagegen konnten ihre Spitzenposition auch unter den 1947 und später Geborenen behaupten, während hier bei den Vertriebenen der Abstieg den Aufstieg überwog.

Von den für eine Erklärung dieses Phänomens möglichen Hypothesen könnte eine dahin zielen, daß das »Korsett« des Werte- und Normensystems, mit dessen Hilfe die Kriegs- und auch noch die sog. »skeptische« Nachkriegsgeneration ihr Schicksal meisterten, den jüngsten Jahrgängen in der bundesdeutschen »Mini-Kulturrevolution« der 60er und 70er Jahre abhanden gekommen ist — mit entsprechend negativen, auch sozialökonomischen Folgen für die Betroffenen.

Andererseits ist zu fragen, ob und in welchem Maße die Umwandlung des früheren bundesdeutschen sozialökonomischen Nord-Süd-Gefälles in ein Süd-Nord-Gefälle auch mit der erfolgreichen Integration der Vertriebenen, deren spezifischer Herkunft und »unsichtbarem Fluchtgepäck« zusammenhängen könnte.

Dazu gehört nicht zuletzt das Phänomen

der Zunahme politisch konservativer Tendenzen gerade im Süden der Bundesrepublik, wo die Vertriebenen anscheinend in überproportionalem Ausmaß die freiheitlich-demokratische Wirtschafts-, Staats- und Gesellschaftsordnung nicht, wie von der Sowjetunion erhofft, in die Luft gesprengt, sondern gefestigt haben.

Auch die besondere Rolle des BHE als einer »Sudetendeutschen Partei im Exil« der 50er und 60er Jahre in den süddeutschen Ländern sollte in diesem Kontext nicht unerwähnt bleiben.

Als neue Herausforderung und Aufgabe ergab sich seit Beginn der 70er Jahre schließlich die Problematik der sogenannten »Spätaussiedler« und ihrer Integration in eine Gesellschaft, die inzwischen als Folge der bundesdeutschen Mini-Kulturrevolution erhebliche Verformungen erfahren hat.

Dementsprechend liegen die Probleme der Integration der Aussiedler – trotz schwieriger gewordener Voraussetzungen vor allem für die Deutschen aus Rumänien – nicht so sehr im sozialökonomischen Bereich als in der Tatsache, daß das 1945 noch gemeinsame und in den ersten Jahren danach eher gefestigte Werte- und Normensystem in der Bundesrepublik weitgehend nicht mehr existent ist.

Dieses Werte- und Normensystem aber war für die Aussiedler 30 Jahre lang der Halt, der »Motor« in ihrem bitteren und entbehrungsreichen Kampf um die Heimkehr in ein ihnen nun moralisch fremd erscheinendes Land.

In diesem Kontext erwies sich übrigens die Diskussion um das Motto des Schlesiertreffens in Hannover im Sommer 1985 als interessanter Test – als Ventil nach 20jähriger planmäßiger Diffamierung vor allem durch die Massenmedien und allgemeiner Verdrängung. Johann Georg Reißmüller hat diese Zusammenhänge aufgrund der zahlreichen einschlägigen Leserbriefe, die der FAZ zugingen, in seinem Leitartikel vom 18.2.1985 »Warum das Verdecken falsch war« sehr treffend geschildert.

Anscheinend steht hinter dieser »Eruption« auch eine neue Generation, die – nicht wie ihre Eltern in der Gefangenschaft geprügelt oder in Lagern gedemütigt – die Wahrheit wissen will und auf derselben besteht, die in ihrem »Verlangen nach Herkunft«, wie es Hermann Schreiber schon 1977 in einem hochinteressanten Artikel im »Spiegel« nannte, ihre Geschichte – den »Schatten, den der Peter Schlemihl verkauft hatte«, sucht und ihn wiederhaben möchte, da ein Mensch ohne Schatten eben »grauenhaft« ist.

Insgesamt zeigt sich jedenfalls, wie falsch es war, in einer Zeit des »lebenslangen Lernens« und des Bildungsurlaubs, des Ausbaus der Erwachsenenbildung und der politischen Bildung im besonderen, auf die Entwicklung eines eigenen – von den Vertriebenen und ihren Organisationen getragenen – komplementären Bildungsbereiches zu verzichten, wie ihn sich z.B. die vertriebenen Karelier in Finnland durch Transferierung und Wiedererrichtung ihrer Bildungseinrichtungen erhalten und gesichert haben. Nicht zuletzt durch diese zusätzliche kulturpolitische Investition und Einflußnahme auf das Bewußtsein der Gesellschaft Finnlands in seiner Gesamtheit ist dort eine wirklich gleichberechtigte Integration der Vertriebenen gelungen.

In der Bundesrepublik dagegen finanzieren die Vertriebenen mit ihren Steuergeldern ein Bildungssystem, das sie, ihre Existenz und ihr Schicksal weitgehend ignoriert; nur Bildungseinrichtungen, die ihre eigene gleichberechtigte Integration in die bundesdeutsche Gesellschaft planmäßig unterstützen und fördern, stehen ihnen nicht zur Verfügung.

Nur durch eine solche Leistung wäre die Phase der »Mitbestimmung« als Abschluß einer wirklichen gesellschaftlichen Eingliederung zu erreichen und ein geistiger Substanzverlust durch erzwungene Assimilation zu vermeiden. Von dieser Phase der Mitbestimmung aber sind die Vertriebenen in der Bundesrepublik oder richtiger die Bundesbürger auch ostdeutscher, sudetendeutscher und südostdeutscher Herkunft noch weit entfernt.

LITERATURAUSWAHL

BRELIE-LEWIEN, D./GREBING, H./SCHULZE, R. (Hrsg.): Flüchtlinge und Vertriebene in der westdeutschen Nachkriegsgeschichte, Hildesheim 1987

JOLLES, Hiddo M.: Zur Soziologie der Heimatvertriebenen und Flüchtlinge, Köln/Berlin 1965

KATHER, Linus: Die Entmachtung der Vertriebenen. 1. Bd. Die entscheidenden Jahre; 2. Bd. Die Jahre des Verfalls, München-Wien 1964/1965

LANDSBERG, Ludwig: Das Zusammenleben der Vertriebenen und Einheimischen im zehnten Jahr nach der Vertreibung, in: Arbeits- und Sozialminister des Landes Nordrhein-Westfalen (Hrsg.), Rückschau und Ausblick, Düsseldorf 1955

LEMBERG, Eugen: Die Ausweisung als Schicksal und Aufgabe, Gräfelfing-München 1949; Ders.: Umdenken in der Verbannung, Bonn 1955

LEMBERG, Eugen/EDDING, Friedrich (Hrsg.): Die Vertriebenen in Westdeutschland, 3 Bde, Kiel 1959

LEMBERG, Eugen/KRECKER, Lothar: Die Entstehung eines neuen Volkes aus Binnendeutschen und Ostvertriebenen, Marburg/L. 1950

PFEIL, Elisabeth: Der Flüchtling. Gestalt einer Zeitenwende, Hamburg 1948

Frauenarbeit im Bund der Vertriebenen

Freda von Loesch

Vordergründig lag seinerzeit die Verantwortung und Last bei Flucht und Vertreibung auf dem Rücken der ostdeutschen Frauen. Sie haben sie in bewundernswerter Weise getragen, und ihr Einsatz und ihre Mitwirkung in der Zeit des Wiederaufbaus verdienen ebenso vollste Anerkennung. So konnte es nicht ausbleiben, daß man beim Aufbau der Vertriebenenverbände auf ihre Mitarbeit und ihren Einsatz auf den verschiedensten Gebieten nicht verzichten konnte, und so ist es bis heute geblieben.

Es ist eine feststehende Tatsache, daß immer schon und so auch heute die Mitarbeit der Frauen im Verband und an seinen Aufgaben von großer Wichtigkeit und ein mitentscheidender Faktor für das Fortbestehen und Wirken des Verbandes ist. Es soll an dieser Stelle nicht unerwähnt bleiben, daß die Frauen hierzu unvermindert in bewundernswertem Ausmaß bereit sind und dies auch in der Tat durch ihre lebendige Arbeit in ihren nach Zahl und Größe sehr beachtlichen Frauengruppen sowie durch ihre rege Mitarbeit in allen Gruppierungen und auf allen Verbandsebenen des BdV (Frauen sind z. B. Orts- und Kreisvorsitzende, Kreisgeschäftsführerinnen, Kultur- und Sozialreferentinnen, Kassiererinnen usw.) beweisen. Nachdem im Dezember 1958 der Zusammenschluß der Vertriebenenverbände zum BdV erfolgt war, schlossen sich die aus beiden Verbandssäulen hervorgegangenen Frauenorganisationen am 5. Juni 1959 zur Frauenarbeit im BdV — Arbeitsgemeinschaft heimatvertriebener und geflüchteter Frauen e.V. Landsmannschaftlicher Frauenkreis — zusammen.

Durch die Entwicklung und den Fortgang der Arbeit in den dazwischenliegenden Jahren wurde der Zusammenschluß der Frauen im Jahre 1970 zum »Frauenbund für Heimat und Recht e.V.«. Heute trägt er nach einem einstimmigen Beschluß in der Mitgliederversammlung vom 22. September 1980 den Namen »Frauenbund für Heimat und Recht im BdV e.V.«.

Die Aufgabengebiete der Frauen sind seit eh und je außerordentlich umfangreich, so daß nicht alle gleichzeitig und in gleichem Ausmaß überall in der Bundesrepublik Deutschland durchgeführt werden können, sind sie doch auch weitgehend vom Einsatz geeigneter Persönlichkeiten abhängig. Somit ergeben sich örtlich gesehen nach dieser oder jener Seite Schwerpunktverschiebungen. Erkannt und gesehen sind die besonderen Aufgaben der vertriebenen Frauen jedoch überall und werden von ihnen auch verantwortungsbewußt übernommen. Besonders wichtig erscheint ihnen ihre Mitarbeit im Rahmen der nachstehend aufgeführten Aufgabengebiete, so auf *dem politischen Gebiet.*

Zur Planung und Sicherung des aktuellen Arbeitseinsatzes sowie zur Orientierung und Schulung der Mitarbeiterinnen führt der Frauenbund jährlich auf Bundesebene eine Bundesfrauentagung — Delegiertenversammlung —, gegebenenfalls auch politische Wochenseminare durch. Diese finden sodann ihre Fortsetzung auf Landes- und Kreisebene. Damit ist der Einsatz der Frauen bis in die unteren Verbandsebenen gesichert. Seit eh und je setzen die Frauen ihre Kräfte auch für eine »public-relation Arbeit« ein. Sie ist ihnen von besonderer Wichtigkeit. Es werden verschiedene Publikationen — Arbeitsbriefe und Bücher — herausgegeben. Die Arbeitsgemeinschaft ist seit Jahren Mitglied beim Deutschen Frauenring e.V., beim Informationsdienst für Frauenfragen e.V. und der Arbeitsgemeinschaft überkonfessioneller und überparteilicher Frauenorganisationen Deutschlands. Durch die Mitgliedschaft in diesen deutschen Dachverbänden gehören sie auch dem deutschen Frauenrat mit Sitz und Stimme an. Darüber hinaus erhalten sie auch Anschluß an den International Council of women und die Interalliance of women. Auf Landesverbandsebene ist die Arbeitsgemeinschaft in überwiegender Zahl Mitglied der dortigen Arbeitsgemeinschaft aller Frauenverbände.

Naturgegeben ist für die Vertriebenen-Frauen ihre Mitarbeit auf dem *kulturpolitischen Aufgabengebiet.*

Die Pflege des heimatlichen Kulturgutes zur Erhaltung, Förderung und Weckung des Heimatbewußtseins und des Zusammengehörigkeitsgefühls in den eigenen Reihen über die Generationen hinweg ist ihnen eine Selbstverständlichkeit. Sie fördern die Kindergruppenarbeit und pflegen die Zusammenarbeit mit den Verbänden der vertriebenen Jugend. Besonders wichtig ist es ihnen, das Wissen um die deutschen Heimatgebiete in Ost- und Südosteuropa im Kreis der westdeutschen Landsleute in jeglicher Beziehung zu verbreiten und zu vertiefen. Sie führen kulturelle Veranstaltungen, auch Ausstellungen, auf allen Verbandsebenen durch. Vortragsveranstaltungen sollen dem gleichen Zwecke dienen.

Soziale Frauenarbeit im Sammellager in Ebenhausen.

Jugendarbeit der Vertriebenen im Wandel

Hartmut Koschyk

Besonders verpflichtet fühlen sich die Frauen zur Mitarbeit auf dem *sozialen Gebiet.*

Die ihnen hier gestellten Aufgaben sind sehr umfangreich und verlangen den unermüdlichen Einsatz der Frauen. Schon immer war, und so ist es bis heute, die Betreuung und Hilfe für die Schicksalsgefährten in der Bundesrepublik Deutschland, sei es durch Beratungstätigkeit, Nachbarschaftshilfe, Altenbetreuung, Mütter- und Kinderverschikkung eine dringende Notwendigkeit. Schon seit Jahren, besonders in jüngster Zeit, ist die Lager- und Aussiedlerbetreuung besonders notwendig. Das haben die Frauen erkannt und sind unermüdlich und verantwortungsbewußt auf diesem Arbeitsgebiet tätig. Sie scheuen keine Mühe, um diesen deutschen Betroffenen zur Eingliederung zu verhelfen und setzen dafür ihre volle Kraft ein. Ebenfalls liegt ihnen von jeher die Betreuung der deutschen Menschen hinter dem Eisernen Vorhang und in den Vertreibungsgebieten besonders am Herzen. Hiermit hängen auch Fragen der Familienzusammenführung und Kriegsopferteilversorgung zusammen.

Alle diese Tätigkeiten und Notwendigkeiten werden in absehbarer Zeit nicht geringer werden, und daher ist es das Bestreben der Vertriebenen-Frauen, die junge Generation in diese Arbeit mit einzubeziehen.

Paketaktion 1954 in Lübeck.

Barackendasein, Hunger, innere Einsamkeit aufgrund gekappter Gefühlsbindungen, vor allem zu Gleichaltrigen in der angestammten Heimat, großer Verantwortungsdruck für jüngere Geschwister und auch auf sich allein gestellte Mütter, so gut wie keine Zukunftsperspektiven –, dies zeichnete die Lebenssituation der jungen heranwachsenden Heimatvertriebenen und Flüchtlinge nach 1945 aus. Welche Belastungsproben bis zum äußersten diese Jugendlichen damals zu verkraften hatten, vor allem, ob sie sie wirklich verkraftet haben –, dies ist ein Thema, das die Jugendpsychologie in der Nachkriegszeit hätte verstärkt aufgreifen müssen, von der Gefühlswelt der Vertriebenen- und Flüchtlingskinder ganz zu schweigen. In diesem Zusammenhang bemerkte Frau Professor Dr. Gertrud Höhler in ihrer Rede zum Volkstrauertag 1988 in Bonn zutreffend: »Wieviel von der Unruhe und Angst der Kriegsmütter mag eingesickert sein in die Seelen der Kinder? Warum haben wir nie gefragt, ob Lebenshunger und Zorn der Nachkriegsjugend, auch jener Aufstand in den sechziger Jahren, nicht auch ihre Wurzeln hatten? Es ist nicht gleichgültig, ob kleine Kinder jahrelang mit Müttern in Angst leben, gleichviel wieweit Kinder diese Angst begreifen. Kriegskinder hatten ein Lebensklima, das immer vom Hauch der Katastrophe verdunkelt war; viele Tausende von ihnen haben dem Entsetzen, dem Sterben, dem Morden zuschauen müssen. Diese Kinder sind die Erwachsenen von heute.«

»Die soziale und berufliche Situation der Vertriebenen- und Flüchtlingsjugend in der ersten Nachkriegszeit war dadurch gekennzeichnet«, so Hans Christ und Peter Nasarski in »Aus Trümmern wurden Fundamente«, »daß weite Teile dieser Jugend in Landgemeinden wohnten, wo man sie der leichten Unterbringung wegen eingewiesen hatte. Obwohl angesichts der zumeist noch intakten Familien- und Gesellschaftsbindungen die Gefahr einer Verwahrlosung im landläufigen Sinne hier gering war, ergaben sich besondere Probleme aus dem Fehlen von Ausbildungsstätten und Ausbildungsmöglichkeiten. Anders sah es in den Städten aus, wo die Jugendlichen aus Vertriebenen- und Flüchtlingskreisen als Bestandteil der fluktuierenden Schicht der Industriegesellschaft auf den Zusammenhang mit persönlichen Gemeinschaften und festgefügten Organisationen in weit stärkerem Maße angewiesen waren. Umso beachtlicher ist die Tatsache, daß auch der Anteil der vertriebenen Jugend in den Städten an der viel zitierten und gefürchteten Verwahrlosung jener Jahre relativ gering war.«

Daß die junge Generation der Vertriebenen und Flüchtlinge der Nachkriegszeit nicht der Verwahrlosung anheimfiel, ist sicher auch der alsbald nach der Vertreibung einsetzenden verbandlichen Jugendarbeit zu verdanken. Die ersten Schritte hierzu wurden von Einzelpersönlichkeiten geleistet, die bereits in der Jugendarbeit in den Heimatgebieten der Vertriebenen und Flüchtlinge, und zwar nicht nur in der Jugendarbeit des NS-Systems, aktiv tätig gewesen waren. Für die bereits 1946 einsetzende Betreuungs- und Organisationsarbeit mit und für junge Vertriebene und Flüchtlinge stellten sich auch Führungspersönlichkeiten zur Verfügung, die in der kirchlichen, bündischen und anderweitigen nicht nationalsozialistischen Jugendarbeit tätig waren. Letzteres gilt vor allem für die Zeit vor der Gleichschaltung der Jugendarbeit durch den Nationalsozialismus.

Im August 1949 wurde der »Bund Ostdeutscher Jugend« (BOJ) gegründet. Im Oktober 1950 erfolgte die Gründung der »Ostdeutschen Jugend« (ODJ) als Betreuungszusammenschluß im Zentralverband der vertriebenen Deutschen (ZvD). Im Februar 1951 wurde auf einer Tagung in Göttingen die Zusammenführung des ODJ, des »Jugendringes« der »Vereinigten Ostdeutschen Landsmannschaften« (VOL) sowie des in Bayern bestehenden »Deutschen Jugendbundes« (DBJ) beschlossen.

Daß die junge Vertriebenen-Jugendarbeit im Hinblick auf ihr Einigungsbestreben auf den Spuren der Erwachsenen-Verbände wandelte, zeigt sich bereits am Tagungsort Göttingen. Durch das zwei Jahre zuvor ebenfalls dort geschlossene »Göttinger Abkommen« zwischen VOL und ZvD war nämlich

Landesspiele der DJO – Deutsche Jugend in Europa, 1986.

der erste wichtige Schritt zur Kooperation und zur Einheit der Landsmannschaften und Landesverbände unternommen worden.

Was junge Vertriebene und Flüchtlinge bei der Gründung von Jugendorganisationen damals dachten, mag die Erinnerung eines Mitbegründers des »Verbandes Heimatvertriebener Deutscher Studenten« verdeutlichen: »Es ging uns gar nicht um Vereine, um die Betätigung im Rahmen irgendwelcher bestimmter Satzungen und Statuten. Aber wir wollten einfach daran gehen, unser entgleistes Leben irgendwie in Ordnung zu bringen. Durch die Umstände der Austreibung aus der alten Heimat waren zahllose Bindungen in die Brüche gegangen, man hatte Ideale über Bord geworfen, über Bord werfen müssen — das Mißtrauen gegenüber neuen Zusammenschlüssen war allgemein ... aber wir erlebten mitten in den Trümmern Gottes Gnade und Barmherzigkeit, und neue Hoffnungsschimmer glommen überall, wenn man sie nur sehen wollte. Wir erlebten erschütternde Begegnungen mit Gleichgesinnten aus anderen Vertreibungsgebieten ebenso wie mit Einheimischen, wir fanden Freunde, wo wir sie am wenigsten erwartet hatten: In den Baracken, in überfüllten Eisenbahnzügen, in den Kasernen der Besatzungsmächte.«

Am 8. April 1951 wurde auf Burg Ludwigstein, einer an der Werra gelegenen Jugendburg, die in den zwanziger Jahren ein Kristallisationspunkt der deutschen Jugendbünde gewesen war, die »Deutsche Jugend des Ostens« (DJO) gegründet. In ihrer ersten Satzung bekannte sich die DJO zur *Charta der deutschen Heimatvertriebenen* und zu den »durch die Bundesrepublik Deutschland vertretenen Grundsätzen über die Freiheit der Person, Freiheit des Gewissens und des Glaubens, Freiheit der Gemeinschaft«. Neben allgemeiner jugendpolitischer Tätigkeit sah es die DJO als ihre Aufgabe an, »in enger Zusammenarbeit mit der deutschen und europäischen Jugend das Kultur- und Geistesgut des deutschen Ostens im Rahmen der europäischen Kulturaufgaben zu erhalten und zu fördern«.

Landesspiele der DJO – Deutsche Jugend in Europa, 1986.

Eine wesentliche Aufgabe des Jugendverbandes damals war auch die soziale Eingliederungshilfe, durch die die DJO quasi Zubringerdienste zu den berufsbildenden und mit Umschulung befaßten Institutionen der jungen Bundesrepublik Deutschland leistete.

Welche Impulse von einzelnen Gliederungen der DJO nach Kriegsende ausgingen, mag allein am Beispiel der Gruppe »Kant« in der DJO in Kamen/Westfalen verdeutlicht werden, die einen »mittel- und ostdeutschen Wettbewerb« initiierte, der sich dann zu einem landesweiten Schülerwettbewerb ausweitete, der wiederum in anderen Bundesländern Nachahmer fand.

Bereits im Gründungsjahr der DJO setzten erste internationale Begegnungen in und mit den Niederlanden, Großbritannien, der Schweiz, Italien und Österreich ein. Papst Pius XII gewährte DJO-Vertretern in seinem Sommersitz Castell Gandolfo im gleichen Jahr eine Sonderaudienz. Wie stark sich die junge DJO gleich nach ihrer Grüdung auch als Glied einer gesamtdeutschen Jugendarbeit empfand, beleuchten die bereits im Jahr 1951 einsetzenden regen Jugendkontakte in und mit Mitteldeutschland.

Im Bereich der konfessionellen Vertriebenenarbeit entwickelte sich ebenfalls alsbald eine Jugendkomponente. Katholische Jugendgemeinschaften wie »Junges Ermland«, »Junges Schlesien«, die Jugendliche aus den Landsmannschaften des Südostraumes zusammenschließende »Gerhards-Jugend« und die »Junge Aktion« der sudetendeutschen Ackermann-Gemeinde sind zu nennen. Aber auch parteipolitisch ausgerichtete Gesinnungsgemeinschaften der Vertriebenen, wie beispielsweise die sich des Vermächtnisses der sozialistischen Bewegung des Sudetendeutschtums annehmende Seliger-Gemeinde, entwickelten eigene Formen der Jugendarbeit. So stellte die Satzung des Jugendkreises der Seliger-Gemeinde als Hauptaufgabe »die Bewahrung und Pflege des Traditionsgutes der sudetendeutschen Arbeiterbewegung« heraus.

Die DJO, die seit 1974 »DJO — Deutsche Jugend in Europa« heißt, stellt sich heute als Gesamtverband aller landsmannschaftlichen Jugendverbände einerseits und der in den Bundesländern existierenden DJO-Landesverbände andererseits dar. Der Aufbau der DJO — Deutsche Jugend in Europa ist damit ähnlich der des BdV, der mit den Landsmannschaften und Landesverbänden ebenfalls aus zwei gleichwertigen Säulen besteht. In ihrer derzeit gültigen Satzung bekennt sich die DJO unverändert zum Grundgesetz der Bundesrepublik Deutschland und zur *Charta der deutschen Heimatvertriebenen.* Ihre besonderen Ziele und Aufgaben sind:

1. Gemäß dem Auftrag der Präambel des Grundgesetzes mitzuarbeiten, um die Einheit Deutschlands in Frieden und Freiheit zu vollenden.
2. Den Menschenrechten überall in der Welt zum Durchbruch zu verhelfen, um eine Partnerschaft zwischen den Völkern herbeizuführen.
3. Für die Anerkennung des Rechtes auf die Heimat und des Selbstbestimmungsrechtes und deren praktische Verwirklichung beim Aufbau bestehender und zukünftiger Staaten in aller Welt einzutreten.
4. Einem weltweiten Verbot von Massenvertreibungen Gültigkeit zu verschaffen.

Voraussetzung dafür ist nach der Satzung der DJO »eine Erziehungsarbeit, die den Menschen in seiner Würde und Freiheit in den Mittelpunkt stellt.«

Durch ihre Arbeit bemüht sich die DJO,

1. das Verantwortungsbewußtsein gegenüber der freiheitlich-demokratischen Bundesrepublik Deutschland, die für sie der Ausgangspunkt für das wiedervereinigte Deutschland im werdenden Europa ist,
2. die Liebe zu Heimat und Volk,
3. die Toleranz und Aufgeschlossenheit gegenüber allen Menschen zu wecken und zu festigen.

Über vier Jahrzehnte nach Flucht und Vertreibung hat sich das Selbstverständnis der in der DJO und ihren Gliederungen, aber auch im BdV und seinen Gliederungen engagierten Jugendlichen gewandelt. Es sind drei Gruppen von jungen Menschen auszumachen, die sich heute in diesen Verbänden engagieren. Zum einen handelt es sich um Kinder und Enkelkinder von Vertriebenen und Flüchtlingen, die sich in jugend- und zeitgemäßen Formen für die Bewahrung und Fortentwicklung des geschichtlichen und kulturellen Erbes ihrer Eltern und Großeltern einsetzen und zu einem nicht unerheblichen Teil auch deren heimatpolitisches Bekenntnis teilen. Wie sehr gerade die Generation der Kinder und Enkel der Vertriebenen nach den »Spuren« ihrer Vorfahren sucht, belegen zunehmende Anfragen Jugendlicher an den BdV und seine Mitgliedsverbände um Unterstützung ihrer Tätigkeit auf dem Gebiet der Familienforschung. In einem BdV-Kreisverband führte dies sogar zur Gründung eines genealogischen Arbeitskreises, der jungen Menschen bei dieser »Spurensuche« behilflich ist.

Die zweite Gruppe junger Menschen im organisierten Vertriebenenbereich stellen die jungen Aussiedler dar. Sie kennen Schlesien, Ostpreußen, das Banat und Siebenbürgen noch von eigenem Erleben her, sie sind dort

Junge Siebenbürger in Tracht beim Bundestreffen der Siebenbürger Sachsen in Dinkelsbühl 1988.

aufgewachsen, haben diese Regionen aber teilweise nicht mehr als von deutscher Sprache, deutscher Kultur und deutschem Geist geprägte Landschaften kennengelernt. Besonders die jungen Deutschen aus Ostdeutschland jenseits von Oder und Neiße können aufgrund der Unterdrückung des Deutschtums in ihrer Heimat erst hier in der Bundesrepublik Deutschland einen freien Zugang zur deutschen Kultur und Geschichte ihrer Heimat finden. Die Suche nach ihrer Identität als Deutsche einerseits und als Siebenbürger Sachsen, Banater Schwaben, Ostpreußen oder Oberschlesier andererseits läßt sie in der organisierten Jugendarbeit und im Vertriebenenbereich einen geborenen Partner finden. Natürlich muß diese Vertriebenenarbeit sich auf diese jungen Aussiedler einstellen und ihnen bei der Suche nach Identität ein gutes Stück entgegenkommen.

Die dritte Gruppe von jungen Menschen, die sich in der DJO und ihren Gliederungen sowie im BdV und dessen Gliederungen engagiert, sind junge Westdeutsche, die oft keinerlei familiären Bezug zu den Vertriebenen haben. Es ist die Attraktivität der Jugendarbeit der DJO und ihrer Mitgliedsverbände, die junge Westdeutsche ohne jeglichen familiären Bezug zu den Vertreibungsgebieten anzieht. Diese Attraktivität der Jugendarbeit, die sich im Vergleich zu anderweitig ausgerichteter Jugendarbeit immer wieder als durchaus konkurrenzfähig erweist, ist jedoch auch stark inhaltlich prägend, indem sie junge Menschen an die Geschichte, Kultur und

Teilnehmer am BdV-Bundeskongreß »Junge Generation«, 28. April bis 1. Mai 1989 in Braunschweig.

Menschenrechtsstand der Schlesischen Jugend auf dem Bonner Münsterplatz, 1984.

auch politische Situation der Vertreibungsgebiete heranführt. In keinem Bereich der organisierten Vertriebenenarbeit wird eine solche auch die Nichtvertriebenen erfassende Breitenwirkung erreicht wie in der Jugendarbeit.

Da es sich um Jugendarbeit handelt, muß das, was sie jungen Menschen inhaltlich vermitteln will, für diese auch nachvollziehbar sein und bleiben. Gefühlsmäßige Bindungen zu den Regionen, um die es geht, nämlich die Heimatlandschaften der Vertriebenen, können für die meisten von der heutigen Jugendarbeit im Vertriebenenbereich erfaßten Jugendlichen nicht durch einen »Heimatbezug« erreicht werden. Heimat ist heute Schlesien, Ostpreußen, das Sudetenland, Siebenbürgen und das Banat allenfalls für junge Aussiedler, die dort aufgewachsen sind und dort gelebt haben. Auch Kinder und Enkelkinder von Vertriebenen begreifen die Heimat ihrer Eltern nicht als ihre Heimat. Freilich bekennen sie sich dazu, daß die Heimat ihrer Eltern zu ihrer Identität gehört und auch sie prägt. Bei jungen Menschen, die keinerlei familiären Bezug zu den Vertreibungsgebieten haben, kann diese Jugendarbeit aber zum Ergebnis haben, daß sie die Geschichte, Kultur und politische Situation der Heimatgebiete der Vertriebenen als integralen Bestandteil der deutschen Geschichte und Kultur und der politischen Lage Deutschlands und der Deutschen begreifen.

Dieses gilt in besonderer Weise für die in den Verbänden der Vertriebenen organisierten Studenten. Die politischen, rechtlichen, historischen, wirtschaftlichen, kulturellen und geographischen Gegebenheiten eines Heimatgebietes der Vertriebenen zu durchdringen, — dieser Aufgabe haben sich die im 1950 gegründeten »Verband Heimatvertriebener Deutscher Studenten« (VHDS) zusammengeschlossenen Studentenbünde verschrieben. Dem VHDS hatten sich alsbald auch die mitteldeutschen Studentenbünde angeschlossen, was in dem bis 1964 gültigen Namen »Verband Heimatvertriebener und Geflüchteter Deutscher Studenten e.V.« (VHDS) zum Ausdruck kam. Die in dieser Blütezeit des Verbandes erfolgte Namensänderung in »Ostpolitischer Deutscher Studentenverband« (ODS) verdeutlicht auch die Akzentverlagerung auf die deutschland- und ostpolitische Auseinandersetzung Mitte der 60er Jahre. Dieses politische Profil des ODS führte zur Festigung der Hochschulgruppenarbeit an den Universitäten und ließ ihn zum damals stärksten politischen Studentenverband in der Bundesrepublik Deutschland werden. In diesem Zusammenhang darf die zehn Jahre lang bundesweit vertriebene Studentenzeitschrift »actio« nicht unerwähnt bleiben. Durch erneute Namensänderung in »Gesamtdeutscher Studentenverband« (GDS) versucht der Verband, heute mit einer erweiterten Thematik der akademischen Jugend die Geschichte, Kultur und politische Situation der Heimatgebiete der Vertriebenen als integralen Bestandteil der deutschen Geschichte und Kultur und der politischen Lage Gesamtdeutschlands und der Deutschen nahezubringen.

Wenn junge Menschen — egal, aus welchen Motiven und aus welchen familiären Bezügen und Schicksalen heraus — sie sich in der organisierten Vertriebenenarbeit engagieren — die Regionen und die Menschen, mit denen sie sich befassen, als zum Schicksal des deutschen Volkes zugehörig betrachten, dann werden sie auch die politischen Optionen und Visionen der Vertriebenen als das begreifen, was sie sind: Optionen und Visionen für alle Deutschen und ganz Deutschland in Europa. Diese Dimension von Jugendarbeit im Vertriebenenbereich heute, die immer auch ein Stück Erziehung zu einem vernünftigen Nationalbewußtsein ist, verdeutlicht, daß diese Jugendarbeit Rahmenbedingungen braucht. So muß sie ihre Entsprechung in der von Bundeskanzler Helmut Kohl in seinem Bericht zur Lage der Nation im geteilten Deutschland vom Dezember 1988 geforderten »deutschlandpolitischen Bildungs- und Informationsarbeit« haben, die alle »historischen und zeitgeschichtlichen Aspekte ebenso wie die rechtlichen sowie die kulturellen und nicht zuletzt die menschlichen Di-

Eine Gruppe der DJO – Deutsche Jugend in Europa besuchte während einer Schlesien-Reise 1988 auch die Schrotholzkirche in Wang im Riesengebirge.

mensionen« der offenen deutschen Frage beinhaltet. Sie muß ihre Entsprechung auch in einem allgemeinen politischen Bewußtsein unseres Landes finden, das sich der Präambel unseres Grundgesetzes verpflichtet fühlt und die Einheit Deutschlands wahren und seine Teilung überwinden will.

Insofern kann Jugendarbeit im Vertriebenenbereich heute wichtige Impulse für das gesamtdeutsche Bewußtsein der Deutschen geben, aber auch nur Impulse.

Wozu bekennt sich die »Bekenntnisgeneration«? so fragte jüngst eine Sendung des Süddeutschen Rundfunks, die sich mit der jungen Generation in den Vertriebenenverbänden befaßte. Die Antwort auf diese Frage: Sie bekennt sich letztendlich zu einer freien Zukunft ganz Deutschlands und aller Deutschen in Europa.

LITERATURAUSWAHL

CHRIST, Hans/NASARSKI, Peter: Ostdeutsche Jugend und Jugendorganisation in der Bundesrepublik Deutschland, in: Hans Joachim von Merkatz (Hrsg.), Aus Trümmern wurden Fundamente, Kiel 1979, S. 181–234

PFEIL, Elisabeth: Flüchtlingskinder in neuer Heimat, Heilpädagogische Schriftenreihe, Heft 16, Stuttgart 1951

REICHERT, Günter: Im Spannungsfeld zwischen Jugendpflege und Politik, in: Heinrich von zur Mühlen (Hrsg.), Bausteine oder Dynamit?, Bielefeld 1974, S. 137–142

Ostdeutsche Patenschaften – Altbewährt und hochaktuell

Ute Reichert-Flögel

Patenschaften und Partnerschaften

Bemerkenswerterweise haben Aktionen gegen die ostdeutschen Patenschaften ihnen neuen Auftrieb gegeben. In ihrer meist über 30-jährigen Existenz waren sie entweder selbstverständlicher Bestandteil der Kommunalpolitik ihrer Patengemeinden geworden oder wegen mangelnder Pflege weitgehend eingeschlafen. Große öffentliche Aufmerksamkeit erfuhren die Patenschaften jedenfalls nach den Jahren ihrer stürmischen Entwicklung nicht mehr.

Jetzt hat das Bemühen um Partnerschaften mit Orten in osteuropäischen Staaten und vor allem in den früher überwiegend deutsch besiedelten Gebieten im kommunistischen Machtbereich hinter dem Eisernen Vorhang auch den ostdeutschen Patenschaften wieder unerwartete Aufmerksamkeit verliehen.

Obwohl Städtepatenschaften und Städtepartnerschaften grundsätzlich nichts miteinander zu tun haben, sind sie durch diese neueren Entwicklungen miteinander verknüpft worden. Von der weiteren Handhabung dieser beiden Bereiche wird ein wesentlicher Impuls für die Beziehungen zu unseren osteuropäischen Nachbarn ausgehen. Den ostdeutschen Patenschaften kommt damit ein zusätzlicher neuer politischer Stellenwert zu.

In der Bundesrepublik Deutschland gibt es bisher etwa 400 der sogenannten ostdeutschen Patenschaften. Das heißt, Gemeinden, Städte, Kreise, aber auch Bundesländer haben eine Patenschaft über ostdeutsche Gebietskörperschaften und deren vertriebene Bewohner übernommen. An Ortseingängen weisen oft Schilder auf diese Beziehungen hin. Meist sind die Hinweistafeln für Patenschaften mit denen für Städtepartnerschaften kombiniert. Städtepartnerschaften sind nach den 50er Jahren durch freundschaftliche Abkommen zwischen westdeutschen und zunächst vor allem westeuropäischen Städten entstanden, später auch mit Städten in osteuropäischen Ländern und neuerdings auch mit Gemeinden in der DDR. Sie sollten nach dem Zweiten Weltkrieg vor allem der Völkerverständigung und dem europäischen Zusammengehörigkeitsgefühl dienen.

Die Idee der Patenschaften

Die Patenschaften über ostdeutsche Städte, Kreise, Regionen oder Landsmannschaften haben ganz andere Voraussetzungen, Aufgaben und Ziele als die Städtepartnerschaften. Für diese Verbindungen wurde mit Bedacht ein Begriff aus dem kirchlichen Leben gewählt, der früher seine besondere Bedeutung hatte: Die Tauf- und Firmpaten waren die geistigen – und in Notfällen auch materiellen – Betreuer, Beschützer, Helfer und Ratgeber der ihnen im christlichen Glauben anvertrauten Kinder, bis diese auf eigenen Füßen stehen konnten. Die Paten waren meist keine Verwandten, gehörten aber doch mit zur Familie. Und zu Familienfesten gehörten auf jeden Fall der Besuch des Patenonkels oder der Patentante und die Patengeschenke.

Diese Gedanken lagen zugrunde, als westdeutsche Gemeinden nach dem Zweiten Weltkrieg die Patenschaft für eine ostdeutsche Stadt und deren Bewohner übernahmen. Patenschaften sind freiwillig übernommene Obhutsverpflichtungen für ostdeutsche Städte und deren vertriebene Bewohner.

Als kleine interessante Anmerkung sei hier erwähnt, daß es auch bereits während des Ersten Weltkrieges solche Patenschaften gab. Dabei wurden vor allem west- und süddeutsche Gemeinden in Hilfswerken für Ostpreußen tätig, nachdem dort 1914/15 die Russen eingefallen waren. Obwohl die Patenschaften damals vor allem durch Hilfssendungen in die verwüsteten ostpreußischen Landstriche und weniger durch die Betreuung vertriebener Deutscher zum Ausdruck kamen, haben einzelne westdeutsche Gemeinden die damaligen Verbindungen nach dem Zweiten Weltkrieg wieder aufgenommen. In Erinnerung an ihre erste Patenschaft im Jahr 1915 hat zum Beispiel die Stadt Mannheim 1953 ihr Patenschaftsverhältnis zur ostpreußischen Stadt Memel erneuert und kann nun auf die älteste Beziehung dieser Art hinweisen. Im September 1985 wurde das 70-jährige Jubiläum der Patenschaft Mannheim – Memel gefeiert.

Aber das ist eine Besonderheit. Die Bewegung nach dem Zweiten Weltkrieg entstand spontan, meist aufgrund besonderer Bemühungen und Anregungen einzelner Personen. Der Wunsch, ein Patenschaftsverhältnis zwischen einer ost- und einer westdeutschen Gemeinde herzustellen, ging meist von den Vertriebenen aus. Vor allem die ehemaligen Vertreter der ostdeutschen Kommunalverwaltungen – die Bürgermeister, Landräte, Ratsherren usw. – bemühten sich, auf diese Weise Möglichkeiten zur Eingliederung ihrer vertriebenen Landsleute zu schaffen. Auch Vertreter der Landsmannschaften, die Vertrauensleute der einzelnen Heimatkreise und ostdeutsche Heimatforscher haben sich um Städtepatenschaften verdient gemacht. Ihre Bemühungen wären aber erfolglos geblieben ohne die Aufgeschlossenheit und das Entgegenkommen der Repräsentanten der westdeutschen Kommunen.

Das politische Bekenntnis

Wichtigste Voraussetzung für eine Patenschaft über eine ostdeutsche Kommune und ihre Bewohner ist das politische Bekenntnis dazu. Die Übernahme einer Patenschaft entsprach und entspricht nicht nur dem Mitgefühl für diejenigen, denen die Heimat entrissen wurde. Sie entspringt auch der Erkenntnis des westdeutschen Paten, daß der Verlust der ostdeutschen Heimat auch diejenigen betrifft, die dieses Schicksal nicht selbst direkt erleiden mußten. In einer Patenschaftsübernahme drückt sich die gemeinsame Verantwortung für die geistige Bewahrung der Einheit der deutschen Nation aus. Sie bedeutet ein Bekenntnis zur gemeinsamen deutschen Geschichte und zur gemeinsamen Kultur, die ohne die ostdeutschen Anteile undenkbar wären.

Patenschaften haben also eine politische Zielrichtung und gehen damit über die Forderungen des oft zitierten § 96 des Bundesvertriebenengesetzes hinaus. Dieses Gesetz verpflichtet Bund, Länder und Gemeinden, das Kulturgut der Vertreibungsgebiete zu erhalten und fortzuentwickeln.

Die Verpflichtungen, die westdeutsche Gemeinden durch die Übernahme einer ostdeutschen Patenschaft eingegangen sind, kommen oft sehr plastisch in den Urkunden, die solche Patenschaften besiegeln, zum Ausdruck. Da heißt es zum Beispiel:

- daß die Patengemeinde aus dem Bewußtsein der Zusammengehörigkeit aller Deutschen die Verpflichtung übernimmt, stets füreinander einzutreten und ihr eigenes wie das Brauchtum und Kulturgut des Patenkindes zu pflegen,
- daß sie die Patenkinder unter ihren besonderen Schutz stellt, solange ihnen die Heimkehr versagt bleibt,
- daß sie eine enge Verbindung knüpfen will zwischen der deutschen Stadt im Osten und der deutschen Stadt im Westen der gemeinsamen Heimat bis der Tag kommt, an dem die Bürger wieder in die Stadt ihrer Väter zurückkehren können.

Die Entstehung

Die erste Patenschaft kam im August 1950 zustande zwischen der alten Kaiserstadt Goslar und der schlesischen Stadt Brieg, die damals 700 Jahre alt wurde. Und dann folgten sehr schnell viele weitere Patenschaftsübernahmen, die meisten in dem Jahrzehnt zwischen 1950 und 1960. Es war eine richtige Welle. Es entstanden Patenschaften zwischen Gemeinden und zwischen Kreisen, Bundesländer übernahmen die Schirmherrschaft über ganze ostdeutsche Regionen, Volksgruppen oder Landsmannschaften. So hat zum Beispiel Baden-Württemberg die Patenschaft über die Donauschwäbischen Volksgruppen des Südostens und über die Landsmannschaft der Deutschen aus Rußland übernommen, Bayern hat die Schirmherrschaft über die Sudetendeutschen, Niedersachsen die Patenschaft über das Land Schlesien, Nordrhein-Westfalen über die Landsmannschaft der Oberschlesier und über die Siebenbürger Sachsen in Deutschland. Aber es gibt auch die Patenschaft des Landschaftsverbandes Westfalen-Lippe über die Landsmannschaft Westpreußen oder die des Regierungsbezirks Schwaben über die Landsmannschaft der Buchenland- oder Bukowina-Deutschen.

Und so unschematisch und unterschiedlich wie die regionale Zuordnung entwickelten sich auch die Formen und die Intensität der Patenschaftsverhältnisse. Aber die Bewegung war immerhin so groß, daß die Bundesvereinigung der kommunalen Spitzenverbände und der Verband der Landsmannschaften sich 1953 entschlossen, gemeinsame »Richtlinien für die Übernahme von Patenschaften über ostdeutsche Gemeinden und Gemeindeverbände« zu erlassen, 1954 gefolgt von entsprechenden Vereinbarungen des Deutschen Städtetages und des Deutschen Landkreistages. Dies waren allerdings weniger Richtlinien als vielmehr Handreichungen und Tips, die sich aus den bis dahin gemachten Erfahrungen ergeben hatten.

So wurde zum Beispiel angeraten, Doppelpatenschaften zu vermeiden, als Patenschaftspartner Gemeinden mit ähnlicher Größe und Struktur zu wählen, auf wirtschaftliche und konfessionelle Ähnlichkeiten Rücksicht zu nehmen, historische und persönliche Beziehungen zu berücksichtigen, darauf zu achten, daß möglichst viele »Patenkinder« in der Patengemeinde eine neue Heimat gefunden haben. Diese Richtlinien haben eigentlich bis heute Gültigkeit. Aber die Praxis beweist, daß auch Patenschaften, die sie nicht berücksichtigt haben, gut funktionieren können.

Ostdeutsche Patenschaften heute.

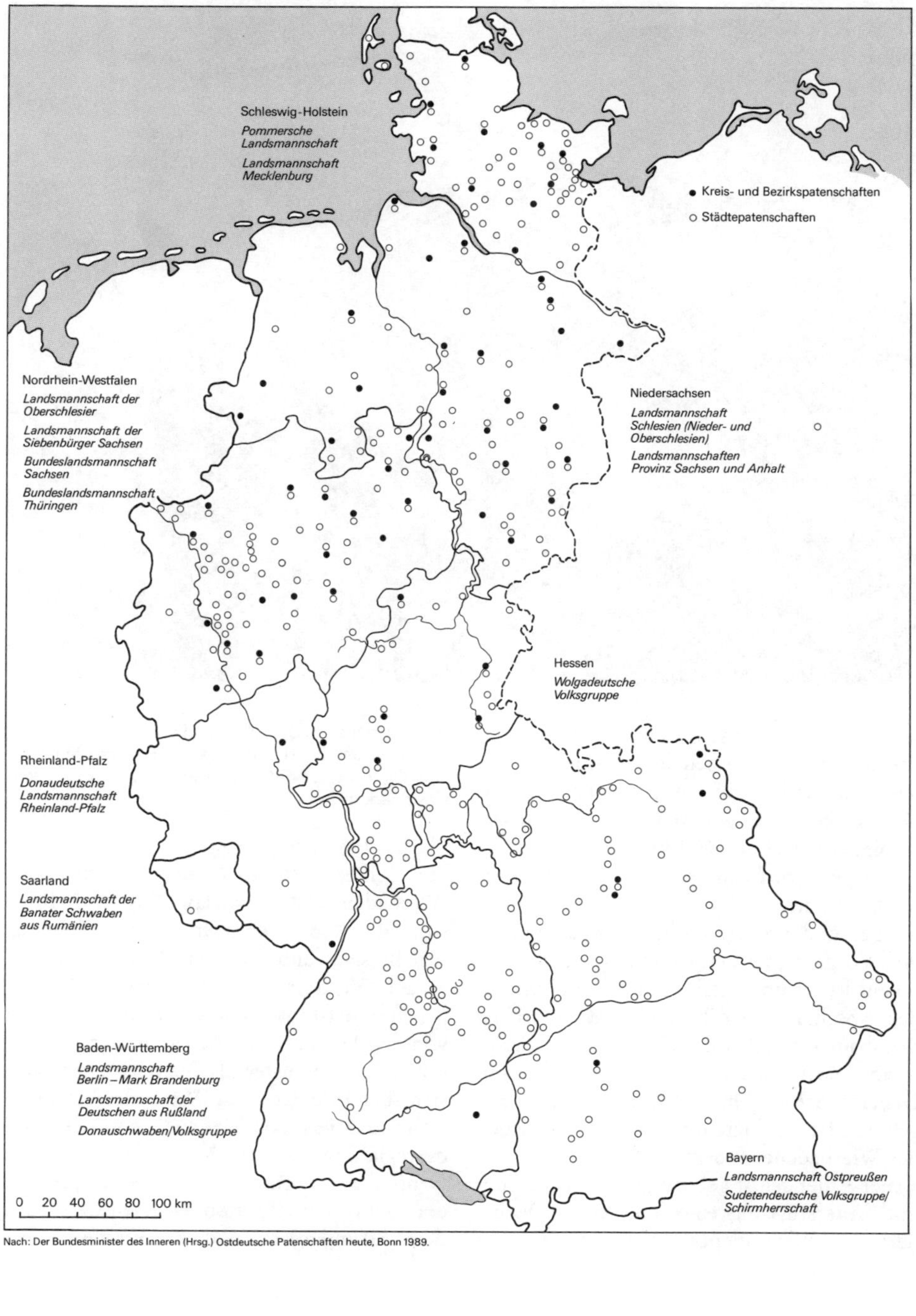

Nach: Der Bundesminister des Inneren (Hrsg.) Ostdeutsche Patenschaften heute, Bonn 1989.

Die Ausgestaltung

Über die Ausgestaltung der Patenschaften enthalten die Richtlinien nur einige grundsätzliche Anregungen. Die Wirklichkeit der Patenschaftspraxis ist unglaublich vielfältig und ideenreich.

Dazu gehört zum Beispiel die Einrichtung von Heimatkarteien und Auskunftsstellen, die Veranstaltung von Heimattreffen, die Einrichtung von Heimatstuben oder Heimathäusern, die Kennzeichnung von Straßen, Plätzen, öffentlichen Gebäuden und Schulen durch ostdeutsche Namen, die Berücksichtigung des Kulturgutes der Patenkinder in öffentlichen Büchereien, in den Museen, bei Ausstellungen und Veranstaltungen aller Art, die Behandlung ostdeutscher Themen im Schulunterricht und bei Volkshochschulveranstaltungen, die Unterstützung der Patengemeinde bei der Sammlung von Archiv- und Kulturgut, die Verwendung ostdeutscher Wappen und Flaggen bei städtischen Festen oder in öffentlichen Gebäuden. Künstlerische Akzente im Stadtbild – wie Brunnen, Plastiken, Glasfenster – können auf die Patenschaft hinweisen.

Manche Patenschaftsträger haben entsprechende Literatur- und Kunstwettbewerbe ausgeschrieben. Früher finanzierten Patengemeinden Erholungs- und Ferienaufenthalte für die Kinder der Vertriebenen, für die sie die Patenschaft übernommen hatten. Heute gibt es gemeinsame Paketaktionen von Paten- und Patenkindern in die Vertreibungsgebiete zu den noch dort lebenden Deutschen, aber auch zu den notleidenden Polen, Tschechen, Rumänen usw. Und es gibt gemeinsame Reisen in die Heimat der Vertriebenen. Den Ideen, wie man eine Patenschaft gestalten und lebendig erhalten kann, sind keine Grenzen gesetzt. Das Ziel ist es, das Brauchtum der ostdeutschen Regionen zu pflegen und nicht in Vergessenheit geraten zu lassen. Dadurch wird nicht nur die ostdeutsche Kultur in ihren vielfältigen Formen bewahrt und weiterentwickelt, auch die westdeutschen Gemeinden ziehen Nutzen aus den patenschaftlichen Beziehungen. Das kulturelle Leben wird reicher und vielfältiger durch den ostdeutschen Anteil. Und es hat sich sogar gezeigt, daß die eigene Heimatforschung und die Brauchtums- und Kulturpflege angeregt werden durch die Aktivitäten der ostdeutschen Patenkinder.

Die Widerstände

Die politische Absicht, die mit den ostdeutschen Patenschaften verbunden ist — nämlich daran zu erinnern und gegenwärtig zu halten, daß Deutschland und deutsche Geschichte und Kultur nicht nur auf die Bundesrepublik beschränkt sind — hat auch Widerstände gegen diese Patenschaften hervorgerufen.

In einigen westdeutschen Städten wurde von linksgerichteten Kommunalpolitikern versucht, Patenschaften aufzulösen. In Köln, das bereits 1950 eine Patenschaft für die schlesische Hauptstadt Breslau übernommen hatte, haben die Grünen im Stadtparlament gegen diese Patenschaft protestiert und beantragt, sie zu beenden. In Bielefeld gab es Versuche, die Patenschaftsbeziehungen zum ostpreußischen Gumbinnen, in Leverkusen die zum oberschlesischen Ratibor zu beenden. Während diese Bestrebungen bisher erfolglos blieben, wurde die 1962 übernommene Patenschaft des Landkreises Aachen über den Landkreis Breslau im Jahr 1985 aus politischen Gründen gelöst. Der Landkreis Breslau hat allerdings im Kreis Borken bereits einen neuen Paten gefunden. Diese jüngste Patenschaft wurde erst im Herbst 1988 feierlich beim schlesischen Heimattreffen in der Stadthalle Borken übernommen.

Und auch andere Patenschaftsübernahmen in jüngerer Zeit — im Jahr 1987 zum Beispiel die der Stadt Rheinbach bei Bonn über das Kulturgut der nordböhmischen Glasgemeinden um Steinschönau und Haida — zeigen, daß die Idee und die Voraussetzungen für eine Patenschaft als durchaus aktuell und notwendig erkannt werden.

Partnerschaften kontra Patenschaften?

Eine neue Gefährdung, aber auch neue Aufmerksamkeit erfahren die ostdeutschen Patenschaften zur Zeit durch Bestrebungen, an ihre Stelle *Partnerschaften* mit den jetzigen Repräsentanten der Orte in den deutschen Vertreibungsgebieten im Osten zu setzen. Die meisten Versuche dieser Art haben bisher keine Mehrheiten in den jeweiligen Stadtparlamenten gefunden. So konnten die Grünen im Kölner Stadtrat ihren Wunsch, die Patenschaft Köln — Breslau durch eine Partnerschaft Köln — »Wroclaw« zu ersetzen, nicht durchbringen.

Aber auch wo Patenschaften nicht direkt betroffen sind, ist die Aufnahme von Partnerschaften problematisch, wenn sie Orte in den ehemals deutsch besiedelten Gebieten Mittel-, Ost- und Südosteuropas oder den zum Deutschen Reich gehörenden Oder-Neiße-Gebieten betreffen. Wie bisherige Anregungen zeigen, wird von östlicher Seite versucht, solche Partnerschaftsverträge mit außenpolitischen und völkerrechtlichen Bedingungen und Vorgaben zu befrachten, die nach deutschem Recht unzulässig sind. Ein Beispiel ist der Abschluß einer Partnerschaft zwischen Wiesbaden und Breslau. Diese erste Städtepartnerschaft mit einem Ort in den zum Deutschen Reich in den Grenzen von 1937 gehörenden Gebieten wurde auf Betreiben des Wiesbadener Oberbürgermeisters Achim Exner — der selbst gebürtiger Breslauer ist — mit Unterstützung einer rot-grünen Mehrheit im Wiesbadener Stadtparlament im

Dr. Ulitz, der erste Sprecher der Landsmannschaft der Oberschlesier, übernimmt aus der Hand des Ministerpräsidenten von NRW, Dr. Franz Meyers, die Patenschaftsurkunde.

Herbst 1987 beschlossen. Im Vertragstext ist von einer Städtepartnerschaft zwischen Wiesbaden und »Wroclaw (bis 1945 Breslau)« die Rede. Die polnische Bezeichnung für Breslau und Hinweise auf den Warschauer Vertrag in der Präambel des Städtepartnerschaftsabkommens wurden nicht nur von den Heimatvertriebenen und vom hessischen Innenminister als oberster Dienstaufsichtsbehörde der Stadt Wiesbaden als unzulässig kritisiert, sondern auch von der Bundesregierung als rechtswidrig verurteilt. Denn diese Formulierungen widersprechen der rechtlichen Position Deutschlands nach dem Grundgesetz und mehreren Verfas-

URKUNDE

Die Landesregierung von Nordrhein-Westfalen hat am 25. Februar 1964 beschlossen, die Patenschaft über die Landsmannschaft der Oberschlesier und die in der Bundesrepublik lebenden Oberschlesier zu übernehmen.

Die Landesregierung bringt mit der Übernahme der Patenschaft ihre Verbundenheit mit allen Oberschlesiern und ihrer Heimat zum Ausdruck. Die Patenschaft soll zugleich zur weiteren Vertiefung der engen und vielfältigen Beziehungen beitragen, die zwischen Nordrhein-Westfalen und Oberschlesien seit über 100 Jahren bestehen. Die Landesregierung unterstützt mit dieser Patenschaft auch die Aufgabe der Oberschlesier, ihr kulturelles Erbe zu wahren, und fördert ihre Bemühungen, Brücke zwischen dem polnischen und dem deutschen Volk zu sein.

DÜSSELDORF · DEN 17. JULI 1964

DIE LANDESREGIERUNG VON NORDRHEIN-WESTFALEN

MINISTERPRÄSIDENT — ARBEITS- UND SOZIALMINISTER

Patenschaftsurkunde des Landes Nordrhein-Westfalen über die Landsmannschaft der Oberschlesier.

sungsgerichtsbeschlüssen und überschreiten auch die Kompetenzen der Kommunen durch völkerrechtliche, außen- und sicherheitspolitische Abmachungen, die allein die Bundesregierung treffen kann.

Die Bestrebungen der östlichen Seite, über Städtepartnerschaftsverträge politischen Einfluß zu nehmen, werden aber auch noch in einer anderen Beziehung deutlich. So lehnen es zum Beispiel die polnischen und die tschechoslowakischen Verhandlungspartner bisher in der Regel ab, Partnerschaften mit Orten in der Bundesrepublik Deutschland abzuschließen, die bereits eine Patenschaft über eine ostdeutsche Gebietskörperschaft haben. So erhielt zum Beispiel der Landrat des Rheinisch-Bergischen Kreises, der die seit 30 Jahren bestehende Patenschaft zum Landkreis Görlitz östlich der Neiße durch eine Partnerschaft ergänzen wollte, von der polnischen Botschaft einen Brief, in dem es heißt, daß »... polnischerseits Kontakte mit denjenigen Städten der Bundesrepublik Deutschland, die die von den Vertriebenenverbänden geprägten sogenannten Patenschaften ausüben, grundsätzlich nicht in Erwägung gezogen werden.«

Durch diese Haltung maßt sich die östliche Vertragsseite an, bestimmte Bevölkerungsgruppen von einer Städtepartnerschaft auszugrenzen, was für alle Beteiligten auf westlicher Seite unannehmbar ist.

Diese Einstellung ist darüber hinaus sehr bedauerlich, weil sich die deutschen Heimatvertriebenen immer auch als Brücke zu den osteuropäischen Völkern verstanden und diese Funktion bisher mehr als alle anderen wahrgenommen haben. Die deutschen Heimatvertriebenen waren die ersten, die nach dem Zweiten Weltkrieg feierlich auf Rache und Vergeltung verzichtet haben. Und die Verbindungen durch Briefe, Pakete und Besuche zwischen der Bundesrepublik Deutschland und den Ländern des Ostblocks, die einst auch den Deutschen eine Heimat boten, werden in erster Linie oder sogar ausschließlich von den von dort vertriebenen Deutschen aufrechterhalten.

So haben auch die Städtepatenschaften in der Bundesrepublik Deutschland neben vielen anderen Funktionen von Anfang an auch die des Kontaktes zu den zurückgebliebenen Deutschen und zu den jetzigen Bewohnern in den ehemals deutsch besiedelten Orten in den osteuropäischen Nachbarländern gehabt. Durch ihre Kenntnisse und Erfahrungen bieten sich die Vertriebenen als Vermittler und als aktive Ausgestalter von Städtepartnerschaften mit dem Osten an. Auch die Landsmannschaften haben dies bereits mehrfach offiziell zum Ausdruck gebracht.

In einer Resolution der Bundesversammlung der Sudetendeutschen Landsmannschaft vom Oktober 1988 bietet die Sudetendeutsche Landsmannschaft ihre »uneingeschränkte Mithilfe« beim Abschluß von Städtepartnerschaften an. Städtepartnerschaften seien ein »Beitrag zum besseren Verständnis zwischen den Völkern, wenn sie auf breiter Ebene zu vielfältigen Begegnungen zwischen den Menschen führen«, heißt es in der Resolution. Die Landsmannschaft fordert allerdings, Städtepartnerschaften müßten ausgewogen sein und nicht einer »politisch-propagandistischen Selbstdarstellung der Tschechoslowakei« dienen, sie dürften deutschlandpolitische Rechtspositionen nicht in Frage stellen und sollten, wenn Patenschaften existieren, die Beteiligung Sudetendeutscher bei der Vorbereitung und Ausgestaltung beabsichtigter Städtepartnerschaften gewährleisten.

Daß die Ergänzung und Erweiterung von Patenschaften durch Partnerschaften durchaus möglich ist, zeigen bereits einige Beispiele aus dem ungarischen Bereich. So stand die seit 1959 bestehende Patenschaft Backnang – Almasch (Bácsalmás) nicht einer entsprechenden Städtepartnerschaft im Wege, und ebenso wurde die 1984 übernommene Patenschaft Herbrechtingen/Brenztal über die heimatvertriebenen Ungarndeutschen aus Turnwall/Wiehall zu einer partnerschaftlichen Beziehung mit dem jetzigen Biatorbágy erweitert.

Auch heute noch aktuell

Partnerschaftliche Beziehungen zu den jetzigen Repräsentanten und Bewohnern der ost-

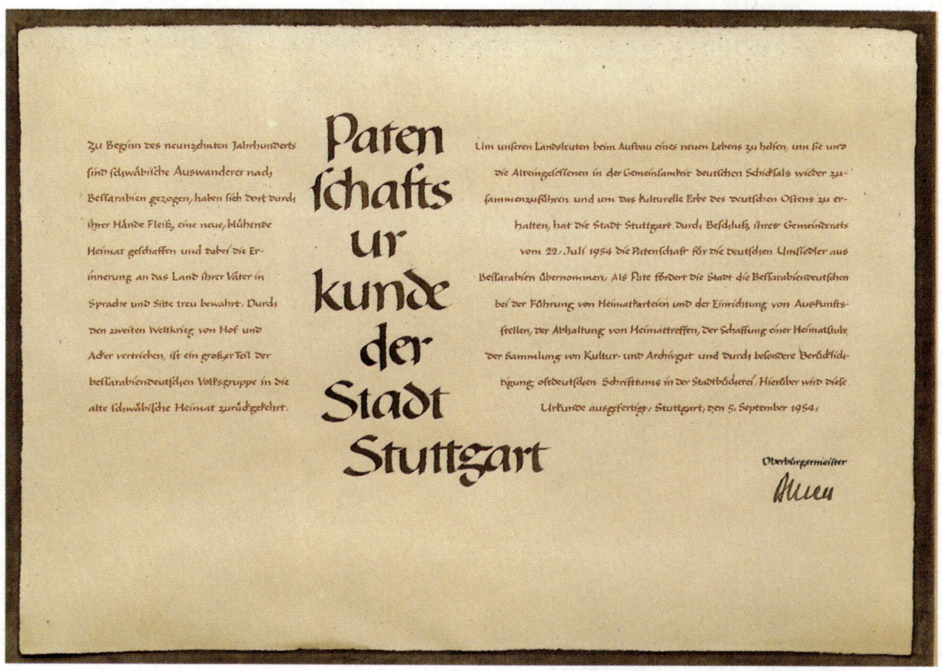

Patenschafts urkunde der Stadt Stuttgart

Zu Beginn des neunzehnten Jahrhunderts sind schwäbische Auswanderer nach Bessarabien gezogen, haben sich dort durch ihrer Hände Fleiß eine neue, blühende Heimat geschaffen und dabei die Erinnerung an das Land ihrer Väter in Sprache und Sitte treu bewahrt. Durch den zweiten Weltkrieg von Hof und Acker vertrieben, ist ein großer Teil der bessarabiendeutschen Volksgruppe in die alte schwäbische Heimat zurückgekehrt.

Um unseren Landsleuten beim Aufbau eines neuen Lebens zu helfen, um sie und die Alteingesessenen in der Gemeinsamkeit deutschen Schicksals wieder zusammenzuführen und um das kulturelle Erbe des deutschen Ostens zu erhalten, hat die Stadt Stuttgart durch Beschluß ihres Gemeinderats vom 22. Juli 1954 die Patenschaft für die deutschen Umsiedler aus Bessarabien übernommen. Als Pate fördert die Stadt die Bessarabiendeutschen bei der Führung von Heimatkarteien und der Einrichtung von Auskunftsstellen, der Abhaltung von Heimattreffen, der Schaffung einer Heimatstube, der Sammlung von Kultur- und Archivgut und durch besondere Berücksichtigung ostdeutschen Schrifttums in der Stadtbücherei. Hierüber wird diese Urkunde ausgefertigt. Stuttgart, den 5. September 1954.

Oberbürgermeister

Patenschaftsurkunde der Stadt Stuttgart über die Volksgruppe der Bessarabiendeutschen.

deutschen Patenstädte sind aber nur eine mögliche Erweiterung und Ergänzung der Aufgaben und Ziele, die die Patenschaften schon bisher auszeichnen:

Patenschaften gehören zu den nicht sehr zahlreichen Möglichkeiten, gesamtdeutsches Bewußtsein zu erhalten. Sie bieten sich dazu an, dem häufig beklagten Mangel an Geschichtskenntnissen entgegenzuwirken. Und sie tragen mit dazu bei, die ostdeutschen kulturellen Traditionen zu bewahren, lebendig zu erhalten und weiter zu entwickeln. Und durch die besonderen Erfahrungen und Kenntnisse der ostdeutschen Heimatvertriebenen und durch ihren Versöhnungswillen sind Patenschaften die idealen Ansatzpunkte für Partnerschaften mit den osteuropäischen Nachbarvölkern.

Unvorhergesehene neue Aufgaben wachsen den ostdeutschen Patenschaften durch den gegenwärtigen starken Zuzug deutscher Aussiedler aus Osteuropa zu. Mit der Übernahme von Patenschaften haben Hunderte westdeutscher Kreise, Städte und Gemeinden nach dem Zweiten Weltkrieg den örtlichen Gemeinschaften der 13 Millionen Vertriebenen eine »Ersatzheimat« geboten, die ihnen das Gefühl gab, hier aufgenommen zu sein und die es ihnen ermöglichte, ihre heimatlichen Sitten und Gebräuche, ihren geistig-kulturellen Hintergrund zu bewahren. Dieser Akt der Solidarität zwischen den Angehörigen eines Volkes ist auch heute gegenüber den zu uns kommenden Aussiedlern wieder gefragt. Die Patenstädte und -kreise sollten erneut zu Stätten der Begegnung und der Selbstfindung werden und mit dazu beitragen, daß auch die späten Nachfolger der deutschen Heimatvertriebenen ihre kulturelle Identität bewahren und pflegen können.

LITERATURAUSWAHL

ARBEITSGEMEINSCHAFT der Memellandkreise e.V. in der Landsmannschaft Ostpreußen e.V.: 70 Jahre Patenschaft Mannheim-Memel, 1915–1985, Mannheim 1985

BLUMENWITZ, Dieter: Die deutsch-polnischen Städtepartnerschaftsabkommen im Lichte des Staats- und Verfassungsrechts, Bonn 1980

BÜRGERVEREINIGUNG Köln-Ehrenfeld e.V. (Hrsg.): Für Köln und Schlesien, Festschrift zum 60. Geburtstag von Gerhard Wilczek, Köln 1984

INNENMINISTERIUM Baden-Württemberg (Hrsg.): Baden-Württemberg und seine Patenschaften, Stuttgart 1987

JANSSEN, Helmut: Sind Patenschaften noch sinnvoll? Zur Frage des Rechtsanspruches auf die ostdeutschen Provinzen, Hamburg 1966

PERLICK, Alfons: Das West-Ostdeutsche Patenschaftswerk in Nordrhein-Westfalen, Der Wegweiser 38, Düsseldorf 1961

REICHERT-FLÖGEL, Ute: Ostdeutsche Patenschaften heute, hrsg. vom Bundesministerium des Innern, Bonn 1989

Exponate

V. 1

Charta der deutschen Heimatvertriebenen

Stuttgart, 5. August 1950

Bund der Vertriebenen, Bonn

Original

V. 2

Bestuhlung aus dem alten Plenarsaal des Deutschen Bundestages

Bonn, 1949–1988

Leihgabe der Präsidentin des Deutschen Bundestages

Zwei Zweisitz-Blöcke mit Schreib- bzw. Ablagefläche aus dem alten Plenarsaal des Deutschen Bundestages F.W.

V. 3

Gesetz zur Milderung dringender sozialer Notstände (Soforthilfegesetz – SHG)

Frankfurt/Main, 8. August 1949

Bundesarchiv, Koblenz

Veröffentlicht im Gesetzblatt der Verwaltung des Vereinigten Wirtschaftsgebietes Nr. 28, 1949, S. 205–214
Kopie
Sign. ZD 900/4 – 1947–1949
Das Soforthilfegesetz legte dem Kreis der Soforthilfepflichtigen eine vorläufige Vermögensabgabe auf und traf Bestimmungen über vorläufige Leistungen an die Soforthilfeberechtigten, ferner regelte es Organisations- und Verfahrensfragen sowie den finanziellen Ausgleich mit den Ländern. Die zur Durchführung der Soforthilfe berufenen Behörden wurden dem Hauptamt für Soforthilfe unterstellt F.W.

V. 4

Gesetz über den Lastenausgleich (LAG) in seiner Fassung vom 14. August 1952, in: Der Bundesminister der Justiz (Hrsg.): Bundesgesetzblatt Teil I, Jahrgang 1952, S. 445–534

Bund der Vertriebenen, Bonn

V. 5

Gesetz über die Angelegenheiten der Vertriebenen und Flüchtlinge (Bundesvertriebenengesetz – BVFG)

Bonn, 19. Mai 1953

Bundesarchiv, Koblenz

Fotokopie des Originalgesetzblattes in seiner Form vom 19. Mai 1953
Sign. Ges 11./19. Mai 1953

V. 6

Kimminich, Otto:
Das Recht auf die Heimat,
Schriftenreihe der Kulturstiftung der deutschen Vertriebenen, 3., neubearb. und erw. Aufl., Bonn 1989
(210 Seiten)

Kulturstiftung der deutschen Vertriebenen, Bonn

V. 7

Verdross, Alfred/Simma, Bruno/Geiger, Rudolf:
Territoriale Souveränität und Gebietshoheit. Zur völkerrechtlichen Lage der Oder-Neiße-Gebiete, Kulturstiftung der deutschen Vertriebenen, Bonn 1980
(152 Seiten)

Kulturstiftung der deutschen Vertriebenen, Bonn

V. 8

Bundesanzeiger (Hrsg.):
Menschenrechte in den Staaten des Warschauer Paktes. Bericht der unabhängigen Wissenschaftlerkommission, Köllen Druck und Verlag, Bonn 1988
(410 Seiten)

Bund der Vertriebenen, Bonn

V. 9

Internationales Institut für Nationalitätenrecht und Regionalismus (Hrsg.):
Nationalitätenkonflikt und Volksgruppenrecht im 20. Jahrhundert, Bd. I, Entwicklungen, Rechtsprobleme, Schlußfolgerungen, München 1977
(233 Seiten)

Bund der Vertriebenen, Bonn

V. 10

Blumenwitz, Dieter:

Was ist Deutschland?
Staats- und völkerrechtliche Grundsätze zur deutschen Frage und ihre Konsequenzen für die deutsche Ostpolitik,
Kulturstiftung der deutschen Vertriebenen, Bonn 1989
(244 Seiten)

Kulturstiftung der deutschen Vertriebenen, Bonn

VI. Wissenschaft und Bildung

Ostdeutsche Wissenschaftler und ihre Traditionen in der Bundesrepublik Deutschland

Gotthold Rhode

Die deutschen Ostgebiete, d. h. die preußischen Provinzen Ostpreußen, Pommern, Schlesien und die Grenzmark Posen-Westpreußen, waren nicht eben reich an Universitäten. Es gab deren nur zwei: Die Albertina in Königsberg, gegründet 1544, die im vorletzten Kriegsjahr 1944 ihr sehr bescheiden ausfallendes Jubiläum des vierhundertjährigen Bestehens feiern konnte, und die 1811 gegründete Schlesische Friedrich-Wilhelms-Universität, die aus dem Zusammenschluß der schon 1506 gegründeten Universität in Frankfurt a. d. Oder, der Viadrina, mit der 200 Jahre jüngeren Breslauer Jesuiten-Universität hervorgegangen war und deren prächtiges Barockgebäude als Heimstatt erhielt. Die dritte ostdeutsche Landes-Universität, Greifswald, war zwar die Universität Pommerns, blieb aber durch ihre Lage am Greifwalder Bodden westlich der Oder als deutsche Universität erhalten, so daß ihre Professoren und Studenten nicht das Vertriebenen-Schicksal der Breslauer und Königsberger Kollegen teilen mußten.

Eine erst 1940 entstandene Neugründung, die »Reichsuniversität Posen«, die die Einrichtungen und Gebäude der jungen polnischen Mickiewicz-Universität in Posen übernehmen konnte, hatte sich infolge des Krieges und der Aufbauschwierigkeiten nicht wirklich entfalten können. Ihre Vorgängerin, die Posener Königliche Akademie, 1903 gegründet, hatte ihr zwar das erst 1910 eingeweihte prächtige Vorlesungsgebäude im Stil der Danziger Renaissance hinterlassen, aber Traditionsbindungen von der Akademie zur »Reichs-Universität« gab es nicht. Beide großen und berühmten Universitäten wurden vorzüglich von Landeskindern besucht und galten als ausgesprochene Arbeits-Universitäten, die in der Regel kaum Studenten aus Süd- und Westdeutschland anzogen. Um hier Abhilfen zu schaffen, hatte die Deutsche Studentenschaft noch in der Endzeit der Weimarer Republik dazu aufgerufen, an ihnen ein »Ostsemester« zu verbringen und die Reichsbahn erleichterte den Entschluß, indem sie außergewöhnliche Ermäßigungen oder sogar Freifahrscheine gewährte. Tatsächlich hatte Königsberg im Sommersemester auch regelmäßig mehr Studenten als im Wintersemester, denn zu den schönen Ostseebädern Cranz und Rauschen war es ja nicht weit, aber die Atmosphäre intensiver Arbeit blieb auch im Sommersemester bestehen. Den Typ der gemütlichen kleinen Universitätsstadt, die ganz von ihrer Universität und mit ihr lebte, gab es östlich der Oder nicht.

Neben den Universitäten hatten die beiden noch jungen Technischen Hochschulen in Danzig (gegründet 1904) und Breslau (gegr. 1910) einen guten Ruf, wobei Danzig in bezug auf den Schiffbau eine besondere Stelle einnahm und in der Zeit des Freistaats auch die geisteswissenschaftlichen Fächer entwikkelt hatte, so daß hier auch ein Studium der Geschichte, Germanistik, Geographie und anderer nichttechnischer Fächer wenigstens für einige Semester und eine Promotion zum Dr. phil. möglich war.

Außerdem gab es einige Spezialhochschulen: Die Handelshochschule in Königsberg, die Staatliche Akademie in Braunsberg (für katholische Theologie und Philosophie) und die Medizinische Akademie in Danzig, die Hochschule für Lehrerbildung in Elbing.

Von den auslandsdeutschen Volksgruppen hatten nur die Sudetendeutschen in der Deutschen Karls-Universität, die 1882 durch Spaltung der altehrwürdigen Carolo-Ferdinandea entstanden war, und in der 1899 gegrün-

Universität Königsberg, gegr. 1544.

Die Schlesische Friedrich-Wilhelms-Universität zu Breslau (Postkarte um 1926).

deten deutschen Technischen Hochschule in Brünn eigene deutsche Hochschulen. Die Deutschbalten besaßen zwar in der Herder-Hochschule in Riga eine universitätsähnliche Einrichtung, aber sie hatte mit der Umsiedlung 1939 ihr Wirken beenden müssen und war nicht als solche nach Posen verlegt worden.

Die Universitäten und Hochschulen waren aber nicht die einzigen Plätze, an denen ostdeutsche Wissenschaftler tätig sein konnten. Es gab die Staatsarchive in Breslau, Danzig, Königsberg und Stettin, große Stadtarchive, die Diözesanarchive, bedeutende Stadtbibliotheken und zahlreiche große Museen. Schließlich die Historischen Kommissionen und Wissenschaftlichen Gesellschaften, die eigene Publikationsorgane und öfters auch verleihen, wurde wohl kaum erwogen, jedenfalls nicht verwirklicht, obwohl es dafür, z. B. hauptamtliche Geschäftsführer hatten.

Alles in allem ein bedeutendes wissenschaftliches Potential an akademischen Lehrern, Forschern, Organisatoren, das durch die Vertreibung aus den Arbeitsstätten und aus der Heimat nicht eingesetzt werden konnte und nicht eingesetzt wurde. Die günstigsten Bedingungen für den Aufbau einer neuen Existenz und eine der Ausbildung entsprechende Tätigkeit hatten dabei die Mediziner und die Vertreter technischer Wissenschaften, deren Lehre und Forschung ja stets mit der Praxis verbunden und vom Wirkungsort weitgehend unabhängig waren, so daß sie nicht unbedingt auf eine Universität, eine Hochschule oder eine andere staatliche Einrichtung angewiesen waren. Von ihnen und ihren Leistungen im Westen kann hier nicht weiter die Rede sein, zumal sie keine spezifisch ostdeutschen Traditionen fortsetzten. Weit ungünstiger sah es für die Vertreter der geisteswissenschaftlichen Fächer aus, die über die drei westlichen Besatzungszonen verstreut waren und sich oft in Notunterkünften weit entfernt von allen wissenschaftlichen Zentren im Westen befanden. Eine erste neue Wirkungsmöglichkeit ergab sich durch den Wiederaufbau der Universitäten und Hochschulen in den drei Westzonen.

Als die westdeutschen Universitäten und Hochschulen im Herbst 1945 oder im Frühjahr 1946 ihre Arbeit wieder aufnahmen oder – wie in Mainz – neu begannen, waren nicht nur viele Gebäude zerstört und unbenutzbar, Bibliotheken und Institute ihrer Bestände beraubt, es gab auch große Lücken im Lehrkörper durch Tod, Gefangenschaft und vorübergehende oder länger dauernde Tätigkeitsverbote seitens der Besatzungsbehörden. Dem stand ein Potential ausgebildeter und ausgewiesener Wissenschaftler ohne adäquate Beschäftigung gegenüber, die freilich zunächst nirgends »erfaßt« und registriert waren. Auch gab es noch keinen Anspruch auf Unterbringung vertriebener und verdrängter Beamter nach Art. 131 des Grundgesetzes. Die grundsätzlich denkbare Möglichkeit, einer ostdeutschen Universität im Westen eine Heimstatt zu geben oder einer Neugründung Tradition und Namen etwa der Albertina zu verleihen, wurde wohl kaum erwogen, jedenfalls nicht verwirklicht, obwohl es dafür, z. B. in Ungarn nach 1920, durchaus Vorbilder gab. Auch gab es unter den drei verschiedenen westlichen Besatzungsmächten keinerlei gemeinsame Planung, und der Zusammenschluß auf der Basis gemeinsamer Herkunft oder landsmannschaftlicher Zusammengehörigkeit war bis 1949 von den Besatzungsmächten verboten, so daß sich in diesen Anfangsjahren keine aktionsfähige Gemeinschaft etwa der Breslauer Professoren und Assistenten bilden konnte, die zu geschlossenem Auftreten in der Lage gewesen wäre.

Prag. Sitz der 1348 gegründeten deutschen Universität.

Es hing deshalb überwiegend von der Gunst der Umstände ab, daß einige vertriebene Hochschullehrer und Wissenschaftler verständnismäßig bald eine neue Wirkungsstätte fanden – gerade Mainz bot diese Möglichkeit für eine Anzahl Breslauer Professoren und Dozenten – während andere, in eine universitätsferne Gegend verschlagen, den Anschluß nur spät oder in unzureichender Form fanden, etwa durch begrenzte Lehraufträge. Was hier in den Jahren zwischen 1945 und etwa 1965 an wissenschaftlicher Arbeitskraft ungenutzt blieb, wieviel Bitterkeit sich bei denjenigen ansammeln mußte, die zwar aufgrund ihrer beamtenrechtlichen Ansprüche schließlich eine Versorgung erhielten, aber keine Lehrtätigkeit ausüben konnten, läßt sich weder errechnen noch schätzen. Dies gehört mit zu den Verlusten der Nachkriegszeit, die erst später ermessen werden können.

Diejenigen Professoren und Wissenschaftler, die verhältnismäßig schnell eine neue Wirkungsstätte gefunden hatten, begnügten sich nun nicht mit der Erfüllung der dortigen Aufgaben, sondern waren bemüht, einerseits neue Anstöße zu geben, andererseits die Traditionen ihrer einstigen ostdeutschen Forschungseinrichtungen in wenigstens bescheidenem Rahmen fortzusetzen.

Somit hat der aus Reichenberg stammende Breslauer Historiker Hermann Aubin (1885–1969), der im Sommersemester 1946 den Lehrstuhl für mittelalterliche Geschichte in Hamburg übernahm, nicht nur eine ganze Generation von Studienräten und Archivaren maßgeblich beeinflußt, sondern er hat darüber hinaus durch Bildung einer Arbeitsgemeinschaft »Nordseeraum« die verfassungsgeschichtliche und sozialgeschichtliche Bearbeitung der ihm bisher ganz fremden Marsch- und Küstenlandschaften in Gang gebracht und ihr entscheidende Gesichtspunkte vermittelt. Ähnlich befruchtend wirkte in Kiel der erst spät aus russischer Kriegsgefangenschaft entlassene Breslauer Geograph Herbert Schlenger (1904–1968), der 1963/64 auch Kieler Rektor war, vorher in Breslau einer der engsten Mitarbeiter von Aubin.

Bereits unmittelbar nach der Entstehung der Bundesrepublik Deutschland war Aubin dann bemüht, in Anknüpfung an die frühere Nord- und Ostdeutsche Forschungsgemeinschaft wieder eine Dachorganisation für die auf dem Gebiet der Geographie, Geschichte, Wirtschaft, Volkskunde und Kultur der ostdeutschen Provinzen und der deutschen Volksgruppen im Osten zu schaffen und hatte den Erfolg, daß bereits im April 1950 der Johann-Gottfried-Herder-Forschungsrat in Marburg gegründet wurde, der sich als eine Art Akademie zur Erforschung des östlichen Mitteleuropa verstand, alsbald im J. G. Herder-Institut eine Arbeitsstätte aufbaute und durch Mitwirkung von sechs Historischen Kommissionen und Bildung von ebensovielen Fachkommissionen seine Arbeit verbreiterte. Die sechs Kommissionen setzten die Tradition und Arbeit der Kommissionen bzw. Wissenschaftlichen Gesellschaften der Heimat fort. Je eine ist für die baltische Geschichte, für Ost- und Westpreußen, Pommern, Schlesien, Posen und das Deutschtum in Polen und für die Sudetenländer zuständig. In der Fachkommission für Kunstgeschichte konnte der einstige Landeskonservator von Schlesien, nunmehr Direktor des Museums in Altona, Günther Grundmann (1892–1976) alsbald die große Buchreihe »Bau- und Kunstdenkmäler des Deutschen Ostens« begründen und in ihr sowohl schlesische wie ostpreußische und Danziger Kunstdenkmäler in großformatigen Bildbänden festhalten.

Siegel der Patenschaftsuniversität Köln.

Dies ist nur ein besonders hervorstechendes Beispiel für die alsbald einsetzende vielfältige Forschungs- und Publikationstätigkeit des J. G. Herder-Forschungsrates, der sich in der seit 1952 vierteljährlich erscheinenden »Zeitschrift für Ostforschung« auch ein eigenes Publikationsorgan schuf und mehrere große Buchreihen begründete.

Noch vor dieser Neuorganisation, die für den südostdeutschen Raum ihr Gegenstück in dem bereits 1930 gegründeten, aber erst 1951 wieder tätig gewordenen Münchener Südost-Institut unter der Leitung von Fritz Valjavec (1900–60) hatte, der 1958 auch eine Südostdeutsche Historische Kommission gründete und das für Böhmen-Mähren eine Ergänzung im 1956 ebenfalls in München gegründeten *Collegium Carolinum* unter dem Vorsitz des bedeutenden Mediävisten Theodor Mayer (1883–1972) fand, der aus Oberösterreich stammte, aber Professor in Prag gewesen war und als Begründer des Konstanzer Arbeitskreises für mittelalterliche Geschichte bedeutende Anstöße für die Forschung gab, versuchten die nun im Westen wirkenden Wissenschaftler nicht nur ihre früheren persönlichen Kontakte wiederaufzunehmen und zu pflegen. Sie schlossen sich auch auf der Grundlage gemeinsamer Forschungsinteressen und gemeinsamer Arbeit zusammen. Meist gaben diese Zusammenschlüsse sich den Namen »Kreis«. So entstand schon 1946 auf Initiative des Breslauer Geographen Erich Obst (1886–1980), der an der Technischen Hochschule Hannover neu beginnen konnte, der »Nenndorfer Kreis«, der sich vor allem mit der jüngsten Vergangenheit und der Gegenwart der Ostgebiete beschäftigte und Kenntnisse über sie zu vermitteln suchte.

Der Freiburger Kopernikus-Kreis, der auf eine Initiative des früher in Breslau wirkenden Rechtshistorikers Hans Thieme (* 1906) hin entstand, suchte durch Vorträge und Veröffentlichungen Wissen über die deutsch-slawische Nachbarschaft und die gegenseitige Beeinflussung zu vermitteln. In Münster schlossen sich Vertreter verschiedener Disziplinen, u. a. der Volkswirt Hans-Jürgen Seraphim (1899–1962) früherer Direktor des Osteuropa-Instituts Breslau, der Historiker Herbert Ludat (* 1910) und der Kirchenhistoriker Robert Stupperich (* 1904) zu einer Arbeitsgemeinschaft für Osteuropaforschung zusammen, in Bonn wurde eine Senatskommission zum Studium des Deutschtums im Osten gegründet, die Ringvorlesungen veranstaltete und deren Texte als »Studien zum Deutschtum im Osten« veröffentlichte. In ihr waren besonders der Kirchenhistoriker Bernhard Stasiewski (* 1905) und der Historiker Walther Hubatsch (1915–1984) tätig. Das sind nur einige Beispiele für viele ähnliche Zusammenschlüsse und Aktivitäten, die freilich oft an eine besonders dynamische Persönlichkeit gebunden waren und mit deren Wegberufung oder Tod wieder zurückgingen. Am meisten in die Öffentlichkeit wirkte der im wesentlichen von Königsbergern und darüber hinaus von Ostpreußen getragene »Göttinger Arbeitskreis ostdeutscher Wissenschaftler«, dessen Gründer der frühere Königsberger Universitätskurator Dr. Friedrich Hoffmann war. Sein besonderes Verdienst war es, daß er durch Schaffung des Jahrbuchs der Albertus-Universität zu Königsberg und des Jahrbuchs der Schlesischen Friedrich-Wilhelms-Universität zu Breslau (seit 1951) diesen beiden ostdeutschen Universitäten ein lebendiges Denkmal setzte und Wissenschaftlern Publikationsmöglichkeiten bot. Alle diese teils festeren, teils loseren Zusammenschlüsse und Traditionsträger litten allerdings darunter, daß sie über keine gut ausgestatteten Bibliotheken und über keine Archive verfügten. Erstere ließen sich in mühsamer Arbeit allmählich aufbauen, so die Bibliothek des Herder-Instituts in Marburg, die Ostdeutsche Bücherei in Herne unter dem viele Jahre in Kattowitz tätig gewesenen Direktor Viktor Kauder (1899–1985), die Bibliotheken der beiden Münchner Institute, zu denen noch die des Osteuropa-Instituts unter dem aus Lemberg stammenden früheren Direktor des Breslauer Osteuropa-Instituts und Adenauer-Berater Hans Koch (1892–1959) trat. Auch bildete die nach Marburg ausgelagerte Preußische Staatsbibliothek unter dem Namen »Westdeutsche Bibliothek« gute Arbeitsbedingungen, bevor sie in die Stiftung Preußischer Kulturbesitz eingegliedert und in einen Neubau nach West-Berlin verlagert wurde. Archive aber konnte man allenfalls aus einigen zufällig in den Westen gelangten Bruchstücken und aus Kopien höchst lückenhaft aufbauen, ohne damit einen auch nur teilweise brauchbaren Ersatz für das in der Heimat Verbliebene schaffen zu können.

Hier war es ein Glücksfall, daß die wesentlichen Teile des Königsberger Staatsarchivs,

Siegel der Universität Breslau.

vor allem für die Ordenszeit und die Zeit des Herzogtums Preußen, in ein Salzbergwerk im Westen ausgelagert und unversehrt geblieben waren. Die von der Sowjetunion verlangte Auslieferung lehnten die britischen Besatzungsbehörden strikt ab, übrigens auch aufgrund eines Gutachtens des auch in Großbritannien große Achtung genießenden Historikers Hermann Aubin.

Das Archiv wurde unter dem Namen »Staatliches Archivlager« unter der Leitung des früheren Königsberger Archivars Kurt Forstreuter (1897–1979) in Göttingen untergebracht und konnte alsbald benutzt werden. Dadurch konnte sich in Göttingen ein besonders wichtiges Forschungszentrum zur Geschichte des Deutschen Ordens und zur Geschichte Ostpreußens bilden. Der Tilsiter Walther Hubatsch (1915–1984), der zunächst in Göttingen, dann in Bonn tätig war, regte eine Fülle von Dissertationen besonders zur Geschichte des Herzogtums Preußen an, an dessen Erforschung sich sogar japanische Doktoranden beteiligten.

Zahlreiche Schüler des aus Bielitz stammenden, später in Breslau tätigen Hamburger Siedlungshistorikers Walter Kuhn (1903–1983) fanden dort ebenfalls reiches Material für ihre siedlungsgeschichtlichen Untersuchungen.

Für keine andere ostdeutsche Landschaft gab es ähnlich wertvolles Material wie für Ostpreußen, so daß in Göttingen auch der große Atlas zur Geschichte des Preußenlandes in Angriff genommen werden konnte, begonnen von Hans Mortensen (1894–1964), weitergeführt von Reinhard Wenskus (* 1916) und Gertrud Mortensen (* 1897). Inzwischen ist auch das Königsberger Staatsarchiv in die Stiftung Preußischer Kulturbesitz eingegliedert und nach Berlin verlagert worden.

Unvermeidlich war und ist es dabei, daß Gründungen, die nicht durch einen sie tragenden Verein oder durch eine Stiftung fest institutionalisiert und auf ostdeutsche Traditionen festgelegt wurden, mit dem Ausscheiden der tragenden und richtungsweisenden Persönlichkeiten die ursprünglichen Aufgaben nicht oder nur zum Teil fortsetzten. Das gilt z. B. für die von dem Deutschbalten Max Hildebert Boehm (1891–1968) schon sehr früh, 1950, mit großem Elan gegründeten Nordostdeutsche Akademie in Lüneburg, später in Ostdeutsche Akademie umbenannt. Während sie unter seiner Leitung und der seines Nachfolgers, des Danzigers Karl-Heinz Gehrmann (* 1912) durch ihre Tagungen und Forschungen ganz der ostdeutschen Tradition verhaftet blieb, ist sie nach Gehrmanns altersbedingtem Ausscheiden unter wechselnder Leitung ganz auf die Gegenwartsentwicklung der DDR konzentriert.

Dagegen hat nun das später entstandene, im historischen Brömsehaus in Lüneburg untergebrachte Nordostdeutsche Kulturwerk unter Leitung von Dr. Eckhard Matthes (* 1940) die Pflege nordostdeutscher Traditionen und die Sammlung von Archivalien übernommen.

Auch die von Werner Markert (1905–1965) zunächst in Göttingen begründete, nach seiner Berufung nach Tübingen 1954 dorthin verlegte Arbeitsgemeinschaft für Osteuropaforschung, in der überwiegend ostdeutsche Wissenschaftler tätig waren und die mit zwei gewichtigen Bänden des Osteuropa-Handbuchs über Jugoslawien (1955) und Polen (1959) früh hervorragende Leistungen vorlegte, hat nach Markerts allzu frühem Tod nicht mehr in der bisherigen Weise weitergearbeitet.

Keine unmittelbare Fortführung von Traditionen, aber doch eine Anknüpfung an sozialgeschichtliches und humanitäres Engagement in der Heimat war die frühzeitige intensive Beschäftigung ostdeutscher Wissenschaftler mit der *Vertriebenenproblematik.* Hier ist vor allem auf zwei grundlegende, auch heute noch völlig unentbehrliche Standardwerke zu verweisen: Die Dokumentation der Vertreibung der Deutschen aus Ost-Mitteleuropa, die von 1953 bis 1961 in fünf Bänden (acht Teilen) und drei Beiheften erschienen ist. Ihre Hauptherausgeber waren der zwar aus dem bayerischen Schwaben stammende, aber lange in Königsberg tätig gewesene Theodor Schieder (1908–1984), der einstige Königsberger Professor Hans Rothfels (1891–1976, 1934 aus dem Amt gedrängt), der sudetendeutsche Staatsrechtler und bedeutende Rechtsphilosoph Rudolf Laun (1882–1975) und der ebenfalls in Königsberg tätig gewesene Historiker Werner Conze (1910–1986), sowie der Archivdirektor Adolf Diestelkamp (1900–1955), lange Zeit in Stettin tätig und von 1951 bis zu seinem Tode Vorsitzender der Historischen Kommission für Pommern.

Prof. Dr. Walther Hubatsch, Bonn.

Prof. Dr. Ludwig Petry, Mainz.

Das zweite große Werk ist die dreibändige Enzyklopädie: Die Vertriebenen in Westdeutschland, schon 1959 in Kiel erschienen und eine Fundgrube für die spätere Forschung. Neben dem Sudetendeutschen Eugen Lemberg (1903–1976), 1959 bis 1963 auch Präsident des J.G. Herder Forschungsrates, wirkten als Herausgeber der Deutschbalte Max Hildebert Boehm, der Danziger Karl Heinz Gehrmann und der Bielitzer Alfred Karasek (1902–1970).

Eine tatsächlich lebendige und fortgesetzte Tradition ist es, daß deutsche Historiker aus dem Osten, wie in der Heimat so auch an den neuen Wirkungsstätten, die Verpflichtung empfinden, die Geschichte nicht nur ihrer engeren Heimat, sondern die ihrer einstigen Nachbarn zu schreiben und sie so der Umwelt nahezubringen und verständlich zu machen – ganz gewiß ein gewichtiger Beitrag zur Völkerverständigung. So ist die Beschäftigung mit der Geschichte Rußlands bzw. der Sowjetunion undenkbar ohne die Kenntnis der Werke der Deutschbalten Manfred Hellmann (* 1912), Boris Meissner (* 1915), Georg von Rauch (* 1904), Hans von Rimscha (1899–1987) und Reinhard Wittram (1902–1973), bei den baltischen Staaten ohne die gleichen Autoren und ohne Jürgen von Hehn (1912–1983) sowie Gert von Pistohlkors (* 1935), um nur einige zu nennen.

Für Polen gilt entspechendes für die Lodzer Oskar Kossmann (* 1904) und Georg W. Strobel (* 1923), den aus Mittelpolen stammenden Richard Breyer (* 1917), den Bielitzer Walter Kuhn (1903–1983) und den Poser Gotthold Rhode (* 1916).

Niemand, der sich mit der Geschichte Böhmens und der Tschechoslowakei beschäftigen will, kann an den Sudeten- bzw. Slowakeideutschen Jörg K. Hoensch (* 1935), Eugen Lemberg, Friedrich Prinz (* 1928), Ferdinand Seibt (* 1927) und Helmut Slapnicka (* 1916) vorübergehen, um wieder beispielhaft nur einige Namen zu nennen und die vielen um Entschuldigung zu bitten, die aus Raummangel nicht genannt werden können. Nicht anders ist es für Ungarn, Rumänien, Jugoslawien – auch hier kann keine Aufzählung von Namen folgen. Sie würde noch einige Seiten füllen.

Wenn hier stets die Lebensdaten genannt wurden, so geschah dies mit gutem Grund. Die Daten zeigen, daß viele führende Personen, denen entscheidende Anstöße zu verdanken sind, nicht mehr am Leben sind, daß die noch Lebenden in ihrer großen Mehrzahl bereits im Ruhestand oder nicht mehr fern von ihm sind. Das gibt Anlaß zu Sorgen.

Prof. Dr. Walter Kuhn, Hamburg.

Dr. Klaus von Klitzing (links), Physik-Nobelpreisträger 1985.

Dr. Johannes Bednorz, Physik-Nobelpreisträger 1987.

Überblickt man nämlich die Namen der Lehrstuhlinhaber, der Institutsmitarbeiter und der Autoren in den Zeitschriften, soweit sie sich auf Ostdeutschland und Osteuropa und die Slawistik beziehen, insbesondere in den ersten Jahren der Bundesrepublik Deutschland, dann findet man ganz überwiegend Deutsch-Balten, wie Manfred Hellmann, Boris Meissner, Georg v. Rauch, Hans v. Rimscha, Reinhard Wittram, Ost- und Westpreußen wie Kurt Forstreuter, Walter Hubatsch, Erich Keyser, Herbert Ludat, Deutsche aus Polen wie Georg Geilke, Walter Kuhn, Georg W. Strobel, Schlesier wie Ernst Birke, Joachim Konrad, Werner Philipp, Sudetendeutsche wie Eugen Lemberg, Kurt Oberdorffer, Ernst Schwarz, um jeweils nur einige wenige Namen zu nennen, und sehr wenige, die aus dem Westen und Süden Deutschlands stammen. Das ist natürlich auch ein gewisser Nachteil für die weitere Entwicklung, denn die Beschäftigung mit den Problemen Ostdeutschlands und Osteuropas erschien dadurch allzu leicht als eine Angelegenheit der aus diesem Raum stammenden Wissenschaftler, und nicht als das, was sie ist, *eine Angelegenheit der deutschen Forschung in ihrer Gesamtheit.* Ähnliche Erscheinungen gab und gibt es aber auch in den Vereinigten Staaten, wo die Osteuropaforschung lange Zeit eine Domäne der Emigranten aus Osteuropa und der Ausgewanderten war. Nur sehr allmählich änderte sich dort das Bild. In der Bundesrepublik Deutschland kann die in den achtziger Jahren allmählich abtretende zweite Generation, die in der Heimat noch zu den Anfängern und gerade die Laufbahn Beginnenden gehörte, zwar mit einiger Genugtuung auf ihre Leistungen zurückblicken, so sehr sie sich auch ihrer Mängel und Lücken bewußt ist. Sie braucht aber auch die Gewißheit, daß es genügend junge Kräfte gibt, die ihre Arbeit und Traditionen fortsetzen können, und daß diese auch entsprechende Arbeitsmöglichkeiten finden.

Der Gedanke, man könnte diese Traditionen allmählich zurücktreten oder einschlafen lassen, den man gelegentlich hören kann, würde dem widersprechen, was beide Generationen ostdeutscher Wissenschaftler mitbrachten, als sie an die Universitäten und wissenschaftlichen Institute der Bundesrepublik Deutschland kamen, diejenigen, die schon vorher in Amt und Würden waren, wie der damalige Nachwuchs. Zu den Kenntnissen von Sprachen und Verhältnissen, zu den Antrieben, welche Erlebnisse und Erfahrungen mit sich bringen, gehört das lebendige, stets wache Interesse an allem, was sich in der Heimat und bei den östlichen Nachbarn vollzog und weiter entwickelt. Dazu gehört auch die Überzeugung, daß Verständnis und Verständigung nur aus Kenntnis, aber nicht aus Ignoranz wachsen können, mag auch noch so viel guter Wille vorhanden sein.

Hier sind neben den Traditionsträgern selbst die Kulturpolitiker des Bundes wie der Länder gefordert, vor allem aber muß der breiten Öffentlichkeit bewußt sein, daß ostdeutsche Traditionen nicht nur Sache der Ostdeutschen selbst, sondern *aller* Deutschen sind.

LITERATURAUSWAHL

AUBIN, Hermann: An einem neuen Anfang der Ostforschung, in: Zeitschrift für Ostforschung I (1952), S. 3–16

BOEHM, Max Hildebert: Verluste und neue Ansätze der Wissenschaft, in: Die Vertriebenen in Westdeutschland, Bd. 3, Kiel 1959, S. 204–223

LEMBERG, Eugen: Umdenken in der Verbannung. Ein neues Verhältnis zu Ostmitteleuropa, Bonn 1955

RHODE, Gotthold: Ostdeutsche Gelehrte und wissenschaftliche Traditionen in der Bundesrepublik Deutschland, in: Hans Joachim von Merkatz (Hrsg.), Aus Trümmern wurden Fundamente, Kiel 1979, S. 309–314

Die Literatur des deutschen Ostens nach 1945

Wolfgang Schwarz

Unter der Flut
fliegen, an
gehöhten schwarzen
Opfersteinen vorbei

Paul Celan

Meine erste Begegnung mit der Literatur des deutschen Ostens 1932 in Breslau

Meine erste Begegnung mit der Literatur des deutschen Ostens war 1932. Da war ich 16 Jahre alt. Buchstäblich »Der Osten« hieß die verrauchte, verschnapste Stube im Zweiten Stock des Traditionslokals »Das Goldene Zepter« in der Schmiedebrücke zu Breslau. Hier hielt die Literarische Gesellschaft gleichen Namens — »Der Osten« — ihre Dichterabende ab.

Die Jüngsten unter den schlesischen Dichtern wurden hier besonders gehegt. Feierlich, wenn sie ihre Probe bestanden hatten, wurden sie in den »Osten« aufgenommen. Wirklich in östlichem Zeremoniell: mit byzantinischem Lob und mit einem Guru als Geleiter. Das war der Breslauer Poet und Rechtsdozent Waldemar von Grumbkow, ein Buddhist seiner Milde nach, getuppelt-schlesisch in seiner Gesinnung. Ein Aristokrat, der für die Plebejer lebte, ein Sozialist, der auch ein Christ war.

Erlauchte Namen: Walter Meckauer, ins Chinesische gewandt mit seinen Gedanken, seinen Erzählungen. Rainer Maria Rilke, russisch-östlich mit seinen »Geschichten vom lieben Gott«, Franz Kafka, Visionär des großen östlichen Sklavenreiches in seinem »Schloß«, Klabund, natürlich dieser Bänkelsänger vor allem mit seinen Nachdichtungen Omar Chayyams, des persischen Zeltmachers. Sie und noch nicht so Bekannte wie Gustav Hexelschneider, engagierter Gewerkschaftler, Arbeiter-Lyriker, Ernst Gnärich, Kammermusiker und Nachbar Alfred Döblins als Großstadt-Entlarver, Jörg Breuer, Neuerwecker des Puppenspiels, dazu selbstverständlich: Hermann Stehr, eine tolstoijisch anmutende Gestalt, Friedrich Bischoff, Rundfunkintendant, Arnold Ulitz, im »Ararat« Gründer eines utopischen Landes, in welchem Juden, Russen und Deutsche eine neue Gesellschaft stiften. Also tatsächlich »östlich« vorwiegend wurde gedichtet, gedacht, getrachtet und geträumt in dieser Stube auf der Schmiedebrücke mit dem Namen »Der Osten«.

Nach fünfzig Jahren: 1982

Ich sitze im Lesesaal der Universitätsbibliothek zu Breslau. Wie vor einem halben Jahrhundert, als ich hier »auf der Penne« war.

Flink bedient von einem Pan Doctor mit Zeitungen aus den dreißiger Jahren. Schlesische Zeitung, Schlesische Tageszeitung.

Die Oder, in schwarzer Schwermut, lugt durchs Barockmuschelfenster mir zu.

Ein Film der Literatur des deutschen Ostens läuft vor mir ab.

Unter mir, in der Katakombe des Klostertrakts, lag, in unausgeschöpften Handschriften, einst der Kernschatz dieser Literatur. Die Lyrik des Schlesischen Barock. Er liegt heut, einen Ballwurf weit, in den Tresoren des Ossolineums, des St. Matthiasgymnasiums, meiner »Penne«. Dieser Kernschatz dieser Literatur des deutschen Ostens wäre, am Ende des Zweiten Weltkrieges, beinahe in Flammen aufgegangen. Gerettet wurde er in letzter Minute: durch Geistliche. Die hohen Offiziere der Festung Breslau hatten sich die Katakombe der Universitätsbibliothek zu ihrer Befehls-Stelle gewählt. Sie hatten die Bücher kurzerdings auf den Scheiterhaufen kommandiert. Ihre Feld-Pfarrer setzten sich gegen sie durch. Wo der Geist des deutschen Ostens gespeichert war, dort sollten die Verteidiger des deutschen Ostens einen makabren Wall haben. Derlei Paradoxon mißlang.

Der Geist des deutschen Ostens in der Literatur ging auf Wanderschaft. Da ich in den Zeitungen aus den dreißiger, vierziger Jahren blättere, entdecke ich Namen von Dichtern aus dem deutschen Osten, die zu den Toten des Krieges, der Wanderschaft, des Nachkrieges zählen: Jakob van Hoddis, expressionistischer Lyriker aus Berlin:

»Dem Bürger fliegt vom spitzen Kopf der
Hut,
in allen Lüften hallt es wie Geschrei.
Dachdecker stürzen ab und gehn entzwei,
Und an den Küsten — liest man — steigt die
Flut.
Der Sturm ist da, die wilden Meere hupfen.
An Land, um dicke Dämme zu zerdrücken.
Die meisten Menschen haben einen
Schnupfen.
Die Eisenbahnen fallen von den Brücken.«

Dieser Dichter »wurde erst in Esslingen, dann 1933 in der Heilanstalt Bendorf-Sayn bei Koblenz interniert, aus der er am 30. April 1942 als Nr. 8 abtransportiert wurde, um, man weiß nicht wo, wann und wie vernichtet zu werden«. So steht's in des Kurt Pinthus, des Dichtervaters der Expressionisten, Anthologie »Menschheitsdämmerung« (1966). Edith Stein, Kirchenliedlyrikerin, aber vor allem Philosophin der phänomenologischen Schule Husserls und Begründerin der »Kreuzwissenschaft«, hatte hier, in Breslau, ein paar hundert Meter von der Sandinsel entfernt, in der Michaelisstraße 38 ihr Zuhause. Von ihr weiß man, daß sie 1944 in Auschwitz umgekommen ist. In der Festung Breslau, in diesem Verzweiflungs-Sodom, blieb der Breslauer Romancier Cosmus Flam. Er hatte Schlesien die Entstehungs-Epopöe geschenkt: »Ein Land entsteigt der Dämmerung«. Er war ein ebenso virtuoser Epiker wie der — gleich ihm — zum Festungssoldaten rekrutierte Hugo Hartung. Ihm verdanken wir die Schilderung der letzten Tage von Breslau 1945 in »Der Himmel war unten«. Humor und Zeitkritik machten diesen quikken Theatermann zu einem populären Begleiter-Dichter. Waldemar von Grumbkow, legendärer Kapitän des Schiffes »Dritte Schlesische Dichterschule«, entkam der »Festung«; wurde später, im morbiden »Nachkrieg«, von einem Desperado ermordet. Leonhard Hora, Hymniker, Heimat-Enthusiast (»Du trägst die Heimat tief im Blut, in allen deinen Sinnen«), mußte in die Schanzen des Generals Niehoff. In die Kriegsgefangenschaft der sowjetischen Armee. In ihr erlosch er. Er hat, wie ich, oft in diesem ehrwürdigen Bau neben der schönsten Kirche Breslaus, Maria auf dem Sande, gesessen und gesucht: Verborgenes aus dem Barock. Auch, als Dichter-Begleiter, als »Diener der Dichter« — wie derlei Musenleute liebevoll von Max Tau benannt wurden — hat er Dichter-Gäste durch Breslaus Denkwürdigkeiten geführt. Vom Dom über die Martinistraße — über das dortige Deutsche Institut — durch die Sandinsel bis zur Matthiaskunst. In diesem Sezessionstempel, dem Sitz der »Schlesischen Gesellschaft für Vaterländische Kultur«, gab's regelmäßige Dichterabende mit Rudolf Kassner, Hans Carossa, Georg Britting, Rudolf G. Binding, Werner Bergengruen, Kurt Ihlenfeld, Otto von Taube, Edzard Schaper, Reinhold Schneider, Ernst Wiechert u.a. Der Eckart-Kreis — gemeinsam mit der Ostdeutschen Buchhandlung des Viktor Kubczak — organisierte sie. Es waren christliche stille Aufstände gegen den nationalsozialistischen Zeitgeist. Einverständnis bestand in diesem Kreis darüber, daß — wie es Werner Bergengruen mit seiner Lesung aus seinem »Großinquistor« klarmachte —, eine Ketzerverfolgung wie im Ausgang des Mittelalters, auch jetzt grassierte.

Als einer der Ersten im Zweiten Weltkrieg

fiel unser Breslauer Erster. Der Lyriker Karl Kottusch. Eben noch, in der »Dritten Schlesischen Dichterschule«, im »Goldenen Zepter«, hatte er unter uns gesessen, unter Werner Steinberg, Hanns Gottschalk, Ernst Günther Bleisch, Egon H. Rakette, Ernst Kallée, Waldemar von Grumbkow, Cosmus Flam, Leonhard Hora, Waldemar Glaser, Roland Ring, Dora Lotti Kretschmer, Gerhart Baron, Hans Niekrawietz, Alfons Kalka: Nun, als die Nachricht von seinem Tod kam, blieb uns die Erinnerung an sein letztes Gedicht; es war eine Warnung wie die von Werner Bergengruen.

»Luzifer«:

»Einmal hob er noch den Blick,
eh er in die Tiefe stürzte,
die ihn fing zu ewigleerem Sturze.

Doch genügte dieser jähe kurze
Blick, den noch ein Schrei verkürzte,
und er wurde allen zum Geschick.

Allen Engeln fror ein tiefes Grauen
bis ans Herz, und sie erbebten.
Lange konnten sie nicht fassen,

daß sie liebten, wo es Pflicht zu hassen,
und sie wußten schon, solang sie lebten,
nie verblassen würde dieses kurze Schauen.

Ahnen stieg gleich einem dunklen Sterne
auf an ihres Wesens Säumen.
Mit Verwundern haben sie erkannt,
daß sie noch im Fall mit ihm verwandt,
aber nie in ihren bängsten Träumen
wußten sie sich Gott so ferne.«

Ich fand in Breslau eine Notiz über Franz Werfel in Beverly Hills

»Manchmal geht sie durch die Nacht der Erde.
Sie, das schwerste ärmste Herz der Erde.
Wehet langsam unter Laub und Sternen,
Weht durch Weg und Tür und Atemwandern,
Alte Mutter, elendste der Mütter.«

Das hat Franz Werfel von Hekuba gesagt. 1944. Franz Werfel, einer der großen Dichter aus dem deutschen Osten hat eine »Komödie einer Tragödie« geschrieben. Ein Spaßspiel eines Trauerspiels. Das Trauerspiel heißt: Flucht. »Jakobowsky und der Oberst«. Es basiert auf persönlichen Erlebnissen. Werfels Frau und er ließen sich 1938 auf der Flucht vor Hitler erst in Paris nieder, dann in Sanary-Sur-Mer. 1940, im Zuge des Frankreichfeldzuges der Deutschen Wehrmacht, waren sie auf der Flucht nach Lourdes. Signum auch der religiösen Zu-Flucht des Dichters. Schließlich überstieg das Ehepaar Werfel die Pyrenäen. Wie viele andere Flüchtlinge, wie auch Walter Benjamin, der freilich diesen tragischen Übergang nicht überstand. Es gelang den Werfels, wie Jakobowsky und dem Obersten, nach der »Neuen Welt« hinübergebracht zu werden. Weitere Stationen. Kalifornien. Beverly Hills. Dort ist Franz Werfel am 20. August 1945 gestorben. Auf der Wanderschaft. Einer der ersten Toten des deutschen Ostens nach 1945.

1953. Stefan Andres besuchte mich in Hassloch

1953. Hassloch/Pfalz. Ich war gerade aus der Kriegsgefangenschaft heimgekehrt. Stefan Andres, als Erster, besuchte mich. Er kam aus Esslingen. Er erzählte mir: »Dort hat sich eine Künstlergilde gebildet. Josef Mühlberger, Alfons Hayduk, Hans Lipinsky-Gottersdorf, Ernst Schremmer, Johannes Weidenheim lassen grüßen. Aber auch Freunde vom Vorkrieg aus Breslau: Bleisch, Gottschalk, Piezunka. Leute, die große Wanderschaften hinter sich haben. Sie sind aus dem Deutschen Osten geflohen, vertrieben worden. Sie wollen ihre Vagabondage als Philosphie nicht verlieren, aber sie wollen doch auch ein bißchen Heim haben hier. Wenn nicht als Literaten, in der hiesigen Literatur – die geht, in der Mentalität der Hiesigen, hiesige Wege. Aber im hiesigen Leben – am Rand. ›Einer wie du/ lebt immer am Rand‹: nach Josef Weinheber. Vielleicht gehört dieser Mann des ›Adel und Untergang‹ als einer der letzten Toten des Zweiten Weltkrieges, als einer der ersten Toten zu ihnen?« So fragte Stefan Andres. Verborgener Orpheus. Dieser Name tauchte auf. Stefan Andres unterstrich: »Sie sind anders. Als die ›Gebliebenen‹. Sie sind ›Vertriebene‹. Sie sind – Wanderer. Gerhart Pohl, einer von ihnen, hat freilich, integriert in die neue deutsche Republik, schon eine Führungsrolle unter den neuen deutschen Schriftstellern erreicht. Gerhart Hauptmann steht hinter ihm. Pohl ist sein Intimus. ›Bin ich noch in meinem Hause?‹ Dieses mehr als ortlose Wort, dieses Hauptmannsche Orakel, das klingt, durch Pohl in die Welt gesetzt, nach. Des großen Dramatikers Testament. Und, selbstverständlich, die ganze Gemeinde um den legendären Eisenbahnzug, mit dem Gerhart Hauptmann aus Schlesien herausgefahren werden sollte – und auch herausgefahren wurde – aber als Toter. Johannes R. Becher, der expressionistische Lyriker, Hans von Hülsen, Hauptmann-Sekretär, Hauptmann-Biograph, Erhard Kästner, »Zeltbuch von Tumilad«: Hauptmann-Adlat. Das rübezahlische Gebirge mit Hermann Stehr, Gustav Leutelt, Joseph Wittig, Hans Christoph Kärgel, Walter Stanietz, mit der Traud Gravenhorst – das begleitet diese mythische Ausfahrt eines Dichters aus seinem Land.« Stefan Andres interessierte sich – ganz schicksalhaft, denn er war auch, wenn zwar vom »Dritten Reich«, nach Positano, vertrieben worden – für die Sudetendeutschen wie Josef Mühlberger, für die Schlesier wie Hanns Gottschalk, für die Ostpreußen wie Rudolf Naujok. Für alle diese Poeten aus den Mosaikteilen des Mosaiks Deutscher Osten. Für Paul Celan, den Lyriker aus der Bukowina, eben mit »Mohn und Gedächtnis« aufgestiegen wie ein Stern. Für Max Brod, den Entdecker Kafkas, den Wiederentdecker Verdis, den typischen Prag-Menschen. Für Günter Eich aus Lebus in der Mark, den Hörspiel-Meister; eines nach dem anderen seiner Hörspiel-Gleichnisse kam durch die Sender. Es waren Mensch-Wanderer-Geschichten. Mensch-Wanderer: Mit diesem Wort wird von Stefan Andres respektvoll genannt der Name: Friedrich Bischoff. Der hatte nicht nur einen Gedichtband gleichen Titels veröffentlicht. Der hatte als Rundfunkpionier – als Förderer der neuen Rundfunkliteratur –

Günter Grass.

den Sender Baden-Baden, den Südwestfunk, zum Literaturfunk Numero Eins in der Bundesrepublik gemacht.

Aber vor allem die Balten – »Wohin gehören sie jetzt? Rußland ist ihnen verschlossen, die Bundesrepublik Deutschland? Ist sie, in ihrer biederlichen Dichte, weit genug für sie? Für diesen Frank Thiess – mit der Welt von Byzanz – für diesen Sigismund v. Radecki, für diese Siegfried von Vegesack, Edzard Schaper, Werner Bergengruen – diese Brükkenbauer nach Rußland. Johannes von Guenther als Übersetzer an erster Stelle, als Freund Alexander Bloks. Aber auch Werner Bergengruen: als Übersetzer von Tolstoijs ›Krieg und Frieden‹.« Stefan Andres konnte mit dieser Sporaden-Literatur, die sich jetzt in die Binnen-Welt des neuen Deutschland begab, insofern besonders mitfühlen, als er selbst, durch seine Frau Dotti, aber auch durch seine früheren Aufenthalte in Schlesien, endlich durch sein religiöses Bohren einen originären Zugang zur Östlichen Mystik hatte – zu Jakob Böhme. Er, der geschrieben hatte: »Wir sind Gottes Utopia – aber eines im Werden«, so Stefan Andres, spürte in Gottsuchern, unter welche er die nichtaristotelischen Ankömmlinge aus dem dichterischen deutschen Osten reihte, Freunde eines eigenen theologischen, theosophischen Dichtens und Denkens. Die Künstlergilde Esslingen, bei der er sich – aus Anlaß ihrer alljährlichen Esslinger Begegnung – aufgehalten hatte, definierte er als Sammelstätte einer zugleich traditionstreuen und aufbruchhaften neuen deutschen Dichtung. »Gewiß«, meinte er, »werden Menschen, die ihre Heimaten haben verlassen müssen — anders als er, der seine Heimat, das Moselland, hat behalten dürfen — einen romantischen Heimat-Traum in die martialische Maschinen-Manege bringen. Gewiß werden sie aber auch, in ihrem alten Aufbruch-, ihrem Neulandsuche-Geist, Töne anstimmen, durch welche diese martialische Maschinen-Manege überwunden werden kann —.«

Auch diese Gedanken vom Offenbaren und Verborgenen Orpheus kamen auf, als wir, Stefan Andres und ich, in Hassloch zusammensaßen und die Literatur des Zeitalters vor uns Revue passieren ließen (wie man so schön sagt!).

Von einem Zeitalter der Hohen Kultur zu einem Zeitalter der Großen Wanderung geht die Welt der Gegenwart.

Mit der Technik und Industrie und ihrer Zusammenfassung der Welten zu einer Welt verwandelt sich das Feste der Verhältnisse in das Fließende der Vorgänge. Neue Unruhe anstelle der gewohnten Ruhe beherrscht die Szenen. Auch in der Literatur. Der Expressionismus mit seiner »Brücke« setzte ein Zeichen zum Beweis dieser Verwandlung. Von der Großen Wanderung — dem Spontanen anstelle des Monumentalen — waren seine Malereien, seine Grafiken, seine Gedichte, seine Dramen, seine Symphonien, seine Opern bereits geprägt.

In mächtigen Zügen vollzog, vollzieht sich die Epiphanie dieser Großen Wanderung.

Immer mehr Künstler wurden, werden von ihr erfaßt — von den Kriegen, den Vertreibungen, den Gefangenschaften, den Konzentrationslagern, den Verwüstungen, den Katastrophen, den Akten, mit denen das Zeitalter der Großen Wanderung anrollte und anrollt. Freilich stets von neuem nach den Phasen der Revolution gibt es Stillstände, Konsolidierungen, in denen das Zeitalter der Hohen Kultur, das traditionelle Frühere, Urständ feiert.

Einige Künstler siedeln sich darin an, figurieren in überlieferter Weise. Andere Künstler — im Gegensatz dazu — bleiben den mobilen Stößen treu, den Sturm- und Auferstehungs-Erlebnissen, wie sie ihnen Krieg, Flucht, Vertreibung, Auschwitz und Workuta vermittelt haben. Sie bleiben in den neuen Formen, die ihnen von den extremen Läuften aufgegeben worden sind. Sie bleiben in und mit diesen Manifestationen ihrer Künste freilich — nicht ausschließlich, aber dominierend — außerhalb des Forums. Denn dieses Forum mit seinen Riten bildet sich in den Stillständen, nicht in den Revolutionen. Die haben dafür kein Sensorium. Also läßt sich von einem Übergang, in welchem sich die Welt der Gegenwart befindet — eben von diesem Gang von einem Zeitalter der Hohen Kultur zu einem Zeitalter der Großen Wanderung — sagen: daß sich in ihr Orpheus, unter dessen Namen die Künste, insbesondere die literarischen, genannt zu werden pflegen, als ein Offenbarer Orpheus und als ein Verborgener Orpheus darstellt.

Siegfried Lenz.

Der Offenbare Orpheus, das ist die augenscheinliche Präsentation der Künste in den institutionalisierten Korporationen. Der Verborgene Orpheus, das ist die im Schatten lebende, weil nicht konforme, den Grenzsituationen nach wie vor treue Kreation der Bildenden, Musikalischen, Literarischen Opera.

Der Angelus Novus von Paul Klee

Paul Klee hatte ihn gemalt. Diesen Angelus Novus. Diesen Neuen Engel. Von diesem Engel waren sie alle besessen. Von diesem Engel mit dem Kopf nach Rückwärts.

Das war das Bild der deutschen Literatur nach 1945.

Die deutschen Schriftsteller, gleich ob Gebliebene, Vertriebene, hatten den Kopf nach Rückwärts. Variationen gab's bei diesem Rückwärts-Schaun je nach fernem oder nahem Schauplatz des Schicksals.

Stefan Andres, nun wieder in seiner rheinisch-moselländischen Welt, sah auf sein »Positano«. Diesen italienischen Hafen für ihn während der Kriegszeit. Armin T. Wegner und er, Stefan Andres, diese beiden Hitler-Gegner, hatten den Terror im mediterranen Exil überlebt.

Hans Werner Richter und Alfred Andersch hatten in amerikanischer Kriegsgefangenschaft den »Ruf« gegründet, eine Zeitschrift mit dem Ziel, eine Nach-Hitler-Zeit als totale geistige Umkehr einzuleiten.

Heinrich Böll konnte auf sein nunmehriges Kölnisches Milieu als auf seine Erfahrens-Tiefe zurückschauen. Hier, nah bei den Seinen, zugleich unendlich weit durch die infernalische Kriegssituation von ihnen getrennt, hatte er die »Walpurgisnacht« in ihrem Schlußstück überstanden.

Aber gewiß wirkte die eine Variation dominierend auf die Schriftsteller. Die Variation des Zurückblickens auf eine verlorene Heimat. Das hatte noch einen zusätzlichen Emotions-Faktor im Erinnern.

Da war etwas im Spiel. Das hängt mit der Wirklichkeits-Dimension zusammen, in welche das Vertraute rückt, sobald es entrückt ist. Alexander von Humboldt hat einmal etwas sehr Bezeichnendes zu diesem Thema gesagt. Wenn er sich in besonders liebgewordene Gegenden begebe — wie zum Beispiel den asiatischen Orient — nehme er als Reiseführer Henri Bernadins de Saint-Pierres Liebesroman »Paul und Virginia« mit. Eine Dichtung also. Im Blick auf diese Schriftsteller, deren Rückwärtsschaun ein Rückwärtsschaun auf verlorene Heimaten war, heißt das: ihre literarische Realität ist von vornherein eine verwandelte ästhetische Realität.

Heimat, hautnah verloren, ist etwas anderes als Heimat hier. Aber auch etwas anderes als eine ferne, eine geistige, eine philosophische, eine theologische Heimat. Sagen wir's ruhig: mit einer Heimat, hautnah verloren, ist — wenn man darauf zurückblickt — von vornherein etwas Utopisches verquickt.

Beim Südwestfunk Baden-Baden versammelten sich Dichtung und Dichter aus dem deutschen Osten in den fünfziger, sechziger Jahren

Baden-Baden. 1954. Herbert Bahlinger, Breslauer Philosoph, Leiter der Abteilung »Kulturelles Wort« des Südwestfunks, engster Mitarbeiter von Friedrich Bischoff, dem Intendanten, versammelte eine ganze Literatur um sich. Fast alle aus dem deutschen Osten in den Westen gekommenen Autoren sahen in seinem Ressort nicht nur Publikations-Möglichkeiten — sie diskutierten mit ihm auch über Sonderformen, wie sie sich aus der Ost-West-Wanderschaft der Dichter ergaben.

Eine schlüssige wissenschaftliche Definition solcher Sonderformen hatte soeben der — frühverstorbene — Literaturforscher Werner Milch gegeben. Der Marburger Ordinarius — als verfolgter Jude von Breslau über Zürich ins französische Schutzgebiet gelangt — hatte sich mit der schlesischen Mystik befaßt. Mit Czepko vor allem. Religion und Dichtung: ob die Verbindung dieser beiden originäre — andere als die gewohnte Dichtung — schaffe?

Ob sie mit geläufigen Maßstäben gemessen werden dürfe? Es kam, bei so engagierten Kritikern wie Bahlinger und Bischoff, der Herkunfts-Horizont hinzu. Das Bewußtsein, was für eigenwillige literarische Werke sich im Erbe des deutschen Ostens fanden — verkörpert in den geflohenen, den vertriebenen, den verfolgten, den entheimateten Poeten aus dem Ostpreußischen, aus dem Sudetenland, aus Siebenbürgen, aus Pommern, aus Schlesien. Hans Niekrawietz, Gerhart Baron, Otto Zoff, Agnes Miegel. Der Verborgene Orpheus, als Dirigier-Gestalt, stand hinter einer Runde von Vätern der Dichtkunst, wie Werner Bergengruen und Otto von Taube, die hier, in Baden-Baden, unter der Protektion Herbert Bahlingers und Friedrich Bischoffs lebten, arbeiteten. Mit einem Erzbibliothekar im Bunde — Friedrich Grieger, dem Autor des Buches »Wie Breslau fiel«. Dieser Sammler-Bär, dieser Buch-Fetischist hatte, als Leiter der SWF-Bibliothek, die gewiß vollkommenste Übersicht über den Expressionismus unter seinen Händen. Wollte man über Unbekanntes von Georg Heym oder Ludwig Rubiner Näheres erfahren, mußte man zu diesem Kettenraucher gehn — der hauste in seiner Klause, ein Welt-Mönch des Ordens der Lettristen. Er vor allem, als Anwalt alles Geheimen im großen Land der Gedichte und Geschichten, war ein Simon von Zyrene des Verborgenen Orpheus.

»Nicht nur was hier
auch was von Dir
auch was von mir
in jenem Reich
Du findest es
dem Großen gleich
auf einem Stück Papier«

Das war sein Zuspruch für jeden, der aus »jenem Reich« zu ihm kam.

Friedrich Heer und Jean Gebser - zwei Denker, die, aus dem deutschen Osten, dem Westöstlichen Geist der Gegenwart zum Durchbruch verholfen haben

Aus Wien kommt Friedrich Heer — aus dem kakanischen Zentrum. Er kommt aus der austrischen Welt des Enea Silvio Piccolomini, aber auch des Adalbert Stifter. Vom einen hat er die Brücke von der Heimat zur Welt, vom anderen die von der Welt zur Heimat geerbt. In die »Eine Welt«, die Friedrich Heer im Entstehen sieht, seitdem es in Stürmen von Wanderschaften über die Erde geht, weist er die »zehn Millionen deutscher Vertriebener«. Er trägt einer »kleinen wachen Gruppe unter ihnen« auf, die »Bruderschaft mit den Vertriebenen, Umgesiedelten in allen Kontinenten« anzustreben. Denn es existiere ja schon ein »Geschlechterverband des homo viator«. Um nichts weniger sei es ihm zu tun, als »einen größeren Gott und einen größeren Menschen« zu gewinnen. Heer weiß sich auf der Schulter seines Dichter-Vorderen Adalbert Stifter. Dieser Erwecker der böhmischen Tradition habe in seinem »Nachsommer« bekannt, daß der Mensch der Zukunft, um leben zu können, »Allberührung« wagen müsse.

Friedrich Heer hat — in einem umfangreichen geistesgeschichtlichen Panorama — den

Heinz Piontek.

Humanismus neu betrachtet. Er hat ihn »die dritte Kraft des Abendlandes« genannt.

Es ist der Humanismus, der in der Epoche der Konfessionen denen, die weder da noch hier zu Hause sind, weder in der Römischen noch in der Lutherischen Welt, eine Herberge gibt.

Diese dritte Kraft lebt aber nicht als eigene Größe, nicht als Dritte Kirche neben den zwei bestehenden, sondern — als Fließendes, als Liquefakt. Sie ist in der einen und in der anderen vorhanden.

Ein religiöses Niemandsland zieht sich durch diese Zeit mit Niemandslandmenschen, »Zwischenfrontgängern«; mit solchen, die sowohl protestantisch wie römisch sind, aber weder das eine noch das andere als alleingültige Seelen-Behausung ansehen, sondern auf dem Wege wohnen: homines viatores, die, bildlich gefaßt, an Rom und Wittenberg gleichermaßen teilhaben und doch — etwas anderes, ein Drittes, erstreben und doch auch wissen, daß dieses Andere, Dritte auf Erden nicht realisierbar ist, jedenfalls nicht in der Art einer Burg, einer Gründung, einer konstituierbaren Größe, wohl aber in der Art der Spiegelung einer metaphysischen Burg in der Seele und einer daraus gewonnenen Weise des Verhaltens.

Einer neuen Ethik hat Friedrich Heer damit auf den Weg geholfen. Sie kann in der Lage sein, ein neues Klima in der Welt zu schaffen — ausgehend von denen auf der Wanderschaft kann es auch alle Behausten erfassen. Und so zum Frieden beitragen. Zum Menschlichen. Ein wahrhaft kantisches — zum »ewigen Frieden« vorstoßendes — Programm!

Im Jahre 1962, also kaum zwei Jahrzehnte nach 1945, dem Ende des Zweiten Weltkrieges, dem Anfang der neu auf den Weg gebrachten Welt, steht Jean Gebser am Katheder des Rathauses zu Esslingen. Er hat den Andreas-Gryphius-Preis erhalten, die höchste literarische Auszeichnung der Künstlergilde Esslingen, einer Gemeinschaft derer, die zu dieser neu auf Wanderschaft geratenen Literatur gehören. Er stammt aus Posen, hat sich, nach Emigration, lyrischen und übersetzerischen Etüden mit einem umfangreichen kulturphilosophischen Werk beschäftigt: »Ursprung und Gegenwart«.

Nun, als Dank für den Preis, hält er seine Rede »Griechenland ist, wo man griechisch denkt«. In ihr zitiert er ein eigenes Gedicht, entstanden 1945 im spanischen Exil, inspiriert vom Wort des spanischen Dichters Pedro Salinas »Naufragos de los cielos«:

»Schiffbrüchige des Himmels«.

»Aber es wisse der Mensch,
daß wir stets Schiffbrüchige sind der entferntesten Himmel,
und die noch verborgene Blüte des Menschseins
ist auf Zeiten hinaus
heimatlos hier.

Wer die Heimat verlor,
sie seit langem verlor,
er trauere nicht
und nehm' es zum Gleichnis,
da ihn das Leid des Menschseins
zum Ausdruck erkor:

Nur Heimatlosigkeit weist
über den Menschen hinaus,
über sein Hier- oder Dortsein,
und es erahnt sich in ihr
die verborgene Blüte:
die gänzliche Liebe.

Diese zu erhalten,
sie derart zu halten,
daß sie uns würdig befindet und hält:
das ist's.

So aber,
wenn auch die dem Hiersein fremdeste
Heimat zu haben,
und damit dem Anderen Heimat zu geben,
uneigene Heimat:
das ist's.«

Jean Gebser gibt mit diesem Gedicht der Heimatlosigkeit einen Sinn. Er sieht sie im Zusammenhang mit einem kulturphilosophischen System, das er sich gebildet hat. Dieses Systems Grundstein ist ein Gedanke des Malers Franz Marc. Dieser Maler hat in einem Schützengraben des Ersten Weltkrieges das Wort Weltdurchschauung in sein Tagebuch notiert. Er hat damit gemeint, daß man die Welt heute nicht mehr anschauen kann, weil die immer mehr sich erweiternde Welt sich der Anschauung des Menschen enthebt. Und deshalb das Bestreben, die Welt anzuschauen, immer stärker und gefährlicher zur Fiktion wird. Wohl aber hindurchschauen kann man durch die Erscheinungen mit Hilfe einer Bewußtseinsklarheit, die sich im Konkreten übt. Man gewinnt damit nicht das »Außen«, aber das »Innen« der Welt, und darauf kommt es an. Franz Marc hat dies im übrigen nicht nur in sein Tagebuch notiert, sondern auch gemalt. Die »Strukturmalerei« hat er damit begründet. Diesen Gedanken Franz Marcs nimmt Jean Gebser auf — er kommt, mit ihm, zum Nachdenken über die Bewußtwerdung des Menschen, die sich in mehreren Mutationen vollzieht. Diese Mutationen werden durch die in die jeweilige Menschheit einbrechende und antwort-fordernde Kraft des Weltgeistes bewirkt und haben eine jeweils fundamentale neue Einstellung des Menschen zur Welt zur Folge.

Gerade noch geschichtlich faßbar ist jene erste, die sich um das Jahr 3000 v. Chr. vollzieht: die Ablösung des Matriarchats durch das Patriarchat. Die Erfindung des Pfluges löst die matriarchalische Hackbau-Kultur ab. Die Frau, die mit ihrer Feldarbeit die Sippe ernährt hat, wird durch den vitalen Machtverlust — dadurch, daß es jetzt der Mann mit dem Pfluge ist, der die Herrschaft übernimmt — ihrer göttlichen Machtfülle entkleidet. Aus der Göttin wird die Sklavin, aus Knechten werden Götter. Der Mann beginnt zu regieren.

Nachweisbar ist heute, daß diese Ablösung weltweit geschieht — um 2500 v. Chr. sowohl in Sumer, im Zweistromland, wie auch in Südindien, aber auch in China.

Die nächste Mutation ist die vom Jahre 500 v. Chr. Sie ist allen geläufig. Vorbereitet durch Echnaton und Moses, von Homer und Solon weitergeführt, bricht sie ungefähr gleichzeitig um 500—400 v. Chr. in Griechenland bei den Vorsokratikern, in Persien bei Zarathustra und in China bei Konfuzius durch. Mit ihr verwandelt sich das bloß funktionierende in ein bewußt betätigtes Patriarchat. Es ist der Schritt vom Mythos zum Logos, der Sprung aus dem mythischen in das um eine Dimension reichere mentale Bewußtsein, welches eine neue Art von Weltbetrachtung mit sich bringt — und den Gewinn von Raum und Ich.

Nach weiteren 2000 Jahren —: wieder eine Mutation — um 1500 n. Chr. In der Renaissance. Sie erreicht, über die Aufklärung, über die Französische Revolution seit 1900 ihre zunehmende Virulenz, um in unseren Jahren, in unseren Tagen, ihrem Kulminationspunkt zuzueilen.

In diesem Kulminationspunkt leben wir. Unser Lebensort ist die Weltminute, in der die in der Renaissance anlaufende Mutation — die zum mentalen Bewußtsein geführt hat — zugunsten einer neuen ausläuft.

In diesem kulturphilosophischen System — auf der Basis des Nachdenkens über die Bewußtwerdung des Menschen — nimmt sich die Heimatlosigkeit anders aus, als wenn man sie für sich, als singuläres Phänomen, betrachtet.

Jean Gebser wörtlich in seiner großen Esslinger Rede: »Das weltweite Problem der Vertreibung ist möglicherweise ein Indiz dafür, das wir aus unserer mentalen, ehemals in Griechenland geborenen Denkform herauszutreten hätten, indem wir sie überwinden bzw. ergänzen. Da wir das mentale Denken durch unseren Materialismus sowie unsere mentale Ichhaftigkeit durch ichsüchtig teilende Egozentrik derart reduziert haben, daß heute statt des Mentalen seine Destruktiv- oder Defizienzform, das Rationale (»ratio« bedeutet ja »Teil«, im Gegensatz zur mentalen Übersicht), die Oberhand gewonnen hat, sind wir an die äußerste Grenze dieses einst vornehmlich mentalen Denkens gelangt. Solche Geschehnisse sind irreversibel. Somit gibt es auch hier kein Zurück. Die Tatsache der millionenfach eingetretenen Verluste materieverhafteter Heimatgebundenheit könnte deshalb sehr wohl zum hilfreichen Auslöser werden, um die in die Sackgasse führende defiziente Mentalität, die sich heute als besitzsüchtige und egozentrische Rationalität zu erkennen gibt, zu überwinden. Sollte dem so sein — und es sprechen unzählige Fakten, auf die wir immer wieder hingewiesen haben, dafür, daß es so ist —, so dürfen wir in dem Phänomen der Heimatverluste eine gewissermaßen arglistig hilfreich arrangierte Konstellation erblicken, durch welche das Weltenschicksal uns nicht nur zwingt, sondern es uns auch ermöglicht, die Loslösung, den Sprung aus dem nicht mehr ausreichenden mentalen Bewußtsein zu vollziehen, weil es sich in der Defizienzform des Rationalen erschöpft hat und mithin zur Meisterung des Weltenschicksals und der neuen Wirklichkeit nicht mehr ausreicht. So betrachtet wäre diese heute erzwungene Heimatlosigkeit der Abermillionen eines der Sprungbretter, welche es uns ermöglicht, das notwendige neue Bewußtsein, das integrale, zu gewinnen.«

LITERATURAUSWAHL

MILCH, Werner: Kleine Schriften zur Literatur und Geistesgeschichte. Mit einem Nachwort von Max Rychner, hrsg. von Gerhardt Burkhart (Veröffentlichungen der Deutschen Akademie für Sprache und Dichtung Darmstadt 10), Heidelberg/Darmstadt 1957

NAHM, Peter Paul (Hrsg.): Kultur und Politik im Spannungsfeld der Geschichte. Zum 70. Geburtstag von Hans Joachim von Merkatz, Bielefeld 1975

SCHREMMER, Ernst/GOTTSCHALK, Hanns (Hrsg.): Ziel und Bleibe. Eine Anthologie der Autoren der Künstlergilde Esslingen, München/Bad Windsheim 1968

SCHWARZ, Wolfgang: Ideengeschichte des Deutschen Ostens. Band 1, Phänomenologie, München 1970

SCHWARZ, Wolfgang: Hoffnung im Nichts. Radhakrishnan, Gebser und der westöstliche Geist, Krailingen bei München 1961

Deutsche Frage und Ostkunde im Unterricht – Das Bildungswesen vor neuen Aufgaben

Paul Hansel

Rückblick

Die Diskussionen über die Deutsche Frage und die Ostkunde im Unterricht reichen bis in die unmittelbare Nachkriegszeit zurück. Die sich abzeichnende Spaltung Deutschlands, die zunehmende Integration der Flüchtlinge und Vertriebenen wie die Sowjetisierung Ostmitteleuropas machten es erforderlich, die Schüler über die Ereignisse in der SBZ/DDR, über die Herkunftsgebiete der Vertriebenen wie über die Entwicklungen in Ostdeutschland und Ostmitteleuropa zu informieren. Dabei boten sich jene Menschen, die aus den Vertreibungsgebieten in den Westen gekommen waren, zuvörderst als die natürlichen Vermittler von Geschichte und Kultur dieses Raumes an, zumal sie daran ein besonderes Interesse hatten. So ist es nicht weiter verwunderlich, daß von diesem Personenkreis im Oktober 1953 die »Bundesarbeitsgemeinschaft für deutsche Ostkunde im Unterricht« gegründet wurde mit dem Ziel, das Wissen über den deutschen Osten, den deutsch-slawischen Begegnungsraum sowie über die östlichen Nachbarvölker zu fördern. Dafür brachten sie die unmittelbare Anschauung, zum Teil die Sprachen und die Tradition einer Ostforschung an den Universitäten Königsberg, Berlin, Breslau und Prag mit, die es mit Ausnahme von München im Westen Deutschlands nicht gab.

Gut zehn Jahre nach dem Ende des Zweiten Weltkrieges greifen die Kultusbehörden der Länder das Problem auf. Im Erlaß vom 22. Dezember 1955 »Behandlung Gesamtdeutschlands im Unterricht« fordert das Bayerische Staatsministerium für Unterricht und Kultus dazu auf, daß Mittel- und Ostdeutschland eine eingehende Behandlung im Unterricht erfahren sollen.

Ein Jahr später, am 13. Dezember 1956, formuliert die Ständige Konferenz der Kultusminister der Länder umfangreiche »Empfehlungen zur Ostkunde«, die neben den Hochschulen und der Forschung vor allem das Schulwesen betrafen. Darin heißt es u.a.: »Deutschland ist als Einheit zu behandeln. Mitteldeutschland, Berlin und die übrigen, zur Zeit unter fremder Verwaltung stehenden Gebiete, müssen der Jugend ebenso nahegebracht werden wie das Gebiet der Bundesrepublik.«

Freilich, die Diskussion über die Inhalte der Ostkunde fiel mit den großen außenpolitischen Entscheidungen der jungen Bundesrepublik Deutschland zusammen. Kalter Krieg, Nato-Beitritt und beginnende westeuropäische Integration richteten den Blick vornehmlich nach Westen. In diesem mächtigen Westsog schwand das Interesse an Geschichte und gegenwärtiger Entwicklung im Osten. Die Westdeutschen, aber auch ein Teil der zwischenzeitlich integrierten oder noch mit dem Aufbau einer neuen Existenz beschäftigten Vertriebenen nahmen in jener Zeit Ostmitteleuropa bewußtseinsmäßig kaum noch wahr.

Aber nicht nur die politische Entwicklung wirkte den Intentionen der Empfehlungen von 1956 zuwider, auch die Lehrpläne und Schulbücher reagierten kaum darauf. So konnte in der 1986 von Wolfgang Jacobmeyer herausgegebenen Studie »Deutschlandbild und Deutsche Frage in den historischen, geographischen und sozialwissenschaftlichen Unterrichtswerken der Bundesrepublik Deutschland von 1949 bis in die 80er Jahre« resümierend festgestellt werden: »Weder die deutschen Ostgebiete noch die DDR treten in den Horizont der meisten Geschichtsbücher... Es ist ein erstaunliches Phänomen, wie schwach nach dem Kriege in der Bundesrepublik der nationale Impuls spürbar wird.« Es ist daher nicht verwunderlich, wenn trotz aller institutioneller Bemühungen die Bundesrepublik Deutschland und Westeuropa immer mehr der Kommunikations- und Erfahrungsraum für die Jugend, die Ostgebiete, die DDR, Ostmittel- und Südosteuropa dagegen für sie zu einer terra incognita wurden.

Dies blieb im Grunde so bis zum Beginn der 70er Jahre. Erst die heftigen Auseinandersetzungen um die Ostverträge intensivierten die deutschlandpolitischen Fragestellungen für den Schulbereich. Dies wirkte sich zunächst dahingehend aus, »daß die mit Beschluß der Kultusministerkonferenz vom 13. Dezember 1956 veröffentlichten ›Empfehlungen zur Ostkunde‹ unbeschadet der in ihnen enthaltenen, unverändert gültigen Grundsätze und sachlichen Aussagen heute nicht mehr in ihrer Gesamtheit Grundlage von aktuellen Maßnahmen der Kultusverwaltungen der Länder sind«. Als Folge der im wesentlichen von den SPD-regierten Ländern betriebenen Aufkündigung der Empfehlungen von 1956 erließen nun die einzelnen Bundesländer entsprechend ihrer Kulturhoheit eigene, jeweils unterschiedliche Akzente setzende Richtlinien zum Ostkundeunterricht, so daß die bisherige länderübergreifende Einheit zerbrach. Der einschlägige Erlaß in Nordrhein-Westfalen zum Beispiel war jetzt überschrieben: »Erziehung zur internationalen Verständigung — unter besonderer Berücksichtigung des Verhältnisses der Bundesrepublik Deutschland zu den osteuropäischen Staaten.« Freilich folgte der vielfach allzu unkritisch propagierten Normalisierung, Verständigung und Entspannung gegenüber dem Osten nicht die finanzielle und personelle Ausstattung der Ostforschung und Ostkunde. Im Gegenteil: Dieser Bereich mußte sich Restriktionen, Kürzung und Sperrung von Etatmitteln, Einstellung von Publikationsorganen, Vernachlässigung der Erarbeitung von audiovisuellen Medien usw. gefallen lassen. Dabei kann doch nur weitestverbreitete Kenntnis der Geschichte des ostmitteleuropäischen Raumes, die eben der ostkundliche Unterricht zu leisten hätte, die Grundlage für eine dauerhafte Verständigung mit den Völkern und Staaten im Osten bilden.

Die 70er Jahre waren aber auch die Zeit der deutsch-polnischen Schulbuchgespräche, die nach ihrer Veröffentlichung ob gewisser Unzulänglichkeiten für öffentlichen Gesprächsstoff und vielfältige Kritik sorgten. Es war die Zeit der Urteile des Bundesverfassungsgerichts, die klare deutschlandpolitische Pflöcke setzten. All dies zusammengenommen war jedoch der Deutschen Frage förderlich, denn nunmehr wurden die Fragen nach dem Verhältnis zur DDR und zu Polen, nach der deutschen Identität neu und verstärkt gestellt. Der Schulbereich blieb davon nicht unberührt, zumal gerade Geschichtsdidaktiker wie Erich Kosthorst intensiv den Stellenwert der Deutschen Frage diskutierten. In diesem aufgewühlten Klima entstand, insbesondere vom Land Berlin her angestoßen, der einstimmig gefaßte Beschluß der Kultusministerkonferenz (KMK) zur Deutschen Frage im Unterricht vom November 1978. Alle Bundesländer sehen also in ihm die gültige Grundlage für den Unterricht.

Gegenwart

»Das Bewußtsein von der deutschen Einheit und der Wille zur Wiedervereinigung in Frieden und Freiheit ist wachzuhalten und zu entwickeln ... (es) kommt darauf an, den politischen, rechtlichen und humanitären Anspruch auf die freie Selbstbestimmung aller Deutschen langfristig wachzuhalten.

Im Rahmen dieser umfassenden Aufgabe haben die Bildungseinrichtungen, vor allem die Schulen, einen besonderen Beitrag zu leisten. Die deutsche Frage muß im Unterricht aller Schulen einen festen Platz besitzen.«

Dies ist die grundsätzliche Zielsetzung des KMK-Beschlusses vom November 1978, an dem sich der Unterricht zu orientieren hat.

Nachdem nun eine Schülergeneration nach diesen Empfehlungen unterrichtet wurde, nachdem die Lehrpläne und Schulbücher, die Lehreraus- und -fortbildung sich an ihnen orientieren sollen, gilt es gut zehn Jahre nach dem Inkrafttreten dieses Beschlusses zu fragen, inwieweit danach verfahren wurde, inwieweit dieses Wirkung gezeigt hat und inwieweit bei den Schülern das Bewußtsein von der deutschen Einheit wachgehalten und entwickelt worden ist.

Die Lehrpläne

Wenngleich sich der KMK-Beschluß übergreifend an mehrere Fächer wendet, bleibt die Geschichte das Fach, dem vorrangig die Aufgabe zukommt, die Empfehlungen im Unterricht umzusetzen, so daß sich die folgenden Ausführungen auf den Geschichtsunterricht konzentrieren, ohne daß damit die Bedeutung der Fächer Geographie, Sozialkunde/Politische Bildung und Deutsch für die Deutsche Frage geschmälert werden soll.

Die Durchsicht der derzeit gültigen Geschichtslehrpläne der Bundesländer zeigt, daß für die Zeit von 1945 bis zu den Ostverträgen die Deutsche Frage, wenngleich mit unterschiedlicher Intensität und Zeitausstattung, befriedigend verankert ist. Freilich läßt dieser Befund keine Aussage über die Art und Weise der Behandlung dieses Themas im konkreten Schulalltag durch den Lehrer zu. Die Zeit nach 1945 wird im Bereich der Sekundarstufe I naturgemäß am Ende der Abschlußklassen durchgenommen. Da mag manches im Unterricht zu kurz kommen oder gar nicht angesprochen werden.

Unbeschadet der Probleme der Umsetzung im Schulalltag sind mit Blick auf den KMK-Beschluß auch Defizite in den Geschichtslehrplänen festzustellen:

– Im Zusammenhang mit der Behandlung der Ostverträge und des Grundlagenvertrags wird bei den Lerninhalten zumeist nicht ausdrücklich auf die entsprechenden Entscheidungen des Bundesverfassungsgerichts vom 31. Juli 1973, 7. Juli 1975 sowie 21. Oktober 1987 hingewiesen. Für die Gesamtinterpretation der Verträge wie für die völkerrechtliche Lage Deutschlands, die bei aller Schwierigkeit den Schülern zu verdeutlichen ist, sind diese Aussagen des Bundesverfassungsgerichts unverzichtbare Grundlagen.
– Die Bundesregierungen stützten und stützen ihre Deutschlandpolitik auf den Fortbestand der Nation. Die klärende Auseinandersetzung mit Begriffen wie Nation, Staatsnation, Kulturnation, Deutschland usw. findet kaum statt. Gerade am Ende der Abschlußklassen sollte nochmals auf das »Problem der einen Nation im geteilten Deutschland« eingegangen werden (Lehrplan Geschichte, 10. Jgst., Niedersachsen).

Um das Bewußtsein von der Einheit der Nation wachzuhalten, ist eine von Inhalt und Umfang her ausreichende Behandlung der Entwicklung in der SBZ/DDR notwendig. Zumeist beschränkt sich jedoch

Deutsche Ostkunde im Unterricht.

die Darstellung der Geschichte für die Zeit nach 1949 auf den 17. Juni 1953 und den 13. August 1961. Dies erscheint jedoch zu wenig zu sein, um dem Anspruch des KMK-Beschlusses gerecht zu werden, der da postuliert, daß »die Kenntnis des anderen Teils Deutschlands, seiner Menschen und der sich dort vollziehenden Entwicklung eine notwendige Voraussetzung« für den Erhalt der einen deutschen Nation ist. Unter diesem Gesichtspunkt ist eine Ausweitung der Lerninhalte zur DDR-Geschichte zwingend geboten.

Das eben zur Geschichte der DDR Gesagte gilt in weit höherem Maße noch für Ostdeutschland und die deutschen Siedlungsgebiete im Osten und Südosten Europas. Flucht, Vertreibung und Integration sind als Lerninhalte in allen Lehrplänen enthalten. Weder erfährt der Schüler aber etwas über die weitere Entwicklung der Vertreibungsgebiete, noch etwas über die dort verbliebenen deutschen Volksgruppen und Minderheiten einschließlich deren menschenrechtliche Situation, noch etwas über die Rolle und die Verdienste der Vertriebenen in der Bundesrepublik Deutschland. Zum Gesamtbild des Beziehungsgeflechts zwischen den Deutschen und den östlichen Nachbarn gehört auch das Wissen über diese Punkte. Schließlich hat die Geschichte Ostpreußens, Westpreußens, Pommerns, Ostbrandenburgs und Schlesiens 1945 ebensowenig aufgehört wie die des Sudetenlands und der deutschen Siedlungsgebiete in Südosteuropa.

Hingewiesen sei auch auf didaktische Entwicklungen der letzten Jahre, die die ostkundlichen Inhalte teilweise aus den Lehrplänen verdrängten. Struktur-, Alltags-, Landes- und Heimatgeschichte hatten und haben Konjunktur; am Beispiel des kleinen, überschaubaren, schülernahen Raumes werden historische Phänomene aufgezeigt. Zwangsläufig fällt damit Ostdeutschland heraus.

– Die Lehrpläne für Sozialkunde/Politische Bildung weisen zwei Tendenzen auf. Die einen verlangen einen Systemvergleich Bundesrepublik Deutschland – DDR, die anderen bieten Lerninhalte aus dem Alltagsleben in der DDR an. Hierbei finden sich z.B. Themen wie Jugend in der DDR, Berufs- und Bildungswesen oder Freizeitverhalten in der DDR. Dieser Ansatz weckt zweifelsohne bei den Schülern eher Interesse, sich mit der DDR und den in Erfurt, Weimar und Dresden lebenden Landsleuten zu beschäftigen. Betroffenheit, Solidarität und Mitverantwortung für die Deutschen in Mittel- und – bei entsprechender Behandlung im Unterricht – Ostdeutschland können dadurch gefördert werden. Daher sollte dieser didaktische Zugriff in allen Sozialkundelehrplänen seinen Platz haben, ohne dabei das System in der DDR zu verharmlosen und zu relativieren.

Schulbücher

Neben den Lehrplänen bilden die Schulbücher die institutionell stärksten Einflußfaktoren im Unterricht, da sie wie die Lehrpläne von höchster Stelle genehmigt sind. Freilich muß auch hierbei die konkrete Unterrichtspraxis berücksichtigt werden. Der Lehrer geht unterschiedlich mit dem Schulbuch um, es steht in Konkurrenz zu den audiovisuellen Medien und zu den »grauen« Unterrichtsmaterialien, also jenen Kopien, die Zeitungen oder sonstiger Sekundärliteratur entnommen werden.

Im folgenden seien knapp die Ergebnisse einer umfangreichen Studie zum Deutschlandbild und zur Deutschen Frage in Unterrichtswerken referiert.

– Im Geographieunterricht herrscht vor allem die systemvergleichende Betrachtung anhand bestimmter Fallbeispiele vor. Dieser Umstand führt jedoch dazu, daß in den Schulbüchern »das Deutschlandbild … in regionale, nicht mehr miteinander verbundene Deutschland-Ausschnitte (zerfällt), aus denen die eigentlich politische, kulturelle und historische Dramatik der Deutschen Frage nahezu herausfällt«.

- Wie schon erwähnt, wurde die Deutsche Frage in den Geschichtsbüchern der Bundesrepublik Deutschland bis in die 70er Jahre hinein kaum thematisiert. Erst seitdem tritt in den Büchern die Deutsche Frage »deutlich hervor und wird als politisches Problem bezeichnet — nicht als eine sich von selbst verstehende Verpflichtung. Auf die Darstellung der gesamten deutschen Geschichte hat diese Verstärkung der nationalen Problematik bis jetzt noch keinen Einfluß gehabt — insofern greifen die Bücher der Bundesrepublik die politischen Herausforderungen der Zeit historisch viel kurzschrittiger auf als die Bücher der DDR«.
- Auch für die Sozialkunde-/Politikbücher konstatieren die Autoren, daß »die Nation als politisches Phänomen keinen systematischen Ort (gewinnt)... Die nationale Frage scheint in diese Bücher als ein Politikum nicht eingegangen zu sein, der Begriff der ›Nation‹ bleibt in der Regel unerörtert.«
- Während in den Schulbüchern die Informationen über die DDR quantitativ zunahmen, ist für Ostdeutschland wie für die deutschen Siedlungsgebiete im Osten und Südosten die gegenläufige Tendenz festzustellen. Neben Textkürzungen fielen vor allem bildliche Darstellungen ostdeutscher Städte und Landschaften weg, so daß die visuelle Vergegenwärtigung dieses Raumes im Unterricht erschwert wurde, zumal auch Dia-Reihen und zugelassene Unterrichtsfilme in den Kreisbildstellen kaum vorzufinden sind.

Insgesamt kommt die bereits oben erwähnte von Jacobmeyer herausgegebene Untersuchung, der die drei vorgenannten Zitate entnommen sind, zu dem Ergebnis, daß »das Problem der Einheit der deutschen Nation in den Büchern der Bundesrepublik (Deutschland) zögernd an Stellenwert gewonnen hat«. Dies ist sicherlich mit auf den KMK-Beschluß von 1978 zurückzuführen.

Lehrerfortbildung

Zum Thema Deutsche Frage werden seit einigen Jahren von den einschlägigen Lehrerfortbildungsinstitutionen beachtliche Anstrengungen unternommen. Die Programmbroschüren der Fortbildungseinrichtungen wie die Veröffentlichungen der Kultusministerien weisen aus, daß seit Beginn der 80er Jahre Tausende von Lehrern aller Schularten an entsprechenden Fortbildungsveranstaltungen teilgenommen haben. Besonders sind dabei die mehrtägigen Studienfahrten in die DDR hervorzuheben, die zur persönlichen Begegnung mit der Lebenswirklichkeit in Mitteldeutschland führen und in deren Gefolge vor allem die Klassenfahrten in die DDR, aber auch die Fahrten zur innerdeutschen Grenze einen bedeutenden Aufschwung erfahren haben. Wie Umfragen bestätigen, sensibilisieren die DDR-Studienfahrten die Schüler am besten für den Problembereich der Einheit der Nation.

Ausschreibung für den Schülerwettbewerb: Die Deutschen und ihre östlichen Nachbarn.

Zögernd beginnen auch Studienfahrten nach Ostdeutschland, Böhmen, Ungarn und Siebenbürgen, um den Lehrern die Geschichte, Kultur und Landschaft dieses Raumes (wieder) aufzuschließen. Gerade die Anschauung vor Ort macht den Lehrern sichtbar, wie sehr die Geschichte von Deutschen mitgeprägt und mitgestaltet worden ist. Damit wächst die Erkenntnis, daß das historische und geistige Erbe der deutschen Siedlungsgebiete untrennbar zur gesamtdeutschen Kultur gehört. Hans K. Schulze, der Verfasser des ersten Bandes der Reihe »Das Reich und die Deutschen« mit dem Titel »Vom Reich der Franken zum Land der Deutschen« (Berlin 1987), schreibt in seinem Vorwort: »Vielfältiger und wechselvoller, von schicksalhafter Bedeutung noch für die Gegenwart und wohl auch für die Zukunft der Deutschen waren die Begegnungen mit den östlichen Nachbarn.« Angesichts dieser richtigen Feststellung ist es an der Zeit, die »Bildungslücke Ostmitteleuropa« (Eugen Lemberg) zu schließen und »die vergessene Hälfte« Europas (Johann Georg Reißmüller) wieder stärker in das Bewußtsein zu heben. Um dieser Aufgabe gerecht zu werden, müssen noch zusätzliche Anstrengungen unternommen werden, um über Lehrerfortbildungsmaßnahmen auch verstärkt finanziell geförderte Klassenfahrten in diese Räume zu lenken.

Es soll freilich nicht übersehen werden, daß ein Teil der Lehrer, insbesondere der mittleren Generation, sich aus verschiedenen Gründen schwer tut mit der Deutschen Frage im Unterricht. Allein der Hinweis auf Auftrag und Vorgaben durch Grundgesetz, Bundesverfassungsgericht und KMK-Beschluß hilft da selten weiter, vielmehr ist die Bedeutung des Themas für die historisch-politische Bildung und seine Zukunftsdimension für die Menschen, für die Nation und für Europa herauszustellen.

Schülerwettbewerb des Landes Rheinland-Pfalz, 1985/86.

Einstellungen junger Menschen zur Deutschen Frage

- Unstrittig ist, daß bei den Schülern Wissensdefizite bezüglich bestimmter Begriffe wie Nation, Deutschland als Völkerrechtssubjekt usw. vorhanden sind, ebenso hinsichtlich der DDR und in noch größerem Maße im ostkundlichen Bereich. Hier ist die Schule ganz eindeutig gefordert, Abhilfe zu schaffen.
- Unübersehbar ist der Prozeß der Gewöhnung an die Teilung Deutschlands. Das Thema genießt nicht jene Priorität wie andere gesellschaftliche und politische Fragen.
- Unübersehbar ist auch die Verengung des Deutschlandbildes allein auf die Bundesrepublik Deutschland. Hier machen sich sicherlich ein oft unbedachter Sprachgebrauch und die bildlichen Darstellungen in vielen Medien negativ bemerkbar. Obwohl weit mehr als die Hälfte der befragten Jugendlichen dieses verengte Deutschlandbild haben, befürworten nach wie vor über drei Viertel die Wiedervereinigung,

wenngleich sie derzeit als wenig realisierbar angesehen wird.

- Deutlich wird in den Umfragen, daß die persönliche Begegnung das Problembewußtsein für die Deutsche Frage schafft bzw. vertieft. Deshalb sind Klassenfahrten in die DDR, in die Ostgebiete, nach Böhmen usw. dringend zu empfehlen. Freilich erfordern sie eine inhaltlich gediegene Vorbereitung.

Walter Jaide und Barbara Hille ziehen aus den verschiedenen Umfrageergebnissen die Folgerung, daß sich seit dem KMK-Beschluß vom November 1978 im Grunde »keine erkennbaren Veränderungen in der Bewußtseinsbildung, den Einstellungen und Kenntnissen in bezug auf die deutsche Problematik vollzogen haben«. Daß das Interesse an der Wiedervereinigung noch vorhanden ist, führen sie auf verwandtschaftliche Beziehungen, Besuchskontakte und das Fernsehen zurück. Wenn dem so wäre, hätte die Schule in der Tat weitgehend versagt.

Nachweisbar ist aber auch, daß der KMK-Beschluß für Lehrpläne und Schulbücher den Impuls gab, sich stärker mit der Deutschen Frage auseinanderzusetzen. Nachweisbar ist auch, daß eine Vielzahl von Materialien, insbesondere die DDR betreffend, veröffentlicht wurden. Nachweisbar ist auch, daß Lehrerfortbildungsmaßnahmen, Studienfahrten mit Lehrern und Klassenfahrten in die DDR erheblich zunahmen. Daß nach wie vor Lükken und Defizite vorhanden sind und in welchen Teilbereichen diese vorherrschen, ist eben aufgezeigt worden. Wo ist also anzusetzen, um der Deutschen Frage und der Ostkunde im Unterricht zusätzliche Impulse zu geben, damit der Auftrag, das Bewußtsein von der deutschen Einheit bei den Schülern wachzuhalten und zu entwickeln, noch zielstrebiger, umfassend und erfolgversprechend erfüllt werden kann?

Ausblick

Im allgemeinen Verständnis beschränkt sich die Behandlung der Deutschen Frage im Unterricht auf die Zeit nach 1945. Es ist da freilich kritisch zu fragen, ob beim Schüler das Bewußtsein von der deutschen Einheit wachgehalten und weiterentwickelt wird, wenn er unter dem Gesichtspunkt der Deutschen Frage vor allem über die Zeit der Teilung informiert wird. Als ein in den 70er Jahren Geborener nimmt er Deutschland ohnehin nur als geteilte Nation wahr und davon im Grunde nur einen Ausschnitt, die Bundesrepublik Deutschland.

Meines Erachtens ist es dringend geboten, daß der Geschichtsunterricht vor allem die historische Tiefendimension der Deutschen Frage aufgreift. Das Werden der deutschen Nation vom 9. Jahrhundert bis heute hat Gegenstand des Unterrichts zu sein. Die Deutsche Frage erhielte dadurch einen zentraleren Stellenwert in der Schule, was ihr aufgrund des in ihr liegenden Zukunftpotentials auch zukommt. »Wenn das Geschichtsbewußtsein als das kollektive Gedächtnis ein zentrales Element der gemeinsamen Identität ist, dann erscheint es unverzichtbar, den gesamten Spannungsbogen der Gemeinschaftserfahrungen der Deutschen in allen Facetten zu sehen.« (Werner Weidenfeld)

Schülerwettbewerb des Landes Hessen, 1988/89.

Von daher sind im Unterricht jene Ereignisse, Wendepunkte und Strukturen in der deutschen Geschichte aufzugreifen, deren (Fern)Wirkungen für die Entwicklung Deutschlands wichtig waren, die der Schüler kennen und in den historischen Schatz der Gemeinschaftserfahrungen einordnen sollte und die einen historisch-politischen Erkenntnisgewinn für das Verständnis der Deutschen Frage darstellen, damit er sich als mündiger Staatsbürger an der Lösung der Deutschen Frage in Frieden sachgemäß argumentierend beteiligen kann.

Es gilt, ein schlüssiges didaktisches Konzept zu entwickeln, das vom Zerfall des Karolingerreiches über die Entstehung des Deutschen Reiches, die Stauferzeit, die mittelalterliche Ostsiedlung, Karl IV., über die besondere Verfaßtheit des Hl. Römischen Reiches Deutscher Nation, d.h. der Mitte Europas im Vergleich zum Westen und zum Osten des Kontinents, über die Reformation, den Dreißigjährigen Krieg mit dem Westfälischen Frieden, den Dualismus Preußen – Österreich und über die bekannten Ereignisse des 19. und 20. Jahrhunderts bis in die Gegenwart reicht. In diesem Konzept sind die ostkundlichen Inhalte ihrer Bedeutung entsprechend angemessen zu berücksichtigen.

Was würde eine derartige Konzeption leisten?

- Die Deutsche Frage erhielte ihre zum eigentlichen Verständnis notwendige Tiefendimension.
- Sie würde für den Bereich der Sekundarstufe I vom Rande in eine zentrale Position des Geschichtsunterrichts gerückt.
- Der Schüler begreift den Wandel in der Geschichte, den er für die Zeit nach 1945 kaum sieht. Das status-quo Denken, das ja gerade durch das kurzatmige Betrachten der Deutschen Frage mitbedingt ist, wird aufgebrochen. Daten und Ereignisse wie z.B. 1648, 1871, 1918 oder 1949 werden als ein Moment im Ablauf der Geschichte begriffen. Das Betrachten der deutschen Geschichte über einen Zeitraum von rund 1000 Jahren eröffnet vielfältige Sehweisen auf die Deutsche Frage, wehrt statischem Denken, fördert die intellektuelle, reizvolle, ja geradezu faszinierende Beschäftigung mit dem Deutschlandproblem.
- Die bis in das Mittelalter zurückreichende Beschäftigung mit der Deutschen Frage vermeidet eine auf das 20. bzw. allenfalls auf das 19. Jahrhundert verengte Betrachtungsweise. Höhen und Tiefen, Leistung und Versagen, Erfolge und Mißerfolge der deutschen Geschichte schaffen eine Gemeinschaftserfahrung der Deutschen, die die »Treue zu den Weggefährten« (Hättich) fördert. Dem Schüler wird vielleicht damit bewußt, daß er eine geschichtlich begründete Mitverantwortung für alle Deutschen trägt. Dies befähigt ihn zur Solidarität mit allen Deutschen, zum Eintreten für die Menschenrechte und das Selbstbestimmungsrecht.
- Dieses Herangehen an die Deutsche Frage führt keineswegs zu einer nationalen Nabelschau, im Gegenteil: Am Beginn der deutschen Geschichte stehen sogleich europäische Bezüge. Das Kaisertum weist stets über das Reich hinaus, Christianisierung und Siedlung im Osten führen zur Begegnung mit den östlichen Nachbarn – ein bis heute und für die Zukunft wichtiges Thema, die unterschiedliche nationale Entwicklung im Gegensatz zu den anderen europäischen Staaten, der Westfälische Frieden, all dies führt in europäische Dimensionen, die sich im 20. Jahrhundert zu weltpolitischen weiten. Damit erkennt der Schüler die Außenfaktoren, die auf das deutsche Problem einwirkten und einwirken. Dies bewahrt vor nationaler Blickverengung und fördert die Einsicht, daß die Lösung der Deutschen Frage nicht isoliert angegangen werden kann, sondern in einer auf Friedensbewahrung und die Interessen anderer miteinbeziehenden Politik.
- Es lohnt in diesem Zusammenhang auch, einen Blick über den Eisernen Vorhang zu werfen und den Wandel und den Umgang der SED mit der deutschen Geschichte zu betrachten. Der renommierte DDR-Historiker W. Schmidt äußerte jüngst dazu: »Ihr (der Bürger der DDR) Geschichtsbild

umfaßt die ganze deutsche Geschichte, angefangen von der Genesis des deutschen Volkes, und es schließt bis zur Mitte der vierziger Jahre alle deutschen Gebiete ein, soweit sie im Deutschen Reich und vorher im Deutschen Bund bzw. im Römischen Reich Deutscher Nation vor 1806 zusammengeschlossen waren.« Ein gegenläufiger Prozeß tut sich da auf. Während in den bundesrepublikanischen Lehrplänen die Geschichtsepochen vor 1806 teilweise gekürzt bzw. durch Alltags- und Regionalgeschichte ersetzt werden, weitet die DDR ihr ursprünglich auf bestimmte Ereignisse und Epochen beschränktes Geschichtsbild aus auf die ganze deutsche Geschichte.

– Die Deutsche Frage ist ein wichtiges Thema der historisch-politischen Bildung. Der Umgang mit ihr setzt Wissen, Einsichten und Wertungen voraus. Die »Historisierung der Deutschen Frage« (Karl-Ernst Jeismann, Bernd Schönemann) soll dem Schüler jene Orientierung und Handlungskompetenz mitgeben, die es ihm ermöglichen, sich mit der Deutschen Frage als einem zentralen nationalen Zukunftsproblem emotional wie rational auseinanderzusetzen. Das Nichtausfüllen oder Verdrängen der Deutschen Frage aus dem Unterricht birgt langfristig insofern Gefahren, als extreme Gruppierungen in dieses Vakuum hineinstoßen, um es mit ihren Inhalten zu besetzen.
– Praktisch gesehen, erfordert dieser Ansatz keine Ausweitung des Stoffes, sondern lediglich eine gewisse Umstrukturierung und Vernetzung von bereits in den Lehrplänen vorhandenen bzw. zu ergänzenden Lerninhalten. Sie müßten zu einer praktikablen didaktischen Konzeption, die die deutsche Frage als eine Art Leitthema des Geschichtsunterrichts ansieht, neu geknüpft werden.

Zweifelsohne gehört deutschlandpolitische Bildungsarbeit zu den schwierigsten, aber auch reizvollsten Aufgaben des Lehrers. Der heutige Schüler hat ein Gesamtdeutschland nicht erlebt, seine Identifikation mit der Bundesrepublik Deutschland wird immer größer. Diesem Dilemma versucht Erich Kosthorst mit der Forderung nach einer Erziehung zur Doppelidentität zu begegnen, d.h. zur Identität mit der Bundesrepublik Deutschland als dem freiheitlichen demokratischen Gemeinwesen und zur Identität mit Gesamtdeutschland als nationaler Zukunftsaufgabe. Hinzu kommt die Erziehung zu Europa, das jedoch nicht auf den EG-Bereich eingeengt werden darf. Diese drei Erziehungsziele stehen in Spannung zueinander. Freilich wäre es fatal, wenn man hier bequeme Wege ginge und sich vom Erziehungsziel für Gesamtdeutschland dispensierte. Dies bliebe gewiß nicht ohne Auswirkungen auf unsere psychologische und politische Stabilität. Die Deutsche Frage ist auch als Chance zu begreifen, an der Gestaltung von Menschen- und Volksgruppenrechten in Europa wie zukünftiger europäischer Ordnungen aktiv mitzuwirken, in deren Rahmen die deutsche Nation wieder ihre Einheit in Freiheit findet.

LITERATURAUSWAHL

HACKER, Gerhard/HANSEL, Paul: Ostmitteleuropa in der Lehrerfortbildung, in: Prag und Böhmen – Anregungen und Materialien für Studienfahrten (Akademiebericht Nr. 140 der Akademie für Lehrerfortbildung), Dillingen/Donau 1988, S. 5–12

HANSEL, Paul (Bearb.): Die Deutsche Frage im Geschichtsunterricht des Gymnasiums, in: Akademiebericht Nr. 109 der Akademie für Lehrerfortbildung, Dillingen/Donau 1987

JACOBMEYER, Wolfgang (Hrsg.): Deutschlandbild und Deutsche Frage in den historischen, geographischen und sozialwissenschaftlichen Unterrichtswerken der Bundesrepublik Deutschland und der Deutschen Demokratischen Republik von 1949 bis in die 80er Jahre. Studien zur internationalen Schulbuchforschung (Schriftenreihe des Georg-Eckert-Instituts 43), Braunschweig 1986

JEISMANN, Karl-Ernst (Hrsg.): Einheit – Freiheit – Selbstbestimmung. Die Deutsche Frage im historisch-politischen Bewußtsein, Bonn 1987

NITTNER, Ernst: Die deutsch-slawische Nachbarschaft in europäischer Sicht als ostkundliches Unterrichtsprinzip (Königsteiner Studien Heft I und II), o.O. 1984

WEIDENFELD, Werner (Hrsg.): Geschichtsbewußtsein der Deutschen – Materialien zur Spurensuche einer Nation, Köln 1987

DERS: Die Identität der Deutschen, Bonn 1983

VI. 1

Couleur der Burschenschaft der Raczeks zu Breslau

Breslau, bis 1935

Alte Breslauer Burschenschaft der Raczeks zu Bonn, Bonn

Kopfcouleur, Stürmer rot mit weißem Schirm, goldener Borde, schwarz-rot-goldender Kordel mit dazugehörigem Band

Die Gründung studentischer Verbindungen wurde wesentlich durch die Befreiungskriege (1813/1815) gegen Napoleon begünstigt. Doch schon wenige Jahre nach dem Wiener Kongreß (1815) stellte sich in Preußen wie auch in den anderen deutschen Staaten ein jäher Wandel der Politik ein: Die erhoffte Liberalisierung blieb aus. So hatte auch die am 27. Oktober 1817 gegründete erste Breslauer Burschenschaft der Raczeks, die sich mit dem Wahlspruch »Freiheit Ehre Vaterland« für die Freiheit und Einheit Deutschlands einsetzte, bald unter den Karlsbader Beschlüssen zu leiden.
Im Revolutionsjahr 1848 wurde mit der Arminia eine weitere Verbindung in Breslau gegründet. Es folgten 1860 die Germania und 1876 die Cheruscia. Alle Breslauer Burschenschaften erweiterten in den folgenden Jahrzehnten ihre Aktivitäten, die durch das Dritte Reich jäh beendet wurden.
Nach der Vertreibung sind Breslauer Burschenschaften ebenso wie andere ost- und mitteldeutsche studentische Verbindungen über ganz Deutschland verstreut. 1950 gelingt der Zusammenschluß der Breslauer Burschenschaften zum »Bund alter Breslauer Burschenschaftler zu Bonn«, seit 1956 »Alte Breslauer Burschenschaft der Raczeks zu Bonn«.
Unter den studentischen Verbindungen halten einzelne ostdeutsche Traditionen besonders aufrecht. Beispielsweise ist eines der Hauptziele der »Alten Breslauer Burschenschaft der Raczeks zu Bonn«, »die Erinnerung an den deutschen Osten wachzuhalten und sich für die Freiheit und Einheit Deutschlands einzusetzen« M.F.

VI.1–6

VI. 2

Couleur der Burschenschaft Arminia zu Breslau

Breslau, bis 1935

Alte Breslauer Burschenschaft der Raczeks zu Bonn, Bonn

Kopfcouleur, Schirmmütze schwarz mit goldener Borde und schwarz-rot-goldener Einfassung mit dazugehörigem Band F.W.

VI. 3

Couleur der Burschenschaft Cheruscia zu

Breslau

Breslau, bis 1935

Alte Breslauer Burschenschaft der Raczeks zu Bonn, Bonn

Kopfcouleur, Schirmmütze weiß mit schwarzem Schirm, rot-schwarzer Einfassung mit dazugehörigem Band F.W.

VI. 4

Couleur der Burschenschaft Germania zu Breslau

Breslau, bis 1935

Alte Breslauer Burschenschaft der Raczeks zu Bonn, Bonn

Kopfcouleur, Stürmer weiß mit schwarzem Schirm, schwarz-rot-goldener Kordel mit dazugehörigem Band F.W.

VI. 5

Couleur der Alten Breslauer Burschenschaft zu Bonn

1951–1956

Alte Breslauer Burschenschaft der Raczeks zu Bonn, Bonn

Kopfcouleur, Schirmmütze rot mit schwarzem Schirm, weißer Borde und rot-goldener Einfassung mit dazugehörigem Band F.W.

VI. 6

Couleur der Alten Breslauer Burschenschaft der Raczeks zu Bonn

Seit 1956

Alte Breslauer Burschenschaft der Raczeks zu Bonn, Bonn

Kopfcouleur, Schirmmütze schwarz mit schwarzem Schirm, weißer Borde und rot-goldener Einfassung mit dazugehörigem Band F.W.

VI.7

VI. 7

VW Käfer

Baujahr 1950

Porsche AG, Stuttgart

Mit dem »Käfer«, einer Entwicklung von Prof. Ferdinand Porsche, wurde ein neues Kapitel im modernen Fahrzeugbau eingeleitet. Über Jahrzehnte hinweg gehörte der »Käfer« zu den beliebtesten Autos in aller Welt F.W.

VI. 8

Hermann Oberth, Büste

1988

Siebenbürgisches Museum, Gundelsheim

Angefertigt von Wolfram Theil

VI. 9

Schieder, Theodor:
Dokumentation der Vertreibung der Deutschen aus Ost-Mitteleuropa, Bd. 1 bis 8, Deutscher Taschenbuch Verlag, München 1984, unveränderter Nachdruck der Ausgabe von 1954

Bund der Vertriebenen, Bonn

VI. 10

Kuhn, Walter:
Neue Beiträge zur schlesischen Siedlungsgeschichte. Eine Aufsatzsammlung, Jan Thorbecke Verlag, Sigmaringen 1984
(= Quellen und Darstellungen zur schlesischen Geschichte, Bd. 23)
(310 Seiten)

Ulrich Hutter, Bonn

VI. 11

Petry, Ludwig:
Dem Osten zugewandt. Gesammelte Aufsätze zur schlesischen und ostdeutschen Geschichte. Festgabe zum fünfundsiebzigsten Geburtstag, Jan Thorbecke Verlag, Sigmaringen 1983
(= Quellen und Darstellungen zur schlesischen Geschichte, Bd. 22, hrsg. von Norbert Conrads und Josef Joachim Menzel)
(480 Seiten)

Ulrich Hutter, Bonn

VI. 12

Hubatsch, Walther (Hrsg.):
Grundriß zur deutschen Verwaltungsgeschichte 1815–1945, Bd. I bis V, Johann-Gottfried-Herder-Institut, Marburg/Lahn 1975

VI. 13

Collegium Carolinum (Hrsg.):
Handbuch der Geschichte der Böhmischen Länder, Bd. 1–4, Hirsemann Verlag, Stuttgart 1967–1970

VI. 14

Johann-Gottfried-Herder-Forschungsrat (Hrsg.):
Bau- und Kunstdenkmäler des deutschen Ostens, Verlag Kohlhammer, Stuttgart 1957ff

VI. 15

Aschenbrenner, Viktor u.a. (Hrsg.):
Die Deutschen und ihre östlichen Nachbarn. Ein Handbuch, Frankfurt 1967

VI. 16

Blumenwitz, Dieter (Hrsg.):
Flucht und Vertreibung.
Vorträge eines Symposiums veranstaltet vom Institut für Völkerrecht der Universität Würzburg, 19.–22. November 1985, Carl Heymanns Verlag, Köln, Berlin, Bonn, München 1987
(738 Seiten)

Bund der Vertriebenen, Bonn

VI. 17

Steffens, Mechthild:
Die deutsche Frage in der juristischen Literatur des Auslandes seit 1970, Kulturstiftung der deutschen Vertriebenen, Bonn 1989
(= Beiträge der Studiengruppe für Politik und Völkerrecht zur Deutschlandforschung, Bd. 2, hrsg. von Eckart Klein)
(175 Seiten)

Kulturstiftung der deutschen Vertriebenen, Bonn

VI. 18

Johann-Gottfried-Herder-Forschungsrat (Hrsg.):
Brandenburg – Prussia and Poland. A Study in Diplomatic History (1669–1972),
(= Marburger Ostforschungen Bd. 41)
Marburg 1983
(166 Seiten)

Ulrich Hutter, Bonn

VI. 19

Johann-Gottfried-Herder-Institut (Hrsg.):
Fünfunddreißig Jahre Forschung über Ostmitteleuropa. Veröffentlichungen der Mitglieder des J. G. Herder-Forschungsrates 1950–1984
(= Bibliographien zur Geschichte und Landeskunde Ostmitteleuropas Bd. 1)
Marburg 1985
(427 Seiten)

Ulrich Hutter, Bonn

Der Band stellt ein gutes bibliographisches Hilfsmittel zur Erstellung einer Leistungsbilanz »Ostdeutsche Wissenschaft« nach dem Zweiten Weltkrieg in der Bundesrepublik Deutschland dar U. H.

VI. 20

Chmiel, Peter u.a. (Hrsg.):
Beiträge zur Geschichte Schlesiens im 19. und 20. Jahrhundert. Hans-Ludwig Abmeier zum 60. Geburtstag, Laumann-Verlag, Dülmen 1987
(= Schriften der Stiftung Haus Oberschlesien, Bd. 1)
(168 Seiten)

VI. 21

Dietrich, Richard (Hrsg.):
Die politischen Testamente der Hohenzollern, Böhlau Verlag, Köln/Wien 1986
(Veröffentlichungen aus den Archiven Preußischer Kulturbesitz, Bd. 20)
(806 Seiten)

VI. 22

Göttinger Arbeitskreis (Hrsg.):
Ostdeutschland. Ein Hand- und Nachschlagebuch über alle Gebiete ostwärts der Oder und Neiße, Holzner-Verlag, Kitzingen 1953
(198 Seiten)

Ulrich Hutter, Bonn

VI. 23

Südostdeutsches Kulturwerk (Hrsg.):
Das Schulwesen der Donauschwaben im Königreich Jugoslawien, Bd. 2, Das Schulwesen der Donauschwaben von 1918–1944 (= Veröffentlichungen des Südostdeutschen Kulturwerkes Reihe B, Bd. 26)

Attenhofer'sche Buch- und Kunstdruckerei, Straubing 1969

Ulrich Hutter, Bonn

VI. 24

Stiftung Ostdeutscher Kulturrat (Hrsg.):
Tausend Jahre Nachbarschaft. Deutsche in Osteuropa, Verlag F. Bruckmann KG, München 1981
(304 Seiten)

VI. 25

OSMIPRESS GmbH (Hrsg.):
Ostdeutschland und die deutschen Siedlungsgebiete in Ost- und Südosteuropa, Südwest Verlag, München 1987
(65 Seiten)

VI. 26

Kraus, Theodor u.a. (Hrsg.):
Atlas östliches Mitteleuropa, Velhagen & Klasing, Bielefeld 1959

VI. 27

Jäger, Eckhard:
Prussia Karten 1542–1810.
Geschichte der kartographischen Darstellung Ostpreußens vom 16. bis zum 19. Jahrhundert, Verlag Anton H. Konrad, Weißenhorn 1982
(324 Seiten)

Institut Nordostdeutsches Kulturwerk, Lüneburg

VII. Kunst und Kultur

Ostdeutsche Kulturarbeit – Verbände, Kulturwerke und Stiftungen der Vertriebenen und Flüchtlinge

Odo Ratza

Allgemeines

Kultur bedeutet nach der Definition des Brockhaus von 1974 die Gesamtheit der typischen Lebensformen größerer Gruppen einschließlich ihrer geistigen Aktivitäten, besonders der Wertvorstellungen. Ähnlich drücken sich andere Lexika aus. Dies ist keine typisch deutsche Auslegung, sondern eine international anerkannte Definition. Die UNESCO, die Organisation der Vereinten Nationen für Erziehung, Wissenschaft und Kultur, dehnt in einer »Empfehlung über die Teilnahme und Mitwirkung aller Bevölkerungsschichten am kulturellen Leben«, angenommen von der Generalkonferenz auf ihrer Tagung vom 26. November 1976 in Nairobi, den Begriff »Kultur« auf alle Formen der Kreativität und des Ausdrucks von Gruppen oder Einzelpersonen aus, sei es in der Lebensweise oder der künstlerischen Betätigung. Betrachten wir daher die Kultur in einem breiten Spektrum, angefangen von Brauchtum und Tradition bis hin zur Politik, der Wissenschaft und weiten Teilen des Bildungsbereiches.

Teilnahme an der Kulturarbeit führe zur Behauptung der Identität, Authentizität und der Würde des einzelnen. Sie weckt zwangsläufig Verständnis für die Eigenart anderer. Besinnung auf die eigene Kultur bedeutet daher für eine Gruppe keine Isolation. Im Gegenteil, sie ist Voraussetzung, um an dem allgemeinen Fortschritt mitwirken zu können. Sie sucht daher auch Verbindung zur Umwelt und führt letztlich aus einer Vielfalt heraus zu einer Einheit.

Bevor ich auf die Einzelheiten der Kulturarbeit eingehe, seien einige Worte zur Begriffsdefinition gesagt. Das Wort »ostdeutsch« bezieht sich auf den gesamten Vertreibungsbereich, gleich ob es sich um die Benennung von Verbänden und Institutionen handelt, die mit der Vertreibung in Zusammenhang stehen, oder ob es den Gesamtbereich der Vertreibungsgebiete bezeichnet. Hierunter fallen die heute unter polnischer Verwaltung stehenden ostdeutschen Provinzen und die Freie Stadt Danzig, die Sudetenländer und das Memelgebiet genauso wie die deutschen Siedlungsgebiete in Ostmittel- und Südosteuropa sowie in der Sowjetunion.

Millionen Vertriebener in der Bundesrepublik Deutschland bekennen sich heute noch als Ostdeutsche, geben sich dem Charakteristikum ihres Volksstammes entsprechend als Ostdeutsche und sind stolz auf ihre kulturellen Eigenarten. Sie fühlen sich als Bürger der Bundesrepublik, haben auch vielfältige Verbindungen zu der einheimischen Bevölkerung geschaffen, haben mit angepackt, die Bundesrepublik aufzubauen, werden auch weiterhin zur Bundesrepublik halten, werden aber dadurch immer noch nicht zum Bayern, Hessen, Niedersachsen oder Schleswig-Holsteiner. Sie bleiben Pommern, Ost- und Westpreußen, Schlesier, Sudetendeutsche, Siebenbürger Sachsen, Banater Schwaben oder Angehörige eines anderen deutschen Volksstammes ihres Siedlungsgebietes außerhalb der Grenzen des Deutschen Reiches.

Im Gegensatz zu der eingesessenen Bevölkerung der deutschen Länder ist die Bevölkerung Ostdeutschlands größtenteils aus ihren heimischen Gebieten vertrieben und lebt heute verstreut über das Gebiet der Bundesrepublik, der DDR und teilweise des Auslandes. Das Zusammenleben, eine sonst natürliche Voraussetzung für die Weiterentwicklung einer Kultur, ist nur in sehr begrenztem Umfange möglich. Damit wird die Bevölkerung dieser Gebiete gezwungen, über den Weg des Zusammenhaltes – gewissermaßen als Ersatzlösung – Möglichkeiten der kulturellen Betätigung und der Weiterentwicklung ihrer Kultur zu schaffen. Unter diesen er-

Die Gedenkstätte des deutschen Ostens auf Schloß Burg an der Wupper.

schwerten Bedingungen kommt der kulturellen Arbeit der Verbände zugleich als Stärkung der Identität und der Authentizität des einzelnen besondere Bedeutung zu.

Darüber hinaus gibt es für die ostdeutsche Kulturarbeit weitere gewichtige Aspekte. Von dem dinglichen Kulturgut konnte nur ein geringer Teil aus den Vertreibungsgebieten in die Bundesrepublik gerettet werden, so daß die unmittelbare Beeinflussung, die von künstlerischen und volkskundlich wertvollen Kulturwerken ausgehen kann, sehr begrenzt bleibt. Nicht immer wird es möglich sein, die Beziehungen zu den Kulturwerken in den Vertreibungsgebieten durch Besuchsreisen zu vertiefen. Um so mehr kommt es darauf an, das gerettete Kulturgut zu sammeln, zu sichern, aufzubereiten und in landeskundlichen Museen und Heimatstuben der Bevölkerung zu präsentieren.

Letztlich werden die kulturellen Leistungen der Vergangenheit die Eigenart und Größe ostdeutscher Kulturarbeit bezeugen, deren geistiges Erfassen insbesondere der jüngeren Generation mangels ausreichender Geschichtskenntnisse außerordentlich schwer fällt. Wir beklagen das mangelnde Nationalbewußtsein der Deutschen. Die Information über Ostdeutschland, attraktiv untermauert durch die Präsentation ostdeutscher Kulturleistungen, könnte hilfreich sein, das Bild vom ganzen Deutschland aufzuzeigen und das Nationalbewußtsein zu stärken. Der Nachholbedarf ist groß, Kulturarbeit muß daher den Bildungsbereich mit erfassen.

Der frühere Bundespräsident, Professor Dr. Karl Carstens, sagte auf der Charta-Feier in Stuttgart am 19. Juli 1980:

»Die Geschichte der alten Provinzen Ostpreußen, Pommern und Schlesien und vieler anderer Gebiete ist ein Teil der deutschen Geschichte. Hier entstand eine Kultur von außerordentlicher Ausstrahlung. Ich möchte nur ein paar Namen nennen, um zu zeigen, welche Befruchtung die deutsche Kultur, ja die Kultur Europas, dem deutschen Osten verdankt: Angelus Silesius, Andreas Gryphius, Immanuel Kant, Johann Gottfried Herder, Johann Gottlieb Fichte, Joseph von Eichendorff, E.T.A. Hoffmann, Lovis Corinth, Gerhart Hauptmann, Käthe Kollwitz. Die Liste ließe sich leicht verlängern, sie würde um ein wesentliches länger, wenn wir das Wirken aller Deutschen im Osten und Südosten Europas mit einschließen würden. Diese Männer und Frauen gehören zur deutschen Geschichte; sie sind Teil der Deutschen und der deutschen Kultur. Lassen Sie mich dies hinzufügen: Dieses Erbe gehört uns allen, uns Deutschen und uns Europäern. Es gehört uns allen und kein Land kann darauf einen alleinigen Anspruch erheben ...«

Die ostdeutschen Kulturleistungen sind ein überzeugender Beweis, wie durch Überwinden von Grenzen ein friedfertiges Neben- und Miteinander verschiedener Völker befruchtet werden kann. Es waren nicht nur wissenschaftliche und künstlerische Impulse, es waren auch viele handwerkliche, technische und wirtschaftliche Begabungen, die in der Vergangenheit den Weg von Westen nach Osten gefunden haben. Die ostdeutsche Kultur hat einen wesentlichen Anteil daran, daß heute noch die Völker in Ost- und Südosteuropa sich als Europäer fühlen. Wenn wir auf dem Wege zu einem gemeinsamen Europa sind – auch wenn das Tempo recht schleppend zu sein scheint – sollten wir uns der ostdeutschen kulturellen Leistungen und Erfahrungen sowie der Brückenfunktion der ostdeutschen Kultur erinnern, die wesentlichen Anteil für ein friedliches Zusammenleben im Osten über weite Strecken der Geschichte herbeigeführt haben. Kulturelle Bande sind nach wie vor ein sehr starker Faktor für den Zusammenhalt in Europa.

Ähnliche Bedingungen wie für die ostdeutsche Kulturarbeit gibt es auch für die mitteldeutsche Kultur. Die Begriffe mittel- bzw. ostdeutsche Kulturarbeit sind nur vor dem Hintergrund der Teilung Deutschlands verständlich. Der mit dem früheren nicht identische Nachkriegsbegriff »Mitteldeutschland« umfaßt das Gebiet zwischen den Ostsgebieten des Deutschen Reiches (»Ostdeutschland«) und der Bundesrepublik Deutschland (»Westdeutschland«). Er meint also das Gebiet der heutigen DDR, die sehr unterschiedlich geprägte Regionen in Deutschland zusammenschließt, welche nie zuvor eine gesonderte politische Einheit gebildet haben, so die Definition des Bundesministeriums für innerdeutsche Beziehungen. Auch bei der mitteldeutschen Kulturarbeit kommt es darauf an, zur Stärkung der Identität der mitteldeutschen Volksstämme beizutragen, eine sachlich angemessene Interpretation ideologisch verfälschter Kulturdarstellung zu leisten, von der DDR ausgeklammerte Kulturbereiche zu berücksichtigen und insbesondere dazu beizutragen, das gemeinsame deutsche Erbe zu betonen sowie Fundamente und Perspektiven zu schaffen, die eine Wiedervereinigung Deutschlands unterstützen.

Wir haben uns daran zu erinnern, daß die ost- und mitteldeutsche Kultur nicht isoliert von der westdeutschen Kultur entstanden ist, sondern sie alle nur Teile der Kultur der deutschen Nation darstellen. Was wäre aus der ost- und mitteldeutschen Kultur geworden ohne die Impulse aus dem übrigen Deutschland, und wie arm andererseits wäre die gesamtdeutsche nationale Kultur ohne die ost- und mitteldeutschen Anteile. Dieses zu sehen und dieses für die Zukunft zu nutzen, ist nicht Aufgabe der Vertriebenen und Flüchtlinge alleine, sondern ist Aufgabe des ganzen deutschen Volkes.

»Vaterland – das ist nicht nur die Bundesrepublik Deutschland. Das ist das Land, in dem unsere Kultur seit Jahrhunderten gewachsen ist. Die Vielfalt ihrer Quellen und Ausdrucksformen ist zu erhalten. Wir alle sind deshalb aufgerufen, an der Bewahrung des kulturellen Erbes der Vertriebenen und Flüchtlinge mitzuwirken, es ist Teil des geistig-kulturellen Reichtums der Deutschen.«

So drückte es Bundeskanzler Kohl vor nicht allzu langer Zeit auf einem Treffen der Vertriebenen aus.

Kulturelle Breitenarbeit der Verbände

Die Vertriebenen schlossen sich Ende der vierziger, Anfang der fünfziger Jahre zu Verbänden zusammen, sei es in Landsmannschaften, sei es in den späteren Landesverbänden des Bundes der Vertriebenen. Wenn auch in diesen Gründerzeiten die soziale Eingliederung im Vordergrund des Interesses stand, war die kulturelle Arbeit für sie so selbstverständlich wie für jeden deutschen Volksstamm.

Die Vertriebenen waren ihres materiellen Besitzes beraubt. Ihr geistiges Vermögen, ihr Wissen und ihren Leistungswillen konnte man ihnen aber nicht nehmen. Die Kulturschaffenden der Vertriebenen arbeiteten weiter in Erinnerung an ihre Heimat und in der Hoffnung auf eine Rückkehr. Im Laufe der Jahre mit der Verfestigung der Nachkriegssituation galt es vermehrt, das Kulturgut des deutschen Ostens nicht untergehen zu lassen, es zu pflegen und vor allem es auch im Bewußtsein des ganzen deutschen Volkes und des Auslandes wachzuhalten.

Im Vordergrund der Tätigkeit der Vertriebenenverbände stand und steht die kulturelle Breitenarbeit. Sie ist die lebendige, anschauliche Erhaltung, Vermittlung und Weiterentwicklung des kulturellen Erbes der Vertriebenen. Dazu gehören die Präsentation der schöpferischen Leistungen der Vergangenheit und der Gegenwart sowie die Darstellung der Volksgruppen in ihrer Eigenart und Vielfalt. Diese Arbeit ist umfassend, verlangt sehr viel Sachverstand und Können und wurde bisher durch starken ehrenamtlichen Einsatz entsprechender Kräfte der Erlebnisgenerationen wahrgenommen.

Die Pflege des Volks- und Brauchtums wird auf allen Ebenen der Mitgliedsverbände des Bundes der Vertriebenen betrieben. Dazu gehören Volkslieder, Volksmusik, Volkstänze, Trachten, Mundarten, Sitten und Bräuche, Erzählgut, handwerkliche und künstlerische Arbeiten der Volkskunst. Im Mittelpunkt stehen neben der Sammlung der geistigen und materiellen authentischen Überlieferung des Volks- und Brauchtums deren Aufbereitung und Verbreitung sowie ihre Übernahme in die lebendige Gestaltung von Festen, Feiern und Zusammenkünften der Familien, Gemeinschaften und Verbände. Der Personal- und Materialkatalog des Bundes der Vertriebenen – Vereinigte Landsmannschaften und Landesverbände (BdV) weist allein bei den Landesverbänden über 60 Chöre, Musik-, Volkstanz-, Trachten- und Theatergruppen aus. Hinzu kommen die spezifischen Gruppen der Landsmannschaften.

Die heimat- und landeskundliche Arbeit vermittelt das Wissen über die vertriebenen Volksstämme und deren Heimatlandschaften. Heimatbüchereien, Informations- und Bildungsmaterial, Film-, Dia- und Videomaterial stehen für die Informationsarbeit zur Verfügung. Reisen in die Heimatgebiete werden bei sachgerechter Vorbereitung besonders für die jüngeren Generationen, die die Heimat ihrer Vorfahren aus eigener Anschauung nicht kennen, durchgeführt, um das Interesse zu wecken und das Verbundensein mit der angestammten Heimat zu schaffen und zu festigen.

In Heimatstuben und Heimatmuseen wird die Erinnerung an die Heimat wachgehalten. Oft sind sie Treffpunkt der Vertriebenen und Begegnungsstätte. Einige Heimatstuben sind kommunalen oder staatlichen Museen angegliedert.

Die Bildungsarbeit dient gesamtdeutscher Zielsetzung. Sie richtet sich nach den Kriterien des Grundgesetzes aus und soll das Streben nach Wiedervereinigung und Erreichen der staatlichen Einheit Deutschlands fördern. Die Vertriebenen- und Flüchtlingsverbände tragen dazu bei, auch in der Öffentlichkeit auf die gesamtdeutschen Bezüge und Verbindlichkeiten hinzuweisen und besonders der Schule auf örtlicher Ebene entsprechende Anstöße zu geben. Als sehr erfolgreich haben sich die vom BdV mitgetragenen Schülerwettbewerbe erwiesen, die in fast allen Ländern der Bundesrepublik durchgeführt wurden. Die Landesverbände und Landsmannschaften regen zu Arbeiten auf dem Gebiet der Familienforschung an. Sie bieten Unterstützung durch landeskundliche Informationen und sind beim Erschließen der Quellen behilflich.

Die kulturelle Breitenarbeit bedarf der künstlerischen und wissenschaftlichen Untermauerung. Hierzu halten die Mitgliedsverbände des BdV enge Verbindung zu den ostdeutschen – insbesondere den staatlich geförderten – Institutionen und suchen deren Mitwirkung bei der Basisarbeit. Die 21 ostdeutschen Landsmannschaften gründeten oder beteiligten sich an einer Vielzahl landsmannschaftlich ausgerichteter Stiftungen und Vereinigungen wie z.B. Schul-, Geschichts- und Kunstvereinen sowie studentischer und akademischer Vereinigungen. Diese pflegen die Traditionen und das Kulturgut ihrer Heimat und entwickeln es fort. Eine Fülle von Heimatliteratur ist so entstanden, wie z.B. für fast jeden Heimatkreis eine entsprechende Heimatchronik.

Teilweise weisen die Arbeiten dieser Vereine wissenschaftliche Qualität auf. Dies betrifft insbesondere die Arbeit der Stiftungen. Entsprechende Schriftenreihen, wie beispielsweise die Jahrbücher, sind eine Fundgrube historischer und literarischer Darstellungen. Es gibt keine Landsmannschaft, in der sich nicht fachlich erfahrene Kräfte ehrenamtlich dieser Aufgabe verschrieben haben. Nicht nur die großen Vertriebenen-Treffen, auch die kleineren Veranstaltungen, teilweise in den landsmannschaftseigenen Häusern, geben mit ihren kulturellen Darstellungen hiervon beredtes Zeugnis.

Das Gebäude der Ostdeutschen Galerie Regensburg. Im Vordergrund die Plastik »Eckzeichen« von Otto Herbert Hajek.

Der BdV unterstützt über sein Kulturreferat die kulturelle Breitenarbeit der Mitgliedsverbände. Er gibt entsprechende Arbeitshefte und Arbeitshilfen heraus, von denen bisher über 70 Veröffentlichungen erschienen sind. Er stellt den Verbänden Bild- und Tonmaterial zur Verfügung und bildet das kulturelle Fachpersonal weiter aus. In speziellen Seminaren werden Multiplikatoren in der Bildungsarbeit geschult. Für das deutschlandpolitische Gebiet ist eine besondere Schriftenreihe entstanden.

Der Bund der Mitteldeutschen (BMD) verfährt ähnlich. Auch er ist in Landsmannschaften und Landesverbände gegliedert, von denen die Pommersche Landsmannschaft und die Landsmannschaft Berlin-Mark Brandenburg sowohl dem BdV als auch dem BMD angehören.

Derzeit stellt sich die kulturelle Eingliederung der Aus- und Übersiedler als wichtige Aufgabe, nachdem insbesondere seit dem letzten Jahr die Zahl der Aus- und Übersiedler wesentlich gestiegen ist. Über die soziale Betreuung wird ein Vertrauensverhältnis geschaffen, von dem ausgehend die oftmals der deutschen Sprache nicht mächtigen Aussiedler mit der Werteordnung, den kulturellen Gegebenheiten der Bundesrepublik Deutschland sowie der Zeitgeschichte in Ost und West vertraut gemacht werden.

Die Landsmannschaften des BdV und des BMD halten neben ihrer Inlandsarbeit Verbindung zu ihren ausgewanderten Landsleuten und entsprechenden Vereinigungen im Ausland sowie, soweit möglich, zu den in den Vertreibungsgebieten verbliebenen Deutschen.

Neben den ordentlichen Mitgliedsverbänden des BdV und des BMD betreiben auch die außerordentlichen Mitglieder kulturelle Breitenarbeit. Hier ist insbesondere die DJO-Deutsche Jugend in Europa zu nennen. Seit 1951 als Organisation junger Heimatvertriebener entstanden, gehören ihr alle ost- und mitteldeutschen landsmannschaftlichen Gruppen an. Neben ihrem Eintreten für ein weltweites Völker- und Volksgruppenrecht, für das Selbstbestimmungsrecht sowie für das Recht auf die Heimat will die DJO Verständigung und Aussöhnung mit allen Partnern in Ost und West und setzt sich für die Pflege und Fortentwicklung ost- und mitteldeutschen Kulturgutes ein. Hierzu entwikkelt sie besondere jugendspezifische Aktivitäten wie Freizeiten, Sport, Wandertage, volkskundliches Werken, Singen und Tanzen. Daneben aber organisiert sie auch Reisen in die Vertreibungsgebiete, Aussprachen mit den Jugendlichen unserer Nachbarn und vereinbart auch Arbeitseinsätze, wie beispielsweise Restaurierung von Friedhöfen.

Bevor überhaupt nach Aufhebung des Koalitionsverbotes der Militärregierung Vertriebenenverbände gegründet werden konnten, befaßten sich vornehmlich die Kirchen mit der Betreuung der Vertriebenen und konnten viele von ihnen vor seelischer Not und geistiger Vereinsamung und damit auch vor dem Abgleiten in den politischen Radikalismus bewahren. Für die evangelischen Kirchen trat hier der Ostkirchenausschuß hervor, daneben betreibt der »Konvent der zerstreuten evangelischen Ostkirchen« mit verschiedenen Hilfskomitees in weitem Umfang praktische Breitenarbeit. Im katholischen Bereich ist hierfür der »Katholische Flüchtlingsrat in Deutschland« mit verschiedenen katholischen Vertriebenenverbänden zuständig.

Besonders herauszuheben ist, daß sich bei der gesamten kulturellen Breitenarbeit in besonderem Maße die vertriebenen Frauen eingesetzt und bewährt haben.

Mit großem Engagement haben die Vertriebenen und Flüchtlinge die Aufgabe der kulturellen Breitenarbeit angepackt. Erstaunliche Erfolge sind zu verzeichnen. Dennoch muß festgestellt werden, daß die Kraft und die Finanzmittel der Vertriebenen nicht ausreichten, um dieser Aufgabe so gerecht zu werden, daß sie auch für die Zukunft Bestand hat. Es ist insbesondere festzustellen, daß es nicht gelungen ist, die breite Öffentlichkeit davon zu überzeugen, daß die Wahrung und Weiterentwicklung des ostdeutschen Kulturanteils an der gesamtdeutschen Kultur nicht Aufgabe der Vertriebenen alleine, sondern eine nationale Aufgabe aller Deutschen ist. Erste Änderungen dieser Haltung deuten sich jedoch an.

Staatliche und kommunale Förderung

Die Pflege des ost- und mitteldeutschen Kulturgutes wurde seitens der Bundesregierung sehr früh als staatliche Aufgabe anerkannt und im Zuge der Lastenausgleichsgesetzgebung durch den § 96 des Bundesvertriebenengesetztes (BFVG) geregelt:

»Bund und Länder haben entsprechend ihrer durch das Grundgesetz gegebenen Zuständigkeit das Kulturgut der Vertreibungsgebiete in dem Bewußtsein der Vertriebenen und Flüchtlinge, des gesamten deutschen Volkes und des Auslandes zu erhalten, Archive, Museen und Bibliotheken zu sichern, zu ergänzen und auszuwerten sowie Einrichtungen des Kunstschaffens und der Ausbildung sicherzustellen und zu fördern. Sie haben Wissenschaft und Forschung bei der Erfüllung der Aufgaben, die sich aus der Vertreibung und der Eingliederung der Vertriebenen und Flüchtlinge ergeben, sowie die Weiterentwicklung der Kulturleistungen der Vertriebenen und Flüchtlinge zu fördern. Die Bundesregierung berichtet jährlich dem Bundestag über das von ihr Veranlaßte.«

Seitens des Bundes nahm diese Aufgaben zunächst der Bundesminister für gesamtdeutsche Aufgaben und ab Mitte der fünfziger Jahre der Bundesminister für Vertriebene, Flüchtlinge und Kriegsgeschädigte wahr, seit 1969 der Bundesminister des Innern.

Von Anfang an hatte der Bund vornehmlich überregionale, das ganze Bundesgebiet betreffende Maßnahmen, die Länder mehr regional bezogene Vorhaben unterstützt. 1963 wurde dieses Vorhaben präzisiert und in den »Richtlinien zur Durchführung des § 96 BVFG« zwischen der Arbeitsgemeinschaft der Landesflüchtlingsverwaltungen und dem damaligen Bundesministerium für Vertriebene, Flüchtlinge und Kriegsgeschädigte geregelt.

Die anfänglich sehr bescheidenen staatlichen Mittel für die Pflege des ostdeutschen Kulturgutes erhielten eine Verbesserung durch das sogenannte Westvermögens-Abwicklungsgesetz. Durch dieses Gesetz wurden die unter Sonderverwaltung stehenden Vermögen von Kreditinstituten, Versicherungsunternehmen und Bausparkassen aus dem Osten, für die keine Rechtsnachfolger im Bundesgebiet vorhanden waren, für die Pflege des ostdeutschen Kulturgutes verfügbar gemacht. Einzelheiten wurden durch die Westvermögens-Zuführungsverordnung vom 23. August 1964 geregelt. Diese Mittel wurden an Stiftungen des öffentlichen oder des bürgerlichen Rechts gegeben. Es war vorgesehen, von der Gesamtförderungssumme 20 Prozent überregionalen Einrichtungen und 80 Prozent solchen regionalen Einrichtungen zufließen zu lassen, aus deren Heimatgebiet das »Westvermögen« stammte. So erhielten Mittel aus diesem Finanzaufkommen:

– überregional die Ostdeutsche Galerie in Regensburg und der Ostdeutsche Kulturrat in Bonn,

Zeichnungen und Aquarelle deutscher Meister 1750–1900, Veröffentlichungen der Stiftung Pommern, Kiel.

Das Gebäude des Nordostdeutschen Kulturwerkes, Lüneburg.

Das Gebäude des Ostpreußischen Landesmuseums, Lüneburg.

- regional das Nordostdeutsche Kulturwerk in Lüneburg, die Stiftung Pommern in Kiel, das Kulturwerk Schlesien in Würzburg und die Sudetendeutschen Stiftung in München.

Diese Einrichtungen sind verpflichtet, ihre Kulturarbeit aus den Erträgnissen des ihnen zur Verfügung gestellten Vermögens zu betreiben. Darüberhinaus werden sie vom Bund und teilweise von Ländern institutionell gefördert.

Die Stiftung Mitteldeutscher Kulturrat in Bonn wurde 1974 von dem Land Nordrhein-Westfalen errichtet und ebenfalls in den Empfängerkreis der Westvermögens-Zuführungsverordnung einbezogen. Sie ist insbesondere für die Regionen Mitteldeutschlands zuständig, die zum Zeitpunkt des Erlasses der Verordnung nicht durch rechtsfähige Stiftungen vertreten waren (die Provinz Sachsen sowie die Länder Anhalt, Sachsen und Thüringen).

Andere Einrichtungen, die nicht unmittelbar oder überhaupt nicht unter die Bestimmungen des Westvermögens-Abwicklungsgesetzes fielen, wurden vom Bund in eine institutionelle Förderung aufgenommen. Dies sind seitens des Bundesinnenministeriums:

- der Bund der Vertriebenen im Hinblick auf seine Kulturarbeit
- die Künstlergilde e.V. in Esslingen/N. für die Arbeit der Kunstschaffenden
- der Adalbert Stifter Verein e.V. München für das Weitertragen der wissenschaftlichen und künstlerischen Fraktion der Sudetenländer im Bereich der gesamtdeutschen und europäischen Kultur
- das Südostdeutsche Kulturwerk in München für die Förderung der Pflege der deutschen Volksgruppen aus den Vertreibungsgebieten Südosteuropas

und im Zuge der Weiterentwicklung der ostdeutschen Kulturarbeit

- ab 1986 die überregionale Kulturstiftung der deutschen Vertriebenen, nachdem es in der Zeit der sozialliberalen Koalition nicht gelungen war, diese Stiftung ebenfalls in den Genuß des Westvermögens-Abwicklungsgesetzes zu bringen, sowie
- ab 1987 der Verein »Ostpreußisches Jagd- und Landesmuseum« in Lüneburg für das Ostpreußische Landesmuseum, das erste nach den Kriterien des Bundesministeriums des Innern anerkannte ostdeutsche Landesmuseum,

seitens des Bundesministeriums für innerdeutsche Beziehungen:

- der Bund der Mitteldeutschen (BMD) im Hinblick auf seine kulturellen und gesamtdeutschen Aufgaben
- der Johann-Gottfried-Herder-Forschungsrat und das Johann-Gottfried-Herder-Institut in Marburg, jeweils zu 50 Prozent durch den Bund und das Sitzland Hessen gefördert.

Die Bundesländer kommen der gesetzlichen Verpflichtung, die ostdeutsche Kulturarbeit zu fördern, vornehmlich durch Unterstützung von Aktivitäten in ihren Landesbereichen und von Vorhaben regionaler Art nach. Sie beteiligen sich in einigen Fällen an der institutionellen Förderung des Bundes, beispielsweise bei der Ostdeutschen Galerie in Regensburg, dem Ostpreußischen Landesmuseum in Lüneburg und der Kulturstiftung der deutschen Vertriebenen in Bonn. Sie fördern aber auch selber Stiftungen und Einrichtungen wie die Stiftung Haus Oberschlesien in Ratingen, das Institut für donauschwäbische Geschichte und Landeskunde in Tübingen, die Stiftung Deutschlandhaus in Berlin und die Häuser der Heimat bzw. Häuser des Deutschen Ostens in den Landeshauptstädten. Die Bundesländer haben im Rahmen ihrer Betreuungsarbeit für die Bundeslandsmannschaften Patenschaften übernommen und unterstützen daher u.a. auch Aktivitäten überregionaler Art. Dies gilt in

– Baden-Württemberg für die Landsmannschaft Berlin – Mark Brandenburg, die Landsmannschaft der Deutschen aus Rußland und die Volksgruppe der Donauschwaben
– in Bayern für die Volksgruppe der Sudetendeutschen, für die der Freistaat Bayern die Schirmherrschaft übernommen hat, und die Landsmannschaft Ostpreußen
– in Berlin über die Bezirksverwaltungen für verschiedene Landsmannschaften
– in Hessen für die Wolgadeutschen
– in Niedersachsen für die Landsmannschaft Schlesien und die Landsmannschaft Sachsen-Anhalt
– in Nordrhein-Westfalen für die Landsmannschaft der Oberschlesier, die Landsmannschaft der Siebenbürger Sachsen und die Landsmannschaft der Thüringer
– im Saarland für die Landsmannschaft der Banater Schwaben
– in Schleswig-Holstein für die Pommersche Landsmannschaft und die Landsmannschaft Mecklenburg.

Das Schwergewicht der staatlichen Unterstützung liegt in der Projektförderung. Hierdurch soll eine gezielte Unterstützung der Aktivitäten von Verbänden und Institutionen erreicht werden. Dies betrifft neben der kulturellen Breitenarbeit insbesondere den wissenschaftlichen Bereich, vornehmlich das Gebiet der Forschung sowie die Bereiche Literatur, Musik, Bildende Kunst und Informationsarbeit. Grundsätzlich handelt es sich bei dieser Art der Förderung um Gewährung von Zuschüssen zu Aktionen, die weitgehend von den Verbänden und Institutionen der Vertriebenen und Flüchtlinge durch Eigenleistungen finanziert werden.

Teilweise werden von der Bundesregierung bzw. den Landesregierungen eigene Aktionen initiiert und finanziert, wie z.B. die Neuauflage der achtbändigen »Dokumentation der Vertreibung der Deutschen aus Ost-Mitteleuropa«, die Herausgabe einer auf zehn Bände veranschlagten »Deutschen Geschichte im Osten«, die Erstellung einer umfassenden Schallplattendokumentation für ostdeutsche Musik oder die Ausstellung »Die Donauschwaben. Deutsche Siedlungen in Südosteuropa«, die als Wanderausstellung in Baden-Württemberg gezeigt wird.

Ähnlich verhält es sich mit der Herstellung von Filmen ostdeutscher Thematik seitens des Bundesministeriums für innerdeutsche Beziehungen und bei den Aktivitäten, die das dem Ministerium nachgeordnete Gesamtdeutsche Institut durchführt.

Das Gebäude der Künstlergilde, Esslingen.

Zu erwähnen ist noch, daß gemäß dem gesetzlichen Auftrag, das ostdeutsche Kulturgut auch im Bewußtsein des Auslandes wachzuhalten, das Auswärtige Amt eine Reihe von Vorhaben durch seine Mittlerorganisationen durchführen läßt.

Parallel zu den Förderungsmaßnahmen von Bund und Ländern unterstützen Kommunalbehörden die ostdeutsche Kulturarbeit im Rahmen ihrer Patenschaften über ca. 400 ostdeutsche Landkreise, Städte oder Bezirke. Sie bieten neben einer allgemeinen Förderung auch die Möglichkeit, die Heimatkarteien und Auskunftsstellen für die Betroffenen zu übernehmen sowie die Verbindung innerhalb der Kreis- und Stadtgemeinschaften zu unterhalten. Ziel ist u.a., das Verhältnis zwischen den Vertriebenen und den Einheimischen enger zu gestalten. Die Richtlinien der Bundesvereinigung der kommunalen Spitzenverbände und des Verbandes der Landsmannschaften vom 6. Juli 1953 für die Übernahme von Patenschaften über ostdeutsche Gemeinden und Landkreise sowie ergänzende Richtlinien des Deutschen Städtetages und des Deutschen Landkreistages regeln Einzelheiten. In dem Katalogbeitrag von Ute Reichert-Flögel wird hierüber berichtet.

Aus all diesem ergibt sich eine Vielzahl von Förderungsgegebenheiten. Neben der Absicht, die Förderungsmaßnahmen zu koordinieren und schwerpunktmäßig auszurichten, waren es vor allem zwei weitere Gründe, die eine langfristige Konzeption zur Weiterführung der ostdeutschen Kulturarbeit erforderlich erscheinen ließen. Zum einen war es die Sorge, daß mit dem allmählichen Zurücktreten der »Erlebnisgenerationen« auch Leistungsverluste eintreten könnten, und zum

Ansprache von Bundesinnenminister Dr. Friedrich Zimmermann anläßlich des 125. Geburtstages von Gerhart Hauptmann am 15. November 1987.

anderen die Notwendigkeit einer Qualitätssteigerung, sollte die Kulturarbeit bei der Bevölkerung der Bundesrepublik stärkere Beachtung finden.

Bereits 1979 wurde vom Bundesinnenministerium dem Deutschen Bundestag der Entwurf einer »Grundsatzkonzeption zur Weiterführung der ostdeutschen Kulturarbeit« zugeführt, der die Vorlage begrüßte und zur Erarbeitung der endgültigen Fassung detaillierte Ergänzungs- und Änderungsvorschläge macht. Ihm kam es vor allem darauf an, daß

- die Aufgaben im Sinne von § 96 BVFG im wissenschaftlichen Bereich, in der Förderung von Dichtung und Kunst, bei der Sicherung des dinglichen Kulturgutes und im Bereich der kulturellen Breitenarbeit kontinuierlich fortgeführt werden,
- die zukünftige Förderung die Lücken der Gesamt- und Einzeldarstellungen im Bereich der Sozial-, Wirtschafts-, Kultur-, Sprach-, Siedlungs-, Rechts-, Literatur- und Theatergeschichte, der politischen und Zeitgeschichte für die Vertreibungsgebiete zu schließen versucht und
- die in der schöpferischen kulturellen Leistung tätigen Angehörigen mittlerer und jüngerer Generationen besonders zu fördern seien.

Nach Abstimmung mit den Vertriebenenverbänden und den ostdeutschen Kulturinstitutionen endgültig formuliert, wurde die überarbeitete Grundsatzkonzeption am 22. April 1982 zusammen mit dem »Bericht der Bundesregierung über ihre Maßnahmen zur Förderung der ostdeutschen Kulturarbeit gemäß § 96 BVFG in den Jahren 1979 und 1980« dem Deutschen Bundestag vorgelegt und von diesem im Grundsatz gebilligt. Der Innenausschuß des Bundestages führte in einer Beschlußempfehlung eine Reihe von Anliegen auf, die bei der Durchführung dieser Konzeption zu beachten seien. Aufgrund der Empfehlungen und der Notwendigkeit, die Konzeption zu konkretisieren, erarbeitete das Bundesinnenministerium ein »Aktionsprogramm zur Förderung der ostdeutschen Kulturarbeit« und leitete dieses Programm am 23. Juni 1988 dem Deutschen Bundestag zu. Das Bundesministerium für innerdeutsche Beziehungen legte dem Deutschen Bundestag eine »Bestandsaufnahme der mitteldeutschen Kultur- und deutschlandpolitischen Bildungsarbeit 1985/86« vor. Beide Berichte sind zur Zeit in der parlamentarischen Beratung. In der Plenarsitzung vom 13. Oktober 1988 erklärte der Parlamentarische Staatssekretär beim Bundesminister des Innern, Carl-Dieter Spranger, hierzu:

»Ziel der ostdeutschen Kulturförderung insgesamt ist es, zu erreichen, daß ostdeutsche Kultur selbstverständlicher Bestandteil unseres kulturellen Lebens wird und dementsprechend vergleichbare Rahmenbedingungen, wie sie für die anderen deutschen Kulturbereiche seit langem selbstverständlich sind, erhält...«

Notwendige Förderungsschwerpunkte werden auch in Zukunft sein:

- der Ausbau ostdeutscher musealer Einrichtungen, vor allem der Landesmuseen,
- die Sicherung des dinglichen Kulturgutes, welches bereits vielfach durch Ankäufe von privater Seite, auch aus dem Ausland, für deutsche Museen verlorengeht,
- die Schließung von Forschungslücken,
- die Pflege und Vermittlung ostdeutschen Brauchtums, ostdeutscher Literatur, ostdeutscher Kunst und ostdeutscher Musik.

Zur Steuerung dieses Aktionsprogrammes steht dem Bundesinnenministerium ein neu gegründetes »Bundesinstitut für ostdeutsche Geschichte und Kultur« in Oldenburg zur Verfügung.

Die Realisierung des Aktionsprogrammes, dessen Notwendigkeit niemand bestreitet, bedarf aber noch ausreichender finanzieller Absicherung. Die Bundesregierung erklärt in ihrem Vorlagebericht:

»Die im Berichtszeitraum auch gegenwärtig für die ostdeutsche Kulturarbeit zur Verfügung stehenden Hausmittel reichen für die Durchführung des Aktionsprogrammes nicht aus. Hier bedarf es weiterer Steigerungen der Mittel, wenn im Sinne des § 96 BVFG das reiche kulturelle Erbe der ostdeutschen Kulturlandschaften im Interesse der gesamten deutschen Nation bewahrt und fruchtbar gemacht werden soll.«

In der Wertung der »Bestandsaufnahme der mitteldeutschen Kultur- und deutschlandpolitischen Bildungsarbeit« schreibt die Bundesregierung:

»...Die vorliegende Bestandsaufnahme der mitteldeutschen Kultur- und deutschlandpolitischen Bildungsarbeit zeigt hier beachtliche Leistungen, aber auch wesentliche Defizite auf...

Mitteldeutsche kultur- und deutschlandpolitische Bildungsarbeit im umfassenden Sinne findet auf breiter Ebene statt, mit zunehmender Tendenz. Im Bereich der Förderung übersteigt die Nachfrage die finanzielle Möglichkeit des Bundesministeriums für innerdeutsche Beziehungen bei weitem...

Die haushaltsmäßigen Voraussetzungen für eine angemessene Förderung der mitteldeutschen Kulturarbeit – im engeren Sinne – sind beim Bundesminister für innerdeutsche Beziehungen, der die Förderungszuständigkeit vom Bundesminister des Innern übernommen hat, noch nicht gegeben; sie sollen ab 1989 geschaffen werden.«

Es ist zu erwarten, daß die Bundesländer sich sachlich, aber auch finanziell mit dem Aktionsplan identifizieren, nachdem sie der Konzeption zugestimmt hatten.

Bei der Vielfalt der fördernden Stellen, der Förderungsstränge und der Zuwendungsempfänger darf das Volumen der staatlichen und kommunalen Förderung jedoch nicht überschätzt werden. Es ist anzuerkennen, daß die jetzige Bundesregierung die Förderungssumme nach § 96 BVFG allein beim Bundesinnenministerium in den Jahren 1983 bis heute von rund 4 Millionen DM auf 17 Millionen DM mit zusätzlichen 5 Millionen DM für Baumaßnahmen gesteigert hat, und auch beim Bundesministerium für innerdeutsche Beziehungen wesentliche Steigerungen eingetreten und noch beabsichtigt sind. Rechnen wir jedoch alle Förderungssummen von Bund, Ländern und Kommunen zusammen, sind es maximal 50–60 Millionen DM pro Jahr. Im Vergleich zu der Gesamtförderung für Kunst und Kultur im innerstaatlichen Bereich mit jährlich rund 8 Milliarden

DM bleibt die Förderungssumme für die ost- und mitteldeutsche Kulturarbeit sehr bescheiden. Sie ist unzureichend, für die Zukunft dieser Kulturarbeit die erforderlichen Rahmenbedingungen zu schaffen – wie es die Bundesregierung ja selber erklärt hat.

Wenn dennoch in Vergangenheit und auch heute erhebliche kulturelle Leistungen auf diesem Gebiet zu verzeichnen sind, zeigt dies, welchen Eigenanteil an Arbeitskraft, Zeit und Finanzen die Vertriebenen und Flüchtlinge für die Bewahrung und Weiterentwicklung ihres Kulturgutes erbracht haben und auch für die Zukunft zu erbringen bereit sind.

Kulturarbeit von Stiftungen, Kulturwerken und sonstigen Institutionen

Entsprechend der föderalen Struktur der Bundesrepublik Deutschland hat sich auch hinsichtlich der ost- und mitteldeutschen Provinzen und sonstigen Vertreibungsgebiete eine regionale Zuständigkeit für Kulturfragen entwickelt. Innerhalb der Vertriebenen- und Flüchtlingsverbände sind die Landsmannschaften nach ihren Satzungen für Kulturfragen ihrer Region zuständig. Ihr Wissen, ihre Kreativität und Initiative, ihr Verantwortungsgefühl und ihre Bereitschaft zum Engagement würden nicht genügend genutzt, wollte man die Kulturarbeit dirigistisch betreiben.

Grundsatz für den kulturellen Bereich muß daher bleiben: Dezentralisation soweit wie möglich, Zentralisation, soweit unbedingt erforderlich. Anders jedoch ist es bei den die einzelnen Kulturlandschaften übergreifenden Themen und Maßnahmen. Hier sind insbesondere die überregionalen Vereinigungen und Institutionen gefordert.

Der Innenausschuß des Deutschen Bundestages ging in seiner Beschlußempfehlung vom 27. Juni 1984 von ähnlichen Überlegungen aus, als er der Bundesregierung die Anregung gab, erhöhte Mittel zur wesentlich verstärkten Förderung der Kulturarbeit mit Breitenwirkung sowie von Projekten der Forschung und Grundlagenarbeit in enger Zusammenarbeit mit den in der ostdeutschen Kulturarbeit bewährten Vertriebenenverbänden und Landsmannschaften, dem Ostdeutschen Kulturrat, der Kulturstiftung der deutschen Vertriebenen, den ostdeutschen Landesmuseen und den von den Landsmannschaften geprägten landeskundlichen Einrichtungen zu verwenden.

Landeskundliche Museen, über die an anderer Stelle des Katalogs Hans-Jürgen Schuch berichtet, sind ein wesentlicher Schwerpunkt der ostdeutschen Kulturarbeit. Schon früh kam der Wunsch auf, Erinnerungsstücke der Heimat in Heimatstuben auszustellen. Ein eifriges, wenn auch systematisches Sammeln von Kulturgütern schuf einen Grundstock an Exponaten, der es einzelnen Landsmannschaften oder Personenkreisen ermöglichte, an die Errichtung von Museen zu denken. Dies war z.B. der Fall bei dem ursprünglichen Ostpreußischen Jagdmuseum in Lüneburg, bei dem Museum der Siebenbürger Sachsen in Gundelsheim und der Oberschlesier in Ratingen, dem Westpreußen-Museum in Münster-Wolbeck oder dem Egerländer Museum in Marktredwitz.

Mit staatlicher Hilfe konnten zwei repräsentative Museen errichtet werden, die nach Bestand und Qualität der Exponate einmalig sind:

– 1970 wurde die Ostdeutsche Galerie Regensburg mit einer Sammlung von rund 1.500 Gemälden berühmter ostdeutscher Maler, einer Skulpturensammlung mit rund 500 plastischen Arbeiten, einer Graphikabteilung mit ca. 14.000 Blattzeichnungen und Druckgraphik vom 15. Jahrhundert bis zur Gegenwart, einer topographischen Abteilung mit rund 4.000 Blattveduten und dekorativen Stichen sowie einer Bibliothek und einem Archiv mit vornehmlich illustrierten Büchern und Kunstmappen gegründet. Neben den Ausstellungen in Regensburg selber werden seit einigen Jahren vornehmlich mit Unterstützung von Vertriebenenverbänden Wanderausstellungen der Ostdeutschen Galerie im gesamten Bundesgebiet gezeigt.
– Seit 1968 existiert das Glasmuseum der Stadt Rheinbach als Spezialmuseum südsudetendeutscher Glaskunst, das 1985 zusätzlich zu seinem großen Glasbestand mit der Sammlung Mahler 700 kunstvoll geschnittene Gefäße aus nordböhmischem Glas, einer Kollektion aus der zweiten Hälfte des 19. Jahrhunderts, erhielt, die mit ihren Darstellungen von Landschaften, Städten und Bauten einzigartig ist.

Daneben laufen Bemühungen aller Landsmannschaften, für ihre Herkunftsgebiete landeskundliche Museen zu gestalten, was letztlich beim Bundesminister des Innern zu dem Förderungsprogramm »Ostdeutsche Landesmuseen« führte.

Eine ähnliche Entwicklung ist bei Bibliotheken und Archiven zu erkennen, über die ebenfalls an anderer Stelle berichtet wird. Wünschenswert ist, daß für jede ostdeutsche Provinz und jedes größere Siedlungsgebiet ein eigenes landeskundliches Museum errichtet wird, das gegebenenfalls neben Archiv und Bibliothek auch eine landeskundliche Forschungsstelle erhält, soweit keine eigenen landeskundlichen Institute an oder in einer Universität bestehen. Hieraus ergäben sich kulturelle Zentren, die ihre Ausstrahlung in die allgemeinen kulturellen und wissenschaftlichen Bereiche nicht verfehlen dürften.

Das Gebäude des Glasmuseums Rheinbach, Himmeroder Hof, Rheinbach.

Für die allgemeine Kulturarbeit sind Stiftungen, Kulturwerke und Institutionen von besonderer Bedeutung.

Im überregionalen Bereich sind es die institutionell geförderten Stiftungen:

– Die Stiftung Ostdeutscher Kulturrat in Bonn, 1952 gegründet, bewältigt mit vier Arbeitskreisen (Wissenschaft, Künste, Medien sowie Dingliches Kulturgut und Dokumentation) ein reichhaltiges Programm. Neben der Herausgabe von Buchreihen und Dokumentationen, Vortragsveranstaltungen, Fachtagungen und Ausstellungen bemüht sich der Kulturrat u.a. um die Integrierung ostdeutscher Thematik in den Schulunterricht. Er versucht, durch Erzähler- und Kompositionswettbewerbe, durch einen Medien- und einen

Tausend Jahre Nachbarschaft. Deutsche in Südosteuropa, Hrsg.: Stiftung Ostdeutscher Kulturrat.

Wissenschaftspreis insbesondere die Jugend zu motivieren, das ostdeutsche Kulturerbe zu pflegen und weiterzuentwikkeln. Mit diesen Darbietungen wird der Kulturrat gleichzeitig in Presse und Rundfunk öffentlichkeitswirksam.

Dem dient u.a. auch die alle zehn Tage erscheinende »Kulturpolitische Korrespondenz«, die als einziger Presse- und Informationsdienst in der Bundesrepublik dem In- und Ausland einen umfassenden Überblick über die Aktivitäten im gesamten Bereich ostdeutscher Kulturarbeit vermittelt. Diese Korrespondenz wird ergänzt durch die Vierteljahresschrift »Der gemeinsame Weg«.

Der Ostdeutsche Kulturrat wird mit seinen ca. 80 Kuratoriumsmitgliedern aus dem gesamten Vertriebenenbereich von einem Stiftungsbeirat unterstützt, dem Vertreter ostdeutscher Stiftungen und Einrichtungen angehören, und der durch gegenseitige Information und Abstimmung koordinierend tätig ist.

– Die Kulturstiftung der deutschen Vertriebenen wurde als Nachfolgerin des Kulturwerks der Vertriebenen 1974 als Stiftung privaten Rechts gegründet und wird von den Ländern Baden-Württemberg und Bayern sowie dem Bund institutionell gefördert. Ihre Tätigkeit trägt dazu bei, das Kulturgut der Vertreibungsgebiete im Bewußtsein der Deutschen und des Auslandes wachzuhalten und weiterzuentwikkeln. Sie befaßt sich zudem mit wissenschaftlichen Aufgaben, die sich aus der Vertreibung sowie Eingliederung der Vertriebenen und Flüchtlinge ergeben. Ihre Arbeit ist auf gesamtdeutsche Belange ausgerichtet.

Sie veröffentlicht Schriften zu relevanten Themen, die als Anregung und Hilfe für Politik und Wissenschaft sowie die kulturelle Breitenarbeit der Vertriebenenverbände dienen. Ein wissenschaftlicher Beirat berät das Kuratorium und den Vorstand. Jährlich werden Fachtagungen durchgeführt.

Eine Studiengruppe für Politik und Völkerrecht befaßt sich mit staats-, völker- und menschenrechtlichen Fragen und nimmt insbesondere Stellung zur Deutschen Frage. Die Veröffentlichungen dieser Gruppe, als »Blaue Hefte« bekannt, finden in der Fachwelt große Beachtung. Eine Gruppe von Historikern bzw. Philologen richtet ihre Arbeit darauf aus, die Bedeutung des Deutschen Ostens für das gesamte Deutschland aufzuzeigen sowie Fragen der Wechselbeziehungen zu den Nachbarvölkern zu untersuchen. Ein Kreis von etwa 60 Mitarbeitern hat sich als Autorenteam für das Periodikum »Ostdeutsche Gedenktage« herangebildet. Zusammen mit Germanisten und Kunsthistorikern gilt es, die literarischen, sprachlichen und kunsthistorischen Themen aufzuarbeiten. In zunehmendem Maße werden Themen, die einer Sonderuntersuchung bedürfen, als Forschungsprojekte vergeben, deren Ergebnisse ebenfalls in Veröffentlichungen ihren Niederschlag finden.

Auf Grund der Überregionalität ergänzt die Kulturstiftung die auf bestimmte Regionen bezogenen Aktivitäten der landsmannschaftlichen Kulturinstitutionen. Im Rahmen der jährlichen Kulturreferententagungen des BdV werden die Programme aufeinander abgestimmt.

– Die Stiftung Mitteldeutscher Kulturrat in Bonn, 1974 errichtet, setzt die Arbeit des 1955 gegründeten Vereins Mitteldeutscher Kulturrat fort, der sich als Zusammenschluß von Schriftstellern, Künstlern, Pädagogen und Wissenschaftlern zur Aufgabe gesetzt hat, die mitteldeutschen Beiträge

Kulturpolitische Korrespondenz, herausgegeben von der Stiftung Ostdeutscher Kulturrat.

KULTURPOLITISCHE KORRESPONDENZ

724

BERICHTE
MEINUNGEN
DOKUMENTE

KK

25. Mai 1989

INHALT

KK-NOTIZBUCH	2
Werner Bader: Kommentar zum Zeitgeschehen Der Eiserne Vorhang wird 350 Kilometer kürzer	3
Edith Berner: Wir Schlesier haben Rodach liebgewonnen - Bericht einer Flucht von Trebnitz nach Oberfranken	4
Die Katastrophe des deutschen Ostens 1944/45 - Zum Tode des Historikers Andreas Hillgruber am 8. Mai	8
Jörg Bernhard Bilke: Die Buchbesprechung Louis Ferdinand Helbig: "Der ungeheure Verlust. Flucht und Vertreibung in der deutschsprachigen Belletristik der Nachkriegszeit"	10
Zur Bonner Tagung des West-Ost-Kulturwerks am 11. Mai Sieghardt von Köckritz: Die Aussiedler im Spannungsfeld der politischen Auseinandersetzungen	13
Georg Rodacher: Podiumsdiskussion zur kulturellen Eingliederung	14
LITERATUR UND KUNST	
Heinz Piontek: Hausbesetzer im Süden	16
Annemarie in der Au: Augenblicke einer Egerland-Reise	17
Horst Ziermann: Die Weber von Wuppertal - Karl Otto Mühl bearbeitete Hauptmanns frühes Sozialdrama	18
FUNK UND FERNSEHEN Video: Ein bißchen Exil	19
Günther Ott: "Freiheit - Gleichheit - Brüderlichkeit" - Die Kunstausstellung der Ruhrfestspiele 1989 in Recklinghausen	20
Helge Batheit: Dem eigenen Niveauanspruch gerecht - Zur Ausstellung der "Gruppe" in Herrenberg	21
Franz Heinz: Das, was die Malerei weiterbringt - Reinhardt Schuster stellt in Hilden aus	22
Gudrun v. Schoenebeck: "Das ist Just" - eine Ausstellung im Haus Schlesien	24
Ernst Schremmer: Ein Meister der Stille - Zum Tod von Richard Fleissner	25
Daniel Langhans: Die Sudetendeutschen Kulturpreise 1989	27
AUSSTELLUNGEN	28

OKR

Herausgeber: Stiftung OSTDEUTSCHER KULTURRAT, Kaiserstraße 113, 5300 Bonn, Telefon (02 28) 21 37 66
Chefredaktion: Dr. Jörg Bernhard Bilke, Literatur und Kunst: Franz Heinz · Textnachdruck in Zeitungen und Zeitschriften honorarfrei bei Quellenangabe (KK), 2 Belegexemplare erbeten · Artikelübernahme in Bücher und Broschüren bedarf der jeweiligen Vereinbarung mit dem Autor · Bildabgabe leihweise auf Anforderung · Für unverlangte Einsendungen wird nicht gehaftet

zur gesamtdeutschen Kultur wahrzunehmen und die Kulturleistungen der aus Mitteldeutschland stammenden Deutschen zu fördern. Die Stiftung tritt mit Veröffentlichungen, Vorträgen, kulturellen sowie wissenschaftsbezogenen Veranstaltungen an die Öffentlichkeit. Besonders hervorzuheben ist die Herausgabe der Historischen Landeskunde Mitteldeutschlands, wissenschaftlicher Einzelpublikationen in der Buchreihe »Aus Deutschlands Mitte« sowie der Buchreihen »Bild und Wort – Essays« und der »Gedenktage des mitteldeutschen Raumes«. Die Stiftung fördert aufgrund der Westvermögenszuführungsverordnung u.a. die länderbezogenen mitteldeutschen Stiftungen. Im Wege von

Dieter Blumenwitz: Was ist Deutschland?

Projektmaßnahmen werden Zuschüsse zu Gemäldeankäufen gewährt, die Errichtung einer archäologischen Museumsabteilung, verschiedene Aufstellungen sowie die Herausgabe von Jahrbüchern gefördert.

– Die Künstlergilde e.V. in Esslingen widmet sich der Pflege des ost- und mitteldeutschen künstlerischen Erbes und seiner Weiterentwicklung. Ihr gehören rund 1.000 Mitglieder an: Maler, Bildhauer, Schriftsteller, Komponisten, Musiker, Publizisten, darstellende Künstler und Fotografen, die durch Leben und Werk den ost- und mitteldeutschen Kulturlandschaften verbunden sind. Ihre Aktivitäten werden von den Fachgruppen Bildende Kunst, Schrifttum, Musik, Darstellende Kunst, Publizistik und Lichtbildwesen wahrgenommen. Mit Dotierung durch das Bundesministerium des Innern verleiht die Gilde seit vielen Jahren an ostdeutschen Preisen den:

– Andreas-Gryphius-Preis (Literaturpreis)
– Johann-Wenzel-Stamitz-Preis (für Musik)
– Georg-Dehio-Preis (für Kultur- und Geistesgeschichte)
– Lovis-Corinth-Preis (für Bildende Kunst).

Sie besitzt entsprechende Archive und Sammlungen, gibt eine Reihe von Publikationen heraus und unterhält in Cuxhaven-Duden für seine Mitglieder ein Künstleratelier für Arbeits- und Ferienaufenthalte.

Die Künstlergilde ist bemüht, Jugendliche für künstlerische Arbeiten und insbesondere solche ostdeutscher Thematik zu motivieren. Ihre Veranstaltungen finden Anklang in der Öffentlichkeit.

– Als weitere überregionale Einrichtung ist das Institut für ostdeutsche Musik e.V. in Bergisch-Gladbach zu nennen. Es hat sich die Sammlung, Pflege und Weiterentwicklung der ost- und südostdeutschen Musiktradition zum Ziel gesetzt. Die Aufgabenbereiche im einzelnen sind praktische Musikpflege im vokalen und instrumentalen Bereich, die Förderung schöpferisch tätiger Kräfte, die wissenschaftliche Forschung über die Leistung der Ostdeutschen und ihre Dokumentation durch Publikationen und Schallplatten-Veröffentlichungen, wobei auch die Beziehung zu den Nachbarländern und zur deutschen Musikkultur insgesamt berücksichtigt werden.

Dem Institut stehen drei Arbeitskreise für Nordostdeutsche, für Schlesische und für Südostdeutsche Musik zur Verfügung. Die Arbeiten, 1950 begonnen, haben zu guten Ergebnissen geführt. Neben Notenreihen, Lieder- und Musizierbüchern, Orgel- und Klavierbänden, Komponistenportraits und musikhistorischen Darstellungen sind es insbesondere die Schallplatten der Reihe »Anthologie ostdeutscher Musik«.

– Das West-Ost-Kulturwerk e.V. in Bonn strebt an, im Geiste der Humanität durch kulturelle Veranstaltungen der Verständigung zwischen West und Ost und damit dem Frieden zu dienen. Es pflegt das ostdeutsche Kulturgut. Ihr Gründungssitz ist Schloß Burg an der Wupper, auf der 1951 eine würdige Gedenkstätte des Deutschen Ostens durch Bundespräsident Theodor Heuss eingeweiht wurde. Das Kulturwerk tritt durch die Verleihung der Medaille »pro humanitate« öffentlichkeitswirksam in Erscheinung.

Ein notwendiges Bindeglied zwischen den überregionalen, zum großen Teil auch wissenschaftlich arbeitenden Kulturinstitutionen und den Vertriebenenverbänden mit kultureller Breitenarbeit sind die regionalen Kulturwerke und Stiftungen. Sie sorgen für die qualifizierte Weitergabe ostdeutscher Kulturtraditionen aus ihrer jeweiligen regionalen Sicht. Sie sind ähnlich wie der Ost- und Mitteldeutsche Kulturrat auf allen kulturellen Gebieten tätig. Es existieren:

– für den Nordostraum (Ostseeanrainer) das Nordostdeutsche Kulturwerk e.V. in Lüneburg mit einem Institut, einer Bibliothek und einem Archiv sowie die Stiftung Pommern in Kiel

Herausgegeben von der Stiftung Mitteldeutscher Kulturrat.

– für den Bereich Niederschlesien und Oberschlesien die Stiftung Kulturwerk Schlesien in Würzburg, die Stiftung Haus Oberschlesien in Ratingen und die Stiftung Schlesien in Hannover
– für die Sudetenländer die Sudetendeutsche Stiftung, der Adalbert Stifter Verein und das Sudetendeutsche Archiv in München
– für den Südostraum (Südosteuropa und Rußland) das Südostdeutsche Kulturwerk in München
– für den mitteldeutschen Raum der Mitteldeutsche Kulturrat in Bonn, über dessen Tätigkeit weiter oben berichtet wurde, und die Stiftung Mecklenburg in Ratzeburg.

Neben Veröffentlichungen, Vortragsveranstaltungen, Tagungen, Ausstellungen wird auch bei diesen Kulturwerken und Stiftungen teilweise Forschungsarbeit geleistet. Der jeweilige Anteil ist bei den Stiftungen unterschiedlich. Soweit sie durch das Westvermögensabwicklungsgesetz unmittelbar gefördert sind, unterstützen sie auch die Kulturarbeit Dritter.

Eine Vielzahl von mehr landsmannschaftlich ausgerichteten Stiftungen, Vereinigungen und Instituten richten ihre Kulturarbeit auf ihre Herkunftsgebiete und die Leistungen ihres Volksstammes aus. Sie arbeiten weitgehend ehrenamtlich, erhalten im Wege von Patenschaften und Projektmaßnahmen nur eine relativ bescheidene Förderung und haben trotzdem für die Pflege und Entwicklung des ost- und mitteldeutschen Kulturgutes Erstaunliches geleistet.

Wie verzweigt das Netz dieser Kulturinstitutionen ist, möge an zwei Beispielen demonstriert werden:

– In der Stiftung Ostpreußen sind insgesamt 11 Mitglieder zusammengefaßt: Agnes Miegel Gesellschaft e.V., Bischof-Maximilian-Kaller-Stiftung e.V., Landsmannschaft Ostpreußen e.V., Ostpreußisches Jagd- und Landesmuseum e.V., Ostheim e.V., Ost- und Westpreußenstiftung in Bayern e.V., Prussia-Gesellschaft e.V., Trakehner Förderverein, Gemeinschaft evangelischer Ostpreußen, Historischer Verein für Ermland e.V. und Salzburger Verein.

Zusätzlich existieren das Ostpreußische Landesmuseum in Lüneburg mit entsprechendem Trägerverein und Freundeskreisen, die zentrale Auffang- und Sammelstelle für ostpreußisches Kulturgut im Kulturzentrum Ostpreußen in Ellingen sowie eine Reihe von Heimatmuseen und Bildungsstätten.

– In dem »Sudetendeutschen Haus« in München, dessen Träger die Sudetendeutsche Stiftung ist, haben die wichtigsten Einrichtungen, die der Erhaltung und Weiterentwicklung der sudetendeutschen Volksgruppe, ihrer Kultur, der Künste und Wissenschaft dienen, eine Heimstatt gefunden: der Adalbert Stifter Verein, die Arbeitsgemeinschaft Sudetendeutscher Erzieher, das Collegium Carolinum, die Sudetendeutsche Akademie der Wissenschaften und Künste, die Sudetendeutsche Landsmannschaft mit ihrer Geschäftsstelle und dem Landesverband Bayern, die Sudetendeutsche Jugend, der Sudetendeutsche Rat e.V., das Sudetendeutsche Sozialwerk e.V. und das Sudetendeutsche Archiv.

Zusätzlich gibt es für den gesamten sudetendeutschen Bereich, in dem Kulturarbeit geleistet wird, rund 35 weitere Institutionen und Körperschaften, 40 andere sudetendeutsche Mitgliederverbände, davon allein 22 studentische Verbindungen, und annähernd 100 kleinere sudetendeutsche Archive, Museen, Galerien und Heimatstuben.

Ähnlich wie es bereits bei dem Ostdeutschen Kulturrat und der Künstlergilde aufgezeigt wurde, und wie es auch der größte Teil der Landsmannschaften tut, zeichnet die Sudetendeutsche Landsmannschaft schöpferische Kräfte ihres Kreises mit Kulturpreisen aus als Dank der Volksgruppe für künstlerisches und wissenschaftliches Wirken im Sinne einer jahrhundertalten Tradition. Es handelt sich um die Kulturpreise für Bildende Kunst und Architektur, für Darstellende und Ausübende Kunst, für Musik, für Schrifttum und für Wissenschaft. Unabhängig hiervon vergibt die Landsmannschaft den Sudetendeutschen Volkstumspreis an solche Personen, die auf dem Gebiet der Volkstumspflege hervorragend tätig waren und durch ihre Arbeit für die sudetendeutsche Kulturpflege beispielgebend wirkten.

Neben den landsmannschaftlich ausgerichteten Einrichtungen arbeiten ebenso intensiv auch solche anderer Organisationen, wie von Jugend-, Studenten- und Frauenvereinigungen, aber auch von entsprechenden kirchlichen Vereinigungen, sowie die Häuser der Heimat in den Landeshauptstädten und die Stiftung Deutschland-Haus in Berlin. Als Besonderheit auf dem Bildungssektor ist neben der Ostakademie in Lüneburg das neu gegründete Pommernzentrum mit der Ostseeakademie zu nennen, deren Tätigkeit weit über die Grenzen der Bundesrepublik in den skandinavischen Raum hinein reichen soll.

In zahlreichen Vertriebenenzeitungen und -zeitschriften, in Heften und Broschüren der Verbände und Institutionen wird laufend über Inhalt und Art der ost- und mitteldeutschen Kulturarbeit berichtet, in der allgemeinen Presse, in Rundfunk und Fernsehen nur selten, meist auch noch unzureichend. Wesentlich mehr Beachtung findet die Kulturarbeit in der örtlichen Presse.

Gotthold Rhode hat in seinem Beitrag zu diesem Katalog aufgeführt, wie ostdeutsche Wissenschaftler nach dem Kriege ihre Arbeiten in der Bundesrepublik mit großem Engagement fortgesetzt haben und zu welchen Leistungen sie gekommen sind. Dies läßt aber nicht darüber hinwegtäuschen, daß infolge des Krieges mit dem Wegfall von ostdeutschen Universitäten sowie anderen Hochschulen und zahlreichen wissenschaftlichen Einrichtungen die Kontinuität ostdeutscher landesgeschichtlicher Wissenschaft an den Hochschulen unterbrochen und in der Bundesrepublik nicht wieder im gleichen Maße aufgenommen wurde. Dies betrifft insbesondere die landeskundliche Forschung, in der erschreckende Lücken und weiße Felder zu verzeichnen sind. Ähnlich sieht es aber auch im historischen, kunsthistorischen und literarwissenschaftlichen Bereich aus.

Erste Versuche werden im Aktionsprogramm des Bundesinnenministeriums unternommen, Forschung und Lehre ostdeutscher Thematik an den Hochschulen zu intensivieren.

Außerhalb der wissenschaftlichen Hochschulen gibt es einige staatliche Einrichtungen, die sich mit ostdeutschen Themen befassen, so das Johannes-Künzig-Institut für ostdeutsche Volkskunde in Freiburg, das Institut für Donauschwäbische Geschichte und Landeskunde in Tübingen und das Geheime Staatsarchiv Stiftung Preußischer Kulturbesitz in Berlin. Von den Vertriebenen und Flüchtlingen stärker initiiert sind der Johann-Gottfried-Herder-Forschungsrat e.V. und sein Institut in Marburg. Beide haben die Aufgabe der Erforschung von Ländern und Völkern im östlichen Mitteleuropa in Vergangenheit und Gegenwart. Für besondere Aufgaben und zur Durchführung bestimmter Projekte wurden vom Herder-Forschungsrat Fachgruppen bzw. -kommissionen gebildet.

Ihre regionale Arbeit vollzieht sich in enger Verbindung mit den Historischen Kommissionen, die in der Regel älter als der Forschungsrat sind und selbständige Einrichtungen mit eigenem Mitgliedsbestand darstellen. Hier handelt es sich um die:

– Baltisch-historische Kommission,
– Historische Kommission für ost- und westpreußische Landesforschung,
– Historische Kommission für Pommern,
– Historische Kommission für Schlesien,
– Historisch landeskundliche Kommission für Posen und das Deutschtum in Polen,
– Historische Kommission der Sudetenländer,
– Südostdeutsche Historische Kommission.

Inzwischen hat sich eine Historische Kommission Rußland gebildet. Der wissenschaftliche Arbeitskreis für Mitteldeutschland ist dem Herder-Forschungsrat als förderndes Mitglied verbunden.

Für einzelne regionale Bereiche ostdeutscher Kultur – aber auch überregional – wird Forschungsarbeit durch ostdeutsche Einrichtungen betrieben bzw. gefördert. Das Bundesinnenministerium nennt in seinem Aktionsprogramm hierzu:

– Kulturstiftung der deutschen Vertriebenen in Bonn,
– das Collegium Carolinum und die Sude-

tendeutsche Akademie der Wissenschaften und Künste in München für den sudetendeutschen Bereich,
- das Nordostdeutsche Kulturwerk in Lüneburg,
- Stiftung Kulturwerk Schlesien,
- das Südostdeutsche Kulturwerk in München,
- die im siebenbürgisch-sächsischen Kulturrat zusammengeschlossenen Vereine sowie
- die zahlreichen historischen Vereine und Zusammenschlüsse zur Familienforschung und Landeskunde.

Die Vertriebenenverbände sind der Auffassung, daß für jede ostdeutsche Provinz und jedes größere Siedlungsgebiet ein landeskundliches Institut geschaffen werden soll. Entsprechende Versuche hatten bisher Anfangserfolge durch die Errichtung des Gerhard-Möbus-Instituts für Schlesienforschung an der Universität Würzburg, einen Kooperationsvertrag der Stiftung Haus Oberschlesien mit der Universität Münster und durch das »Albertus-Institut für ost- und westpreußische Landeskunde« in Verbindung mit der »Arbeitsgemeinschaft für ost- und westpreußische Landeskunde der Universität München«.

Solange solche Einrichtungen generell nicht vorhanden sind, bemühen sich die Landsmannschaften, in Verbindung mit entsprechenden Lehrstuhlinhabern dazu beizutragen, Forschungen im Wege der Projektförderung zu übernehmen, um so die ihrer Meinung nach für die heimatpolitische Arbeit wesentlichsten Lücken auszufüllen. Die bisherigen Ergebnisse rechtfertigen diesen Weg, zumal bis heute an Hochschulen kein einziger Lehrstuhl für ostdeutsche Thematik mit entsprechendem Seminar und Institut vorhanden ist.

Ausblick

Die Bundesregierung geht davon aus, daß die Kultur in den vor uns liegenden Jahrzehnten noch stärker als bisher das Leben der Menschen bestimmen wird. Sie richtet ihre Kulturpolitik hierauf aus. Ein wesentliches Ziel hierbei ist es, das Bewußtsein der nationalen Einheit und der Gemeinsamkeit von Sprache und Kultur aller Deutschen lebendig zu erhalten. Dies ist eine der Grundvoraussetzungen der Überwindung der Teilung Deutschlands. Die ost- und mitteldeutsche Kulturarbeit ist besonders geeignet, diesem Ziel zu dienen, da sie von ihren Bezugsländern her auf gesamtdeutsche Belange ausgerichtet ist.

Das wachsende Interesse an Geschichte und Kultur, eine konsequente Fortsetzung der Ausgestaltung der Rahmenbedingungen für Kulturarbeit seitens des Staates sowie das anhaltende starke Engagement der Vertriebenen und Flüchtlinge dürften die Wahrscheinlichkeit wesentlich verbessern, das ostdeutsche Kulturgut in Zukunft zu erhalten und weiter zu entwickeln. Der Einsatz lohnt, dient er doch nicht nur dem Wohle unseres Volkes, er leistet auch einen Beitrag zum Frieden insgesamt, wie es Hans Joachim von Merkatz 1974 beschrieben hat:

»Kultur ist ein Instrument des Friedens. Sie bildet durch das Erleben ihrer Werte ein Bewußtsein der Friedfertigkeit durch gegenseitiges Verständnis im Geben und Nehmen aus, das zum Miteinander und nicht zum Gegeneinander der Völker führt.«

Ostdeutsche Museen und Sammlungen

Hans-Jürgen Schuch

In Westdeutschland, also in der Bundesrepublik Deutschland, sind seit Kriegsende sehr viele Museen gegründet, die alten modernisiert und erweitert worden. Hier und da konnte auf Planungen oder wenigstens auf Überlegungen aus der Zeit vor Ausbruch des Zweiten Weltkrieges zurückgegriffen werden, andere Museumsgründungen wurden durch die vor einigen Jahren durchgeführten Gebietsreformen ausgelöst, der wirtschaftliche Aufschwung spielte eine Rolle, das wiedererwachende Interesse an der Geschichte und schließlich die Renaissance des zuvor arg gebeutelten Begriffs Heimat. Die Zahl der Museen wuchs, verdoppelte und verdreifachte sich. Es wurden Sachgebiete museumswürdig, an die bis dahin niemand dachte und die früher keiner im Museum vermißte. Nicht immer war es die Sammlerleidenschaft, die neue Ziele ansteuerte, sehr oft stand der technische Fortschritt am Anfang, durch den beinahe alles erneuert wurde. Das Alte kam ins Museum. Parallel dazu wurden Heimatstuben eingerichtet und Ausstellungshäuser gebaut. Der allgemein zunehmende Wohlstand der Bürger begünstigte außerdem das Entstehen und Wachsen von Sammlungen mit sehr unterschiedlicher Aufgabenstellung.

Das alles erscheint dem Betrachter selbstverständlich, auch wenn dies keineswegs so ist. Schließlich sind viele der heute großen Museen erst im Laufe des 19. Jahrhunderts eingerichtet worden, andere sogar später. Nur wenige Einrichtungen, wie z.B. Kunstmuseen, sind älter. Während das Germanische Nationalmuseum in Nürnberg 1852 gegründet wurde, folgte das der Technik gewidmete Deutsche Museum erst — oder schon — 1903. Während das Westfälische Landesmuseum für Kunst- und Kulturgeschichte in Münster 1825, also bereits zwei Jahre nach der Berliner Gemäldegalerie gegründet wurde, gibt das Braunschweiger Landesmuseum 1891 als Gründungsjahr an. Recht viele Museen entstanden in den rund 43 Friedensjahren nach der Reichsgründung und vor Ausbruch des Ersten Weltkrieges. Der Krieg unterbrach die Entwicklung, doch der Museumsgedanke blieb wach. Er ließ in den Jahren 1919—1939 weitere Museen entstehen, ältere erhielten erst in diesen zwanziger Jahren Leiter, die ihre Aufgabe hauptamtlich wahrnahmen. Die Entwicklung war in allen Teilen Deutschlands ähnlich. Neben einigen Spezialmuseen vergrößerte sich damals die Museumslandschaft durch Museumsgründungen für kleinere oder größere Regionen, für Städte, Landkreise, Provinzen und Länder. Initiator war in vielen Fällen eine einzige willensstarke Persönlichkeit. Vereine, Kommunen und der Staat übernahmen die Trägerschaft. Fast immer standen bei einer Neugründung bereits öffentliche und private Sammlungen zur Verfügung sowie besondere Einzelstücke. Außerdem gab es Bürger, Bauern, Gutsherren und andere, die bereit waren, aus ihren reich und vielfältig ausgestatteten Häusern Leihgaben zur Verfügung zu stellen und Stiftungen vorzunehmen. Das dürfte in allen Teilen Deutschlands nicht sehr unterschiedlich gewesen sein, also auch nicht in Ostdeutschland. Auch dort wurden die kulturellen Vorgänge in der Hauptstadt Berlin registriert, die Menschen griffen Beispiele auf und ließen sich ähnlich viel einfallen wie die an Elbe, Rhein und Donau. Der Ausgang des Zweiten Weltkrieges setzte dem spätestens 1945 ein Ende. Jeder Neubeginn in Mittel- und Westdeutschland war schwer, in Ostdeutschland war er dem deutschen Volk verwehrt. Die Museen und Sammlungen in Ostdeutschland waren z.T. zerstört, Sammlungsbestände in alle Winde verstreut und vor allem unerreichbar geworden. Da die angestammte Bevölkerung aus Ostdeutschland vertrieben und das Land fremder Verwaltung übergeben war, besaß das deutsche Volk plötzlich keine die Kultur und Geschichte Ostdeutschlands beherbergenden Museen und keine dafür zuständige, der Öffentlichkeit zugängliche ostdeutsche Sammlung. Die westdeutschen Museen hatten andere Aufgaben, konnten daher den großen kulturellen Verlust im Osten nicht ausgleichen, auch wenn z.B. in Berlin, Nürnberg, München und Hamburg gelegentlich Erwerbungen ostdeutscher Exponate stattfanden.

Was einst vorhanden und nicht zerstört worden war, war zur Kriegsbeute anderer geworden. Die materielle und existentielle Not

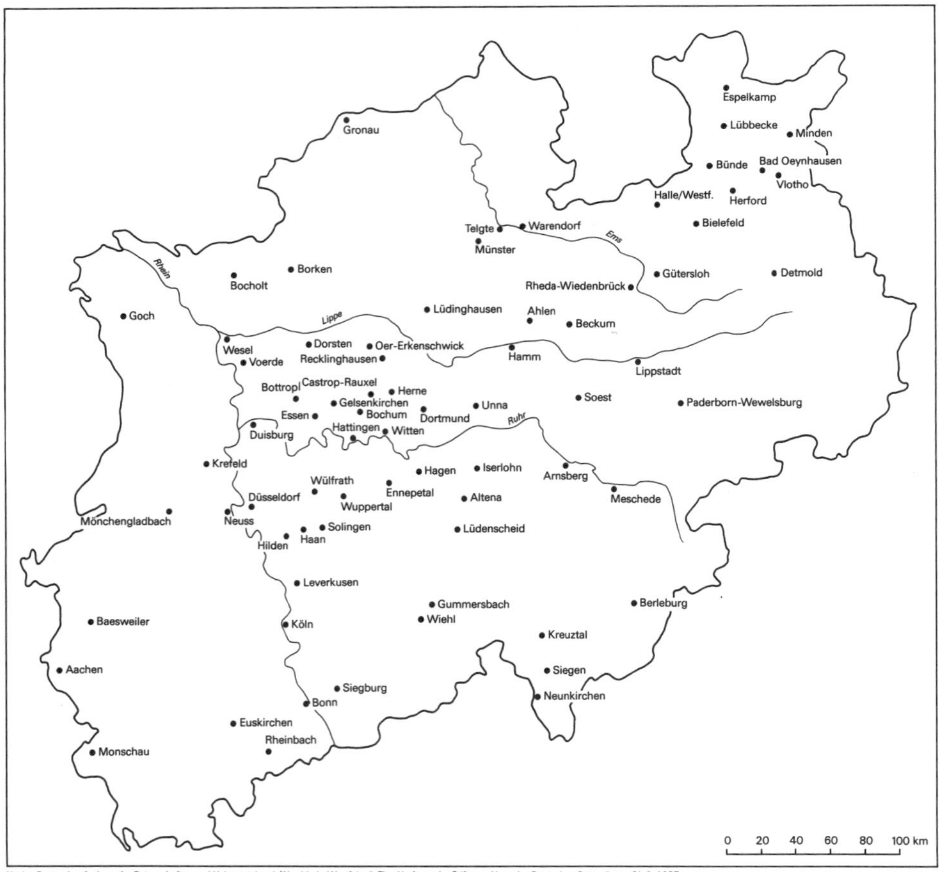

Nach: „Bestandsaufnahme der Patenschaften und Heimatstuben in Nordrhein-Westfalen". Eine Umfrage der Stiftung „Haus des Deutschen Ostens" vom 21. 9. 1987

Ostdeutsche Museen und Sammlungen in Nordrhein-Westfalen.

der Menschen — aller, der Heimatverbliebenen wie der Heimatvertriebenen — lenkte ihre Gedanken zunächst auch nicht auf diesen schwerwiegenden Verlust, dessen sich viele Menschen bis in die Gegenwart noch immer nicht bewußt geworden sind.

Das Entstehen so vieler Museen nach 1945 muß vor dem Hintergrund des Zweiten Weltkrieges gesehen werden, der so vieles zerstörte oder unerreichbar machte. Das Tempo der technischen und kulturellen Entwicklung machte den Menschen außerdem klar, daß nur wenige Jahre alte technische Errungenschaften von umwälzender Bedeutung inzwischen durch neue ersetzt wurden, oder eine als kulturell bedeutender Fortschritt deklarierte Neuerung sich doch nicht bewährte und verdrängt wurde. Neues wurde immer schneller alt als früher. Die Menschen wollen es dennoch erhalten wissen und eines Tages ihren Kindern zeigen. Längst nicht alles war und ist museumswürdig, was gelegentlich zur Museumsgründung führte. Eine ruinöse Mühle ist noch kein Mühlenmuseum, und ein ehemals technisches Wunderwerk ist es auch nicht. Auf Ostdeutschland bezogen stellen sich diese Fragen den »Verwaltern« vor Ort, kaum den Menschen in der Bundesrepublik Deutschland. Aber diese Fragen betreffen die Vergangenheit deutscher Museen, die deutsche Kultur in Gebieten bewahrten, die de jure noch immer Reichsgebiet sind oder in denen seit Jahrhunderten Deutsche lebten. Es gilt daher, sich um das erreichbare Kulturgut aus Ostdeutschland und den Vertreibungsgebieten außerhalb der Reichsgrenzen zu kümmern, um das Kulturgut, das im Flucht-, Vertreibungs- oder Aussiedlergepäck nach Westdeutschland gelangte, schon früher durch Umzüge oder als Erb- und Erinnerungsstücke nach dem Westen oder gar ins Ausland gebracht worden war, sicherzustellen. Diese Stücke sollten, soweit das in einem freien Land möglich ist, ostdeutschen Sammlungen ggf. als Leihgaben übertragen werden. Sie gehören in dafür zuständige Museen, deren Aufgabe es ist und — wenn es sie noch nicht gibt — sein sollte, Kultur und Geschichte der preußischen Ostprovinzen und aller deutschen Heimat- und Vertreibungsgebiete in ihrer Vielfalt widerzuspiegeln. Daß ein sonst mit Recht geforderter homogener Bestandteil originaler Exponate nicht am Anfang stehen kann, dürfte für den Museumsfachmann die Ausnahme, in diesem Falle aber auch selbstverständlich sein. Der Ausgang des Zweiten Weltkrieges schuf auch auf diesem Gebiet eine Aufgabe, die bis dahin keinen Vergleich kannte. Lokal- und regionalbezogene Museumsinstitute sollen fern der im Osten gelegenen Städte und Landschaften deren Kultur und Geschichte substantiell vermitteln und außerdem sammeln, bewahren und forschen oder eine Forschung ermöglichen. Besonders in der Aufbauphase entstehende nostalgische Zufallssammlungen sind im Laufe der Zeit sachkundig und behutsam durch geduldiges Sammeln, aber auch durch Selektieren zu korrigieren. Sie sollen den Museumsbesucher weder abschrecken noch den Museumsträger mutlos machen. Im Gegenteil, wer alles sammelt, spürt auch die wichtigen Kulturgüter auf und kann auswählen! Inzwischen hat sich gezeigt, daß sich recht viel Kulturgut aus dem deutschen Osten im Westen befindet, und sogar nach 1945 ins Ausland abgewanderte Stücke ihren Weg nach Deutschland zurückfinden, nach Westdeutschland. Besonders große Exponate und auch sehr wertvolle Kulturgüter treten zahlenmäßig allerdings selten auf.

Prachtvolle Fleckerldecke, Germanisches Nationalmuseum, Nürnberg.

Vor etwa 20 Jahren waren ostdeutsche Museen kein Thema. Das hat sich inzwischen geändert. Museen finden den Zuspruch der Bevölkerung und auch ostdeutsche Museen sind gefragt, sie sind notwendig geworden, weil an keinem anderen Ort der ostdeutsche Anteil der deutschen Geschichte so deutlich präsentiert und nacherlebt werden kann wie in gutgestalteten ostdeutschen Museen. Sie wurden außerdem notwendig, weil andere Museen oder ähnliche Einrichtungen ostdeutsches Kulturgut gar nicht oder nur nebenbei sammeln. In den für andere Regionen und Aufgaben errichteten Museen werden sie kaum und wenn, dann nicht ausdrücklich als ostdeutsches Kulturgut präsentiert. Bestenfalls werden solche Exponate als Zeitdokumente oder als für eine Epoche wichtige Kunstwerke gezeigt. Sie sind meistens sinnvoll in eine Ausstellungsabteilung eingeordnet, z.B. wird eine Silberarbeit neben gleichwertigen anderen Silberarbeiten aus einer bestimmten Zeit ausgestellt. Der Bürger erkennt auf diese Weise nicht die aus Ostdeutschland stammende Leistung.

Natürlich gab es bereits vor 20 Jahren ostdeutsche Heimatstuben und ostdeutsche Sammlungen. Sie waren nicht Museum, wollten und konnten es nicht sein. Einige Betreiber dieser Einrichtungen scheuten die Bezeichnung Museum, weil ihre Sammlung zu lückenhaft war, weil sie nur nebenbei heimatliche Erinnerungsstücke entgegennahmen, vor allem politisch tätig sein oder lediglich einen Treffpunkt für die Heimatgruppe unterhalten wollten. Erst im Laufe der Zeit wurden sie zu Sammlern. Dieses hat sich in den letzten zwei Jahrzehnten geändert. Aus Sammlungen wurden Museen, Heimatstuben nannten sich Museum, besonders wenn sie neue und bessere Räumlichkeiten beziehen konnten, wie es in Bremervörde das Beispiel der Stuhmer Heimatstube zeigt, aus der das »Heimatmuseum Stuhm/Westpr.« wurde. Das »Haus Königsberg« in Duisburg, ein Heimathaus und eine Erinnerungsstätte,

Nach: Innenministerium Baden-Württemberg, Ostdeutsche Museen und Sammlungen, Sigmaringen 1988.

Ostdeutsche Museen und Sammlungen in Baden-Württemberg (Stand 1988).

VII.12

wurde zum Museum und nahm diese Bezeichnung in den Namen auf. Die bundesweit arbeitende und ausstrahlende Ostdeutsche Galerie Regensburg heißt inzwischen »Museum Ostdeutsche Galerie Regensburg«. Mit diesen Namensänderungen und -ergänzungen folgten die Träger nicht einem Trend, sondern sie bekannten vor der Öffentlichkeit die oft in Jahren erfolgte Konkretisierung und Entwicklung ihrer Institutionen.

Neben den seit vielen Jahren bestehenden Heimatstuben entstehen immer wieder neue Einrichtungen, weil das Bedürfnis wächst, ostdeutsches Kulturgut zu sammeln, zu präsentieren, zu betrachten, zu erforschen und wo dies möglich ist, sich in dieser »ostdeutschen Umgebung« zu versammeln.

In Zukunft und auf Dauer wird jedoch das für eine ostdeutsche Region zuständige Landesmuseum im Vordergrund stehen. Es muß breit angelegt sein und sollte alle kulturellen Bereiche einer Landschaft, ihre Geschichte und die ihrer Menschen umfassen. Es muß versuchen, die 1945 in Ostdeutschland abgebrochene Museumsarbeit einer Region aufzunehmen und fortzusetzen. Für einige ostdeutsche Landschaften, Provinzen und Vertreibungsgebiete sind bereits ostdeutsche Landesmuseen vorhanden, die sich alle noch im Aufbau befinden und räumlich recht beengt untergebracht sind. Nur das Ostpreußische Landesmuseum konnte bisher einen für diesen Zweck konzipierten Neubau in Lüneburg beziehen. Zu nennen sind das Oberschlesische Landesmuseum in Ratingen-Hösel, das Westpreußische Landesmuseum in Münster-Wolbeck und das Siebenbürgische Museum in Gundelsheim. Daneben gibt es mehrere landschaftbezogene Einrichtungen und Heimatmuseen für ostdeutsche Teilgebiete, für sudetendeutsche Siedlungsräume und für einzelne Siedlungsgebiete in Ost- und Südosteuropa. Es fehlen ein Landesmuseum für Niederschlesien, ein anderes für Pommern, eine entsprechende Einrichtung für Ost-Brandenburg und ein zentrales Regionalmuseum für das Sudetenland bzw. die Sudetenländer. Einiges ist geplant, doch führten die bisherigen Überlegungen und Planungen noch nicht zur Verwirklichung, wenn auch weder die ständige Schausammlung im »Haus Schlesien« in Königswinter noch die jedem zu empfehlende Stettiner Gemäldegalerie der Stiftung Pommern in Kiel mit gelegentlichen landeskundlichen Sonderausstellungen übersehen werden dürfen. Aber auch die Siedlungsgebiete außerhalb der ost- und südöstlichen Reichsgrenze weisen noch weiße Flächen auf der Museumskarte aus.

Ein ostdeutsches Landesmuseum für eine Provinz des preußischen Staates, also für ein Teilgebiet des Deutschen Reiches, wird andere Schwerpunkte setzen, andere Sammlungsbestände zeigen und vor allem zeit- und siedlungsgeschichtlich anderes berichten müssen als Museen, deren Zuständigkeit deutsche Siedlungsgebiete außerhalb des Deutschen Reiches sind. Jede ostdeutsche Provinz und jedes andere Vertreibungsgebiet weist Merkmale auf, die andere nicht besitzen und daneben solche, die über Provinz- und Landesgrenzen hinausgreifen. Die Träger ostdeutscher Landesmuseen verbindet aber nicht nur die gemeinsame Geschichte, das Schicksal und der Wunsch, ostdeutsche Kulturwerte zu erhalten sowie Geschichtsbewußtsein zu wecken, sondern auch die Sorge, in nicht ausreichendem Maße Kulturgut zu besitzen. Das Fluchtgepäck war bekanntlich nicht umfangreich und das Vertreibungsbündel klein und geplündert. Nur selten gelangten wirkliche Kostbarkeiten auf diesen von Krieg überschatteten Wegen nach Westdeutschland. Dreidimensionale Stücke sind besonders gefragt. Sie werden nur gelegentlich und dies fast ausschließlich auf dem Antiquitätenmarkt entdeckt. Aber es gibt solche Einzelstücke und sie sind sehr teuer! Gleichzeitig sind sie es aber wert, für ostdeutsche Sammlungen in ostdeutschen Landesmuseen erworben und gesichert zu werden.

Der Inhalt der Sammlungen ist sehr von dem für Erwerbungen zur Verfügung stehen-

Das Gebäude des Oberschlesischen Landesmuseums in Ratingen.

den Geld abhängig und wird oft vom Zufall bestimmt. Jeder Museumsleiter hat grundsätzlich die Aufgabe, Kulturgut zu sichern, zu bewahren und möglichst Lücken in seiner Museumssammlung zu schließen. Für den Leiter eines ostdeutschen Landesmuseums ist dies eine erheblich schwierigere Aufgabe als für seine »westdeutschen« Kollegen. Es ist leichter, ein Thema schriftlich zu bearbeiten als es bei lückenhaften Beständen in eine Ausstellung umzusetzen. Sie soll ja nicht nur wissenschaftlich fundiert, sondern auch anschaulich und vor allem verständlich sein. Vom Museumsfachmann wird dies mit Recht erwartet.

Ein ostdeutsches Landesmuseum darf sich nicht in der Präsentation von Fluchtgepäck und einer echten oder nachgearbeiteten Tracht erschöpfen. Es muß Auskunft geben, wie es in der jeweiligen Region einst aussah, z.B. wie und von was die Menschen dort lebten, wie sie arbeiteten, was sie herstellten und wie die Geschichte verlaufen ist. Hervorragende Persönlichkeiten und ihr Werk oder ihre besondere Leistung sind vorzustellen. Waren die Menschen, von denen zu berichten ist, mehr nach Berlin oder mehr nach Wien orientiert? Diese Orientierung hat jeweils besondere innere und äußerlich zu erkennende Lebensinhalte geschaffen. Schließlich sind Landesgeschichte und Landeskultur nicht nur für die Zeit des 20. Jahrhunderts darzustellen, das auf keinen Fall vergessen werden darf. Religion und Konfession prägten die Menschen und das Brauchtum; sie fanden ihren Niederschlag in der heimatlichen Literatur und bildenden Kunst. Im Museum sollte sich dies alles widerspiegeln. Eine schöne Tracht mag viele Besucherblicke auf sich lenken, doch wo wurde sie in Ost-Deutschland noch zum Zeitpunkt der Vertreibung getragen? In den Städten nicht und auch längst nicht mehr in allen Dörfern. Wie bei anderen Exponaten ist auch bei der Ausstellung von Trachten die Zeitangabe wichtig. Die Unterschiede von Landschaft zu Landschaft und innerhalb derselben von der Stadt zum Dorf sind zu berücksichtigen. Prächtige Trachten, vernünftig präsentiert, nehmen viel Platz ein. Das muß so sein, aber es darf damit nicht der Eindruck entstehen, fast alle Menschen wären zu einer bestimmten Zeit so oder immer nur so gekleidet gewesen. Neben der Sonntagstracht gab es die Arbeitskleidung, die von Beruf zu Beruf und von Landschaft zu Landschaft auch früher unterschiedlich war. Denken wir beispielsweise an den Bernsteinfischer im Samland und den Bergmann in Oberschlesien.

Mit dem Treckwagen kamen volkskundliche Geräte nach Westdeutschland, die den Weg ins Museum fanden. Sie werden von Heimatstuben und in Heimatmuseen gerne ausgestellt. Auch in der Schausammlung eines Landesmuseums dürfen sie nicht fehlen, dort aber nicht den Eindruck erwecken – vielleicht mangels anderer Exponate –, die Bevölkerungsmehrheit jener Herkunftslandschaft arbeitete in der Landwirtschaft, obwohl es sehr viel Industriearbeit gegeben hat oder andere Wirtschaftszweige genauso bedeutend waren wie die Landwirtschaft. Der Museumsbesucher könnte einen falschen Eindruck erhalten. Er vergleicht sowieso alles, was er sieht, mit seiner derzeit erlebten Umwelt, mit dem, was er kennt, also mit der Gegenwart. Ein Vergleich der Gegenwart mit der Vergangenheit ist durchaus legitim, doch er führt leicht zu falschen Ergebnissen, wenn die Gegenwart Westdeutschlands mit der Vergangenheit Ostdeutschlands verglichen wird, die Ernte mit dem Mähdrescher 1990 mit der Schnitterkolonne im Jahre 1930. Das gilt für alle Lebensbereiche. Die noch 1940 benutzte aber schon damals ältere Kaffeemühle mag ein schönes Ausstellungsstück sein. Sie wurde aber manuell gedreht, während die Weiterentwicklung 50 Jahre später elektrisch betrieben wird. Ein ostdeutsches Landesmuseum muß sehr behutsam vorgehen und die Ausstellungsstücke sehr sorgfältig erläutern. Es hat sich gezeigt, daß Besucher nicht immer zwischen Museum und Informationsausstellung unterscheiden. Und dies gilt nicht nur für den technischen Bereich. Technik und Technikgeschichte zählen

Reinhard-Zinkann-Haus, das Haus der Deutsch-Balten in Darmstadt.

VII.7

zu den zur Selbstverständlichkeit gewordenen Spezialgebieten unseres Lebens, die in den Ostdeutschland gewidmeten Museen wenig berücksichtigt werden können. Sie sind besonders schwierig zu veranschaulichen. Das trifft für mehrere Sachgebiete zu. Die ostdeutschen Museen sind daher gezwungen, häufiger Hilfsmittel einzusetzen wie z.B. Modelle. Der Lokomotivbau in Breslau, in Elbing oder Königsberg/Pr. kann kaum anders vorgestellt werden, obwohl im Bundesgebiet einige in Ostdeutschland gebaute Lokomotiven vorhanden sind. Ähnlich sieht es im Bereich Schiffbau aus, der in Stettin, Danzig, Elbing, Königsberg/Pr. und an anderen Orten eine große Bedeutung hatte, ebenfalls im Bereich Automobilbau und in anderen Industriezweigen, die im vermeintlichen Agrarland Ostdeutschland nicht vermutet werden, die es dort aber gab.

Ostdeutsche Landesmuseen haben es gegenüber den westdeutschen Einrichtungen gleich mit mehreren Nachteilen zu tun. Der Träger eines ostdeutschen Landesmuseums ist finanziell wesentlich schwächer, seine Sammlung entstand erst vor wenigen Jahren aus dem Nichts und das Landesmuseum befindet sich weit entfernt von dem Land, für das es sprechen soll. Auch aus diesem Grunde ist es zu empfehlen, zum besseren Verständnis Modelle als Hilfsmittel einzusetzen. Modelle können dem Besucher nachhaltiger die Größe und — bei guter Arbeit — die Schönheit eines Gebäudes, wie z.B. die Marienburg an der Nogat, das Breslauer oder das Thorner Rathaus vermitteln als Bilder, die möglichst daneben und mit Blick auch in das Innere des Bauwerks gezeigt werden sollten.

Zu jeder ostdeutschen Kulturlandschaft gehört auch die dort geschaffene und von den Menschen dieser Region nach 1945 weiterentwickelte Kunst. Sie muß gezeigt werden, ob in einer besonderen Abteilung, integriert in der allgemeinen Schausammlung oder in wechselnden Sonderausstellungen, dürfte von den vorhandenen Werken, der Ausstellungsfläche und auch der Absicht des Museums abhängen. Gemeint ist sowohl das die Heimat zeigende Kunstwerk als auch die Werke der ostdeutschen Künstler. Dabei wäre es falsch, nicht alles wertvolle Kulturgut sammeln zu wollen, wie es auch nicht richtig wäre, bei Ausstellungen die Wünsche und Vorstellungen der Besucher zu mißachten. Zu den Hauptaufgaben eines Museums gehört es auch, für die Öffentlichkeit zu arbeiten.

Der Besucher ostdeutscher Landesmuseen will vieles sehen, vor allem das für ihn nur schwer oder gar nicht erreichbare Land, seine Geschichte kennenlernen und bei einem Museumsbesuch das Schicksal ostdeutschen Landes und der Menschen seinen Kindern, Enkeln oder Freunden vorstellen. Er will nicht nur schwere Zeiten ausgestellt wissen, sondern das Antlitz des Landes und die Leistung der Menschen. Der aus dem Land Vertriebene möchte angesichts einer ungeschminkt dargebotenen Ausstellung auf seine Heimat stolz sein dürfen, der Fremde will sie kennenlernen — so wie sie einst war. Wenn die Aussage einer Ausstellung zu schwach oder zu wenig vielseitig ist, wird er enttäuscht sein, möglicherweise zu falschen Erkenntnissen gelangen und künftig dem Museum fern bleiben.

Immer mehr Menschen — Heimatvertriebene und Heimatverbliebene — reisen nach Ostdeutschland oder in die Heimatgebiete ihrer Vorfahren. Sie wollen sich vorher informieren, Geschichte, Landschaft und Besonderheiten kennenlernen. Sie besuchen gerne vorher ein für ihre Besuchsregion zuständiges Landesmuseum. Dort können sie schneller das Land kennenlernen als ausschließlich durch Bücher. Nach einem Museumsbesuch wird es ihnen auf ihrer Reise leichter fallen, Vergleiche anzustellen, sich zu erinnern oder Gehörtes einzuordnen.

Museen zeigen exemplarisch besondere Exponate. Sie verzichten auf Vollzähligkeit. Das ostdeutsche Museum kann diesem Grundsatz nicht immer folgen. Der Besucher — und nicht nur der aus dem jeweiligen Land stammende — möchte mehr sehen. Er denkt viel stärker an eine flächendeckende Information als Besucher anderer Museen, die ja

Das Westpreußische Landesmuseum, Münster-Wolbeck.

selbst im Land präsent sind. Dies ist nur mit sehr viel Kenntnis des Landes und sehr viel Können des für die Ausstellung Verantwortlichen möglich, da ja bekanntlich weniger auch mehr sein kann. Erschwert wird die Arbeit durch räumliche Enge und zu geringe Sammlungsbestände.

Ein Museum wird stets versuchen müssen, Vorhandenes immer wieder durch qualitativ bessere Exponate auszutauschen. Die eigene Zielvorstellung — Konzeption — wird dabei nicht nur Meßlatte, sondern auch eine Merkpostensammlung zur immerwährenden Erinnerung an das sein, was noch zu tun bleibt.

Der Museumsbesucher ist sehr wichtig. Er kommt mit Fragen und Erwartungen, die das Museum beantworten oder erfüllen muß. Nicht selten gelangt ein wichtiges Exponat in das zuvor besuchte Museum, weil ein Besucher einen Hinweis auf die Existenz desselben gab oder aus seinem eigenen Schatz ein Erinnerungsstück stiftete, als Leihgabe dem Museum überließ oder verkaufte. Er tat es, weil er durch seinen Museumsbesuch davon überzeugt wurde, für das betreffende (Erb-) Stück den richtigen, weil auch sicheren Platz in der Öffentlichkeit gefunden zu haben.

Sammeln, Bewahren, Forschen und Vermitteln sind die zentralen Aufgaben eines Museums. Sie stehen gleichrangig nebeneinander. Es kann aber nur vermittelt werden, was vorher gesammelt wurde. Nicht alles darf ständig präsentiert, muß aber wohl bewahrt werden. Nur was vorhanden ist und bewahrt wird, kann vom Museum erforscht oder der Forschung zugeführt werden. Um diese Aufgaben erfüllen zu können, sind geeignete Räumlichkeiten erforderlich. Wie jedes andere größere Museum muß ein ostdeutsches Landesmuseum professionell geleitet werden. Fachleute für die einzelnen Sparten sollten seinem Mitarbeiterteam angehören. Nur so werden die ostdeutschen Museen zu leistungsfähigen Einrichtungen ausgebaut und erhalten werden. Maßstab hierfür ist die vergleichbare westdeutsche Einrichtung in der Gegenwart, nicht die 1945 im Osten verbliebene. Die Entwicklung ging im Westen weiter und bei anderem Kriegsausgang wären auch die im Osten Deutschlands gelegenen Einrichtungen weiterentwickelt worden.

Jede Provinz Preußens hatte einst zentrale kulturelle Einrichtungen. Es war das Landesmuseum oder es waren Provinzialmuseen für bestimmte Themenbereiche wie z.B. Geschichte, Archäologie oder Naturkunde vorhanden. Der Staat unterhielt neben den kommunalen Archiven größerer Städte zentrale Staatsarchive, die Hochschulen und Universitäten bedeutende Bibliotheken — Landesbibliotheken — und die Provinzbehörden Landesbildstellen. Das alles ist nicht, oder es ist in den neuen ostdeutschen Landesmuseen nur in Ansätzen vorhanden. Diese Einrichtungen dürfen nicht übersehen werden. Sie fehlen uns in einer Reihe neben den Landesmuseen und müssen aufgebaut werden. Alle diese Fachinstitute können nur bei gegenseitiger Ergänzung voll funktionstüchtig sein. Das bedeutet, das ostdeutsche Landesmuseum sollte mindestens in Spezialabteilungen über größere Bibliotheks-, Archiv- und Bildbestände verfügen. Ein dem Museum benachbartes oder ihm angeschlossenes Forschungsinstitut ist wünschenswert, das wiederum eine Verbindung oder Anbindung an eine Universität und damit auch zur Lehre finden sollte.

Bauernstube im Siebenbürgischen Museum auf Schloß Horneck, Gundelsheim.

Eine ganz besondere Aufgabe hat jedes ostdeutsche Landes- oder Regionalmuseum durch seine »Zuständigkeit« für die Heimatstuben seines Aufgaben- und Heimatgebietes. Die vorhandenen Sammlungsbestände sollten in Absprache mit den Heimatstubenträgern vom Landesmuseum betreut werden. Das ostdeutsche Landesmuseum ist außerdem die geeignete Institution zur Aufnahme der dort vorhandenen Einzelstücke und Sammlungen, falls die Heimatstube eines Tages aufgegeben werden sollte.

Kein Museum kann stets alles ausstellen, was es besitzt. Die ständige Schausammlung ist wichtig und muß informativ sein, sie muß Auskunft geben über die zur Schau gestellte Region. Gleichwertig ist das geordnete und fachgerecht eingerichtete Magazin mit allen wichtigen und weniger wichtigen Beständen. Schließlich soll jedes Museum bewahren, ja sogar restaurieren. Aber es soll auch in häufiger wechselnden Sonderausstellungen historische Ereignisse kritisch würdigen und zur Meinungsbildung des Publikums präsentieren. In diesem Rahmen ist die Zusammenarbeit mit anderen Museen und mit Heimatstuben erforderlich. Sonderausstellungen haben die ständigen Präsentationen zu ergänzen. Kunstausstellungen können im besonderen Maße zeigen, daß die Kultur der ostdeutschen Menschen weiterlebt und entwickelt wird.

Ostdeutsche Museen werden gelegentlich von einheimischen Museen als Konkurrenz empfunden und Neugründungen ungern gesehen, weil befürchtet wird, sie würden — wie andere Neugründungen — die Museumsmittel der öffentlichen Hände schmälern und damit auch die eigenen. Hier hilft wenig der Appell zur Solidarität. Eine zielorientierte Überzeugungskraft kann eher hilfreich sein. Auch der Ruf nach Patriotismus wird verhallen. Letztlich wird die Leistung überzeugen. Der Bundesminister des Innern hat die Errichtung und Förderung ostdeutscher Landesmuseen als sinnvoll und notwendig erkannt. Er hat diese Aufgabe in sein Aktionsprogramm mit Zustimmung des Deutschen Bundestages aufgenommen. Die Länder sollten in angemessener Weise diesem Beispiel folgen. 40 Jahre Bundesrepublik Deutschland schließen 44 Jahre räumliche Trennung von der deutschen Vergangenheit im Osten ein. Daher wächst mit jedem Jahr die Bedeutung dieser Aufgabe und hoffentlich auch das Bewußtsein, daß ostdeutsche Landesmuseen Institute für alle Bürger sind, für Forschung und Lehre. Sie dienen der Eingliederung der noch immer aus dem Osten in die Bundesrepublik Deutschland kommenden Deutschen und sie dienen dem inneren Frieden. Ostdeutsche Landesmuseen bewahren und präsentieren nicht nur deutsches Kulturgut und deutsche Geschichte, sie beinhalten große Teile der europäischen Entwicklung — also auch Fundamente eines in Zukunft hoffentlich geeinten Europas. Sie enthalten viel mehr als nur gesammelte Heimat.

Bildende Kunst und künstlerisches Erbe der Ostdeutschen

Ernst Schremmer

Der große und reich ausgebreitete Anteil der Ostdeutschen (abgekürzt und zusammenfassend für die Deutschen in den Ostgebieten des Deutschen Reiches, den Siedlungs- und Kulturlandschaften und Sprachinseln Ost- und Südosteuropas) ist in die allgemeine deutsche und europäische Kunstentwicklung eingegangen und oft, so in einer großzügigen Ausstellung in Berlin und Frankfurt am Main in den frühen fünfziger Jahren, exemplarisch gezeigt und gewürdigt worden, bedarf aber noch einer umfassenden wissenschaftlichen Gesamtdarstellung. Wir wollen uns hier darauf beschränken, auf das Erbe hinzuweisen, das nach 1945 in die Bundesrepublik Deutschland eingebracht und seither weiterentwickelt wurde.

Die schöpferischen Kräfte der bildenden Kunst einschließlich der Architektur und deren berufene Mittler, darunter verdienstvolle Museumsleute und Kunstschriftsteller, sahen sich nach Zusammenbruch und Heimatverlust zunächst der materiellen Grundvoraussetzungen und Unterlagen beraubt, der eigenen Werke, der Sammlungen, Ausbildungsstätten, Ateliers, Museen, Kunstvereine und Künstlerorganisationen. Viele konnten im neuen Umfeld keinen Ansatz für ein neues Schaffen finden, die meisten aber setzten ihre Tätigkeit unter erschwerten Bedingungen fort. Die offensichtlich sehr dichte Begabungsstruktur bewirkte, daß allenthalben gerade die bildenden Künstler wesentliche Beiträge zu einer neuen Entwicklung, nach Verboten und Einschränkungen der Diktatur, leisteten, in ihren schöpferischen Impulsen neu motiviert wurden. Erwähnt seien nur beispielhaft der außerordentlich hohe Prozentsatz von Professoren ostdeutscher Herkunft an der Berliner Kunsthochschule oder der gleichfalls sehr hohe Prozentsatz junger Begabungen, denen Förderungen durch den Kulturkreis im Bundesverband der deutschen Industrie zuteil wurden.

Viele Künstler übertrugen ihre eigenen Aktivitäten auch auf vorhandene und neugegründete Künstlervereinigungen. Ihr Sammelbecken wurde neben verschiedenen regionalen Zusammenschlüssen, die an Vorbilder in den Heimatregionen anknüpften, die zunächst als Interessengemeinschaft in Esslingen gegründete, bald über Deutschland hinaus wirkende Künstlergilde. In ihr ist nach wie vor die Fachgruppe Bildende Kunst (einschließlich der Architekten und der Kunsthistoriker) die stärkste Gruppe. Die Künstlergilde wurde aber von vornherein – und so kaum mit einer anderen Organisation vergleichbar – auch als spartenübergreifende Organisation entwickelt, der im Zusammenwirken der bildenden Künstler mit Schriftstellern, Komponisten, Musikern, Theaterleuten und in Medien kulturell tätigen Persönlichkeiten sich Möglichkeiten der Zusammenarbeit erschlossen.

Plakat der Künstlergilde.

Ohne andere Initiativen geringschätzen zu wollen, sei die Künstlergilde auch wegen ihrer programmatischen Ausrichtung und ihres vielfältigen Ausstellungs-, Veranstaltungs- und Veröffentlichungsprogramms hervorgehoben. Ihrer Besonderheit wurde die Schriftstellerin Leonore Leonhart in ihrem Buch »Das unsichtbare Fluchtgepäck« (1970) mit folgender Würdigung gerecht: »Eine Vereinigung von Künstlern verschiedener Kunstsparten, verschiedener Stilrichtungen und auch verschiedener Generationen muß mancherlei inneren Zerreißproben, eine Vereinigung, die sich mithin der Traditionspflege wie der Förderung des Gegenwärtigen und des Zukunftsweisenden, annimmt, mancherlei Kritik von außen ausgesetzt sein. ›Ostdeutsche Kunst?‹ fragten, zumal in den Anfangszeiten, die Zeitungskritiker oft genug skeptisch, wenn sie über Sammelausstellungen der Gilde referierten, die meist unter Titeln wie ›Ostdeutsche Kunst der Gegenwart‹ oder ›Ostdeutsche Künstler im zwanzigsten Jahrhundert‹ figurierten. Sie wiesen auf die Internationalität der modernen Kunst hin, bescheinigten den Ausstellern eine durchaus westliche Sprache, stellten landschaftlich oder stammlich bedingte Charakteristika in Frage oder rundherum in Abrede ... Andere Kritiker fanden und definierten besondere Merkmale, die den aus dem Osten stammenden Künstlern gemeinsam seien, mehr oder minder ausgeprägte, jedenfalls aber augenfällige Züge des Östlichen, beeinflußt von der Berührung mit den dortigen Nachbarvölkern, und stellten überzeugend fest, daß sich durch den Beitrag der ostdeutschen Künstler eine sichtbare Verdichtung des westdeutschen Kunstlebens bemerkbar machte.

Plakat der Künstlergilde.

Die Künstlergilde antwortete auf diese Diskussion, die sie da indirekt entfesselt hatte – mit Ausstellungen, die undogmatisch den Altmeister neben dem Debütanten, den einstigen Revolutionär neben dem einstigen Traditionalisten, den heutigen Experimentierer neben dem heutigen ›Klassiker‹, den Lehrer neben dem Schüler und dem Enkelschüler präsentierten und so gleichsam en passant überraschende kunstgeographische Leitlinien sichtbar machten, welche sich durchaus in der heutigen ›Weltkunst‹ verfolgen lassen. Denn man muß weder die internationale Artikulation der Weltsprache der Moderne leugnen noch die These von den mundartlichen Verschiedenheiten innerhalb der Kunstsprache überanstrengen, um festzustellen, daß es Charakteristika der Ausdrucksweise gibt, die so unabweisbar von weit her kommen, daß man, um sie zu erfassen, auch weit hinein in die Räume der Tradition dringen muß. Es ist hier nicht der Ort, die Merkmale der im Osten gewachsenen Kunst zu erörtern; und sie nur in Schlagworten, wie etwa ›Neigung der Mystik‹, ›Hang zur Melancholie und Phantastik‹ und dergleichen mehr anzudeuten, verbietet uns die Scheu vor schrecklichen Vereinfachungen. Der Hinweis auf diese zweifellos interessante Fragestellung mag genügen, um eine Vorstellung davon zu vermitteln, welche Probleme die moderne Völkerwanderung auch in der Kunst von neuem sichtbar machte oder überhaupt erst aufwarf.«

Plakat der Künstlergilde.

Die Bemühungen und Erfolge der Künstlergilde waren vor allem möglich durch Beispiel und Solidarität der bereits Erfolgreichen und Renommierten, die auch denen halfen, die – zunächst – im Schatten standen. Verstärkend, belebend und zu immer neuen kritischen Ansätzen führend, wirkte auch die Zusammenarbeit mit den regionalen Kulturwerken, verschiedenen kleineren oder größeren Gruppierungen gemeinsamer Herkunft, aber auch die Gesprächs- und Kooperationsbereitschaft etablierter westdeutscher Einrichtungen und Museen. So hat die Künstlergilde mit ihren Partnern in den letzten Jahren fast in allen großen, mittleren und in vielen kleinen deutschen Städten sich in Gruppen- oder Einzelausstellungen vorstellen können. Die großartigsten Unternehmungen waren – bevor eigene Räume zur Verfügung standen – die Gastausstellungen in der Staatlichen Kunsthalle Baden-Baden, auf der Mathildenhöhe in Darmstadt, bei den Kunstvereinen Stuttgart, Braunschweig und München, im Wiesbadener Museum, im Goldenen Saal des Augsburger Rathauses, in der Technischen Hochschule in Hannover, im Altonaer Museum, in Trier, Aachen, Düsseldorf, um nur diese zu nennen. Ab 1958 ergaben sich, gefördert vom Auswärtigen Amt und den Goethe-Instituten, viel beachtete und auch verkaufsmäßig erfolgreiche Ausstellungsreihen in Südamerika, im Vorderen Orient, in Ägypten, Spanien und Portugal, in Kanada, den Niederlanden, im Rahmen von Kongressen der AWR (Gesellschaft zur Erforschung des Weltflüchtlingsproblems) in Istanbul, Salzburg, Wien, in der Berliner Kongreßhalle, Austauschausstellungen, etwa mit dem Grazer Kunstverein, Repräsentationsausstellungen in den USA. Alle diese Unternehmungen dienten der Vorstellung international anerkannter Künstler aus dem Osten, aber auch noch unbekannter junger Begabungen.

Vor allem im Zusammenwirken mit den Kulturwerken wurden Auswahlausstellungen sudetendeutscher, schlesischer, nordostdeutscher, südostdeutscher Künstler gezeigt, zu denen aber auch noch deren eigene Initiativen kamen.

Vom Inhaltlichen her errangen große Aufmerksamkeit eigens erstellte Kollektionen wie etwa »Architektur des deutschen Ostens seit 1905« oder »Kirchliche Kunst der Ostdeutschen« (hier auch zusammen mit religiös bestimmten Vereinigungen).

Besonders anregend, auch für die Künstler neue Motivationen bringend, waren gestellte Sonderthemen, manchmal geradezu pionierhaft in Zeitabschnitten, da etwa »Das Porträt« als für die bildende Kunst überholt galt oder wenn das Stadtbild und die Landschaft neu zu entdecken waren. Breit war das Spektrum der Sonderausstellungen, von »Sport in der Kunst« (zur Olympiade) bis zu »Theater und bildende Kunst« oder »Illustration« oder ganz im Geist weitergeführter Tradition »Breslauer Akademieschüler heute«, nachdem die Akademie der Künste Berlin – danach in Darmstadt und Mülheim an der Ruhr gezeigt – die große Zeit der bedeutendsten Kunstschule des Ostens, der Kunstakademie Breslau in ihren letzten maßgeblichen Phasen in diesem Jahrhundert, bis 1932, in Erinnerung gebracht hatte.

Dazu gab es viele Einzelrepräsentationen und Zusammenstellungen von Gedenk- und Jubilarausstellungen, eine Auswahl zum Jahr der Frau und immer wieder auch die Vorstellung junger Kräfte mit Jahrgangsausstellungen des »Nachwuchses«, im verpflichtenden Bewußtsein der Weiterentwicklung eines nicht nur als Traditionslast zu verstehenden Kulturerbes.

Außerordentlichen Widerhall fanden gerade solche Themen, die die Künstler – oft erstmalig in ihrem Schaffen – zu originellen Beiträgen herausforderten, so »Künstler porträtieren Künstler«, und die Huldigungen, die kritische und zeitbezogene Beiträge forderten in aktueller Perspektive und Projektion auf bahnbrechende Persönlichkeiten der Kulturgeschichte, so »Hommage à Albrecht Altdorfer« und »Hommage à Balthasar Neumann« – Ausstellungen, die quer durch die Bundesrepublik Deutschland reisten. Vorausgegangen waren exemplarisch die vom Adalbert-Stifter-Verein initiierten Ausstellungen »Hommage à Johannes Kepler« und »Hommage à Regensburg«.

Plakat der Künstlergilde.

Spannungsreiche und doch ausgewogene Konstellationen, mit denen Beiträge zu Entwicklungen und Verschiebungen in der aktuellen Kunstszene geleistet wurden, ergaben sich aus Themen wie »Realisten und Surrealisten«.

Thematische Vorgaben, wenn überhaupt verlangt, schlossen jeweils zwei Hauptgesichtspunkte ein: Toleranz und Niveau in schwer zu findender, doch zumeist mit Gewinn erreichter Ausgewogenheit.

Ohne Scheuklappen, ohne besondere Ansprüche setzte sich durch, was in dem Eingangszitat von Leonore Leonhart angesprochen ist. Das Besondere sollte aus sich selbst heraus sprechen, nicht vordergründig gesetzt werden. Das konnte problematisch und schwer erreichbar erscheinen bei dem Thema, das gerade das Schicksal der vertriebenen, geflüchteten, um ihre Heimat gebrachten Künstler (darunter besonders auch der verfolgten, geflüchteten, emigrierten, oft doppelt- und dreifach vertriebenen jüdischen Künstler, denen vermehrte solidarische Aufmerksamkeit galt und gilt) betraf. Immer wieder gab es da, mit verschiedener Einstellung und Überzeugungskraft gefordert und ausgeführt, die Aufgabe, Mahnmale des Unrechts, Male, die an Not und Vertreibungen erinnerten, zu schaffen. Eindrucksvolle künstlerische Dokumentation wurden auch von solchen Malern, Grafikern, Bildhauern geliefert, die dieses Schicksal nicht am eigenen Leibe zu verspüren hatten. Aus guter Überlegung haben sich die Künstlergilde und der mitveranstaltende Adalbert-Stifter-Verein Zeit gelassen, in einer Ausstellung an Beispielen diese bittere, wenn auch eigenste Thematik künstlerisch vorzuführen. »Flucht und Grenze« hieß diese Gemeinschaftsausstellung, die der Kunstverein München in der Galeriestraße im Herbst 1965 beherbergte.

Das Katalogvorwort zu den 223 Exponaten sei als Ausdruck der fast scheu zu nennenden Bemühungen um diese Thematik wiedergegeben:

»›Flucht‹ und ›Grenze‹, zwei bittere Themen der Gegenwart, nicht nur in Deutschland, stehen hier für viele andere, für Exil, Emigration, Vertreibung. Die Veranstalter sind sich durchaus der Problematik und des Wagnisses bewußt, aus Anlaß des ›Jahres der Menschenrechte‹ in München eine Kunstausstellung zu zeigen, die eine Eingrenzung nach solcher Thematik bedingt. Dennoch soll der Versuch unternommen sein, und er wurde gewagt auf Grund des Erfolges früherer internationaler Ausstellungen ähnlicher Auswahl, u.a. in Istanbul, in Salzburg, in Berlin, zuletzt in Fulda und Bonn (zumeist unter dem Titel ›Im neuen Land‹ mit Beteiligung aus fünfzehn Nationen), und auf Grund des Widerhalls, den die erste Umfrage bei vielen beachtlichen Künstlern fand. Aus dem Vielfachen der vorgelegten Arbeiten wurde diese Auswahl getroffen. Sie soll zeigen, in welch verschiedener Übersetzung, nicht selten ins Religiöse sublimiert, die Themen künstlerisch bewältigt sind. Keine Tendenz ist dabei verfolgt, keine politische Zielsetzung, nur der Wunsch, menschliches Leid, Existentielles im Spiegel der bildenden Kunst in Erinnerung zu bringen. Auf großdimensionale Beispiele der Plastik mußte erklärlicherweise verzichtet werden.

Angemerkt sei noch, welche entscheidende Rolle die Bitterkeit der Emigration, des Exils, der Verfemung, der Vertreibung im Leben und Schaffen vieler Künstler spielte. Die Namen Marc Chagall, Ernst Ludwig Kirchner, Max Beckmann, Oskar Kokoschka, Ludwig Meidner, in Ehrfurcht verzeichnet, mögen hier für manche andere stehen.

Die bildende Kunst sucht bei noch so entschiedenem humanem Engagement größeren Abstand, drängt zum Abstrahieren, zur Sublimierung des Erlebten und Erlittenen, sofern

Plakat der Künstlergilde.

sie nicht in Karikatur oder Propaganda ausweichen will. Leiden und Mitleiden ist ihr Motiv.«

In diesem Zusammenhang sei auch auf die in Bonn (Landesmuseum) und in der Ostdeutschen Galerie gezeigten großen Übersichten über den Anteil aus dem Osten stammender jüdischer Künstler an der Moderne dieses Jahrhunderts, insbesondere in Berlin (»Klima einer Hauptstadt«) erinnert.

Die sich verstärkenden und fortschreitenden Aktivitäten der Künstlergilde, die sich zielbewußt eine eigene Kunstsammlung zugelegt hatte, verlangten immer dringlicher eigene Räume für Sammlung, Dokumentation, Forschung, also ein eigenes Museum und zudem eine Stätte, die neben der Präsentation des in den letzten beiden Jahrhunderten gewachsenen künstlerischen Gutes auch die ständige Möglichkeit bot, den nachwachsenden Generationen – auch im Austausch mit anderen Gruppen und nicht zuletzt mit Künstlern der östlichen und südöstlichen Nachbarn – Ausstellungen zu bieten, in denen sie sich der Öffentlichkeit und der Kritik stellen könnten. Da galt es zunächst, um Verständnis zu werben, Mäzene, Bundesgenossen zu finden. Eh es noch eine Institution, ein Gebäude dieses Namens gab, unternahm die Künstlergilde auf Werbetournee durch etliche Städte der Bundesrepublik Deutschland, den Ansatz einer »Ostdeutschen Galerie« zu schaffen.

Sie setzte, wie es der aus Siebenbürgen stammende Kölner Museumsdirektor und Kunsthistoriker Günther Ott nannte, ein »mobiles Museum« in Fahrt, das wachsende Zustimmung fand. Nach mehrjährigen Bemühungen, Ansätzen zunächst in Gießen und Krefeld, Fühlern aus Schweinfurt und dem Geburtsort von Rubens, einigte man sich schließlich auf Regensburg, zumal da parallel der Adalbert-Stifter-Verein seine »Sudetendeutsche Galerie« eröffnet hatte, deren Schätze er dann zusammen mit denen der Künstlergilde als Morgengabe in die 1966 gegründete Stiftung »Ostdeutsche Galerie Regensburg« einbrachte. Die Stadt stiftete zu einem Gebäude aus der Barockzeit und einer Kunsthalle aus dem Anfang dieses Jahrhunderts den Grund, auf dem aus Mitteln aller Bundesländer – die sich erfreulicherweise auch für den späteren Anbau des Grafiktrakts und schließlich den im Gang befindlichen, bis Anfang 1991 projektierten Aus- und Umbau finanziell mit der Bundesregierung zusammenschlossen – der zusätzliche Neubau 1970 mit dem adaptierten Altbau eröffnet werden konnte. Das ergibt in den einzelnen Abschnitten ein spannungsreiches, aber gar nicht so unoriginelles Konglomerat, das zugleich die Schicksale und Entwicklungslinien der in diesem Gebäudekomplex gelagerten, bearbeiteten und ausgestellten Kunstwerke und den Geist ihrer Schöpfer, aus Traditionsverpflichtung in immer neue eigene Ansätze schöpferischer Gestaltung führend verdeutlicht.

An der Erhaltung, der wissenschaftlichen und verwaltungsmäßigen Ausstattung, den künstlerischen, archivarischen und publizistischen Aktivitäten sind das Bundesministerium des Innern, das Bayerische Staatsministerium für Arbeit und Sozialordnung und die Stadt Regensburg beteiligt. Doch diese, auch noch so großzügige Absicherung, der immer neue Anforderungen und Aufgaben zuwachsen, allein genügt nicht. Entscheidend ist, daß sich noch mehr als bislang nicht nur bei den Künstlern und den ihnen verbundenen Kunstfreunden, den Förderern des Museums Ostdeutsche Galerie Regensburg und vielen Mäzenen und Nachlaßstiftern – dankbar sei auch der Leihgaben von Bund, Ländern, anderen Stiftungen und Institutionen gedacht – das verpflichtende Bewußtsein in breitesten Kreisen in Regensburg und im ganzen deutschen Kulturraum die Überzeugung durchsetzt, daß es sich hier nicht nur um einen Kunsthort der Ostdeutschen handelt, vielmehr um eine gesamtdeutsche Angelegenheit, mit allen Verpflichtungen, aber auch sich immer weiter öffnenden Möglichkeiten, Kunst zu sammeln und darzustellen, wobei die Forschung nicht zuletzt rangiert.

Die Ostdeutsche Galerie hat, bereits mit einer sehr beachtlichen Anfangsausstattung, sich rasch in der Museumswelt durchgesetzt. Sie bietet einen hochrangigen Querschnitt durch die bildende Kunst seit etwa 1800 bis heute, hat etliche Sammlungen, mit denen sie eine Sonderstellung unter allen Museen einnimmt und kann etwa was die Zahl und die Qualität anlangt, zum Beispiel bei der Repräsentation des malerischen Lebenswerks von Lovis Corinth, gegenüber allen großen Museen als gleichrangig gelten.

Neben den Dauerausstellungen, die immer wieder angereichert werden, gehört es zur

Tradition des jeweiligen Jahresprogramms, daß der Adalbert-Stifter-Verein seine Ausstellung mit wechselnden Schwerpunkten zeigt, die Künstlergilde hier im Frühjahr oder Sommer die Jahresausstellung ihrer Mitglieder veranstaltet und im November mit der Verleihung des bedeutendsten ostdeutschen Kunstpreises, des Lovis-Corinth-Preises, auch die Ausstellungen der jeweiligen Preisträger eröffnet. An Gedenkausstellungen, Vorstellungen zeitgenössischer Künstler und exemplarischen thematischen Unternehmungen fehlt es nicht. Hier darf auch der Galerie, bzw. dem Museum Ostdeutsche Galerie manche Pionierleistung bescheinigt werden. Die Zusammenarbeit mit in- und ausländischen Museen trägt reiche Früchte. Und vieles, was an Ausstellungen, Katalogen und Forschungsprojekten hier erarbeitet wird, kommt anderen Veranstaltern, so den Häusern des Deutschen Ostens, Häusern der Begegnung und anderen Stellen, auch ministeriellen und städtischen Unternehmungen zugute, mit denen sich seit eineinhalb Jahrzehnten ein Austausch auf breiter Basis entwickelt hat. Solche Kooperation gilt auch für die Künstlergilde und die Kulturwerke, die gewissermaßen mit Abonnementcharakter die Möglichkeiten der Zusammenarbeit ausgebaut haben. Das ergibt im Lauf der Zeit ein dichtes Geflecht, von dem viele Künstler ihren Nutzen ziehen, das aber auch eine intensive Darstellung der Eingliederung und der Mitwirkung am allgemeinen deutschen Kunstgeschehen deutlich macht.

Auf Vollständigkeit kann nicht Anspruch erhoben werden, und die sich hier aus eigener Erfahrung aufdrängende Schwerpunktbildung heischt Nachsicht, doch soll wenigstens in Umrissen das weite Feld kunstpolitischer Ergebnisse, Erfahrungen und Planungen abgesteckt werden.

Die Ostdeutsche Galerie ist zweifellos die überregional umfassendste Einrichtung im Kunstbereich ostdeutscher Sammlung und Darstellung. Doch wurde manche verwandte, wenn auch mehr regional bestimmte Institution — mit Aktivitäten, an denen landsmannschaftliche Gruppierungen, der BdV, der Ostdeutsche Kulturrat ihren Anteil hatten und haben — schon vorher aufgebaut oder geplant. An der Spitze verdient die Stiftung Pommern hervorgehoben zu werden, mit Sitz im Rantzau-Bau des Kieler Schlosses. Ihrem Prospekt entnehmen wir die folgenden Sätze:

»Der Schleswig-Holsteinische Landtag hat am 16. Dezember 1966 das Gesetz über die Errichtung der Stiftung Pommern, einer Stiftung des öffentlichen Rechts, beschlossen. Die Stiftung bemüht sich, pommersches Kulturgut zu sammeln, wissenschaftlich auszuwerten und der Öffentlichkeit zugänglich zu machen. Ihre bedeutendsten Abteilungen sind die Gemäldegalerie mit Werken internationaler Kunst (ehemals Städtisches Museum Stettin) und die Graphische Sammlung ...«

Plakat der Künstlergilde.

Wie mit Kiel, das auch immer wieder pommersche Künstler der Gegenwart vorstellt, haben die Ostdeutsche Galerie und die Künstlergilde verschiedene Formen der Zusammenarbeit und des Austausches auch mit anderen Landesmuseen und regionalen Sammlungen entwickelt. Doch fast alle anderen bereits bestehenden und noch im Aufbau befindlichen Museen und musealen Einrichtungen beschränken sich nicht auf die Sammlung und Ausstellung von Kunstwerken, sondern sind kulturgeschichtliche Museen mit verschiedenen Schwerpunkten.

Es sind dies — ohne Gewähr der Vollständigkeit: Das Oberschlesische Landesmuseum (Haus Oberschlesien) in Ratingen, das Westpreußische Landesmuseum in Münster-Wolbeck, das Haus Königsberg in Duisburg, das Ostpreußische Landesmuseum in Lüneburg und verwandte Einrichtungen in Bayern (Schloß Ellingen und München-Nymphenburg), die Siebenbürgische Galerie mit Siebenbürgischem Künstlerarchiv auf Schloß Horneck-Gundelsheim, das Haus der Donauschwaben in Sindelfingen, das Egerlandhaus in Marktredwitz, die Gablonzer Galerie in Kaufbeuren-Neugablonz, das Böhmerwaldmuseum in Passau, jüngst die musealen Einrichtungen der Rußlanddeutschen in Stuttgart, denen noch weitere (so der Bessarabiendeutschen) folgen werden, Haus Schlesien in Heisterbacherrott bei Bonn — und das in Entstehung begriffene Schlesische Landesmuseum in Niedersachsen.

Genannt werden können nur ganz summarisch die Sammlungen kleinerer regionalen Zuschnitts und die Heimatstuben. Auch die Häuser des Deutschen Ostens und Häuser der Heimat (Düsseldorf, München, Stuttgart, Wiesbaden, Hannover) und das Deutschlandhaus in Berlin beherbergen zum Teil recht beachtliche Kunstsammlungen und Ausstellungsaktivitäten. Im Sudetendeutschen Haus in München wurden gute Ausstellungsräume mit entsprechenden Aktivitäten eingerichtet.

Das Bild erscheint verwirrend, entspricht aber der Komplexität und dem Darstellungsreichtum der ostdeutschen Kulturlandschaften und ihrer schöpferischen Kräfte. Dem entspricht auch die Entwicklung der Kunstpreise, besser gesagt der landsmannschaftlichen Kulturpreise, die regelmäßig wie beim Kulturpreis Schlesien (Land Niedersachsen) auch an bildende Künstler vergeben werden, turnusmäßig, auch was die Hauptpreise betrifft.

Die Sudetendeutsche Landsmannschaft hat von Anfang an im Rahmen ihres Kulturpreises auch einen für Bildende Kunst zu vergeben. Den ersten Hauptpreis, bereits 1955, erhielt einer der größten Künstler dieses Jahrhunderts, Alfred Kubin aus Leitmeritz.

Zusätzlich werden, ganz beispielhaft im Sinn der Weiterentwicklung des Kulturerbes, junge Begabungen — bis zum Alter von 35 Jahren — gefördert die sudetendeutscher Herkunft sind und sich mit ihrer Person und ihrem Schaffen zu dieser Herkunft bekennen. Hier ergeben sich mancherlei schöpferische Motivationen.

Bei der bisherigen Würdigung ist mit wenigen Ausnahmen auf die Heraushebung einzelner Namen und Werke verzichtet worden. Allein die Aufzählung der wichtigsten würde den Rahmen sprengen, ihre Vielfalt und künstlerische Kraft freilich erstaunen und beglücken.

Wenn wir einen von ihnen, den aus Neutomischel bei Posen stammenden Maler und Kunstprofessor Heinrich Klumbies zitieren, mit einem Wort, das er als langjähriger Vorsitzender der Künstlergilde bei einer Ausstellungseröffnung gesagt hat, so nicht um Vergangenes zu beschwören, sondern um einen östlichen Beitrag anzudeuten, der auch für die Zukunft seine Gültigkeit haben mag:

»Der Osten Europas ist auch im Geistigen seine offene Seite. Dort bleiben die Gegensätze bestehen: Grün und Rot, Weite und Enge, Heiteres und Ernstes, Gegenwärtiges und Hintergründiges; es sind dialektische Gegensätze, die der Synthese harren. Der Osten bleibt sozusagen im Zustand der permanenten Schöpfung.«

Auf zwei wichtige Bereiche kann nur kurz hingewiesen werden: auf den gewichtigen Anteil, den Architekten, Innenarchitekten, Entwerfer, Designer, künstlerische Lebensreformer aus dem Osten an der allgemeinen Entwicklung haben und hatten, und auf den bis in die jüngste Generation auffallend großen Anteil an hervorragenden Illustratoren und Karikaturisten.

Was in der Volkskunst, dem Kunsthandwerk und bei den künstlerischen Entwürfen vornehmlich in der Glasveredelung und schöpferischen Kunstglaserzeugung — von anderen Disziplinen ganz zu schweigen — geleistet wurde, ist ein beachtliches Stück lebender und noch längst nicht abgeschlossener Kunst- und Kulturgeschichte. Das erstreckt sich gerade von hier aus auch auf die Kunstpädagogik, die Weitervermittlung von alten Techniken und neuen gestalterischen Erkenntnissen.

Vieles an Lehre und Vermittlung geschieht im Stillen und kaum bemerkt. Doch nennen wir ein paar Beispiele für das Weiterreichen von Tradition, gefiltert durch neue Einsichten eigener Erfahrung in Kunstschulen, die vom Geist der Heimatlandschaften nicht wenig weitergeben.

Zwar konnte leider die Tradition der Holzschnitzschule Bad Warmbrunn trotz dem mutigen Neubeginn in Stuttgart durch ihren letzten Direktor Ernst Rülke nicht schulisch aktiv durchgehalten werden. Doch hat nach Rülkes Tod seine Mitarbeiterin und Schülerin Elsbeth Siebenbürger, von Esslingen aus, in Anlehnung an die Künstlergilde, im Bildhauerkreis Ernst Rülke so manches weiterführen und zeitgemäß umsetzen können. Und der gleichfalls von Rülke gekommene Bildhauer Karl Heinz Türk ist bemüht, sowohl aus Rülkes Vermächtnis wie dem der Kunstakademie Breslau, seinen Dozenten und Schülern in der sich ausbreitenden und gedeihenden, unterdessen zu Akademierang aufgestiegenen und von einer Stiftung getragenen Freien Kunstschule Nürtingen weiterzugeben.

Der Sudetenschlesier Heribert Losert hat – und die zukünftige Entwicklung unter jüngerer Leitung ist von ihm gesichert – exemplarisch ein zunächst ganz privates, bald auch im Ausland angesehenes Unternehmen, die sommerliche Freizeitakademie Bayerwald in Wörth an der Donau durch manche Fährnisse jahrzehntelang hindurchgesteuert. Auch bei ihm finden sich ethische und kunsttherapeutische Schwerpunkte, die schließlich auch mitbestimmend bei des Brünners Gerd Neisser Stuttgarter Freien Kunstschule festzustellen sind.

Die Künstlergilde hat, seit sie vor drei Jahren ein neues Domizil in einem der traditionsreichsten Esslinger Häuser beziehen konnte, einen eigenen kleinen Ausstellungsraum, zusätzlich zu den von der Stadt garantierten jährlichen Ausstellungsmöglichkeiten in der Galerie Villa Merkel, im Schwörhaus bzw. Rathaus. Sie hofft, im Rahmen einer großzügigen Planung und im Sinn der Gesamtdarstellung und der Weiterentwicklung in einem neu zu schaffenden Kunst-, Begegnungs-, Ausstellungs- und Atelierzentrum die Erfüllung ihrer Pläne und Aufgaben in absehbarer Zeit zu finden. Das seit Jahrzehnten von dem Bildhauer Professor Franz Rotter in Cuxhaven eingerichtete und geleitete Atelier der Künstlergilde hat vielen Mitgliedern und ihren Familien nicht nur Erholung, vielmehr Anregungen für weiteres Schaffen bieten können.

Auf die eingangs, mehr schüchtern und zurückhaltend angesprochene Frage nach dem Besonderen des ostdeutschen Kunstbeitrags sei doch noch mit drei Antworten, bemerkenswerten Fremdzitaten zurückgekommen:

Gottfried Knapp schrieb 1976 über eine Münchner Ausstellung des pommerschen Surrealisten Mac Zimmermann (Professor in Berlin, dann München) unter dem Titel »Greifswald und Arkadien«: »›Hommage à C.D. Friedrich‹ steht unter einem Ölbild; derselbe Titel könnte unter vielen Bildern stehen. Die verdunkelten Horizonte Caspar David Friedrichs, seine Meerlandschaften mit ihren emotionalen Ahnungen und Möglichkeiten, die Standfiguren, die den Landschaftsraum aufschließen, kehren in Phantasievariationen ständig wieder. Mac Zimmermann, der in Stettin geboren wurde, scheint, auch wenn er im Süden arbeitet, Friedrichs Greifswald ständig im Blut zu haben. Ja, die Erlebnisgegensätze zwischen Norden und Süden scheinen in der eigentümlichen Temperatur seiner Bilder zu verschmelzen.«

Ernst Scheyer, emigrierter jüdischer Kunsthistoriker aus Schlesien, hochverdient vor allem um den deutschen Expressionismus, während seiner Lehrtätigkeit in den USA und bis zu seinem Tode unermüdlich um die wissenschaftliche Darstellung der Kunst aus und in Schlesien – deren Umfang und Tiefen eine große Ausstellung des Kulturwerks Schlesien zusammen mit der Künstlergilde und der Ostdeutschen Galerie vor wenigen Jahren auslotete – rühmend bemüht, würdigte den vielseitigen Maler, Zeichner, Bühnenbildner, zuvor Tänzer bei Mary Wigman, Alexander Camaro aus Breslau, dann Professor an der Berliner Kunsthochschule in seiner Monographie über die Kunstakademie Breslau:

»Seine Kunst ist ganz schlesisch-östliche Melodie, die Stimme seines Lehrers Otto Mueller über das Grab hinaus, das Vermächtnis der toten Breslauer Akademie an die Lebenden, an Deutschland, an die Welt.«

Wir erinnern uns in diesem Zusammenhang an Namen wie Georg Muche und Oskar Schlemmer, große Meister des Bauhauses und der Breslauer Akademie, die nicht aus Schlesien stammten, aber Ruhm und Vermächtnis mit ihren schlesischen und rheinischen Kollegen von der Breslauer Kunstschule in die Welt trugen, Schlemmer zusammen mit Willi Baumeister zugleich als Pioniere der Moderne, die aus der Stuttgarter Schule des Olmützer Deutschmährers Adolf Hoelzel hervorgegangen waren, zusammen auch mit der Deutschbaltin Ida Kerkovius.

Zur Eröffnung einer umfangreichen Ausstellung in der Ostdeutschen Galerie, die das Werk des Karlsruher Akademieprofessors und langjährigen Präsidenten des Deutschen Künstlerbundes Otto Herbert Hajek vorstellte, äußerte sich der Kunsthistoriker Dr. Götz Fehr:

»Ich habe mir die Frage gestellt, ob es etwas Böhmisches im Werk von Hajek zu entdecken gäbe, gar etwas Böhmerwäldlerisches. Ich glaube, ein Erbe seiner Heimat in jener Ursprünglichkeit und Kraft sehen zu können, mit der uns seine Werke gegenübertreten...

Dieses naturhafte Verhältnis zur Kunst sehe ich vor allem auch darin, daß bei ihm aus kreativer Kraft heraus die Einheit der Künste selbstverständlich gewahrt ist. Als Besonderheit gilt mir auch die Tatsache, daß Hajek die Welt mit unverbrauchten, unverdorbenen Augen sieht. Er bemerkt, wo Natur zerstört, geschändet wird; er hat als erster die Stimme erhoben gegen die Umweltzerstörung, weil er noch die Harmonie kennt, die in der Natur herrscht.«

Zum Schluß seien noch Worte einer Selbstkennzeichnung wiedergegeben, die Vermächtnis und Mahnung bedeuten. Ludwig Meidner, der aus der britischen Emigration, trotz allem, was geschehen war, wieder nach Deutschland zurückgekehrt war, hat – er, der große Ekstatiker, Expressionist, Mystiker und gläubige Maler, Zeichner und Zeitenrichter – geschrieben, als ihm die Künstlergilde die Ehrenmitgliedschaft antrug, und er sie annahm:

»Ich bin ein deutscher Jude aus Schlesien.«

Zeitgenössische Musiker der Vertreibungsgebiete in der Bundesrepublik Deutschland – Künstler in der Bewährung

Gotthard Speer

Die Gruppe von Musikern, die durch die Vertreibung aus der angestammten Heimat am stärksten getroffen wurde, ist zweifellos die der Komponisten. Das mag für sie in Abstufungen gelten, ja sogar individuell verschieden gelagert sein. Stellen wir die Gründe dafür kurz zusammen; sie sind im einzelnen für die weitere Behandlung des Themas von Bedeutung.

Der Komponist wird – wie alle Menschen – von seiner frühen Kindheit an durch seine Umwelt und darin auch durch ihre Klangwelt beeindruckt. Wir wissen es von vielen großen Komponisten, wie stark die musikalischen Kindheitserlebnisse in ihrem kompositorischen Werk eine Rolle spielen. Es sei nur auf Haydn, Mozart, Franz Schubert oder Gustav Mahler verwiesen.

In seinem Schaffen lebt der Komponist in einem Geflecht von Bindungen und Abhängigkeiten, die für einen erfolgreichen Zugang zum Zuhörer, für den seine Musik ja bestimmt ist, notwendig sind. Er schreibt für konkrete Anlässe, seine Werke sind für einzelne Gesellschaftsgruppen oder -schichten bestimmt; er muß Interpreten, Chöre, Kammermusikgruppen, Orchester und deren Leiter, verantwortliche Redakteure bei Rundfunk- und Fernsehanstalten interessieren. Sollen seine Kompositionen eine weitere Verbreitung finden, müssen sie als Aufführungsmaterial greifbar sein, im besten Falle gedruckt vorliegen. Das bedeutet wiederum die Verbindung zu einem Verleger. Von solchen Bindungen lebt sein Schaffen und lebt er bestenfalls auch materiell, wenn er vom Komponieren allein seinen Lebensunterhalt bestreiten will; ein Wagnis, das nicht allzuviele eingehen können oder wollen.

Es ist also ein umfangreiches Geflecht von Beziehungen, das die Voraussetzungen dafür schafft, das ein kompositorisches Werk zum Leben erweckt. Erst dann kann eine vom Komponisten aufgezeichnete Klangvorstellung Mitteilung für andere Menschen werden, wenn sie wirklich klingend gemacht wird. Der Maler, der Dichter bringen ihre intuitiven Vorstellungen zu Papier; nicht anders der Komponist. Die beiden Erstgenannten können damit unmittelbar auf den Leser

Plakat anläßlich der Ausstellung zum 80. Geburtstag von Günter Bialas, 1987/88.

bzw. den Beschauer einwirken, sich mitteilen; der Musiker hat mit dieser Aufzeichnung zunächst nur die Grundlage für den oder die Interpreten geschaffen, die dem musikalischen Werkbild Leben verleihen. Auf dem Weg zur Interpretation sind noch viel technischer Aufwand, Handel, ja eine mächtige Industrie zwischengeschaltet, auf die der Komponist angewiesen ist, auf die er kaum Einfluß ausüben kann, ja, von der er abhängig ist.

Im heimischen Lebensraum wuchs der einzelne Komponist in diese Zusammenhänge beinahe organisch hinein entsprechend seiner künstlerischen Leistung und gemäß den Lebensverhältnissen, in die er hineingeboren war. Dieses Umfeld trug ihn, er wurde selbst ein Teil davon. Das Ereignis der Flucht oder der Vertreibung stellte ihn in eine neue, andersartige Welt. Sollte sein Schaffen in dem vielstimmigen Konzert seines neuen Lebensraumes nach der Vertreibung lebendig bleiben, dann war entweder ein völliger Neuanfang nötig, oder es mußte in etwa wieder ein Beziehungsgeflecht aufgebaut werden, das die Voraussetzung für ein Hineinwirken in die Öffentlichkeit darstellt. Die Notwendigkeit eines Neuanfanges betraf besonders hart jene Komponisten, die durch den Krieg und die folgende Vertreibung ihre Werke vollständig verloren hatten, unwiederbringlich, wenn sie nur im Manuskript existierten, oder wenn bereits gedruckte Kompositionen durch Ausbombung oder Brand und ähnliches beim Verlag vernichtet wurden, wo sich die umfangreichen Werke in ihrem gesamten Material in der Regel befanden. Die Verluste waren umso empfindlicher, je älter der Komponist zur Zeit dieser Vernichtung seines Lebenswerkes war. Bekannt sind allerdings nur wenige Musiker, die – zumeist aus Gründen des fortgeschrittenen Alters – ihre schöpferische Tätigkeit nach der Vertreibung nicht wieder aufgenommen haben.

Bei dieser Darstellung wurde von Anfang an vom Komponisten ausgegangen, was sicherlich als unangemessene Einschränkung empfunden wird; gibt es doch darüber hinaus eine ganze Anzahl musikalischer Berufe, die zur Vollständigkeit des Bildes einbezogen werden müßte. Die Gründe für diese Beschränkung sind einmal, daß bis heute noch keine umfassende systematische Untersuchung bekannt ist, von der aus ein in etwa vollständiges Bild entworfen werden könnte, zum anderen ist eine Übersicht im kompositorischen Feld am ehesten möglich, da nicht nur die Zahl von ostdeutschen Komponisten überschaubar ist, sondern aus anderen Gründen ihre Biographien annähernd lückenlos gesammelt vorliegen. Allerdings kann auch hier nicht der Anspruch auf Vollständigkeit erhoben werden. So gewährt die folgende Darstellung nur einen gewissen, vielleicht beispielhaften, wenn auch begrenzten Einblick in die Mitwirkung ostdeutscher Musiker beim Auf- und Ausbau des Musiklebens nach dem Zweiten Weltkrieg in der Bundesrepublik Deutschland. Um bei den folgenden Ausführungen die Übersicht zu erleichtern, werden an den Beginn der ersten zwei Kapitel die Namen der im darauffolgenden Text genannten Komponisten jeweils mit Geburts- und Todesjahr (wenn angebracht) und Geburtsort mit Landschaftsangabe in Form einer Liste vorangestellt.

Arbeitsfeld Rundfunk

Edmund Nick (1891–1974) Reichenberg/Böhmen

Karl Sczuka (1900–1954) Schillersdorf/Oberschlesien

Johannes Rietz (1905–1976) Breslau/Schlesien

Fritz Mareczek (1910) Brünn/Mähren

Heinrich Konietzny (1910) Gleiwitz/Oberschlesien

Otto Besch (1885–1966) Königsberg/Ostpreußen

Eduard Hanisch (1908–1987) Steinau/Oberschlesien

Erwin Kroll (1886) Deutsch Eylau/Ostpreußen
Walter Girnatis (1894) Posen
Hans Otte (1926) Plauen/Vogtland
Godehard Kirscht (1918) Breslau/Schlesien
Alexander Ecklebe (1904–1977) Cosel/Oberschlesien
Hans Klaus Langer (1903–1987) Neisse/Oberschlesien
Hans Maria Dombrowski (1897–1977) Reichenberg/Böhmen

Ein wichtiges Arbeitsfeld für Vertriebene wurde der Rundfunk bei dem Neuaufbau nach dem Kriege. Edmund Nick hatte als musikalischer Leiter der Schlesischen Funkstunde bis zur Entlassung durch die Nationalsozialisten in Breslau gewirkt und wurde mit dieser Aufgabe nach dem Kriege beim WDR in Köln betraut. Er holte sich bald Franz Marschalek als Leiter des Großen Orchesters dorthin, der ihm in der gleichen Funktion von seiner Arbeit in Breslau her bekannt war. Der Hauskomponist des gleichen Senders, Karl Sczuka, wurde von dem ehemaligen ersten Intendanten des Schlesischen Rundfunks, Friedrich Bischoff, der sich mit Sczuka um die Entwicklung des musikalischen Hörspiels die größten Verdienste erworben hatte, an den SWF geholt, wo Bischoff wiederum als Intendant tätig war. Nach dem Tode Sczukas erinnert der »Karl-Sczuka-Hörspielpreis« noch heute an ihn, der eine blutvolle Musik zu schreiben verstand. Ebenfalls vom Schlesischen Rundfunk kam Johannes Rietz als musikalischer Mitarbeiter an den Süddeutschen Rundfunk. Er wirkte dort ebenfalls als Hauskomponist bis kurz vor seinem Tode. An der gleichen Anstalt war als Kapellmeister Fritz Mareczek tätig. Bereits am Stadttheater in Brünn hatte er als Kapellmeister gewirkt. Mit diesen Erfahrungen übernahm er für zwei Jahre die musikalische Leitung des Lustspiel- und Operettentheaters in Stuttgart und wechselte darauf zum Rundfunk. Schließlich dirigierte er das Große Rundfunkorchester und bald auch die Stuttgarter Philharmoniker und als Gastdirigent eine Anzahl weiterer bekannter Konzertorchester. Beim Saarländischen Rundfunk war Heinrich Konietzny in gleicher Funktion viele Jahre hindurch tätig; zeitweise nahm er auch an der Musikhochschule Saarbrücken einen Lehrauftrag wahr. Am NWDR bzw. später am NDR waren der aus Königsberg vertriebene Otto Besch in Hamburg, der Schlesier Eduard Hanisch in Hannover und der Ostpreuße Erwin Kroll als Leiter der Musikabteilung des NWDR in Berlin beschäftigt. Walter Girnatis arbeitete bis zum Jahre 1958 als musikalischer Sachbearbeiter beim NDR in Hamburg; danach lebte er als Freischaffender. Seit 1959 war Hans Otte Leiter der Musikabteilung von Radio Bremen. Am gleichen Sender trug Godehard Kirscht zeitweilig die Verantwortung für die Abteilung Katholische Kirchenmusik, bis er schließlich in den Schuldienst überwechselte. An verschiedenen Sendern in Berlin sind als Mitarbeiter Alexander Ecklebe und Hans Langer zu nennen. Dieser hatte nach dem Totalverlust seiner Kompositionen in dieser Stadt noch einmal neu begonnen und ein umfangreiches Werk mit dem Schwerpunkt Musik für Theater und Ballett geschaffen. Damit wurde er erfolgreich auch auf den Berliner Bühnen. Ähnlich verhält es sich bei Hans Maria Dombrowski. Er arbeitete bei mehreren Berliner Sendern mit und übernahm später vor allem kirchen- und volksmusikalische Aufgaben.

Insgesamt zeigt schon diese sicherlich nicht vollzählige Zusammenstellung, wie stark die ostdeutschen Musiker auf diesem Berufsfeld vertreten waren, zumindest in den ersten beiden Jahrzehnten des Aufbaus.

VII.2

Hochschullehrer

Groß ist der ostdeutsche Anteil auch bei den Hochschullehrern, die gleichzeitig als Komponisten Bedeutung besaßen. Sie, die als Lehrer an Universitäten und Musikhochschulen oder gleichrangigen Einrichtungen tätig waren, können nur in einer lückenhaften Zusammenstellung erfaßt werden, was noch viel stärker auf jene Komponisten zutrifft, die als Musiklehrer hauptsächlich an Höheren Schulen oder Musikfachschulen beruflich ihr Auskommen fanden. In gleichem Maße trifft das auf jene zu, die mit ihrem Einsatz die schnelle Entwicklung des Musikschulwesens möglich gemacht haben, das heute die Aufgaben der musikalischen Volksbildung übernommen hat, die im 19. und 20. Jahrhundert durch die Kantorenlehrer an den allgemeinbildenden Schulen gelöst worden sind.

An Universitäten, Musikhochschulen, Musikakademien unterrichteten:
Dieter Acker (1940) Hermannstadt/Siebenbürgen
Günter Bialas (1907) Bielschowitz/Oberschlesien
Boris Blacher (1903–1974) Newchang/China
Walter Jentsch (1900–1979) Langenbielau/Schlesien
Friedrich Metzler (1910–1979) Kanth/Schlesien
Anton Nowakowski (1897–1969) Danzig
Erhard Karkoschka (1923) Mährisch-Ostrau
Heinz Lau (1925–1975) Stettin/Pommern
Karl Michael Komma (1913) Asch/Böhmen
Georg von Albrecht (1891–1976)
Markus Lehmann (1919) Böhmisch-Leipa/Böhmen
Karl Rössler (1909) Pyritz/Pommern
Lothar Witzke (1903) Schneidemühl/Westpreußen
Alfred Paetsch (1902–1964) Danzig
Hans Vogt (1911–1976) Danzig
Wolfgang Roscher (1927) Komotau/Böhmen
Heino Schubert (1928) Glogau/Schlesien
Elmar Seidel (1930) Frankenstein/Schlesien
Christian Ridil (1943) Breslau/Schlesien
Heinz Orlinski (1928) Hindenburg/Oberschlesien
Peter Brömse (1912) Prag/Böhmen
Norbert Linke (1933) Steinau a.d.O./Schlesien
Herbert Wilhelmi (1895–1983) Insterburg/Ostpreußen
Helmut Sadler (1921) Streitfurt b. Reps/Siebenbürgen
Rudolf Halaczinsky (1920) Emmagrube/Oberschlesien
Alois Heiduczek (1902–1973) Deutsch Piekar/Oberschlesien

Nach der Übersiedlung im Jahre 1969 unterrichtete Dieter Acker mehrere Jahre am Robert-Schumann-Konservatorium in Düsseldorf und wurde ab 1972 als Lehrer für Theorie und Komposition an die Staatliche Musikhochschule in München berufen. Dort lehrte als Leiter einer Kompositionsklasse seit 1959 bereits Günter Bialas. Dieser hatte als Mitglied des Lehrkörpers an der neu aufgebauten Musikakademie Detmold diesem Institut mit anderen zu hohem Ansehen verholfen. In gleichem Sinne war an der Musikhochschule in Berlin bei deren Neuaufbau nach dem Kriege der von baltischen Eltern stammende Boris Blacher tätig, der nach wenigen Jahren zu ihrem Direktor ernannt wurde und ihr dann etwa zwanzig Jahre lang in diesem Amte vorstand. An ihr lehrten später noch Walter Jentsch und Friedrich Metzler sowie Heinz Lau. An der Musikhochschule in Stuttgart erwarben sich Anton Nowakowski, Erhard Karkoschka und Karl Michael Komma großes Ansehen. Dort lehrte seit 1945 als Professor für Tonsatz auch der in Rußland geborene und dort aufgewachsene Georg von Albrecht, der bereits 1923 mit seinen Angehörigen Rußland wegen der dortigen unerträglichen Verhältnisse verlassen hatte und in Stuttgart Fuß fassen konnte. Er wurde bereits 1946 stellvertretender Direktor dieser Hochschule. Nach seiner Pensionierung war er noch an der Musikhochschule Heidelberg als Lehrer für Tonsatz tätig. An der Musikhochschule Freiburg sollen nur zwei Persönlichkeiten genannt werden: Markus Lehmann, der langjährige Leiter der Opernschule und Karl Rössler, der als evangelischer Pfarrer seit 1947 als Dozent für Musiktheorie und Orgel an der Kirchenmusikschule Schlüchtern, dann als Lehrer für Orgel und Orgelkunde nach Freiburg gerufen wurde. Um noch einige geographische Schwerpunkte zu setzen, seien die Wirkungsorte einiger Musiker aus Ostdeutschland zusammengestellt, die teilweise zur jüngeren Generation zu rechnen sind, deren künstlerische Entwicklung erst nach dem Zweiten Weltkrieg liegt.

In Darmstadt finden wir kurz nach dem Krieg Alfred Paetsch, in Mannheim hat sich Hans Vogt einen bekannten Namen nicht nur als Lehrer an der Musikhochschule, sondern auch durch sein Wirken als Präsident der »Gesellschaft für Neue Musik« gemacht. Am Institut für Kirchenmusik in Mainz ist Heino Schubert tätig, der vorher kurze Zeit an der Musikhochschule in Köln unterrichtete, nachdem er viele Jahre als Domorganist in Essen gleichzeitig als Lehrer für Theorie und Orgel an der Folkwang-Hochschule unterrichtet hatte. Ebenso in Mainz ist seit vielen Jahren an der Universität Elmar Seidel, in Frankfurt seit wenigen Jahren als Jüngster der hier genannten Christian Ridil tätig. In Düsseldorf ist in der Kirchenmusikabteilung Heinz Orlinski zu nennen.

Es bleiben noch einige ostdeutsche Komponisten, die an Erziehungswissenschaftlichen Fakultäten oder Pädagogischen Hochschulen den Aufbau nach dem Kriege mitgetragen haben oder heute noch dort arbeiten. Genannt seien: Wolfgang Roscher in Hildesheim, heute am Mozarteum in Salzburg, Peter Brömse, zunächst in Göttingen, dann in Gießen, Norbert Linke in Duisburg, Herbert Wilhelmi in Wuppertal, Helmut Sadler in Heidelberg, Rudolf Halaczinsky in Köln und Alois Heiduczek als Lehrer an der Pädagogischen Hochschule in Vechta i.O.

Wenn sich bei dem bescheidenen Umfang dieser Darstellung eine umfassende Namensnennung selbst unter dem Gesichtspunkt des pädagogisch tätigen Komponisten an Hochschuleinrichtungen als unmöglich erweist, dann ist dieser Anspruch bei dem Stand der Musikpädagogen aller anderen Schulformen erst recht nicht zu erfüllen. Sie sind beim Wiederaufbau des Musikunterrichtes nach dem Kriege mit ihren Leistungen nicht wegzudenken im Hinblick auf die musikerzieherische Arbeit in der Schule und zusätzlich im Konzertwesen und im Rahmen der Laienchorarbeit und noch weniger im Bereich der Kirchenmusik. Beispielhaft sollen deshalb nur einige bemerkenswerte Persönlichkeiten aus der unübersehbaren Zahl herausgehoben werden, die damit auch die verschiedenen ostdeutschen Landschaften zu repräsentieren haben.

VII.23

VII.24

Ewald Schäfer/Westpreußen, der bis zur Vertreibung in Danzig in der Lehrerbildung tätig war, wirkte danach als Gymnasiallehrer in Eutin/Holstein und schrieb viele feinsinnige Chorsätze, die durch seine Schulung von Chorleitern im Rahmen des Bundes der Vertriebenen bundesweite Verbreitung fanden. Gleich in Herkunft, Beruf und mit demselben musikalischen Schwerpunkt ist der in Danzig geborene Lebrecht Kloß zu nennen, der nach 1945 eine Musikschule in Neustadt/Holstein ins Leben rief, mit seinem »Chor der Singeleiter« zahlreiche Konzertreisen durch Europa und nach Übersee unternahm und bis zu seinem Tod als Musikbeauftragter des BdV wirkte. Auch seine kompositorische Tätigkeit hat ihren Schwerpunkt im Chorischen.

Zwei Schlesier sollen folgen: Julius Blaschke, der als akademischer Musiklehrer in Neisse/Oberschlesien wirkte, nach dem Kriege an dem Gymnasium in Greven/Westfalen. Er brachte die Kraft auf, nahe am siebenten Lebensjahrzehnt beginnend, noch ein kompositorisches Werk zu schaffen, das beachtlich über dem Niveau der Schulmusik liegt. Joachim Denhoff, in Gleiwitz geboren, hat als Schulmusiker in Ahaus/Westfalen mit seinen zahlreichen Chorkompositionen die heutige Literatur besonders für Laienchöre bereichert. Durch eine behutsame Verwendung von Stilmitteln der Neuen Musik ermöglicht er auch solchen Chorgemeinschaften eine Erarbeitung seiner Werke. Darüber hinaus bemüht er sich darum, das musikalische Erbe seiner Heimat im Rahmen des »Arbeitskreises Schlesische Musik« dem deutschen Musikleben zu vermitteln.

Widmar Hader aus Elbogen a.d. Eger ist als Schulmusiker in Stuttgart tätig. Er verfolgt mit den von ihm geplanten und geleiteten Sudetendeutschen Musiktagen das gleiche Ziel für das böhmisch-mährische Musikerbe wie Denhoff für das schlesische. Zugleich ist Hader aber als beachtlicher Komponist in der Öffentlichkeit bekannt.

Rudolf Lerich, auf der Krim von deutschen Eltern geboren, war nach der Rückkehr aus der Kriegsgefangenschaft an der »Gelehrtenschule des Johanneums« in Hamburg als Schulmusiker tätig und wurde dann Fachberater und Fachleiter für Musik bei der Schulbehörde in Hamburg. Im Ruhestand lebte er ganz der Komposition. Der Siebenbürger Helmut Plattner, jetzt Stadtkantor in Bayreuth, entfaltet als Orgelvirtuose eine rege Konzerttätigkeit im In- und Ausland.

Kirchenmusiker und Konzert-Organisten

Wenn auch im Werkschaffen vieler, die bereits genannt worden sind, die Kirchenmusik oder im weiteren Sinne die geistliche Musik eine mehr oder weniger gewichtige Rolle spielt, gehen wir im folgenden Abschnitt lediglich von solchen Musikern aus, deren Ausbildung und Beruf hauptsächlich der des Kirchenmusikers gewesen ist. Die zahlenmäßige Begrenzung ergibt sich aus dem Kriterium, daß sie als Komponisten hervorgetreten sind. Dabei fällt im Nordosten das Übergewicht der Landschaft Pommern auf.

Zu nennen sind hier: der in Pollnow geborene Eberhard Wenzel, der als Stadtkantor in Görlitz nach dem Kriege dort eine evangelische Kirchenmusikschule gründete als Nachfolge der bisher in Breslau bestehenden, ab 1950 dann aber die Leitung der angesehenen evangelischen Kirchenmusikschule in Halle übernahm und dort sehr erfolgreich und verantwortungsbewußt wirkte. Er wird in unsere Betrachtung einbezogen, weil die hervorragend ausgebildeten Schüler dieser Bildungsstätte nicht nur im evangelischen Kirchenmusikleben der DDR, sondern ebenso in dem der Bundesrepublik Deutschland bedeutsam wurden. Karl Rössler aus Pyritz wurde bereits als Lehrer für Orgel an der Freiburger Musikhochschule genannt. Friedrich Kleist, in Zanow geboren, unternahm Konzertreisen mit Orgelmusikprogrammen im In- und Ausland nicht nur in Europa und Asien, sondern auch auf dem amerikanischen Kontinent. Als Dozent für Orgelspiel u.a. war er zugleich an der Musikakademie in Kassel tätig. Das Spektrum seiner kompositorischen Arbeiten reicht jedoch von Orchester- und Kammermusik über Chor- und Liedkompositionen bis zur Kirchenmusik und den Werken für die Orgel.

Ostpreußen stellt in unserem Zusammenhang Jürgen Ballke, einen der Jüngsten in unserer Aufzählung, der als Kirchenmusiker in Bremen wirkt und Oskar Gottlieb Blarr in Düsseldorf, der als Organist und Komponist großes Ansehen genießt.

VII.26

VII.25

Zahlreiche schlesische Kirchenmusiker und Organisten, die ebenso durch Kompositionen hervorgetreten sind, waren oder sind noch heute zugleich Lehrer an Hochschulen und vergleichbaren fachlichen Ausbildungsstätten. Gerhard Schwarz, lange in Düsseldorf tätig, wurde Landeskirchenmusikdirektor und zugleich Direktor der Landeskirchenmusikschule der Evangelischen Landeskirche im Rheinland, betreute zugleich die Abteilung Evangelische Kirchenmusik an der Musikhochschule in Köln. Heinz Bernhard Orlinski, an der Musikhochschule in Düsseldorf, wurde bereits unter den Hochschullehrern aufgeführt; ebenso Heino Schubert an der Universität Mainz und Friedrich Metzler in Berlin. Als freischaffender Komponist lebte Max Drischner, früher Kirchenmusiker in Brieg, in Goslar und konzertierte an der Orgel in der Klosterkirche Grauhof. Der durch sein Wirken im Raum Ostoberschlesien in ganz Deutschland bekanntgewordene Fritz Lubrich faßte nach der Vertreibung in Hamburg Fuß. Er war an der Singakademie tätig, gründete den Hamburger Kammerchor und dirigierte den Singverein der Volkshochschule.

Aus der großen Gruppe der aus Böhmen stammenden Kirchenmusiker heben wir drei als Komponisten auffallende Persönlichkeiten hervor: Wolfgang Hildemann, jetzt in

Mönchengladbach als Kirchen- und Schulmusiker und ebenso als Kritiker tätig, der seit 1970 als Leiter der Fachgruppe Musik in der Künstlergilde Esslingen wirkt; P. Konstantin Mach, Leiter des Gymnasiums der Benediktinerabtei Rohr, zugleich Leiter der »Rohrspatzen«, der auch mit seinen Kompositionen besonders im Raum Bayern bekannt geworden ist; Oskar Sigmund, der nach dem Krieg an der Kirchenmusikschule Regensburg als Lehrer wirkte, dann als Direktor die Fachakademie Regensburg leitete. Wenn man die aus dem Südosten Europas im Gange befindliche Übersiedlung als Vertreibung gelten lassen will, was sie in Siebenbürgen z.Zt. sicherlich ist, dann ist neben dem schon erwähnten Helmut Plattner auf zwei weitere Musiker aus dieser deutschen Sprachinsel hinzuweisen, auf Andreas Porfetye, der ab 1962 als Domkapellmeister an der St. Josephs Kathedrale in Bukarest wirkte und jetzt in Düsseldorf als Musikpädagoge, Chorleiter etc. arbeitet, um das aufzubauen, was eingangs allgemein für den schöpferischen Musiker als besondere Notwendigkeit für eine Bewährung in der neuen, fremden Umwelt dargestellt worden ist. Schließlich sei auf Horst Gehann hingewiesen, der sich seit 1978 als konzertierender Organist betätigt, Leiter des Bach-Chores in Darmstadt, Planer und Leiter der Hunsrücker Musiktage, Verleger und Leiter eines Musikzentrums mit weitreichenden künstlerischen Aktivitäten ist; zusätzlich nimmt er sich als Vorsitzender des »Arbeitskreises Südostdeutsche Musik« der Erhaltung und Pflege des musikalischen Erbes der südostdeutschen Heimatlandschaften an.

Freischaffende, Musikkritiker, Mitarbeiter in Verlagen, Dirigenten

In einer letzten Gruppe sollen diejenigen schöpferischen Musiker zusammengefaßt werden, die mehr oder weniger als freischaffende Künstler ihren besonderen Beitrag zum Neuaufbau des Musiklebens in der Bundesrepublik Deutschland geleistet haben. Es liegt an den Zwängen der Lebensverhältnisse nach Zusammenbruch und Vertreibung, wenn ein Teil von ihnen vorwiegend kurzzeitige Arbeitsverhältnisse im Rahmen der bereits behandelten Berufsgruppen zur ersten Sicherung ihrer Existenz eingegangen sind. Von daher rührt auch eine Anzahl von Doppelnennungen.

Dazu gehören noch: der aus Posen stammende Walter Girnatis, der nach seiner Tätigkeit beim NDR als freischaffender Komponist in Hamburg lebte. Weiter trifft dies auf die Schlesier Gerhard Strecke, Ernst August Voelkel und Hans Klaus Langer sowie Alexander Ecklebe zu. Die letzten drei lebten in Berlin. Im übrigen ergibt sich bei der Betrachtung der Lebensgänge der folgenden Musiker ein sehr differenziertes Bild.

Der Ostpreuße Hansgeorg Zollenkopf arbeitete nach einem kurzen Intermezzo beim

VII.27

Rundfunk in Hamburg als Angestellter bei der dortigen Stadtverwaltung, um die Freiheit zum Komponieren zu erlangen. Ähnliche Lösungen der sozialen Absicherung in einem außerhalb der Musik liegenden Brotberuf finden sich bei dem Schlesier Helmut Bernert. Er übernahm die Stelle eines Registraturangestellten und Buchprüfers bei der amerikanischen Armee in Augsburg, um Kopf und Hände für sein umfangreiches kompositorisches Lebenswerk frei zu bekommen, das nach seinem Tode erst voll überschaubar wurde und noch der Erschließung bedarf. Der aus Troppau stammende Georg Dorda arbeitet im Forschungslaboratorium der Siemens AG in München, um daneben komponieren zu können.

Bei Verlagen längere Zeit tätig oder in deren Auftrag als Bearbeiter usw. schaffend waren neben anderen der Ostpreuße Herbert Brust, der sich in Bremerhaven einen neuen Wirkungskreis schuf in Anlehnung an den dortigen Romowe Verlag. Friedrich Zehm arbeitete einige Jahre im Musikverlag Schott's Söhne in Mainz, während der Breslauer Fritz Koschinsky bis zu seinem Tode dem Verlag Heinrichshofen in Wilhelmshaven eng verbunden war. Einen eigenen Verlag wagte der oben bereits genannte Horst Gehann aufzubauen. Einen weiteren Wirkungskreis schuf sich Reinhold Koenenkamp als Chorleiter usw. im Herzogtum Lauenburg neu, der das Musikleben Danzigs als Chorleiter der Singakademie, des Domchores von St. Marien und mehrerer anderer Chöre sowie als Chorleiter der Richard-Wagner-Festspiele in Zoppot nachhaltig beeinflußt hatte. Weltweiten Ruf errang der in Stettin geborene Erich Böhlke als Dirigent fast aller berühmten Orchester in Europa, in Ostasien und Amerika. Als Gründer und Leiter seines privaten Sinfonieorchesters in München ist heute noch Kurt Graunke, geboren in Stettin, tätig. Er ist mit seinem Orchester aus dem Profil dieser heimlichen Kunst-Hauptstadt der Bundesrepublik Deutschland nicht wegzudenken.

Obwohl sehr viele der bereits Genannten auch als Rezensenten und Musikkritiker tätig gewesen sind, müssen drei Persönlichkeiten noch besonders hervorgehoben werden, die ihren Schwerpunkt in der Arbeit als Kritiker gesehen haben und einen entsprechenden Einfluß im Musikleben eines größeren Lebenskreises ausübten. Es sind der in Graudenz geborene Ulrich Krüger, der nach der Vertreibung in Oberhausen lebte und als Kritiker und Dozent an der Volkshochschule in das Ruhrgebiet hineinwirkte. Der Schlesier Norbert Hampel arbeitete als Redakteur und Musikkritiker in Oldenburg. Der Dritte, der Ostpreuße Friedrich Welter, fand in Lüneburg eine neue Heimat und hat dort bis zu seinem Ableben gewirkt. Hinzugefügt sei, daß die von Edmund Nick in München geschriebenen Kritiken in Buchform vorliegen und noch heute eine lesenswerte Sammlung darstellen, die ein Stück Musikgeschichte des ersten Jahrzehnts der Nachkriegszeit in einer oft vergnüglichen, aber immer vornehmen Weise widerspiegelt.

Eine Fülle von Namen sind an dem Leser vorübergezogen. Hinter jedem von ihnen verbirgt sich ein schweres Schicksal. Und dennoch ist es nur ein oft zufälliger Ausschnitt in einem kleinen Teilbereich eines Geschehens, das in etwa jeden vierten älteren deutschen Bürger der Bundesrepublik Deutschland betroffen hat. Bei aller Schwere des Einzelschicksals spiegelt doch diese notwendigerweise kurz gefaßte Darstellung, die kaum mehr als eine Aufzählung war, den Überlebenswillen, der diesen Menschen zu einer Konzentration von Kräften fähig machte, die er bei sich selbst nicht einmal vermutet hatte. Das Bild, das diese Darstellung entstehen ließ, zeigt auf dem Gebiet der Musik eben das auf, was ausländische Beobachter beim materiellen Wiederaufbau mit dem Begriff »Wirtschaftswunder« belegt haben.

Wenn das Musikleben in der Bundesrepublik Deutschland heute von außen her mit großem Respekt beträchtet wird, was ja die Anziehungskraft der Ausbildungsstätten auf Studierende aus allen Kulturländern der Welt oder auch die Überflutung der Konzertsäle und Theater durch Interpreten aller Art aus diesen Ländern beweist, dann haben die Musiker aus den Vertreibungsgebieten einen gewichtigen Anteil zu diesem Neuaufbau beigesteuert.

LITERATURAUSWAHL

BRÖMSE, Peter: Musikgeschichte der Deutschen in den Böhmischen Ländern, Dülmen 1988

PANKALLA, Gerhard/SPEER, Gotthard: Zeitgenössische Schlesische Komponisten, Bd. I—III, als Nr. 4, 8, 11 in der Schriftenreihe des Arbeitskreises Schlesische Musik, Dülmen (bis 1982)

SIMBRIGER, Heinrich: Vom Erbe deutscher Musik aus den Ostgebieten, Dülmen 1973

DERS.: Werkkatalog zeitgenössischer Komponisten aus den deutschen Ostgebieten, MS, München 1955, Ergänzungsbände 2 (1965) und 6 (o.J.)

SCHWARZ, Werner: Pommersche Musikgeschichte, Teil 1, Köln/Wien 1988

Ostdeutsche Archive und Bibliotheken – Eine Bestandsaufnahme

Wolfgang Kessler

Ausgangslage

Historisch-landeskundliche Forschung und aus Liebhaberei oder didaktischem Interesse betriebene Heimatkunde mit ihrem breiten Themenspektrum von der naturwissenschaftlichen und geographischen Landeskunde bis zur politischen, Sozial- und Wirtschafts-, Personen- und Familiengeschichte sowie zur Literatur-, Kunst- und Musikwissenschaft sind stets auf »Quellen« im weitesten Sinne angewiesen, wie sie spätestens seit dem 19. Jahrhundert Bibliotheken und Archive in der Region selbst mit angestrebter Vollständigkeit bewahrt und dokumentiert haben. Sofern nicht, wie im Falle der vor 1945 reichen Königsberger Bibliotheken, Totalverluste eingetreten sind, sind Bibliotheken und Archive — von wenigen aus der Verlagerung während des Zweiten Weltkriegs resultierenden Ausnahmen abgesehen — in den Heimatgebieten verblieben. Dort waren sie lange Jahre praktisch unzugänglich, können aber in jüngerer Zeit, wenn auch mit reisebedingtem erheblichen Zeit- und Kostenaufwand, in vielen Fällen wieder benutzt werden. Schwieriger ist die Zugänglichkeit der in der DDR befindlichen Akten der preußischen Zentralbehörden, die über zahllosen Akten von Bedeutung für die früheren preußischen Ostprovinzen sowie — zum Beispiel in den Akten der »Deutschen Stiftung« — die »Auslandsdeutschen« der Zwischenkriegszeit verfügen.

Wissenschaftliche, heimatkundliche und publizistische Arbeit über die Vertreibungsgebiete in Ostdeutschland, den Sudetenländern sowie Ostmittel- und Südosteuropa gestaltet sich damit schon von den äußeren Voraussetzungen her schwieriger als vergleichbare Forschung über westdeutsche Regionen. Der in § 96 BVFG enthaltene Katalog der Aufgaben der »ostdeutschen Kulturarbeit« fordert konsequenterweise auch, »Archive, Museen und Bibliotheken zu sichern, zu ergänzen und auszuwerten«, eine Aufgabe sicherlich, die nicht immer im wünschenswerten Maße öffentliche Förderung erfahren hat.

In Archiven, vor allem aber in Bibliotheken der Bundesrepublik Deutschland und Berlin (West) gab und gibt es eine Reihe einschlägiger Altbestände über die deutschen Ostgebiete in den Grenzen von 1914 oder 1937 sowie über die »Auslandsdeutschen« in Ostmittel-, Ost- und Südosteuropa nach dem Gebietsstand von 1937, die allerdings zumeist nicht unter einem spezifisch »ostdeutschen« Gesichtspunkt erschlossen sind. Über einzelne Persönlichkeiten, die durch Herkunft, Biographie oder Tätigkeit mit dem deutschen Osten im weitesten Sinne verbunden sind, finden wir vor allem dann Materialien in Bibliotheken und Archiven, wenn sie von überregionaler Bedeutung waren oder wenn sie, wie z.B. Schopenhauer, lange Zeit im Westen Deutschlands gelebt haben und dort gestorben sind. Über einen bedeutenden Philosophen wie den Königsberger Immanuel Kant informiert jede philosophische Seminarbibliothek, jede mittlere öffentliche Bücherei wird Werke von und über Gerhart Hauptmann oder Josef von Eichendorff besitzen.

Schwieriger wird die Literatursituation bei Persönlichkeiten von nach allgemeiner Auffassung regionaler Bedeutung, schwierig ist in vielen Fällen auch die Beschaffung regionaler, heimatkundlicher Literatur, wie sie vor 1945 häufig im Selbstverlag von Vereinen, Gemeinden oder einzelnen Heimatforschern erschienen ist, wie vergleichbare Literatur nach 1945 häufig von Heimatkreis- und Heimatortsgemeinschaften außerhalb des Buchhandels herausgegeben worden ist und wird.

Während aber gedruckte Materialien — bei aller Seltenheit im Einzelfall — in mehrfacher Ausfertigung vorliegen, handelt es sich bei Archivalien um Unikate, die nur einmal in einem Archiv oder einer Handschriftensammlung existieren. Bei den Bibliotheken waren große einschlägige Bestände mit der Staatsbibliothek Preußischer Kulturbesitz, also einem Teilbestand der alten Preußischen Staatsbibliothek, nach Westdeutschland gelangt, jedoch lange Jahre wegen des fehlenden alphabetischen Katalogs praktisch unzugänglich; von großer Bedeutung waren und sind neben anderen auch die Bestände der Bayerischen Staatsbibliothek München sowie der Niedersächsischen Staats- und Universitätsbibliothek Göttingen. Systematisch erschlossen ist von diesen Einzelbeständen außer durch nur in der Bibliothek verfügbare ältere »Realkataloge« von den größeren Altbeständen durch gedruckte Kataloge nur der der Niedersächsischen Landesbibliothek Hannover.

Bei den Archiven war und ist die Lage allerdings naturgemäß wesentlich schlechter: Von den großen ostdeutschen Staatsarchiven war einzig ein großer Teil des Königsberger Staatsarchivs in »den Westen« gelangt; daneben war als geschlossener Bestand nur das Revaler Stadtarchiv hier verfügbar. Für die preußischen Ostprovinzen stellt das Geheime Staatsarchiv Preußischer Kulturbesitz den größten geschlossenen historisch überkommenen Archivfond dar. Darüber hinaus verfügen einzelne Archive dort, wo historisch Beziehungen vorgelegen haben, über einschlägige Bestände, wie z.B. das Nürnberger Archiv. Viele Stadtarchive haben zu Einzelfragen Bestände, deren Wert allerdings zumeist nicht sehr hoch zu veranschlagen ist.

Die Aufgabe, die sich bereits in den frühen fünfziger Jahren stellte, war: Erschließung und Komplettierung der vorhandenen Bestände, Schaffung von Ersatzeinrichtungen usw. Zentrale Nachweise für Landkarten, Archivalien, Museumsgut sowie Bücher und Zeitschriften wurden begonnen, von denen einzig der »Gesamtkatalog Ostmitteleuropa« im Johann Gottfried Herder-Institut (Marburg/Lahn) fortgeführt werden konnte.

Eine systematische Darstellung sämtlicher einschlägiger Sammlungen von der Heimatkreisebene bis zum Gesamtraum der Vertreibungsgebiete in Ostmittel-, Ost- und Südosteuropa liegt, nachdem Gerhard Teich 1978 immerhin die Sammlungen von überregionaler Bedeutung im Rahmen der übrigen Osteuropasammlungen dokumentiert und Heinrich Kuhn 1983 die sudetendeutschen Heimatsammlungen mustergültig vorgestellt hat, erst seit diesem Jahr im Druck vor.

Archive

Unter den vor 1945 entstandenen Archiven kommt dem *Geheimen Staatsarchiv Preußischer Kulturbesitz* in Berlin besondere Bedeutung zu. Es ist zuständig für die im Gebiet der Bundesrepublik Deutschland befindlichen Archivalien der ehemaligen preußischen Zentralbehörden, die allerdings zu größeren Teilen im Staatsarchiv der DDR in Merseburg und Potsdam lagern, für Archivalien der früheren preußischen Ostprovinzen, des Brandenburgisch-Preußischen Hausarchivs sowie der Stiftung Preußischer Kulturbesitz und ihrer fünf Einrichtungen. Von besonderer Bedeutung sind die Teile des ehemaligen Staatsarchivs Königsberg/Pr., darunter die Archive des Deutschen Ordens in Preußen, Briefarchiv und Akten des Herzogs in Preußen, Akten von Regierung und Verwaltung in Ostpreußen sowie Teilbestände von Akten der übrigen preußischen Ostprovinzen, Akten der preußischen Ministerien mit Bezug auf die früheren preußischen Ostprovinzen, ostdeutsche Kirchenbücher, Karten, Risse und Pläne aus den östlichen Provinzen Preußens, Akten des Memelländischen Landtags sowie der Regierungen Danzig und Marienwerder, dazu bedeutende Nachlässe mit ostdeutschem Bezug.

Für die Deutschen außerhalb der Grenzen des Deutschen Reiches von 1937 ist das 1919 entstandene *Politische Archiv des Auswärtigen Amtes* (Bonn) von zentraler Bedeutung. Die dort erhaltenen Akten sind die Grundlage zahlreicher einschlägiger wissenschaftlicher Untersuchungen gewesen. Auch die Landesarchive wie das Bayerische Hauptstaatsarchiv in München verfügen zum Teil über einschlägige Archivalien nicht nur für die Zeit nach 1945 (Eingliederung der Vertriebenen).

Von besonderer Bedeutung sind neben den staatlichen Archiven die beiden kirchlichen Zentralarchive in der Bundesrepublik Deutschland. Das *Evangelische Zentralarchiv Berlin* verfügt im Bestand »Evangelischer Oberkirchenrat« für die Jahre 1850–1945 wichtige Akten über die ehemaligen preußischen Ostprovinzen, für die Neumark entsprechende Unterlagen im Depositalbestand »Konsistorium Berlin-Brandenburg«. Von einzelnen ostdeutschen Kirchengemeinden werden Lagerbücher, Protokollbücher und Pfarrakten verwahrt. Die *Kirchenbuchstelle* ist die zentrale Nachweis- und Sammelstelle für die Kirchenbücher aus den einstigen östlichen Kirchengebieten der Evangelischen Kirche der altpreußischen Union, sofern sie in die Bundesrepublik Deutschland und nach Berlin (West) gelangt sind. Hinzu kommen 660 Militärkirchenbücher der ehemaligen preußischen Armee, die Kirchenbücher einiger deutscher Auslandsgemeinden und die Kirchenbücher und Karteien aus den Flüchtlingslagern in Dänemark (1945–47). Siegelsammlung, Bildersammlung, Kartensammlung sowie Vasa Sacra (liturgisches Gerät und sakrale Kunst) aus ehemaligen ostdeutschen Kirchengemeinden ergänzen den Bestand. Das entsprechende katholische *Bischöfliche Zentralarchiv Regensburg* umfaßt die Kirchenbuchbestände des früheren zentralen Katholischen Kirchenbuchamtes München. Es beherbergt zugleich die Bibliothek des *Instituts für ostdeutsche Kirchen- und Kulturgeschichte.*

Die historische Diele im Gebäude des Nordostdeutschen Kulturwerkes, Lüneburg.

In genealogischen und anderen Personenarchiven wie z.B. dem *Deutschen Adelsarchiv* in Marburg/Lahn finden sich ebenfalls einschlägige Unterlagen, war doch der ostdeutsche Raum eingebunden in die Gesamtentwicklung der deutschen Geschichte. Für die Gebiete, die – wie die böhmischen Länder, das historische Ungarn oder Schlesien bis 1742 – zur Habsburger Monarchie gehört haben, sind für die Zeit bis 1918 die Wiener Archive ergiebig.

Die Handschriftensammlungen und Nachlässe nicht nur älterer Bibliotheken enthalten öfters einschlägige Materialien ostdeutscher Provenienz. An Literaturarchiven ist vor allem das *Deutsche Literaturarchiv – Schiller-Nationalmuseum* in Marbach am Neckar zu nennen.

Unter den nach 1945 entstandenen Archiven hat das *Bundesarchiv Koblenz* für den ostdeutschen Bereich besondere Bedeutung. Neben einschlägigem Archivgut der oberen und obersten Reichsdienststellen und der westzonalen und bizonalen Verwaltungen nach 1945 ist für den ostdeutschen Bereich insbesondere die *Ostdokumentation* von besonderer Bedeutung, die ihre Entstehung teils der Sammeltätigkeit des Archivs selbst, teils der anderer wissenschaftlicher Institutionen sowie der von Vertriebenenorganisationen unterstützter Arbeitskreise, teils den Verwaltungsbedürfnissen von Behörden der Bundesrepublik Deutschland verdankt. Die Sammlungen der *Ostdokumentation* enthalten zeitgeschichtliche Dokumentationen überwiegend in der Form von Zeugenschrifttum, Befragungsberichten und Tätigkeitsberichten für die Jahre 1930–1947. Von Bedeutung ist hier auch der Aktenbestand des *Bundesministeriums für Vertriebene, Flüchtlinge und Kriegsgeschädigte* (1949–1969).

Nach 1945 zusammengetragen wurden im Zuge der »Flüchtlingsverwaltung« die Akten der Heimatauskunftsstellen, die Vermögensverhältnisse dokumentieren, die Unterlagen der im Kirchlichen Suchdienst zusammengeschlossenen Heimatortskarteien, die Lastenausgleichsakten der Kommunal-, Landes- und Bundesbehörden sowie die Aktenbestände der für Vertriebenen- und Flüchtlingsfragen zuständigen Ministerien, Mittel- und Unterbehörden in den Ländern, dazu kleinere Archive von Vertriebenenorganisationen. Das in Bayreuth im Aufbau befindliche *Zentralarchiv für den Lastenausgleich* soll hier die zentrale Sammelstelle werden.

Kleinere Sammlungen von Archivalien finden wir in fast allen Heimatsammlungen. Besonderes Gewicht haben die zentralen archivalischen Sammlungen für einzelne Heimatgebiete wie das *Sudetendeutsche Archiv* in München, das *Siebenbürgische Archiv* in Gundelsheim, das *Nordostdeutsche Archiv* im Rahmen des Nordostdeutschen Kulturwerks e.V. in Lüneburg, das nur ehrenamtlich betreute *Heimatarchiv der Deutschen aus Mittelpolen und Wolhynien* in Mönchengladbach und andere. Ein *Zentralkatalog von Quellen zur Geschichte Ostdeutschlands und Ostmitteleuropas in Archiven der Bundesrepublik Deutschland* wurde begonnen, aber nicht abgeschlossen, und ist im Archiv des Johann Gottfried Herder-Instituts in Marburg zugänglich.

Besonders zu nennen wären außer den *Kartensammlungen*, von denen die der Staatsbibliothek Preußischer Kulturbesitz in Berlin, des Johann Gottfried Herder-Instituts (Marburg) und des Nordostdeutschen Kulturwerks e.V. in Lüneburg besondere Erwähnung verdienen, die *Bildarchive*, wie wir sie bei fast allen einschlägigen Sammlungen vorfinden und bei denen wiederum die Staatsbibliothek Preußischer Kulturbesitz und das Johann Gottfried Herder-Institut besonders hervorzuheben sind, bei denen aber auch Spezialsammlungen wie das Göttinger Bildwerk e.V. oder das Bildarchiv Foto-Marburg über bedeutende einschlägige Bestände verfügen.

Die Archivsituation ist für den Bereich der ostdeutschen Kulturarbeit für die einzelnen Heimatgebiete ungleich und insgesamt, gemessen zumindest an den Arbeitsbedingungen in der westdeutschen historischen Landesforschung, notgedrungen unbefriedigend, auch wenn sie vielfach besser ist, als allgemein angenommen wird. Der Nachweis von »im Westen« verfügbaren Archivalien könnte verbessert werden. Manches Archiv im westeuropäischen Ausland bietet – wie etwa das für Oberschlesien 1919–1937 und die Freie Stadt Danzig 1919–1939 reiche Archiv des Völkerbunds in Genf – noch ungenutztes Archivmaterial.

Bibliotheken

Die älteren, vor 1945 entstandenen Staats-, Hochschul-, Landes- und Stadtbibliotheken besitzen großenteils beachtenswerte Sammlungen wissenschaftlicher Veröffentlichungen aus den Vertreibungsgebieten, die vielfach aus Tauschbeziehungen resultieren. Zumeist wurden diese Bestände aber nach 1945 nicht weiter ausgebaut.

Die wissenschaftlichen Veröffentlichungen der Universitäten Breslau und Königsberg, der Technischen und anderen Hochschulen im preußischen Osten sowie der Deutschen Universität in Prag, dazu die Publikationen der deutschen wissenschaftlichen Gesellschaften, wie sie vor dem Zweiten Weltkrieg in Polen, der Tschechoslowakei, in Rumänien und in Estland bestanden, liegen selbstverständlich in den älteren Hochschulbibliotheken von Bonn, Marburg, Münster, Tübingen usw. vor, behandeln allerdings überwiegend keine landeskundlichen, sondern fachwissenschaftliche Probleme. Ergiebiger als viele Hochschulbibliotheken erwiesen sich häufig ältere Stadtbibliotheken, die aus den Tauschbeziehungen der jeweiligen Geschichts- und Heimatvereine mit ihren Partnergesellschaften in den Ostgebieten des Deutschen Reiches oder mit den deutschsprachigen Gesellschaften im Ausland wie dem *Verein für Geschichte der Deutschen in Böhmen* oder dem *Verein für Siebenbürgische Landeskunde* deren Zeitschriften und Publikationsreihen mit erfreulicher Vollständigkeit bis in die Jahre des Zweiten Weltkriegs hinein geführt haben. Nicht vorhanden waren in der Regel eher heimatkundliche Veröffentlichungen wie Ortschroniken o.ä., Vereinsgeschichten, Jubiläumsschriften und dergleichen, die zumeist außerhalb des Buchhandels erschienen sind. Nicht fortgeführt wurden nach 1945 ebenfalls »auslandsdeutsche« Spezialsammlungen wie die Bibliothek des 1917 gegründeten Instituts für das Deutschtum im Ausland, jetzt *Institut für Auslandsbeziehungen*, in Stuttgart oder des *Instituts für Grenz- und Auslandsdeutschtum* der Universität Marburg (jetzt überwiegend im Besitz der Universitätsbibliothek Marburg). Dagegen sammeln Spezial- und Zentralbibliotheken wie die *Bibliothek für Weltwirtschaft* in Kiel, die *Bergbaubibliothek* in Essen usw. für ihre jeweiligen Spezialgebiete laufend auch regional einschlägige Literatur aus den Vertreibungsgebieten in Ostmittel-, Ost- und Südosteuropa.

Das Angebot öffentlicher Bibliotheken an hier einschlägiger Literatur ist dagegen sehr zufällig und hängt vor allem davon ab, welche Titel der Buchhandel anbietet. Zur selben Zeit können die wissenschaftlichen Allgemeinbibliotheken schon aufgrund ihrer Aufgabenstellung Literatur zu ostdeutschen Fragen nur in ähnlich bescheidenem Rahmen anbieten, da ihnen – wie den öffentlichen Bibliotheken – die Lückenschließung durch Antiquariatsankäufe u.ä. in der Regel nur für Sammelschwerpunkte möglich ist. Die durch den Verlust oder die Unzugänglichkeit der ostdeutschen Landes- und Stadtbibliotheken sowie der deutschen Vereinsbibliotheken außerhalb der Grenzen des Deutschen Reiches entstandenen Lücken schließen deshalb im Rahmen ihrer Möglichkeiten ostdeutsche Spezialbibliotheken, deren Angebot das der übrigen öffentlichen und wissenschaftlichen Bibliotheken ergänzt.

Bereits 1948 entstand mit der *Bücherei des deutschen Ostens* in Herne in städtischer Trägerschaft eine erste »ostdeutsche Bibliothek« mit überregionaler Aufgabenstellung, die sich vor allem auf das Schrifttum konzentrierte, das traditionell nicht von westdeutschen Bibliotheken gesammelt wurde. Durch besondere, personalintensive Serviceleistungen wie Auskunftsdienst, Direktversand an Leser in der gesamten Bundesrepublik und im europäischen Ausland erschließt sie ihre Bestände für einen weiten Leserkreis, auch wenn sie in den vergangenen beiden Jahrzehnten mit Personal- und Geldproblemen zu kämpfen hatte. Die Übernahme in die Trägerschaft einer zu gründenden *Stiftung Martin Opitz-Bibliothek* mit geändertem Namen und erweiterter Aufgabenstellung als »zentrale ostdeutsche Bibliothek« ist für 1989 beabsichtigt.

Als vergleichbare wissenschaftliche Spezialbibliothek trat ihr die Bibliothek des 1950 als Einrichtung des Johann Gottfried Herder-Forschungsrates ins Leben gerufenen *Johann Gottfried Herder-Instituts* in Marburg zur Seite, das von Anfang an im Rahmen der Beschäftigung mit »Ländern und Völkern Ostmitteleuropas« stets den deutschen Anteil gebührend berücksichtigt hat, allerdings für die Rußlanddeutschen und die Südostdeutschen nicht zuständig ist. Daneben besitzen selbstverständlich Einrichtungen wie die *Ostdeutsche Galerie* in Regensburg oder das *Geheime Staatsarchiv Preußischer Kulturbesitz* in Berlin Bibliotheken, die aber als Präsenzbibliotheken nur am Ort benutzbar sind, dienen sie doch in erster Linie den dienstlichen Bedürfnissen der jeweiligen Einrichtungen. Gleiches gilt auch für die wohl vollständigste Sammlung der Vertriebenenpresse, die der *Göttinger Arbeitskreis* in Göttingen besitzt. Während die auslandsdeutsche Presse der Zwischenkriegszeit in den Beständen des Stuttgarter Auslandsinstituts mit erstaunlicher Vollständigkeit vorhanden ist, bestehen in der Bundesrepublik Deutschland Lücken generell für die ältere Zeit und für die Presse der preußischen Ostprovinzen. Die *Deutsche Presseforschung* an der Universitätsbibliothek Bremen und das *Mikrofilmarchiv der deutschen Presse* in Dortmund sind bemüht, diese Lücken durch den Erwerb von Mikroverfilmungen zu schließen, was z.B. für Schlesien schon zu beachtlichen Teilen gelungen ist, wogegen für Ostpreußen viele Zeitungen durch den Verlust der Königsberger Bibliotheken gar nicht mehr nachweisbar sind.

Ein ähnlich weites Spektrum wie die Bücherei des deutschen Ostens in Herne bieten die Bibliotheken der *Häuser des deutschen Ostens* in Düsseldorf und München, des *Deutschlandhauses* in Berlin sowie — seit kurzem — des *Hauses der Heimat* in Stuttgart, die — in Trägerschaft der jeweiligen Bundesländer — vor allem Leser aus dem Bereich des Sitzlandes mit Literatur versorgen. Von örtlicher Bedeutung sind einzelne ostdeutsche Büchereien, wie sie z.B. einzelne BdV-Kreisverbände oder die Ortsgruppen einzelner Landsmannschaften unterhalten.

Seit den sechziger Jahren sind für einzelne Heimatregionen und Heimatlandschaften Bibliotheken eingerichtet worden, so für den nordostdeutschen Raum von Mecklenburg bis ins Baltikum die *Nordost-Bibliothek* in Lüneburg, für den südostdeutschen Bereich eine lange Zeit bescheidene Bibliothek beim *Südostdeutschen Kulturwerk* in München, die jetzt durch eine Bukowina-Sammlung bedeutende Aufwertung erfahren hat. Die *Siebenbürgische Bibliothek* in Gundelsheim war eine der ersten Bibliotheken für eine einzelne Heimatlandschaft, der mittlerweile Bibliotheken für fast alle anderen Heimatbereiche zur Seite getreten sind: Eine *Schlesische Bibliothek* in Würzburg, eine oberschlesische in Ratingen-Hösel, eine Spezialbibliothek für die Mark Brandenburg in Stuttgart, eine Bibliothek für die böhmischen Länder als Gemeinschaftseinrichtung verschiedener sudetendeutschen Institutionen im *Sudetendeutschen Haus* in München, eine pommersche Bibliothek in Kiel usw. Die meisten dieser Bibliotheken sind Einrichtungen der jeweiligen Kulturwerke, Kulturstiftungen oder Landsmannschaften und sind, anders als die Siebenbürgische Bibliothek, nur am Ort benutzbar und nicht dem Leihverkehr der deutschen Bibliotheken angeschlossen. Gleiches gilt auch für die Buchbestände einzelner wissenschaftlicher Einrichtungen und Vereinigungen, etwa der Historischen Kommission für Schlesien in Mainz oder des Historischen Vereins für Ermland in Münster, die sogar nur den Mitgliedern zur Verfügung steht. Schlecht zugänglich sind häufig auch die Buch- und Zeitschriftenbestände von Heimatstuben und Heimatarchiven.

Daß die meisten dieser Bibliotheken auch über Landkarten, Bilder, Musikalien usw. verfügen, daß einige Handschriften besitzen, sei nur der Vollständigkeit halber vermerkt. Wir haben es insgesamt mit Bibliotheken unterschiedlicher Aufgabenstellung sowohl bezüglich der im weitesten Sinne ostdeutschen Heimatregionen als auch der westdeutschen Standortregion zu tun, mit Bibliotheken auch, die für unterschiedlichste Benutzergruppen gedacht sind, Bibliotheken mit dem Charakter öffentlicher Bibliotheken also wie der Bücherei des deutschen Ostens in Herne oder den Büchereien der Häuser des Deutschen Ostens und vergleichbarer Landeseinrichtungen, mit allgemein zugänglichen wissenschaftlichen Spezialbibliotheken, die der Bibliotheksfernleihe angeschlossen sind, so der Bibliothek des Johann Gottfried Herder-Instituts in Marburg oder der Siebenbürgischen Bibliothek in Gundelsheim, und mit nur eingeschränkt oder gar nicht öffentlich zugänglichen Instituts- oder Vereinsbibliotheken.

Für den Bereich Ostmitteleuropas weist der *Gesamtkatalog Ostmitteleuropa* in der Bibliothek des Herder-Instituts in Marburg einen großen Teil der einschlägigen Bestände, vor allem aber die Neuerwerbungen der Nachkriegsjahrzehnte, nach. Es ist aus personellen Gründen bislang nicht möglich gewesen, die einschlägigen Altbestände insbesondere der älteren wissenschaftlichen Allgemeinbibliotheken systematisch einzuarbeiten, so daß hier nur ein Teil des tatsächlich in der Bundesrepublik Deutschland verfügbaren Bestandes nachgewiesen wird.

Die ostdeutschen Bibliotheken haben sich in der *Arbeitsgemeinschaft ostdeutscher Bibliotheken* lose zusammengeschlossen. Die Arbeitsgemeinschaft, die sich innerhalb der Arbeitsgemeinschaft der Bibliotheken und Dokumentationsstellen der Osteuropa-, Südosteuropa- und DDR-Forschung (ABDOSD) gebildet hat, tagte in den letzten Jahren jährlich in Zusammenarbeit mit der Sektion IV (Dingliches Kulturgut und Dokumentation) der Stiftung Ostdeutscher Kulturrat und dient vor allem dem Informationsaustausch.

Insgesamt gesehen ist der Bestand an Literatur über die Ostgebiete des Deutschen Reiches in ihren verschiedenen historischen Ausdehnungen und die Deutschen in Ostmittel-, Ost- und Südosteuropa, der in der Bundesrepublik Deutschland verfügbar ist, nicht schlecht. Es müßte aber ein Weg gefunden werden, offensichtlich bestehende Lükken durch systematische Ergänzung über Mikrofilme und andere Reproduktionsformen in Zusammenarbeit mit in- und ausländischen Bibliotheken zu schließen. Wie im Bibliothekswesen allgemein fehlt es auch den ostdeutschen Bibliotheken an Personal- und Sachmitteln, um solch überregionale Aufgaben wahrzunehmen, denn Bibliotheken sind — wie Archive —, sollen sie benutzerfreundlich sein, was Auskünfte und Ausleihe betrifft, ausgesprochen personal- (und damit kosten-)intensiv.

Erscheinen Bibliotheken und Archive dem ersten Anschein nach weniger repräsentativ als museale Darbietungsformen, sichert doch nur die kontinuierliche und systematische Sammlung und Erschließung abseits kurzfristiger wissenschaftlicher oder publizistischer Konjunkturen bei ausreichender Erwerbungsmittel-, Personal- und Raumausstattung langfristig die Funktionsfähigkeit sämtlicher Bereiche ostdeutscher Kulturarbeit von der einschlägigen wissenschaftlichen Forschung über die kulturelle »Breitenarbeit« bis zum für Initiative und Breitenwirkung kaum zu unterschätzenden individuellen Interesse.

Anmerkungen

Auf Einzelnachweise zu den genannten und weiteren vergleichbaren Einrichtungen wurde verzichtet, vgl. jetzt im einzelnen *Wolfgang Kessler: Ostdeutsches Kulturgut in der Bundesrepublik Deutschland. Ein Handbuch der Sammlungen, Vereinigungen und Einrichtungen mit ihren Beständen, hrsg. von der Stiftung Ostdeutscher Kulturrat, München 1989.* Laufend berichtet über einzelne Sammlungen vor allem die Zeitschrift *Der gemeinsame Weg.*

LITERATURAUSWAHL

ARCHIVBESTÄNDE zur Geschichte der böhmischen Länder (Wissenschaftliche Beiträge und Materialien zur Geschichte und Landeskunde der böhmischen Länder), München 1966

CHMIELEWSKI, Horst von/HAGELWEIDE, Gert: Bestandsverzeichnis der deutschen Heimatvertriebenenpresse, München 1982

KESSLER, Wolfgang (Bearb.): Bücherei des deutschen Ostens »Herne«. Bestandskatalog, Bd. 1—5, Herne 1982—1989

DERS. (Bearb.): »Ostdeutsche« Bibliotheken in der Bundesrepublik Deutschland. Bestandsaufnahme und Grundzüge einer Konzeption, in: 13. ABDOSD-Tagung, Wien, 28.—30. Mai 1984, Referate und Beiträge (Staatsbibliothek Preußischer Kulturbesitz, Veröffentlichungen der Osteuropa-Abteilung), Berlin 1984, S. 121—129

DERS.: Ost- und südostdeutsche Heimatbücher und Ortsmonographien nach 1945, München 1979

DERS.: Ostdeutsches Kulturgut in der Bundesrepublik Deutschland. Ein Handbuch der Sammlungen, Vereinigungen und Einrichtungen mit ihren Beständen, München 1989

KUHN, Heinrich: Sudetendeutsche Heimatsammlungen, München 1985[2]

TEICH, Gerhard: Topographie der Osteuropa-, Südosteuropa- und DDR-Sammlungen, München 1978

Die Vertriebenen im Spannungsfeld der publizistischen Medien

Heinz Rudolf Fritsche

Es gibt in der Bundesrepublik Deutschland kaum eine gesellschaftliche Gruppierung, die im Spannungsfeld der publizistischen Medien so andauernd häufig Opfer mißverständlicher Meinungen oder gar einseitig-indoktrinärer Informationspolitik geworden oder gewesen ist, wie die Vertriebenen und die Sprecher ihrer Vereinigungen und Verbände. Lange Jahre hindurch ist das Verhältnis der Vertriebenen zu den Medien und umgekehrt von einer latenten Gereiztheit begleitet gewesen, die sich zwischenzeitlich bis zur offenen Feindschaft dort auszuweiten drohte, wo Ärger und Unbehagen an die Grenze des Erträglichen gerieten. Mit unterschiedlicher Schärfe richtete sich die Kritik ebenso gegen die elektronischen wie gegen die Printmedien, wobei das Fernsehen den Groll der Betroffenen jeweils am meisten auf sich zog. Gleichwohl gab es in dieser auf beiden Seiten anzutreffenden Befindlichkeit durchaus Abschnitte unterschiedlicher Intensität im polemischen Widerstreit der Gegensätzlichkeiten. Das allgemeine politische Kräftespiel vor allem im Umfeld deutschlandpolitischer Auseinandersetzungen gab jeweils den äußeren Anstoß hierzu.

Der Programmdirektor des Deutschen Fernsehens, der aus Stolp in Pommern stammende Dietrich Schwarzkopf erklärte, Ende April 1979, also vor nunmehr zehn Jahren, vor Journalisten in Köln, daß die Vertreibung der Deutschen ein Thema sei, das nun auch im Fernsehen einmal umfassend behandelt werden müßte. Dieses Eingeständnis einer späten Einsicht war eigentlich ein entlarvender Beweis dafür, daß der Vorgang der Vertreibung mit seinen historischen Ursachen, politischen Hintergründen und menschlichen Begleitumständen bis dahin offenbar nur sehr oberflächlich, wenn nicht sogar widerwillig in das Bewußtsein derer eingegangen war, denen es in den Redaktionen der Medien obliegt, Zeitgeschehen und Zeitgeschichte so aufzuarbeiten und darzustellen, daß die Öffentlichkeit sachgebundene und vorurteilsfrei dargebotene Informationen erhält. Indessen hat es gerade bei den Vertriebenen immer wieder Zweifel gegeben, ob die geradezu klassische Devise der BBC London als der Groß- und Ziehmutter der elektronischen Medien nicht nur in Deutschland in der heutigen journalistischen Praxis noch ihre Geltung habe, nämlich »nichts hinzufügen und nichts weglassen, nichts beschönigen und nichts verdammen, einfach informieren, die Dinge sagen, wie sie sind«.

Für eine kritische Bestandsaufnahme zum ostpolitischen Programmbereich der elektronischen Medien, soweit er die Thematik der Vertreibung und der Vertriebenen wie vor allem auch die der Vertreibungsgebiete einbezieht, hat es ebenso wie im Verhältnis zu den Printmedien, also der Presse, wiederholt Anlässe gegeben, bei denen es den Vertriebenen schwerfiel, gelassen zu bleiben und leidenschaftslos zu reagieren. Dennoch haben sie durchaus anerkennend auch einräumen müssen, daß es nicht überall die von ihnen mit Argwohn beanstandete, als einseitig und unausgewogen empfundene Berichterstattung gibt und gab und daß nicht überall Journalismus mit ideologisch fixierter Selbstüberschätzung gleichgesetzt, nicht überall journalistische Sorgfaltspflicht mit abwertenden Begriffen wie rückständig oder gar reaktionär belegt werden darf. Der Zwiespalt kennzeichnet das Verhältnis der Vertriebenen zu den Medien und umgekehrt als das einer latenten Spannung bis zu gelegentlicher Erschütterung jeglichen Vertrauens. Und so scheint es, als sei es bislang nur unvollkommen gelungen, solcherlei Vorbehalte auszuräumen.

Das Wächteramt der Vertriebenenpresse

In den von den Vertriebenen und ihren Organisationen herausgegebenen Zeitungen, Zeitschriften und Mitteilungsblättern sind derlei Vorgänge im allgemeinen kritisch und gelegentlich auch mit abwehrender Heftigkeit registriert worden. Aber da diese Presseerzeugnisse, unter ihnen vor allem die vielen Heimatkreisblätter und Heimatbriefe, sich zunächst nur an die Betroffenen selber wandten und wenden, blieb deren Öffentlichkeitswirkung trotz der seit Jahrzehnten nahezu konstant gebliebenen Zahl der Publikationsorgane gering. Das galt und gilt mit wenigen Ausnahmen auch für die Wochenzeitungen der landsmannschaftlichen Zusammenschlüsse oder für die auf die allgemeine Öffentlichkeit hin ausgerichteten überregionalen Presseerzeugnisse, wie z.B. die 1947 zunächst als »Mitteilungsblatt für Neubürger« gegründete Wochenzeitung »Die Brücke« oder den etwa gleichzeitig entstandenen »Ost-West-Kurier«. Immerhin versuchten sie, durch mehrfache, dem Zeitwandel entsprechende Anpassung der Unterzeilen ihrer Zeitungstitel die erstrebte Außenwirkung zu erreichen, ohne daß allerdings meßbare Erfolge sichtbar wurden.

Erst die Einführung eigener Pressedienste eröffnete den Herausgebern die Möglichkeit, für die Sache der Vertriebenen auch über den eigenen Kreis hinaus wirksam zu werden. So begann der Göttinger Arbeitskreis ostdeutscher Wissenschaftler ebenfalls schon 1947 mit der Herausgabe des »Heimatvertriebenen-Pressedienstes« (hvp), der bis 1974 bestanden hat und journalistisch vorbildlich und inhaltlich wirksam redigiert worden war. Ihm folgte von 1959 an der aus der früheren »Vertriebenen-Korrespondenz« (VK) hervorgegangene »Deutsche Ostdienst« (DOD) des Bundes der Vertriebenen und seiner Landsmannschaften, der inzwischen auch außerhalb der Bundesrepublik Deutschland zu einem mit besonderer Aufmerksamkeit beobachteten Organ geworden ist, dessen Informationen und Interpretationen besonders in jüngster Zeit auch fühlbare politische Wirkungen ausgelöst haben. In den Kreis dieser Dienste gehört auch die seit 1968 in ihrer jetzigen Gestaltung von der Stiftung Ostdeutscher Kulturrat in Bonn herausgegebene »Kulturpolitische Korrespondenz« (KK), die ihr Verbreitungsgebiet längst auch in das Ausland und bis nach Übersee ausdehnen konnte.

Herausgeber, Redakteure und Mitarbeiter haben bei aller unterschiedlichen Zielrichtung ihrer Publikationsorgane immer darauf bestanden, daß das Recht auf die Heimat und das Selbstbestimmungsrecht in der tagespolitischen Diskussion nicht verwässert und aus den innen- wie außenpolitischen Entscheidungen nicht ausgeklammert wird. Mit diesem ihrem selbstgewählten Auftrag hat die Vertriebenenpresse in den zurückliegenden Jahrzehnten – und sie tut es inzwischen eindringlicher als je zuvor – das aktuelle Geschehen mit ihren Kommentaren begleitet und da und dort »zur Entfaltung des politischen Denkens in der Bundesrepublik Deutschland beigetragen« (Karl O. Kurth). Sie förderte zugleich, und dies besonders in ihren fachlich und wissenschaftlich ausgerichteten Organen, die Verbreitung der von anerkannten Staats- und Völkerrechtlern vertretenen Thesen zu Fragen einer langfristig anzulegenden Deutschlandpolitik und erweist damit gegen manche Unterstellungen und von wenigen Ausnahmen abgesehen ihre von hohem journalistischem Engagement getragene Überparteilichkeit.

Insgesamt ist die Vertriebenenpresse auch bei allmählich zurückgehender Auflagenzahlen noch immer ein wichtiger Faktor auf dem vielschichtigen Feld der publizistischen Medien. In ihr wird nachhaltig und unbeirrt das in der Präambel des Grundgesetzes verankerte Gebot zur Wiederherstellung der Einheit Deutschlands gegen alle Aufweichungstendenzen ebenso vertreten wie der in der Charta der deutschen Heimatvertriebenen von 1950 feierlich verkündete Verzicht auf Rache und Vergeltung. Die in diesem Zusammenhang oft wiederholte Mahnung, daß kein Politiker das Recht habe, gegen die bindenden Beschlüsse etwa des Bundesverfassungsgerichtes von 1973, 1975 und 1987 zu handeln, belegt das Wächteramt der Vertriebenenpresse. Daß sie dabei in der Auseinandersetzung mit Stimmen der allgemeinen Publizistik oft in die Ecke eines unzeitgemäßen Nationalismus gerückt wird, ist ebenso unbegründet wie bezeichnend dafür, daß verantwortungsbewußte Wachsamkeit im politischen Alltag nicht immer Zustimmung hervorruft und damit zeitweilig auch zum Ärgernis werden kann.

Am heftigsten zeigte sich die kritische Beobachtung der politischen Zeitströmungen in den Jahren der Vorbereitung der Ostverträge im Vorfeld der sozialliberalen Koalition oder im Streit um die Ostdenkschrift der EKD. Hier erwiesen sich die Vertriebenen und die Sprecher ihrer Organisationen als Wegweiser in entscheidenden Entwicklungen der deutschen Nachkriegsgeschichte. Es ist nicht unberechtigt, zu sagen, daß vor allem die Vertriebenen in ihrer Publizistik dafür eintraten, daß »eine neue Art von ›Staatsgesinnung‹ unter Zugrundelegung der alten preußischen Begriffe von öffentlicher Moral sowie des Pflichtgedankens gemäß der Philosophie Immanuel Kants entwickelt werden müßte« (Karl O. Kurth). Daß solchermaßen verankerte Staatstreue mitunter gegen den Keim von Staatsverdrossenheit, die die Haltung der Vertriebenen gelegentlich zu bestimmen drohte, sich als widerstandsfähig erwies, weist diese Bevölkerungsgruppe als eine der zuverlässigsten Säulen im Bau und im Aufbau der Bundesrepublik Deutschland aus.

Die Mittlerrolle des Hörfunks

Unter dem Gesichtspunkt, Öffentlichkeit herzustellen und zu erreichen, müssen die Voraussetzungen für die an die elektronischen Medien gerichteten Erwartungen differenzierter gesehen werden, als das gemeinhin zu beobachten ist. Hier haben Hörfunk und Fernsehen ihre jeweils eigene Dramaturgie und Intensität, und hier stellt sich Öffentlichkeitswirkung, ob regional oder überregional, jeweils nach der medienspezifischen Eigenständigkeit her. Hörfunk einerseits und Fernsehen andererseits werden im Urteil der Vertriebenen ohnehin unterschiedlich beurteilt. Eine erschöpfende Beurteilung der in den regionalen Bereichen der einzelnen Landesrundfunkanstalten verbreiteten Hörfunkprogramme ist indes nur schwer möglich. Immerhin weiß man, daß es noch heute bei mindestens drei Rundfunkanstalten besondere Sendungen und Sendereihen zu dem hier angesprochenen Themenkreis als regelmäßige Programmeinrichtungen gibt, daß diese allerdings zu den von den jeweiligen Redakteuren zäh verteidigten Reservaten gehören, die aus einem ursprünglich größer und vielfältiger gewesenen Angebot auch anderer Rundfunkanstalten noch übrig geblieben waren.

Die Presse der Heimatvertriebenen im Überblick.

In München gab es schon bald nach dem Krieg, also zu jener Zeit, als Radio München noch ein Sender der amerikanischen Militärregierung war, ein »Büro Dr. Hupka«, aus dem 1950 eine eigenständige Ostfragen-Redaktion des Bayerischen Rundfunks hervorging, die heute nach Günther Milbradt, der aus dem westpreußischen Dirschau stammte, von Hans-Ulrich Engel, aus Drossen in der Neumark gebürtig, geleitet wird. Ähnlich wie in München verlief die Entwicklung in Stuttgart. Hier war es der aus Breslau stammende Schlesier Albrecht Baehr, der ebenfalls noch zu Zeiten der amerikanischen Kontrolloffiziere das Wagnis einging, regelmäßige Heimatsendungen für die Vertriebenen in das Programm einzubringen. Die erste Sendung dieser Art war am 4. Juni 1948 eine Hörfolge unter dem Titel »Schlesisches Himmelreich«, die besonders bei der angestrebten Zielgruppe und darüber hinaus eine starke Wirkung hinterließ. Die Einführung von Vertriebenensendungen beim Westdeutschen Rundfunk in Köln im Jahre 1950 ist mit dem Namen von Wilhelm Matzel verbunden, der aus dem oberschlesischen Oppeln stammte. Ihm ist die Einführung der Sendereihen »Alte und neue Heimat« und »Zwischen Rhein und Oder« zu danken, die auch nach seinem Tode 1967 von seiner Nachfolgerin Dr. Brigitte Obendorfer fortgeführt wurden. Ihr folgten 1971 zunächst Heinrich Schindler und 1975 schließlich der Oberschlesier Franz Kusch als verantwortliche Redakteure der ost- und mitteldeutschen Programmbeiträge.

Während hier also immer noch weitgehend verantwortungsvoll weitergearbeitet wird, der Vergangenheit wie der Gegenwart und der Zukunft zugewandt, so gibt es freilich auch dissonante Beobachtungen, die sich etwa auf Aussagen oder Auffassungen beziehen, wie sie mitunter im Schulfunk oder im Jugendfunk vertreten werden oder wie sie zum Beispiel auch im Unterhaltungssektor auftreten, wenn etwa kabarettistische Programmteile sich mit Ost- oder Vertriebenenfragen befassen zu müssen glauben. Ein gewisses innerredaktionelles Regulativ im Sinne auch übergreifender Wirkungen auf andere Abteilungen und Ressorts mag indes auch darin liegen, daß die in München, Stuttgart und Köln für die Vertriebenensendungen verantwortlichen Redakteure selber Ost- oder Mitteldeutsche sind, ebenso wie die meisten ihrer ständigen Mitarbeiter.

Bisher jedenfalls ist die Kontinuität solcher Redaktionsarbeit sowohl in der Sache als auch was die Personen betrifft erhalten geblieben. Kritisch wird es immer nur dann, wenn ein personeller Wechsel in der jeweiligen Programmverantwortung eintritt. Ein solcher Wechsel vollzog sich in jüngster Zeit beim Süddeutschen Rundfunk in Stuttgart. Hier trat an die Stelle von Gottfried Wolf, einem Mitteldeutschen aus Plauen im Vogtland, der Leiter des Ressorts Literatur und Kunst, Dr. Ekkehart Rudolph, der aus dem altmärkischen Kreis Haldensleben stammt. Er nahm die Sendungen zur ost- und mitteldeutschen Thematik aus dem bisherigen Referat für besondere Aufgaben in sein bisheriges Arbeitsfeld mit herüber. Für den Bayerischen Rundfunk kann vermerkt werden, daß dort die Produktionen der Redaktion Ostfragen an einen besseren Sendeplatz gerückt worden sind. Die Reihe »Osteuropa und wir« sowie die den ostdeutschen Themenkreisen gewidmeten Sendungen werden jetzt nicht mehr wie bisher am frühen Nachmittag, sondern im Vorabendprogramm ausgestrahlt. Der Bayerische Rundfunk gewährt dieser Programmsparte damit optimale Möglichkeiten.

Ein Aspekt, der nach außen hin wenig in Erscheinung tritt, verdient nachdrückliche Beachtung. Der Hörfunk hat als ein der akustischen Vermittlung dienendes Instrument seine Aufgabe auch darin gesehen, der Erhaltung und Pflege der ost- und südostdeutschen Mundarten zu dienen und darüber hinaus das überkommende Lied- und Volksmusikgut der Vertreibungsgebiete zu sichern und für Sendezwecke aufzubereiten. So entstanden in Köln, Stuttgart und München Archive von unschätzbarem Wert, die da und dort auch der wissenschaftlichen Auswertung zugänglich gemacht worden sind. Ähnliches gilt für die Bewahrung der Stimmen bedeutender Persönlichkeiten des Ostens, die in den Archiven festgehalten und zu gegebenen Anlässen jederzeit wiederholbar sind. Was hier vorerst noch verstreut archiviert oder zumindest auf andere Weise sichergestellt ist, sollte alsbald, die einzelnen Sendebereiche übergreifend, zusammengefaßt und an einer allgemein zugänglichen Stelle zentral gesichert werden.

In den Ostfragen-Ressorts der drei genannten und sicher auch mancher anderer Rundfunkanstalten setzt sich aus den Erfahrungen der letzten Zeit — und hier vorwiegend bestimmt durch die neue Aktualität der Aussiedlerproblematik — die Erkenntnis durch, daß Sendungen solchen Inhalts »sich heute gegenüber früheren Jahren gediegener und aktueller gestalten lassen« (Hans-Ulrich Engel), weil Reisen in die alten Heimatgebiete, von Ausnahmen abgesehen, heute eher möglich sind. Der Begriff des »Reisekorrespondenten« mit Richtung nach dem benachbarten Osten ist in diesem Zusammenhang besonders von den Vertriebenen neu in die Diskussion gebracht worden. »Sie müßten lediglich Platz im Programm eingeräumt bekommen.« (Werner Bader). Über die verdienstvollen, aber eben doch einschränkenden »Kästchensendungen« hinaus ist hier die alle Ressorts umfassende Mittlerrolle vor allem des Hörfunks besonders gefragt. Noch mangelt es da und dort an einem durchgehenden, die einzelnen Ressorts übergreifenden Konsens.

Der Sinneswandel des Fernsehens

Vertrauensschwund gegenüber dem Fernsehen gab es seitens der Vertriebenen schon bald nach dessen Wiedereinführung in Deutschland nach dem Zweiten Weltkrieg. Vertreibung und Eingliederung lagen als spektakuläre Vorgänge des historisch-politischen wie des sozial-kulturellen Zeitgeschehens ohnehin schon ein knappes Jahrzehnt zurück. Während die Landesrundfunkanstalten am 1. November 1954 offiziell mit dem Gemeinschaftsprogramm Deutsches Fernsehen (ARD) begonnen hatten, trat das Zweite Deutsche Fernsehen (ZDF) erst rund zehn Jahre später, am 1. April 1963, auf den Plan. Jeweils fast ein Jahrzehnt oder gar rund zwei Jahrzehnte waren also bereits vergangen, als die beiden Fernsehsysteme darangingen, auch das Thema der Vertreibung und Eingliederung der Vertriebenen und Flüchtlinge in ihren Programmen darzustellen. In der Aufarbeitung dieser Problematik gab es von Anfang an Ungleichheiten zwischen dem Bild der Vertriebenen, wie diese es sahen, und dem Abbild, wie es das Fernsehen über den Bildschirm vermittelte.

Solcherlei Abweichungen lösten bald Spannungen aus, die Anfang 1957 zu einem ersten Zusammenstoß zwischen den Vertriebenen und dem Fernsehen führten. Der Streit hatte sich an der schematischen Wiedergabe von Landkarten entzündet, mit denen der Süddeutsche Rundfunk Stuttgart am 12. Februar 1957 in einer im Gemeinschaftsprogramm Deutsches Fernsehen ausgestrahlten Sendung die Oder-Neiße-Linie ohne Differenzierung als die Westgrenze Polens dargestellt hatte. Seitdem sind es wiederholt Landkarten gewesen, mit denen das Fernsehen bei den Vertriebenen Verärgerung hervorgerufen hat. Mit der Eröffnung des Farbfernsehens am 25. August 1967 setzten Überlegungen zunächst bei der ARD ein, nun allmählich auch die Wetterkarte auf Farbe umzustellen. Man nutzte die Gelegenheit, von der politischen Karte zur geographischen Karte überzugehen, mit der nachgelieferten Begründung, das Wetter mache an politischen Grenzen oder Demarkationslinien nicht halt. Die Vertriebenen argwöhnten indes, hier sei mangelnder Mut zum deutschlandpolitischen Vorbehalt »um des lieben Friedens willen« die eigentliche Ursache.

Hand in Hand mit einer solchen Zurücknahme des Deutschlandbildes wuchs das Mißtrauen, das Problem Ostdeutschland und das Schicksal seiner Menschen könnte im Selbstverständnis der Fernsehjournalisten nicht nur als unbequeme Belastung empfunden werden, es sei dort wohl noch immer auch »unbewältigt« geblieben, ein Umstand, den die Landsmannschaft Schlesien mit Unterstützung des Bundes der Vertriebenen schließlich zum Anlaß einer Aktion nahm, welche mit 60.000 Unterschriften eine »verfassungskonforme Darstellung Deutschlands in den Grenzen von 1937« in den Medien, vor allem aber im Fernsehen, forderte. Die Übergabe im Bundesministerium des Innern Ende 1988 geschah mit dem ausdrücklichen Hinweis darauf, daß das Bayerische Fernsehen in seinem Regional- wie in seinem Dritten Programm stets ein korrektes Deutschlandbild zeige. Und es wurde hinzugefügt, die öffentlich-rechtlichen Fernsehanstalten seien in besonderer Weise verpflichtet, dem Zuschauer das verfassungskonforme Bild von Deutschland in allen seinen Teilen zu vermitteln.

Der Landkartenstreit ist indes nur ein Teilaspekt im Verhältnis der Vertriebenen zum Fernsehen und seinem Programmverständnis. Da wo es um Darstellung oder Kommentierung von Ostfragen im weitesten Sinne geht, hat es Phasen der Erregtheit und solche der scheinbaren Übereinstimmung auf beiden Seiten gegeben. Zwischenzeitlich erreichte unter dem Eindruck der ersten Aussiedlerwelle die Spannung in den frühen sechziger Jahren einen hohen Grad von Brisanz. Hier war es eine kleine, aber einflußreiche Gruppe von Journalisten, die die Atmosphäre in einer Weise vergifteten, daß selbst einige Rundfunkintendanten glaubten, hier Einhalt gebieten zu müssen. Unter dem ständigen Druck derer, die sich einer selbstgewählten Kontrollfunktion verpflichtet fühlten, waren die Vertriebenen weitgehend die Wortführer, die die Fernsehsysteme in ihre von den Landesrundfunkgesetzen und Staatsverträgen her gesetzten Schranken verwiesen.

Unter dem Stichwort »Dreißig Jahre danach« öffnete sich das Fernsehen Mitte der siebziger Jahre dann doch in einer Weise, daß ihm nun nahezu vorbehaltlos Sachlichkeit und redliches Bemühen um Korrektheit in Aussage und Darstellung bescheinigt werden konnte. Sachkundige Beobachter urteilten damals: »Solange uns das Problem der Spätaussiedler beschäftigt, gab es im Fernsehen keine so überzeugende und umfassende Darstellung wie in dem ›Tagesausflug‹, den das ZDF als zweite seiner kurzen Aussiedler-Reihe ausstrahlte« (Deutscher Ostdienst, Bonn). Gemeint war eine Sendung, bei der ein aus Breslau stammender Redakteur und Reporter (Hannes Marx) an Entwurf und Ausführung maßgeblich beteiligt war. Schon damals wurde versucht, die Aussiedler in ihren Heimatorten aufzusuchen und sie mit der Kamera bis zu ihrem Ankunftsort in der Bundesrepublik Deutschland zu begleiten.

Im Jahre 1985, als Kriegsende und Beginn der Vertreibung 40 Jahre zurücklagen, ließ das Zweite Deutsche Fernsehen aufhorchen mit einer Dokumentation unter dem Titel »Das deutsche Nachkriegswunder — Leid und Leistung der Vertriebenen«. Die Sendung wurde im Verantwortungsbereich des damaligen stellvertretenden Leiters der ZDF-Redaktion für Zeitgeschichte, des aus der Umgebung von Görlitz stammenden Redakteurs Ekkehard Kuhn, produziert und fand ein durchgehend positives Echo. Die Ost- und Westpreußen in Bayern schrieben: »Hier wurden einmal objektiv die Vorgänge um Flucht und Vertreibung der Deutschen eindrucksvoll dargestellt.« Und der Beauftragte der Deutschen Bischofskonferenz für Flüchtlings- und Vertriebenenseelsorge, Weihbischof Gerhard Pieschl, sagte: »Leider kommt es nicht oft vor, daß im Fernsehen so einfühlsam und korrekt zugleich über das Schicksal der Vertriebenen und die historischen Zusammenhänge berichtet wird.« Ekkehard Kuhn hat wenig später daraus ein Buch mit dem Titel »Nicht Rache, nicht Vergeltung — Die deutschen Vertriebenen« gemacht, das 1987 in einem Münchner Verlag erschienen ist.

In den Programmen beider Fernsehsysteme stehen stellvertretend für diese neue Sichtweise sowohl die ZDF-Dokumentation »Ausharren oder Aussiedeln«, in der Klaus-

Dieter Schulz-Vobach am 25. Oktober 1988 aus Alma Ata und Karaganda berichtete, als auch die ARD-Dokumentation »Aussiedler auf dem Weg zwischen Heimat und Deutschland«, in der Carl-Heinz Ibe von den Deutschen in den Sowjetrepubliken Kasachstan, Kirgisien und Tadschikistan berichtete. Mustergültige Beispiele waren weiterhin die Fernsehfilme »Flucht und Vertreibung«, »Skizzen aus Oberschlesien« und »Skizzen von Deutschen aus der Sowetunion« von der aus Görlitz stammenden Journalistin Eva Barthold oder die Beiträge des mit dem Oberschlesischen Kulturpreis 1988 ausgezeichneten, aus Ratibor stammenden Aussiedlers Josef Cyrus »Auf der Suche nach einem Zuhause« oder »Oberschlesien – persönliche Erinnerungen«.

Auch die Kulturfilmreihe, die das Westdeutsche Fernsehen des WDR Köln im August 1988 mit Städte- und Landschaftsbildern aus dem deutschen Osten ausstrahlte, gehört hierzu, ebenso wie – wenn auch mit Einschränkungen – der Ostpreußen-Film des aus Braunsberg stammenden Politikers Rainer Barzel »Zu Besuch, aber nicht als Fremder«, den das ZDF am 6. Januar 1988 ausstrahlte und der vom Polnischen Fernsehen ungekürzt übernommen werden soll. Gleichermaßen mit Zurückhaltung vorgetragene Einwände gab es bei Sachkennern auch gegenüber den Ostpreußen-Filmen von Irmgard und Bengt von zur Mühlen »Von Königsberg nach Kaliningrad« und »Auf den Spuren Ostpreußens im Kaliningrader Gebiet«, der am 27. November 1988 in Bonn vorgestellt wurde.

Nimmt man diese Programmangebote insgesamt als Zeichen eines offensichtlich positiven Trends, so gebührt hier dem Bayerischen Rundfunk ein besonderer Rang. Hier ist nicht erst seit der Jahreswende 1986/87, als die dreiteilige Serie »Die Deutschen im Osten – Nachbarn seit 1000 Jahren« von Barbara Mai und Max Gleissl ausgestrahlt wurde, ein deutliches Engagement festzustellen. Nur sollte das nicht dazu führen, daß etwa andere Rundfunkanstalten die Ostthematik den Kollegen in München ganz und sozusagen federführend überlassen, zumal das Bayerische Fernsehen über den bayerischen Raum hinaus auch in den »Kabelinseln« anderer Teile der Bundesrepublik Deutschland empfangen werden kann. Barbara Mai und Max Gleissl, die für ihre Fernsehfilme schon 1987 den »Medienpreis der Heimatvertriebenen in Bayern« und im Jahr darauf auch den »Medienpreis der Stiftung Ostdeutscher Kulturrat« in Bonn erhalten hatten, haben inzwischen am 23. November 1988 weiter über »Elek, ein fränkisches Dorf in Ungarn« und »Zips, das Land unter der Hohen Tatra« berichtet. Schließlich gab es am 27. November 1988 im Bayerischen Fernsehen eine Wiederholung aus dem Jahre 1983 mit einem »Wiedersehen mit Rübezahl« des in München lebenden Autors Karl Heinz Kramberg. Die

Arbeit des BdV im Spiegel überregionaler Zeitungen.

Beispiele ließen sich fortsetzen auch für die meisten der anderen Rundfunk- und Fernsehanstalten.

Mitspracherecht und Partnerschaft

Mit dem Aufkommen der »neuen Medien«, also der privat betriebenen kommerziellen Programmangebote in den Bereichen Hörfunk und Fernsehen, erwachten bei den Vertriebenen Hoffnungen dahingehend, daß sich hier nun weitere Wege für die Vertretung ihrer Anliegen wie für eine möglicherweise unbefangenere Sicht der Darstellung öffnen könnten. Die Hoffnungen wurden schnell gedämpft, zumal Eigenproduktionen etwa für das Fernsehen kaum zu finanzieren sein würden. Als wichtiger wurde dagegen erkannt, möglichst ein Mitspracherecht in den Gremien der neuen Medien zu sichern. Das gelang bisher bei der Landesanstalt für Kommunikation Baden-Württemberg in Stuttgart, bei der Landesanstalt für private Rundfunkveranstalter Rheinland-Pfalz in Mainz und bei der Anstalt für Kabelkommunikation in Berlin.

Bei einem privaten Radiosender in Baden-Baden, der seine Kapazitäten über den gesamten südwestdeutschen Raum auszubreiten anstrebt, ist der Landesverband Baden-Württemberg der Vertriebenen seit Anbeginn Mitgesellschafter. Hauptgesellschafter und Geschäftsführer des privaten Hörfunksenders PRO RADIO 4 für Rheinland-Pfalz ist ein früherer hessischer Staatsminister, der aus Ostpreußen stammt und der auch in einer privaten Heidelberger Rundfunk-Gesellschaft ein wichtiges Wort mitzureden hat. Schließlich weiß man, daß der Chefredakteur des privaten Radiosenders 100,6 in Berlin aus Mitteldeutschland stammt. Bei der anhaltenden organisatorischen und personellen Fluktuation gerade in diesem Bereich ist ein umfassender Überblick allerdings kaum möglich.

Bei den öffentlich-rechtlichen Rundfunk- und Fernsehanstalten sind es die von den Vertriebenen-Organisationen entsandten Mitglieder in den Rundfunkräten, die hier einen mehr oder weniger wirksamen Einfluß ausüben können. Die einzelnen Landesrundfunkgesetze bieten solche Möglichkeiten jedoch nur in wenigen Fällen. So sind die Vertriebenen im Rundfunkrat des Süddeutschen Rundfunks Stuttgart mit drei Vertretern und mit je einem im Rundfunkrat des Norddeutschen Rundfunks und des Bayerischen Rundfunks sowie im Fernsehrat des ZDF präsent. An die Person gebundene Delegierungen durch den Bundestag haben führende Vertreter der Vertriebenen in die Rundfunkräte des Deutschlandfunks und der Deutschen Welle gebracht. Die Hessische Landesregierung delegierte ihren aus Schlesien stammenden Innenminister in den Rundfunkrat des Hessischen Rundfunks.

Möglichkeiten eines gewissen Einflusses auf die Programmangebote zur Ost- und Deutschlandpolitik bieten sich den Vertriebenen auch von außen her. Dazu gehören nicht zuletzt die verschiedenen Preise, die sie auf dem Weg über ihre Organisationen gestiftet haben und mit denen sie Anreize geben sowohl für die Autoren wie für die produzierenden Anstalten oder Verlage. Daß die Vergabe der Preise wie im Falle des Ostdeutschen Kulturrates dann auf Einladung jeweils einer anderen Rundfunkanstalt und in deren Häusern erfolgt, ist ein doch wohl deutliches Zeichen dafür, daß die Medien sich geöffnet und zugleich die gelegentlich noch anzutreffende Überempfindlichkeit gegen Kritik von außen abzulegen begonnen haben. Die unbequemen Mahner würden eine Bereinigung des durchaus nicht immer unberechtigten Mißbehagens auf Dauer begrüßen. Hier kann das Wort des Fernsehdirektors des Bayerischen Rundfunks, Wolf Feller, hilfreich sein: »Das hat nichts mit Revisionismus zu tun, sondern mit wohlverstandenem Nationalgefühl.«

LITERATURAUSWAHL

CHMIELEWSKI, Horst von/HAGELWEIDE, Gert: Bestandsverzeichnis der deutschen Heimatvertriebenenpresse, München/New York/London/Paris 1982

FRITSCHE, Heinz Rudolf: Ostdeutschland und das Bild der Vertriebenen in Hörfunk und Fernsehen – Eine kritische Bestandsaufnahme zum ostpolitischen Programmbereich der elektronischen Medien –, Stuttgart 1979

MERKATZ, Hans Joachim von (Hrsg.): Aus Trümmern wurden Fundamente, Düsseldorf 1979

Die ostdeutschen Buchverlage in der Bundesrepublik Deutschland

Herbert Fleissner

Mit der Flucht und der Vertreibung der Ost- und Sudetendeutschen nach dem Ende des Krieges ist auch das einstmals bedeutende Verlagswesen in den Heimatgebieten Ost- und Westpreußen, Pommern, Mecklenburg, Schlesien und dem Sudetenland, gänzlich untergegangen. Dieser Untergang geschah in den ersten Nachkriegsjahren unbemerkt von der Öffentlichkeit, denn es galt die Grundbedürfnisse des Lebens zu sichern.

So war eine Fortführung der Buchverlage, die es in den Vertreibungsgebieten in reichem Maße gegeben hatte, in den ersten Nachkriegsjahren im Gebiet der Bundesrepublik Deutschland so gut wie kaum feststellbar. Dennoch gab es Versuche, die später zu neuen Erfolgen führten.

In Augsburg, in einer Dachstube, begann Adam Kraft seine schon in Karlsbad im Sudetenland begonnene große Stifterausgabe von Max Steffl fortzusetzen und wieder Bücher zu verlegen.

In München-Pasing begann der Bergstadt Verlag Gottlieb Korn aus Breslau mit den Werken der Schlesier Paul Keller und Hermann Stehr und in Marburg der aus Königsberg in Ostpreußen geflohene Verleger Bernhard Koch des berühmten Gräfe und Unzer Verlages mit den Werken seiner großen ostpreußischen Autoren Agnes Miegel, Charlotte Keyser und Walter von Sanden ein neues Verlagsschaffen im Westen. Im ostfriesischen Leer begann der ebenfalls aus Königsberg/Pr. geflohene Verleger Gerhard Rautenberg, seine ersten Bücher zu verlegen. Auch der Verleger Kraus aus Reichenberg versuchte seine früheren Autoren neu im Westen zu veröffentlichen; die Bücher von Karl-Heinz Strobel, Gustav Lentelt, Hugo Scholz und Hans Watzlik wurden 1956 in München wieder aufgelegt.

All diese bescheidenen Anfänge waren erst mit der Währungsreform 1948 möglich geworden und führten später zum Ausbau der Programme mit den ehemals erfolgreichen Autoren dieser Verlage.

Doch viele Autoren waren im doppelten Sinne entwurzelt, weil ihre ursprünglichen Verlage keinen verlegerischen Neuanfang wagten. Auch wurde manchem dieser Autoren die aus der Zeit des Nationalsozialismus stammende sogenannte »Blut- und Bodenideologie« unterstellt, weil ihre Werke sich mit Leben, Schicksal und der Geschichte der deutschen Minderheiten in fremdstaatlichen Gebieten befaßt hatten. So blieben diesen ost- und südostdeutschen Autoren nur die Eigeninitiative oder lokale Kleinverlage als Weg zu den Lesern offen.

Als Neugründungen waren neben anderem zu verzeichnen in der Nähe Münchens der Verlag Volk und Heimat durch Dr. Richard May, der sich vor allem um die heimatvertriebene Wissenschaft bemühte, und der Aufstieg-Verlag, der in Zusammenarbeit mit der Zeitung Volksbote in München eine Reihe von sudetendeutschen und schlesischen Autoren neu verlegte. Auch Lyrik und Prosa der heimatvertriebenen Autoren wurde durch seinen Verlagsleiter Erhard Josef Knobloch verdienstvollerweise zur Geltung gebracht. Robert Lerche aus Prag begann in München wissenschaftliche Werke zur Historie Böhmens zu verlegen.

Ebenfalls in München wurde 1954 mit einer kleinen literarischen Schriftenreihe der Bogen-Verlag gegründet, dessen Gesellschafterkreis sich aus führenden Persönlichkeiten der »Sudetendeutschen Jugend« zusammenfügte, wie Ossi Böse, Karl Knötig, Walter Richter und Herbert Fleissner.

Wohl den ersten größeren Erfolg der sogenannten Vertriebenen-Verlage erzielte die »Arbeitsgemeinschaft zur Wahrung sudetendeutscher Interessen« in München mit der Veröffentlichung der »Dokumentation zur Vertreibung der Sudetendeutschen« (Weißbuch) schon im Jahr 1950. Diese Dokumentation zu einem damals für die Vertriebenen nicht geringen Preis von DM 20,— entsprach dem Bedürfnis vieler Menschen, ihr Schicksal festzuhalten. Das Buch wurde von Wilhelm

Publikationen des Bibliographischen Instituts & F.A. Brockhaus AG, Mannheim.

Turnwald gestaltet als eine Auswahl der Schreckensberichte der Vertreibung Tausender Einsender, die durch diese Dokumentation der Öffentlichkeit bekannt werden sollten. Die Initiative dieser aufsehenerregenden Dokumentation ging vom damaligen Leiter der Arbeitsgemeinschaft, Dr. Walter Becher, aus und wurde durch die Herausgabe des Kartenwerks »Sudetendeutscher Atlas« schon wenige Jahre später ergänzt. Die Schwierigkeit bei der Verbreitung gerade dieses dokumentarischen Werkes hat der Verfasser dieses Aufsatzes noch als Studierender in Österreich erfahren, als er 1950 versuchte, einen Buchgroßhändler für den Vertrieb des Werkes zu gewinnen. Erst als durch gezielte Nachfrage bei einzelnen österreichischen Buchhandlungen wirtschaftliche Interessen geweckt werden konnten, gelang es unter Umgehung der damaligen alliierten Grenzkontrollen, das Werk auch dort in den Vertrieb zu bringen. Der damals bestehende deutsche Sortimentsbuchhandel zeigte sich in gleicher Weise an dem Werk desinteressiert, ja ablehnend gegenüber, ebenso wie die Presseorgane, die deutsches Vertriebenenschicksal nicht zur Kenntnis nehmen wollten oder noch auf Weisung der Militärregierung nicht durften. Durch den direkten Versand an die privaten Besteller konnte die Auflage des »Sudetendeutschen Weißbuches« in der erwähnten, für damalige Verhältnisse kaum glaublichen Größenordnung von 100.000 Exemplaren abgesetzt werden.

Sehr schwierig war der Neuanfang der »schöngeistigen«, belletristischen Autoren. Eine große Zahl ostdeutscher Autoren war unter dem Begriff »Volksdeutsche Schriftsteller« vor 1945 im Langen Müller Verlag erschienen und hatten in München seit Jahrzehnten eine verlegerische Heimat. So die Ostpreußen Ernst Wiechert und Max Halbe, die Schlesier Hermann Stehr und Friedrich Griese, die Sudetendeutschen Wilhelm Pleyer, Erwin Guido Kolbenheyer, Hans Watzlik, die Siebenbürger Heinrich Zillich, Adolf Meschendörfer und Erwin Wittstock, der Balte Siegfried von Vegesack, der Südtiroler Franz Tumler.

Bei der Lizensierung der neuen Verlage – allen voran Kurt Desch mit der Lizenz Nr. 1 für die US-Zone – unmittelbar nach dem Krieg war Langen Müller bewußt ausgespart worden und hatte seine gängigsten Autoren Selma Lagerlöf, Ludwig Thoma, Trygve Gulbranssen und Knut Hamsun an die neuen Linzenzträger verloren. Lediglich Ernst Wiechert gelang es, bei Desch unterzukommen, während alle übrigen volksdeutschen Autoren zum damaligen Zeitpunkt keine neue Chance hatten.

Wilhelm Pleyer schrieb sein Erinnerungsbuch über die Vertreibung »Aber wir grüßen den Morgen« für einen Verlag, der der Druckerei Welsermühl in Wels, Oberösterreich, angeschlossen war.

Hans Watzlik, der Böhmerwalddichter, konnte bei Pustet in Regensburg seinen Romank »Der Meister von Regensburg« veröffentlichen.

Für unser Schlesien. Erschienen im Verlag Langen Müller, München.

Doch das waren Ausnahmen. Die Situation der ost- und südostdeutschen Schriftsteller war hoffnungslos, und so lag es auf der Hand, daß es aus den Kreisen der heimatvertriebenen Jugend zur Gründung eines eigenen Verlages kam, nämlich des erwähnten Münchner Bogen Verlages.

Die ersten Autoren des Verlages waren Erhard Josef Knobloch, Herbert Wessely und Wilhelm Pleyer. Pleyers Buch »Europas unbekannte Mitte«, das das Schicksal der Sudetendeutschen im böhmisch-mährischen Raum zum Inhalt hat, wurde eines der erfolgreichsten Bücher dieser neuen Gründung. Aber auch Hans Watzliks nachgelassener Roman »Die Verwunschene«, eine Erzählung aus seiner böhmerwalder Heimat, und Hugo Scholz' Heimatroman »Eine Handvoll Erde« zählten zu den ersten Erfolgen des Verlages.

Auch alteingesessene Verlage bemühten sich um ostdeutsche Autoren. Große Beachtung fand 1956 der Roman von Caroline Friederike Strohbach »Das Licht im Fenster«, den der Rainer Wunderlich Verlag (Hermann Leins) in Tübingen entdeckt hatte. Dem aus Leipzig in den Westen geflohenen Eugen Diederichs Verlag gab Emil Merker Hilfe, seinen Roman »Unterwegs« zu veröffentlichen.

Die damals junge Generation der ostdeutschen Autoren – der Schlesier August Scholtis mit seinen Memoiren »Ein Herr aus Bolatitz« (1959), der Bukowinadeutsche Gregor von Rezzori mit seinem Zeitroman »Ein Hermelin in Tschernopol« (1958), der Ostpreuße Siegfried Lenz mit seinen Masurischen Geschichten »So zärtlich war Suleyken« (1955) und der Danziger Günter Grass mit seiner »Blechtrommel« (1959), Hans Lipinsky-Gottersdorf mit dem Buch »Die Prosna-Preußen«, Horst Bienek und Manfred Bieler – haben schon früh in den fünfziger Jahren in den großen wiedergegründeten deutschen Verlagen ihre verlegerischen Partner gefunden und auf diese Weise das literarische Bild Nachkriegsdeutschlands entscheidend geprägt.

Auch A.E. Johann, der berühmte Weltreisende und Verfasser zahlloser erzählender Werke mit dem bürgerlichen Namen Wollschläger und aus Preußisch Friedland stammend, hat in seinem jüngsten Buch »Sehnsucht nach der Dobrinka« seiner Heimat in dem von Berlin nach München übersiedelten Herbig Verlag ein Denkmal gesetzt.

Ebenfalls im Herbig Verlag hat Joachim Fernau, der in Bromberg geboren wurde und in Oberschreiberhau in Schlesien seine Jugend verbrachte, mit seinen Werken das Schicksal seiner Generation festgehalten und prägend das Bewußtsein der deutschen Öffentlichkeit beeinflußt. Seine Geschichtsbetrachtungen (»Rosen für Apoll«, »Cäsar läßt grüßen«, »Disteln für Hagen«, »Und sie schämeten sich nicht«) sind in gleicher Weise im Bewußtsein des gebildeten deutschen Lesers verankert wie seine biographischen Romane »Die jungen Männer« und »Ein wunderbares Leben«.

So kann festgestellt werden, daß die Eingliederung der ostdeutschen Verlage wie ihrer Autoren in einer Weise geglückt ist, die der gesamten deutschen Literatur und dem Bewußtsein der deutschen Öffentlichkeit dienlich ist. Die großen Autoren der Gegenwart haben das Wissen und die Erfahrung ihrer Heimatlandschaften in den Westen gebracht, sind in den heutigen Verlagen zu wirkungsmächtigen Persönlichkeiten aufgestiegen.

Von den wiedergegründeten ostdeutschen Verlagen ist mit geringen Ausnahmen oft nur der Name geblieben, während sich die Programminhalte längst den wirtschaftlichen Erfordernissen des unternehmerischen Wettbewerbs anpassen mußten. So hat die Integration der ostdeutschen Verlage in das deutsche Verlagswesen stattgefunden. Sie nehmen auf diese Weise teil an der erfreulichen Medienvielfalt unserer Gegenwart.

Exponate

VII. 1

Flüchtlinge
Holzskulptur

1977

Otto-Flath-Stiftung der Stadt Bad Segeberg

Figurengruppe von Otto Flath aus Kastanienholz. Otto Flath hat das Elend der Flüchtlinge als Kind erlebt, als er mit seiner Familie aus Rußland fliehen mußte. Die in dieser Skulptur angstvoll fliehenden Menschen sind also Erinnerungsbilder eines eigenen Erlebens. Auch die Abkehr von der äußeren Welt und die manchmal fluchtartige Einkehr in innere Bereiche kennt er gut. Sein Leben ist meditativ, und aus dieser tiefen Konzentration heraus schuf er seine großen Werke. Der Künstler spricht uns in seiner Plastik in einer einfachen, klaren und kraftvollen Form an. Sein behutsamer Umgang mit dem Material, dem Holz, dem all seine Liebe galt, ließ eindrucksvolle Figuren entstehen, die verinnerlicht und voller Wärme, unberührt von Unruhe, vom Streit und der Not menschlichen Lebens dastehen K. C.

VII. 2

Selbstbildnis
Bronzeplastik

1926/36

Museum Ostdeutsche Galerie Regensburg

Bronzeplastik von Käthe Kollwitz. Tagebucheintrag von Käthe Kollwitz am 16. Juli 1926: »Ich bin bei der plastischen Arbeit: Mutter mit kleinem Kind wieder auf den toten Punkt gekommen. Nehme mich selbst plastisch vor, eine Gesichtsmaske. Zu Anfang scheint es mir ein Kinderspiel. Nach und nach seh ich, daß auch das verflucht schwer ist.«
(Aus: Kollwitz, Hans (Hrsg.): Ich sah die Welt mit liebevollen Blicken. Käthe Kollwitz: Ein Leben in Selbstzeugnissen, Fackelträger-Verlag, 2. Aufl., Hannover 1968, S. 305)

VII. 3

Deutschlands Kinder hungern
Lithographie von Käthe Kollwitz

1924

Museum Ostdeutsche Galerie Regensburg

VII. 4

Brot
Lithographie von Käthe Kollwitz

1924

Museum Ostdeutsche Galerie Regensburg

VII. 5

Selbstbildnis
Lithographie von Käthe Kollwitz

1924

Museum Ostdeutsche Galerie Regensburg

VII. 6

Mutter mit Jungen
Lithographie von Käthe Kollwitz

1931

Museum Ostdeutsche Galerie Regensburg

VII. 7

Kaffeekanne

Riga, 1756–1760

Georg-Dehio-Gesellschaft, Lohmar

Auf drei gegossenen Füßen steht die birnenförmige Kaffeekanne mit weit ausladendem Ausguß und hohem Deckel. Deckelknauf und Griff sind aus Ebenholz. Die Wandung trägt schräge Züge und unter dem Ausguß ein getriebenes Weinlaubmuster mit Früchten und Blättern. Am Deckel sind Rocaillen herausgetrieben A. L.

VII. 8

Deckelbecher

Reval, 1756–1802

Georg-Dehio-Gesellschaft, Lohmar

Der silberne, schlichte konische Becher, innen vergoldet, trägt einen geschwungenen Deckel mit einer Knospe als Knauf A. L.

VII. 9

Stangenbecher

Riga, 1720–1741

Georg-Dehio-Gesellschaft, Lohmar

Der silberne, teilweise vergoldete Stangenbecher mit profilierter Lippe steht auf einem schräg godronierten Fuß. Über einem Wappen in gravierter barocker Kartouche steht auf einem Spruchband: »17. Simon Ivensen 23«. Ein Silbertaler aus Zug (Schweiz) von 1665 ist am Boden eingelötet A. L.

VII. 10

Terrine mit Deckel

Goldingen, 1746–1784

Georg-Dehio-Gesellschaft, Lohmar

Die ovale, silberne Terrine, innen vergoldet, steht auf vier gegossenen Krallenfüßen. Gefäßkörper und Deckel sind z.T. fassioniert. Der Knauf des Deckels, mit Blattmuster und Blumenrosette, hat Balusterform. Die Henkel mit Rocaillemuster sind über ein Scharnier beidseitig mit dem Gefäßkörper verbunden. Gravur im Boden: »I:M:L:H 1773« A. L.

VII. 11

Schmantkanne

Reval, 1818–1828

Georg-Dehio-Gesellschaft, Lohmar

Die silberne Schmantkanne, innen vergoldet, steht auf gerade godroniertem ovalen Fuß mit einem Zierband. Ein schlichtes graviertes Muster ziert den unteren Gefäßkörper, ein Band aus Weinlaub den oberen Bauch des Gefäßes. An seinem oberen Rand ist der gegossene silberne Griff aus einem Pflanzenstiel und Greifenkopf angeschwungen. Auf dem Boden punktiert: »20 7/8 L« A. L.

VII. 12

Großer Silber-Deckelhumpen

Königsberg, 1676–1683

Ostpreußisches Landesmuseum, Lüneburg, Leihgabe der Bundesrepublik Deutschland

Silberner Deckelkumpen mit Reliefdarstellung: Gideon prüft sein Heer (nach Richter 7, 4–7)
Hergestellt vom Meister Abraham Wilde, Königsberg (geboren in Augsburg, ab 1676 Bürger und Meister in Königsberg). Das um die ganze Wandung des Humpens herumführende Silberrelief zeigt eine Szene aus dem Alten Testament: Auf göttliches Geheiß wählt der Heerführer Gideon aus dem Heer der Israeliten Soldaten für einen Kampf gegen die Midianiter aus. Die Darstellung, die alle Soldaten in antiquisierenden Rüstungen zeigt, folgt wahrscheinlich einer zeitgenössischen druckgrafischen Vorlage. Auf dem Deckel des Humpens befindet sich eine runde Reliefplatte mit der Darstellung des reitenden Heerführers Gideon vor seiner ausgewählten Soldatenschar beim Angriff auf das Lager der Midianiter F.W.

VII. 13

»Hero und Leander«
Studien-Partitur von Günter Bialas

1966

Günter Bialas, Glonn-Haslach

Studien-Partitur (Lichtpause des Manuskripts) von Hero und Leander, Oper in sieben Bildern von Günter Bialas (1966). Die Uraufführung der Oper fand am 8. September 1966 im Nationaltheater, Mannheim statt. Leitung: Horst Stein. In der Partitur befinden sich handschriftliche Anweisungen von Horst Stein
Bärenreiter Verlag, Kassel 1966 F.W.

VII 14

Im Anfang
Günter Bialas: Die Schöpfungsgeschichte in der Übertragung von Martin Buber für drei Echostimmen und sechsstimmigen gemischten Chor. Sieben Meditationen für Orgel. Anthologie ostdeutscher Musik. Bereich: Schlesien, Hrsg.: Institut für Ostdeutsche Musik e.V., Bergisch-Gladbach

Institut für Ostdeutsche Musik, Bergisch-Gladbach

VII. 15

Piontek, Heinz:
Werke in sechs Bänden, Franz Schneekluth Verlag, München 1982, Bd. 1–5

Landsmannschaft der Oberschlesier, Ratingen

VII. 16

Piontek, Heinz:
Wurzeln und Werk eines Dichters aus Oberschlesien. Eine Ausstellung zu seinem 60. Geburtstag am 15. November 1985, Laumann-Verlag, Dülmen/Westfalen 1985

Landsmannschaft der Oberschlesier, Ratingen

VII. 17

Braun, Helmut (Hrsg.):
Rose Ausländer. Die Erde war ein atlasweißes Feld. Gedichte 1927–1956, S. Fischer Verlag GmbH, Frankfurt am Main 1985

Irma Bornemann, Stuttgart

VII. 18

Rose Ausländer:
Ich spiele noch. Neue Gedichte, S. Fischer Verlag GmbH, Frankfurt am Main 1987

Die Künstlergilde, Esslingen

VII. 19

Rose Ausländer:
36 Gerechte. Gedichte, Gilles & Franke Verlag, Duisburg 1975

Irma Bornemann, Stuttgart

VII. 20

Lenz, Siegfried:
Heimatmuseum. Roman, Sonderausgabe, Verlag Hoffmann und Campe, Hamburg 1988

Bund der Vertriebenen, Bonn

VII. 21

Grass, Günter:
Die Blechtrommel. Roman, Sonderausgabe, Hermann Luchterhand Verlag 1984

Bund der Vertriebenen, Bonn

VII. 22

Kempowski, Walter:
Tadellöser & Wolff. Roman, Albert Knaus Verlag, Hamburg 1978

VII. 23

Danzig am Abend, Bruno Müller-Linow

1960

Museum Ostdeutsche Galerie Regensburg

Öl/Leinwand

VII. 24

Frisches Haff, Fritz Heidingsfeld

um 1950

Museum Ostdeutsche Galerie Regensburg

Öl/Hartfaser

VII. 25

Markt in Livland, Ida Kerkovius

1939

Museum Ostdeutsche Galerie Regensburg

Öl/Leinwand

VII. 26

Prager Elektrische, Rudolf Alois Matznauer

1925

Museum Ostdeutsche Galerie Regensburg

Öl/Leinwand

VII. 27

Hochöfen im Gegenlicht, Wolf Röhricht

um 1925

Museum Ostdeutsche Galerie Regensburg

Öl/Leinwand

VII. 28

Adalbert Stifter, Büste

1958

Galerie der Stadt Esslingen, Esslingen

Bronzeabguß von Otto Herbert Hajek

VII. 29

Die Flüchtlingsfrau, Plastik

1948

Ernst Schremmer, Esslingen

Bronzeguß des Entwurfs für die »Große Sitzende« in der Gedenkstätte Espelkamp von Herbert Volwahsen

VII. 30

Pyritzer »Tellerschap«

Erlangen, 1986

Eike Haenel, Erlangen

Nachbau eines Pommerschen »Tellerschap« aus dem Weizacker, entworfen und gefertigt von den Mitgliedern der Tanz- und Speeldeel »Ihna«, Erlangen F.W.

VII. 31

Ehrenbürgerurkunde

1922

Institut Nordostdeutsches Kulturwerk, Lüneburg

Urkunde über die Verleihung des Ehrenbürgerrechts an den Lehrer Julius Kumsteller. Kumsteller war langjähriges Mitglied des Verschönerungsvereins Pillkallen und in dieser Position beteiligt an der Schaffung von Stadtpark und Stadtwald. Aufgrund seiner Verdienste erhielt der Stadtpark Pillkallen den Namen »Kumsteller-Park« F.W.

VII. 32

Kulturstiftung der deutschen Vertriebenen (Hrsg.):
Ostdeutsches Lesebuch II. Deutsche Dichtung der Jahrhundertmitte vom Baltikum bis zum Banat, Köllen Druck & Verlag, Bonn 1984
(332 Seiten)

VII. 33

Schuch, Hans-Jürgen:
Elbing. Aus 750 Jahren Geschichte der Orden-, Hanse- und Industriestadt (= Ostdeutsche Städtebilder/V), Westkreuz-Verlag, Berlin/Bonn 1989
(168 Seiten)

Ulrich Hutter, Bonn

Die Stiftung Ostdeutscher Kulturrat hat es sich zur Aufgabe gemacht, wichtige deutsche Städte im Osten aufarbeiten zu lassen. Nach Bänden über Reval, Hermannstadt und Troppau liegt mit diesem Band über Elbing erstmals eine Monographie über eine Stadt der historischen deutschen Ostprovinzen vor U. H.

VII. 34

Monographien der Künstlergilde, Esslingen in Verbindung mit dem Nordostdeutschen Kulturwerk, Lüneburg »Bildende Kunst«

Die Künstlergilde, Esslingen

Band 9 Ernst Mollenhauer,
Delp'sche Verlagsbuchhandlung,
München 1968

Band 14 Ida Kerkovius,
Landschaften
Delp'sche Verlagsbuchhandlung,
München 1975

VII. 35

Stiftung Mitteldeutscher Kulturrat (Hrsg.):
Gedenktage des mitteldeutschen Raumes 1989, Ferd. Dümmlers Verlag, Bonn 1988
(211 Seiten)

VII. 36

Landsmannschaft Westpreußen (Hrsg.):
Westpreußen-Jahrbuch. Aus dem Land an der unteren Weichsel, Bd. 39,
Westpreußen-Verlag, Münster 1989
(160 Seiten)

VII. 37

Hessische Landeszentrale für politische Bildung (Hrsg.):
Die Deutschen und ihre östlichen Nachbarn. Ausschreibung zum Schülerwettbewerb 87/88 des Landes Hessen, Wiesbaden 1987
(16 Seiten)

VII. 38

Bundesarbeitsgemeinschaft für deutsche Ostkunde im Unterricht (Hrsg.):
Deutsche Ostkunde. Ostseehäfen in Vergangenheit und Gegenwart 2,
(= Vierteljahresschrift für Wissenschaft, Erziehung und Unterricht, 35. Jahrgang, März 1989)
Druckhaus Waiblingen, Waiblingen 1989
(59 Seiten)

VII. 39

Bund der Vertriebenen (Hrsg.):
Gotthard Kettler,
(= Arbeitshilfe Nr. 52/1987)
Köllen Druck und Verlag, Bonn 1987
(16 Seiten)

VII. 40

Bund der Vertriebenen (Hrsg.):
Kulturelles Arbeitsheft 15. Die baltischen Lande. Von der Aufsegelung bis zur Umsiedlung,
Selbstverlag, Bonn 1987
(16 Seiten)

VII. 41

Bund der Vertriebenen (Hrsg.):
Jugend und deutsche Frage. Vorträge und Diskussionen auf dem 5. Bundeskongreß »Junge Generation« des Bundes der Vertriebenen, Bonn, 4.–6. Juni 1988
Selbstverlag, Bonn 1988
(68 Seiten)

VIII. Kirchlicher Bereich

Aufbau und Organisation der Vertriebenenseelsorge sowie Probleme der Vertriebenenarbeit im evangelischen Bereich – Der Dienst der Evangelischen Kirche in Deutschland in den Notzeiten der Vertreibung

D. Hans von Keler

Die Katastrophe

»Ich habe mir fast die Augen ausgeweint über dem Jammer meines Volkes« — so klagte einst der Prophet Jeremia (2/11).

Die Katastrophe des Zweiten Weltkrieges weitete sich 1945 für unsere deutsche Nation zu einer Niederlage weit über die Dimensionen eines Jahrhunderts hinaus. Vernichtet wurden die Mühen und Opfer deutscher Generationen eines ganzen Jahrtausends. Jeremia einst: »Er hat mich geführt und gehen lassen in die Finsternis und nicht in das Licht.«

»In einer Stunde der Not, wie sie unser Volk im Laufe seiner Geschichte bisher noch nicht erlebt hat, rufe ich die ganze evangelische Christenheit in Deutschland auf, dieser Not im Glauben zu begegnen« — so begann der Aufruf zum Hilfswerk der Evangelischen Kirche in Deutschland durch den württembergischen Landesbischof D. Wurm vom 31. August 1945.

Die Überlegungen für diese Stunde Null hatten schon früh begonnen. Konsistorialrat Dr. Eugen Gerstenmaier, der erste Leiter des evangelischen Hilfswerks, war ein Mann der deutschen Widerstandsbewegung, später auch Präsident des Deutschen Bundestages. 1944 erwartete er im Kerker in Berlin-Tegel das Todesurteil. Dieser unglaublich energische, durch keine Mißhandlung und Haft gebrochene Mann, fragte: »Was tun wir, sobald wir frei sind?« Sein Gefängnispfarrer berichtet, daß er schon in der Zelle den Entwurf eines umfassenden Hilfswerks ausgearbeitet hatte. Wer sollte es durchführen: »Die Partei ist zerbrochen, die Wirtschaft vernichtet, alle Organisationen durch Kollaboration mit dem Regime belastet — nur die Kirche ist intakt, nur sie hat die ökumenischen Beziehungen.« Durch Gerstenmaiers Verbindungen über Genf waren während des ganzen Krieges die Kontakte auch zu den Kirchen der alliierten Nationen nicht abgerissen. So lag sein Plan eines Hilfswerks für die entsetzliche Notzeit schon vor, als er im April 1945 aus dem Zuchthaus Bayreuth befreit wurde. Schon im Winter 1942/43 war dieser Plan des Hilfswerks entstanden: »Hilfe für Deutschland«.

Aber die Katastrophe übertraf dann alle Vorstellungen. Eine »gesteuerte Niederlage« erhoffte Gerstenmaier noch während des Krieges. Mit dem mißlungenen Staatsstreich vom 20. Juli 1944 kam dann die ungesteuerte Niederlage: ein Elend und Sterben ohne Ende und Wende.

Nach dem Beschluß der alliierten Siegermächte in Potsdam sollte »in geordneter und menschlicher Weise« ausgesiedelt werden (in an orderly and human way). Grausam, menschenverachtend und mörderisch war die Realität. Geschichtsdarstellungen von heute erwähnen oft nur die unsagbaren Verbrechen des Nationalsozialismus. Die verbrecherischen Antworten auf diese Verbrechen werden leider meist verschwiegen. Zur geschichtlichen Wahrheit gehört aber beides, so wenig es gegenseitig aufrechenbar bleibt.

Die Massenaustreibung und Zwangsaussiedlung traf ja in Deutschland auf eine Situation des allgemeinen Zusammenbruches, der Auflösung aller Ordnung, der Übernahme

Provisorischer Kirchenraum in einer Nissenhütte in Stukenbrock, 1949.

Das evangelische Gemeindezentrum im Waldkraiburg, 1951.

der Regierungsgewalt durch die Besatzungsmächte, auf die weitgehend zerstörten Städte und Wirtschaftszentren in dem Aufnahmegebiet Westdeutschland. So erklärt sich auch die unvergleichliche Zerstreuung der Vertriebenen. Selten erreichten geschlossene Transporte gemeinsam ein Ziel – Familien und Nachbarschaften, Dorfgemeinschaften und städtische Gemeinden waren erbarmungslos auseinandergerissen. Alles noch verschärft durch den Eisernen Vorhang, der fast hermetisch Mitteldeutschland gegen Westdeutschland abriegelte. So wurde die Diasporaexistenz für den einzelnen zur schwersten Belastung. Dabei war die Evangelische Kirche geschichtlich stark an das Territorium und ihre Volksgruppe gebunden und verfügte kaum über überregionale Organisationen.

Das Hilfswerk der Evangelischen Kirche in Deutschland

Die Evangelische Kirche in Deutschland (EKD), erst selbst in dieser Form durch die Initiative von Landesbischof D. Wurm, Württemberg, gebildet, stellte sich von Anfang an dieser nationalen Katastrophe, die in ihrem Ausmaß unüberschaubar war. Bischof Wurm erklärte: »Jeder von uns, jeder Diener der Kirche, jede Gemeinde, jedes ihrer Glieder wird in dieser Stunde aufgerufen, in persönlicher Tat von ganzem Herzen und mit allen Kräften zu helfen. Wer sich untätig auf die andern verläßt, den wird sein Gewissen verklagen. Wir selbst sind gemeint, die ganze Kirche. Wir wissen, daß wir von der Christenheit anderer Länder nicht vergessen sind. Die Christenheit in Deutschland ist aber zur Selbsthilfe herausgefordert. Es geht um die eigenen Brüder und Schwestern. Es gibt unter uns Ungezählte, die nur noch Fetzen auf dem Leibe tragen. Es gibt mitten unter uns Ungezählte, die haben fast nichts mehr zu essen. Mütter und Kinder, Alte und Kranke, was wird aus Ihnen? Lazarus liegt vor der Tür!« (31. August 1945, Stuttgart).

So entstand im Hilfswerk der Evangelischen Kirche in Deutschland ein Diakonisches Werk der Kirche. Keine neue Abteilung der jahrzehntelang gutbekannten Inneren Mission, sondern eine bewußte Aktivität aller west- und mitteldeutschen Landeskirchen. Keine diakonische Spezialinitiative, sondern eine Anstrengung der gesamten Kirche selbst. Vor Augen stand das namenlose Elend der über 17 Millionen Deutschen, die vor Kriegsbeginn in den nunmehr abgetrennten Gebieten gelebt hatten. 9,3 Millionen kamen in die drei westlichen Besatzungszonen, 1,8 Millionen in die russische Besatzungszone. 473.000 waren während der Vertreibung an Hunger und Kälte gestorben. Hunderttausende wurden ermordet, über 1,9 Millionen blieben verschollen.

In dem Aufruf von Treysa August 1945 heißt es: »Die Lebenshilfe der Kirche umfaßt zwei Aufgaben: die Leibsorge und die Seelsorge. In der ersten Aufgabe handelt es sich um die Beschaffung von Kleidung und Nahrung, Wohnraum und Geldmitteln, um Arbeit und Heimat für die Heimatlosen. In der zweiten um die Aufbringung von Hilfsmitteln für das Glaubensleben der Gemeinde: Bibeln, Gesangbücher und christliches Schrifttum, nicht zuletzt um die Beschaffung von Hilfskräften und Bewegungsmöglichkeiten für den Dienst der Seelsorge.

Das evangelische Gemeindezentrum in Waldkraiburg, 1978.

Mit den beiden Worten »Leibsorge« und »Seelsorge« ist der Auftrag des Hilfswerks der Evangelischen Kirche in Deutschland beschrieben, das auf dieser Kirchenversammlung gegründet wurde. In den ersten Jahren nach 1945 war dies vorrangig der Kampf gegen Hunger, Kälte und Krankheit. Zu der Not der Vertriebenen aus Ost- und Westpreußen, Pommern, Schlesien, den baltischen Staaten, der Tschechoslowakei, Jugoslawien, Ungarn und Rumänien kam das Leid der Ausgebombten und der Evakuierten aus den großen Städten. Viele hatten buchstäblich nur das nackte Leben retten können. Sie besaßen oft nur, was sie auf dem Leibe trugen.

Nun wurde in jeder Landeskirche und in jedem Dekanat und in jeder größeren Kirchengemeinde ein »Hilfswerk« aufgebaut: Anlaufstelle für die namenlose Not, Verteilstelle für die aus dem Ausland ankommenden Gaben. Dank der überregionalen Kontakte und der weltweiten Anteilnahme am deutschen Elend konnte dieses Hilfswerk bereits in den ersten drei Jahren 53.768.019 kg an Sachgütern verteilen. Die Abschlußzahlen nach den zehn ersten Hilfswerkjahren betrug dann 114.662.976 kg. Mit den hochwertigen Lebensmitteln aus dem Ausland, den Textilien und Medikamenten sind viele in aller Not bewahrt worden. Zu dieser Hilfe haben vor allem die Kirchen im Ausland beigetragen. Aus Brasilien und Schweden, aus der Schweiz, aus Australien und der südafrikanischen Union trafen diese Hilfssendungen ein. Selbst Holland und Belgien, die fürchterlich unter dem Krieg gelitten hatten, beteiligten sich an diesem wortlosen Zeugnis lebendigen Christenglaubens. Vor allem waren es die Kirchen der Vereinigten Staaten: Ein Wunder jener Jahre, daß dort, wo auch viele Familien Söhne im Krieg verloren hatten, sich Herzen und Hände öffneten, um die Not in Deutschland zu lindern.

Auf den Corned-beef-Büchsen der amerikanischen Mennoniten stand ungeniert das rein christliche Motiv: »In the name of Christ«. Wer die fatale Ernährungssituation der damaligen Jahre in Erinnerung hat, weiß, welch ein Geschenk des Himmels ein »Care-Paket« bedeutete.

Aus den Anfangszeiten der Not

Die Situation der Flüchtlinge und Heimatvertriebenen löste hunderttausendfach spontane Hilfe aus. Zwei Beispiele für viele:

Martin Niemöller berichtet von einer Hilfsaktion seiner früheren Gemeinde Berlin-Dahlem Ende Oktober 1945, wo es Sitte geworden war, an jedem Morgen die erste Schnitte Brot beiseite zu legen. Später kamen junge Mädchen aus der Gemeinde und holten von Tür zu Tür diese Brotschnitten ab. Dann gingen sie damit auf die Bahnhöfe und auf die Straßen und teilten das Brot aus unter den vielen tausend Flüchtlingen, die dort herumlagen und für deren Verpflegung niemand sorgte. Mit den Lebensmittelkarten erhielt man damals Oktober 1945 lediglich 1000 Kalorien zugeteilt.

In Schleswig-Holstein wurden schon in den ersten Wochen in den Pfarrämtern Treckbücher ausgelegt, in die durchziehende Gruppen oder Einzelpersonen sich eintrugen, damit andere, die nach ihnen kamen, sie wiederfinden konnten – längst vor allen Heimatkarteien.

Aber alle diese Hilfen, so nötig sie waren, konnten längst nicht die Not mildern. Und angesichts der Uferlosigkeit der Katastrophe drohte manche Hilfe zu erlahmen.

Ende Oktober 1945 richtete der Rat der

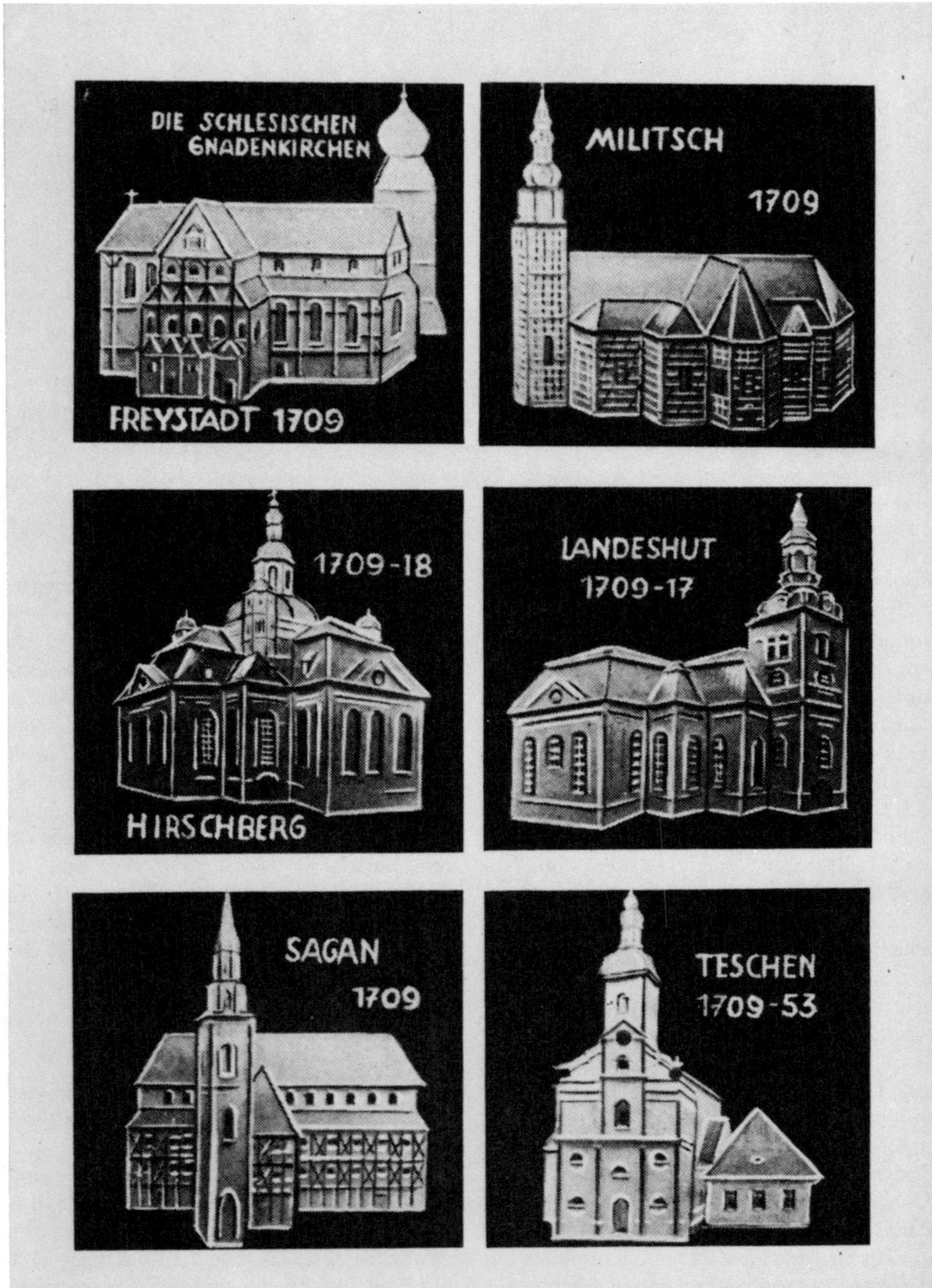

Die sechs schlesischen Gnadenkirchen.

EKD eine ausführliche Note an den Alliierten Kontrollrat, in der er auf die Vertriebenennot hinwies. Einen Monat später erklärte der Rat: »Aus ernster Sorge machen wir euch darauf aufmerksam, daß mit dem Sieg der alliierten Mächte nicht einfach das Gute über das Böse gesiegt hat. Welchen Umfang die Tragödie hat, die sich gegenwärtig im Osten abspielt, vermag niemand zu sagen. Daß sie Millionen von Opfern fordern wird, muß wohl angenommen werden. Das deutsche Volk auf einen noch engeren Raum zusammenzupressen und ihm die Lebensmöglichkeiten möglichst zu beschneiden, ist grundsätzlich nicht anders zu bewerten, als die gegen die jüdische Rasse gerichteten Ausrottungspläne Hitlers. Millionen Unschuldiger verhungern zu lassen, um Millionen ebenso Unschuldiger zu rächen, kann nur der Unverstand für gerecht halten.« (18. Dezember 1945)

In diesem Sinne hat der Rat der Evangelischen Kirche in Deutschland mehrmals Fürsprache beim Alliierten Kontrollrat eingelegt. Etwa am 21. Februar 1946: »Wir haben im vergangenen Jahr erlebt, daß nach Beendigung der Kampfhandlungen Hunderttausende, vielleicht Millionen unserer Volksgenossen an Unterernährung zugrundegegangen sind. Diese große Todesernte ist noch nicht zu Ende. In diese Not hinein sollen nun weitere Millionen Menschen hineingepreßt werden. Wir schweigen davon, auf welche Weise der Abtransport aus dem Osten nach allen bisherigen Erfahrungen vor sich gehen wird. Zu Tode erschöpft, halbverhungert und unterwegs bis aufs Letzte ausgeraubt, kommen die unglücklichen Opfer der Ausweisungen in Deutschland an und finden hier oft genug nirgends ein menschenwürdiges Unterkommen. Es ist uns oft versichert worden, daß es nicht die Absicht der alliierten Mächte sei, das deutsche Volk dem dauernden Elend preiszugeben. Im Vertrauen auf diese Zusage bitten wir als Vertreter der Evangelischen Kirche in Deutschland die beteiligten Regierungen, dieser drohenden Gefahr im Geist der Menschlichkeit zu begegnen, bevor es zu spät ist. Entweder muß von der Evakuierung der Deutschen aus den östlichen Ländern Abstand genommen oder es müssen die jetzt von Deutschland abgetrennten landwirtschaftlichen Überschußgebiete ganz oder wenigstens teilweise zurückgegeben werden.«

Neben aller Mühe um Hilfe hat es also auch keineswegs an klaren Worten der Evangelischen Kirche an die Mächtigen der damaligen Zeit gefehlt. Zweifelsohne war dies dem damaligen Rat der EKD unter dem Vorsitz von Landesbischof Wurm, Württemberg, zu danken.

In dieser Weise gelang es auch in den Jahren 1947 und 1948 auf ökumenischer Ebene den Ring des Schweigens um die grauenhaften und furchtbaren Geschehnisse zu durchbrechen und sowohl auf der Vollversammlung des Lutherischen Weltbundes in Lund als auch auf der Weltkirchenkonferenz von Amsterdam die Christenheit der Welt aufhorchen zu lassen.

Hilfe evangelischer Freunde aus dem Ausland

Bereits im August 1945 besuchten zwei Vertreter der Ökumene das zerstörte Nachkriegsdeutschland, die amerikanischen Lutheraner Michelfelder und Herman. Tief beeindruckt richteten sie nach ihrer Rückkehr nach Genf namens des Lutherischen Weltkonvents beim ÖRK folgende »Botschaft an die Kirchen in Deutschland«: »Eure lutherischen Brüder in Amerika wissen um die Zerstörungen und die Kriegsschrecken, die über Euch gekommen sind. Wir sind uns darüber klar, daß die Zerstörungen Eurer Häuser, Kirchen und Städte vieles vernichtet hat, was Euch lieb und heilig war. Wir wissen, daß Krankheit, Hungersnot und Tod durch Euer Land schreiten. Unsere Herzen schlagen Euch in herzlicher Teilnahme entgegen. Im Augenblick sind uns durch die alliierte Besatzungsbehörde Beschränkungen auferlegt. Wir möchten schon jetzt vieles unternehmen, können es aber noch nicht tun. Wir wollen Euch so wirksam und so rasch wie möglich helfen. Wir glauben, daß sich im Land der Reformation eine stärkere Kirche aus diesen Trümmern erheben wird. Gott haßt noch immer die Sünde, aber er liebt den Sünder. Wo Ihr an Eurem Urteil geirrt habt, erkennt es an und wendet Eure Schritte zum Kreuz Christus, unseres Heilandes, zurück. Wenn Ihr grausamen und gottlosen Führern vertraut habt, die Euch irregeleitet und betrogen haben, so bittet Gott um die Gnade und den Mut, es auszusprechen: ›Ich habe gefehlt – wir haben gefehlt‹. Vor Gottes Thron haben wir alle gesündigt und sind auf Irrwegen gegangen. Laßt uns in aller Müdigkeit und Versuchung niemals seine Verheißung vergessen: Siehe, ich bin bei euch alle Tage bis an das Weltende.« Schon vor jeder eigenen Erklärung war dies die ausgestreckte Hand der Geschwister im Glauben.

Es hat ein Jahr gedauert, ehe die Regierungen der Siegerstaaten das Verbot caritativer Hilfe für Deutschland aufzuheben bereit waren. Die großen Flüchtlingshilfsorganisationen der Vereinten Nationen (UNRRA und dann die IRO) fühlten sich für das deutsche Flüchtlingselend nicht verantwortlich, nur für die nichtdeutschen Flüchtlingsgruppen, die sogenannten DP's (displaced persons).

Aber Landesbischof Wurm wandte sich an manchen Glaubensfreund im Ausland mit der Bitte um moralische und materielle Unterstützung. Der Schwede Birger Forell berichtet, wie daraufhin schon im September 1945 Freundeskreise in Amerika und England und Schweden miteinander Fühlung aufgenommen haben und auch an ihre Militärregierungen herantraten.

Anfang 1946 heißt es klar in einer Resolution des ÖRK: »Die Potsdamer Konferenz hat beschlossen, daß alle Umsiedlungsmaßnahmen auf geordnete und menschliche Weise zu erfolgen hätten. Aber diese Vorschläge sind nicht ausgeführt worden. Vielmehr haben die Umsiedlungsmaßnahmen große Härten, Not und Leid für Millionen Menschen, einschließlich sehr vieler Frauen und Kinder mit sich gebracht. Krankheit und Tod in erschreckendem Ausmaß sind die Folge. Dies hat die christlichen Kirchen erneut zu ihrer Verantwortung für die leidende Menschheit wachgerufen.«

Dr. Gerstenmaier hat auch Kritik an den Flüchtlingskommissionen des ÖRK geübt: »Weil unser Mund aus sehr naheliegenden Gründen zu schwach ist, die Not hörbar und wirksam genug herauszuschreien, müßte sich nicht Genf auch zum Mund der deutschen Flüchtlingsnot vor aller Welt in der gebührenden Stärke machen? ...« Aber nach der Weltkirchenkonferenz in Amsterdam 1948 konnte er sagen: »Ein Grund, Gott zu loben, ist uns die Erfahrung der versöhnenden und rettenden Macht Jesu Christi in der Liebe der Brüder. In tiefer Dankbarkeit gedenken wir der helfenden Liebe der Christenheit der Welt. So ist das Christentum also doch nicht nur eine schöne Theorie, sondern eine lebendige Wirklichkeit.«

Hilfskomitees – Ostkirchenausschuß

So wichtig die »Leibsorge« in jenen Jahren war, gerade auch für die Flüchtlinge, so wichtig war die Unterstützung des Hilfswerks bei der Entstehung der Hilfskomitees. Dabei handelt es sich nicht, wie man bei dem Namen vermuten könnte, um den Zusammenschluß einiger besonders aktiver Persönlichkeiten zur Selbsthilfe einer Beschaffung lebensnotwendiger Güter. Dies blieb weiterhin allein Aufgabe des Hilfswerks. Es war vielmehr der Zusammenschluß vertriebener evangelischer Christen auf der Basis der gemeinsamen Herkunft und des gemeinsamen Schicksals. Was das Hilfswerk dabei leistete, war »Geburtshilfe«, Anregung und Beistand. Mehr sollte und wollte das Hilfswerk nicht tun, außer, daß es die Hilfskomitees finanziell unterstützte. Die Aktivitäten sollten bei den Vertretern der Vertriebenen selbst liegen. Nur am Anfang stand – außer den genannten finanziellen – eine wesentliche Unterstützung des Hilfswerks. Man kann sagen, sie war überhaupt eine Voraussetzung für die Bildung der Hilfskomitees. In der Nachkriegszeit bestand ein allgemeines Koalitionsverbot. Deshalb mußte das Hilfswerk als »Dach« auftreten. Als die Vertriebenen am 31. Juli 1946 in Frankfurt zusammenkamen, um den da und dort spontan entstandenen Zusammenschlüssen eine repräsentative und handlungsfähige Form zu geben, war die Deckung gegenüber den Besatzungsmächten eindeutig: Die Hilfskomitees waren Untergliederungen des Hilfswerks mit geordneten Vertretungen in einem Wiederaufbauausschuß.

Gnadenkirche Pulheim bei Köln.

Am 31. Juli 1946 wurde in Frankfurt auch der Ostkirchenausschuß gebildet: Er setzte sich zusammen aus den Vertretern der vertriebenen Kirchenleitungen. Er wurde vom Rat der EKD als die offizielle Vertretung der Kirchen in den Vertreibungsgebieten anerkannt.

Die Aufgabe der Hilfskomitees ist vom Hilfswerk so formuliert worden: »Die Seßhaftmachung ihrer früheren Gemeinden und Flüchtlinge zu unterstützen, die organische Verbindung mit den Kirchen des Aufnahmelandes zu fördern, gemeinsame Belange der Selbsthilfe wahrzunehmen, Auswanderungswillige zu registrieren, zu beraten und zu unterstützen und die Suche nach Familien- und Gemeindeangehörigen durchzuführen.« So entstanden in der zweiten Hälfte der 40er Jahre 20 Hilfskomitees, die sich alle nach ihren Herkunftsländern nannten und viele segensreiche Aktivitäten entwickelten. In Gundelsheim am Neckar entstand z.B. ein Altersheim der Siebenbürger Sachsen. Bei Heidelberg in Ziegelhausen-Peterstal errichteten Vertriebene aus der Batschka eine Häuserreihe zur gemeinsamen Ansiedlung.

Die wichtigste Aktivität galt umfassenden Karteien, die sie über die von Flucht und Vertreibung betroffenen Menschen und ihre früheren Lebensverhältnisse anlegten. Die Suche nach den Vermißten der Wehrmacht war die Aufgabe des Roten Kreuzes, das da und dort von den Suchdiensten der Caritas und des Hilfswerks unterstützt wurde. Bei den zwölf Heimatortskarteien ging es fast nur um Zivilvermißte, nach denen in den Regionen der einzelnen Landsmannschaften gesucht wurde. Je nach Konfessionsstand der früheren Heimat wurden sie der Rechtsträgerschaft der Caritas oder des Hilfswerks unterstellt: Die Suche nach den ehemaligen Landsleuten in den einzelnen Regionen blieb die Aufgabe der Vertriebenen und Flüchtlinge selbst.

Die 19 kirchlichen Hilfskomitees der evangelischen Kirchen und Gemeindeglieder aus dem ost- und südosteuropäischen Raum sowie aus den alten preußischen Ostprovinzen haben sich 1950 zur Lösung gemeinschaftlicher, kirchlicher, kultureller, sozialer und politischer Probleme zum »Konvent der zerstreuten evangelischen Ostkirchen« zusam-

VIII.4

mengeschlossen. Dieser Konvent gab sich 1962 die Rechtsform eines eingetragenen Vereins.

Der »Ostkirchenausschuß«, als vom Rat der Evangelischen Kirche in Deutschland anerkanntes Vertretungsorgan, hatte in Prof. D. Herbert Girgensohn seinen ersten Vorsitzenden und in Oberkonsistorialrat i.R. Pastor Dr. Gülzow, früher Danzig, einen stellvertretenden Vorsitzenden. Der Vorstand des »Konvents der zerstreuten Ostkirchen e.V.«, als Vertretung der bestehenden kirchlichen Hilfskomitees, wählte zu seinem ersten Vorsitzenden Kirchenpräsident a. D. Hamm, früher Jugoslawien. Die Vorsitzenden und Institutionen arbeiteten eng und vertrauensvoll zusammen, im »großen Konvent« entstand ein beide Einrichtungen zusammenfassendes beratendes Organ.

Die vielfachen Aktivitäten des Ostkirchenausschusses und des Konvents der zerstreuten evangelischen Ostkirchen e.V. sollen wenigstens stichwortartig angedeutet werden: jährliche Veranstaltungen im Bereich einer Landeskirche mit größerem Öffentlichkeitscharakter und einer speziellen Thematik, Arbeitstagungen und Vortragsreisen, Gottesdienste und Begegnungen im Zusammenhang mit dem Deutschen Evangelischen Kirchentag, eigenes Ostkircheninstitut an der Universität in Münster seit 1957 mit vielen Aktivitäten. Ein Verein für ostdeutsche Kirchengeschichte e.V., ständige Arbeitskreise des Ostkirchenausschusses und eine publizistische und verlegerische Arbeit über Jahrzehnte hinweg bis heute.

Schon die Kirchenkonferenz von Treysa hat ferner den Landeskirchen die Sorge für die Pastoren und deren Familien übertragen, die in ihren Bereich verschlagen worden waren. Sie bat einige Amtsträger, sich ihrer seelsorgerlich anzunehmen und durch Rundbriefe Verbindung zu halten. Bis 1955 wurden 1.750 Ostpfarrer von den evangelischen Landeskirchen übernommen. Im Jahr 1950 beauftragte der Rat der Evangelischen Kirche in Deutschland Präses Kreyssig, Magdeburg, mit der besonderen Wahrnehmung der Vertriebenenfragen in seiner Mitte. Als die Behinderung zwischen den getrennten Teilen Deutschlands zunahm, und ein neuer Strom von Spätaussiedlern Westdeutschland erreichte, gab der Rat im Jahr 1957 dem Bischof für Schleswig D. Wester den Auftrag, sich als Beauftragter für Umsiedler- und Vertriebenenfragen der anstehenden Probleme verantwortlich anzunehmen.

Neue Heimat gewinnen – Probleme der Eingliederung

Flucht und Vertreibung sind stets ein hartes Brot. Altbürger und Neubürger fanden sich keineswegs rasch zusammen. Der Glaube ist durch die Liebe tätig — aber Glaube und Liebe sind unverfügbare Wunder Gottes.

Die Stunde Null war auch die Stunde der Bewährung. Nur die Stunde menschlicher Bewährung oder auch die Stunde der Tragkraft göttlicher Gnade?

Vertreibung und Neuansiedlung nötigte Millionen Menschen dazu, in neuer Umgebung geistlich heimisch zu werden. Geistliche Heimat erfahren wir in der vertrauten sonntäglichen Gottesdienstordnung, in Liedern und Festen, in Sprachform und Brauchtum.

Rechtlich gehören neu Zugezogene als Gemeindeglieder automatisch der Landeskirche ihres Wohnbereiches an. Die Landeskirchen waren vorwiegend auf volle Eingliederung bedacht, aber für das Einleben fiel kirchliches Herkommen und gewohnte Sitte stark ins Gewicht. Eingliederung in ungewohnte Formen evangelischen Lebens schließt Dankbarkeit gegenüber der erfahrenen Glaubensprägung seit Jahrhunderten nicht aus. Gerade wer geistlich-kulturelles Erbe bewahrt, achtet auch auf die geistlichen Gaben seiner neuen Umgebung. Oft wurde die Verpflichtung gegenüber dem Erbe der alten Heimat mit ihren Formen der Frömmigkeit als rückständig, ja als »revanchistisch« verleumdet. Dabei mußten die Heimatvertriebenen die bitteren Konsequenzen der schrecklichen Irrwege der nationalsozialistischen Diktatur am schlimmsten durchleiden. Zusätzlich erlitten sie entsetzlich viel fremdes Unrecht, das sie doch nicht verschweigen konnten, solange sie persönlich wahrhaftig bleiben wollten.

Eine Hilfe zur Heimatwerdung sollten die Heimatgottesdienste sein, Gottesdienste in heimatlicher Liturgie. Damit sollten keine neuen Gemeinden gebildet werden, aber »ein Gruß aus der alten Heimat tat den angeschlagenen Herzen wohl«. Selbst wenn sie verständlicherweise im Lauf der Jahrzehnte nicht mehr so oft wie früher verlangt wurden, bis auf den heutigen Tag sind sie Vergewisserung im Glauben und damit in der Zugehörigkeit zur Kirche Jesu Christi. Die mittlere und jüngere Generation ist längst mit den gottesdienstlichen Formen der heimischen Landeskirche vertraut. Aber selbst in der württembergischen Landeskirche wurde durch die Erfahrungen der letzten Jahrzehnte die liturgische Form des Gottesdienstes verändert und erweitert.

Und schließlich wurden nicht nur einzelne Christenmenschen vertrieben, Kirchengemeinden und Landeskirchen sind vertrieben worden. Die Bedeutung heimatkirchlichen Erbes rückt sehr bald ins Bewußtsein, nachdem sich der Nebel des Chaos lichtete.

In einer Resolution des Konvents pommerscher Pfarrer vom 24. Juli 1946 heißt es: »Die Gemeindeglieder der pommerschen Kirche kommen aus ihrer verlorenen Heimat mit leeren Händen und verwundeten Herzen, aber auch mit einem in Trübsalsglut erworbenen Schatz herrlicher Glaubenserfahrungen und altbewährten Reichtums kirchlichen Lebens und kirchlicher Sitte. Sie klopfen an die Türen der Gemeinden- und Kirchenleitungen im Westen, um Gesinnungen und Tat christlicher Liebe zu erbitten. Aber auch um Zeugnis abzulegen von dem lebendigen Gott und seiner Gnade, der ihnen bis hierher geholfen hat. Gott hat eine einzigartige Begegnung zwischen den Gliedern der östlichen und westlichen Kirchen bewirkt.«

VIII.5

Sollten sich die Flüchtlinge in Westdeutschland wieder zu eigenen Gemeinden und gar Kirchen zusammenfinden? Der frühere schlesische Bischof Zänker widersprach diesem Weg 1949 mit folgender Begründung: »Wenn sich auch die Schaffung einer ganzen Reihe von größeren Flüchtlingsgemeinden erreichen ließe, was sollte aus den unendlich vielen kleinen und kleinsten schlesischen Gruppen werden, die überall zerstreut wohnen? Wie könnten die Kosten für die gottesdienstlichen Räume und die Anstellung besonderer Pfarrer und Gemeindebeamter aufgebracht werden? Dürfen wir uns einen Segen davon versprechen, neue Flüchtlingskirchen durchzusetzen? Was sollte werden, wenn auch die Ostpreußen und die Pommern besondere Flüchtlingskirchen gründen? Verewigen wir nicht das Flüchtlingsproblem? Lehrt nicht die Kirchengeschichte, daß Kirchen mit weitzerstreuten Gemeinden und Gemeindlein der Gefahr der Verkümmerung ausgesetzt werden und die Leiden der Diasporagemeinde vermehren? Wir können zu dem Wunsch einer besonderen Flüchtlingskirche nur ein klares Nein sagen.«

Die Hilfskomitees hatten im Rahmen westdeutscher Landeskirchen keine kirchenregimentliche Funktion. Der Rat anerkannte den »Ausschuß der ehemaligen deutschen Ostkirchen« als ein Mittel, die Eingliederung der Heimatvertriebenen in die Landeskirchen zu verwirklichen und caritative Betreuungsaufgaben wahrzunehmen. Die Einheit der EKD basiert eben auf der weitgehenden Selbständigkeit und Kontinuität der Landeskirchen. Die Sachfragen nach dem geistlichen Beitrag und Heimaterbe waren freilich damit noch nicht beantwortet, festgehalten war aber die seelsorgerliche Arbeit als Aufgabe aller Landeskirchen. Mit dem unübersehbaren Flüchtlingsstrom kamen auch viele Pfarrer aus Mittel- und Ostdeutschland in den Westen. Die allseitige Pastorierung der Gemeinden westdeutscher Landeskirchen wäre ohne diesen Kraftzuwachs gar nicht vorstellbar gewesen. Freilich erforderte die Umstellung selbst von allen Beteiligten ebenso geistliche Kraft. Gemeinsame Not verbindet, aber der Verlust der Heimat ist eine Not besonderer Art. Einen Menschen der Heimat berauben bedeutet doch, ihn geistig tief zu gefährden. Viele Flüchtlinge und Vertriebene haben darum einen Seelsorger gleicher innerer Not besonders schätzen gelernt. Aber die einheimischen Pfarrer kamen doch auch nicht aus geruhsamen Zeiten: Krieg und Gefangenschaft lagen hinter ihnen, Bombennächte und Zeiten der Verfolgung. Gleiche geistliche Erfahrungen mit dem Wort Heiliger Schrift eröffnen ein ungeahntes Miteinander.

Die Not der Stunde Null besaß auch eine andere ökumenische Dimension. Viele evangelische Heimatvertriebene wurden in bislang ausschließlich katholische Gebiete verschlagen, viele katholische Christen in bislang rein evangelische Gemeinden eingewiesen. Viele Kirchengemeinden entstanden neu, im alltäglichen Miteinander wurden alteingewurzelte Vorurteile korrigiert.

VIII.6

Allmählich wurde es in den westdeutschen Kirchengemeinden selbstverständlich, daß auch solche Männer und Frauen in leitende Gemeindegremien und in kirchenleitende Ämter gewählt wurden, die erst nach dem Krieg in eine andere Landeskirche verschlagen wurden. Und für die junge und jüngere Generation stellten sich diese Fragen gar nicht mehr.

Es war der schwedische Pfarrer Birger Forell, der um die Ruinen der Munitionsanstalt Espelkamp einen zähen Kampf gegen die alliierte Bürokratie führte, bis die Aufbaugemeinschaft in Zusammenarbeit von Kirche und Staat die erste und beispielgebende Flüchtlingsstadt Deutschlands errichten konnte. Ziegelhausen bei Heidelberg brachte für die Jugoslawien-Deutschen, Stuttgart-Büsnau für die Buchenländer, die Donausiedlung in Darmstadt für die Ungarn-Deutschen den Durchbruch, der den alten Siedlerwillen wieder entfachte. Mit Neugnadenfeld im Bendheimer Moor hatte schon im April 1946 der Kolonistengeist der Brüdergemeinde eine Siedlung begonnen. Das Evangelische Siedlungswerk war ein neuer diakonischer Dienst der Kirche, der gerade in den Nöten von heute wiederum gefragt ist.

Seelsorgerlicher Beistand

In dem Inferno von 1945 war nicht nur die gottfeindliche Übersteigerung der eigenen Nation vergangen. Fast gegen den eigenen Willen war in diesen Notzeiten die tiefe Schicksalsgemeinschaft eines Volkes eingraviert, im Guten wie im Bösen. Seelsorge muß auch diese Beziehungen verstehen und versöhnen. Verteufelt und verfremdet durch den nationalsozialistischen Wahn ist alles, was Vaterland und Nation heißt – kann dies das Ende der Wege Gottes sein? Glaube an Jesus Christus ernüchtert, auch zum richtigen Blick für Glück und Last der eigenen Geschichte.

Die Betheler Synode der EKD sagte am 13. Januar 1949: »Wir wollen nicht vergessen, daß unsere deutschen Flüchtlinge von heute nicht die ersten sind, die dies schwere Los getroffen hat. Vorher ist dasselbe durch uns an anderen Völkern, an Polen, an Russen, Franzosen und Holländern und an anderen europäischen Nationen, an Juden und politischen Verfolgten aus dem eigenen Volk geschehen. Gottes Auge sieht vom Himmel her all das große Unrecht... Ihr Einheimischen laßt euch das Flüchtlingsschicksal eine Lehre sein, wie unbeständig die Schätze sind, die wir auf Erden sammeln. Ihr Flüchtlinge, vergeßt nicht die schwersten Stunden eures Lebens und laßt nicht ab, den öffentlich zu preisen, der euch hörte, als ihr niemanden hattet, zu dem ihr rufen konntet. Was euch geblieben ist, ist immer noch mehr, als euch genommen wurde...«

Der »liebe Gott«, den Wolfgang Borchert karikierte, ist tot. Kein Gott also, der selbstverständlich wie alte Volksgötter Heimat und Vaterland vor allem Unglück beschützt. Aber die Erfahrung des lebendigen Gottes ist damit nur vertieft. Die einleitenden Sätze in der Charta der Heimatvertriebenen wären nach dem Ersten Weltkrieg undenkbar gewesen. Oberflächliche und einseitige Rede von pauschaler Schuld verblassen gegenüber der Einsicht in die überpersonalen Ursachen und unausdenkbaren Konsequenzen der Katastrophen. So ist auch eine ökumenische Haltung von aller Schwärmerei geheilt, aber gerade deswegen der Weg frei für ein nüchternes und hilfreiches Miteinander. Auch die theologische Bewertung von Heimat und Heimatrecht kann eben nicht mehr mit tagespolitischem Vorzeichen gestellt werden, sondern nur mit dem tieferen Verstehen für die Wurzeln jedes Menschen in einer Familie, in einer Landschaft, in einer Nation.

Seelsorge zielt auf den einzelnen, aber jeder einzelne lebt in dem größeren Rahmen der Volks- und Weltgeschichte. »Wir waren eine Gemeinde, die die Not zusammengebracht hatte. Arm, beraubt und ausgeplündert an allem, was das Leben angenehm und lebenswert macht. Herausgerissen aus dem Boden der Heimat und zerstreut in alle Winde. Im Ungewissen über das Schicksal vieler Verwandter und Freunde, oft behaftet mit körperlichen Leiden als Folgen durchgemachter Mißhandlungen. Unerbetene und lästige Fremde. Gezwungen, ein neues Leben aufzubauen in einem übervölkerten und vom Krieg zerstörten Lande.« In dieser Not be-

VIII.7

währten sich die Bibelworte und das evangelische Liedgut, das man wie ein Ertrinkender als Rettungsring erfuhr.

Die seelsorgerliche Begleitung forderte verständige Pfarrer. Eine bezeichnende Klage: »Hier in der Stadt sind so viele Sekten. Wir bekommen Einladungen von einer Auferstehungskirche, von einer Garnisonskirche, von einer Apostolischen Kirche, von Jehovas Zeugen und noch von verschiedenen Sekten. Wir bitten, zu welcher wir uns anschließen sollen. Wir sind hier Schafe ohne Hirten. Um uns hat sich bis jetzt noch niemand gekümmert ...«

Nicht jede Landeskirche regelte wie in Württemberg einen pastoralen Reisedienst. Leider gelang es vielerorts nicht, ehemals kirchlich beheimatete Vertriebene in ihrer notvollen Entfremdung anzusprechen. Aber es gibt auch bezeichnende Gegenbeispiele wie die volksmissionarischen Bemühungen des bayrischen Gustav-Adolf-Werkes, die Evangelische Vertriebenenhilfe Bassum (Grafschaft Hoya) und andere mehr. Ziel war »nicht das Pflegen landsmannschaftlicher Zusammenhänge und der Liebe zur alten Heimat, so schön und erstrebenswert das auch sein mag, sondern das Heimischwerden in der neuen Umgebung ...«. Der Prozeß der Entkirchlichung und Entchristlichung ist gewiß durch die so fundamentale Entwurzelung der Heimatvertriebenen und ihre nicht allseits gelungene Verwurzelung im neuen kirchlichen Leben nachhaltig beschleunigt worden.

Zunächst hofften auch viele, die Vertreibung könnte nur vorübergehend sein. Aber in den Jahren nach der Währungsreform festigte sich die Überzeugung von der langfristigen Unveränderbarkeit. Das Ende jeder »Naherwartung« veränderte auch die seelsorgerlichen Anfragen. Bischof Dibelius erklärte 1948 auf der Rothenburger Flüchtlingstagung: »Wohl müssen wir der Welt sagen, daß die Flüchtlinge ein Anrecht auf ihre Heimat und auf die Rückkehr besitzen. Aber gegenüber den Flüchtlingen dürfen wir diese Frage nicht in den Vordergrund rücken und die Möglichkeit einer Rückkehr unter keinen Umständen irgend in Rechnung stellen.«

Warum gerade wir? Das war keineswegs nur eine unterschwellige Anfrage. Und selbst, wenn die Schuldfrage des deutschen Volkes insgesamt zu einer »neuen Demarkationslinie in der Kirche« wurde, in aller Bewußtsein gerückt durch die Stuttgarter Schulderklärung vom Oktober 1945, so war dies doch keine geistliche Antwort auf die Anfechtung des einzelnen Heimatvertriebenen in seiner persönlichen Not. Der einzelne wollte doch gerade sein Schicksal im Rahmen eines Gesamtschicksals verdient/unverdient wiedererkennen können. Kirchliche Aussagen müssen der realen Komplexität Rechnung tragen — angesichts dieser Jahrtausend-Katastrophe eine blanke Unmöglichkeit, ohne daß wir stottern. Unabweisbar persönliches Leid überdeckte die historische Heraufkunft dieser Not.

Aufsehen erregte Anfang der 60er Jahre die sogenannte Ostdenkschrift der Evang. Kirche in Deutschland. Das war eine Ausarbeitung der Kammer der EKD für öffentliche Verantwortung. Ihre genaue Bezeichnung: »Die Lage der Vertriebenen und das Verhältnis des deutschen Volkes zu seinen östlichen Nachbarn«. Diese Stellungnahme wird bis zum heutigen Tage viel zu einseitig nach der späteren Ostpolitik in den 70er Jahren beurteilt. Von Anfang an wurde sie kontrovers beurteilt. Aber später wurde die Denkschrift als Kronzeuge einer politischen Richtung gebraucht und mißbraucht. Sie sollte dagegen gelesen und in ihren auch für das Ausland gar nicht so gefälligen Äußerungen gewürdigt werden. Sie wollte ein redlich/seelsorgerliches Wort zur Hoffnung der Vertriebenen sein. Wahrheit ist stets zweischneidig, darum erntete auch einer ihrer Verfasser, Professor Dr. Raiser, bei ihrer Darlegung in Warschau erhebliches Erstaunen und Ablehnung. Versöhnung durch Wahrhaftigkeit bleibt für alle eine beschwerliche Aufgabe.

Heute

Der unerwartete starke Zustrom von Aussiedlern seit 1987 stellt die EKD vor neue Aufgaben: Die pastorale Betreuung in den Durchgangslagern muß intensiviert werden. In den vielen Übergangswohnheimen sind die Kontakte zu den neuen Gemeindegliedern zu knüpfen: Hilfe bei Behördengängen und den Sprachkursen, begleitende Beratung bei Einkäufen und der Suche nach einem Arbeitsplatz. Hilfe zur gottesdienstlichen Beheimatung. Die Vielzahl evangelischer Diakonischer Bezirksstellen ist emsig tätig auch bei den vielen Aussiedlern, die in angemieteten Hotels und Gasthöfen erste Unterkunft fanden. Die 17 westdeutschen Landeskirchen bemühen sich um neue Wohnbauprogramme. Sie versuchen, mit kirchlichen Gebäuden und Grundstücken dem enormen neuen Wohnungsbedarf zu steuern. Die Situation 1989 ist unvergleichlich gegen 1945/50. Auch der gleichzeitig starke Andrang von Asylanten und Ausländern will bewältigt sein. Hier ist ein offenes und aufnahmebereites Klima zu erzielen, dabei auch Verständnis für Heimat und Vaterland zu bewahren oder neu zu wecken.

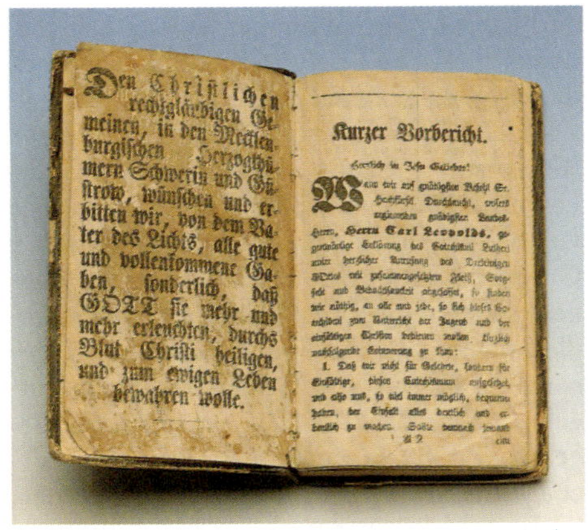

VIII.19

Eichendorff dichtete:

Es wandelt, was wir schauen,
Tag sinkt ins Abendrot.
Die Lust hat eigenes Grauen
und alles hat den Tod.

Ins Leben schleicht das Leiden
sich heimlich wie ein Dieb.
Wir alle müssen scheiden
von allem, was uns lieb.

Was gäb es doch auf Erden,
wer hielt den Jammer aus,
wer möcht' geboren werden,
hielt'st du nicht droben Haus!

Du bist's, der, was wir bauen,
mild über uns zerbricht,
daß wir den Himmel schauen —
darum so klag ich nicht.

LITERATURAUSWAHL

GOTTSCHICK, Konrad/SCHÄFER, Gerhard: Unerwartete Wege, Stuttgart 1988

KRIMM, Herbert: Beistand (die Tätigkeit des Hilfswerks der Evangelischen Kirche in Deutschland für Vertriebene und Flüchtlinge nach 1945), Stuttgart 1974

RUDOLPH, Hartmut: Evangelische Kirche und Vertriebene 1945—1972, 2 Bde., Göttingen 1984/1985

Aufbau und Organisation der Vertriebenenseelsorge sowie Probleme der Vertriebenenarbeit im katholischen Bereich

Gerhard Pieschl

Was ist Flüchtlings- und Vertriebenenseelsorge?

Jedwede Seelsorge ist die Antwort des Glaubens auf die Nöte und Gefährdungen, die Freude und die Hoffnung im Leben der Menschen ihrer Zeit.

Dabei findet die Seelsorge zwei Vorgaben vor: einmal das in Jesus Christus erwirkte Heil, das sie den Menschen zu vermitteln hat in Gottesdienst (Liturgia), Zeugnis (Martyria) und Bruderdienst (Diakonia), ihren Inhalt also – und zum andern den Ort und die Situation, wo sie konkret wird, sich spezifiziert und ihren Heilsdienst umzusetzen trachtet.

So ergab sich für die Katholische Kirche in Deutschland nach der Katastrophe des Krieges und des totalen Zusammenbruches 1945 die Notwendigkeit, für die in den Westen flutenden Millionen von Flüchtlingen und Heimatvertriebenen eine besondere Seelsorge für die spezifische Lebenssituation dieser Menschen – die Flüchtlings- und Vertriebenenseelsorge – einzurichten.

In welchen zeitlichen Abläufen geschah und geschieht Vertriebenenseelsorge?

Im Blick zurück läßt sich diese Seelsorge in drei ineinander übergehende und sich durchdringende Phasen beschreiben.

Zunächst ging es um das nackte Leben: um Nahrung, ein Dach über dem Kopf, um das Suchen und Finden der versprengten Überlebenden, um Arbeit, um das Lebensnotwendigste: *die karitative Phase.* Viele haben die Monate von Flucht und Vertreibung und erste Aufnahme nicht überlebt.

Die zweite Phase war die *Eingliederungsphase.*

Nachdem die allernötigsten Existenzgrundlagen geschaffen waren, folgte bald das Bemühen um die wirtschaftliche, kulturell-gesellschaftliche und auch kirchliche Eingliederung. Wirtschaftlich ging das verhältnismäßig schnell, gesellschaftlich und kirchlich langsamer.

Über das Schicksal des einzelnen Vertrieben hinaus führt die dritte Phase, die der *geistigen Auseinandersetzung* mit den großen Zusammenhängen von Schuld und Unschuld, vom Leid und seinem Sinn oder Unsinn. Es geht um die weltgeschichtlichen Verstrickungen und Ballungen.

Als zu allererst Betroffene setzten sich die Heimatvertriebenen mit Nationalismus, Nationalsozialismus, Kommunismus und Atheismus und ihren Folgen auseinander, traten für die Einhaltung der unveräußerlichen Menschenrechte für sich und andere ein, übernahmen vor allem die Sorge für die verfolgte Kirche im Osten.

Das markanteste Zeugnis dafür ist der zum ersten Mal im Jahr 1951 im holländischen Hilversum veranstaltete Kongreß »Kirche in Not« zum Thema: »Die religiöse Not der Vertreibung« und seine lückenlose jährliche Weiterführung in Königstein im »Vaterhaus der Heimatvertriebenen«.

Die Phase der geistigen Auseinandersetzung mit dem Vertreibungsgeschehen ist nicht abgeschlossen. Sie wird fortgeführt durch neue Entwicklungen, wie etwa die in diesem Jahr und noch in den kommenden

VIII.1

VIII.2

Jahren zu erwartende große Zahl der Aussiedler. Auch das Schicksal dieser Menschen ist im Zusammenhang mit dem verlorenen Krieg und der Vertreibung der Deutschen zu sehen. Es wiederholen sich nicht nur die dargelegten Phasen der Vertriebenenseelsorge, – wenn auch nicht in der alten Schärfe – sondern sie werden auch ergänzt durch die Aufgabe, das Vertreibungsschicksal philosophisch-theologisch aufzuarbeiten.

Es geht um die *Deutung des Vertriebenenschicksals als Heilsgeschichte* und um die Frage, was die Kirche zur Beheimatung des heutigen Menschen zu leisten vermag.

Zunehmend erwarten auch Stimmen aus den Vertreiberländern zur Vertreibung der Deutschen eine Antwort. Es sei nur hier beispielhaft die neueste Stimme vom 30. November des vergangenen Jahres des Prager Theologen Josef Zvěřina, amtsenthobener Dozent der Theologischen Fakultät Prag-Leitmeritz und derzeit zwangspensionierter Seelsorger, angeführt:

»In diesem Zusammenhang und auf diesem Boden fühle ich die Pflicht, das ganz besonders auszudrücken, was nicht nur mir, sondern vielen meiner Landsleute, gläubigen wie ungläubigen, auf dem Gewissen liegt. Es ist unsere Schuld an den Greueltaten, die ein gewisser Teil unseres Volkes an den Deutschen begangen hat, nach dem Krieg und dann noch bei dem sogenannten ›Transfer‹ der Sudetendeutschen. Von tschechischer Seite haben schon vor Jahren der Dichter Jaroslav Durych und der Philosoph Jan Patočka ihr tiefes Bedauern hierüber ausgedrückt. Jetzt bitte auch ich bei dieser Gelegenheit um Verzeihung unserer Schuld. Wir bitten Sie um eine wirkliche Versöhnung und wir beten zu Gott um die Gnade einer radikalen Bekehrung.«

Die Zukunft wird zeigen, wie notwendig die Vertriebenenseelsorge sein wird auf dem Weg des Verständigens, Versöhnens und Neugestaltens.

Wie entstand die Vertriebenenseelsorge und wie stellt sie sich heute dar?

Mit den Heimatvertriebenen kamen auch Priester und Theologiestudenten in das westliche Deutschland. Sie sind mit vertrieben worden und haben die Menschen als Seelsorger auf ihrem Weg in die neue Heimat begleitet und in allem ihr Schicksal geteilt.

Da war es für den kirchlichen Zusammenhalt, die karitative und pastorale Betreuung der Heimatvertriebenen aus dem Osten und aus dem Sudetenland von ausschlaggebender Bedeutung, daß Papst Pius XII. mit Schreiben vom 24. Juni 1946 Bischof Maximilian Kaller von Ermland für alle, gleich aus welchem Bistum sie kamen, zum Vertriebenenbischof bestellte.

Der Brief, der den päpstlichen Auftrag für die Vertriebenenseelsorge ausspricht, lautet:

VIII.3

VIII.17

»Unserem ehrwürdigen Bruder Maximilian Kaller, Bischof von Ermland!

Der Ausgang des Krieges und die Nachkriegszeit haben Sie, ehrwürdiger Bruder, und Ihre Diözesanen überaus schwer getroffen. Wir brauchen Ihnen nicht zu sagen, wie sehr Wir mit Ihnen allen mitempfinden und wie gerne Wir zu Hilfe gekommen wären, wenn die Abschnürung des deutschen Ostens und die Verschlossenheit der dortigen gegenwärtigen Machthaber dem Heiligen Stuhl gegenüber Uns nicht der Möglichkeiten dazu beinahe vollständig beraubt hätten.

Der Druck der Verhältnisse hat für die ostdeutschen Gebiete eine vorläufige Regelung der kirchlichen Verwaltung erzwungen, die eine Fortführung Ihrer Bischöflichen Amtstätigkeit ausschließt, ganz abgesehen davon, daß Ihre noch von den deutschen Behörden verfügte gewaltsame Wegführung aus Ihrer Diözese und die dann einsetzenden erschütternden Vorgänge in Ostpreußen Ihnen eine Wiederaufnahme Ihrer Bischöflichen Wirksamkeit sowieso unmöglich gemacht haben würden.

Wenn Wir alles dieses mit Ihnen tief bedauern, so sind Sie, ehrwürdiger Bruder, andererseits durch die Lage der Dinge frei für eine Sonderaufgabe, deretwegen Wir mit diesem Schreiben an Sie herantreten und die Uns augenblicklich noch wichtiger erscheint als die geplante Mission unter den deutschen Kriegsgefangenen in Frankreich.

Es handelt sich um die Betreuung der katholischen Ostflüchtlinge. Nicht als ob eine quer über die deutschen Diözesen sich erstreckende Sonderseelsorge mit eigener Jurisdiktion für sie geschaffen werden sollte. Sie werden vielmehr am Ort Ihrer Unterkunft von der zuständigen Pfarrei und Diözese von selbst erfaßt werden, und Wir hören zu Unserem großen Trost, daß sich die Bischöfe und Priester der Auffangdiözesen alle erdenkliche Mühe geben, um ihrer Aufgabe an den neu hinzugekommenen Gläubigen gerecht zu werden.

Indes ist ein Sonderamt, das zwischen den Ostflüchtlingen und den Ordinariaten der Auffanggebiete vermittelt, doch wohl notwendig, wenigstens für die erste Zeit. Der Gegenstand der Obsorge dieses Sonderamtes wäre vor allem der aus den verlassenen Ostgebieten nach dem deutschen Westen und Süden kommende Klerus, seine Erfassung und seine Verteilung in die Auffangdiözesen, sodann die Sorge für die unter den Ostflüchtlingen sich findenden Priesterberufe, falls sie nicht ohne weiteres in die kirchlichen Priesterbildungsanstalten der Auffangdiözesen aufgenommen werden; endlich wird – besonders in den Fällen, wo katholische Ostflüchtlinge an Orten Unterkunft finden, an denen bis dahin weder eine katholische Kirche noch ein Priester waren – eine Reihe von seelsorglichen und caritativen Fragen auftauchen, die eine besondere Vermittlung zwischen den Angekommenen und dem Ordinarius loci (Ortsbischof; d.Vf.) wünschenswert, wenn nicht notwendig machen.

Dieses Sonderamt wollten Wir Ihnen, ehrwürdiger Bruder, anvertrauen. Sie kennen Klerus und Gläubige des katholischen deutschen Ostens von Ihrer schlesischen Heimat her wie aus Ihrer jahrzehntelangen Wirksamkeit in Berlin, in der Prälatur Schneidemühl und in der Diözese Ermland. Dies und Ihr erprobter Eifer in Seelsorgefragen, Ihre guten Beziehungen zu den anderen deutschen Oberhirten und Ihre Erfahrung in den Arbeiten der Fuldaer Bischofskonferenzen lassen Sie dafür besonders geeignet erscheinen. Die Kirchliche Hilfsstelle, mit deren Führung Msgr. Albert Büttner betraut ist, würde Ihrer Oberleitung unterstehen. Wenn Sie zu der Übernahme dieser Arbeit bereit sind, würden Wir Sie bitten, dies umgehend Unserem Vertreter in Deutschland mitzuteilen und sich dann mit dem Kardinalerzbischof von Köln als dem Leiter der Fuldaer Bischofskonferenzen ins Benehmen zu setzen, damit Sie womöglich schon auf der nächsten Zusammenkunft der deutschen Bischöfe in Fulda die Sache der Ostflüchtlinge vertreten.

Wir begleiten Ihr Wirken, ehrwürdiger Bruder, mit innigen Wünschen und erteilen als Unterpfand der reichsten Erbarmungen Gottes Ihnen, Ihren Diözesanen und allen, denen Ihre Sorge gilt, in väterlicher Liebe den Apostolischen Segen.

Aus dem Vatikan, den 24. Juni 1946
gez. **Pius pp. XII.**«

In dem Limburger Priester Albert Büttner fand Bischof Kaller einen hochqualifizierten und als Leiter des Reichsverbandes für das katholische Deutschtum im Ausland erfahrenen Mitarbeiter.

Als erste Maßnahme zur Bewältigung der Not hat Prälat Albert Büttner – zunächst aus eigener Initiative, später von der Fuldaer Bi-

VIII.10

VIII.10

schofskonferenz für die Flüchtlings- und Vertriebenenseelsorge bestellt – die sogenannte »Kirchliche Hilfsstelle« eingerichtet. Er war es auch, der die ersten Verhandlungen zum Erwerb der Königsteiner Anstalten führte, um den heimatvertriebenen Theologiestudenten das Studium zu ermöglichen. Büttners Sorge galt vor allem gemäß dem päpstlichen Auftrag den Flüchtlingsgeistlichen, ihrer Erfassung, ihrer Verteilung in die Auffangdiözesen, sodann den unter den Flüchtlingen sich findenden Priesterberufen und einer Reihe von seelsorglichen und karitativen Maßnahmen, besonders für jene Vertriebenen, die in die Diaspora kamen.

Für diese Arbeit hatte Bischof Kaller Prof. Dr. Kindermann, den Rektor des deutschen Priesterseminars in Prag, nach Königstein berufen und ihn mit der Durchführung dieser Aufgaben beauftragt. Es galt festzustellen, wo die bereits angekommenen Priester Aufnahme gefunden hatten und die Neuhinzugekommenen den Bedürfnissen der Seelsorge entsprechend eingewiesen werden sollten.

Dieses Sonderamt bekam den Namen **»Priesterreferat«**, den es bis heute beibehalten hat.

Der »8. Königsteiner Schematismus« vom 1. April 1988 führt die Namen von 3.192 heimatvertriebenen Priestern auf, die sich in den Diözesen der Bundesrepublik, Österreichs und der DDR befinden.

Nach dem Tod von Bischof Maximilian Kaller am 7. Juli 1947 übernahm im gleichen Jahr das Amt des Vertriebenenbischofs, für das er von Papst Pius XII. berufen wurde, der Bischof von Limburg, Ferdinand Dirichs.

Die Aktivitäten der Vertriebenen im Frankfurter Raum waren schon besonders stark und konzentrierten sich durch Prälat Büttner, P. Werenfried van Straaten und Prof. Dr. Adolf Kindermann besonders in und um Königstein. So lag es nahe, den zuständigen Diözesanbischof von Limburg für den Vertriebenenbereich zu beauftragen. Bischof Ferdinand Dirichs war aber nur eine kurze Amtszeit vergönnt. Er verunglückte tödlich am 27. Dezember 1948 auf der Autobahn unweit von Königstein.

In seiner Amtszeit wurde der Vorsitzende der Fuldaer Bischofskonferenz Kardinal Joseph Frings zum »Hohen Protektor für das gesamte Flüchtlingsproblem in Deutschland« bestellt. Damit wurde diese Aufgabe noch stärker in die Arbeit der Bischofskonferenz einbezogen. Die Beauftragten der Deutschen Bischofskonferenz für Flüchtlings- und Vertriebenenseelsorge bestellte die Deutsche Bischofskonferenz von nun an selbst.

1949 wurde Prälat Dr. Franziskus Hartz – bis zur Vertreibung Oberhirte der Freien Prälatur Schneidemühl und Mitglied der Fuldaer Bischofskonferenz – zum Beauftragten für die Vertriebenenseelsorge ernannt. Bis zu seinem Tod am 15. Februar 1953 übte er sein Amt aus.

Im August 1953 ernannte die Fuldaer Bischofskonferenz den Bischof von Würzburg, Dr. Julius Döpfner, zum Beauftragten der Deutschen Bischofskonferenz für Flüchtlings- und Vertriebenenseelsorge. Als dieser 1957 zum Bischof von Berlin berufen wurde, ernannte die Bischofskonferenz Bischof Heinrich Maria Janssen zum Beauftragten für Flüchtlings- und Vertriebenenseelsorge. Janssen war Pfarrer in der Freien Prälatur Schneidemühl gewesen und wurde Bischof von Hildesheim, jenes Bistums, das wie kein anderes von den Heimatvertriebenen geprägt ist. Mit seiner Resignation als Bischof von Hildesheim 1982 verband Bischof Janssen seinen Rücktritt vom Amt des Beauftragten der Deutschen Bischofskonferenz für Flüchtlings- und Vertriebenenseelsorge.

Zu seinem Nachfolger wurde am 1. Januar 1983 Weihbischof Gerhard Pieschl, Limburg, aus Mährisch-Trübau/Ostsudeten stammend, von der Deutschen Bischofskonferenz bestellt.

Dem Beauftragten der Deutschen Bischofskonferenz für Flüchtlings- und Vertriebenenseelsorge steht der **»Katholische Flüchtlingsrat«** als Beratungsgremium zur Seite, der von Bischof Ferdinand Dirichs 1948 zum ersten Mal berufen wurde. Erster Vorsitzender war Hans Lukaschek, der von 1949–1953 auch Bundesvertriebenenminister war. Nach dessen Tod 1959 wurde Staatssekretär Dr. Peter Paul Nahm Vorsitzender des Katholischen Flüchtlingsrates und blieb es bis zu seinem Tod 1981. Sein Nachfolger wurde Richard Hackenberg, der dieses Amt bis 1984 versah und dann von Ministerialdirigent a.D. Günter Fuchs abgelöst wurde.

Zur Fuldaer Bischofskonferenz gehörte die Kirchenprovinz Breslau, und in ihr waren Mitglieder die Bischöfe von Berlin, Breslau und Ermland, der Freien Prälatur Schneidemühl sowie der Großdechant der Grafschaft Glatz und der Generalvikar des Distriktes Branitz-Leobschütz.

Im Zuge der »Neuordnung der Ostdiözesen« wurden für die in der Bundesrepublik lebenden Priester und Gläubigen vom Heiligen Stuhl **Apostolische Visitatoren** ernannt für Breslau, Ermland und Schneidemühl; die Deutsche Bischofskonferenz ernannte **Kanonische Visitatoren** für Branitz und Glatz. Alle behielten die volle Mitgliedschaft in der Deutschen Bischofskonferenz. 1984/85 nach Änderung des Statuts der Deutschen Bischofskonferenz gehören die Apostolischen und Kanonischen Visitatoren weiterhin der Deutschen Bischofskonferenz an, allerdings ohne Stimmrecht.

Die Apostolischen und Kanonischen Visitatoren werden in Ausübung ihres Amtes von Priester- und Laiengremien beraten.

Weil das Gebiet Danzig außerhalb des Reichskonkordates lag, ist der Apostolische Visitator für Danzig, wie auch die andern von der Deutschen Bischofskonferenz ernannten Beauftragten für die nichtkonkordatären Gebiete, nicht Mitglied der Deutschen Bischofskonferenz.

Auf Diözesanebene gibt es mit Ausnahme von Essen und Freiburg jeweils einen **Diözesanvertriebenenseelsorger**. Sie bilden eine »Konferenz der Vertriebenenseelsorger« unter dem Vorsitz des Beauftragten der Deutschen Bischofskonferenz.

Die erste Konferenz fand am 25. März 1947 statt. Sie hat nachstehende Resolution herausgegeben:

»Heimatvertriebene Priester erheben ihre Stimme«

Die offiziellen Vertreter von heimatvertriebenen römisch-katholischen Priestern aus Ostdeutschland, dem Sudetenland und dem Südosten erbitten von den maßgebenden Autoritäten für sich und die von ihnen betreuten, aus der angestammten Heimat vertriebenen Deutschen im Namen der Gerechtigkeit, der Religion und der Humanität, die Rückgabe der jahrhundertealten Heimat und die Sicherung von Religionsfreiheit, Muttersprache und eines menschenwürdigen Lebens daselbst.

Wir berufen uns dabei auf das gottgegebene Naturrecht, das jedem Menschen und jeder Familie mit dem Leben auch das Recht auf die ererbte und erarbeitete Heimstatt gibt.

Wir berufen uns dabei auf die Religion und die Pietät, weil die Ausgewiesenen durch die Vertreibung in größte moralische und religiöse Not gestürzt und ihnen nicht nur ihre Gotteshäuser, sondern auch die Friedhöfe mit den Gräbern ihrer Eltern und Voreltern genommen wurden.

Wir berufen uns dabei auf das christliche Sittengesetz, welches nicht nur den einzelnen, sondern auch Völkern und Staaten Haß und Rache, Gewalttat und Raub verbietet.

Wir berufen uns dabei auf die Menschlichkeit, da durch das, was humane Aussiedlung genannt wurde, die natürlichen Lebensgemeinschaften der Familie, der Nachbarschaft und des Berufes grausam zerrissen, die Vertriebenen in unvorstellbares Elend gestürzt wurden und sie in dem so weitgehend zerstörten Restdeutschland aus Mangel an Wohnraum, Arbeitsmöglichkeit und Nahrung nicht menschenwürdig leben können und der Verzweiflung und Anarchie in die Arme getriebenen werden.

Wir berufen uns dabei auf die unverlierbaren Menschenrechte, die auch einem besiegten Volke zukommen.

Wir erbitten die Rückgabe unserer Heimat im Interesse eines wahren und dauerhaften Friedens in Europa, weil dieser nie und nimmer auf einem solchen schreienden Unrecht, wie es die Vertreibung von 14 Millionen Menschen aus ihrer Heimat ist, zustande kommen kann.«

Auf der Ebene der katholischen **Vertriebenenverbände** erfolgte 1966 die satzungsmäßig abgesicherte Gründung einer »Arbeitsgemeinschaft katholischer Vertriebenenorganisationen« (AKVO), in der die verschiedenen katholischen Vertriebenenverbände ihre Arbeit koordinieren. Zu ihrem Sprecher wählten sie Clemens Riedel.

Was bedeutet Königstein für die Vertriebenenseelsorge?

Kardinal Frings nannte die Einrichtungen, die, 1946 beginnend, nach und nach in den ehemaligen Reichsarbeitsdienst-Kasernen im kleinen Taunusstädtchen Königstein entstanden, den »Kristallisationspunkt aller katholischen Bemühungen um die Flüchtlinge und ein wirkliches Vaterhaus der Vertriebenen«.

Mit den etwa 6 Millionen deutschen Katholiken kamen aus den Vertreibungsgebieten Danzig, Ost- und Westpreußen, Schlesien, Sudetenland und dem Südosten auch über 3000 Priester. Das **Priesterreferat** in Königstein sammelte sie, gab Hilfen und Unterstützung.

Standbild der Mutter Regina Protmann, der Gründerin der Schwestern von der heiligen Jungfrau und Martyrin Katharina im Katharinenkloster zu Münster.

Vor dem Krieg studierten in Breslau etwa 300 Theologen, in Braunsberg (Ermland) 120, in Prag und in den Diözesen-Seminaren Böhmens und Mährens (Olmütz, Weidenau, Brünn, Leitmeritz, Königgrätz, Budweis) etwa 450 Theologen. Der Krieg hatte ihre Reihen stark gelichtet. Das in Königstein entstehende **Priesterseminar mit Philosophisch-theologischer Hochschule** nahm viele auf. Bis zur Einstellung der Lehrtätigkeit sind aus Königstein 420 Priester hervorgegangen.

Prälat Prof. Dr. Dr. Adolf Kindermann, der spätere Weihbischof in Hildesheim, hat in einer Chronik festgehalten, was er im Oktober 1946 in den Königsteiner Kasernen vorfand:

»Ein paar ehrw. Schwestern, Heimatvertriebene aus Ostpreußen, die einige Räume notdürftig eingerichtet haben. Das ›Unterhaus‹, so genannt, weil dieses Kasernengebäude tiefer liegt, noch nicht frei. Querschnittgelähmte Kriegsversehrte warten auf ihre Verlegung in andere Lazarette.

Aber auch sonst sieht man noch viel Feldgraues. Jeder Zug bringt Kriegsheimkehrer, die sich in der hier untergebrachten Abwicklungsstelle ihren letzten Sold holen.

Ein Gang durch das Haus, das nach außen ganz respektabel aussieht, macht die innere Verlotterung kenntlich. Es fehlen viele Fensterscheiben, die Stromleitung ist teilweise heruntergerissen, Schalter sind abmontiert, stumme Telefondrähte sind Zeugen vergangener Aktivität. Die Räume sind arg verwohnt, die sanitären Anlagen unhygienisch, die Eisenöfen – die Häuser haben keine eingebaute Heizung – ausgebrannt.

Das für 43.749,50 Reichsmark abgelöste Inventar besteht aus schlechten Holz- und Eisenspinden, alten Lazarettbetten mit durchgelegenen Matratzen, Bettwäsche, die kein Waschvorgang mehr ganz weiß bringt, weil Ichtyolflecken zwar verblassen, sich aber von keinem Waschmittel beeindrucken lassen.

Und doch sind wir froh über das Dach, das uns schützt, und über die wenigen Dinge, die wir vorfinden, denn wir ziehen in einer Zeit ein, wo man nichts zu kaufen bekommt: keine Fensterscheibe, keine Farben, keine Nägel, keine Textilien.

In den ersten Tagen können die Schwestern nicht einmal die Küche in Betrieb nehmen, weil kein Geschirr da ist. Aber eines hat man uns in Mengen hinterlassen: jene lästigen Raumbewohner, die man so schwer wieder los wird. Und so war eine unserer ersten Ausgaben die Entlohnung für die Entwanzung: 18.000 Reichsmark. Das Geld hat uns der selige Bischof Kaller verschafft.

Aber dann fingen wir an, Raum für Raum zu erobern, zu reinigen, in Selbsthilfe wohnlich zu machen. Wir waren ja nur wenige: die Schwestern, drei Priester, zwei Theologen, zwei Schüler, einige Laien.

Bald meldeten sich die ersten Theologen und Schüler. Ausgemergelte Gestalten in alten Uniformen. Sie kamen so, wie sie das Kriegsgefangenenlager ausgespieen hat, ohne jedes Handgepäck, nur mit dem großen inneren Drang, dem Ziele näherzukommen, das sie sich gesetzt hatten und das durch den Krieg ferner gerückt war. Einige hatten bereits vor ihrer Einberufung mit dem Theologiestudium begonnen, andere hatte man unmittelbar nach ihrem Kriegsabitur eingezogen. So konnte die schulische Arbeit aufgenommen werden.

Es war am Albertus-Magnus-Fest am 15. November 1946. In einem zu einer Kapelle gestalteten Raum fand sich die Gemeinschaft zum ersten Gottesdienst zusammen.

Der Unterricht begann in zwei Kursen. Der eine zählte 18 Teilnehmer, sie machten Mai 1947 ihr Abitur. Der zweite Kurs umfaßte 32. Sie hatten eine längere Anlaufzeit eingeräumt bekommen. Ihr Abitur fand erst im November 1947 statt. Dann wurde die Lehranstalt von oben herunterzu erweitert bis zur Untertertia. Damals schrieb der Chronist: ›Hunderte mußten abgewiesen werden, weil der Raum nicht ausreichte!‹

Das Jahr 1947 brachte aber nicht nur einen erfreulichen Aufschwung. Es war mit manchen Härten und Schwierigkeiten verbunden. So hat unser Haus im Februar 1947 eine schwere Krise durchgemacht; der Winter war hart. Wir hatten nichts zu heizen. Die alten Decken gaben keine Wärme. Studenten und Schüler fürchteten sich, abends schlafen zu gehen, weil sie in den Nächten besonders froren. Wir hatten aber auch nichts zu essen. Es gab ganze Wochen, wo nicht eine Kartoffel im Hause war. In dieser ganz großen Not half uns eine Lebensmittelsendung des Heiligen Vaters und rettete uns vor dem Verhungern. Pius XII. hatte sich immer, auch später noch, als Freund und Wohltäter unserer Institute erwiesen, was wir nie vergessen wollen.

Am 7. Juli 1947 starb dann ganz unerwartet unser erster Flüchtlingsbischof Maximilian Kaller. Er sollte bei uns in Königstein Wohnung nehmen und immer bei uns sein. Durch die ungeheuren Materialschwierigkeiten wurde die Wohnung damals nicht fertig. Nun kam er von seinem armseligen Frankfurter Heim zu uns nach Königstein, um hier im Schatten der Pfarrkirche seine letzte Ruhe zu finden.«

Kindermanns Sorge galt auch den vielen Schülern, die Priester werden wollten, aber nirgendwo eine höhere Schule besuchen konnten. Für sie gründete er in dem sogenannten »Unterhaus« der Kasernen die **St. Albert-Schule mit Schülerinternat**, aus der später die Bischof-Neumann-Schule wurde.

Für die Vertriebenenseelsorge wurde von großer Bedeutung die **Ostpriesterhilfe**, die unlösbar mit dem Namen von P. Werenfried van Straaten, einem flämischen Prämonstratenserpater, verbunden ist. Er besuchte 1948 die zu Wohnungen ausgebauten fensterlosen Bunker Frankfurts, die Elendslager der Vertriebenen und die Notwohnungen ihrer Priester. Er wollte den Deutschen helfen, und es war nicht leicht, die Flamen, die er zuerst ansprach, für sein Hilfswerk zu gewinnen, denn diejenigen, denen er jetzt helfen wollte, hatten in der Zeit ihrer Siege hart zugegriffen und Unrecht getan.

Da galt es zuerst, den Boden zu bereiten, den Menschen beizubringen, daß es nicht genügt zu verzeihen, sondern daß man über sich selbst hinauswachsen und Unrecht mit Barmherzigkeit vergelten müsse.

Und die ehemaligen Feinde und Kriegsgegner öffneten sich P. Werenfrieds Predigten, zu verzeihen und großmütiges Mitleid löste Haß und Rachsucht ab.

Erst waren es Lebensmittel, vor allem Speck, der ihm den Namen »Speckpater« einbrachte; dann folgten Kleider, Schuhe, Kirchenausstattungen, Königstein wurde zum großen Umschlagplatz der Liebe. Es kamen ganze Wagenladungen mit Caritasgut. Sie wurden mit Adressen versehen und weitergeschickt.

Zwei weitere wichtige Impulse waren »**Ein Fahrzeug für Gott**« und die »**Fahrenden Kirchen**«.

Die Diasporaseelsorger hatten sonntags fast ausschließlich mehrere Gemeinden zu besorgen. Sie kamen zu Fuß oder fuhren mit dem Fahrrad oder Motorrad von Gemeinde zu Gemeinde, bei jedem Wetter, den Rucksack auf dem Rücken. Deshalb nannte man sie »Rucksackpriester«. So mancher hat dabei Gesundheit und Leben verloren. Das gab den

VIII.13

VIII.14

VIII.15

Anstoß: Sie brauchten ein schützendes Fahrzeug. Die ersten 100 Volkswagen wurden 1952 verteilt. Mehrere hundert Seelsorger kamen so im Laufe der Zeit zu einem Volkswagen.

Die seelsorgliche Not der Heimatvertriebenen in der Diaspora war in den ersten Jahren besonders fühlbar, weil sie ohne Kirche waren. Vielen war das Wort und noch mehr die Gegebenheit »Diaspora« völlig unbekannt. Sie lebten daheim rund um den Kirchturm. Jetzt mußten sie für den Gottesdienst am Sonntag oft große Opfer bringen – weite Wege in Kauf nehmen, denn mancher Seelsorger hatte ein Gebiet zu betreuen, wie es in Missionsgebieten üblich ist. Da sollten dann bald »Fahrende Kirchen« zu den Menschen kommen. Und auch ihr zentraler Aussendungsort, ihre Garagen, waren in Königstein.

Der engen Verbindung zu den Vertriebenen dienten seit 1949 zwei Zeitschriften: die »**Königsteiner Rufe**« und das »**Königsteiner Jahrbuch**«. Der katholische Informationsdienst für Vertriebenen- und Ostfragen »**Expulsus**« erschien ab 1953. Er wurde monatlich in sechs Sprachen herausgegeben: Deutsch, Englisch, Französisch, Flämisch-Niederländisch, Italienisch und Spanisch. Aus der deutschen Ausgabe entstand später die Monatsschrift: »**Digest des Ostens**«, heute »**Informationen und Berichte**« genannt.

Als aktuelle Monatszeitschrift berichten sie über die heutige Lage der Kirche im Osten.

Der Kongreß »**Kirche in Not**«, der ebenfalls in Königstein seine Heimat hat, wurde schon an anderer Stelle erwähnt. Für ihn und andere größere Veranstaltungen wurde 1954 das »**Haus der Begegnung**« gebaut.

1956 erfolgte die Gründung der **Ostakademie Königstein**, eines Institutes, das Informationsarbeit zur Ost-West-Problematik leistet. Allein in den ersten sechs Jahren ihres Bestehens führte die Ostakademie etwa 250 Kurse mit ca. 13.000 Teilnehmern durch. Inzwischen ist sie eine selbständige Instution geworden.

1957 fand erstmals die Sankt Annaberg-Gedächtniswallfahrt in Königstein statt. In einem Aufruf dazu hieß es: Die jahrhundertelange Tradition der Annaberg-Wallfahrt »wollen wir auch in der Vertreibung fortsetzen und alljährlich am Sonntag nach dem Fest der heiligen Anna nach Königstein im Taunus zum Haus der Vertriebenen pilgern, in Treue und Einigkeit beten für unsere schlesische Heimat und für unser schlesisches Volk ...«.

1960 wurde das **Institutum Balticum** gegründet. Es pflegt die Zusammenarbeit mit estnischen, litauischen und lettischen Fachleuten im Exil und wertet die sowjet-baltische Presse aus. Jährlich erscheinen in diesem Institut die »Acta Baltica«, die in wissenschaftlicher Form über Kirche und Leben in den von den Sowjets annektierten baltischen Republiken unterrichten.

Welches sind die Leitmotive der Vertriebenenseelsorge?

Hilfe zur Bewältigung des Vertreibungsschicksals aus dem Glauben zu geben, war die zentrale Aufgabe der Vertriebenenseel-

Nach: Georg Richard Schronbek

Vertriebenenwallfahrten in der Bundesrepublik Deutschland (ohne Berlin).

sorge. Ihre Notwendigkeit hatte Papst Pius XII. in dem zitierten Brief vom 24. Juni 1946 an Bischof Maximilian Kaller, Bischof von Ermland, nachdrücklich hervorgehoben.

Einige Tage später wandte sich Papst Pius XII. in einem Handschreiben an die katholischen Heimatvertriebenen:

»Unsere geliebten Söhne und Töchter, die unter so leidvollen Umständen ihre Heimat verlassen mußten, ermahnen Wir, nicht wankend zu werden im Vertrauen auf Gott, der in seiner Allmacht und Liebe auch das Schwerste zum Besten zu lenken vermag und erteilen ihnen als Unterpfand der überreichen Erbarmungen des Erlöserherzens in väterlicher Teilnahme den Apostolischen Segen.

Aus dem Vatikan, 29. Juni 1946

Pius pp. XII.

In der Verkündigung in den Gottesdiensten bei den großen Heimattreffen, bei den Besuchen in den Lagern, in den ungezählten Gesprächen mit einzelnen, versuchten Bischof Kaller und die Vertriebenenseelsorger, das Geschehen und die konkrete Lebenssituation zu deuten.

1946 wandte sich Bischof Maximilian Kaller in einem Hirtenbrief an die ermländischen Diözesanen und beschwor sie, über den *Verlust der Heimat* nicht zu zerbrechen:

»Unsere Trauer um die verlorene Heimat muß sich trösten und aufrichten lassen; es ist der Wille Gottes: ›Wir sind nur Gast auf Erden und wandern ohne Ruh mit mancherlei Beschwerden der ewigen Heimat zu ... Oh, daß wir nicht verlieren den Weg zum Vaterhaus‹. Ich hoffe bestimmt, daß ihr diese ewige Heimat nicht verliert, wenn ihr fernerhin ein frommes katholisches Volk bleibt, fest verbunden mit den Kirchen und Priestern eurer Gastdiözesen, fest verbunden mit den religiösen Übungen eurer Heimat, fest verbunden mit Christus in den heiligen Sakramenten. Das Leid, das wir alle durchgemacht haben, ist ein großes Gnadenmittel; das müssen wir begreifen lernen, denn das Leid macht uns in der Leidensgemeinschaft mit Christus groß, stark und reif, frei und gütig!«

Im Blick auf diejenigen, die besonders unter *Armut* zu leiden hatten, erinnerte Bischof Kaller an die Bergpredigt:

»Schaut auf Christus und die Heiligen, die den Weg freiwilliger Armut gingen; eure zwangsläufige Verarmung kann ein Heilungsmittel zu innerer Freiheit werden: Selig sind die Armen im Geiste, denn ihrer ist das Himmelreich (Matth. 5, 3). Eurer wahrer Reichtum, den euch niemand zerstören kann, sind eure guten Werke. Wir wollen wenigstens Zufriedenheit lernen mit Wenigem!«

Die Mutlosen und Verzagten ermutigt er:

»Sinnlos darf für uns Christen das Leben niemals werden. ›Es scheint nur der letzte Sinn unserer Bemühungen, am Kreuz zu hängen und demütiger Schächer zu sein‹ (H. Ball). Es wird sich an uns erfüllen, was der hl. Gregor von Nazianz den Schächer beten läßt: ›Gestern wurde ich mit Christus ans Kreuz geheftet, heute bin ich mit ihm verherrlicht –

Gestern starb ich mit Christus, heute bin ich mit ihm wieder am Leben – Gestern wurde ich mit ihm begraben, heute stehe ich mit ihm von den Toten auf.‹«

Von der *Botschaft vom Kreuz* her deutete er die Situation der Heimatvertriebenen: »Nicht Verfluchte, Entrechtete, Gottverlassene seid ihr, sondern Auserwählte und Gesandte des Reiches Gottes! In Armut, Not und Fremde seid ihr berufen, das Kreuz mit Christus zu tragen, zu sühnen für eigene und fremde Schuld.«

Im Fastenhirtenbrief 1946 forderte Erzbischof Conrad Gröber, Freiburg, die *Bereitschaft zum Verzeihen und Teilen*:

»Wenn sie Schlesien und die anderen Länder, aus denen sie vertrieben worden sind, vergäßen, wären sie ihrer alten Heimat auch nicht wert. Vergessen können sie also nicht und dürfen sie auch nicht. Aber verzeihen werden sie müssen, wie der Heiland verziehen hat am Kreuz: ›Vater vergib ihnen, denn sie wissen nicht, was sie tun!‹ Es wird, so glaube ich, geraume Zeit währen, bis die Flüchtlinge bei uns selbst, die wir leider in unseren ausgebombten Städten und Dörfern kaum über ein freies Plätzchen verfügen, heimisch und ansässig werden. Da wollen wir

Vertriebenen-Wallfahrt auf den Schönenberg bei Ellwangen, 1988.

selber groß sein in ungeheucheltem Mitleid und in der täglichen, tätigen Liebe. Jetzt gilt: ›Wer zwei Röcke hat, der gebe dem einen, der keinen hat!‹ (Luk. 3, 11) Und was von den Röcken gesagt ist, trifft auch auf unseren sonstigen Besitz zu.«

In der Botschaft der katholischen Jugend des Bistums Danzig an die katholische Jugend des polnischen Volkes im Gebiet der Freien Stadt Danzig von 1947 wird an den *Psalm 137* erinnert:

»Wir aber müssen als aus der Heimat Vertriebene über ganz Deutschland verstreut in Trauer und Wehmut der Heimat gedenken wie das Volk Israels es einst an den Flüssen Babylons tat. Wie aber dieses Volk, unter die Zuchtrute Gottes genommen, im Strafgericht seiner Geschichte nicht aufhörte, auf die Rückkehr in die Heimat zu hoffen, so sind unsere Gebete getragen von jenem Geist, der wider alle Hoffnung auf Heimkehr hofft. Gerade unser Glaube an die Gerechtigkeit Gottes läßt uns hoffen, daß der Tag nicht mehr fern sei, an dem Polen und Deutsche als gläubige Christen in Frieden und Freundschaft am Ostseestrand zusammenkommen.«

Die *Absage an Haß, Rache und Vergeltung* nahm in der Verkündigung breiten Raum ein. 1948 begründete dies P. Paulus Sladek OSA:

»Es ist nicht unsere Sache, über die andern Völker zu richten, Gott ist der Herr aller Völker und aller Menschen, und er ruft alle vor sein gerechtes Gericht. »Mein ist die Rache«, spricht der Herr, »Ich werde Vergeltung üben zu rechter Zeit«. »Richtet nicht, auf daß ihr nicht gerichtet werdet!«

1955 sagte er in einer Predigt zur *Völkerversöhnung*:

»Ehe wir vertrieben wurden und diese äußere Grenze aufgerichtet wurde zwischen beiden Völkern, haben beide Völker in ihren Herzen eine Grenze gegeneinander, eine Scheidewand aufgerichtet, haben einander nicht mehr sehen, voneinander nichts mehr hören wollen; haben Nein zueinander gesagt. Aber meine Freunde! – immer ist es der Haß, der Nein sagt: Ich mag dich nicht! Ich will nicht, daß du da bist.

Denn die Liebe spricht: Wenn du bei mir bist! Das Wort der Liebe lautet: Ich will, daß du bist (St. Augustin)! Dieses Wort der Liebe hat der Schöpfergott gesprochen am Anfang der Menschheitsgeschichte und hat dieses schöpferische Wort der Liebe gesprochen zu jedem Menschen und zu jedem Volk.

Wehe aber dem Menschen und wehe dem Volk, die Nein sagen, wo Gott Ja gesagt hat. Wehe denen, die freveln gegen die schöpferische Liebe Gottes!«

Mit der theologischen Deutung des irdischen *Heimatverlustes*, der *Besinnung auf das Bleibende* befaßte sich der Breslauer Theologe Dr. Joseph Wittig. Als Selbstbetroffener kommt er zu dem Ergebnis: »Ich bin einem falschen Heimatglauben verfallen, ohne mir dessen bewußt zu sein. Ich hielt Heimat und Haus, Beruf und erworbene Rechte für unverlierbare Güter, für ein Ewiges, das Gott allein ist. Eher hätte ich geglaubt, Gott verlieren zu können oder gar, daß Gott überhaupt nicht existiere, als daß ich jemals Heim und Haus verlöre und völlig heimatlos und entrechtet, völlig hoffnungslos in der weiten Welt herumirren müßte, froh, infolge behördlicher Anordnung noch unter einem Dach Unterschlupf zu finden.« ... »Ich überhörte das erste der Zehn Gebote: ›Ich bin der Herr dein Gott, und du sollst nicht andere Götter haben neben mir.‹ Heimat und Haus waren mit Götter geworden neben dem einen und einzigen Gott.«

Die *materielle und seelische Not* forderten Hilfe in umfassendem Sinn. Oskar Golombek schrieb in seinen »Gedanken zum Thema: Brot, Kultur und Religion in den Vertriebenenproblemen« 1950:

»Es besteht demnach ein gesundes Ergänzungs- und Spannungsverhältnis zwischen dem materiellen und geistigen Brot, zwischen Körper und Geist, der Welt und dem Reich Gottes.«

Den falschen Gegensatz dazu zeichnet Jak. 2, 15: »Da ist ein Bruder oder eine Schwester, denen es an der nötigen Kleidung

Postkarte aus Neukirchen bei Hl. Blut.

Gnadenbild der Wallfahrtskirche Neukirchen bei Hl. Blut (Arbeit um 1400).

fehlt. Wenn nun einer von euch zu ihnen sagt: ›Geht in Frieden, wärmt euch und sättigt euch!‹, aber er gibt es ihnen nicht, was zum Leben nötig ist, was nützt das?«

In einer Predigt 1955 spricht Weihbischof Adolf Kindermann von *»Zwei Kreuze«, die heute aufgerichtet sind*: »Eines über Deutschland und ein größeres über dem Osten.«

Die Verantwortung für die Kirche im Osten, in der alten Heimat, wurde in den Blick genommen.

»Wir müssen uns Gedanken machen, wenn wir wirklich würdige Söhne und Töchter dieser einen Mutter Kirche sein wollen, von der doch der hl. Paulus sagt: ›Sie sei wie ein Leib, und wir seien die Glieder an diesem Leibe. Wenn ein Glied leidet — das wissen wir aus eigener Erfahrung —, dann leidet der ganze Körper, dann leiden alle Glieder. Und wenn es einem Glied gutgeht, dann freuen sich die anderen‹, so sagt der hl. Paulus.«

Die *Annahme des Kreuzes* stellte Bischof Heinrich Maria Janssen 1970 in den Mittelpunkt seiner Predigt:

»Dann aber müssen wir als Christen vor den Herrn treten und ihm sagen:

Wir nehmen in Bereitschaft das Kreuz an, das du uns zugedacht hast. Wir wollen es tragen im Geist, in dem dein Sohn Sühne leistete für jene, die Unrecht taten, selbst für jene, die an ihm Unrecht taten, der litt und starb und sühnte auch für jene, die ihn ans Kreuz geschlagen haben. In diesem Geiste wollen auch wir das, was schwer ist und Leid brachte, was mühevoll wurde und weiter sein wird, verbinden mit dem Kreuz des Herrn ...«

Kardinal Ratzinger predigte am Pfingsttag 1979 beim Sudetendeutschen Tag in München und nannte *»Pfingsten die Antwort auf die Fragen«*, die Heimatvertriebene bewegen:

»Pfingsten ist die Überwindung der babylonischen Zerrissenheit der Menschen. Die Welt steht ja immer noch im Zeichen des babylonischen Turms: Wir wollen den Himmel durch die Technik erbauen und machen uns darum die Erde streitig.« Und weiter führt er aus: »Nur die Annahme der Wahrheit kann heilen. Liebe braucht Wahrheit und darf nicht ohne sie sein. Aber umgekehrt gilt auch: Nur die Liebe ist die rechte Antwort auf die Wahrheit, nur durch die Liebe wird die Wahrheit sinnvoll.«

In einer Predigt 1982 aus Anlaß des 25-jährigen Jubiläums als Vertriebenenbischof des Bischofs Janssen deutete der Apostolische Visitator der Danziger Katholiken, Apostolischer Protonotar Professor Wothe, das Schicksal der Heimatvertriebenen anhand des Evangeliums vom *»Barmherzigen Samariter«*.

Ein Hussit spaltet das Haupt des Gnadenbildes. Darstellung auf dem Opferstock der Wallfahrtskirche Neukirchen bei Hl. Blut.

Gnadenbild der Wallfahrtskirche Neukirchen bei Hl. Blut.

Dieses Evangelium sei in der Votivmesse für Flüchtlinge und Vertriebene wohl deshalb gewählt, um daran zu erinnern, daß es schon damals das gab: »Menschen fielen unter Räuber, wurden niedergeschlagen, ausgeplündert, blieben halbtot liegen.« Das Evangelium lehre aber, daß Not Erbarmen und Liebe wecke. Dies haben auch Heimatvertriebene erfahren, und er fordert als Konsequenz aus dieser Erfahrung:

»Heimatvertriebene sollten eigentlich überall dort, wo sie heute leben, immer Vorbild sein für die Gottesliebe und für die Nächstenliebe. Sie sollten Vorbild sein nicht aus irgendeiner ethischen Maxime oder aus einer moralischen Verpflichtung, sondern weil sie damit zeigen können, daß sie den Sinn des Daseins und ihres Schicksalsweges vom Evangelium her wirklich und richtig erkannt haben.«

Anläßlich des 1. Sudetendeutschen Kongresses 1987 in Regensburg erinnerte Weihbischof Pieschl in der Predigt – ausgehend vom Wort des Propheten Jeremias, *»Ich will Euch Zukunft und Hoffnung geben«*, – an die Lebenserfahrung der katholischen Heimatvertriebenen:

»Unser Glaube war Stütze und Kraft, am erlittenen Unrecht nicht zu zerbrechen. Der Glaube, Unrecht könne nicht das letzte Wort sein, hat geholfen, nicht zu verzweifeln. Die Zusage Gottes: ›Ich will Euch Zukunft und Hoffnung geben‹ macht frei, aller Hoffnungslosigkeit zum Trotz zu hoffen.«

Diese Beispiele – die nur bruchstückhaft Themen der Verkündigung wiedergeben – lassen als Zusammenfassung folgende *Leitmotive katholischer Vertriebenenseelsorge und Vertriebenenarbeit* benennen:

- Absage an Rache und Vergeltung
- Recht auf die Heimat
- Aktive Mitgestaltung beim Aufbau der neuen Heimat
- Ringen um sozialen Ausgleich und soziale Gerechtigkeit
- Aussöhnung mit den Völkern in der alten Heimat
- Solidarität mit der verfolgten Kirche
- Eintreten für die Anerkennung der allgemeinen Menschenrechte
- Überwindung von nationalem Egoismus zugunsten des Aufbaues eines freien Europas.

Diese Leitmotive katholischer Vertriebenenarbeit haben Eingang gefunden in die kirchliche, gesellschaftliche und politische Arbeit. Sie gelten auch für die Zukunft, denn es geht weiter darum, daß die Staaten sich verständigen, die Völker sich versöhnen und eine Zukunft neu gestaltet wird.

LITERATURAUSWAHL

ALBERTUS-MAGNUS-KOLLEG/HAUS DER BEGEGNUNG Königstein e.V. (Hrsg.): 8. Königsteiner Schematismus, Königstein 1988

APOSTOLISCHER Visitator für Priester und Gläubige aus der Erzdiözese Breslau (Hrsg.): Das gemeinsame Erbe bewahren. Ein Gespräch mit dem Bischof von Oppeln, Dr. Alfons Nossol, Köln 1989

BRZOSKA, Emil: Das Flüchtlings- und Vertriebenenproblem als Herausforderung der Deutschen Bischöfe in den Jahren 1945 bis 1949, Köln 1989

FITTKAU, Gerhard: Mein 33. Jahr, St. Augustin 1978

JANSSEN, Heinrich Maria: 25 Jahre Vertriebenenbischof, Königstein 1982

KAPS, Johannes: Vom Sterben schlesischer Priester 1945/46, (Hrsg.: Der Apostolische Visitator für Priester und Gläubige aus der Erzdiözese Breslau), Köln 1988

LORENZ, Franz: Schicksal Vertreibung, Köln 1980

MARSCHALL, Werner: Geschichte des Bistums Breslau, Stuttgart 1980

PIESCHL, Gerhard: verständigen – versöhnen – neugestalten (Schriftenreihe der Ackermann-Gemeinde), München 1988

SLADEK, P. Paulus (Hrsg.): 30 Jahre nach der Vertreibung. Materialien aus einem Theologengespräch, München 1978

SCHOLZ, Franz: Wächter, wie tief die Nacht. Görlitzer Tagebuch 1945/46, Eltville 1986

DERS.: Zwischen Staatsräson und Evangelium, Frankfurt a.Main 1988[2]

Exponate

VIII. 1

Gnadenbild St. Anna-Selbtritt

St. Annaberg, Oberschlesien, 1976

Georg Pietron, Lünen

Lindenholz, angefertigt von dem Franziskaner-Bruder Hyacinth Koschny F.W.

VIII. 2

St. Barbara

Hirzenhain, 1989

Buderus Kundenguß GmbH, Hirzenhain

Eisenplastik

VIII. 3

Heilige Hedwig

Haus Schlesien, Königswinter

Bronzeplastik

VIII. 4

Abendmahlskelch

Engelstein/Ostpreußen

Michaelis-Gemeinde, Rotenburg

Silberkelch aus der evangelischen Kirchengemeinde Engelstein, Kreis Angerburg/Ostpreußen.
Gravur: »Ich aber wil mit danck opfern meine Gelübte wil bezahlen dem HERREN, das Er mir geholfen hat«. Jona 2: 10 Barthel Ratzibor Ao 1710 F.W.

VIII. 5

Kanne

Engelstein/Ostpreußen

Michaelis-Gemeinde, Rotenburg

Silberkanne aus der evangelischen Kirchengemeinde Engelstein, Kreis Angerburg/Ostpreußen.
Gravur: »Das ist mein Blut des Neuen Testament, welches vergossen wird für Viele zur Vergebung der Sünden Matth. 26, 2.«
Fuß: »Zum Andenken an ihre verstorbene Mutter Frau Auguste Dembowski, der Kirche Engelstein In Dankbarkeit von der Tochter gewidmet.« F.W.

VIII. 6

Pokal

Heiligenstadt/Ostpreußen, um 1837

Michaelis-Gemeinde, Rotenburg

Silberpokal aus der evangelischen Kirchengemeinde Engelstein, Kreis Angerburg/Ostpreußen (sog. »Pferdepokal«).
Gravur: »Den Sieger beim dritten ostpr. Pferderennen ehrt die Stadt Königsberg mit dem Vollbluthengst Grand Govier. 4 Jahr alt von Scrappalson u. Fredegunde.
Dem Großherren v. Heyligenstadt beim Jagdrennen d. 28. Juni 1837.«
Fuß: »Zur Erinnerung an den 26ten Juli 1844 der Kirche zu Engelstein geschenkt« F.W.

VIII. 7

Leuchter

Engelstein/Ostpreußen

Michaelis-Gemeinde, Rotenburg

Dreiarmiger Silberleuchter aus der Kirchengemeinde Engelstein, Kreis Angerburg/Ostpreußen F.W.

VIII. 8

Dienstsiegel der Kirche zu Engelstein

Engelstein/Ostpreußen

Michaelis-Gemeinde, Rotenburg

VIII. 9

Hostiendose

Engelstein/Ostpreußen

Michaelis-Gemeinde, Rotenburg

Hostiendose aus der evangelischen Kirchengemeinde Engelstein, Kreis Angerburg/Ostpreußen.

Dünnes Silberblech, Deckel getrieben F.W.

VIII. 10

Römische Casel

Braunsberg/Ostpreußen, um 1928

Kongregation der Schwestern von der heiligen Jungfrau und Martyrin Katharina, Münster

Meßgewand mit Paramentenstickerei, angefertigt von den Katharinenschwestern in Braunsberg/Ostpreußen. Zu Kreuz- und Märtyrerfesten wird die Casel noch heute getragen.
Vorderteil: Gold-roter Seidenbrokat, in der Mitte Mutter Maria, darüber ein Engel mit einer Krone, darunter ein Engel mit dem Zeichen Marias (AM).
Rückenteil: Mittelalterliche Darstellung des Gnadenstuhles: Großvater hält das Kreuz mit dem toten Christus, darüber schwebt die Taube als Sinnbild des Heiligen Geistes F.W.

VIII. 11

Kongregationszeichen der Katharinenschwestern

Kongregation der Schwestern von der heiligen Jungfrau und Martyrin Katharina, Münster

Das Medaillon symbolisiert das zerbrochene Rad der Katharina, dessen Speichen zum Kreuz zusammengefügt sind F.W.

VIII. 12

Lobet den Herrn. Gesang- und Gebetbuch für die Diözese Ermland

Frauenburg, 1938

Herausgegeben im Auftrage des Hochwürdigsten Herrn Bischof Maximilian Kaller (XIX/666 Seiten)

VIII. 13

Messkelch mit Hostienteller (Patene)

Guttstadt/Ostpreußen, nach 1910

Der Apostolische Visitator Ermland, Münster

Silberkelch, vergoldet, aus der Domkirche in Guttstadt.
Kuppa: gebeult, getragen von einer Basis mit dem Christuszeichen
Nodus: besetzt mit sechs geflügelten Puttenköpfen aus Elfenbein
Fuß: von innen getrieben, Osterlamm (über dem Medaillon der Kreuzigung) Pelikan (über dem Medaillon der Brotvermehrung) besetzt mit 6 Medaillons aus Elfenbein
1. Kreuzigung; 2. Maria mit dem Schwert im Herzen und flammendem Herzen (Mater dolorosa); 3. Michael als Seelenwäger mit Schwert und Waage; 4. Eucharistie: Brotkorb mit fünf Laiben über einem Fisch, Zeichen IC und XC links und rechts davon; 5.

Jugendlicher Heiliger mit Nimbus, Kreuzstab und Buch; 6. Johannes d. Täufer mit Deutehand und aufgeschlagenem Buch Inschrift unter dem Fuß: W MARQUENIE TRIER

Hostienteller (Patene), Silber, vergoldet. Gravur: Kreuzeszeichen »sanctus sanctus sanctus«

Mit diesem Kelch feierte Konsistorialrat Geo Grimme das Heilige Opfer bis zu seinem Tode im Jahre 1986 F.W.

VIII. 14

Messkelch mit Hostienteller (Patene)

Stegmannsdorf/Ostpreußen, 1743

Der Apostolische Visitator Ermland, Münster

Silberkelch, vergoldet.
Punzen (Stempel) auf dem Kelchfuß:
links: Adlerstempel. Dieser erinnert an jene Zeiten, in denen der preußische Staat im 18. Jahrhundert in seinen tiefsten Fugen erschüttert war. Sicherlich fiel damals ein großer Teil des Kirchensilbers dem Schmelztiegel der königlichen Münze zum Opfer.
rechts: IPG Johann Gottfried Pick, Goldschmied in Braunsberg (gest. 1759)

Hostienteller (Patene), Silber, vergoldet, Gravur: Kreuzeszeichen F.W.

VIII. 15

Messkelch mit Hostienteller (Patene)

Münster, nach 1903

Der Apostolische Visitator Ermland, Münster

Messkelch, Silber, vergoldet. Kuppe getragen von einem neugotischen, kreuzförmigen Blattwerk. Nodus durchbrochen, Weinblatt-Rankenwerk, auf dem Grat sind sechs blaue Steine eingefaßt. Fuß graviert mit Weinblatt-Rankenwerk, unterbrochen durch Kreuz in Mandorla. Gravierung unter dem Kelchfuß: Joh. Wächter Münster iW

Geschichte des Kelches:
1945 übergibt ein unbekannter katholischer Militärpfarrer den Kelch, den er aus der Kapelle in Fischhausen geborgen hatte, der Fürsorgerin Margarete Rehaag mit der Bitte, ihn in den Westen zu bringen.
1946 übergibt Frau Rehaag, nach der Flucht nach Wyk auf Föhr verschlagen, den Kelch dem ersten ermländischen Priester, der dort die Seelsorge auf Föhr und Amrum übernimmt: Pastor Josef Pobozyni. Nach Anfrage bei Kapitularvikar Kather darf er den Kelch dort benutzen, so lange das erforderlich ist.
1980 teilt Pfarrer Pobozyni in Osnabrück bei der Beerdigung des Diaspora-Pfarrers Reinhold Schmidt mit, daß er den Kelch im Ruhestand nicht mehr benötige.
1980 trifft der Kelch am 1. April in Münster, Ermlandhaus, ein.
Die Goldschmiedefirma Wächter, Münster, besteht noch. Nach Auskunft des Inhabers stammt der Kelch aus der Hand seines Großvaters Johannes Wächter, der sich 1903 selbständig machen konnte.

Hostienteller (Patene), Silber, vergoldet Gravur: Kreuz in Mandorla F.W.

VII. 16
Schlackenwerther Handschrift des Hedwigs-Kodex

Heimatwerk Schlesischer Katholiken, Münster
Apostolischer Visitator Winfried König, Münster

Faksimile des im Jahre 1353 entstandenen Kodex über das Leben und Wirken der Hl. Hedwig (1174—1243), die 24 Jahre nach ihrem Tod heilig gesprochen wurde (1267). Noch heute wird sie als Patronin Schlesiens verehrt F.W.

VIII. 17

Hedwigs-Reliquiar

Köln, 1963

Heimatwerk Schlesischer Katholiken, Münster
Apostolischer Visitator Winfried König, Münster

Angefertigt im Auftrag des Heimatwerks Schlesischer Katholiken von dem Kölner Goldschmied Egino Weinert. Das Reliquiar birgt in seinem Innern eine Reliquie vom Haupt der Hl. Hedwig, die Kardinal Bertram 1943 für authentisch erklärt hat F.W.

VIII. 18

Evangelisches Gesangbuch für Brandenburg und Pommern

Berlin und Frankfurt/Oder, 1931

Ulrich Hutter, Bonn

(XXX/599 Seiten)

VIII. 19

Der kleine Cathechismus Martin Luthers

Schwerin, 1717

Ulrich Hutter, Bonn

Der kleine Cathechismus Dr. M. Lutheri durch kurze und einfältige Fragen und Antworten zum allgemeinen Gebrauch in den Mecklenburgischen Kirchen für die Jugend und Einfältigen schriftmäßig erkläret. Mit Sr. königlichen Hoheit des regierenden Herrn Großherzogs von Mecklenburg etc. Allergnädigsten Privilegio
(214 Seiten) U.H.

VIII. 20

Thüringer evangelisches Gesangbuch

Hildburgshausen, o. J.

Ulrich Hutter, Bonn

hrsg. und verlegt von der Thüringer evangelischen Kirche. Stempel auf S. II: »Gedruckt im Auftrage der Thüringer evangelischen Kirche«
(506 Seiten) U.H.

VIII. 21

Evangelisches Gesangbuch für Ost- und Westpreußen nebst Melodien

Stettin, 1892

Ulrich Hutter, Bonn

hrsg. vom großköniglichen Konsistorium der Provinzen Ost- und Westpreußen. Gesangbuch mit Goldschnitt, Ledereinband und Schließe (nicht mehr vorhanden), vorderseitig gestempelt
(665 Seiten) U.H.

VIII. 22

Kirchendienst Ost

Berlin, Juni 1953

Ulrich Hutter, Bonn

Kirchendienst Ost. Kirchliche Ostnachrichten 17. vom Juni 1953. Nur für den innerkirchlichen Dienstgebrauch an die kirchlichen Amtsträger auf den abgetrennten Ostgebieten. Mit diesem Informationsdienst wurden die kirchlichen Dienststellen über die Lage der Deutschen in den östlichen Gebieten unterrichtet.
Erscheinungszeitraum vom 10. Oktober 1945 bis April 1970 in 47 Ausgaben
(20 Seiten) U.H.

VIII. 23

Wegweiser für die evangelischen Veranstaltungen beim Schlesiertreffen 1954

Frankfurt/Main, 1954

Ulrich Hutter, Bonn

Wegweiser für die evangelischen Veranstaltungen anläßlich des Schlesiertreffens 1954 in Frankfurt/Main, hrsg. von der Gemeinschaft Evangelischer Schlesier
(20 Seiten) U.H.

VIII. 24

Gemeinde- und Pfarrerverzeichnis Ostpreußen

Königsberg, 1945

Verzeichnis aller evangelischer Kirchengemeinden und Geistlichen der Provinz Ostpreußen nach dem Stande vom 1. Januar 1945. Im Auftrag des Evangelischen Konsi-

storiums der Provinz Ostpreußen, bearbeitet von Konsistorialinspektor Krieg, Königsberg
(47 Seiten) U.H.

VIII. 25

Anschriftenliste der evangelischen Ostpfarrer

Berlin, 1946

Ulrich Hutter, Bonn

Anschriftenliste der evangelischen Ostpfarrer, Ruheständler und Hinterbliebenen, zusammengestellt für die Kirchenleitungen und Pfarrämter vom Kirchendienst Ost beim evangelischen Bischof von Berlin. Wie im staatlichen Bereich wurden auch im kirchlichen Anschriftenlisten heimatvertriebener Geistlicher in Umlauf gebracht. Die vorliegende Anschriftenliste gibt den Stand vom 1. September 1946 wieder. Sie wurde gedruckt in einer Auflagenhöhe von 3.000 Stück U.H.

VIII. 26

Anschriftenliste der Geistlichen der Kirchenprovinz Schlesien

Würzburg, 1946

Ulrich Hutter, Bonn

Anschriftenliste der Pfarrer und kirchlichen Amtsträger der Kirchenprovinz Schlesien, hrsg. vom Evangelischen Presseverband für Schlesien. Neben Anschriftenlisten für alle Ostgebiete gab es spezielle Anschriftenverzeichnisse für einzelne ostdeutsche Landeskirchen. Die vorliegende Liste spiegelt den Stand vom 15. Oktober 1946 wider. Die Druckauflage betrug 2.500 Stück U.H.

VIII. 27

Kirchenblatt für die Evangelischen aus Schlesien

Urach, August 1949

Ulrich Hutter, Bonn

Kirchenblatt für die Evangelischen aus Schlesien, Ausgabe des evangelischen Gemeindeblattes aus dem kirchlichen Bezirk Urach. Vorläuferausgabe des Schlesischen Gottesfreundes. Das Kirchenblatt für die Evangelischen aus Schlesien erschien in zwölf Ausgaben im Jahre 1949 U.H.

VIII. 28

Schlesischer Gottesfreund
Kirchliche Beiträge zu Ostfragen, Jahrgang 40, Januar/Februar 1989

Ulrich Hutter, Bonn

Der Schlesische Gottesfreund, gegründet im April 1950, ist das einzige Presseorgan im evangelisch-kirchlichen Bereich, das noch als selbständige Zeitung erscheint und sich in den letzten Jahren, wie schon der Untertitel zeigt, zudem zu einem Zentralorgan für ostkirchliche Fragen entwickelt hat U.H.

VIII. 29

Bibel

Zürich, 1728

Landsmannschaft der Deutschen aus Rußland, Stuttgart

Die Bibel wurde 1781 von der Familie Tröster aus Brunbach/Württ. von dem dortigen Pfarrer Schmid erworben und ging mit auf die Auswanderung der Familie, die zwischen 1804 und 1809 nach Rußland erfolgte. Ende des 19. Jahrhunderts gelangte die Bibel bei der großen Auswanderungswelle aus Rußland nach Amerika, von wo sie 1978 der Landsmannschaft von seiten der Vertreter der USA übergeben wurde F.W.

VIII. 30

Christliches Gesangbuch für die evangelischen Gemeinden im südlichen Rußland

Odessa, 1862

Heimatmuseum der Deutschen aus Bessarabien, Stuttgart

Dieses Gesangbuch ist eines der ersten deutschsprachigen Ausgaben, die im südlichen Rußland gedruckt wurden F.W.

VIII. 31

Iglauer Krippe

Gemeinschaft Iglauer Sprachinsel, Rottenburg

Teile aus der Iglauer Weihnachtskrippe, die aus insgesamt rund 600 Einzelfiguren besteht F.W.

VIII. 32

Fröhlich, Hans-Martin:
Ein Bildnis der Schwarzen Muttergottes von Brünn in Aachen (= Veröffentlichungen des Bischöflichen Diözesanarchivs Aachen, Bd. 26), Kühlen Verlag, Mönchengladbach 1967 (72 Seiten)

Günter Reichert, Bad Honnef

IX. Volkskundliche Aspekte

Probleme und Ergebnisse der ostdeutschen Volkskundeforschung in der Bundesrepublik Deutschland nach 1945

Ulrich Tolksdorf

Durch Flucht, Deportation und Vertreibung während und nach dem Zweiten Weltkrieg hatte sich die sozio-kulturelle Situation in den westdeutschen Aufnahmelandschaften durch den Zuzug von ca. 15 Millionen Menschen wesentlich verändert. Die volkskundliche Forschung — ebenso wie die zahlreicher Nachbardisziplinen — reagierte relativ schnell: Es entstand eine Fülle von Untersuchungen und Publikationen, die verlorengegangenen kulturellen Altbestand, Flucht und Vertreibung, Aufnahme und Seßhaftmachung, Kulturkonflikte und Integrationsansätze, kulturelle Beharrungsbestrebungen, Versuche der Neuorientierung und Wandlungsprozesse zu dokumentieren und zu analysieren versuchten. Im Forschungsansatz ging man vor allem davon aus, daß es zu einer starken »Mischungskomponente« zwischen der Kultur der Einheimischen einerseits und Vertriebenen und Flüchtlingen andererseits kommen würde, so wie man auch sonst der Meinung war, daß die »Situation eines volkskulturellen Großlaboratoriums« gegeben sei. Josef Hanika schrieb 1957 in seiner einschlägigen Forschungsanleitung: »Heute und hier spielen sich einschneidende Vorgänge vor unseren Augen ab, wir sind Zeugen, ja Mittragende des unmittelbaren Geschehens... Das ganze deutsche Volksgebiet ist da jeweils ein Versuchsfeld... [Wir können] die Entwicklungen, die Wachstumsvorgänge und Wandlungsprozesse in ihrem zeitlichen Ablauf, in ihrer räumlichen Ausbreitung verfolgen, die Mischungsbestandteile bei den Ausgleichs- und Vermischungsprozessen festhalten — kurz, wir können das Geschehen unmittelbar registrieren, analysieren und deuten. Wir gewinnen Erkenntnisse, die in einer späteren Rekonstruktion aus den fertigen Ergebnissen heraus in dieser Klarheit nicht mehr möglich sind.«

So wurden auch verschiedene Langzeitprojekte und Dokumentationszentren gleich in der unmittelbaren Nachkriegszeit initiiert, die z.T. bis zum heutigen Tage ihre Wirkung und Leistung unter Beweis stellen konnten. Von den wissenschaftlichen Institutionen, Archiven und Forschungsstellen, die vor allem die volkskundliche Sammel- und Forschungsarbeit aufnahmen, sind u.a. zu nennen: das heutige »Johannes-Künzig-Institut« in Freiburg, die »Forschungsstelle Karasek-Langer« (zuerst Bischofswiesen, dann Stuttgart, heute Freiburg), das »Ostdeutsche Volkskunde-Archiv Nordrhein-Westfalen« in Dortmund, das heutige »Cammann-Archiv« in Rotenburg/Wümme und manche andere.

IX.1

Anfang der 50er Jahre bildete sich auch innerhalb der »Deutschen Gesellschaft für Volkskunde« eine »Kommission für ostdeutsche Volkskunde«, die vielerlei Aktivitäten in dieser Hinsicht anregen und koordinieren konnte und der ab 1955 als Publikationsorgan ein »Jahrbuch für ostdeutsche Volkskunde« (42 Bände bis 1989 mit ca. 650 Einzelbeiträgen) und ab 1957 eine »Schriftenreihe für ostdeutsche Volkskunde« (mit 46 Bänden bis 1989) zur Verfügung stehen.

Ende der 50er Jahre wurden dann schon die ersten großen und zusammenfassenden Dokumentationen hinsichtlich der historischen, politischen, wirtschaftlichen, sozialen und kulturellen Situation herausgegeben, und zwar mit Unterstützung des damaligen Bundesministeriums für Vertriebene, Flüchtlinge und Kriegssachgeschädigte in Zusammenarbeit mit dem Statistischen Bundesamt in Wiesbaden. Zu nennen ist hier z.B. die fünfbändige »Dokumentation der Vertreibung der Deutschen aus Ost-Mitteleuropa« und der Band »Die Vertriebenen und Flüchtlinge in der Bundesrepublik Deutschland in den Jahren 1946—1954«. 1959 gaben Friedrich Edding und Eugen Lemberg dann auch die dreibändige Publikation »Die Vertriebenen in Westdeutschland« heraus.

Neben diesen frühen Standardwerken erschien in den 50er und den frühen 60er Jahren eine Flut von Publikationen, die sich vor allem mit der kulturellen Situation in den überall entstandenen Neusiedlungen beschäftigte, die vornehmlich von Ostdeutschen bewohnt und begründet worden waren. Hunderte von Neusiedlungen sind in ihrer Entstehung und kulturellen Ausgangslage dokumentiert und analysiert worden. Man ging damals von der Hypothese aus, daß sich in diesen dörflichen und städtischen Neusiedlungen wie z.B. Espelkamp-Mittenwald, Neu-Gablonz usw. oder in größeren landwirtschaftlichen Neusiedlungen wie der Ermländersiedlung Ahrbrück in der Eifel, der Reichswaldsiedlung usw. ostdeutsch geprägtes kulturelles Leben besonders gut erhalten würde.

Die ersten Nachuntersuchungen zeigten dann aber, daß manche frühen Hypothesen nicht zu halten waren. Die traditionellen Kulturformen wurden fast nur noch im Binnenraum der eigenen Familie oder Verwandtschaft gepflegt. Kam es in der ersten Zeit häufig noch zu »Kulturkonflikten«, zum demonstrativen Vorzeigen der eigenkulturellen Werte und Kulturformen, zur »Aufschaukelung von Bräuchen« in Konkurrenz zur einheimischen Bevölkerung, so änderte sich dies recht schnell. Man wollte nicht mehr »Flüchtling« sein, man wollte sich integrieren. Neuformen im kulturellen Bereich dagegen ergaben sich weniger durch Übernahmen oder Anpassung an andere landsmannschaftliche Gruppen als vielmehr durch Orientierung an den allgemeinen Normen unserer Industrie- und Konsumgesellschaft. Neuere und modischere Formen des Alltagslebens setzten sich durch, zumal dann, wenn sie die Anforderungen des »Schönen« und »Repräsentativen«, des »Festlichen« und »Feierlichen« erfüllten und als »nette Mode« akzeptiert werden konnten. Diese Phase des Wiederaufbaus und der Konsolidierung wirtschaftlicher Bedürfnisse in den 50er Jahren zeigte auch auf sozialem Sektor z.T. restaurative Tendenzen (z.B. bei der gesellschaftlichen Stellung der Frau und in der Hinwendung zum »kleinen familiären Glück«). Die Flüchtlingssiedlungen unterschieden sich dann nach dem Bauboom der 60er und frühen 70er Jahre kaum mehr von den allgemeinen Stadtrand- und Eigenheimsiedlungen und fallen gegenwärtig in den ausufernden Stadtlandschaften kaum noch auf.

Die volkskundliche Forschung blendete sich dann ab Mitte der 60er Jahre nahezu vollkommen aus der wissenschaftlichen Diskussion die Fragen der weiteren Integration und der eigenkulturellen Identität der Vertriebenen und Flüchtlinge aus. Es lag sicherlich auch an der oben skizzierten Forschungshypothese — nämlich der Vermutung einer durchgängigen Wandlung durch Mischungs- und Ausgleichsvorgänge — die dann nicht eintraf bzw. sich so nicht verifizieren ließ. Man hatte den kulturellen Beharrungswillen landsmannschaftlicher Gruppen bzw. Teilkulturen als zu statisch eingeschätzt und vor allem auch die gesamtgesellschaftliche Dynamik der Nachkriegsgesellschaft nicht vorhersehen können.

Brachen die Forschungen zu dieser Zeit auch ab, so blieb doch ein wissenschaftliches Unbehagen: Wie stand und steht es um die sprachliche und sonstige kulturelle Identität der Flüchtlinge und Vertriebenen im Binnenraum ihrer Familien? Was rechtfertigte und begründete das Nachlassen des wissenschaftlichen Interesses an dieser Gruppe? Oder gab es sie überhaupt nicht mehr — hatte die kulturelle Integration so reibungslos funktioniert? War nicht die Phase des »Sitzens auf den gepackten Koffern« vorbei, die Rückkehrhoffnung in die alte Heimat zerstoben und hatte man nicht z.T. schon durch eigenen Hausbesitz eine »neue Heimat« gefunden? Hatte nicht selbst der BHE, der »Block der Heimatvertriebenen und Entrechteten«, die Interessenpartei der Flüchtlinge, an Funktion und politischer Bedeutung verloren?

Es war Herbert Schwedt, der als erster sein wissenschaftliches Unbehagen darüber zum Ausdruck brachte:

»Obwohl also die wissenschaftliche Beschäftigung mit Heimatvertriebenen reizlos geworden ist, obwohl zuständige Behörden keine Handreichung mehr bieten können, obwohl schließlich die Heimatvertriebenen keine parteipolitische Größe mehr darstellen: die Frage ist nicht mehr zu umgehen, was denn aus diesen vielen Millionen Menschen geworden ist. Vor zwei Jahrzehnten waren sie noch da, von den Politikern, den Medien, der Wissenschaft beachtet, heute scheinen sie verschwunden zu sein, wie vom Zauberstab berührt. Ist das denkbar? Nicht denkbar scheint mir, daß dieser erstaunlich rasche und totale Wandlungsprozeß keine Neugierde hervorruft, vom Unbehagen ganz zu schweigen. Zwar gibt es Erklärungen genug, aber auch die sind seit knapp einem Jahrzehnt nicht mehr gefragt. Im Gegenteil: Fraglosigkeit hat sich ausgebreitet ... Nie hat begründete Übereinstimmung darüber bestanden, daß dieses Problem — das der Heimatvertriebenen — keines mehr sei; nie ist das Ende der Schwierigkeiten proklamiert worden. Ist es trotzdem eingetreten?«

Die Schwierigkeiten hatten nicht aufgehört

IX.2

— das wußten zumindest diejenigen, die sich weiterhin mit diesem Thema beschäftigten. Die Feldforschungssituation war schwieriger und unübersichtlicher geworden, da die allgemeine Mobilität der bundesrepublikanischen Gesellschaft immer größer geworden war. Anfang der 70er Jahre wohnten über 50 Prozent der in der Bundesrepublik lebenden Deutschen nicht mehr in den Bundesländern, in denen sie geboren waren. Andererseits erschienen ab Mitte der 60er Jahre in den USA auch Studien, die die These vom »melting-pot« entlarvten und z.B. auch die amerikanische Gesellschaft eher als »salad-bowl« sahen. War also — um im kulinarischen Bild zu bleiben — aus der neuen bundesrepublikanischen Gesellschaft kein »Eintopf« geworden, sondern eine »Salatschüssel«, farbig und reich garniert mit verschiedenem landsmannschaftlichem Eigenkolorit, mit einer Fülle kultureller Sonderformen, Teilkulturen, Subkulturen?

Die volkskundliche Forschung bekam von Nachbardisziplinen zu jener Zeit noch wenig Hilfestellung: Die »Nachkriegsgeschichte« war noch kein Thema, weil einschlägige Archive noch nicht geöffnet waren, die Soziologie wandte sich anderen Fragestellungen und Themen zu, die die Volkskunde nur mittelbar berührten, wie etwa der sog. »Gastarbeiterfrage«. Andererseits gab es im Zusammenhang mit der Diskussion der Ostverträge in den ostdeutschen Landsmannschaften starke politische Verschiebungen ins rechte politische Spektrum, was Irritationen und gegenseitige Verletzungen hervorrief und »Berührungsängste zwischen Wissenschaft und ihrem Beobachtungsgegenstand« hervorrief.

Die sich nach wie vor damit beschäftigenden Wissenschaftler wandten sich nun in den späten 60er und 70er Jahren in zunehmendem Maße ab von der Problematik der Integrationsstudien hin zur kulturellen Bestands-

IX.5

IX.6

aufnahme und Analyse des ostdeutschen Kulturgutes und der Lebensweise in den Herkunftsgebieten. Hier wiederum zeigten sich Schwerpunkte bei der Aufarbeitung der sog. »geistigen Volkskultur«, während die »materielle Volkskultur« aufgrund der ungünstigen Forschungslage in den Hintergrund trat. Das ostdeutsche Museumswesen, das auch dem dinglichen Volksgut seine Aufmerksamkeit schenkte, entwickelte sich verstärkt erst ab Ende der 70er Jahre zu einer nennenswerten wissenschaftlichen Repräsentanz, konnte allerdings auf einer großen — wenn auch nicht immer gezielten — Sammeltätigkeit sehr vieler kleinerer Heimatmuseen aufbauen.

Ohne an dieser Stelle weiter auf den Umfang und die wissenschaftlichen Leistungen hinsichtlich der Forschung auf dem Gebiet

Gekratzte Ostereier aus Schlesien.

Schlesische Nußkrippen.

der Kultur der Herkunftsländer weiter einzugehen, wenden wir uns wieder der Flüchtlingsforschung nach 1945 zu. Hier bildete sich Ende der 70er — Anfang der 80er Jahre eine »jüngere« Forschung zur Vertriebenen- und Flüchtlingsthematik heraus. Diese bedient sich neben den nun zugänglich gewordenen staatlichen Archivalien der Kriegs- und ersten Nachkriegszeit in zunehmendem Maße überlieferter Erlebnisberichte und lebensgeschichtlicher Interviews und kann so verstärkt auch mentalitäts- und alltagsgeschichtliche Fragestellungen einbeziehen. Das gilt sowohl für die kulturelle Vorerfahrung in der »alten Heimat« als auch für die Fremdheitserfahrung in der »neuen Heimat«. Mit diesem eher (sozial-) psychologischen Ansatz sind in der unmittelbaren Gegenwart schon die ersten Studien zur Integration der Aussiedler entstanden.

Denn neben aller wirtschaftlichen und existentiellen Not gehört ja gerade die Erfahrung der kulturellen Fremde zur Grunderfahrung jedes Flüchtlings. Ph. Bock stellte so schon 1970 fest:

»Kultur in ihrem weitesten Sinn ist das, was dich zum Fremden macht, wenn du von daheim fort bist. Sie umfaßt all jene Überzeugungen und Erwartungen, wie Menschen zu sprechen und sich zu verhalten haben. Diese sind als Resultat sozialen Lernens eine Art zweite Natur für dich geworden. Wenn du mit Mitgliedern einer Gruppe zusammen bist, die deine Kultur teilen, mußt du nicht darüber nachdenken, denn ihr alle seht die Welt in gleicher Weise und ihr alle wißt im großen und ganzen, was ihr voneinander zu erwarten habt. Jedoch, einer fremden Gesellschaft direkt ausgesetzt zu sein, verursacht im allgemeinen ein störendes Gefühl der Desorientierung und Hilflosigkeit.«

Daß sich diese Grunderfahrung nicht nur auf die sog. »Erlebnisgeneration« bezieht, sondern daß gewisse kulturelle Vorerfahrungen auch noch in den scheinbar »angepaßten und eingepaßten« Verhaltensweisen der »zweiten« oder gar »dritten Generation« sichtbar werden, haben diesbezügliche neuere Arbeiten ergeben, die sich mit den Nachkriegsgenerationen der Vertriebenen und Flüchtlinge von 1945 beschäftigen. Besonders deutlich wird dies bei den sog. »Heimweh-« oder »Nostalgie-Reisen«, die in stärkerem Umfang auch gerade jüngere Menschen unternehmen, um die Heimat der Eltern oder Großeltern für sich neu zu erkunden und um eine neue Beziehung zu der Kulturlandschaft und der jetzt dort lebenden Bevölkerung aufzunehmen, wovon sie sonst nur aus Erzählungen gehört haben. Hierbei mag viel augenblicklich modische Suche nach den »Wurzeln« sein, aber jede Generation sucht (und findet wohl auch) ihren eigenen Zugang zur Geschichte und ihre eigene Identität.

Die volkskundliche Forschung scheint mir mit dem Aufgreifen dieser Fragestellungen richtig zu liegen, und so dürfte es auch nicht schwer fallen, die Brücke zwischen älterer und jüngerer Forschung zur Vertriebenen- und Flüchtlingsthematik zu schlagen. Für die aktuelle Forschung hieße dies konkret, daß es nunmehr darauf ankäme, die jeweilige individuelle und kollektive Situation von Flucht, Vertreibung und Nachkriegszeit zu verknüpfen. Vor allem muß wohl der statische Integrationsbegriff aufgegeben werden, um die gemeinsamen Wandlungsprozesse aller Bevölkerungsgruppen in dieser Zeit hinsichtlich neuer Orientierungs- und Identitätsmuster, Normen und allgemeiner kultureller Verhaltensmuster näher zu bestimmen. Man könnte so auch nicht den kulturellen und wirtschaftlichen Anteil der ostdeutschen Bevölkerung an der bundesrepublikanischen Wirklichkeit der Gegenwart beschreiben, wenn man eine zu enge und isolierte Flüchtlingsforschung betriebe. So versucht ja auch die jüngere Forschung, nicht nur die Situation der Vertriebenen in den Blick zu bekommen, sondern auch gleichzeitig die der anderen Bevölkerungsgruppen. Die Bevölkerung hatte ja schon Jahre vor dem Kriegsende die »Erfahrung mit dem Fremden« gemacht. Zu erinnern ist daran, daß mehr als sieben Millionen Ausländer während des Zweiten Weltkrieges nach Deutschland gebracht worden sind: Zivilarbeiter, Kriegsgefangene, Männer, Frauen und Kinder. Hunderttausende von »Displaced Persons« vagabundierten durch das Nachkriegsdeutschland. Es waren allein 25 Millionen Deutsche — Flüchtlinge, Evakuierte und Ausgebombte — aus ihren Heimatorten verschlagen worden. Auch die eigene Heimat war längst zur Fremde geworden — wenn auch nicht zur »verlorenen Heimat«. Ein Beispiel: In Köln lebten unmittelbar bei Kriegsende von den rund 730.000 Einwohnern der Vorkriegszeit nur noch 40.000, überwiegend

Bergmannspyramide.

in Kellern und notdürftig zusammengeflickten Häusern. Es erscheint also notwendig, die Situation der Vertriebenen und Flüchtlinge zwar als ein besonderes, aber in der Zeit nicht isoliert zu betrachtende Problem zu analysieren.

Ein weiteres Forschungsfeld bleibt nach wie vor die Beobachtung und Analyse der kulturellen Verhaltensweisen der Vertriebenen und Flüchtlinge und ihrer Nachkommen in der Gegenwart. Wie wurden Heimatverlust, Erfahrung der Fremde und Neuanfang persönlich und kulturell verarbeitet und wie sind diese Erfahrungen an die Kinder- und Enkelgenerationen weitergegeben worden? Wir werden also wohl heute manche Frage anders stellen müssen als in den 50er und 60er Jahren. Die Fragen nach der wirtschaftlichen Integration bleiben wichtig, die soziokulturellen und sozialpsychologischen Aspekte dürfen dabei aber nicht vernachlässigt werden. Fragen an unsere jüngste Geschichte gehen uns alle an; erst wenn wir nicht mehr nachfragen, haben auch wir einen Teil unserer Identität verloren.

LITERATURAUSWAHL

BRELIE-LEWIEN, Doris, v.d./SCHULZE, Rainer: Flucht und Vertreibung — Aufnahme und Seßhaftmachung. Neue Fragen und Ansätze für einen alten Themenbereich der deutschen Nachkriegsgeschichte, in: Jahrbuch für ostdeutsche Volkskunde 30 (1987) S. 94—119

FRANTZIOCH, Marion: Die Vertriebenen. Hemmnisse, Antriebskräfte und Wege ihrer Integration. Mit einer kommentierten Bibliographie, Berlin 1987

JOLLES, Hiddo: Zur Soziologie der Heimatvertriebenen und Flüchtlinge, Köln/Berlin 1965

Exponate

IX. 1

Nordsiebenbürgische Sommertracht

1980

Astrid Breitling, Steinheim

Bistritzer Festtags-Sommertracht, bestehend aus weißer Leinenbluse mit schwarzen Stikkereien, einer Weste (Gubbschi) und weißem, weiten Plisseerock sowie einer gefältelten Schürze mit schwarz-weißen Stickereien sowie einem Kopfband. Eigenanfertigung von Astrid Breitling nach Original-Modell F.W.

IX. 2

Egerer Frauentracht

Haus der Heimat, Stuttgart

IX. 3

Banater Frauentracht

Haus der Heimat, Stuttgart

IX. 4

Pommersche Frauentracht

Haus der Heimat, Stuttgart

IX. 5

Mädchentracht aus dem Oberzipser Niederland

1989

Elisabeth Mikolik, München

Weiße Leinenbluse mit stark gebauschten Ärmeln durch schmale Bandschleifen am Oberarm festgehalten. Rotes Leibchen aus Samt oder Seide mit Haken und Bandverschnürung geschlossen, mit Tressen verziert. Schwarzgrundierter Wollmousseline-Faltenrock mit Rosenstreumuster. In der Taille ein breites Band, als halbe Schleife gelegt und zusammengesteckt F.W.

IX. 6

Urzel-Kostüm

Hans Wächter, Sachsenheim

Das Urzel-Kostüm besteht aus unzähligen schwarzen, gleichmäßig geschnittenen Tuchlappen, die in Querreihen auf Hemd und Hose so aufgenäht sind, daß die Unterlage noch spärlich durchschimmert. An einem starken, breiten Riemen unter dem Hemd werden Kuhglocken getragen. Die Larve ist aus einem dünnen, durchsichtigen Drahtgeflecht, das bemalt und mit Fell eingefaßt ist. Eine lange Lederpeitsche, die Korbatsch, eine Quetsche aus Eschenholz und eine Rätsche vervollständigen das Kostüm. Die Quetsche dient der Aufnahme von Krapfen, die während des Urzelnlaufes an Kinder verteilt werden.

Den jahrhundertealten Brauch des Urzelnlaufs haben Siebenbürger Sachsen aus Agnetheln im südöstlichen Karpatenbogen Siebenbürgens mitgebracht und pflegen ihn in Sachsenheim, Kreis Ludwigsburg, weiter. In Siebenbürgen war dieser Brauch nur in Agnetheln bekannt. Über seinen vermutlichen Ursprung berichtet eine Sage, nach der eine »schrecklich« verkleidete Frau namens Ursula die türkischen Belagerer vertrieben haben soll.
In Sachsenheim, wo sich nach der Vertreibung viele Einwohner Agnethelns angesiedelt haben, lebt der Urzelnlauf seit 1965 wieder auf. Seither gehört er zum festen Bestandteil der schwäbisch-alemannischen Fastnacht H.W.

X. Politische Zielvorstellungen

Politischer Einfluß und politische Zielvorstellungen der Vertriebenen

Herbert Czaja

Das Thema erfordert sorgfältiges Quellenstudium. Mein Überblick enthält Lücken, bedarf kritischer Ergänzungen, systematische Bearbeitungen des Themas sind erforderlich. Ich konzentriere mich auf Beispiele aus eigenen Erinnerungen.

In den Trümmern nach dem Erdrutsch

Aus den ersten Jahren nach 1945 kann ich selbst nur von Eindrücken an der Basis berichten. Im Herbst 1946 kam ich als Vertriebener und Heimkehrer mit 32 Jahren nach Stuttgart. In der politischen Betätigung in den Reihen jüngerer CDU-Kräfte — neben starker beruflicher Belastung im Schuldienst — versuchte ich, mich in den vielfältigen Aufgaben im Vertriebenenbereich zu orientieren. Arbeitslosigkeit und Not waren ungeheuer, kaum jemand hoffte auf einen raschen Aufstieg. Hilfe und Selbsthilfe betrieben anfangs einige kirchliche Kreise. Ein anschauliches Bild aus der britischen Besatzungszone vermittelt der Beitrag von Dr. Mende.

Noch gab es keine voll funktionierende demokratische Ordnung und kein Grundgesetz.

Es gab Widerstände gegen die Koalitionsfreiheit der Vertriebenen, und dies nicht nur bei den Besatzungsmächten. Dafür gab es mehrere Gründe:

- Nach kommunistischer Planung sollten die Vertriebenen revolutionärer Sprengstoff sein. Viele Vertriebene lebten verbittert auf dem Lande, in Lagern, vorerst ohne berufliche Chancen;
- nach der Zerschlagung früherer Gemeinschaften drohte die Gefahr, daß Demagogen mit undurchsichtiger Vergangenheit aus unterschiedlichen radikalen Gruppen die Führung gewinnen könnten;
- viele waren besorgt, der Zusammenschluß der »Habenichtse« könnte diesen zu viele Chancen im Beruf, in der Verwaltung, in der Justiz, bei der Wohnungsvergabe, im schwierigen Lebenskampf geben;
- verbreitet war die Meinung, die meisten würden in absehbarer Zeit wieder in die Heimat zurückkehren;
- manchen sachunkundigen Mitarbeitern der Besatzungsmächte war dieser Strom der »Flüchtlinge« unheimlich.

In den einzelnen Regionen gab es unterschiedliche Bemühungen um die Zusammenarbeit zwischen »Heimatverbliebenen und Heimatvertriebenen« und bei den wichtigen Versuchen, die Vertriebenen zu organisieren. Vertriebene, die aus dem gleichen Heimatgebiet stammten, wollten sich in Landsmannschaften zusammenschließen, die sich nicht selten in Heimatkreise gliederten. Sie vertraten betont das Recht auf die Heimat und die Bindung an das kulturelle Erbe der Heimat. Daneben gab es die Sammlung der Vertriebenen nach den regionalen Bereichen, in die sie eingeströmt waren. Die regionalen Zusammenschlüsse der Vertriebenen — sie wurden auch nicht selten »Flüchtlinge« genannt (obwohl der Begriff später vor allem auf Deutsche aus der SBZ angewandt wurde) — kümmerten sich vor allem um die sozialen, wirtschaftlichen und Eingliederungsfragen.

Die Landsmannschaften schlossen sich 1949 zu den »Vereinigten Ostdeutschen Landsmannschaften« (VOL) bzw. 1952 zum »Verband der Landsmannschaften« (VdL) zusammen. Die nach den Regionen der Unterbringung in den Besatzungszonen gegliederten Vertriebenen bildeten den ZvD (»Zentralverband der vertriebenen Deutschen«) bzw. später den Bund vertriebener Deutscher (BvD). In den durch die Vertreibung zerschlagenen Strukturen gab es Richtungs- und Personalkämpfe. Der Zusammenschluß aller Verbände zum Gesamtverband, dem »Bund der Vertriebenen — Vereinigte Landsmannschaften und Landesverbände«, kurz BdV, erfolgte erst Ende 1958.

Über das Ringen um den Zusammenschluß berichten einige Erinnerungsschriften der Landesverbände, so die von Vizepräsident Friedrich Walter, insbesondere aus den Erfahrungen in Nordrhein-Westfalen (»40 Jahre für Deutschland«) oder die aus Baden-Württemberg.

Im damaligen »Württemberg-Baden« (damals noch ohne Württemberg/Hohenzollern und ohne Südbaden) versuchte ich mich also in der landsmannschaftlichen Arbeit, bei pragmatischen Aufgaben zur Eingliederung, beim Wohnungsbau für Vertriebene, bei der Beratung zur Berufsfindung, zur Legalisierung der Prüfungen usw. zu betätigen. Noch jung an Jahren und Erfahrung, wollte ich, daß vieles unbürokratischer, schneller verliefe. Die ersten Organisationen in Stuttgart und in Württemberg-Baden standen unter dem Schutz der Caritas und des »Evangelischen Hilfswerks«. In letzterem hatte Eugen Gerstenmaier viele Intellektuelle aus dem Osten um sich gesammelt; es ging später in das Diakonische Werk über. Die Wohlfahrtsverbände teilten die Betreuung für die landsmannschaftlichen Gruppen untereinander auf. So waren 1946 die Sudetendeutschen und die Ungarndeutschen unter dem Schutz der Caritas intensiv tätig, die donauschwäbischen Gruppen wurden im Evangelischen Hilfswerk betreut. In einer Baracke der Caritas gründete ich mit anderen 1948 den Stuttgarter Kreisverband der Landsmannschaft der Oberschlesier. Er betreute anfangs auch die Rußlanddeutschen und Galiziendeutschen. Die Behörden taten wenig dagegen, vielleicht erfuhren sie auch nicht alles. In Stuttgart schlossen sich die verschiedenen Vertriebenen-Gruppen zu einem »Hilfsverband« zusammen.

Auf politischer Ebene versuchten die zugelassenen Parteien, alles in berufene Ausschüsse und Beiräte zu verlagern. So kamen auch Vertriebenenvertreter als von der SPD, CDU und FDP delegierte Berater in die Landtagsausschüsse.

Der spätere Abgeordnete Dr. Leber war vor allem in der ungarndeutschen Kultur- und Volkstumsarbeit bei der Caritas und der CDU tätig. Viele Kontakte ergaben sich zu den erfahrenen politischen Funktionären der sudetendeutschen Sozialdemokraten.

Nach einer turbulenten Kandidatenaufstellung auf einem nicht gerade aussichtsreichen Platz der CDU zu den Gemeinderatswahlen gelandet, kam ich schon 1947 durch das in Württemberg übliche Kumulieren (Häufeln von bis zu drei Stimmen auf einen Kandidaten) und Panaschieren (Übernehmen von Kandidaten aus einer anderen Parteiliste) mit einem überraschend guten Stimmergebnis als einziger Vertriebener — an fünfter Stelle von 13 CDU-Gemeinderäten — in den sechzigköpfigen Stuttgarter Gemeinderat. Ich hatte mich schon Monate vorher um den Ausbau von Notquartieren bemüht und als politisch Engagierter Wohnungsbauvorhaben für Insassen von Lagern in die Wege geleitet.

Spannungen gab es wie in jeder Fraktion; ich fühlte mich aber in der Zusammenarbeit bald ganz wohl. Schwierig war es jedoch eine ganze Zeit lang, wenn es bei Abstimmungen um Berücksichtigung eines vertriebenen Arztes, eines vertriebenen Verwaltungsbeamten, kurz um die Besetzung kommunaler Stellen ging. Ich blieb oft »einstimmig« allein, ab und zu stimmte mir aus einem gewissen sozialen Engagement ein schlichter mitleidiger KP-Stadtrat zu. Die Führungskräfte der Kommunistischen Partei hatten übrigens großen Einfluß in den Medien, in der Verwaltung, sogar in der Vertriebenen-Verwaltung, mit nicht selten recht undurchsichtigen Personen. Nach und nach wurde auch in Personalfragen die Unterstützung durch die eigene Fraktion besser.

Insbesondere in Wohnungsbaufragen gewann ich entscheidenden Einfluß. Viele Lagerinsassen in Stuttgart stammten aus dem südosteuropäischen Raum und waren vor der Währungsunion fleißig als Holzfäller tätig. Die Stadt bezahlte sie gut. Sie wollten zuerst Häuser in Lehmbauweise erstellen. Als 1948 die Zwangswirtschaft endete, zeigten städtische Beamte, die früher Glas für Fenster, Dachpappe und die Instandsetzung vergeben hatten, Interesse für den Wohnungsbau. Ein großer Exerzierplatz sollte billiges Baugelände bieten. Durch meine parteipolitische Tätigkeit erfuhr ich früh von den Bemühungen um die ersten Finanzierungsprogramme zum Wohnungsbau.

Mit jugoslawiendeutschen und donauschwäbischen Frauen und Männern gründeten wir eine Wohnungsbaugenossenschaft in einem Lager (wo meine Braut auch mehrere Jugendgruppen ehrenamtlich betreute). Der Verband gemeinnütziger Wohnungsbaugenossenschaften wollte diese Vertriebenen in die schon bestehenden Genossenschaften eingliedern und dort jahrelang auf eine Wohnung warten lassen. Ein donauschwäbischer Rechtsanwalt durchbrach die Hürde, die Genossenschaftsmitglieder konnten dabei auf beachtliche Anzahlungen für Anteile auf ein Sperrkonto verweisen. In einem anderen Teil von Stuttgart versuchten Buchenlanddeutsche das gleiche zu erreichen. Der frühere Reichstagsabgeordnete Dr. Kleiner, aus dem schlesischen-oberschlesischen Bereich kommend, gründete ebenfalls eine, zuerst etwas finanzschwache, Genossenschaft.

Das erste Wohnungsbaugesetz auf Bundesebene war am 24. April 1950 in Kraft getreten. Im Gemeinderat wurde ich rasch ein Fachmann für die Beurteilung der Anträge zur Vergabe der Wohnungsbaumittel (ich erwarb mir auch Achtung, weil ich den Zusammenbruch einzelner zu sehr begünstigter Bauträger früh voraussagte). Einzelne Bauträger versuchten die im Zusammenhang mit den Umsiedlungsprogrammen aus Schleswig-Holstein und Niedersachsen geförderten Wohnungen doppelt und dreifach zu vergeben!

In den Sprechstunden (neben 28 Unterrichtsstunden in einem schwer beschädigten Gymnasium) – montags von 15.00 Uhr bis in die späten Abendstunden – bot sich ein Bild der beruflichen Not und des Wohnungselends. Die sechs Jahre Gemeinderat waren für mich eine politische Volkshochschule. Ähnlich erging es anderswo vielen Vertriebenenvertretern (so z. B. dem späteren Staatssekretär für Vertriebene in Baden-Württemberg, Sepp Schwarz, und dem jetzigen Vizepräsidenten des Bundes der Vertriebenen, Wollner, in Hessen).

Kundgebung der Vertriebenen auf dem Bonner Marktplatz am 7.10.1956.

In den ersten Bundestag waren als Männer der ersten Stunde aus Vertriebenenkreisen in der CDU unter anderem Dr. Kather, Ernst Kuntscher und Dr. Götz, in der CSU nach einem guten Wahlkampf gegen die Bayernpartei in direkter Wahl Hans Schütz gekommen. Bei den Sozialdemokraten spielten Richard Reitzner, Wenzel Jaksch – dieser ab 1953 – sowie der Schlesier Mücke eine erhebliche Rolle. In der Loritz-Partei waren aus Bayern auch Vertriebene, die sich nicht den großen Parteien anschlossen, in den Bundestag gekommen und aus Nordwürttemberg durch ein Direktmandat (mit relativer Mehrheit) ein ziemlich radikal auftretender sudetendeutscher Kaplan.

Auf der überregionalen Ebene hatte mich frühzeitig im November 1949 die »Eichstätter Adventsdeklaration« sudetendeutscher Politiker, Wissenschaftler und Geistlicher stark beeindruckt. Sie rief zum Selbstbestimmungsrecht in ganz Europa auf, aber auch zur deutsch-französischen Verständigung und zur Verwirklichung des Rechts auf die Heimat in den Sprachgrenzen von 1937, ebenso zum Ausgleich mit den Tschechen und Polen in einer föderalistischen Gesamtordnung Europas.

Politisches Ringen um die Eingliederungsgesetze

Ohne politischen Einfluß der organisierten Vertriebenen und Verbandsvertreter, auch Parlamentarier in verschiedenen Parteien und den Fleiß einiger Abgeordneter sowie die Initiativen des Bundesministeriums für Vertriebene wäre es wohl nicht zu zahlreichen Eingliederungsgesetzen gekommen. Trotz sachkundiger Mitwirkung von Vertriebenen blieb manches unzureichend.

Auf Bundesebene, im Bundestag und innerhalb der Bundesregierung begann schon 1949 der Kampf um die Soforthilfe, den Vorläufer des Lastenausgleichsgesetzes, um das Flüchtlingssiedlungsgesetz und um »die innere Umsiedlung« der Vertriebenen. Radikale Kräfte griffen den als zu milde bezeichneten Bundesvertriebenenminister Dr. Lukaschek an.

Dr. Kather bezog eine Gegenposition zu Lukaschek. Über den ZvD hatte er einen nicht unerheblichen Einfluß bei einem Teil der Vertriebenen. Ein amerikanischer Politiker, Mr. Sonne, entwickelte Vorschläge im wirtschaftlichen und landwirtschaftlichen Bereich zugunsten der Vertriebenen, die aber auf dem Papier blieben. Es fehlte auch nicht an kommunistischen Unterwanderungsversuchen. Der Mangel an Arbeit und Wohnungen, die Behinderung des Zuzugs in die Städte schuf bei vielen Vertriebenen eine revolutionäre Stimmung.

Anfang August 1950 unterzeichneten Vertreter des ZvD und der Landsmannschaften in Stuttgart – für Außenstehende überraschend – die *»Charta der deutschen Heimatvertriebenen«*, die später politisches Grundgesetz der Vertriebenen wurde. Diese war geprägt aus einer früheren evangelischen Tradition, der sittlichen Verantwortung für Volk und Vaterland, die sich teilweise mit katholischem Naturrechtsdenken berührte. Führend in der Konzeption waren wohl Ottomar Schreiber und Axel de Vries. Die Charta enthält eine Absage an Rache und Vergeltung und das Bekenntnis zum Grundrecht auf die Heimat. Sie spricht für ein geeintes Europa,

»in dem die Völker ohne Furcht und Zwang leben können«. Bei der Unterzeichnung selbst erkannte man wohl noch nicht die historische Bedeutung der Charta.

Für Zeitzeugen und Presse trat am 5. August 1950 vielmehr eine stürmische Großkundgebung vor den ausgebrannten Fassaden des Stuttgarter Neuen Schlosses in den Mittelpunkt. Zum fünften Jahrestag des »Potsdamer Protokolls« wurde die politische Lage auf das schärfste angegriffen.

In Bonn gab es bald einen beachtlichen Durchbruch bei dem mit breiter Zustimmung verabschiedeten ersten Wohnungsbaugesetz und bei den Umsiedlungsprogrammen, die allerdings schleppend anliefen. Millionen von Wohnungen wurden anschließend mit öffentlichen Mitteln erstellt.

Die Beeinflussung des Wohnungsbaus durch die Länder und Kommunalverwaltungen, die Fachverbände, durch Großunternehmen, die sich »gemeinnützig« nannten, führte am Anfang fast nur zur Errichtung von Mietwohnungen und zur Verdichtung der Bevölkerung in den Ballungsräumen. Erst nach 1957 wurde die stärkere Förderung der Eigentumsbildung versucht. Auch dabei machten sich Vertriebene bemerkbar.

Lastenausgleichsmittel flossen in erheblichen Summen in diesen sozialen Mietwohnungsbau und als Wohnraumhilfe an die Länder.

Am 23. Mai 1949 war das Grundgesetz verkündet worden. Seine Artikel 116 und 16 wurden Grundlage für die Aufnahme und Freizügigkeit von deutschen Staatsangehörigen aus den Vertreibungsgebieten und für den Schutz zugunsten deutscher Volkszugehöriger, die von den Vertreibungsländern nicht mehr in Anspruch genommen und vertrieben wurden. Art. 116 GG ging ausdrücklich von Deutschland in den Grenzen von 1937 und den Deutschen aus, die dort Aufnahme gefunden hatten. Die Besatzungsmächte genehmigten diese Wahrung der einen deutschen Staatsangehörigkeit und den Bezug auf den von den Siegermächten als rechtlich fortbestehend schon am 5. Juni 1945 festgestellten Gebietsstand Deutschlands von 1937. Auch für deutsche Volkszugehörige außerhalb dieses Gebietsstands unter nichtdeutscher Souveränität bemühten sich alle Bundesregierungen um Fürsprache.

In der Berliner Vierer-Erklärung von 1945 hatten alle Vier Siegermächte den Fortbestand Deutschlands in diesem Gebietsstand (gemäß § 1 des Londoner Abkommens vom Herbst 1944 über die Einteilung der Besatzungsregionen) bekräftigt. Sie gingen davon aus, daß Österreich seine eigene Souveränität durch Selbstbestimmung bestätigt hatte und die früher von fast allen Mächten anerkannten Folgen des Münchner Abkommens für das Sudetenland durch den Aggressionsakt gegenüber der Rest-Tschechoslowakei im März 1939 und den Bruch einschlägiger Garantien nicht mehr Geltung hätten. Allerdings steht Großbritannien bis heute auf dem Standpunkt, daß eine de-jure-Regelung auch bezüglich des Sudetenlandes einer vertraglichen Abmachung bedürfe.

Im Bundestag folgten heiße Kämpfe um die bedeutende Lastenausgleichsgesetzgebung und das Feststellungsgesetz. Dr. Kather forderte vor allem Entschädigungen für individuelle Vermögensverluste, die SPD die Aufbringung der Mittel zugunsten sozialer Maßnahmen für ältere Vertriebene. Es wurde um den sogenannten »quotalen« und »sozialen« Lastenausgleich schwer gerungen; schließlich kam es zu einem Kompromiß zwischen den Zielen des »quotalen« und »sozialen« Lastenausgleichs. Der Bundesfinanzminister, Dr. Schäffer, fürchtete zu hohe Ausgaben. Das Leistungsvolumen wurde anfangs eng gehalten. Durch komplizierte Vorschriften, Rechtsverordnungen, Weisungen und Richtlinien zur Auszahlungsfolge ergab sich, daß vorerst nur alte Personen berücksichtigt wurden. Erst 1957 haben wir im Widerspruch zur Verwaltung im Gesetz die Auszahlung auch für eigentumsbildende Maßnahmen erzwungen. In den späteren Jahren haben aus vielerlei Gründen, nicht zuletzt auch wegen Einbeziehung der SBZ-Flüchtlinge ohne angemessene Erhöhung der Einnahmen, die Ausgaben für den »sozialen« Lastenausgleich, insbesondere für die dynamisierte Kriegsschadensrente und für den Mietwohnungsbau, einen erheblichen Teil der Mittel in Anspruch genommen.

Die Kämpfe um weitere Novellen haben nicht gerade dazu beigetragen, daß man den Lastenausgleich bei den Empfängergruppen als großen Wurf empfand. Eine übertriebene Vorsicht führte bei den Novellen wohl dazu, daß man wertvolle Verbesserungen mehrheitlich verwarf, das Abgelehnte aber zwei Jahre später beschloß, als es aber nicht mehr den politischen Eindruck machte und für manche Eingliederungsmaßnahmen zu spät kam. Nicht immer war der Mut zum Möglichen feststellbar.

Die Vertriebenenverbände, insbesondere die Bauern, forderten Berücksichtigung der Verkehrswerte; aber das auch 1952 verabschiedete Feststellungsgesetz ging von den eher konkretisierbaren Einheitswerten des dinglichen Vermögens aus. Dies war eine Berechnungsgrundlage. Für die Höhe der als Eingliederungshilfe gedachten Teilentschädigung war der prozentuale Abschlag beim Erfüllungsbetrag entscheidend.

Nicht alle Mittel kamen in die Hände der Geschädigten, viele flossen an die Länder und an die Bauträger im Wohnungsbau. Soforthilfemittel gab es auch zur Schaffung von Arbeitsplätzen.

Wenn man heute von stolzen Zahlen von über 135 Milliarden DM spricht, so muß man berücksichtigen, daß nur etwas über 30 Prozent für individuelle Schäden, 40 Prozent für Kriegsschadensrenten und 15 Prozent für die Verwaltung und Vorfinanzierung verwendet wurden. Auf die Vertriebenen entfielen nur etwa 70 Prozent der Gesamtausgaben. Die Einheitswerte wurden degressiv »entschädigt«, wobei die »Entschädigungen« für höhere Vermögen bis auf 6,5 Prozent des Einheitswertes absanken. In den späteren Jahren waren die Verzinsungen oft höher als der Grundbetrag. Die Hauptentschädigung war als *vorläufige Eingliederungshilfe* ohne die Preisgabe des Rechtsanspruches auf die Regelung der Entschädigung durch die Vertreibungsmächte festgelegt worden. Der Lastenausgleich befreite viele von der Bitte um Sozialhilfe und gab anderen Starthilfen. Die Ergebnisse des an sich bedeutsamen Gesetzes werden aber teilweise überbetont, denn auch durch die intensive Mitarbeit der Vertriebenen im gesamten volkswirtschaftlichen Wiederaufbau und dank dem Aufschwung in der Bundesrepublik Deutschland gelang die wirtschaftliche »Eingliederung«. Für viele konnten auch nach Jahren nicht ganz die bitteren Folgen der Vertreibung wirtschaftlich gemildert werden.

Besonders nachteilig wirkten sich die Folgen für die Landwirte, den gewerblichen Mittelstand und die freien Berufe aus. Ein späterer Zuschlag von einem Drittel des Grundbetrags in diesem Bereich wirkte nicht endgültig befriedigend. Bis heute sind die heimatvertriebenen Bauern außerordentlich unzufrieden.

Zum Ringen um die politischen Einflüsse bei der Durchführung dieses großen Gesetzes gehörten auch die Bemühungen um die Besetzung der Ausgleichsämter von der Basis bis zur Bundesebene. Um dem Bundesausgleichsamt Kompetenzen zu ermöglichen, wurde sogar das Grundgesetz ergänzt. Die leitenden Stellen auf Bundesebene bekamen nur selten Vertriebene. Besser war es an der Basis, in den Ämtern der Kreise und Städte. Ich setzte z. B. im Stuttgarter Gemeinderat nach langem Streit durch, daß 50 Prozent der Planstellen beim städtischen Ausgleichsamt anfangs mit Vertriebenen besetzt wurden.

Hartes Ringen entbrannte auch um die *ländliche Siedlung*. Nur wenige Vollbauernstellen konnten durch die im zweiten Teil des Bundesvertriebenengesetzes vorgesehenen Maßnahmen finanziert werden. Die bäuerlichen Abgeordneten in Bonn hatten in den Fraktionen viel größeren Einfluß als heute, unter ihnen wieder Vertreter größerer selbständiger Bauern in Schleswig-Holstein und Niedersachsen. Sie leisteten erbitterten Widerstand gegen angebliche große bodenreformerische Pläne (frühere Bodenreformer aus bäuerlichen Gruppen unterstützten die Vertriebenen ein wenig). Es war äußerst schwierig, einen Kompromiß in den Vorschriften zur ländlichen Siedlung im Rahmen des Bundesvertriebenengesetzes und seiner späteren Novellen zu finden.

Die zahlreichen Nebenerwerbsstellen in der Umgebung der Städte hatten jedoch positive Folgen für die Eingliederung. In dem

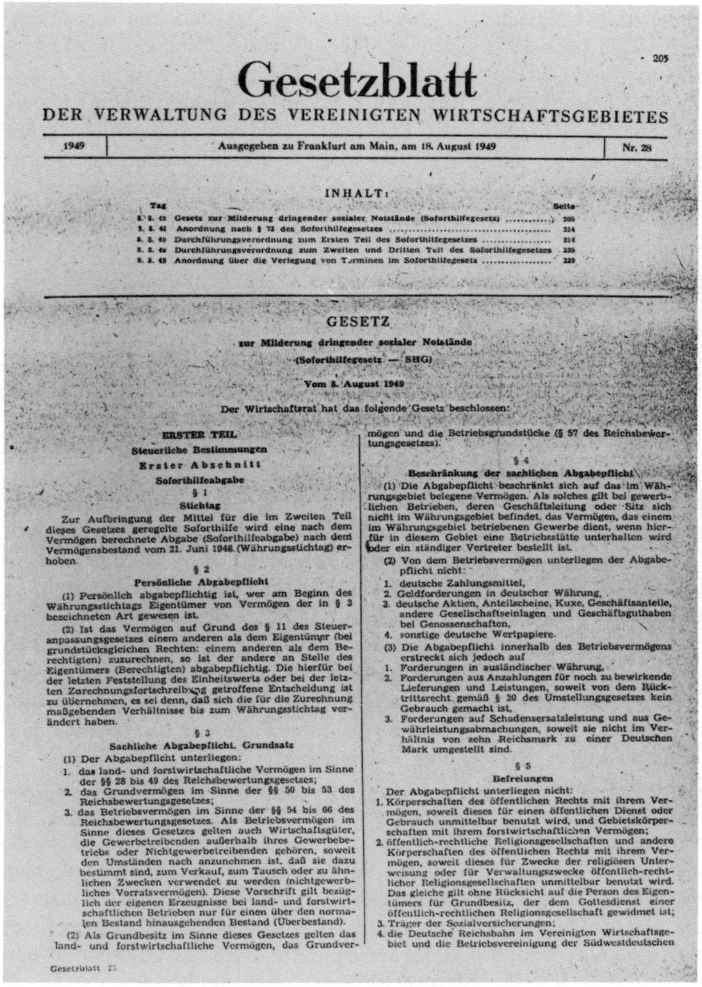

205

Gesetzblatt

DER VERWALTUNG DES VEREINIGTEN WIRTSCHAFTSGEBIETES

1949	Ausgegeben zu Frankfurt am Main, am 18. August 1949	Nr. 28

INHALT:

Tag		Seite
8. 8. 49	Gesetz zur Milderung dringender sozialer Notstände (Soforthilfegesetz)	205
8. 8. 49	Anordnung nach § 73 des Soforthilfegesetzes	214
8. 8. 49	Durchführungsverordnung zum Ersten Teil des Soforthilfegesetzes	214
8. 8. 49	Durchführungsverordnung zum Zweiten und Dritten Teil des Soforthilfegesetzes	225
8. 8. 49	Anordnung über die Verlegung von Terminen im Soforthilfegesetz	229

GESETZ

zur Milderung dringender sozialer Notstände

(Soforthilfegesetz — SHG)

Vom 8. August 1949

Der Wirtschaftsrat hat das folgende Gesetz beschlossen:

ERSTER TEIL

Steuerliche Bestimmungen

Erster Abschnitt

Soforthilfeabgabe

§ 1

Stichtag

Zur Aufbringung der Mittel für die im Zweiten Teil dieses Gesetzes geregelte Soforthilfe wird eine nach dem Vermögen berechnete Abgabe (Soforthilfeabgabe) nach dem Vermögensbestand vom 21. Juni 1948 (Währungsstichtag) erhoben.

§ 2

Persönliche Abgabepflicht

(1) Persönlich abgabepflichtig ist, wer am Beginn des Währungsstichtags Eigentümer von Vermögen der in § 3 bezeichneten Art gewesen ist.

(2) Ist das Vermögen auf Grund des § 11 des Steueranpassungsgesetzes einem anderen als dem Eigentümer (bei grundstücksgleichen Rechten: einem anderen als dem Berechtigten) zuzurechnen, so ist der andere an Stelle des Eigentümers (Berechtigten) abgabepflichtig. Die hierfür bei der letzten Feststellung des Einheitswerts oder bei der letzten Zurechnungsfortschreibung getroffene Entscheidung ist zu übernehmen, es sei denn, daß sich die für die Zurechnung maßgebenden Verhältnisse bis zum Währungsstichtag verändert haben.

§ 3

Sachliche Abgabepflicht. Grundsatz

(1) Der Abgabepflicht unterliegen:

1. das land- und forstwirtschaftliche Vermögen im Sinne der §§ 28 bis 49 des Reichsbewertungsgesetzes;
2. das Grundvermögen im Sinne der §§ 50 bis 53 des Reichsbewertungsgesetzes;
3. das Betriebsvermögen im Sinne der §§ 54 bis 66 des Reichsbewertungsgesetzes. Als Betriebsvermögen im Sinne dieses Gesetzes gelten auch Wirtschaftsgüter, die Gewerbetreibenden außerhalb ihres Gewerbebetriebs oder Nichtgewerbetreibenden gehören, soweit den Umständen nach anzunehmen ist, daß sie dazu bestimmt sind, zum Verkauf, zum Tausch oder zu ähnlichen Zwecken verwendet zu werden (nichtgewerbliches Vorratsvermögen). Diese Vorschrift gilt bezüglich der eigenen Erzeugnisse bei land- und forstwirtschaftlichen Betrieben nur für einen über den normalen Bestand hinausgehenden Bestand (Überbestand).

(2) Als Grundbesitz im Sinne dieses Gesetzes gelten das land- und forstwirtschaftliche Vermögen, das Grundvermögen und die Betriebsgrundstücke (§ 57 des Reichsbewertungsgesetzes).

§ 4

Beschränkung der sachlichen Abgabepflicht

(1) Die Abgabepflicht beschränkt sich auf das im Währungsgebiet belegene Vermögen. Als solches gilt bei gewerblichen Betrieben, deren Geschäftsleitung oder Sitz sich nicht im Währungsgebiet befindet, das Vermögen, das einem im Währungsgebiet betriebenen Gewerbe dient, wenn hierfür in diesem Gebiet eine Betriebsstätte unterhalten wird oder ein ständiger Vertreter bestellt ist.

(2) Von dem Betriebsvermögen unterliegen der Abgabepflicht nicht:

1. deutsche Zahlungsmittel,
2. Geldforderungen in deutscher Währung,
3. deutsche Aktien, Anteilscheine, Kuxe, Geschäftsanteile, andere Gesellschaftseinlagen und Geschäftsguthaben bei Genossenschaften,
4. sonstige deutsche Wertpapiere.

(3) Die Abgabepflicht innerhalb des Betriebsvermögens erstreckt sich jedoch auf

1. Forderungen in ausländischer Währung,
2. Forderungen aus Anzahlungen für noch zu bewirkende Lieferungen und Leistungen, soweit von dem Rücktrittsrecht gemäß § 20 des Umstellungsgesetzes kein Gebrauch gemacht ist,
3. Forderungen auf Schadensersatzleistung und aus Gewährleistungsabmachungen, soweit sie nicht im Verhältnis von zehn Reichsmark zu einer Deutschen Mark umgestellt sind.

§ 5

Befreiungen

Der Abgabepflicht unterliegen nicht:

1. Körperschaften des öffentlichen Rechts mit ihrem Vermögen, soweit dieses für einen öffentlichen Dienst oder Gebrauch unmittelbar benutzt wird, und Gebietskörperschaften mit ihrem forstwirtschaftlichen Vermögen;
2. öffentlich-rechtliche Religionsgesellschaften und andere Körperschaften des öffentlichen Rechts mit ihrem Vermögen, soweit dieses für Zwecke der religiösen Unterweisung oder für Verwaltungszwecke öffentlich-rechtlicher Religionsgesellschaften unmittelbar benutzt wird. Das gleiche gilt ohne Rücksicht auf die Person des Eigentümers für Grundbesitz, der dem Gottesdienst einer öffentlich-rechtlichen Religionsgesellschaft gewidmet ist;
3. Träger der Sozialversicherungen;
4. die Deutsche Reichsbahn im Vereinigten Wirtschaftsgebiet und die Betriebsvereinigung der Südwestdeutschen

Gesetzblatt 27

V.3

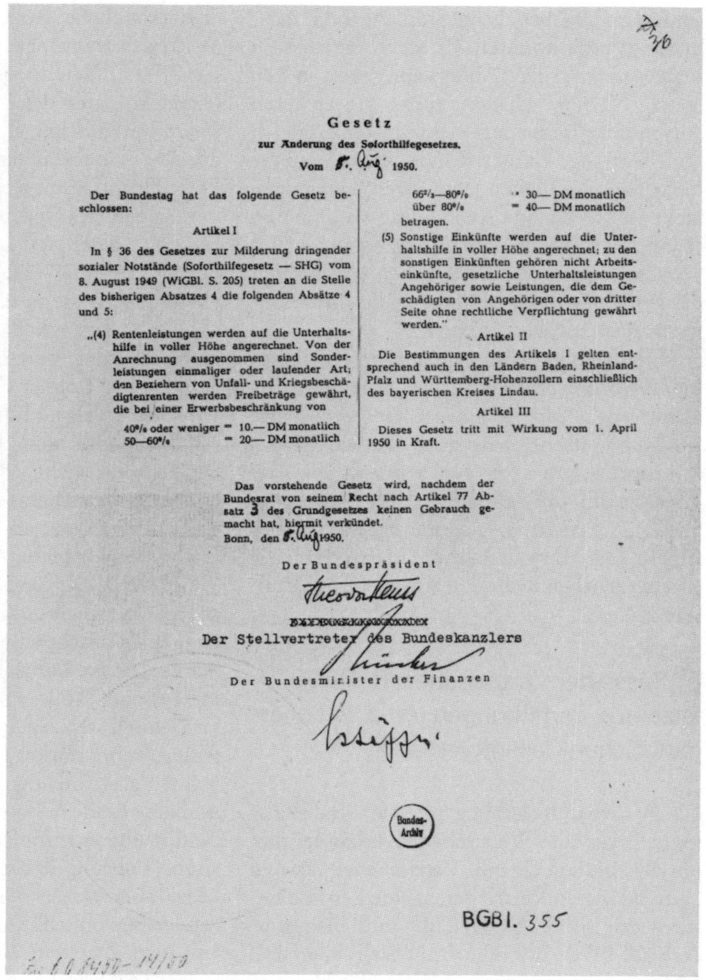

Gesetz

zur Änderung des Soforthilfegesetzes.

Vom 8. Aug. 1950.

Der Bundestag hat das folgende Gesetz beschlossen:

Artikel I

In § 36 des Gesetzes zur Milderung dringender sozialer Notstände (Soforthilfegesetz — SHG) vom 8. August 1949 (WiGBl. S. 205) treten an die Stelle des bisherigen Absatzes 4 die folgenden Absätze 4 und 5:

„(4) Rentenleistungen werden auf die Unterhaltshilfe in voller Höhe angerechnet. Von der Anrechnung ausgenommen sind Sonderleistungen einmaliger oder laufender Art; den Beziehern von Unfall- und Kriegsbeschädigtenrenten werden Freibeträge gewährt, die bei einer Erwerbsbeschränkung von

40% oder weniger	= 10.— DM monatlich
50—60%	= 20.— DM monatlich
66⅔—80%	= 30.— DM monatlich
über 80%	= 40.— DM monatlich

betragen.

(5) Sonstige Einkünfte werden auf die Unterhaltshilfe in voller Höhe angerechnet; zu den sonstigen Einkünften gehören nicht Arbeitseinkünfte, gesetzliche Unterhaltsleistungen Angehöriger sowie Leistungen, die dem Geschädigten von Angehörigen oder von dritter Seite ohne rechtliche Verpflichtung gewährt werden."

Artikel II

Die Bestimmungen des Artikels I gelten entsprechend auch in den Ländern Baden, Rheinland-Pfalz und Württemberg-Hohenzollern einschließlich des bayerischen Kreises Lindau.

Artikel III

Dieses Gesetz tritt mit Wirkung vom 1. April 1950 in Kraft.

Das vorstehende Gesetz wird, nachdem der Bundesrat von seinem Recht nach Artikel 77 Absatz 3 des Grundgesetzes keinen Gebrauch gemacht hat, hiermit verkündet.

Bonn, den 8. Aug. 1950.

Der Bundespräsident

Der Stellvertreter des Bundeskanzlers

Der Bundesminister der Finanzen

Bundes-Archiv

BGBl. 355

Gesetz zur Änderung des Soforthilfegesetzes vom 8. August 1950.

Ringen um das Lastenausgleichsgesetz und die bäuerliche Siedlung hatten sich die im Zentralverband vertriebener Deutscher zusammengeschlossenen Organisationen und der Bauernverband der heimatvertriebenen Bauern am Anfang profiliert. Aber schon bei den ersten Schritten in der Gesetzgebung und bei dem späteren Ringen gegen unzulängliche Fortschritte lag die Hauptlast auf engagierten Vertriebenenvertretern im Parlament, anfangs auch im Bundesrat.

Ein kritischer Begleiter der Gesetzgebung war der spätere Generalsekretär des Bundes der Vertriebenen, Dr. Neuhoff. 1953 wurde als weiteres bedeutsames Eingliederungsgesetz nach dem Lastenausgleich das *Bundesvertriebenengesetz* verabschiedet. Es enthielt Bestimmungen über die Anerkennung der Vertriebeneneigenschaft, die Anerkennung von Prüfungen verschiedenster Art, Regelungen zur Finanzierung der ländlichen Siedlung, Bestimmungen über Vergünstigungen bei der Vergabe öffentlicher Aufträge und vieles andere.

Das Bundesvertriebenengesetz ist ein entscheidendes Ausführungsgesetz zu Art. 116 GG und hat bis heute, insbesondere im Zusammenhang mit der Anerkenung der Aussiedler als Vertriebene, mit der Sicherung der Freizügigkeit für ausgesiedelte deutsche Staatsangehörige, deren Nachkommen und Ehegatten sowie bezüglich der Anerkennung deutscher Volkszugehöriger als Vertriebene samt kostenloser Einbürgerung, eine große Bedeutung. Niemand hat 1953 gewußt, welche Bedeutung das Gesetz noch 1989 haben würde. Im übrigen gilt auch das Lastenausgleichsgesetz weiterhin für die Aussiedler.

Das Fremdrentengesetz wurde erst *1960*, nicht zuletzt durch intensive Anstrengungen des CSU-Abgeordneten Hans Schütz und des SPD-Abgeordneten Richard Reitzner, in der geltenden Form — nach einer Teilregelung von 1953 — verabschiedet. Es sichert auch den Vertriebenen und Mitteldeutschen Ansprüche aus der Sozialversicherung, wenn deren Versicherungsträger weggefallen oder nicht erreichbar sind oder für sie nicht mehr aufkommen.

Wer Beitragsleistungen in der Heimat glaubhaft machen konnte, dem werden sie nach einem sehr viele Berufe in einer Leistungsgruppe zusammenfassenden Beitragsdurchschnitt mit 5/6 der Versicherungsdauer bei der Rentenbemessung zugrunde gelegt. Nur wenn der Nachweis über alle Beiträge vorliegt, werden 6/6 der lückenlosen Versicherungszeit berücksichtigt. Wer ein niedriges Einkommen hatte, aber durch den viele Berufe umfassenden Durchschnittsbetrag der Leistungsgruppe begünstigt wird, bekommt unter Umständen etwas mehr als beruflich vergleichbare Einheimische, deren individuelle Berechnungsunterlagen anstelle von Durchschnittsbeiträgen zugrundegelegt werden. Umgekehrt ist es jedoch bei den Vertriebenen in besseren Einkommensgruppen. Bei dieser Diskrepanz ergaben sich auch für die Aussiedler aus den Gebieten östlich von Oder und Neiße Verbesserungen. Auch das deutsch-polnische Rentenversicherungsabkommen von 1975 führte meist zur Berücksichtigung der gesamten Versicherungszeit. Wegen hier und dort höherer Renten für niedrig bezahlte Berufe gibt es deshalb heute politische Angriffe.

Das *Gesetz zu Art. 131 GG* (1953; später 22 Durchführungsverordnungen) sollte die Übernahme der heimatvertriebenen Beamten und öffentlichen Bediensteten, die den Dienstherren verloren hatten, regeln. Dies führte in der Praxis zu vielen Auseinandersetzungen. Oft wurden Vertriebene unterwertig oder gar nicht untergebracht. Inzwischen wurde vieles durch die spätere Vollbeschäftigung und das Alter der Betroffenen entschärft.

Verhältnismäßig großen Schwierigkeiten sahen sich anfangs die heimatvertriebenen Eltern bei *der Ausbildung junger Menschen* gegenüber. Abgebrochene Studien- und Ausbildungswege konnten oft nicht angemessen fortgesetzt werden. Außerdem gab es in den ersten Nachkriegsjahren nicht die späteren Ausbildungshilfen aus dem Lastenausgleich und dem sog. Garantiefonds. Manche junge Vertriebene erhielten eine ihren Leistungen nicht entsprechende Ausbildung und mußten später mit viel Mühe ihr Wissen ergänzen und manches nachholen. Viele haben später nicht die Positionen eingenommen, die ihren Leistungen entsprochen hätten.

Hinzuweisen wäre noch auf die *Häftlings- und Heimkehrerhilfen*, insbesondere für jahrzehntelang zur Zwangsarbeit internierte Rußlanddeutsche, aber auch auf die Förderungsmaßnahmen zur *Kulturarbeit*, auf *Kredithilfen* im und außerhalb des Lastenausgleichs, auf *Steuervergünstigungen* und vieles andere. Die Hinweise auf die Eingliederungsgesetze erheben nicht den Anspruch auf Vollständigkeit.

Einflüsse der Vertriebenen in den Parteien und Bemühungen um einen überparteilichen Gesamtverband

Die Auseinandersetzung um die Koalitionsfreiheit für die Vertriebenenverbände und um die Bildung eigener Vertriebenenparteien hatte bei vielen Vertriebenen eine gewisse Distanz zur SPD, CDU/CSU und insbesondere zur FDP zur Folge. Ein beachtlicher Teil der Vertriebenen gab dem Block der Heimatvertriebenen und Entrechteten (BHE) ihre Stimmen. Als später der BHE sich nicht mehr durchsetzen konnte und schon vor 1960 in einzelnen Ländern, in unterschiedlichen Phasen, ein Teil seiner Vertreter und Anhänger zu den Unionsparteien übertrat, wuchs der Stimmenanteil der Union in vielen Ländern und Kreisen. Diese Distanz blieb an der Basis bezüglich der Parteimitgliedschaft jedoch bestehen und dauert teilweise bis heute fort. Die Vertriebenen hatten und haben deshalb im Bereich der Delegierten und der Vorstände der größeren Parteien einen geringeren Einfluß als es hier und dort ihrer politischen Tätigkeit und Aktivität zukäme.

In den Jahren bis etwa 1954 mußten jedoch alle großen Parteien ganz besonders auch auf die Vertriebenen Rücksicht nehmen. 1953 waren in den großen Parteien auch damals jüngere Vertriebene in den Bundestag nachgerückt, so z. B. bei der Union Josef Stingl, der bald Sozialexperte wurde und später, auch wegen seiner ausgleichenden Verhandlungstaktik, stellvertretender Fraktionsvorsitzender war. Auch ich kam in diesem Jahre über die CDU-Landesliste von Baden-Württemberg in den Bundestag, wo ich mich anfangs intensiv mit Wohnungsbaufragen, Mietrecht, Fragen des Lastenausgleichs, des Staatsangehörigkeits - Neuregelungsgesetzes und vielem anderen befaßte. In der SPD spielten die sudetendeutschen Sozialdemokraten eine erhebliche Rolle. Sie hatten politische Vorkriegserfahrungen und hatten nach 1933 vielen SPD-Reichstags-Abgeordneten in den ersten Monaten der Emigration geholfen. Sie übten beachtlichen Einfluß auf das Bekenntnis des »Godesberger Programms« zu ganz Deutschland, zum Recht auf die Heimat und wirksamen Volksgruppenrechten als Voraussetzung einer gesamteuropäischen friedlichen Ordnung (Zf. 41) aus. Auf Landesebene hatten sie in einigen Ländern Einfluß auf die ursprünglich selbständige Vertriebenenverwaltung und in den Landesregierungen. Bei der Bonner Opposition waren einige von ihnen während der 60er Jahre wegen ihrer Sachkunde und ihres Maßes anerkannt, auch in den Reihen der Koalition. Auch aus anderen Landsmannschaften, insbesondere der Ostpreußen, gab es bei der SPD einflußreiche Abgeordnete.

Bei der CDU und CSU hatten die Deutschen Christlich-Sozialen aus dem Sudetenland einen beachtlichen Einfluß, so z. B. Hans Schütz, Ernst Kuntscher und Dr. Götz. Eine bedeutsame Rolle spielten, wie bei den Sozialdemokraten, auch die Schlesier. Aus dem früher sehr starken oberschlesischen Zentrum waren bei der Union Dr. Lukaschek und eine Reihe höherer Beamter. Die aus dem Nationalitätenkampf erfahrene ostoberschlesische Führung der Christlichen Volkspartei besaß aber wegen des zu frühen Todes führender Persönlichkeiten (z. B. Dr. Pants noch vor dem Zweiten Weltkrieg) kaum Einfluß (außer in Berlin Dr. Rojek).

Vor 1953 gab es Vertriebene auch in der Loritz-Partei. 1953 war eine beachtliche Zahl von Vertretern des GB/BHE in den Bundestag gekommen. Bundeskanzler Adenauer hat die Partei in die Koalition einbezogen. Sie konnte mit Ministern wie Dr. Oberländer und Dr. Kraft Regierungspositionen besetzen. Auf die Eingliederungsgesetzgebung übte die Partei einen gewissen Einfluß aus. Sie versuchte, ihre Ratschläge zur Ostpolitik, meist mit deutlicher antikommunistischer Akzentuierung, zur Geltung zu bringen. Doch gab es diesbezüglich Unterschiede innerhalb des BHE. In Bayern gewannen Kräfte einer sudetendeutschen Gesinnungsgemeinschaft, des »Witiko-Bundes«, im BHE erheblichen Einfluß, insbesondere der spätere Sprecher der Sudetendeutschen, Dr. Becher, der aber auch immer im lebendigen Dialog mit der CSU stand. Auch in mehreren Landesregierungen und in der Verwaltung besaß der BHE mehrere Jahre Einfluß. Spannungen zwischen den unterschiedlichen Gruppenbildungen in den Vertriebenenverbänden erschwerten nicht nur diesen politischen Einfluß, sondern auch den Zusammenhalt im BHE.

Auseinandersetzungen zwischen den Landsmannschaften und dem »Zentralverband der vertriebenen Deutschen« dauerten lange Jahre. 1949 kam der Gedanke auf, den *»Tag der Heimat«* zu feiern.

An diesem Tag versammelten sich in eindrucksvollen Veranstaltungen in Orten, Kreisen und Städten Vertriebene aller Gruppierungen. Schon 1949 gab es den Versuch, den Bund der Ostdeutschen Jugend zu gründen, der später in die DJO übergegangen ist und heute in der »DJO-Deutsche Jugend in Europa« sich etwas von den Vertriebenenverbänden distanziert. 1950 entstanden auch einflußreiche Frauenkreise der Vertriebenen.

Erst im Jahre 1957 kam es zu Fortschritten in den langen schwebenden Verhandlungen zum Zusammenschluß im Bund der Vertriebenen, kurz BdV genannt; dieser konstituierte sich endgültig Ende 1958 in Berlin.

Die eine Hälfte der Vertriebenen-Wähler verteilte sich auf die großen Parteien CDU, CSU und SPD und – in geringerem Umfang – die FDP. Die andere Hälfte hatte Bindungen an den GB/BHE. Dr. Kather, der immer wieder harte Forderungen, im Gegensatz zu seiner Fraktion und zu Konrad Adenauer, stellte, trat 1954 zum BHE über, ohne sich dort besonders durchsetzen zu können. Im BHE dominierten liberale und deutschnationale Kräfte aus Schlesien, Ostpreußen und dem Sudetenland.

Es fehlte nicht an Großkundgebungen, bei denen die Vertriebenen aller Gruppen ihre Unzufriedenheit zum Ausdruck brachten. Zu den Verhandlungen über den Beitritt zum *westlichen Bündnis* nahmen die heimatvertriebenen Abgeordneten sehr unterschiedliche Standpunkte ein. Dies zu erörtern und zu erklären, fehlt hier der Raum.

Die zu unterschiedlichen Zeitpunkten in den Ländern zur CDU oder anderen Parteien übergetretenen BHE-Politiker behielten, beispielsweise in Baden-Württemberg, einen gewissen politischen Einfluß, allerdings mehr in Eingliederungsfragen und in den damit befaßten Ämtern. Die Minister Dr. Oberländer und Dr. Kraft traten der CDU bei. Einen zukunftsweisenden Einfluß auf Adenauer und die Union in der Ostdeutschland und Europa betreffenden Politik haben sie kaum erreicht, aber sie haben Preisgabeversuche zu verhindern geholfen. Dazu gab es in der Regierungskoalition wiederholt erhebliche Auseinandersetzungen. Konkretere Konzepte zu einer Verständigung mit den östlichen Nachbarvölkern und einer gesamteuropäischen Friedensordnung wurden kaum entwickelt.

Sehr entschieden äußerte sich öffentlich immer wieder der sachlich als Verkehrsminister sehr versierte Sudetendeutsche Dr. Seebohm, der ursprünglich – wie auch Dr. Hans Joachim v. Merkatz – der niedersächsischen Deutschen Partei angehörte. Er war übrigens ein überzeugter Anhänger einer gesamteuropäischen freiheitlich-föderalen Ordnung.

Widerstand gegen Verzichtserklärungen und das Ringen um die Ostverträge

Mit der Zeit verstärkten sich Kräfte, die den

Vertriebenen den Verzicht auf die angestammte Heimat nahebringen wollten. 1962 wurde das Tübinger Memorandum evangelischer Theologen mit Unterstützung des WDR-Intendanten, Klaus von Bismarck, veröffentlicht. Es forderte einen radikalen Verzicht auf die Heimat.

Am 15. Oktober 1965 erschien die *Denkschrift der Kammer für Öffentliche Verantwortung der Evangelischen Kirche Deutschlands.* Sie wollte nicht die Ungerechtigkeiten gegen die Deutschen verschweigen und sprach sich für verstärkte Entschädigungs- und Eingliederungsmaßnahmen aus. Sie verwies auch auf die geschichtlichen Leistungen der Ost-, Sudeten- und Südostdeutschen. Entscheidend war aber, daß sie, wie sie behauptete, um des Friedens willen und wegen der inzwischen eingetretenen Änderung der Besiedlung der Vertreibungsgebiete, *den politischen Verzicht auf die Heimat forderte.* Bevor sie jedoch dem Bundespräsidenten Dr. Heinrich Lübke, wie beabsichtigt, feierlich überreicht werden konnte, kam sie durch einen Zufall im »Echo der Zeit« in vollem Wortlaut zur Veröffentlichung.

Die Folge waren stürmische Auseinandersetzungen. Wenzel Jaksch (SPD), der inzwischen die Leitung des Bundes der Vertriebenen übernommen hatte, führte einen argumentativen Kampf gegen diese Politik. Ich versuchte ihn damals, in Anknüpfung an die Gedanken der Eichstätter Erklärung, mit Hinweisen auf die notwendigen Selbstverwaltungsrechte der Völker und Volksgruppen und deren mögliche Auswirkung auf die Entschärfung der völkerrechtlich nicht entschiedenen Grenzfragen zu unterstützen.

Auf katholischer Seite machte sich der etwas weniger einflußreiche, aber in den Medien stark beachtete »Bensberger Kreis« in gleicher Richtung wie die EKD von nun an bemerkbar. Er gewann jedoch keinen dauerhaften umfassenden Einfluß auf die geistliche Führung in der Katholischen Kirche.

Im Zusammenhang mit dem zweiten Vatikanischen Konzil kam es zu einem deutsch-polnischen Bischofsbriefwechsel, der die Wünsche polnischer Bischöfe nach einer katholischen Anerkennung der Oder-Neiße-Linie nicht erfüllte. Dies blieb auch so nach dem deutschen Bischofsbesuch in Polen von 1980, bei welchem stärker auf europäische Lösungen verwiesen wurde. Der Bischofsbriefwechsel unterstrich das Verständnis für polnische Besorgnisse einerseits, enthielt andererseits jedoch auch eine Erklärung, wonach man auch polnischerseits Untaten vergebe und selbst um Vergebung bitte. Besonders der letztere Teil des Briefwechsels wurde von der polnischen kommunistischen Regierung in nationalistischer Weise scharf angegriffen und später durch einen Hirtenbrief der Bischöfe in Polen abgeschwächt. Erhebliche Teile des polnischen Episkopats bemühten sich mit großem Nachdruck — zum Teil in getrennten Aktionen — in Rom um eine Diözesan-Neuregelung zugunsten Polens. Anfangs blieben diese Bemühungen ergebnislos.

1966 starb plötzlich durch einen Unfall Präsident Wenzel Jaksch. Er hatte sich, angesichts der Versuche Helmut Schmidts (z. B. bei der Reise nach Prag) und der Umgebung von Willy Brandt und Bahr zu einer Wende in der Ostpolitik, einem wachsenden Widerstand in der SPD gegenübergesehen. Der CDU-Bundesaußenminister Dr. Schröder hatte Versuche zur Anknüpfung diplomatischer Beziehungen mit Rumänien in die Wege geleitet. Bundeskanzler Erhard hatte in einer Friedensnote auch dem Ostblock Verhandlungen vorgeschlagen. Nach dem Sturze Erhards kam es zur *Großen Koalition* unter Bundeskanzler Kiesinger, Außenminister wurde Willy Brandt. Auch nach neuesten persönlichen Aussagen ist dessen inneres Verhältnis zu ganz Deutschland durch den Kampf gegen die Nationalsozialisten negativ beeinflußt worden. Beim Mauerbau war er über die Haltung der Westverbündeten, insbesondere der USA, tief enttäuscht gewesen. Bei der damaligen Haltung der USA hatten Fehleinschätzungen des US-Präsidenten Kennedy eine wichtige Rolle gespielt. Dem Kabinett der Großen Koalition gehörte 1969 als Bundesvertriebenenminister noch der CDU-Abgeordnete Heinrich Windelen an, dagegen nicht Dr. Seebohm.

1967 hatte de Gaulle bei einem Staatsbesuch in Warschau, zwar nicht im Sejm, aber wie schon früher in Paris, bedenkliche Äußerungen in Hindenburg über die politisch hinzunehmende Abtrennung der Gebiete östlich von Oder und Neiße gemacht. Dies entsprach nicht dem Bündnis und dem Deutschlandvertrag von 1952/1955, was ihm die Bundesregierung vorhielt.

Im Deutschlandvertrag — dem besten Vertrag Adenauers — hatte im Zusammenhang mit dem militärischen Bündnis Adenauer den Art. 7, unterstützt durch von Brentano, durchgesetzt, wonach über die Grenzen Deutschlands erst bei freivereinbarten friedensvertraglichen Regelungen entschieden werden und ein wiedervereinigtes, freiheitlich-demokratisches Deutschland politisches Ziel des Bündnisses sein sollte, ohne daß ganz Deutschland durch das Bündnis gebunden wurde. Über den Verlauf zukünftiger Grenzen Deutschlands wurde im Vertrag nichts gesagt. Er *ging* aber, was sich auch aus den späteren Noten der Westverbündeten im Jahr 1970 ergab, von der Fortgeltung des Londoner Abkommens 1944 und der Berliner Vierer-Erklärung vom 5. Juni 1945, also *vom rechtlichen Fortbestand Deutschlands im Gebietsstand von 1937* vor friedensvertraglichen Regelungen aus.

Nach de Gaulles Reise setzte ein reges diplomatisches Ringen zwischen Bonn und Paris ein, wobei die französische Regierung einiges zugunsten Deutschlands korrigierte und zurücknahm. Schon 1966 hatte ich vor einer Reise de Gaulles in die UdSSR mit dem Altbundeskanzler Konrad Adenauer über Möglichkeiten europäischer Lösungen für Deutschland und die Deutschen eingehend sprechen können. Die Bitte, persönlich mit de Gaulle vor der Moskaureise deshalb in Kontakt zu treten, kam zu spät und wurde durch die Indisposition Adenauers sowie das Fehlen direkter »Boten« verhindert. Die Fortsetzung der Bemühungen scheiterte an Adenauers Erkrankung.

Nachfolger von Jaksch als *Präsident des Bundes der Vertriebenen* wurde der *Ostpreuße und SPD-Abgeordnete Rehs.* Auch er geriet in Schwierigkeiten mit der SPD. Vielleicht trugen auch die problematischen Erklärungen des Bundesaußenministers Willy Brandt und die Verhandlungen von SPD-Gruppen mit italienischen Kommunisten, die nach Moskau vermitteln sollten, dazu bei. Rehs sah sich immer mehr von seiner Partei isoliert.

Bundeskanzler Kiesinger vermochte seinen Außenminister Brandt von weitgehenden Erklärungen in Deutschlandfragen, die anders als früher die von Erler lauteten, nicht mehr zurückhalten. Es wurde deutlich, daß Bundesminister Windelen der letzte Vertriebenenminister sein würde. Knapp vor den Bundestagswahlen 1969 nahm Kurt Georg Kiesinger eine entschiedenere Haltung in der Deutschlandfrage im Gegensatz zu Willy Brandt ein, aber es war zu spät. Einige hunderttausend Stimmen fehlten ihm zur Wiedergewinnung der Regierungsführung. Schon bei der Bundespräsidentenwahl hatte sich vorher eine SPD/FDP-Koalition abgezeichnet. Die auch von der Union hart bekämpfte NPD verfehlte knapp die 5-Prozent-Klausel, so daß die Hälfte der für sie abgegebenen Stimmen rechnerisch bei der Mandatsverteilung der SPD/FDP zufiel.

Die schwierige Lage der organisierten Vertriebenen während der SPD/FDP-Koalition und beginnende Bestrebungen zum Verzicht und zur Amputation Deutschlands

Nach den Wahlen von 1969 kam es zur *SPD/FDP-Koalition,* die sich bis 1982 an der Regierung hielt. Eine überraschend formulierte Regierungserklärung der Regierung Brandt/Scheel im Oktober 1969 schwächte erheblich die bisherige gesamtdeutsche Verantwortung ab. Es begannen die Verhandlungen mit Moskau, später die mit Warschau und Prag. Im Zusammenhang mit den zum Teil durch Egon Bahr vorbereiteten, später durch den Bundesaußenminister Scheel und die Diplomatie ausgehandelten Verträgen schien sich anfangs so etwas wie eine vertragliche Preisgabe der deutschen Ostprovinzen und eine Anerkennung der Teilung Deutschlands abzuzeichnen. Die Inhalte der Verhandlungen wurden von Regierungsseite verschwommen dargestellt und bei den Ausschußberatungen im Bundestag unzureichend präzisiert.

Bereits 1969, vor der Bundestagswahl, war der BdV-Präsident Rehs, nachdem er nicht wieder als Abgeordneten-Kandidat der SPD aufgestellt worden war, aus der SPD ausgetreten. Er erhielt auch kein Mandat bei der CDU und kündigte die Niederlegung des Präsidentenamtes im Bund der Vertriebenen an. Ende 1969 traten BdV-Vertreter an mich heran und baten mich, für die Präsidialaufgabe zu kandidieren. Nach anfänglichem Zögern tat ich es und erreichte ein gutes Wahlergebnis gegenüber einem katholischen Schlesier. Man hatte wohl besonders meine Arbeit bei den Eingliederungsgesetzen positiv und mit Vorsicht meine Haltung in gesamtdeutschen und gesamteuropäischen Fragen bewertet. Ich war vorher schon auf Wunsch von Dr. Ulitz in die politische Sprechereigenschaft bei der Landsmannschaft der Oberschlesier an seine Stelle getreten.

Schon 1967 hatte die Bundesversammlung dieser Landsmannschaft ein europäisches Volksgruppenrecht gefordert und bei einer diesbezüglich gesamteuropäisch gesicherten Grundlage das konstruktive Zusammenwirken Deutscher mit Angehörigen anderer Nachbarvölker in neuen Strukturen für möglich erklärt.

Von 1970 an schöpfe ich bei dem Beitrag aus eigenen Erinnerungen. Bei der Kandidatur hatte ich keinen Zweifel darüber gelassen, daß ich fest in der CDU stand und mich weiterhin als CDU-Abgeordneter betätigen würde. Vor der Wahl waren Grundlagen für mein argumentatives Handeln durch die sog. »Bremer Entschließung« der Bundesvertretung des BdV vom 17. Januar 1970 geschaffen worden. Sie bekannte sich klar zum ganzen Deutschland, aber auch zur Achtung der Würde und der freien Entfaltung der Nachbarn, außerdem zum Recht auf die Heimat und zu einer freiheitlichen und föderalen gesamteuropäischen Ordnung mit wirksamen umfassenden Volksgruppenrechten zur Entschärfung von Grenzfragen. Den sich abzeichnenden Tendenzen der Ostverträge wie den Verhandlungen mit den östlichen Nachbarn selbst wurde widersprochen. Insbesondere wurde jede Amputation ostdeutscher Provinzen abgelehnt. Eine freie wirtschaftliche Zusammenarbeit mit den östlichen Nachbarn und der freie Austausch kultureller Leistungen wurde als schon vor friedensvertraglichen Regelungen möglich bezeichnet. Bestätigt wurden der Gewaltverzicht und die Absage an jede Vertreibung.

Auf diesen Grundaussagen aufbauend, versuche ich bis jetzt, meine Pflichten zu erfüllen.

Vor der Entscheidung über die *Ostverträge* gab es schwere Zeiten. Bei Großkundgebungen auf dem Bonner Markplatz gegen die befürchteten Verzichte, wo zuerst Franz Josef Strauß und später Heinrich Windelen Ansprachen hielten, verzeichnete der BdV einen großartigen Besuch. Aktionen der Kommunisten und von Rechtsradikalen mißlangen. Schlimmstes ließ 1971 die bis heute nachwirkende Aufhebung der »Bezeichnungsrichtlinien« zu Grenzmarkierungen und zur Terminologie in amtlichen Dokumenten ahnen.

In der *CDU/CSU* war ich am Zustandekommen einer im Bundestag eingebrachten Entschließung der Union darüber, wie eine Unionsregierung den Warschauer Vertrag aufbauen würde, entscheidend beteiligt.

Das Eintreten zum Offenhalten der deutschen Frage einschließlich der Zukunft der ostdeutschen Provinzen im Sinne des Selbstbestimmungsrechtes aller Deutschen und unter Hinweis auf eine föderale, gesamteuropäische und gesamtdeutsche Ordnung mit dem Strukturelement von umfassenden Volksgruppenrechten setzte sich momentan in der Union durch.

In der letzten Phase gab es aber mit dem damaligen rheinland-pfälzischen CDU-Vertreter Richard von Weizsäcker zähe und schwierige Auseinandersetzungen wegen einiger an die polnische Adresse gerichteter Sätze, in denen die Oder-Neiße-Linie zwar nicht anerkannt, jedoch ein zukünftiges Nicht-mehr-Infrage-Stellen der derzeitigen Lage in Aussicht gestellt werden sollte. Unter dem Vorsitz des Freiherrn von und zu Guttenberg, der schon schwer von Krankheit gezeichnet und in den letzten stundenlangen Diskussionen fast zusammengebrochen war, gelang es, eine Formulierung zu finden, die in bildhafter Sprache behauptete, daß man das Rad der Geschichte nicht mehr zurückdrehen, sondern nach vorn bewegen wolle, wobei mir, aber nicht nur mir allein, dabei der Bezug auf das Ziel der föderalen, gesamteuropäischen Ordnung der freien Selbstbestimmung der Deutschen, anderen aber der Verzicht vor Augen stand. Die Unionsfraktion unter der Führung von Dr. Barzel beschloß diesen als Drucksache im Bundestag eingebrachten Zielantrag.

Nach einem Besuch von *Dr. Barzel* in Moskau hatte sich seine Auffassung zu den Ostverträgen gewandelt. Ich hatte mich ursprünglich der Hoffnung hingegeben, daß er sich am Ende für eine Ablehnung der Verträge einsetzen würde. Das Gegenteil begann ich erst im März 1972 – relativ spät – zu merken. Die nicht in Bonn wohnenden bzw. nicht dem Bundestag angehörenden BdV-Präsidialmitglieder hegten noch viel größere Hoffnungen bis zum 16. Mai 1972.

Bundesaußenminister *Scheel* behauptete – insbesondere in den Ausschüssen des Bundesrates, die sehr viel präzisere Fragen als die Bundestagsausschüsse stellten –, niemand könne ihm beweisen, daß irgendeine Gebietsabtrennung oder Gebietsteilung zu Lasten ganz Deutschlands in den operativen Teilen der Ostverträge anerkannt worden sei, andererseits sprach er jedoch immer wieder davon, daß politisch »nichts mehr in Frage gestellt« werden sollte.

Vor der Abstimmung über die Zustimmungsgesetze gab es in der Union dramatische Auseinandersetzungen. Dr. Hupka, der Vorsitzende der Landsmannschaft Schlesien, hatte die SPD verlassen und war mit seinem Mandat zur CDU/CSU übergetreten. Einzelne Abgeordnete der FDP sagten sich vom Brandt/Scheel-Kurs los. Noch am Vortag der Abstimmung schien es, als ob 30–40 Abgeordnete der CDU/CSU gegen die Zustimmungsgesetze stimmen und die anderen sich fast alle enthalten würden. Wenige Monate vorher hatten viele noch an eine geschlossene Ablehnung der CDU/CSU gedacht. Aber auch die 30–40 Neinsager ließen sich am Vorabend des Abstimmungstages bzw. am Vormittag des 17. Mai 1972 umstimmen. In namentlicher Abstimmung stimmte kein CDU/CSU-Abgeordneter für den Moskauer und den Warschauer Vertrag, die meisten enthielten sich der Stimme. Fünf Abgeordnete stimmten gegen den Moskauer Vertrag, zwölf – meist Vertriebene – gegen den Warschauer Vertrag. 27 CDU/CSU-Abgeordnete hatten vorher eine von mir rasch zusammengestellte Erklärung, buchstäblich bis zu den letzten Minuten vor der Abstimmung, unterzeichnet. Manche darin enthaltenen Feststellungen konnten sich auch nach der Entscheidung des Bundesverfassungsgerichts vom 7. Juli 1975 sehen lassen. Nur knapp die Hälfte aller Abgeordneten stimmte mit einem klaren »Ja« für die Ostverträge, die durch große Dissense belastet waren.

Es folgten dann Verhandlungen der Vier Mächte um Klarstellungen in Berliner Fragen, die zu einem Formelkompromiß, aber nicht zur Beseitigung der Dissense führten.

War jetzt alles für die organisierten Vertriebenen und den BdV verloren? Am *18. Mai 1972* beherrschte die *Präsidialsitzung* des Bundes der Vertriebenen tiefe Erschütterung. Man hatte dies nicht erwartet. Ich warnte vor Resignation und trat für Verfassungsbeschwerden ein. Seit dem Frühjahr hatte ich Anregungen dazu – insbesondere im Hinblick auf die Verletzung der Schutzpflicht für Deutsche – von einem hervorragenden staats- und völkerrechtlich erfahrenen Berater bekommen, der wegen seiner amtlichen Tätigkeit anonym blieb.

Am Tag der Abstimmung (17. Mai 1972) hatten sofort nach der Abgabe der Vorbehaltserklärung Generalsekretär a. D. Schwarzer, der amtierende BdV-Generalsekretär Dr. Neuhoff und ich mit der Zusammenstellung von Gründen für *Bundesverfassungsgerichtsbeschwerden* begonnen. Wir standen knapp vor Pfingsten. Es galt, Beschwerdeführer zu finden. Leider bereitete uns ein zu rasch formulierter Antrag auf eine einstweilige Verfügung von anderer Seite in Karlsruhe zusätzliche Sorgen. Die Antragsteller hatten nicht mit der Feiertagsbesetzung im sog. Dreier-Ausschuß gerechnet, der den nicht

Das Bundesverfassungsgericht in Karlsruhe.

sehr überzeugend begründeten Antrag auf eine einstweilige Verfügung, die im übrigen das Bundesverfassungsgericht selten erläßt, ablehnte.

Am Pfingstsonntag fand ich Beschwerdeführer, die Verfassungsbeschwerden wegen der Gefährdung der Schutzpflicht für ihre Familie und für ihre Grundrechte als deutsche Eltern, deren Kinder im polnischen Machtbereich zurückgehalten wurden, einlegen wollten, wenn Argumente und die Finanzierung zum Verfahren unsererseits gesichert würden. Am Pfingstdienstag führten Dr. Neuhoff und ich Verhandlungen in Karlsruhe. Wir fanden leider keinen führenden Verfassungsrechtler zur Begründung der Verfassungsbeschwerden. Einige schoben persönliche Bedenken wegen ihrer Angehörigen in der DDR vor. Wir mußten uns an einen im Zivilrecht angesehenen Rechtsanwalt in Karlsruhe wenden. Es vergingen bange Monate mit schwierigen Arbeiten an der Begründung.

Die Professoren in der vom Kollegen Rehs übergebenen »Studiengruppe für Politik und Völkerrecht« des BdV übten damals noch Zurückhaltung gegenüber der Beschwerde.

Im *Normenkontrollverfahren* des Freistaats Bayern gegen den *Grundlagenvertrag* – ein Verfahren, das von Franz Josef Strauß mit Energie und Mühe durchgesetzt worden war – kam es am *31. Juli 1973* in Karlsruhe zum Urteil. Positiv hoffen ließ uns in diesem Urteil die klare Bejahung der Schutzpflicht für die Grundrechte Deutscher, die Formulierung über die rechtliche Qualität der Grenzen des Deutschen Reiches, vor allem aber die verbindliche Feststellung zum rechtlichen Fortbestand ganz Deutschlands und zur Mitverantwortung der Bundesrepublik Deutschland für ganz Deutschland. Aber schwere Besorgnisse entstanden wegen des Wechsels in der Berichterstattung zu unseren Verfassungsbeschwerden. Erst viel später wurde mir bekannt, daß dadurch wissenschaftliche Mitarbeiter ins Spiel kamen, die eine sehr feste Haltung in der deutschen Frage einnahmen. So kam es zu einem uns sehr befriedigenden Ausgang in den Verfahren mit dem *Beschluß des Bundesverfassungsgerichts vom 7. Juli 1975 zu den Ostverträgen.* Die Verfassungsbeschwerden – einzelne waren auch von dem früheren Verfassungsrichter von Schlabrendorf mit Gutachten von Professor Dr. Dr. Dr. h.c. Wengler vertreten worden – wurden als zulässig, aber als nicht begründet bezeichnet. Es gab dazu aber äußerst wichtige, *tragende Feststellungen der Entscheidung,* die verbindlich für alle Verfassungsorgane waren und die Tragweite der Ostverträge klärten und eingrenzten:

Durch die Ostverträge sei die *Schutzpflicht* für die getrennten Familien nicht beseitigt. Die Personen, die 1944/45 die *deutsche Staatsangehörigkeit* legal besaßen, sowie deren Nachkommen, haben sie trotz Oktroyierung der polnischen Staatsangehörigkeit *behalten.* Von Verfassungs wegen seien deutsche Behörden weiterhin zum Schutz deutscher Staatsangehöriger, soweit das möglich ist, verpflichtet. In bezug auf das gebietliche Substrat der einen deutschen Staatsangehörigkeit erfolgte die für die Ostdeutschen äußerst wichtige tragende Feststellung, daß *die Gebiete östlich von Oder und Neiße auch nach den Ostverträgen aus der Zugehörigkeit zu Deutschland nicht entlassen und fremder Souveränität nicht endgültig unterstellt sind.*

Als ich das im Zug aus Karlsruhe nach Bonn am 7. Juli 1975 las, war ich tief beeindruckt. Nach vielen politischen Rückschlägen und wenigen Erfolgen war hier ein *nachhaltiger Erfolg* errungen worden.

Es war schwer, dies der Presse zu vermitteln. In den ersten Jahren nach der Entscheidung wurde sie kaum beachtet. Der Abgeordnete Wehner meinte, sie gehöre auf den Müllhaufen der Geschichte. Es kam aber anders. Ab 1977/78 begann die Bundesregierung, sich zu den Folgen der Entscheidung von Karlsruhe – nach jahrelangem Bohren in den Fragestunden – zu bekennen. Dennoch war das Ringen um den politischen, gesellschaftlichen und deutschlandrechtlichen Einfluß des BdV, aber auch um kulturelle sowie Eingliederungsfragen während der großen Koalition schwierig. Beamte des Innenministeriums stützten wenigstens die Eingliederungs- und die Kulturarbeit ab, weil sie befürchteten, ihre amtlichen Aufgabenbereiche zu verlieren. In deutschlandpolitischen Fragen hängte uns das Ministerium für innerdeutsche Beziehungen völlig ab und kürzte einschneidend die Hilfen für Planstellen beim BdV. Trotz radikaler Stellenminderung versuchte das Präsidium, mit einer kleinen Belegschaft die Arbeit aufrechtzuerhalten. Dazu mußte – nicht nur bei eigenen Mitgliedern – die Förderung unserer deutschlandpolitischen und deutschlandrechtlichen Aufgaben und Ziele erbettelt werden. Ein gemeinnütziger Verein gab uns Rückhalt und erreichte legal Spenden aus der Wirtschaft. Wir nutzten die Zeit, um stärker die kulturelle und wissenschaftliche Arbeit zu vertiefen.

1979/80 war der Widerstand gegen die von Karlsruhe festgestellte Rechtslage ganz Deutschlands ins Wanken gekommen. Die als Trostpreis den Vertriebenen angebotenen Hoffnungen auf humanitäre Erleichterungen hatten sich nicht bewahrheitet. Für die Wahrung der kulturellen Identität der Deutschen in der Heimat war nichts vereinbart worden. Helmut Schmidt machte 1975/76 große finanzielle Zugeständnisse, um das Erlahmen der Aussiedlergenehmigungen zu überwinden. 1970 gehörte die Ausreiseerklärung zu den Geschäftsgrundlagen des Warschauer Vertrages. Das 1976 nach einem »Schnurbrief« von Bundesaußenminister Genscher mühselig bekräftigte Aussiedlerprotokoll wurde mit einiger Verzögerung für 125.000 Aussiedler in vier Jahren, nicht jedoch im Bereich der sog. *Offenhalteklausel* für weitere Ausreisen, erfüllt. Hohe *Hermes-Bürgschaften des Bundes für Exportkredite* in den polnischen Machtbereich konnten den Verfall der zentralistischen Planwirtschaft nicht aufhalten, führten aber zu deutschen Verlusten von bisher 4,5 Milliarden DM.

Erst durch das Verfahren in Karlsruhe war *der ganze Umfang der Dissense bei den Ostverträgen zutage getreten.* Eine Anerkennung der territorialen Souveränität der VR Polen in den Gebieten östlich von Oder und Neiße und eine *Anerkennung* der Teilung *war nicht erfolgt.* Schon 1970 hatte Professor Steinberger (späterer Bundesverfassungsrichter) festgehalten, daß bei Verträgen von »hochpolitischer Natur« nur *die eindeutigen, gemeinsamen Willensbekundungen* verpflichten. Diese aber bezogen sich auf *konkretisierte Gewaltverzichtsverträge*. Daß es sich darum handelte, hatte auch *Gromyko* gegenüber der deutschen Delegation im Juli 1970 ausdrücklich bestätigt. Außenminister Scheel hatte durch eine entgegengenommene Erklärung im November 1970 in Warschau die Rechte der Deutschen in den Gebieten östlich von Oder und Neiße formell zu wahren versucht. Erst langsam merkte man, daß *wichtige Beamte des Auswärtigen Amtes das Schlimmste* bezüglich einer Anerkennung der territorialen Souveränität Polens in den deutschen Ostprovinzen und der Teilung Deutschlands in den Ostverträgen, auch durch die eingefügten Unberührtheitsklauseln, verhindert hatten.

Viel später erst erfuhr ich, daß sogar zur Neuzirkumskription der katholischen Ostdiözesen die Regierung Brandt/Scheel eine vom Heiligen Stuhl entgegengenommene *Verbalnote* schon im Oktober 1972 überreicht hatte, *wonach die deutschen Ostbistümer keineswegs aus dem Geltungsbereich des Reichskonkordats ausgeschieden seien.*

Der Pressesprecher des Vatikans hatte am 28. Juni 1972 öffentlich eine etwas verklausulierte Friedensvertragsvorbehaltserklärung zu der Neuregelung der Bistumsgrenzen abgegeben.

Jüngere und Rechtslehrer mittleren Alters waren nun immer stärker auf unserer Seite und arbeiteten in der *»Studiengruppe für Politik und Völkerrecht«* mit. Prof. Dr. Dieter Blumenwitz, der den Freistaat Bayern auch bei der Grundlagenvertragsklage beraten hatte, verwies bald nach der Entscheidung von 1975 auf die Bedeutung der *Unberührtheitsklauseln* hin, z. B. für den Deutschlandvertrag in Art. IV des Warschauer Vertrages und Art. 4 des Moskauer Vertrages. Die Tragweite dieser Vorbehalte hatte ich erst im Zusammenhang mit den Karlsruher Verfahren erfaßt. Die deutschen Unterhändler hatten hier eine gute, von den Regierungspolitikern gegenüber dem Parlament verdeckt gehaltene Arbeit geleistet. Ein Vergleich der Ostvertragsbemühungen mit den Formulierungen der Versailler Verträge beweist eindeutig, daß *keine Grenzanerkennung und keine Anerkennung der territorialen Souveränität erfolgte.* Die Grenzlinien Polens wurden beschrieben, aber nicht anerkannt. Dies haben weitere Entscheidungen des Bundesverfassungsgerichts bis 1987 im Teso-Fall bekräftigt und vertieft.

Meine auch heute noch vertretene politische Mißbilligung der Ostverträge hatte aber nicht zuletzt auch den zahlreichen politischen Dissensen und Unklarheiten der Ostverträge sowie der mangelnden konstruktiven Konzeption für die Zukunft gegolten.

Da friedensvertragliche Regelungen ausstehen, gibt es bei Achtung der Ostverträge keine endgültigen völkerrechtlich anerkannten Grenzen Deutschlands und keine endgültige Amputation von Teilen Deutschlands. Nach der Karlsruher Entscheidung von 1975 ist die Bundesrepublik Deutschland vertraglich nicht verpflichtet, etwas zu unterlassen, was ihre Mitverantwortung für ganz Deutschland mit seinem auch nach Auffassung der Siegermächte bestehenden Gebietsumfang von 1937 beeinträchtigen könnte. *1987 wies das Bundesverfassungsgericht nochmals darauf hin, daß von Deutschland im Gebietsstand von 1937 auszugehen sei.* Diese Formulierung behindert andererseits auch nicht das völkerrechtliche Offensein der sudetendeutschen Frage und die völkerrechtliche Ungeklärtheit bezüglich der vier Memelkreise.

Eine große Zahl deutscher Staats- und Völkerrechtler hat in unserer Studiengruppe die sich daraus ergebenden Folgen präsent gemacht. Der britische Botschafter erklärte am 23. Mai 1986 in Essen öffentlich, daß nach Auffassung der britischen Regierung, was immer nach 1945 geschehen ist, Deutschland in den Grenzen von 1937 rechtlich fortbesteht. Dies sei eine Feststellung eines Ausgangspunktes, keine Garantie für ein Ergebnis von friedensvertraglichen Regelungen.

Nimmt man alles in allem, so hat das *Ringen der Vertriebenen* in einem für ganz Deutschland *äußerst schwierigen Zeitabschnitt* zur Absicherung der *rechtlichen Fundamente ganz Deutschlands* als Ausgangspunkt für einen tragbaren Ausgleich *sehr viel beigetragen.*

Aktuelle Schwierigkeiten und Bekräftigung der politischen Zielvorstellungen des BdV

In *den Regierungserklärungen des Bundeskanzlers Kohl* war jeweils auf die Maßgeblichkeit der gesamtdeutsche Gebote des Grundgesetzes, des Deutschlandvertrages und der Entscheidungen des Bundesverfassungsgerichts knapp, aber präzise verwiesen worden. Dazu waren seitens des BdV rechtzeitig Interventionen beim Bundeskanzler und seinen Rechtsberatern erfolgt. Diese Feststellungen wurden aber leider *von der Union nicht breit* in der Öffentlichkeit *dargelegt* und vertiefend erklärt.

In der SPD gab es besorgniserregende Erklärungen zur »politischen Anerkennung« — aber nicht zur rechtlichen — der Oder-Neiße-Linie. Politische »Anerkennungen« sind an sich ein Nonsens, aber solche Aussagen höhlen die Rechtslage zuungunsten Deutschlands aus. Auch der außenpolitische CDU-Sprecher Rühe sagte ähnliches, schränkte dies aber auf Forderung des Fraktionsvorsitzenden Dr. Dregger im Sinne einer rein persönlichen Meinung wieder ein. Im Vorfeld des CDU-Parteitages in Wiesbaden kam es zu Auseinandersetzungen wegen der betonten Beschränkung der Programmatik auf Westeuropa. Der *Kanzler* rückte das zurecht mit Erklärungen über die Verantwortung der Bundesrepublik Deutschland für die *Zukunft ganz Europas*; nur in dieser übergreifenden Ordnung könne die *staatliche Einheit und Freiheit Deutschlands erreicht werden.* Der Bundeskanzler hat am 29. Februar 1988 in Berlin, dann am 1. Dezember 1988 in der Rede zur Lage der Nation unterstrichen, daß die Bundesrepublik Deutschland Verantwortung für Menschenrechte und Selbstbestimmung in *ganz Europa* mittrage und daß nur dort die *Vollendung der Freiheit* und *Einheit Deutschlands möglich sei.*

Leider wurden auch diese Aussagen von der Parteiarbeit der CDU wenig aufgegriffen. Es folgten erhebliche Rückschläge für die CDU bei den Wahlen, nicht zuletzt auch wegen der Enttäuschung bei den Vertriebenen und den sich Deutschland verpflichtet fühlenden Kreisen. Sie übten Wahlenthaltung, und manche gingen zu rechten Parteigruppierungen über, die sich aber kaum entscheidend an der Regierungsverantwortung und an der Vertretung deutscher Interessen nach außen haben beteiligen können.

Wenn sich die großen politischen *Parteien der Mitte* nicht auf die Wahrung der staatlichen und nationalen Einheit, auf realisierbare und aktualisierbare *Maßnahmen zum Abbau der Teilung* Europas und Deutschlands in Zusammenarbeit mit den Verbündeten entschließen, kann die Gefahr wachsen, daß die Mitte immer mehr an Boden verliert und eine Phase der Unregierbarkeit oder einer sehr problematischen Regierbarkeit der Bundesrepublik Deutschland, verbunden mit internationalem Vertrauensverlust, eintreten könnte. *Deshalb fordert der Bund der Vertriebenen eine Mindestübereinstimmung der großen politischen Parteien der Mitte zu einer konstruktiven Deutschlandpolitik.* In Vertretung berechtigter Interessen Deutschlands und der Deutschen erinnert er immer wieder an die *Aussage Kurt Schumachers*/SPD (nach seinen bitteren Erfahrungen in der Weimarer Republik und im KZ), daß eine Partei keine Volkspartei mehr sei, wenn sie die nationale Frage nicht beachte.

Die Entschließungen der Bundesversammlung des BdV vertieften nach 1986 die *Überlegungen für die Strukturelemente einer freiheitlichen gesamteuropäischen Ordnung der Staaten, Völker und Volksgruppen.* Sie betonten, daß es auch in *der Zukunft Europas Staaten geben werde*, weil kein Staat, auch bei durchlässiger werdenden Grenzen, bei Abtretung einzelner Souveränitätskompetenzen an zwischenstaatliche Gemeinschaften, seine Souveränität völlig preisgeben will — was auch Art. 24 GG nicht gestattet. Das Europa von morgen wird ein Staatenbund besonderer Art und *nicht ein Bundesstaat* sein. Zu den Staaten dieses freien Bundes wird und soll *auch ganz Deutschland gehören.*

Zu den *aktuellen Hauptaufgaben* gehört der schrittweise friedliche *Wandel zum Abbau des Eisernen Vorhangs* durch realisierbare Maßnahmen, durch mehr *praktizierte Menschenrechte* für Nichtdeutsche und Deutche östlich des Eisernen Vorhangs, später eine engere *personale und institutionalisierte Kooperation*, um die Notstände und das volkswirtschaftliche Desaster im Osten nicht nur mit finanziellen, sondern auch mit personellen Kräften des Westens und der Westdeutschen zu meistern, schließlich eine umfassende, internationale Erörterung des *Abbaus der politischen Ursachen der Spannungen* bei der Teilung Deutschlands und Europas *und der Bau- und Strukturelemente* einer freien, föderalen, gesamteuropäischen Ordnung der Staaten und Völker, aber *auch der Volksgruppen*.
Die Regelung der Gebietsfragen würde später entschärft, wenn *hüben und drüben von noch zu bestimmenden Grenzen umfassende*, finanziell, fiskalisch, administrativ, wirtschaftlich, sozialrechtlich und im Justizbereich *abgesicherte*, europäisch gewährleistete *Selbstverwaltungsrechte der Volksgruppen* vorbereitet und vereinbart würden.

In den Jahren nach 1946 haben die später im Gesamtverband zusammengeschlossenen Vertriebenen und ihre politischen Vertreter, nicht selten *aus Randpositionen*, im Eingliederungsbereich sowie im deutschlandrechtlichen und deutschlandpolitischen Bereich *vieles erreicht und manches offengehalten*. Dazu haben auch — jeder in seiner Art — die Generalsekretäre Schwarzer, Dr. Neuhoff, Lackschewitz, Koschyk und ihre Mitarbeiterinnen und Mitarbeiter beigetragen.

Noch stehen friedensvertragliche Regelungen aus. Zum Abbau der Teilung Europas und Deutschlands ist noch zu wenig geschehen. Die deutsche Frage ist wieder in vieler Munde, aber mit unterschiedlichen Akzenten. Dazu haben auch die organisierten Vertriebenen beigetragen.

Die breitere *Pflege des kulturellen und wissenschaftlichen Erbes und der wissenschaftlichen ostdeutschen Landeskunde* mußte lange zurückstehen. Die Vertreiberstaaten haben dabei erhebliche Vorsprünge in der zeitgemäßen Forschung erreicht. Wir versuchen vieles nachzuholen und gegen einseitige Ergebnisse überzeugende Argumente zu setzen. Die staatlichen Förderungsmittel für die kulturelle Breitenarbeit und die wissenschaftliche Arbeit sind erhöht worden, sind aber weiterhin viel zu gering. Im Rechtsbereich haben wir Entscheidendes geleistet. Nun setzen wieder Versuche ein, die wissenschaftlichen Forschungen zur Zeitgeschichte, zur Geschichte, zur Landeskunde vor allem durch staatlich *ernannte* »Fachkräfte« zu leisten und die Mitwirkung der Vertriebenenverbände zurückzudrängen. Ähnliche Bestrebungen gab es 1945, als alle Aufgaben im Vertriebenenbereich durch Beiräte gelöst werden sollten. Nach den Erfolgen im staats- und völkerrechtlichen Bereich werden die organisierten Vertriebenen Bestrebungen zu ihrer Ausklammerung Widerstand entgegensetzen.

Jüngere Kräfte bekommen immer stärkeren Einfluß. Sie arbeiten mit älteren, erfahrenen Vertretern zusammen. Die Kontinuität der Wahrnehmung der Aufgaben dürfte gelingen.

Wir haben nicht nur Rechtsgehorsam geübt, *sondern auch die Strukturelemente eines auf den Fundamenten des Rechts* auszuhandelnden Ausgleichs aufgezeigt. Möglichkeiten, in der deutschen Frage *vor dem Jahr 2000 entscheidend vorwärts zu kommen*, sind dann nicht auszuschließen, wenn der Westen und die Bundesrepublik Deutschland zäh und klug, mit Maß, aber auch mit Tapferkeit verhandeln. Der Ostblock hat gewaltige Schwierigkeiten. Neue westliche Hilfeleistungen sollten nicht ohne Zug um Zug zu erbringende Gegenleistungen gegeben werden.

Nicht widerlegt ist der oft wiederholte Satz: »Nichts ist endgültig geregelt, es sei denn« — zwar irdisch unvollkommen und daher nur einigermaßen — »gerecht geregelt«.

Politische Zielvorstellungen der Flüchtlinge

Bernd Wilz

Im Jahre 1989 gedenkt die Bundesrepublik Deutschland mit zahlreichen Veranstaltungen ihrer Entstehung und der Verabschiedung des Grundgesetzes. An diesen Feierlichkeiten beteiligt sich auch der Bund der Mitteldeutschen in dem Bewußtsein, daß die im Westteil Deutschlands lebenden vier Millionen Mitteldeutschen einen erheblichen Anteil an der Aufbauleistung, die für die Bundesrepublik erbracht wurde, und somit an der Bewahrung der Freiheit in Westdeutschland haben.

Die Wanderausstellung »40 Jahre Arbeit für Deutschland – die Vertriebenen und Flüchtlinge« stellt den Anteil der aus Ost- und Mitteldeutschland stammenden Deutschen am Werden und an der Entwicklung der Bundesrepublik Deutschland heraus.

Die Leistungen der Mitteldeutschen bei Aufbau und Erhalt der westdeutschen Demokratie sind jedoch nicht dazu angetan, daß wir uns selbstzufrieden zurücklehnen und mit dem Erreichten bescheiden. Neben dem Stolz auf das Erreichte ist auch Trauer angebracht, weil die Spaltung Deutschlands vor vierzig Jahren vertieft wurde und sich die freiheitliche Demokratie nur in Westdeutschland durchsetzen konnte. Stolz auf das Erreichte und Trauer über das bisher nicht Erreichte müssen uns Ansporn sein, die Freiheit für alle Deutschen zu erreichen. Der Weg dahin führt über eine Politik, die auf die Einheit und Freiheit für ganz Deutschland ausgerichtet ist. Der Erfolg eines blühenden Gemeinwesens ist Auftrag und Verpflichtung für die Schaffung eines vereinigten, demokratischen, sich selbst bestimmenden Gesamtdeutschlands in einem Europa freier Staaten.

Doch wie stellt sich die Arbeit zur Verwirklichung dieses großen Zieles konkret dar? Der Bund der Mitteldeutschen ist zunächst Ansprechpartner für die Flüchtlinge und Übersiedler aus der DDR und Berlin (Ost) in der Bundesrepublik und steht ihnen mit Rat und Tat bei der Eingliederung zur Seite. Wenn ihre materiellen Grundbedürfnisse zufriedenstellend geregelt sind, gewinnen sie Zeit und Energie für die Fragestellungen, die Deutschland in seiner Gesamtheit betreffen: Aus den individuellen Erfahrungen und den Interessen des einzelnen leiten sich die kollektiven Interessen der Deutschen an einer befriedigenden Regelung ihrer staatlichen und gesellschaftlichen Zukunft ab.

Eine Grundlage für die staatliche Einheit der Deutschen ist ihre gemeinsame Kultur. Die Sehnsucht nach politischer Einheit resultiert auch daraus, wie die Geschichte Deutschlands im 19. Jahrhundert bereits bewiesen hat. Die mitteldeutsche Kulturarbeit nimmt deshalb eine zentrale Stellung in den Bemühungen des Bundes der Mitteldeutschen ein. Mit ihrer Hilfe werden auch Sinn und Notwendigkeit der politischen Einheit der Deutschen verdeutlicht. Das dritte Arbeitsfeld des Bundes der Mitteldeutschen (BMD) ist die Deutschlandpolitik, in deren Dienst letztlich alle Bemühungen des Verbandes stehen. Der Bund der Mitteldeutschen versteht sich als Motor in der deutschen Frage und möchte mit Hilfe auch operativer deutschlandpolitischer Ansätze zum einen die Situation des einzelnen Menschen in Mitteldeutschland erleichtern und zum anderen die Einheit Deutschlands, wenn auch in kleinen Schritten, vorantreiben.

Das vierzigjährige Bestehen der Bundesrepublik Deutschland ist ein würdiger Anlaß, diese Zukunftsaufgabe aller Deutschen zu umreißen und an der Arbeit des Bundes der Mitteldeutschen, die die politischen Zielvorstellungen der Flüchtlinge und Übersiedler widerspiegelt, beispielhaft aufzuzeigen.

Knapp 40.000 Übersiedler, Flüchtlinge und politische Häftlinge sind im Jahre 1988 aus der DDR in die Bundesrepublik Deutschland gekommen. Diese Zahl ist in den letzten zwanzig Jahren nur einmal, nämlich 1984, erreicht worden. Daraus ergeben sich neue Herausforderungen für den Bund der Mitteldeutschen, auch wenn die Zahlen der Übersiedler, gemessen an denen der Aussiedler, nicht so hoch sind.

Grundsätzlich kann und darf es nicht in unserem Interesse liegen, die DDR zu entvölkern. Doch solange dort ein kommunistisches Zwangsregime herrscht, freuen wir uns über jeden, dem es gelungen ist, schweren persönlichen Konflikten oder sogar dem Gefängnis zu entkommen. Hier, im freien Westen, sind nun wir aufgefordert zu helfen. Die Berater des BMD leisten dabei unschätzbare Dienste vor Ort, indem sie den neuen Mitbürgern aus Mitteldeutschland bei der ersten Sicherung der Existenzgrundlage, der Arbeitsvermittlung und Wohnraumbeschaffung mit Rat und Tat zur Seite stehen. Die soziale Absicherung der Übersiedler ist für die erfolgreiche Eingliederung in die Gesellschaft der Bundesrepublik notwendige Voraussetzung. Qualifizierte Beratung tut also Not.

Einzelsorgen und Schwierigkeiten zeigen auch solche Probleme auf, für die generelle Lösungen und Verbesserungen gesucht und gefunden werden müssen: In diesen Fällen ist der Bund der Mitteldeutschen als Verband gefragt. Es gilt, im parlamentarischen und vorparlamentarischen Raum die Rahmenbedingungen für die Übersiedler so zu gestalten, daß die Startschwierigkeiten des einzelnen verringert werden, um damit die Integration zu erleichtern.

Der Bund der Mitteldeutschen hat sich immer wieder erfolgreich für Verbesserungen eingesetzt. Hierzu zählte beispielsweise die einheitliche Regelung des Begrüßungsgeldes, nach der minderjährige Übersiedler eine Überbrückungshilfe in gleicher Höhe wie Erwachsene erhalten. Dies wurde zum 1. Januar 1987 erreicht. Ferner setzte der BMD erfolgreich durch, daß sich erste Befragungen der Übersiedler im Durchgangslager zu den Gründen ihres Kommens nicht nachteilig beim späteren Antrag auf einen C-Ausweis auswirken dürfen. Darüber hinaus konnten zur besseren Betreuung von Übersiedlern in den Aufnahmestellen seit 1987 zusätzliche Stellen eingerichtet werden.

Bei der Beschaffung eines Arbeitsplatzes ist es erforderlich, daß die Übersiedler im Vertrauen auf ihre Ausbildung und Tüchtigkeit auch eigenes Engagement zeigen. In der überwiegenden Mehrzahl sind sie hierzu bereit und dabei auch erfolgreich. Dies beweisen z.B. Nachfragen von Unternehmern, die gezielt um die Vermittlung von Übersiedlern für ihre Firmen bitten.

Genauso wichtig wie Arbeitsplätze sind geeignete Wohnverhältnisse für Übersiedler. Hier ist es gelungen, die Interessen der Übersiedler in das von der Bundesregierung am 31. August 1988 beschlossene »Sonderprogramm zur Eingliederung der Aussiedler« einfließen zu lassen. Eingebettet in ein ganzes Maßnahmenpaket zur Eingliederung von Aussiedlern und Übersiedlern, das aufgrund der erhöhten Zuzugszahlen eingeleitet wurde, ist ein Wohnungsbauprogramm für diesen Personenkreis. Hiermit entsprach die Bundesregierung weitgehend auch einer Forderung des Bundes der Mitteldeutschen vom Mai 1988.

Damit allein sind die Integrationsprobleme für Übersiedler jedoch nicht gelöst. Angesichts der für den betroffenen Personenkreis ungewohnten, pluralistischen Gesellschaft, in der jeder einzelne seinen Weg und seinen

Deutschlandpolitische Veranstaltung des Bundes der Mitteldeutschen »Berlin – Auftrag für Einheit und Freiheit« am 27.9.1987 in Bonn
Bernd Wilz MdB, Präsident des BMD.

Standort aufgrund eigener Bemühungen finden muß, bleibt viel zu tun. Die Initiativen von einzelnen und von Gruppen sind hier gefragt.

Der Bund der Mitteldeutschen sieht die im Verhältnis zu den Aussiedlern nachteilige rechtliche und finanzielle Behandlung der Übersiedler als überholt an. Erstrebt wird die Gleichbehandlung, denn beide Gruppen haben viel gemeinsam: Beide, die Mittel- sowie die Ostdeutschen, wollen nämlich nichts anderes, als der Unfreiheit in einem kommunistischen Regime zu entfliehen, um endlich als Deutsche unter Deutschen in Freiheit leben zu können.

Im Interesse der Gleichbehandlung von Gleichbetroffenen, was die Aufnahme in der Bundesrepublik angeht, setzt sich der Bund der Mitteldeutschen deshalb dafür ein, daß auch die Übersiedler zumindest eine Hausratsentschädigung und die Umzugskostenerstattung erhalten. Auch die Nachteile beim Lastenausgleich sind zu beseitigen.

Indem der Bund der Mitteldeutschen dem einzelnen Übersiedler bei der Eingliederung zur Seite steht, betreibt er aktive Sozialarbeit. Er hilft, anfangs Außenstehende in die Bundesrepublik und ihre Gesellschaft zu integrieren. Dabei unterstützt er den neuen Mitbürger, seinen persönlichen Standort in diesem Staat zu finden und sich zu ihm zu bekennen. Zu diesem Zweck ist es notwendig, die Übersiedler in die Lage zu setzen, wirtschaftliche Selbständigkeit zu erlangen. Ist das Vertrauen in die eigene Leistungskraft gewachsen, wirkt sich das sowohl auf das individuelle als auch auf das gesellschaftliche Selbstbewußtsein positiv aus: Wer weiß, daß er gebraucht wird, wird auch entschlossener zu dem Staat stehen, der die Möglichkeiten zur Selbstentfaltung bietet — das um so mehr, je enttäuschter man von dem System war, in dem man vorher gelebt hat und das keine Perspektiven geben konnte.

Sobald sich die Mitteldeutschen in der Bundesrepublik eine Existenz aufgebaut haben, denken sie oftmals darüber nach, worin die Gemeinsamkeiten der Landsleute hüben und drüben bestehen, wie die Unterschiede zwischen den Systemen zu bewerten und welche Konsequenzen für die Zukunft wünschenswert sind. Sehr schnell beschäftigen sie sich dann mit der deutschen Kultur, mit deutscher und europäischer Geschichte und Politik. Sie ziehen daraus für sich und das Volk, dem sie angehören, politische Schlußfolgerungen. Es ist nur natürlich, daß vom eigenen Schicksal abstrahiert und das eigene Erleben in einen Gesamtzusammenhang eingeordnet wird. Die Wurzeln deutscher Gemeinsamkeit werden entdeckt und als politische Wunschvorstellungen für die Zukunft übertragen: Das Schicksal der Übersiedler ist für sie selbst der Anlaß, an der Einheit Deutschlands festzuhalten und diesen Gedanken in der Öffentlichkeit zu verbreiten.

Besonders bedeutsam für die Identitätssuche und -findung der Deutschen ist das Bewußtsein von der Einheit der deutschen Kultur. Diesen Gedanken stellt der Bund der Mitteldeutschen in seinen »Kulturpolitischen Grundsätzen« heraus; ihm ist auch die Bundesministerin für innerdeutsche Beziehungen, Frau Dr. Dorothee Wilms, verpflichtet, wie aus ihrer Rede über die »Kultur als Quelle der deutschen Nation« hervorgeht, die sie am 15. November 1988 in München hielt (Bulletin Nr. 157 vom 19. November 1988).

Welche Grundlagen haben unsere Bemühungen um eine Kulturarbeit, die sich auf den mitteldeutschen Raum bezieht und gerade dadurch das gesamtdeutsche Anliegen dokumentiert? Sie sind in der deutschen Geschichte zu finden, in der geographischen Lage Deutschlands und auch in politischen Gründen.

Zunächst zur deutschen Geschichte: Die kulturelle Einheit der deutschen Teilstaaten bildete im 19. Jahrhundert die Voraussetzung für das Streben der Deutschen, über die lose Föderation im »Deutschen Bund« hinaus ein gemeinsames staatliches Dach zu errichten. Die staatliche Einheit wurde schließlich in der Reichsgründung Bismarcks von 1871 verwirklicht, ging jedoch durch den Zweiten Weltkrieg und seine Folgen politisch verloren. Durch die Spaltung Deutschlands, Europas und der Welt stellt sich das Problem der deutschen Einheit heute unter völlig veränderten Bedingungen dar. Geblieben ist jedoch, daß sich alle Deutschen, gleich ob diesseits oder jenseits der Demarkationslinie, auf eine gemeinsame deutsche Kultur berufen können, die wir als Verpflichtung auch zur politischen Einheit Deutschlands auffassen. Darum trägt die gesamtdeutsche Kulturarbeit auch zur Erfüllung des verfassungsrechtlichen Wahrungsgebotes ihr Teil bei.

Schließlich tragen alle Deutschen, wohnen sie nun in der Bundesrepublik Deutschland, in Mitteldeutschland oder jenseits von Oder und Neiße, Verantwortung für die gemeinsame deutsche Geschichte und Kultur. Diese wird von der DDR nur völlig unzureichend wahrgenommen, wenn sie — wie in der Vergangenheit geschehen — aus der gemeinsamen deutschen Geschichte und dem kulturellen Erbe nur das herausgreift, was in ihr eigenes Selbstverständnis paßt. Inzwischen hat sie ihre Position allerdings revidiert und versucht, sich sogar das Erbe der ganzen deutschen Geschichte anzueignen. So will sie sich als das folgerichtige Ergebnis einer historischen Entwicklung präsentieren. Der Bundesrepublik attestiert sie auf diese Weise, rückständig zu sein, weil sie einen anderen Entwicklungsstrang repräsentiere. Dem müssen wir etwas entgegensetzen. Unsere mitteldeutsche Kulturarbeit soll zeigen, daß sowohl die Bundesrepublik Deutschland als auch die DDR Erben der gemeinsamen deutschen Geschichte sind. Alle Deutschen müssen sich dieser Verantwortung bewußt sein und aus dieser Verpflichtung Vorstellungen über eine gemeinsame politische Zukunft entwickeln. Schließlich, und dies betrifft die geographischen Grundlagen für die Kulturarbeit, ist die Teilung Deutschlands zugleich die Spaltung Europas. Die Lösung der deutschen Frage ist damit eine europäische Aufgabe und zugleich auch Politik für ein freies Europa.

In diesem Sinne nimmt die mitteldeutsche Kulturarbeit eine Brückenfunktion wahr. Über die Kultur ist es in der Gegenwart möglich, eine Brücke von den in der Bundesrepublik lebenden Deutschen zu den Deutschen in Mitteldeutschland zu schlagen. Mitteldeutsche Kulturarbeit ist nicht nur von Betroffenen für Betroffene zu betreiben, sondern sie muß offen und zugänglich für jedermann sein. Der Bund der Mitteldeutschen versteht sich als Initiator und Motor für alle Aktivitäten in diesem Bereich. Dies gilt für die Pflege von Traditionen und Brauchtum ebenso wie für die Bemühungen um Literatur aus der DDR, bildende Kunst, Musik, Kulturpolitik, Forschung und Wissenschaft auf allen diesen Gebieten und eine umfassende Öffentlichkeitsarbeit. Hilfreich sind dabei auch das innerdeutsche Kulturabkommen vom 6. Mai 1986 und die inzwischen fast fünfzig innerdeutschen Städtepartnerschaften.

Als Beispiele mögen hier nur die Bewahrung von Tradition und die Literatur aus der DDR dienen. Indem Traditionen des mitteldeutschen Raumes in ihren regionalen Ausprägungen auch bei uns in der Bundesrepublik Deutschland aufgegriffen und gepflegt werden, bleibt das Bewußtsein der Gemeinsamkeit der einen deutschen Kultur erhalten. Ebenso müssen wir uns zum Beispiel um die Literatur kümmern, die in der DDR entsteht: Sie muß auch bei uns gelesen werden, weil sie uns einen Teil der deutschen Gegenwart nahebringt. Für die Mitteldeutschen, die in der DDR leben, ist sie häufig die einzige Möglichkeit, sich in verschlüsselter Form über das zu informieren, was in der westdeutschen Gesellschaft mit Hilfe von Zeitungen frei zugänglich ist. Insofern sichert uns die Beobachtung der heutigen mitteldeutschen Literatur den Zugang zu neuen Tendenzen deutschen Lebens in der DDR.

Die mitteldeutsche Kulturarbeit hat eine Schlüsselfunktion für die Wiedervereinigung inne. Fällt sie auf fruchtbaren Boden, ist die politische Vereinigung Deutschlands der Vollzug dessen, was für die Deutschen und ihr kulturelles und nationales Bewußtsein eine Selbstverständlichkeit ist.

Eine auf das Ziel der Einheit Deutschlands angelegte Politik ergibt sich, folgt man dem kulturpolitischen Ansatz, aus den Bedürfnissen aller Deutschen nach ihrer Identität. Darüber hinaus ist eine auf die Einheit und Freiheit ausgerichtete Politik in der Präambel des Grundgesetzes für die Bundesrepublik Deutschland festgeschrieben. Sie ist auch für den Bund der Mitteldeutschen der Ausgangspunkt deutschlandpolitischer Arbeit, wie aus der Satzung des Verbandes hervorgeht. Bei der Umsetzung bedient er sich jedoch nicht allein der staats- und völkerrechtlichen Aspekte der Deutschlandpolitik, sondern auch der Erfahrungen der Menschen in einem geteilten Land.

Im Zusammenhang mit diesen Aspekten, aus denen sich die Notwendigkeit für eine aktive und dynamische Deutschlandpolitik ergibt, ist immer auch die Abhängigkeit Deutschlands von der politischen Situation und Entwicklung in Europa und der Welt zu beachten: Entspannung in Deutschland hilft gleichzeitig einer Entspannung in Europa. Dies gilt auch umgekehrt, denn Deutschland ist schon auf Grund seiner geographischen Lage Indikator für die Tragfähigkeit von Entspannungsbemühungen. Wenn sich die Länder in Europa näherkommen, könnte die Entspannung nicht von Dauer sein, geschähe dies unter Ausschluß der beiden Staaten in Deutschland. Eine Verbesserung des innerdeutschen Verhältnisses und schließlich eine Vereinigung aller Teile Deutschlands wäre für ganz Europa entspannungsfördernd und würde helfen, den Ost-West-Konflikt zu entschärfen.

Auf welchen Wegen sollten wir vorgehen, um der Einheit Deutschlands näherzukommen? Sicherlich gibt es eine ganze Reihe von möglichen Ansätzen und Bereichen, die im folgenden beispielhaft angesprochen werden.

Ein Mittel, um unserer Forderung nach Wiedervereinigung Ausdruck zu verleihen, ist eine operative Deutschlandpolitik im europäischen und weltpolitischen Maßstab. Das heißt, wir müssen in West und Ost, bei unseren Verbündeten und in den Ländern des Ostblocks — hier vor allem in der Sowjetunion — nach außenpolitischen Wegen suchen, um unser Ziel zu erreichen. Staat und Parteien sind gleichermaßen gefordert, hierfür konzeptionelle Hilfe zu leisten.

An den sowjetischen Staats- und Parteichef Michail Gorbatschow richtet sich der Appell, in dem von ihm ins Gespräch gebrachten »gemeinsamen europäischen Haus« das originäre deutsche Interesse zu berücksichtigen. Es kann mit uns kein »gemeinsames Haus Europa« geben, wenn »das in der Mitte gelegene Zimmer« durch Stacheldraht und Mauer geteilt bleibt. Auch der nach den Vorstellungen der Sowjets vorgesehene »Modellfall Ostseeraum« setzt für uns vor allem auch gesicherte Menschenrechte voraus, einschließlich eines Volksgruppenrechts oder zumindest eines Minderheitenschutzes für die Deutschen jenseits von Oder und Neiße.

Das große Ziel des Bundes der Mitteldeutschen bleibt die Wiedervereinigung Deutschlands. Hierfür reicht allein das Offenhalten der deutschen Frage nicht aus. Gefordert ist vielmehr eine aktive, dynamische und gestalterische Wiedervereinigungspolitik. Dabei muß sich jeder Denkansatz an der Tatsache orientieren, daß die Bundesrepublik Deutschland in der NATO und in der EG eingebunden ist, und daran, daß die DDR auf absehbare Zeit Mitglied im Warschauer Pakt und im Rat für gegenseitige Wirtschaftshilfe bleiben wird. Insofern ist es nicht möglich, die deutsche Frage am Ost-West-Verhältnis vorbei zu lösen.

Allgemein gilt der Satz, daß einer der Schlüssel zur Lösung der deutschen Frage in Moskau liegt. Deshalb sind gerade die aktuellen Entwicklungen in der Sowjetunion für uns Deutsche von höchstem Interesse. Es stellt sich die Frage, ob die heutigen und vor allem die künftigen Interessen der Sowjetunion Möglichkeiten aufzeigen, die für unsere Zielsetzung — die Wiedervereinigung — nutzbar gemacht werden können. Aus diesem Problemkomplex möchte ich nur einen Aspekt herausgreifen: Ihre wirtschaftlichen Schwächen legen der Sowjetunion Abrüstung und damit einhergehend neue Formen verbesserter Wirtschaftsbeziehungen nahe. Dies zeigt die Entwicklung der letzten Zeit sehr deutlich. Immerhin hat Gorbatschow angekündigt, eine einseitige Truppenreduzierung um eine halbe Million Soldaten vornehmen zu wollen. Dahinter steht sicherlich auch das Bemühen, mehr Kräfte für die notwendigen Reformen auf dem wirtschaftlichen Sektor zu gewinnen, um das Land gegenüber dem Westen ökonomisch nicht noch mehr abfallen zu lassen. Für den BMD ist ein Weg denkbar, der über Abrüstungsverhandlungen hin zu weiteren Möglichkeiten für

Deutschlandpolitische Veranstaltung des Bundes der Mitteldeutschen »Berlin – Auftrag für Einheit und Freiheit« am 27.9.1987 in Bonn
Bernd Wilz MdB (2 v. r.), Präsident des BMD, im Gespräch mit dem damaligen Regierenden Bürgermeister von Berlin, Eberhard Diepgen (Mitte).

vertrauensbildende Maßnahmen und neuen Formen wirtschaftlicher Zusammenarbeit führt und dabei vielleicht auch Ansätze liefert, die uns in der offenen deutschen Frage weiterhelfen.

Gleichzeitig müssen wir gegenüber unseren westlichen Verbündeten werbend für unser Selbstbestimmungsrecht eintreten. Unsere Grundlagen dabei sind der Deutschlandvertrag sowie der Harmel-Bericht, die uns den Weg zu einer europäischen Friedensordnung weisen. Darüber hinaus wären als »Werbeträger für die Wiedervereinigung« beispielsweise »Referenten für Deutschlandpolitik« zumindest in den großen Botschaften der Bundesrepublik Deutschland unerläßlich. Diese sollten zweckmäßigerweise dem Bundesministerium für innerdeutsche Beziehungen fachlich unterstellt werden. Unterstützt werden könnten diese Bemühungen auch durch die Bewilligung von mehr Mitteln für die internationale Darstellung der deutschen Problematik. Vor internationalen Gremien wie den Vereinten Nationen und der Europäischen Gemeinschaft sollten seitens der Bundesrepublik zunehmend Anträge gestellt und Debatten initiiert werden, die die offene deutsche Frage ins Bewußtsein der Weltöffentlichkeit rücken.

Es muß unermüdlich daran erinnert werden, daß eine entscheidende Verbesserung der Situation in Mitteldeutschland nur auf der Basis des Selbstbestimmungsrechts der Völker möglich ist. Dieses Recht verdeutlicht, daß die Freiheit zwei Seiten hat, eine individuelle und eine kollektive. Wenn einem Volk die Freiheit vorenthalten wird, ist es auch um die Freiheit des einzelnen schlecht bestellt. Einem Volk die Selbstbestimmung zu verweigern, bedeutet, es fremden Machtinteressen zu unterwerfen und damit zu mißbrauchen. Das Selbstbestimmungsrecht der Völker ist die Demokratie auf internationaler Ebene.

Zumindest den gröbsten Menschenrechtsverletzungen muß von westlicher Seite massiv entgegengewirkt werden. Die dringendste Forderung ist hierbei, daß endlich der Schießbefehl zurückgenommen wird. Solange dies nicht geschieht, und solange die Menschenrechte in der DDR in keiner Weise garantiert werden, muß die Zentrale Erfassungsstelle Salzgitter bestehen bleiben. Die Erfüllungsgehilfen des SED-Regimes dürfen nicht ermutigt werden, indem auf die Registrierung ihrer Schandtaten ausdrücklich verzichtet wird. Von ehemaligen politischen Häftlingen ist bekannt, daß »Salzgitter« für viele ein Hoffnungsschimmer war, als sie unter unmenschlichen Verhältnissen eingekerkert wurden. Außerdem gibt es Zeugen dafür, daß sich so mancher staatliche Gewalttäter im Gefängnis mäßigte, wenn er mit dem Wort »Salzgitter« konfrontiert wurde.

Aber dennoch: Die UdSSR und die DDR werden wohl so lange auf Schießbefehl, Mauer und Stacheldraht nicht verzichten, wie für sie das Risiko besteht, daß bei offener Grenze große Teile der mitteldeutschen Bevölkerung die DDR verlassen. Dieses Risiko besteht hauptsächlich, weil in vielen Lebensbereichen nicht einmal ein Minimum an Freiheit vorhanden ist und überdies die wirtschaftlichen Bedingungen alles andere als attraktiv sind. Jedwede deutsche Politik, die Schießbefehl, Mauer und Stacheldraht überwinden will, muß hier den Hebel ansetzen und versuchen, unseren mitteldeutschen Landsleuten das Leben in der Heimat durch mehr Freizügigkeit, zum Beispiel durch Reisemöglichkeiten für jedermann, und durch verbesserte wirtschaftliche Aussichten lohnens- und lebenswert zu gestalten. Deshalb könnte eine Chance darin bestehen, durch ein umfassendes Wirtschaftskonzept, an dem unsere Wirtschaft und unser Staat gleichermaßen beteiligt sind, einen Weg zu finden, der den Mitteldeutschen neue Perspektiven eröffnet, die wirtschaftliche Situation in der DDR insgesamt verbessert und an dem die Sowjetunion wie auch der gesamte Ostblock ökonomisch partizipieren. So wäre beispielsweise denkbar, daß Firmen der Bundesrepublik Deutschland, die in vielen Teilen der Welt Niederlassungen unterhalten, unter bestimmten Bedingungen auch Zweigwerke in der DDR errichteten. Dabei könnte auch die Idee von Joint-Ventures-Kapital für Unternehmungen weiterverfolgt werden. Von der westdeutschen Wirtschaft selbst ist stets zu erwarten, daß sie bei ihren Geschäftsbeziehungen gesamtdeutsches Interesse vertritt.

Eine dringend notwendige Perspektive für unsere mitteldeutschen Landsleute, das kommunistische System überhaupt aushalten zu können, ist unser Festhalten an der Wiedervereinigung. Es bliebe »drüben« nicht unbemerkt, würden wir diesen Anspruch offen oder auch nur heimlich fallenlassen. Eine noch größere Hoffnungslosigkeit und Millionen von Ausreiseanträgen wären die Folge.

Es stellt sich die Frage, ob es nicht vielmehr gelingen kann, u.a. durch ein neues Wirtschaftskonzept den Ostblock dazu zu bewegen, auf die innerdeutsche Grenze in ihrer brutalen Ausgestaltung zu verzichten und unseren Landsleuten in der DDR, wenn schon nicht Selbstbestimmung, so doch zumindest damit ein Mehr an persönlicher Freiheit und Lebensqualität zu gewähren. Im übrigen wäre eine solche Entwicklung auch ein Beitrag zum Frieden in Europa.

Die Milderung der Teilungsfolgen muß neben einer operativen Politik das zweite Standbein unserer Deutschlandpolitik bleiben. Gerade menschliche Kontakte auf allen Ebenen dienen dazu, das Band der Nation zu festigen und den Willen zur Einheit wachzuhalten. Wir sollten mit immer neuen, auch unkonventionellen Ideen an die DDR herantreten, die von einer gemeinsamen Fußball-Liga über eine Olympiade in Gesamt-Berlin, den Schutz von Baudenkmälern in der DDR, Umweltschutzaktionen und die Einbeziehung von Großstädten wie Hannover und Hamburg in den innerdeutschen Grenzverkehr bis hin zu gemeinsamen deutschen und europäischen Einrichtungen diesseits und jenseits der Elbe reichen können.

Vereinfachungen für Besuche in der DDR und verbesserte Touristikmöglichkeiten sollten erfolgen. Unsere Schulklassen sollten nicht nur nach Paris oder Rom, sondern auch nach Mitteldeutschland reisen. Städtepartnerschaften sind nur dann wirklich sinnvoll, wenn sie nicht nur den Ansprachen von

Funktionären, sondern vor allem der Begegnung der Menschen dienen. Immerhin sind noch nie so viele Westdeutsche jährlich in die DDR und nach Ostberlin gefahren, und noch nie konnten nach dem Mauerbau so viele Deutsche aus der DDR in den Westen fahren wie zur Zeit. Darüber hinaus sollte ein gesamtdeutsches Jugendwerk eingerichtet werden, über das ein verstärkter Jugendaustausch zu organisieren wäre.

Die hier aufgezeigten Denkansätze im Verbund miteinander könnten uns unserem Ziel näherbringen, »in freier Selbstbestimmung die Einheit und Freiheit Deutschlands zu vollenden«. Nach wie vor gibt es ernsthaft nur zwei Wege, die uns zur staatlichen Einheit führen könnten. Entweder wird dies im Rahmen einer gesamteuropäischen Friedensordnung möglich, deren Folge auch die Wiedervereinigung Deutschlands sein könnte. Oder dieser Prozeß wäre auch unter umgekehrten Vorzeichen vorstellbar: die Wiedervereinigung Deutschlands als Modellösung für eben dieses freiheitliche Europa.

Dafür arbeitet der Bund der Mitteldeutschen. Wie gesagt, die offene deutsche Frage muß deshalb auf nationaler und internationaler Ebene immer wieder angesprochen und angemahnt werden. Wenn wir als Deutsche dies nicht selber tun, wer denn dann?

Autoren

Werner BADER, geb. 1922 in Haidemühl/Mark Brandenburg. Studium der Geschichte und Zeitungswissenschaft. Seit 1946 Journalist in Berlin. Von 1957 bis 1987 Deutsche Welle in Köln und Chef des Deutschen Programmes der Deutschen Welle. Seit 1988 im Ruhestand. Präsident der Internationalen Assoziation Deutschsprachiger Medien. Bundessprecher der Landsmannschaft Berlin–Mark Brandenburg und Mitglied des Bundesvorstandes des Bundes der Mitteldeutschen.

Hans von BUCHKA, geb. 1918 in Bremen-Blumenthal, aufgewachsen in Goldap/Ostpreußen. 1945 bis 1956 Kaufmann, seit 1956 Bundeswehr, 1966 bis 1977 Generalstabsoffizier im Bundesministerium der Verteidigung in Bonn. Seit 1977 im Ruhestand. Seit 1977 Vorstandsmitglied des Trakehner-Verbandes Rheinland.

Herbert CZAJA, geb. 1914 in Teschen/Oberschlesien. Abitur. Studium der Germanistik, Geschichte und Philosophie in Krakau und Wien. Promotion, Mitarbeit in der Deutschen Christlichen Volkspartei in Ostoberschlesien. Eintritt in den höheren Schuldienst. Teilnahme am Zweiten Weltkrieg. Aussiedlung aus der Heimat. Seit 1946 im Schuldienst in Stuttgart. Tätigkeit in der Jungen Union, Mitgründer der Union der Heimatvertriebenen in der CDU. Mitgründer landsmannschaftlicher Organisationen. Seit 1953 Mitglied des Deutschen Bundestages. Vorsitzender der Union der Vertriebenen in Baden-Württemberg. Seit 1968 Sprecher der Landsmannschaft der Oberschlesier, seit 1970 Präsident des Bundes der Vertriebenen.

Liliana DJEKOVIĆ, geb. 1955 in Werschetz/Jugoslawien, Dipl. Volksw., 1967 Übersiedlung in die Bundesrepublik Deutschland, 1975 bis 1980 Studium der Volkswirtschaftslehre und Slavistik in München. Seit 1981 Wissenschaftliche Mitarbeiterin und Bibliotheksleiterin im Institut für Wirtschaft und Gesellschaft Ost- und Südosteuropas – Südosteuropa-Seminar – der Universität München. Forschungsschwerpunkte: Wirtschaftsentwicklung in Jugoslawien, insbesondere Bankwesen, Geldpolitik sowie Außenwirtschaft.

Herbert FLEISSNER, geb. 1928 in Eger/Sudetenland. 1952 Promotion zum Dr. jur. Anschließend verlegerische Tätigkeit als Leiter der Verlage Bogen und Klinger (bis 1968), Amalthea, Langen Müller und Herbig. Seit dem Zusammenschluß seiner Verlage mit dem Ullstein-Verlag ist Fleissner Geschäftsführer der gesamten Verlagsgruppe, des drittgrößten Buchkonzerns der Bundesrepublik Deutschland.

Heinz Rudolf FRITSCHE, geb. 1912 in Breslau/Schlesien, Journalist und Publizist, Studium der Germanistik, Geschichte und Musikwissenschaft, wissenschaftl. Staatsexamen. Rundfunktätigkeit 1932 bis 1966. Schlesische Funkstunde, Reichssender Breslau, Soldatensender Belgrad, Süddeutscher Rundfunk Stuttgart, als Redakteur bzw. Abteilungsleiter Hörfunk und Fernsehen. Kuratoriumsmitglied der Stiftung Kulturwerk Schlesien Würzburg, Haus der Heimat Stuttgart, Fachgruppenleiter Publizistik Künstlergilde Esslingen, Gründungsmitglied Studienkreis Rundfunk und Geschichte.

Hermann GROSS, geb. 1903 in Kronstadt-Brasov/Siebenbürgen, Dipl. Kfm., Dipl Volkswirt, Dr. rer. pol. habil., 1922 bis 1928 Studium an der Handelshochschule und an der Universität Leipzig, Dozent bzw. Professor an der Universität Leipzig und am Institut für Mittel- und Südosteuropäische Wirtschaftsforschung Wien (1929 bis 1939), an der Volkswirtschaftlichen Abteilung der I.G. Farbenindustrie in Kiel (1939 bis 1945) und am Institut für Weltwirtschaft (1946 bis 1962). Ordinarius und Vorstand des von ihm aufgebauten Seminars für Wirtschaft und Gesellschaft Südosteuropas der Staatswirtschaftlichen Fakultät der Universität München (1962 bis 1971).

Paul HANSEL, geb. 1948 in Hexenagger/Bayern, Oberstudienrat, seit 1985 Leiter des Referats Geschichte an der Akademie für Lehrerfortbildung in Dillingen/Donau. Studium der Geschichte, Germanistik und Sozialkunde in Erlangen. Seit 1978 im bayerischen Gymnasialdienst tätig. Veröffentlichungen zur Deutschen Frage und zur Ostkunde im Unterricht in verschiedenen Zeitschriften.

Wilhelm HOFFMANN, geb. 1915 in Lottin, Kreis Neustettin/Pommern. Nach Abitur Ausbildung zum Bankkaufmann. Im Zweiten Weltkrieg Soldat (Pioniere), zuletzt als Hauptmann und Bataillonsführer. Im Jahre 1948 Hauptinitiator der Gründung der Pommerschen Landsmannschaft, deren Bundesgeschäftsführer er war. Mitinitiator der Lastenausgleichsgesetzgebung. Als Amtsträger und Mitglied in über 30 Verbänden umfangreiche Tätigkeit für die Vertriebenen und Flüchtlinge, u. a. Mitglied der Stiftungsräte der Stiftung Pommern, der Stiftung Ostdeutscher Kulturrat sowie der Stiftung Ostdeutsche Galerie Regensburg und der Stiftung Mitteldeutscher Kulturrat (bis 1988). Mitglied des BdV-Präsidiums.

Hans von KELER, geb. 1925 in Bielitz-Biala/Beskiden. Nach Kriegszeit und amerikanischer Gefangenschaft Studium der Evangelischen Theologie an der Universität Tübingen 1946/1950. Im Gemeindepfarrdienst an der Haigstkirche in Stuttgart, in Wildenstein/Crailsheim, in Neuenstein/Öhringen. Leiter der weiblichen Jugendarbeit der Württembergischen Landeskirche 1957/1964, Leiter der Evangelischen Diakonieschwesternschaft in Herrenberg 1969/1976. Prälat in Ulm 1976/1979. Bischof der Evangelischen Landeskirche in Württemberg 1979/1988. D. theol. (Tübingen) 1981. Mitglied des Rates der Evangelischen Kirche in Deutschland seit 1979. Mitglied des Exekutivkomitees des Lutherischen Weltbundes seit 1984. Beauftragter der Evangelischen Kirche in Deutschland für Fragen der Spätaussiedler und Heimatvertriebenen.

Wolfgang KESSLER, geb. 1946 in Hamm/Westfalen, Studium der Geschichte und Slawistik an den Universitäten Bochum und Düsseldorf. 1973 Magisterprüfung an der Universität Bochum, 1978 Promotion an der Universität Düsseldorf. 1976 bis 1979 Bibliothekar, zuletzt Leiter der Bücherei des deutschen Ostens in Herne, 1979 bis 1981 wiss. Angestellter am Historischen Seminar der Universität Düsseldorf, seit 1981 wiss. Mitarbeiter, dann Hochschulassistent am Seminar für osteuropäische Geschichte der Philipps-Universität Marburg. Arbeitsgebiete: Geschichte Ostmittel- und Südosteuropas (insbesondere Jugoslawien, Polen und Siebenbürgen) im 19. und 20. Jahrhundert, Ostdeutsche Landesgeschichte und Bibliographie, Bibliothekswesen und Dokumentation im Umfeld des § 96 BVFG. Zahlreiche Veröffentlichungen zur Geschichte des Deutschtums im Osten und Südosten.

Georg KLEMT, geb. 1911 in Jordan/Neumark. Nach dem Studium der Rechts-, Staats- und Sozialwissenschaften an den Universitäten Freiburg i. Br. und Königsberg/Pr. 1933 Erwerb des Diplomexamens für Volkswirte und 1935 Promotion zum Dr. rer. pol. an der Universität Königsberg/Pr. Bis 1941 Tätigkeit u. a. bei der Planungsbehörde der Provinz Sachsen-Land Anhalt. 1941 bis 1945 Wehrdienst. 1946 bis 1950 Arbeit in der Landesplanung. Von 1951 bis 1976 Referent und Referatsleiter in den Bundesministerien für Wohnungsbau und des Innern. Aufgabenbereiche u. a.: Wohnungsbaustatistik, Wohnungsbau für Vertriebene und Flüchtlinge, Familienheimbau, Wohnungsbauförderung im Zonenrandgebiet. Ehrenamtliche Tätigkeit in der »Forschungsgesellschaft für das Weltflüchtlingsproblem« (AWR). Zahlreiche Veröffentlichungen über nationale Flüchtlingsfragen. Langjähriges Mitglied der Landsmannschaften Ostpreußen und Berlin-Mark Brandenburg.

Hartmut KOSCHYK, geb. 1959 in Forchheim/Oberfranken. Eltern Oberschlesier. Abitur. 1978 bis 1983 Bundeswehr, Oberleutnant der Reserve. Ab 1983 Assistent im Deutschen Bundestag, daneben Studium der Geschichte und Politikwissenschaften an der Universität Bonn. 1978 stellv. Landesvorsitzender der Schlesischen Jugend Bayern, 1980 stellv. Landesvorsitzender der Landsmannschaft Schlesien in Bayern. Von 1982 bis 1988 Bundesvorsitzender der Schlesischen Jugend, seit 1987 Generalsekretär des Bundes der Vertriebenen.

Freda von LOESCH, geb. Gräfin Finck von Finckenstein, geb. 1910 in Lüben/Niederschlesien. Nach dem Studium der volkswirtschaftlichen Lehre an der Universität Breslau Abschluß als Dipl. Volksw. rer. pol. Berufstätigkeit bei der Bank für deutsche Industrieobligationen Breslau. Nach Vertreibung und Übersiedlung nach Bonn von 1958 bis 1974 Arbeit beim Bund der Vertriebenen als Frauenreferentin.

Ulrich MARCH, geb. 1936 in Köslin/Pommern, Studium der Geschichte, der Germanistik und der Philosophie in Köln, Berlin und Kiel. Promotion zum Dr. phil. 1963 Eintritt in den höheren Schuldienst des Landes Schleswig-Holstein, Tätigkeit am Historischen Seminar der Universität Kiel und an der Pädagogischen Hochschule Kiel. Seit 1973 Leiter des Gymnasiums Bad Bramstedt, Oberstudiendirektor. Arbeiten zu historischen, politischen und geschichtsdidaktischen Gegenständen, insbesondere zur älteren schleswig-holsteinischen Landesgeschichte.

Erich MENDE, geb. 1916 in Groß-Strehlitz/Oberschlesien. 1936 Abitur. Danach Reichsarbeitsdienst und Wehrdienst beim I. R. 84 in Gleiwitz. Im Zweiten Weltkrieg aktiver Offizier, zuletzt Major und Regimentsführer. Ausgezeichnet mit dem Ritterkreuz. 1945 bis 1949 Studium zunächst der Rechts-, dann der Politischen Wissenschaften an den Universitäten Köln und Bonn. Promotion zum Dr. jur. Dozent für Polit. Wissenschaften. Ende 1945 Mitbegründer der FDP, 1949 bis 1980 Mitglied des Deutschen Bundestages, 1957 bis 1963 Fraktions-Vorsitzender, 1963 bis 1966 Bundesminister für Gesamtdeutsche Fragen und Vizekanzler, Bundesvorsitzender der FDP 1960 bis 1968. 1970 Austritt aus der FDP als Gegner der neuen Ostpolitik. Seitdem in der CDU. Veröffentlichungen zur Geschichte der FDP und zur Zeitgeschichte.

Heinz NAWRATIL, geb. 1937 in Zauchtel/Sudetenland, Studium der Rechte, Dr. jur. (1964), seit 1970 bayerischer Notar; 1965 ausgezeichnet mit dem Förderpreis der »Stiftung der Deutschen Gemeinden und Gemeindeverbände zur Förderung der Kommunalwissenschaften«. Veröffentlichungen u. a. zur Vertreibung der Deutschen.

Helmut NEUBACH, geb. 1933 in Grottkau/Oberschlesien, von 1943 bis zur Flucht und Vertreibung 1945 Schüler des Brieger Gymnasiums. 1954 Abitur in Oberlahnstein, 1954 bis 1959 Studium der Geschichte und Slawistik in Bonn, Marburg, Berlin und Mainz. 1962 Promotion zum Dr. phil. bei Gotthold Rhode in Mainz. 1962 bis 1968 wissenschaftlicher Mitarbeiter des J. G. Herder-Forschungsrates (Marburg) in Mainz, seitdem im Schuldienst. Mitglied des Herder-Forschungsrates, der Historisch-landeskundlichen Kommission für Posen und das Deutschtum in Polen, der Historischen Kommission für Schlesien, des Kuratoriums der Stiftung Kulturwerk Schlesien sowie weiterer wissenschaftlicher Vereinigungen.

Hubertus NEUSCHÄFFER, geb. 1944 in Pfaffengrund/Schlesien, Studium speziell der Osteuropäischen Geschichte, der Slawistik sowie des Ostrechts, 1975 Promotion. Seit 1976 Mitglied der Baltischen Historischen Kommission zu Göttingen. Zahlreiche Veröffentlichungen zur Kultur- und Wirtschaftsgeschichte Ost- und Mitteleuropas und des ostdeutschen Raumes.

Hermann Siegfried PALMER, geb. 1904 in Offenbach/Main. Nach Abitur landwirtschaftliche Ausbildung. Studium der Nationalökonomie, Agrarpolitik und Soziologie, Abschluß Dipl.-Volkswirt. April 1946 Eintritt in den öffentlichen Dienst, Länderrat der amerikanischen Besatzungszone. Mitwirkung an dem Länderratsgesetz zur Beschaffung von Siedlungsland und zur Bodenreform und dem »Flüchtlingsgesetz« des Frankfurter Wirtschaftsrates des Vereinigten Wirtschaftsgebietes. Leiter des Referats »Landwirtschaftliche Sozialpolitik« im Bundesministerium für Ernährung, Landwirtschaft und Forsten. 1958 bis 1970 Leiter des Referats »Eingliederung vertriebener und geflüchteter Landwirte« im Bundesvertriebenen-Ministerium bzw. Bundesministerium des Innern. Seit Juni 1970 Geschäftsführer des Bauernverbandes der Vertriebenen e.V. Verstorben am 15. August 1988.

Gerhard PIESCHL, geb. 1934 in Mährisch-Trübau/Ost-Sudeten, nach der Vertreibung Schulbesuch und anschließend Studium der Philosophie und Theologie in Königstein, Freiburg und Mainz, Priesterweihe am 8. Dezember 1961 in Limburg/Dom, Kaplan in Bad Ems, Bad Schwalbach und Frankfurt am Main 1962 bis 1968. Dienst als Militärpfarrer ab 1. Juni 1968 zunächst als Ltd. Divisionspfarrer der 5. Panzerdivision Diez/Lahn, danach Militärdekan an der Schule Innere Führung der Bundeswehr Koblenz, konsekriert im Dom zu Frankfurt am 23. Oktober 1977, Weihbischof im Bistum Limburg; Bischofsvikar für den synodalen Bereich seit 1. Januar 1978, Domdekan in Limburg seit 1. September 1979, Beauftragter der Deutschen Bischofskonferenz für katholische Polizeiseelsorge seit 1. Mai 1979, Beauftragter der Deutschen Bischofskonferenz für die katholische Flüchtlings- und Vertriebenenseelsorge seit Januar 1983.

Odo RATZA, geb. 1916 in Stuhm/Westpr. 1935 Abitur in Marienburg/Westpr., 1936 bis 1945 Berufsoffizier der Wehrmacht, anschließend Geschäftsführer und Verwaltungsangestellter. 1958 bis 1976 Bundeswehr, letzter Dienst Brigadegeneral. Nach der Pensionierung Bundessprecher der Landsmannschaft Westpreußen, Vorstandsvorsitzender der Kulturstiftung der deutschen Vertriebenen und Vizepräsident des Bundes der Vertriebenen.

Paul RAUCH, geb. 1924 in Bamberg. Nach Abitur Studium der Geographie und Statistik mit besonderer Ausrichtung auf demographische, volkswirtschaftliche und agrarische Bereiche. 1957 bis 1963 landesplanerische Tätigkeit im Bayerischen Staatsministerium für Wirtschaft und Verkehr. 1963 bis 1968 Referent im Statistischen Bundesamt für Allgemeine Auslandsstatistik, Bevölkerung des Auslands und der Wohnungsstatistik. 1968 bis 1970 Leiter der Gutachtenabteilung der deutschen Förderungsgesellschaft für Entwicklungsländer (GAWI). 1970 bis 1978 Referent im Statistischen Bundesamt für Religiöses Leben, Vertriebene und Flüchtlinge und für regionale Aufgaben der Bevölkerungsstatistik. Seit September 1978 Referent für Statistik im Sekretariat der Deutschen Bischofskonferenz, Bonn.

Hans-Werner RAUTENBERG, geb. 1938 in Preußisch-Holland/Ostpr. Studium der Geschichte, Germanistik und Philosophie in

Münster/Westf.; 1967 Wiss. Mitarbeiter am »Glossar zur Geschichte des frühen Mittelalters im östlichen Europa«; 1972 Wiss. Assistent, 1977 Promotion; seit 1982 wiss. Mitarbeiter am Johann Gottfried Herder-Institut in Marburg/Lahn; dazu seit 1987 Lehrbeauftragter am Institut für osteuropäische Geschichte der Johannes Gutenberg-Universität Mainz. Veröffentlichungen zur polnischen, preußischen und baltischen Geschichte.

Günter REICHERT, geb. 1941 in Mährisch-Ostrau. Studium der politischen Wissenschaften, Geschichte und Völkerrecht an den Universitäten Würzburg, Berlin und Bonn; Promotion. Von 1970 bis 1973 Referent für Presse- und Öffentlichkeitsarbeit in der Bundeszentrale für politische Bildung, Bonn; seit 1973 wissenschaftlicher Referent der CDU/CSU-Fraktion im Deutschen Bundestag; seit 1982 Leiter des Büros des Vorsitzenden der CDU/CSU-Bundestagsfraktion. Mitglied des Präsidiums des Bundes der Vertriebenen; Mitglied der Bundesversammlung der Sudetendeutschen Landsmannschaft und des Sudetendeutschen Rates.

Ute REICHERT-FLÖGEL, geb. 1940 in Mährisch-Trübau; Abitur 1960 in Ludwigsburg; studierte Publizistik, Osteuropäische Geschichte und Theaterwissenschaft in Heidelberg und Berlin; Promotion; 1970 bis 1972 Volontärin und Redakteurin beim Deutschlandfunk (DLF) in Köln, 1972 bis 1977 Korrespondentin des DLF in Bonn, 1977 bis 1985 freie Journalistin, seit 1985 wieder Korrespondentin des DLF in Bonn.

Gerhard REICHLING, geb. 1913 in Kattowitz/Oberschlesien. 1938 Studium der deutschen Volkskunde in Breslau. 1942 Dr. phil. 1946 Bayerisches Statistisches Landesamt, 1949 Statistisches Bundesamt, 1953 bis 1977 Statistische Abteilung des Bundesausgleichsamtes. Seit 1976 nebenamtlich Leiter der Wissenschaftlichen Arbeitsstelle der AWR-Forschungsgesellschaft für das Weltflüchtlingsproblem in Bad Homburg. Statistische Publikationen zum deutschen und internationalen Vertriebenen- und Flüchtlingsproblem.

Gotthold RHODE, geb. 1916 in Kamillental, Kr. Schildberg/Südposen, seit 1920 in der Stadt Posen. Studium der osteuropäischen Geschichte, Geographie und Slavistik in Jena, München, Königsberg, Breslau, Promotion zum Dr. phil. 1939 in Breslau, Mitarbeiter am dortigen Osteuropa-Institut. 1941 bis 1945 Kriegsteilnahme an der Ostfront, 1945/46 Landarbeiter und Privatlehrer in Bergen bei Celle, 1946 bis 1952 Assistent am Historischen Seminar in Hamburg, dort 1952 Habilitation für osteuropäische Geschichte, 1952 bis 1956 Mitarbeiter am J.G. Herder-Institut Marburg und Dozent an der Philipps-Universität. Seit 1957 a. o., seit 1960 o. Professor für osteuropäische Geschichte und Direktor des Instituts für osteuropäische Geschichte der Johannes-Gutenberg-Universität Mainz, seit 1987 Emeritus.

Karl Heinz SCHAEFER, geb. 1919 in Wiesbaden. Nach Abitur und Arbeitsdienst Soldat von 1938 bis 1945, seit 1944 aktiver Hauptmann. Im Kriege gleichzeitig Studium an den Universitäten Berlin und Freiburg, Promotion und Assessorexamen (1944). 1945 bis 8. Mai 1945 in Ostpreußen, anschließend Gefangenschaft. Ab 1945 bis 1950 in Wiesbaden bei Finanzamt und Regierungspräsident. 1950 bis 1954 im Finanzministerium Nordrhein-Westfalen. Ab 1954 bis 1984 im Bundesausgleichsamt, 1965 Vizepräsident, 1975 Präsident. Wissenschaftlich und publizistisch tätig (Bücher, Buchbeiträge, Zeitschriftenartikel; Herausgeber einer Fachzeitschrift).

Wilfried SCHLAU, geb. 1917 in Welikij-Ustjug; aufgewachsen in Mitau/Kurland. Seit 1939 Studium der Agrarwissenschaften in Mitau, Wien und Stuttgart. 1952 hier Promotion (Agrarsoziologie) und 1970 Habilitation für politische Soziologie und neuere Sozialgeschichte. 1952 bis 1968 Leiter der Hessischen Landvolk-Hochschule in Neustadt, seit 1961 in Friedrichsdorf/Taunus, 1968 bis 1970 Geschäftsführer des Ostdeutschen Kulturrats in Bonn, 1970/71 Dozent für Sozial- und Wirtschaftswissenschaften an der Stabsakademie der Bundeswehr in Hamburg, seit 1971 ordentlicher Professor für Soziologie an der Erziehungswissenschaftlichen Hochschule Rheinland-Pfalz/Abt. Worms, seit 1979 an der Johannes-Gutenberg-Universität Mainz.

Ernst SCHREMMER, geb. 1916 in Troppau/Österr. Schlesien, studierte Germanistik, klass. Philologie, Geschichte, Kunstgeschichte, Volkskunde und Theaterwissenschaft an der Deutschen Karls-Universität in Prag. Geschäftsführer (1948 bis 1981) und Stellvertretender Vorsitzender (seit 1948) der Künstlergilde. Er ist Mitbegründer und Vorsitzender des Vorstandes der Ostdeutschen Galerie Regensburg und Vizepräsident des Ostdeutschen Kulturrats.

Hans-Jürgen SCHUCH, geb. 1930 in Elbing/Westpreußen, Bundesgeschäftsführer und Verlagsleiter der Landsmannschaft Westpreußen, Museumsdirektor des Westpreußischen Landesmuseums, Stellvertretender Bundessprecher der Landsmannschaft Westpreußen. Vorsitzender der Bundesvereinigung ostdeutscher Museen und Sammlungen. Herausgeber des Westpreußen-Jahrbuches, der Elbinger Nachrichten und der Elbinger Hefte. Redaktionsgemeinschaft Der Gemeinsame Weg. Vorsitzender der Truso-Vereinigung. Stellv. Vorsitzender der Erik-von-Witzleben-Stiftung zur Pflege altpreußischer Kultur, Stellv. Vorsitzender des Stiftungsrates des Ostdeutschen Kulturrates und u. a. durch Berufung des Nordostdeutschen Kulturwerkes e. V. und der Historischen Kommission für ost- und westpreußische Landesforschung.

Wolfgang SCHWARZ, geb. 1916 in Oberschlesien, studierte Philosophie, Germanistik, Archäologie. Lyriker, Erzähler, Dramatiker; zahlreiche Romane, Dramen, Gedichtbücher, Kulturgeschichtliche Monographien. Wolfgang Schwarz versteht sich heute als Brückenbauer zwischen West und Ost. Er ist Mitglied mehrerer Akademien. Er erhielt für sein schriftstellerisches Werk folgende Auszeichnungen: Schillerpreis, Goethering, Thomas-Mann-Ehrengabe, Rompreis (Villa Massimo), Andres-Gryphius-Ehrengabe, Friedlandpreis der Heimkehrer, Pfalzpreis für Literatur, Hermann-Sinsheimer-Preis. Lehrt an Universitäten des In- und Auslandes. Ständige Reisen nach Polen und in die UdSSR.

Gotthard SPEER, geb. 1915 in Kuhnern/Schlesien, Hochschule für Lehrerbildung Beuthen/Oberschlesien, Staatl. Hochschule für Musikerziehung Berlin-Charlottenburg, ab 1937 Volksschullehrer, Kriegsteilnehmer, ab Ende 1945 Volksschule, 1947 Dozent für Musikerziehung an der Päd. Akademie Paderborn, 1950 Berufung nach Köln, dort Professor ab 1958 an der Päd. Hochschule Rheinland/Köln, ab 1969 Lehrstuhl für Musik und ihre Didaktik. 1980 Emeritierung. Gründer und Leiter des Instituts für Ostdeutsche Musik bis Ende 1988.

Ulrich TOLKSDORF, geb. 1938 in Königsberg/Pr. Nach dem Studium in Kiel, Freiburg, Innsbruck und Zürich in den Fächern Germanistik, Volkskunde, Geschichte und Philosophie 1966 Promotion, dann tätig als Wissenschaftlicher Direktor am Germanistischen Seminar der Universität Kiel. Bearbeiter und Herausgeber des Mundartwörterbuches »Preußisches Wörterbuch« im Forschungsauftrag der Akademie der Wissenschaften und der Literatur zu Mainz. Ab 1981 Leiter der »Kommission für ostdeutsche Volkskunde« innerhalb der Deutschen Gesellschaft für Volkskunde. Forschungsschwerpunkte: Sprache und Volkskunde Ost- und Westpreußens, Integration von Flüchtlingen, Ernährungsethnologie, maritime Alltagskultur im Ostseeraum.

Karl WIMMERS, geb. 1925 in Strehla/Elbe, Sachsen. Schulbesuch in Riesa und Frankfurt/Main, dann Kriegsdienst. Nach dem Kriege Studium der Rechts- und Staatswissenschaften in Frankfurt/Main und Köln. 1958 Promotion zum Dr. jur. in Köln. Eintritt in die Verwaltung für Agrarordnung des Landes Nordrhein-Westfalen. Leiter der Ämter für Agrarordnung in Köln, Waldbröl und zuletzt in Siegburg. Von 1976 bis 1984

Referent für ländliche Siedlung im Ministerium für Ernährung, Landwirtschaft und Forsten des Landes Nordrhein-Westfalen. Schwerpunkt der Tätigkeit: Förderung der Eingliederung der vertriebenen und geflüchteten Landwirte. Seit der Pensionierung 1988 Geschäftsführer des Bauernverbandes der Vertriebenen e.V., Bonn.

Bernd WILZ, geb. 1942 in Meerane/Sachsen. Nach dem Abitur 1963 Wehrdienst bis 1965, Oberstleutnant der Reserve, Studium der Rechtswissenschaften in Münster und Köln, I. und II. Staatsexamen 1970 und 1974; seit 1974 Rechtsanwalt. Mitglied der CDU seit 1965. Seit 1980 stellvertretender Landesvorsitzender der Ost- und Mitteldeutschen Vereinigung der CDU/Rheinland, seit 1985 Mitglied im OMV-Bundesvorstand. Seit 1986 Präsident des Bundes der Mitteldeutschen. 1975 bis 1983 MdL NRW, seit 1983 MdB für den Wahlkreis Solingen/Remscheid. Seit 1989 verteidigungspolitischer Sprecher der CDU/CSU-Bundestagsfraktion.

Guido ZURHAUSEN, geb. 1923 in Dillingen/Saar. Ab 1941 Kriegsdienst, zuletzt als Marineoffizier. Nach dem Krieg Studium der Rechtswissenschaften in Freiburg i. Br. Ab 1953 im höheren Verwaltungsdienst des Landes Nordrhein-Westfalen. Von 1966 bis 1988 Gruppenleiter für das Vertriebenen- und Flüchtlingswesen im Ministerium für Arbeit, Gesundheit und Soziales NRW, zuletzt als Leitender Ministerialrat.

Leihgeber

Die Präsidentin des Deutschen Bundestages
Haus der Donauschwaben, Sindelfingen
Stiftung Haus der Geschichte der Bundesrepublik Deutschland, Bonn
Gerhard Rill, Augsburg
Elfriede Albrecht, Göttingen
Oberschlesisches Landesmuseum, Ratingen
Haus Schlesien, Königswinter/Heisterbacherrott
Westpreußisches Landesmuseum, Münster
Toni Herget, Marburg
Walli Richter, München
Grenzdurchgangslager Friedland
Haus des Deutschen Ostens, Düsseldorf
Julius Graw, Schortens
Verein zur Förderung des Gablonzer Industriemuseums, Neugablonz
Kulturzentrum Ostpreußen im Deutschordensschloß Ellingen
Landsmannschaft Ostpreußen, Hamburg
Stiftung Heimatstuben der Stadt und des Kreises Dux, Neu-Ulm
Anni Baier, Bad Homburg v.d.H.
Alfred Teßmann, Kiel
Landsmannschaft der Oberschlesier, Ratingen
Klas Lackschewitz, Herrischried
Günter Reichert, Bad Honnef
Suchdienst des Deutschen Roten Kreuzes (DRK), München
Samland-Museum, Pinneberg
Ostpreußisches Landesmuseum, Lüneburg
Trakehner Verband, Neumünster
Dietrich von Lenski, Ritterhude
Staatliche Museen Preußischer Kulturbesitz, Museum für Deutsche Volkskunde, Berlin
Geigenbau-Museum, Bubenreuth
Fa. Hans Kraus, Neugablonz
Fa. Mikolasch, Neugablonz
Fa. Hantschel, Neugablonz
Fa. Kiesewetter, Neugablonz
Fa. Ursula Feix, Neugablonz
Glasmuseum Rheinbach
Staatliche Glasfachschule, Rheinbach
Goldschmiede Wilhelm Reindl, Kiel
Walter Bistrick, Baldham
Elbeo-Werke GmbH, Augsburg
Buderus Kundenguß GmbH, Hirzenhain
Carl Zeiss, Oberkochen
Gertraud Weisker, Heidelberg
Fa. Hegenscheidt GmbH Werkzeugmaschinenfabrik, Erkelenz
Schichau-Seebeck-Werft AG, Bremerhaven
Philipp Reclam jun. Verlag, Ditzingen
Bibliographisches Institut & F. A. Brockhaus AG, Mannheim
Stiftung Deutschlandhaus, Berlin
Kulturstiftung der deutschen Vertriebenen, Bonn
Alte Breslauer Burschenschaft der Raczeks zu Bonn, Bonn
Porsche AG, Stuttgart
Siebenbürgisches Museum, Gundelsheim
Ulrich Hutter, Bonn
Otto-Flath-Stiftung der Stadt Bad Segeberg
Museum Ostdeutsche Galerie Regensburg
Georg-Dehio-Gesellschaft, Lohmar
Günter Bialas, Glonn-Haslach
Institut für Ostdeutsche Musik, Bergisch-Gladbach
Irma Bornemann, Stuttgart
Galerie der Stadt Esslingen
Ernst Schremmer, Esslingen
Eike Haenel, Erlangen
Die Künstlergilde, Esslingen
Institut Nordostdeutsches Kulturwerk, Lüneburg
Georg Pietron, Lünen
Michaelis-Gemeinde, Rothenburg
Kongregation der Schwestern von der heiligen Jungfrau und Martyrin Katharina, Münster
Der Apostolische Visitator Ermland, Münster
Heimatwerk schlesischer Katholiken, Münster
Apostolischer Visitator Winfried König, Münster
Landsmannschaft der Deutschen aus Rußland, Stuttgart
Heimatmuseum der Deutschen aus Bessarabien, Stuttgart
Astrid Breitling, Steinheim
Haus der Heimat, Stuttgart
Elisabeth Mikolik, München
Hans Wächter, Sachsenheim
Gemeinschaft Iglauer Sprachinsel, Rottenburg
Bund der Vertriebenen, Bundesgeschäftsstelle, Bonn

Bildnachweis

Die Vorlagen für die Bilddokumente stammen von:

Archiv des Deutschen Bundestages, Bonn 146, 148, 150 o.; Archiv Tolksdorf, Kiel 107, 108 o., 109; Josef Balazs, Nürnberg 185; Becker 30; Bildarchiv Preußischer Kulturbesitz, Berlin 14 o. li., 19, 27 o.; Bildstelle der Schlesischen Jugend, Bonn 186 u.; Jakob Bohn, Stuttgart 28 o.; Carl Brinkmann, Breslau 196 u.; Bund der Mitteldeutschen, Bonn 295, 297; Bund der Vertriebenen, Bonn 12 und 13, 22 und 23, 45, 47, 48, 49, 57 o., 62 u., 69 o., 76, 106 o., 112, 151 u., 168, 186 o., 197, 222, 249, 251, 285; Bund der Vertriebenen – Landesverband Nordrhein-Westfalen, Düsseldorf 216; Bundesarchiv, Koblenz 16 u., 17 o. li., 25 u., 28 Mi. und u., 31, 34, 40, 41, 56, 73 o. und Mi., 74, 81, 196 o.; Bundesbildstelle, Bonn 7, 35, 51 o., 53 u., 59 Mi., 60 u., 61 u., 67 u., 97, 151 o., 153, 291; Chronos-Film, Berlin 29; DJO-Deutsche Jugend in Europa, Bonn 184, 187; Deutsches Rotes Kreuz, Bonn 67 o., 68, 70 u., 78, 79, 80, 182; Deutsches Schiffahrtsmuseum, Bremerhaven 14 u. re.; dpa 190, 200, 202; M. Engelmann, Bonn 95 Mi. re., 96; Werner Ernst, Ganderkesee 113; Evangelische Landeskirche Bayern 258 u., 259; Gablonzer Siedlungswerk eG, Neugablonz 71, 72; Geigenbau-Museum, Bubenreuth 119, 120; Germanisches Nationalmuseum, Nürnberg 229; Gesamtdeutsches Institut, Bonn 26 o., 61 o., 69 u.; G. Gromes, St. Stephan 75, 95 Mi. li., u. li., u. re.; Haus des Deutschen Ostens, Düsseldorf 66, 73 u. li., 258 o.; Hegenscheidt, Erkelenz 128; Carl Henrich, Traben-Trarbach 26 Mi. und u., 27 Mi.; Herder-Institut, Marburg 106, 108; Hessisches Staatsarchiv, Marburg 18 u.; Hilfswerk der evangelischen Kirchen in Deutschland 70 o.; Historia-Photo, Hamburg 10; Katholisches Pfarramt, Neukirchen bei Hl. Blut 272 u. li.; Die Künstlergilde, Esslingen 221; Landesamt für Agrarordnung, Münster 94, 99 o. li.; Landesbildstelle, Berlin 58, 59 o. und u., 60 o. li. und re., 84, 85; Landratsamt, Cham 272 o. re. und u. re.; Landsmannschaft der Dobrudscha- und Bulgariendeutschen 180; Landsmannschaft der Oberschlesier, Ratingen 204; Landsmannschaft der Siebenbürger Sachsen, München 233; Landsmannschaft Schlesien 150 u.; Josef Mühlbauer, Lippstadt 44, 46, 50, 51 u., 52, 53; Museum Haus am Checkpoint Charlie, Berlin 62 o.; Museum für Deutsche Volkskunde, Staatliche Museen Preußischer Kulturbesitz, Berlin 117, 118; Niedersächsische Landgesellschaft, Hannover 95 o.; Nordelbische Kirche, Hamburg 17; Nordostdeutsches Kulturwerk, Lüneburg 220 o., 245; Oberschlesisches Landesmuseum, Ratingen 231; Politisches Archiv des Auswärtigen Amtes, Bonn 39; Hans Prach 271; Rheinisches Heim, Bonn 98, 99 re. o. und u., 100, 101; Schichau Seebeckwerft AG, Bremerhaven 129; Stiftung Pommern, Kiel 219; Sudetendeutsche Landsmannschaft, München 152; Süddeutscher Verlag, Bilderdienst, München 33; Trakehner Verband, Neumünster 111 o.; Ullstein Bilderdienst, Berlin 15 o., 57; Universitätsbibliothek, Heidelberg 11; Verlag Langen Müller, München 253; Carl Zeiss, Oberkochen 121, 122.

– Alle übrigen Vorlagen lieferten die in den Exponaten-Teilen genannten Besitzer oder fertigte der Bund der Vertriebenen an.

Die Erlaubnis zur Wiedergabe von Originalen erteilten freundlicherweise die in den Exponaten-Teilen erwähnten Archive, Bibliotheken, Museen und privaten Sammler.

Pommersche Landsmannschaft

Landsmannschaft der Deutschen aus Rußland

Bundeslandsmannschaft Sachsen

Landsmannschaft Schlesien – Nieder- und Oberschlesien

Bundeslandsmannschaft Thüringen

Landsmannschaft der Deutschen aus Ungarn